Das Leben der Frau Yamazaki

Eine japanische Karriere

Aufgeschrieben von
Laurence Caillet
Aus dem Französischen
von Gabriele Neher

Carl Hanser Verlag

Titel der Originalausgabe:
La Maison Yamazaki
Die Kürzungen im Anhang dieser Ausgabe
erfolgten in Absprache mit der Autorin.

1 2 3 4 5 97 96 95 94 93

ISBN 3-446-16536-3

Gesamtherstellung: Friedrich Pustet Regensburg
Printed in Germany

Für Wan-sheng

Erster Teil
Asaka

Einleitung

Am 2. Januar des Jahres 7 der Taishō-Ära (1918), im 7. Regierungsjahr des 123. Kaisers, der, der Sitte gemäß, anläßlich seiner Thronbesteigung eine neue Blütezeit verkündet hatte, wurde im Hause Endō im Viertel Kitai des Dorfes Asaka ein viertes Mädchen geboren. Man nannte sie Endō Nami. Sobald sie laufen konnte, gerbten ihr die Sonne, der Staub und der Wind von den Reisfeldern Gesicht und Hände und machten aus ihr ein Kind, das so schwarz war wie ein Junge. Sie zog den Unterricht durch die Gräser und Wälder dem der Schule vor. Den herben Geschmack der wilden Äpfel, deren Kerne man in die Sümpfe spuckt, und die Blätter des Zwergbambus, die die Handflächen zerschneiden, wenn man sie herauszieht, liebte sie genauso wie das verzweifelte Gequake der Ochsenfrösche in der Nacht.

Als junges Mädchen jedoch zog ein seltsamer Ehrgeiz sie in die Hauptstadt: sie wollte dort Friseuse werden, um zur Verschönerung der Welt beizutragen. In Tōkyō wurde sie von ihren Kolleginnen anerkannt und nahm den Namen Yamazaki Ikue an. Yamazaki war der Familienname ihres Mannes. Den Vornamen Ikue wählte sie mit Hilfe eines Seher–Mönchs: Er ist zusammengesetzt aus dem Zeichen *i*, welches »Beherrscher der Welt« bedeutet, aus dem Zeichen *ku* für »Ewigkeit« und aus dem Zeichen *e* für »Mündung der großen Flüsse«. Diese Änderung ihres Personenstandes war ein Zeichen dafür, daß aus dem Mädchen vom Lande die Leiterin eines Betriebes geworden war.

Als ich ihr begegnete, war sie eine sechzigjährige, eher rundliche Frau, deren Sprache und Gesten die des kaufmännischen Bürgertums von Tōkyō waren. Aber ebenso gab es Dissonanzen in ihrem Charakter, und sie schien eine erstaunliche Energie auf luxuriöse Launen und überspannte Zornesausbrüche zu verschwenden.

Wenn man sie nach ihrem Erfolg fragte, neigte sie den Kopf, drehte ein weißes Spitzentuch zwischen ihren Fingern und schrieb ihre Fähigkeiten der Gnade der Götter und Ahnen zu. Und jeder wunderte sich über ihre Bescheidenheit.

Bisweilen gab sie zu verstehen, daß sie wie eine Verrückte

gearbeitet habe. Eine ungewöhnliche Blässe überzog ihr Gesicht, während ihre Augen, deren Pupillen genauso schwarz wurden wie die Samen der *hiōgi*[1], ins Leere starrten. Die aufkommende Verlegenheit beendete die Unterhaltung.

Eines Nachmittags, als wir, von der Feuchtigkeit der Regenzeit erschöpft, im Halbdunkel hinter den geschlossenen *shōji*[2] saßen, fing sie an, mir ihre Geschichte zu erzählen. Und dann, im Laufe einiger milder Tage, schien sie Geschmack an dem zu finden, was sie »das Spiel der Füchse« nannte. Sie sagte:

»Hast du schon mal zwei Füchse gesehen, die einander unermüdlich verfolgen? Du beobachtest sie genau. Den einen nennst du Tarō, den anderen Jirō. Aber beide sind rot. Die Farbe ihres Felles vermischt sich, und du weißt nicht mehr so recht: War der da der erste? Oder eher der hier? Die Sonne blendet dich, ein einziger Fuchs bleibt zurück und du weißt nicht, welcher.

Sein Leben erzählen, heißt das, die alte Frau von heute mit den Augen des kleinen Mädchens aus Fukushima zu sehen? Oder heißt es, das Kind von damals mit meinen heutigen Augen zu betrachten? Kann ich in dieser fließenden Welt, in der die Lebewesen und die Dinge sich unaufhörlich ändern, jemals den Schaum auf der Oberfläche des Wassers beschreiben?

Gewiß nicht. Aber ich habe es dennoch versucht, ich habe dir erzählt, wo ich geboren bin und wie ich bis jetzt gelebt habe. Ich habe über flüchtige Erscheinungen gesprochen, über den Flug des Vergänglichen und über die Blütenblätter der Kirschbäume. Über die ganze zerbrechliche Wirklichkeit meines Lebens. Ich habe auch gelogen. Und, wer weiß, vielleicht sind meine Lügen die größte Wahrheit in dieser Geschichte.«

1918

Während des Ersten Weltkrieges stellte sich Japan auf die Seite der Alliierten, mit der Absicht, die deutschen Besitztümer in China und im Pazifik an sich zu reißen; die Entwicklung der Waffenindustrie und des Exporthandels wurde durch die fehlende Konkurrenz anderer asiatischer Länder begünstigt und verhalf Japan zu einer dominierenden Stellung im Fernen Osten. Doch den Vereinigten Staaten gegenüber, die sich von nun an mehr und mehr dem pazifischen Raum zuwenden, bleibt die kaiserliche Regierung politisch schwach. Bei der Unterzeichnung des Versailler Vertrages gelingt es ihren Vertretern weder, das Prinzip der Gleichheit der Rassen durchzusetzen, noch erreichen sie die Anerkennung der Rechte ihres Landes auf das chinesische Gebiet von Shandong, das von japanischen Truppen besetzt ist.

Im Innern des Landes haben die Konzentration des Kapitals und das Wachstum der industriellen Produktion zudem eine Verschärfung der sozialen Ungleichheit zur Folge. Durch den Erfolg der russischen Revolution ermutigt, rufen die sozialistischen Organisationen zu zahlreichen Streiks auf (497 Streiks 1918, gegenüber 50 im Jahr zuvor). Von einer Hungersnot als Folge der Reispreisspekulationen und einer schlechten Ernte bedroht, kommt es im Verlauf des Sommers 1918 zu etwa einhundertachtzig Volkserhebungen. Nach diesen »Reisunruhen« (7081 Personen sind in Haft) ist das Kabinett von General Terauchi zum Rücktritt gezwungen. Sein Nachfolger wird der Präsident der Rikken Seiyūkai, der »Gesellschaft der Freunde einer konstitutionellen Regierung«. Als eifriger Verfechter des Parlamentarismus bildet Hara Takeshi die erste wirkliche Parteienregierung. Aber als Konservativer und Patriot widersetzt er sich der Verkündigung des allgemeinen Wahlrechts und gründet die Dai Nippon Kokusuikai, die »Gesellschaft des ultranationalen Großjapan«, deren Ehrgeiz es ist, »das nationale Empfinden zu stärken« und die »Meinung des Volkes zu korrigieren«.

Parallel dazu begünstigen die Umwälzungen durch den Krieg das Auftreten einer Klasse von neuen Reichen: bäuerliche Seiden-

raupenzüchter, Reisgroßhändler, kleine Unternehmer und Reeder, die narikin (»Neureiche«), so benannt nach dem Bauern beim Schachspiel, der, wenn er das ganze Brett überquert hat, sich in eine stärkere Figur verwandelt.

I
Ursprünge

Mitsugo no tamashii hyaku made.
Die Seele eines Kindes –
sie ist mit hundert Jahren noch dieselbe.

三つ子の魂百まで

Es war kurz bevor ich geboren wurde. Mein Vater war einundvierzig Jahre alt, meine Mutter achtunddreißig, und sie betete jeden Tag zu den *kami*[1], den Göttern und Ahnen, damit sie ihr einen zweiten Sohn schenkten. Mein älterer Bruder, Yoshiharu, war schon groß. Zwei Mädchen, Kiku und Riki, waren ihm gefolgt. Darauf kam noch ein Sohn, Yoshio, der im Alter von drei Jahren ertrank. Und dann noch eine Tochter, Risa. Man brauchte Geld, um drei Töchter zu verheiraten! Und das Haus Endō besaß, obwohl es noch das mächtigste des Dorfes war, nicht mehr die frühere Pracht.

Von dieser Pracht werde ich bald sprechen. Aber jetzt zuerst zu Asaka. Das ist der Name des Dorfes in Fukushima, wo ich gelebt habe. Es liegt bei Kōriyama, in den nordöstlichen Provinzen.

Ubusuna, Heimaterde

Asaka ... das ist nichts weiter als ein Stück der unmittelbaren Umgebung Kōriyamas. Und Kōriyama ist eine Industriestadt, die durch die Industrie reich wurde[2]: zuerst durch die Leichtindustrie, später durch die Schwerindustrie. In den Reiseprospekten steht: »In der Stadt Kōriyama tritt die Entwicklung der entlegenen Regionen von Tōhoku, im Nordosten Japans, exemplarisch zutage.« Diese Entwicklung hat Asaka zerstört. Die grauen und die schwarzen Maschinen haben die Reisfelder aufgefressen. Ein Spaziergänger kann dort noch ein paar Bauernhäuser aus Holz, ungeteerte Wege und Reihen von Obstbäumen sehen. Als Kind bin ich barfuß gelaufen. Mit meinen Fersen habe ich Löcher in die

Erde gebohrt. Vielleicht wußte ich, daß ich eines Tages ein Teil von ihr sein würde. Und ich versuchte Wurzeln zu schlagen ... Doch später durchtrennte ich selbst diese Wurzeln. Mit Hartnäkkigkeit. Ich wurde kaum gewahr, daß ich mich von der eingewurzelten Pflanze in eine Schnittblume verwandelte.

Heute erheben sich moderne Häuser mit blauen Ziegeldächern jenseits der alten Dorfgrenzen in den Reisfeldern, die früher die Häuserzeilen unterbrochen haben. Die Gewächshäuser aus Vinyl und die kleinen, hastig in die Mitte der Felder gebauten Fabriken verwandeln die Landschaft in eine Baustelle. Ein widerliches Durcheinander, ohne Reiz.

Früher sagte man, Fukushima, das zweihundert Kilometer nördlich von Tōkyō liegt, gehöre schon zum Gebiet von Tōhoku, der ärmsten Provinz Japans. Im Süden, an der Grenze zu den Territorien der unzivilisierten Emishi[3], von denen man befürchtete, daß sie in die zivilisierten Provinzen eindringen würden, bildeten die Pässe von Nakoso und Shirakawa die einzigen Zugänge zu dieser entlegenen Gegend. Die Angst vor den Emishi ließ den Namen Nakoso, »Komm nicht«, entstehen. Und diese Angst wurde noch von Minamoto no Yoriie, genannt Hachiman Tarō, Sohn von Yoritomo und zweiter »Großer General, beauftragt mit der Befriedung der Barbaren« des Nordens durch das *bakufu*[4] von Kamakura, besungen:

Kaze fuku wo Nakoso no seki to omoedomo
Michi mo se ni saru yamazakura kana!

Obwohl ich dachte, daß dort, wo der Wind weht, die Grenze von Nakoso sei,
liegen doch noch auf dem Weg dahinter die Blüten der Bergkirsche verstreut![5]

Diese Verse sagte mir meine Mutter am Vorabend meiner Abreise nach Tōkyō. Ich war damals sechzehn Jahre alt. Seither flüstern meine Lippen jedesmal, wenn ich nach Fukushima zurückkomme: »Nakoso, Nakoso, komm nicht!« Wie ist der Weg doch eng von Tōkyō nach Fukushima!

Ich erinnere mich auch noch an ein Gedicht des Pilgers Nōin.[6]

Er hat es ganz im Westen, an der Grenze von Shirakawa, »Weißer Fluß«, verfaßt. Reisende, die den mit hohen und dunklen Kryptomerien bewachsenen Paß überquerten, drückten damit ihre Sehnsucht nach der Hauptstadt aus:

Miyako wo ba kasumi to tomo ni tachishikado
Aki kaze zo fuku Shirakawa no seki.

Die Hauptstadt habe ich im Frühlingsnebel verlassen
Jetzt bin ich, während der Herbstwind weht, an der Grenze von Shirakawa.

Der Wind kommt hier viel schneller voran als die Menschen, doch die Menschen gehen vorüber, während der Wind niemals aufhört zu wehen. Für die Krieger, die hier ihre Pferde hinauftrieben, um den Norden zu erobern, für die Bettelmönche, die Poeten und Pilger, die alle dem *Oku no hosomichi*, dem »schmalen Pfad nach Norden«[7] folgten, begannen an dieser Grenze die Abenteuer. Von hier aus folgten sie dem Lauf des Flusses Abukuma, der die Berge aushöhlt und die beiden großen Talmulden von Kōriyama und Fukushima verbindet. Diese Mulden ziehen sich noch weiter in den Norden hin, Richtung Miyagi.

Alle, auch meine Ahnen, glaubten, sie würden vom Nimbus des Ruhmes umgeben und vom Blute glänzend aus dem Norden zurückkehren. Sie dienten dem Lehnsherrn Itō, dem die Ländereien von Asaka gehörten, und sie wollten mit ihren Waffen den leuchtenden Ruhm Tamuramaros, des Mannes mit den Augen eines Falken und dem goldenen Bart, erringen.[8] Manche verloren dort ihr Leben, andere ihre Jugend.

Fukushima liegt an der Straße, die nach Norden führt. Die Berge sind dort mit düsteren Wäldern bedeckt und von vulkanischen Seen durchlöchert. In ihre Falten schließen die Berge die Senkungen ein, in denen sich die Menschen zusammendrängen.

Die Stadt Asaka, in der ich geboren bin, liegt in der Talmulde von Kōriyama, westlich des Abukuma, genau in der Mitte der Ebene, von wo aus man, aber nur an schönen Tagen, die Berge hinter den Reisfeldern sehen kann. Im Osten liegt das Abukuma-Gebirge; im Westen die ersten Erhebungen des Ōu-Gebirges.

Gegenüber von einem Bach, der entlang der von Ost nach West durch die Felder führenden Straße von Naganuma fließt, stehen etwa zwanzig Häuser mit Gärten, die alle den Namen Endō führen. Das ist das Dörfchen Kitai, die »Quelle des Nordens«.

Im Winter bleibt der Schnee dort kaum liegen. Inzwischen rollen dort das ganze Jahr über die Autos hindurch. Aber den Wind gibt es immer noch ... Es ist ein eisiger Wind, der drei Monate lang bläst. »*Homachi kaze da*, das ist unser Wind, unser Schatz«[9], murmelten früher die Alten, wenn sich die ersten Böen gegen Ende des Herbstes aus den westlichen Bergen erhoben und bis zum Abukuma hinunterbrausten. Sie trockneten die Haut aus und vermehrten die Feuersbrünste. Die Alten von Asaka waren auf den Wind so stolz wie auf ihr eigenes hohes Alter und das der Region.

»Dieser Wind«, so sagten sie uns, »hat sicher schon geweht, bevor sich unsere Ahnen hier niederließen. Er ist der oberste Herr des Ortes. Schaut, die Bäume und die Gräser verbeugen sich vor ihm. Alles gehorcht ihm. Aber nach ihm kommen wir. Denn dann sind wir angekommen.«

Rings um die Häuser und gegen Norden hin lagen trockene Felder, aber im Osten und Süden zogen sich die Reisfelder bis zum Bett des Abukuma hin, bis zum Rand des breiten, steinigen Ufers, das der Fluß bei reißendem Hochwasser überschwemmt. Früher trug er die Brücken mit sich fort und erschreckte die Frauen. Man sagte: »Es ist gefährlich, mit einem Mann verheiratet zu sein, dessen Familie auf der anderen Seite des Wassers wohnt.« Verrückt nannte man die Eltern, die ihre Tochter an ein Haus verheirateten, das weiter oben am Lauf des Abukuma gelegen war. Denn das brachte Unglück.[10]

Schlagartig wurde das Wasser wieder ruhig und glatt. In den Baumschulen ergrünten die jungen Reistriebe und man überflutete die dreimal umgegrabenen Reisfelder. Im fünften Monat, kurz nach dem Pikieren der Reispflanzen, begannen die Kröten und Ochsenfrösche mit ihrem Lärm in den Wiesen. Im Sommer, wenn die Ähren braun wurden, staute sich die Hitze auf dem Grund der Talmulde. Die reichen Leute aus der Stadt flohen auf die Hochebenen in den Bergen, um der Hitze aus dem Weg zu gehen.

Ich kauerte mich auf einem Weg nieder und beobachtete, wie

die Gottesanbeterinnen mühsam die Stengel des wilden Reises emporkletterten. Einmal, es war mittags, setzte sich eine Libelle auf den Rücken einer Gottesanbeterin. Sofort begann der Kampf, Klauen gegen Rüssel. Die Gottesanbeterin packte mit ihren Krallen die Libelle im Gesicht, aber diese versetzte ihren Feind mit ihren großen, farblosen Augen in Schrecken. Sie preßte sie gegen den Reisstengel. Die Gottesanbeterin atmete langsam und immer langsamer ... Noch wehrte sie sich dagegen, sich von dem Rüssel ersticken zu lassen. Und dann wickelte sich ihr Körper wie ein dünnes Stück Draht um den Reisstengel. Sie fiel zu Boden. Ich bog das Gras auseinander, um ihr den Rest zu geben. Da erschauerte ich, weil die Libelle meine Haare streifte. Im Dorf erzählte man sich nämlich, daß die Libellen Boten aus der anderen Welt seien und daß sie jeden Sommer auf ihren rotgefleckten Rücken die Seelen der Ahnen mitbrächten. Ich bekam Angst und lief nach Hause.[11]

Von unserem Haus aus konnte ich die Hügel sehen, die in dichtgedrängten Reihen zum Himmel emporkletterten. Es waren runde und spitze Höcker, die morgens rosa und in der Abenddämmerung bläulich schimmerten. Mit den Händen wie Muscheln über den Ohren dachte ich über das Rauschen der Bäche an den Abhängen, über das Echo des Gesangs der Nachtigallen nach ... Wenn der Herbst kommt, so sagte ich mir, werden die Nadeln der Zypresse *hinoki* ein knisterndes Lager bilden. Ich werde meine Haare mit roten Blumengewinden schmücken, die so zart sind wie ein Hauch. Und dann werde ich über meine Zukunft nachdenken ...

Ich erzähle nicht vom früheren Fukushima, weil ich die alten Zeiten zurückwünsche. Ich empfinde dabei keine Sehnsucht, sondern vielmehr Ehrfurcht. Wenn der Beton die Erde bedeckt, frage ich mich, ob es für den Menschen auch weiterhin Orte geben wird, an denen er Wurzeln schlagen kann. Wenn ich die verrückten Gräser sehe, die im Sommer den Straßenbelag sprengen, um sich zu sonnen, frage ich mich, ob der Mensch es eines Tages zu einem ebensolchen kümmerlichen Los bringen wird. Wenn ich die Winden sehe, wie sie ihre bläulichen Blütenblätter im staubigen Licht der Stadt entfalten, oder wenn ich sehe, wie sie auf der Suche nach Licht zu den Dächern hinaufklettern, so frage ich mich, ob das eines Tages auch unser Schicksal sein wird. Der Mensch ... Man bezeichnet ihn häufig als Tier. In Japan wird er sogar *ekonomikku animaru*, »ökonomisches Tier«, genannt.[12] Für mich ist der Mensch zunächst einmal kein Tier. Er kann nicht wie ein Vogel von Mast zu Pfahl fliegen, von der Mauer auf den Zaun, er kann nicht, wie eine Katze, zehnmal so hoch springen wie er groß ist. Er ist ein Gefangener. Eine Pflanze. Deswegen verehren alle, in den Städten wie in den Dörfern, *ubusunagami*, den Gott der Heimaterde. Manche nennen ihn auch *ujigami*, die Sippengottheit. Als Gott des Anfangs wacht er über die Bewohner der heimatlichen Erde. Der Erdboden ist die Grundlage der Menschheit.

Mi, der pflanzliche Körper

Das *Kojiki* (»Aufzeichnungen alter Begebenheiten«), das unsere Ahnen einst schriftlich niedergelegt haben, erzählt, daß am Anfang der Welt, als selbst Japan noch nicht erschaffen war, die Götter dem Sproß eines Schilfrohrs entstiegen sind.[13] Es heißt darin: »Die Ursubstanz war bereits hart geworden, aber weder die Energie noch die Form waren vorhanden. Es gab keine Namen, es gab keine Taten [...] Dann schwamm das noch junge Land wie Öl und ließ sich treiben wie eine Qualle, und der Name des Gottes, der sich aus all diesen Dingen formte, die wie die Knospe eines Schilfrohrs immer mehr anschwollen, war Umashi ashikabi hikoji no kami (Prinz wunderbarer Schilfschößling).«

Dieser *kami* verkörpert die Lebenskraft des Schilfrohrs. Aus ihm sind alle Dinge hervorgegangen.

Über die jungen Bambusschößlinge, die im Frühjahr nach dem Regen die Erde durchstoßen, sagte man, sie würden ganz von selbst aus dem Nichts hervorsprießen. Aber sie haben Wurzeln, und man kann nur den Teil essen, der sich in der Erde verbirgt, er ist zart und süß.

Im übrigen weiß jeder, daß man bei einem Erdbeben im Bambus Zuflucht suchen muß. Denn die Wurzeln sind so dicht ineinander verflochten, daß sie im Erdboden bleiben. Man hat noch nie gesehen, daß sich in einem Bambusdickicht eine Erdspalte geöffnet hätte. Und das ist den Wurzeln zu verdanken.

Wenn ein Kind geboren wird, ist es durch die Nabelschnur mit seiner Mutter verbunden. Das ist die Wurzel, der Ort seines Ursprungs. Wenn man die Schnur durchtrennt, verhält es sich wie ein tierisches Wesen. Aber es ist noch nicht wirklich Tier. Es ist immer noch ein bißchen Pflanze. Was seine Eltern ihm beibringen, alles was sie ihm geben, ist wie der Regen, der den Bambus wachsen läßt, wie das Wasser, mit dem die Reispflanzen bewässert werden. Das Kind wächst auf ganz natürliche Weise, harmonisch wie eine schöne Pflanze. Dann wird es immer mehr Tier ... oder Mensch. Pflanzen, Tiere und Menschen gehören keinen allzu unterschiedlichen Reichen an. *Kyōson shite iru*, wir »koexistieren« in der gleichen Welt, alle.

Man sagt manchmal, der Mensch regiere die Welt, doch das ist nichts weiter als eine überhebliche Redensart. Hat man jemals schon den Reis im Winter zum Sprießen gebracht? Der menschliche Körper, seine Substanz, besteht sie nicht aus Pflanze und Fleisch, die sie der Natur verdankt? Und das Wort »Körper« selbst, bezeichnet es nicht ursprünglich das rohe Fleisch? Es kann sowohl das eines Menschen als auch das eines Tieres bezeichnen, sowie das Fleisch der Früchte und die verschiedenen Getreidekörner. »Körper« und »Frucht« sind nur ein einziges Wort, obwohl man, um es zu schreiben, zwei verschiedene Zeichen gebraucht.[14]

Früher, bei den Adligen, durchtrennte eine weise Frau die Nabelschnur mit einem metallenen Gegenstand, sobald das Kind den Bauch der Mutter verlassen hatte. Aber in Fukushima hieß es, daß das Metall die Nabelschnur verderben lasse und mit ihr den ganzen Körper des Kindes. Also bediente man sich eines Schneidegerätes aus Holz. Die Nabelschnur wurde getrocknet und sorgfältig aufbewahrt. Später, wenn das Kind einmal krank wurde, zerstieß man diesen Hautfetzen zu Pulver und flößte es ihm ein, damit es die Kraft seines Ursprungs wiedererlangte.[15]

In der *kampōyaku*, der chinesischen Medizin – das ist unsere traditionelle Medizin –, ist der Nabel ein wichtiger Punkt des menschlichen Körpers. Der Nabel eines gesunden Körpers hat eine vertikale Spalte. Wenn man müde ist, richtet sich die Spalte in die Diagonale oder sogar in die Horizontale. Also genügt es, den

Nabel einer Person anzuschauen, um zu erfahren, ob sie gesund ist. Deswegen sollte der Nabel ein Objekt der besonderen Aufmerksamkeit sein. Man sollte ihn nicht einfach irgendwie reinigen, sonst schwillt der Bauch an, und man wird krank. Man sollte ihn ein einziges Mal im Jahr säubern, und zwar mit Sesamöl – denn die Ablagerungen, die sich im Nabel bilden, heißen *goma*, »Sesam«.

Der Nabel nimmt eine solch wichtige Stellung im menschlichen Körper ein, weil genau dieser Punkt an den beinahe pflanzlichen Ursprung des Menschen erinnert. Deshalb besteht auch das Schriftzeichen für Nabel aus dem Zeichen für Körper und dem für gebundene Ähren. Und er ist auch deshalb so wichtig, weil die fünf Getreidesorten einst aus dem Nabel von Ōgetsuhime, der großen Göttin der Nahrung, geboren wurden.

Der Boden von Fukushima, mein Mutterboden, hat mich ernährt. Es ist nicht einfach der Boden, auf dem ich geboren bin, sondern auch der Boden, aus dem ich geboren bin.

Die Riten für eine leichte Entbindung

Als ich auf die Welt kam, war Asaka noch ein richtiges Dorf mit höchstens einhundertfünfzig Einwohnern. Man sagte dort von meiner Mutter, sie wäre die beste Frau der Welt. Sie lächelte immer. Dennoch entstellte gegen Ende des Jahres 6 (1917) ein maskenhafter Ausdruck ihr Gesicht. Das war die Angst ... Man munkelte, sie hätte Angst vor einer schweren Entbindung. Denn Ende des Jahres 6 hatte es eine entsetzliche Epidemie der Spanischen Grippe gegeben. Viele Menschen waren ihr zum Opfer gefallen.

Bei uns im Hause Endō hatten alle Angst um das Leben meiner Mutter und um meine Gesundheit. Das Schlimmste ist der Tod einer schwangeren Frau: weil das Kind im Grab geboren wird, schleicht sich die Seele der Mutter jeden Abend heimlich in das Dorf und stiehlt dort Süßigkeiten, um das Baby, das im Sarg weint, zu ernähren. Man muß, gleich nachdem man das Kind rituell aufgenommen hat, Tage und Monate beten, um die Tote zu beruhigen und um sie daran zu hindern, weiter unter den Lebenden herumzuschleichen. Man sagt, daß im *Chi no ike*, im »Blutsee der Hölle«, die Mütter seien, die bei der Niederkunft gestorben sind.

Mit den anderen verheirateten Frauen des Dorfes gehörte meine Mutter der Koyasu-Gesellschaft (Gesellschaft für leichte Geburten) an. Sie verehrten Nyoirin Kannon, die mitfühlende Kannon des Juwels. Die Ehefrauen versammelten sich jeden Monat am 18. Tag im Kloster. Das ist der »Tag der Verbindung«, der *ennichi* der Kannon, an dem sie die menschlichen Bitten am bereitwilligsten erhört.[16] Sie ließen sich vor der Seitenhalle, in der sich die Statue der Kannon befand, nieder: auf einer Lotusblüte sitzend, hält diese eine Knospe in einer Hand, das Juwel in einer anderen und das Rad des Gesetzes in einer weiteren. Die Zeit hatte das dunkle Holz so gut poliert, daß es im Licht der Kerzen wie Bronze glänzte. Die Frauen opferten ihr Blumen und Wasser. Sie blieben lange wach und aßen »Reisfeldtänze«, *dengaku*: das sind Tōfuwürfel.

Als meine Mutter an den am Wegesrand aufgestellten Stelen der neunzehnten und dreiundzwanzigsten Nacht vorbeikam, die die letzten Abschnitte des Mondzyklus ehren, als sie also diese Steine bemerkte, blieb sie stehen. Die Koyasu-Gesellschaft hatte sie schon vor langer Zeit aufgestellt und ihnen das Bildnis des Mönchs Jizō einmeißeln lassen.[17] Sie neigte den Kopf und faltete die Hände. Sie bat die Götter um eine leichte Geburt, denn sie hatte eine unheilvolle Vorahnung.

Die erste Zeit ihrer Schwangerschaft war anstrengend gewesen. Sie hatte drei Monate unter Erbrechen gelitten. Und diese drei Monate waren kaum verstrichen, als ich anfing, an die Tür ihres Bauches zu klopfen. Zur selben Zeit wuchs ihr ein schwarzer Flaum unterhalb des Nabels. Dann, Anfang des fünften Monats, ließ ich ihren Bauch so sehr anschwellen, daß sie früher als es Brauch war, ihre Hüften mit einem großen weißen Gürtel, einem *obi* aus Iwata, umwickeln mußte. Iwata, mußt du wissen, ist ein imaginärer Ort, dessen Name »die Haut gehorcht den Verboten« bedeutet.[18] Und *obi*, »Gürtel«, kommt von *ubu* »zur Welt bringen«.

An einem Tag des Hundes, weil die Hunde, wie jeder weiß, leicht gebären, lud meine Mutter ihren *nakōdo*, den Heiratsver-

Junge Frau, die vor dem Bodhisattva Jizō Opfergaben darbringt (Keystone)

mittler[19], und alle nahen Verwandten ein, um das *obiiwai*, das Fest des Schwangerschaftsgürtels zu feiern.[20] Meine Mutter band den reinen *obi* um, den ihr ihre Mutter geschickt hatte, und ließ allen Geladenen Reis mit roten Bohnen vorsetzen, bevor sie Abschied nahm. Von nun an durfte sie sich dem Schrein des *ubusunagami* nicht mehr nähern: sein Gehilfe *ubugami*, der Gott der Geburt, war es nun, der über sie und mich wachen würde.

Im sechsten Monat war ich so groß geworden und bewegte mich so stark, daß die *toriagebaba*, die alte »Kinderaufsammlerin« (Hebamme), die die meisten Dorfbewohner auf die Welt gebracht hatte, immer wieder kommen mußte.

»Diese Plagen und Mühen weisen darauf hin, daß es ein Junge wird«, sagte sie.

Und alle Alten im Dorf sagten dasselbe.

Ermutigt durch diese Stimmen, zeigte sich mein Vater so liebevoll, daß er die *kuseyami*, die Krankheit der schwangeren Frau, mit meiner Mutter teilte. Nun war er es, der an Brechreiz litt. Meine Mutter erinnerte sich dankbar daran, wie er ihr bei ihrer ersten Schwangerschaft lange den Bauch massiert hatte. Trotz seiner linkischen Hände tat er das mit großer Einfühlung. Tatkräftig half er, meinen älteren Bruder herauszubefördern. Und so dachte sie: »Wenn es ein Junge ist, wird er mir diesmal wieder helfen.« Das beschwichtigte ihre Ängste.

Die Entbindung

Als sie fühlte, daß der Moment dicht bevorstand, gab meine Mutter einer ihrer Bediensteten den Auftrag, das *nando* herzurichten. Das ist ein kleines Zimmer, das weit weg vom Eingang, im Nordosten, im hintersten Winkel des Hauses lag.

Wie es den althergebrachten Gebräuchen entsprach, bekamen die Frauen ihre Kinder im *ubuya*, im Gebärhaus, das an der äußersten Grenze des Weilers errichtet war.[21] So wurden die Einwohner eines Dorfes vor einer Verunreinigung durch das Blut bewahrt. Sie hätten sonst krank werden und sogar sterben können. Denn die Geburt war damals eine Begegnung des Lebens mit dem Tod. Sie spielte sich abseits der Gesellschaft ab, in der sich Leben und Tod niemals mischen dürfen. Deshalb richtete man, wenn man konnte, einen geschlossenen, besonderen Raum dafür ein.

Früher waren die Sitten der Adligen bei der Geburt, wie bei allem anderen auch, extrem verfeinert. Die Damen des Hofes richteten normalerweise ein Zwölf-*tatami*-Zimmer[22] ein. In den Jahren jedoch, in denen es einen zusätzlichen Monat gab, wurde ein Zimmer mit dreizehn Matten eingerichtet, weil die Handlungen des Menschen immer dem Rhythmus der Natur angepaßt sein sollten.[23]

In Asaka waren die Sitten nicht ganz so kompliziert. Das Dorf besaß nicht einmal ein Entbindungshaus, und die Frauen brachten ihre Kinder, mit Ausnahme des Erstgeborenen, bei sich zu Hause auf die Welt.[24] Besonders wenn das Haus groß genug war.

In manchen Wohnungen richtete man im *niwa* eine Einfriedung ein. *Niwa* nannte man den dunklen Raum mit bloßer, gestampfter Erde, der sich am Eingang befand. Die Einfriedung nannte man *su*,

»Nest«. Es war ein Verschlag aus Brettern und Flechtwerk, den man mit Stroh auslegte. Meine Mutter indessen verurteilte diese Gewohnheit als unschicklich: die Leute kamen und gingen durch den Eingang, der neben dem Nest war, obwohl sich die Gebärenden doch von ihnen absondern sollten. Sie befahl also, das *nando*, das in normalen Zeiten kaum benutzt wurde, zu putzen. Es war ein Raum von der Größe von viereinhalb *tatami*, der sonst als Abstellkammer diente. Die Bediensteten bespannten die Wände mit weißem Stoff und plazierten drei runde Steine, die eine Feuerstelle darstellen sollten, mitten auf den Boden. Daneben legten sie Buchweizennudeln und ein großes Küchenmesser: so konnten die Götter sehen, daß meine Mutter keine Speisen zu sich nahm, die auf dem Feuer für die Familie gekocht worden waren, und daß sie das separate Feuer, wie es den Verboten entsprach, respektierte. Aber in Wirklichkeit war vereinbart worden, daß man ihr dreimal am Tag *zen* bringen sollte, Tabletts mit Mahlzeiten, die auf einer alten Feuerstelle in der Küche, die zu gewöhnlichen Zeiten nicht mehr benutzt wurde, zubereitet wurden.

Nachdem sie so ihre Anordnungen gegeben hatte, ging meine Mutter zum Hügel des Gottes Hachiman-sama, um in seinem Schrein ein kleines Kissen aus weißer Seide, das mit Stroh gefüllt war, sowie ein Band aus Hanf zu holen. Hachiman-sama war bei uns die Berggottheit, diejenige, die wir auf den Pässen verehrten, dort, wo der Wind so stark bläst, daß er die Ärmel aus den Kleidern reißt.[25] Am Tag der Entbindung legte meine Mutter das Kissen dicht neben ihren Kopf und band ihre Haare mit dem hanfenen Band zusammen, damit ihr der Gott beistünde. Der leidende Teil ihrer Seele würde ihrem Körper entweichen und sich neben ihr auf dem Seidenkissen ausruhen, doch ihr Leben würde sie nicht verlieren.[26]

Als sie bei Hachiman-sama ankam, sah meine Mutter, daß der *torii*, der Torbogen vor dem Schrein, frisch gestrichen worden war: zinnoberrot als Kontrast zu dem dunklen Grün der Bäume im Winter. Der Himmel war blau, beinahe durchsichtig, und die Seide der Kissen schimmerte. Nach der Geburt eines jeden Kindes brachten die Frauen des Dorfes das vor der Entbindung geliehene Kissen wieder hierher zurück und opferten ein anderes mit einem neuen Bezug: bei Hachiman-sama fand man ebenso viele kleine

Polster wie es seit zwanzig oder dreißig Jahren Entbindungen im Dorf gegeben hatte.

Meine Mutter, die nie auffallen wollte, wählte ein sehr kleines Kissen. Der Stoff war noch glatt. Sie zog ein bißchen Hanf aus einem Strang, der am Vordach aufgehängt war. Dann, als sie sich verbeugte, um dem Gott zu danken, begann ich an die Tür ihres Bauches zu klopfen. Ich klopfte so stark wie die Toten, die am Ende des Sommers gegen die Tür der Hölle schlagen, um sie niederzureißen und so auf diese Welt zurückzukehren.[27] Nicht weit entfernt fing ein Pferd an zu wiehern. Da sie wußte, daß Pferde die Seelen aus dem Jenseits in die diesseitige Welt tragen, stieg meine Mutter gleich wieder ins Dorf hinunter. Das Pferd wieherte noch einmal, und meine Mutter spürte die erste Wehe. Glücklicherweise hatte sie schon das *nando* vorbereiten lassen.

Wieder zu Hause, ließ ich ihr kaum Zeit, dem *benjogami*, dem Gott des Abortes, ihre Aufwartung zu machen. Er macht die Kinder schön. Jedenfalls sagt man das so, weil schwangere Frauen häufig urinieren.[28] Dieser *benjogami* liebt, wie alle anderen Götter auch, die Sauberkeit. Seit sie schwanger war, hatte meine Mutter sorgfältig den Abort geputzt, um diesem *kami* gefällig zu sein. Manchmal ertrug sie den schlechten Geruch kaum. Ihr wurde übel, wenn sie den hölzernen Deckel abhob, der die Grube, in der Sommer wie Winter ekelhafte Tiere krabbelten, abdeckte. Sie warf Beifuß hinein, um sie zu vertreiben, und danach scheuerte sie den Fußboden mit ganz viel Wasser. Sie machte diese Arbeit zwar nicht gerne, doch sie wollte ein schönes Kind.

Schließlich hatte sie die Forderungen aller Götter erfüllt: sobald sie sich hingelegt hatte, wurde ich geboren.

Es war Mittag. Die Sirenen der Fabriken von Kōriyama heulten, und ich habe auf den Armen der alten *toriagebaba* geschrien. Die *toriagebaba* betrachtete mich, als ich schrie. Sie hatte bemerkt, daß es genau Mittag war und rief laut aus:

»Aus ihr wird sicher einmal jemand werden, von dem die Leute sagen, daß keiner so beschäftigt ist wie sie! Die, die am Morgen geboren werden, sind am Morgen betriebsam; die, die am Abend geboren werden, werden am Abend munter. Aber sie, die zur Mittagsstunde geboren wurde, sie wird die ganze Zeit über tätig sein ...«

Mutter lächelte weise über diese glückliche Voraussage. Dennoch war sie enttäuscht. Trotz aller Mühen und Sorgen, die sie auf meine Geburt verwendet hatte, war ich bloß ein Mädchen.

»Das vierte ...«, seufzte sie.

Und in diesem Augenblick wünschte sie sich, eine Zeitlang keine Kinder mehr zu bekommen. Sie beschloß, den *otomi*[29] aufzuhalten und lange Zeit unfruchtbar zu bleiben. Sie wußte, daß dies meinem Vater nicht gefallen würde, aber mit Hilfe der *toriagebaba* nahm sie zwei lange Schilfrohre wie Eßstäbchen in die Hand, und sobald die Alte die Nabelschnur durchtrennt hatte, färbte sie die Spitzen der Rohre in diesem Blut. Später ging sie heimlich hinaus und warf sie so weit und so hoch sie konnte auf das Küchendach, auf daß das Menstruationsblut von ihr fernbliebe![30]

Aber diese Praktik war nicht besonders wirksam: Meine Mutter bekam noch drei Kinder. Einen zweiten Sohn, Yoshihisa, und zwei weitere Töchter, Kikumi und Yaeko.

Aramitama, eine wilde Seele

Mich ärgerte die Frostigkeit dieses Empfangs. Deswegen habe ich monatelang so geschrien. Vor allem nachts, wenn ich Angst hatte, daß meine noch nicht sehr gut befestigte Seele meinen Körper wieder verlassen könnte. *Mi*, der pflanzliche Körper, der nur physischer Körper ist, macht nicht die ganze menschliche Person aus. Er ist bloß ein Behälter, wie eine Dose, der einer vitalen und geistigen Energie, die *tama* heißt, Gestalt verleiht.

Eines Tages, als ich meine Mutter fragte, wie die Kinder auf die Welt kämen, erzählte sie mir folgende Geschichte:

»Früher, es ist schon sehr lange her, gab es in Shinshū einen Zimmermann, der keine Arbeit hatte. Er machte sich auf nach Ōshū, um dort Geld zu verdienen. Als seine Aufgabe dort beendet war, machte er sich wieder auf den Weg nach Hause, aber als der Tag sich neigte, blieb ihm nichts anderes übrig, als sich dazu zu entschließen, im Schrein des Dorfes, durch das er gerade kam, Schutz zu suchen. Gegen Mitternacht hörte er, *paka! paka!* das

Geräusch von Pferdehufen! Ein unbekannter *kami* wollte den Gott des Dorfes abholen. Und er sprach also:

– Hachiman-sama! Heute nacht hat man auf einem Gehöft deines Dorfes ein Entbindungshaus gebaut. Ein Kind wird dort geboren. Hier bin ich also. Auch du bist da, so komm mit mir!

Hachiman-sama antwortete auf folgende Weise:

– Danke, daß du dich so bemüht hast. Ich wollte gerade dort hingehen. Aber ich habe einen unerwarteten Gast bekommen, und ich muß bleiben, um über ihn zu wachen. Ich bitte dich, tu mir den Gefallen und gehe allein dorthin!

Dieser Dialog kam dem Zimmermann vor wie ein Traum. Zuerst erschrak er. Dann beruhigte er sich bei dem Gedanken, daß Hachiman-sama ihn beschützen würde, und er schlief wieder ein.

Ein wenig später hörte er erneut den Hufschlag eines Pferdes und kurz darauf die Stimme des *kami*:

– Hachiman-sama, die Entbindung verlief gut!

– Ah! Danke! Aber sage mir, war es ein Junge oder ein Mädchen?

– Es war ein Mädchen.

– Und was für ein *innen*, was für ein Schicksal hast du ihr bestimmt?

– Ihr Schicksal soll sein, den Mann zu heiraten, der heute nacht bei dir Unterschlupf gesucht hat.

Als der Zimmermann das hörte, war er ziemlich unzufrieden. Schließlich war er schon dreiundzwanzig Jahre alt. Was nun? Er sollte sich mit diesem Baby verheiraten? Das bedeutete, daß er keine Frau würde nehmen können, bevor nicht noch einmal zwanzig Jahre verflossen wären! Er beschloß, das kleine Mädchen, das soeben auf die Welt gekommen war, zu töten.

Er wartete, bis der Tag anbrach. Dann stieg er zum Dorf hinunter und suchte das Gehöft auf, in dem die Entbindung stattgefunden hatte. Aber er konnte sich nicht dazu entschließen, das Baby zu töten. Es war nichts zu machen. Also nahm er im nächsten Dorf für einen Monat Arbeit an. Danach kehrte er zurück zum Haus des Babys. Die Kleine war gewachsen: sie lag in einem *izumi*, einem großen Korb[31], und es war niemand in der Nähe. Mit einer Schere durchbohrte er die Kehle des Babys und flüchtete, ohne sich noch einmal umzusehen.

Und dann vergingen doch zwanzig Jahre bevor der Zimmermann endlich eine Frau fand. Eines Tages, als er die Kehle seiner Frau betrachtete ... fand er eine Narbe! Er fragte sie, wie sie zu der Narbe gekommen sei: die junge Frau erzählte, daß ein unbekannter Mann einen Monat nach ihrer Geburt ihr die Kehle mit einer Schere durchbohrt hätte, und daß er daraufhin entflohen sei. Der Zimmermann erschrak insgeheim und war erstaunt.

Der Gott, der zu Pferd kam«, erklärte meine Mutter zum Schluß, »ist *ubugami*, der Gott der Geburt gewesen. Dieser *kami* entscheidet über unsere Geburt, unsere Heirat und unseren Tod. Ohne ihn könnten wir nichts zustande bringen. Im Moment der Entbindung trägt er *tama*, die Seele des Neugeborenen, und bestimmt sein Schicksal. Denn ohne *tama* gibt es kein Leben. Alle Lebewesen besitzen es, die Götter mehr als die Menschen, die Menschen mehr als die Tiere und Pflanzen. Habe stets einen reinen Körper, damit es deiner Seele gut darin gehe!«

Ubugami, ich weiß nicht genau, wer das ist. Die einen sagen, es sei der Gott der Heimaterde, der aber für die Entbindungen seinen Namen ändere, weil er vor Blut großen Abscheu hege. Andere versichern, daß er der Gott des Abortes sei, der die Kinder gesund mache. Einige glauben, es sei *hōkigami*, die Besengottheit, ein Gott, der die Unreinheit verjage und der Mutter helfe, ihr Kind aus ihrem Körper hinauszustoßen, damit es in die Welt eintrete. Und wieder andere denken, daß es die Berggottheit sei. In Asaka sagte man früher, daß es ein Gefährte dieses Hachiman-sama sei, der die Seidenkissen bewache: jede Seele eines Neugeborenen, die aus der anderen Welt kommt, hält für einen Moment in seinem Schrein auf der Spitze des Hügels inne, bevor sie zu den Gehöften hinabsteigt. Bei der Durchreise weist der *kami* ihr den Weg zum Dorf und zu dem Haus, in dem sie Mensch werden soll.

Während der noch halb pflanzliche, halb tierische Körper in der Heimaterde Wurzeln schlägt, ist *tama* unbeständig und leicht. Wie ein Gas oder ein Vogel. Vor allem bei Kindern und dann noch viel später, beim Herannahen des Todes. Es ist unser Geist und unsere Kraft. Und ohne *tama* ist es unmöglich zu leben. Ohne *tama* ist keine Geburt möglich. Deswegen sind Zwillingsgeburten so gefährlich. Der Vater muß, wenn er dessen gewahr wird, sofort auf das Dach des Hauses steigen und gen Himmel, dem Gott der

Geburt entgegenschreien, um ihn dazu zu veranlassen, mehr *tama* mitzubringen. Denn wenn davon nicht genug da ist, reißt entweder eines der Neugeborenen das ganze *tama* an sich und das andere stirbt, oder sie teilen sich *tama* und denken und handeln während ihres ganzen Lebens genau auf die gleiche Weise.

Meine Mutter sagte, man müsse sauber sein, um gesundes *tama* zu haben, und zwar deshalb, weil Seele und pflanzlicher Körper voneinander abhängen. Genauso kann es geschehen, daß *tama* unter der Einwirkung einer Leidenschaft, vor allem der Eifersucht, den Körper verläßt, der dann wie eine leere Hülle auf der Erde zurückbleibt. Deswegen entscheidet der Gott, der bei der Geburt die Seele mitbringt, auch über so grundlegende Ereignisse wie Heirat und Tod.

Bei mir, die ich trotz dieses erbärmlichen Empfangs, den die Welt mir bereitet hatte, leben wollte, neigte die Seele zum Wilden und tobte in meinem Körper, den sie manchmal sogar zu verlassen suchte. Ich schrie so viel, um meinen Geist in meinem Körper zurückzuhalten. Denn Lärm verjagt die schlimmen, unheilvollen Kräfte. Meine Mutter, die neben mir schlief, streichelte mich so lange unter dem Kinn und am Kiefer entlang, bis ich befriedigt einschlummerte.

In der Tat interessierte sich keiner für das kleine Mädchen, das am zweiten Tag des neuen Jahres geboren worden war. Man machte sich nicht einmal die Mühe, ihm einen Namen zu geben. Für meinen Vater waren Mädchen uninteressant. Er war im russisch-japanischen Krieg gewesen und hatte sich dort als so mutig erwiesen, daß er eine Pension erhielt. Er wollte Söhne, um aus ihnen Soldaten zu machen.

»Japan«, sagte er oft, »braucht überhaupt keine Mädchen.«

Er war gewiß kein kriegerischer Mann, aber er dachte, daß die koloniale Expansion völlig normal sei: das Land war zu klein und die Leute zu zahlreich. Nicht alle verfügten über genug Boden, um ihre Kinder zu ernähren. Und wer wollte schon seine Nachkommen in die Stadt ziehen sehen? In den großen modernen Städten war die Promiskuität schrecklich, dort war kein moralisches Leben möglich. Also mußte man sich im Ausland Boden holen; in dem gewaltigen chinesischen Raum, der so groß war, daß die Chinesen ihn allein nicht völlig bewirtschaften konnten.[32]

Vater hatte nichts gegen die Chinesen. Er hatte sogar tiefen Respekt vor dem Alter ihrer Kultur. Er sagte:

»Das sind die, die uns das Schreiben gelehrt haben.«[33]

Und dann fügte er hinzu:

»Aber weshalb sollten wir auf einer Reihe winziger Inseln übereinander gestapelt leben, wenn da, in greifbarer Nähe, eine ungeheure Weite zur Verfügung steht?«

Diese Nähe, erklärte er noch, sei ein Zeichen der Götter. Und um diese neuen Böden zu erschließen, seien Mädchen zu gar nichts nütze. Mehr noch, wenn sie sich verheirateten, müßte man ihnen eine Aussteuer mitgeben, das von den Vorfahren stammende Erbe um einige Reisfelder oder Berge beschneiden. Nur zu diesem Preis würde man ihnen eine gute Heirat in ein Haus sichern, dessen Status dem unsrigen angemessen wäre.

Meine Geburt verlief um so unbemerkter, als sie während der *sanganichi*, den drei ersten Tagen im Jahr, stattfand, die man mit herrlichen Belustigungen feiert. Keiner hätte die Feierlichkeiten wegen der Geburt eines Mädchens unterbrechen wollen. Der zweite Tag des ersten Monats war in Asaka genau der Tag *hatsuni*, an dem man die Arbeiten des Jahres zeremoniell einleitete, weil man sowohl das Wort »Last« als auch die Ziffer »zwei« *ni* ausspricht. Die Händler lieferten ihre ersten Waren und paradierten auf ihren mit bunten Bändern geschmückten Karren in den Straßen. Diese Bänder waren in Kōriyama übrigens der erste große Ausverkauf des Jahres.[34] Mein Vater respektierte kein Verbot. Kaum hatte er meine Plazenta unter der Veranda unseres Hauses vergraben, stürzte er sich in einer von Festen unterbrochenen Zeit wieder auf seine kommunalen Aufgaben. Er machte sich nicht einmal die Mühe, einen weißen Stein unter meine Plazenta zu legen – damit die Würmer nicht auf mein Grab kriechen und den Geist stören könnten, der dort über mein Wachstum wachte. Doch die Würmer krochen darüber, was, wie allgemein bekannt ist, die Neugeborenen zum Weinen bringt. Das war ein weiterer Grund für meine schlechte Stimmung.

Damals zwang sich meine Mutter einundzwanzig Tage lang Speisen zu essen, die auf einem anderen Feuer gekocht waren, als auf dem, das vom Rest der Hausgemeinschaft benutzt wurde. Das geschah, um die anderen Mitglieder der Familie nicht durch das Blut zu besudeln.

Während der drei Wochen kümmerte sich die alte *toriagebaba* um mich. Man beköstigte sie mit den Geschenken der Nachbarn. Später lernte ich sie gut kennen. Sie war extrem klein, extrem runzlig und gegen Ende ihres Lebens vollständig krumm, und an Stelle eines Spazierstockes schleifte sie eine Hand auf dem Boden. Die Leute sagten über sie:

»Sie ist ganz krumm. Sie wurde zu sehr ausgenutzt.«

Gleich nach meiner Geburt tauchte sie mich in *ubuyu*, in das warme und reinigende Wasser des ersten Bades. Es war heißes Wasser in einem Holzbottich. Dann wickelte sie mich in meine erste Kleidung, die aus einem einfachen Stück Stoff ohne Ärmel bestand. Es ähnelte einem Schweißtuch. Sie legte mich auf den Rücken. Den Kopf bettete sie auf eine zusammengefaltete Binde, anstelle eines Kissens. Es war eine lange und feine Binde, damit ich ein langes Leben haben sollte.

»Wenn du einen Sohn hast,« sagte sie zu mir – ich war damals sechs oder sieben Jahre alt –, »und du willst, daß er jüngere Brüder bekommt, mußt du ihm eine lange Unterhose unter den Kopf schieben.«

Dann bereitete sie das *ubumeshi*, das Geburtsmahl, zu. Es bestand aus rotem Reis, den sie zuerst dem Gott der Geburt anbot, dann meiner Mutter und zuletzt auch mir, damit wir alle beide wieder zu Kräften kämen. Ich habe natürlich nicht wirklich gegessen. Für meine Mutter hatte sie eigens den Reis zubereitet, der aus ihrem Elternhaus geschickt worden war, weil die Lebenskraft eines jeden Menschen nur dadurch wiederbelebt werden kann, daß er sich zu den Wurzeln seines Blutes zurückwendet.[35]

Auch hatte diese alte Kinderaufsammlerin für mich im Dorf eine *chitsuke-oya* gefunden, eine Milchmutter, die soeben einen Jungen zur Welt gebracht hatte. Tatsächlich sollte mir die Mutter eines kleinen Jungen meine erste Brustmahlzeit geben, damit meine weibliche und meine männliche Natur im Gleichgewicht wären.[36]

Die Eltern meiner Mutter, meine Großeltern, die ein bißchen weiter weg in einem anderen Dörfchen am Abukuma wohnten, hatten für mich ein weißes, leichtes, mit Ärmeln versehenes Kleidungsstück geschickt, das man *enagi* nannte, »Einkleidung des Neugeborenen«. Das war mein erstes Kleidungsstück als menschliches Wesen. Man zog es mir am dritten Tag nach meiner Geburt an, als sicher war, daß meine Seele auf der Welt bleiben würde. Das war der Zeitpunkt, an dem der Gott der Geburt, der meine Seele gebracht hatte, wieder auf den Hügel zurückkehrte. Er ging dorthin zurück, und ich blieb da, in die Welt der Menschen geworfen.

Am Morgen des dritten Tages versammelte sich die Familie, um zu meiner Ehre zu frühstücken: Reis, Misosuppe, Algen, Eier und Fisch. Nachdem man mich umgezogen hatte, nahm die Mutter meines Vaters ein wenig Ruß vom Boden eines Kessels. Dieser hing immer am Kesselhaken, der die Form eines gemeißelten Fischkopfes hatte, über der viereckigen Feuerstelle.[37] Sie rieb mich damit an der Stirn ein, damit mir in Zukunft weder Dämonen noch das Schicksal schaden könnten. Am selben Tag bei Sonnenuntergang ging ich in ihren Armen über eine Brücke: sie warf ein paar Reiskörner ins Wasser und ging geradeaus weiter, ohne sich ein einziges Mal umzudrehen. Das sollte einem Tod durch Ertrinken vorbeugen.[38] Am sechsten Tag schließlich rasierte mir die *toriagebaba* das Köpfchen und ließ nur hinten am Hals ein dünnes Büschel flaumiger Haare, an welchem mich die Götter erwischen und zurückhalten könnten, falls ich in die Feuerstelle oder in die Toilette fallen sollte.

Eine Woche war vergangen. Die ganze Nachbarschaft hatte meine Schreie gehört, aber ich hatte noch immer keinen Namen. Schließlich mußte man sich entscheiden. Und es war die alte Kinderaufsammlerin, die vorschlug, mich Nami zu nennen, die einfache Umkehr des Vornamens meiner Mutter, Mina. Und unter diesem Namen trug mich mein Vater in das Familienregister des Hauses Endō ein. Er notierte meinen Namen in *katakana*, phonetischen Zeichen, ohne auch nur daran zu denken, Schriftzeichen zu wählen, die ihm eine Bedeutung gegeben hätten.

In Japan sagt man, daß die Bedeutung des Vornamens den Charakter des Kindes bestimmt und sein Schicksal beeinflußt. Man sucht auch häufig einen Mönch oder einen Weisen auf, damit er einen glückbringenden Namen für das Neugeborene aussucht. Aber in meiner Familie hatten nur die Jungen das Recht auf einen richtigen Namen. Die Schriftzeichen für Yoshiharu, meinen älteren Bruder, bedeuten Freude und Glück; später gab mein Vater meinem jüngeren Bruder Yoshihisa den Namen Freude und Ewigkeit. Aber weder für mich noch für meine älteren oder jüngeren Schwestern suchte man lange. Die Vornamen von uns Mädchen wurden alle in *katakana* geschrieben. Das sind nur Silben. Ich mußte bis zur Heirat warten, um einen richtigen Namen zu erhalten. Meine Schwiegermutter war die erste, die Schriftzeichen für Nami auswählte: *Na* war das erste Schriftzeichen von Nara, der alten Hauptstadt, und *mi* bedeutet Schönheit.

Kurz und gut, ich war also eine Woche alt, als man mich Nami nannte. Alle Frauen aus dem Dorf versammelten sich im Hause Endō, um am Festessen zu meiner Geburt teilzunehmen. Ich erschien vor ihnen, eingemummt in einen gefütterten Kimono und eine wattierte Decke, die mit Helmen und Kriegern bedruckt war, so wie es die damalige Mode für Jungen vorschrieb. Man hatte also so sehr auf einen Jungen gehofft, daß kein Tuch, das für ein Mädchen passend gewesen wäre, vorbereitet war. Die rosa Blüten eines Pfirsichbaumes wären viel angemessener gewesen. Die Frauen amüsierten sich über diese Ungehörigkeit, und ich brüllte vor Scham.

Drei Wochen nach meiner Geburt erhob sich meine Mutter von ihrem Lager. Sie verließ ihren Winkel im Nordwesten und schloß sich wieder dem Familienleben an, indem sie am Morgen eine Schüssel Misosuppe, die auf dem gemeinschaftlichen Feuer gekocht worden war, annahm. Alle erfreuten sich an ihrer schönen Gestalt und machten sich über meine enormen Hängebacken lustig, was mir, wie man erzählt, sehr mißfallen hat.

Am Nachmittag nahm mich meine Mutter mit zu ihren Eltern zur offiziellen Vorstellung. Sie gerieten in Verzückung, daß ich so kräftig war und beglückwünschten meine Mutter wegen ihres Aussehens. Sie gaben ihr Eier und sagten ihr, sie müsse stärkende Lebensmittel zu sich nehmen, um mich ohne allzu große Erschöpfung stillen zu können. Ich hatte tatsächlich einen gesegneten Appetit.

Auf dem Rückweg machte ich meine erste Pilgerfahrt zum Schrein des *kami* der Heimaterde, der Dorfschutzgottheit. Die Mutter meines Vaters, die uns entgegengegangen war, trug mich. Ich hatte am Morgen soviel geweint, daß ich jetzt ruhig schlief. Als man mich dem Gott vorstellte, mußte man mich also kneifen, damit ich wieder weinte und so der Gott meine Anwesenheit bemerken konnte. Auf dem Nachhauseweg ließ mich meine Großmutter die Vorübergehenden grüßen und verteilte Süßigkeiten an die Kinder, die mir begegneten.[39]

Auf diese Weise wurde der Kreis meiner Bekannten nach und nach erweitert. Und schließlich kam mein hundertster Tag, an dem ich meine erste öffentliche Mahlzeit einnehmen sollte. Auf einem Tablett bot man mir Reis und einen ganzen Fisch an. Daneben lagen noch ein paar Stäbchen und ein runder Kieselstein, weiß und glatt, den man in der Umfriedung von *ubusuna* aufgelesen hatte. Meine Mutter führte die Stäbchen an meine Lippen und zwang mich, ein Reiskorn zu schlucken. Diese Zeremonie sollte mir meinen gesunden Appetit erhalten. Dann rieb sie mit dem Stein mein Zahnfleisch, um meine Zähne hart zu machen und damit die Festigkeit meines Körpers mir Gesundheit und ein langes Leben sichere. Dieser Stein sollte den Gott meiner Geburt symbolisieren. Gewiß weinte ich, weil mir der Stein weh tat, aber ich glaube auch aus Angst vor dieser Gesellschaft, in die ich jetzt eintreten mußte. Der erste Abschnitt meines Lebens war beendet.

Am folgenden Tag hörte meine Mutter auf, mir die Brust zu geben.[40] Ich rebellierte und schrie, soviel ich konnte, bis in den folgenden Winter. Ich versuchte, mich mit diesem Lärm im Hause Endō durchzusetzen.

II
Das Haus Endō

の袋から白い粉は出られぬ

Hai no fukuro kara shiroi kona wa derarenu.
Aus einem Sack voll Asche wird kein weißes Mehl herauskommen.

Ie, das Haus

Wenn ich Haus sage, so meine ich Familie. Aber wir Japaner bevorzugen das Wort Haus. Für uns ist ein Haus kein Bauwerk, das der Mensch zufällig bewohnt. Es ist auch eine Form des Wohnens, eine Lebensweise, nach der sich die Menschen, Generation um Generation, gemeinsam richten. Ein Haus besteht aus Männern und Frauen, jungen und alten, die unter ein und demselben Dach schlafen und essen. Sie ehren ihre Arbeit, damit das Erbe, das ihnen von ihren Vorfahren übergeben wurde, Früchte trägt. Und sie verehren diese Vorfahren. Deswegen bezeichnet im Japanischen ein einziges Wort, *ie*, das Haus als Bauwerk und als Familie. *Ie* verweist auf unsere Blutsverbindung zu einem Geschlecht.[1] *Ie* lebt in jedem von uns, die Kette unserer Existenzen gibt ihm seine Kraft, während es den Sinn unseres Aufenthaltes auf dieser Welt zusammenfaßt.

家

Ie, das Haus

Ein Haus ohne Hausaltar ist etwas Trauriges. Der *butsudan*, der buddhistische Hausaltar, ist den Verstorbenen geweiht, und der *kamidana*, der shintōistische Hausschrein, den Gottheiten, die das Haus beschützen.[2] Ich weiß, daß im heutigen Tōkyō die Hälfte der Wohnungen keinen Altar haben: für mich sind das nur arme, leere Gehäuse.

Daß wir auf dieser japanischen Erde leben, haben wir unseren Ahnen zu verdanken. Sie haben uns dieses Geschenk gemacht, damit wir den Fortbestand der Inseln bis in alle Ewigkeit sichern.

Aus diesem Grund ist das schlimmste aller menschlichen Vergehen der *oyako-shinjū*, der Selbstmord einer Familie. Man hat mir erzählt, daß er im Westen selten ist, aber in Japan kommt es gelegentlich vor, daß ein in den Bankrott getriebener Mann oder eine verzweifelte Mutter sich tötet und ihre Kinder mit sich reißt, anstatt dem Schicksal die Stirn zu bieten. Ich verstehe ihr Unglück, weil ich selbst vor langer Zeit einmal an *oyako-shinjū* gedacht habe.

Ich hatte ein Produkt entwickelt, das sich im nachhinein als schädlich erwies. Ich stellte mir vor, wie man mich verfolgen und juristisch belangen würde. Zuerst dachte ich daran, mich aufzuhängen und meine Kinder zu beseitigen, um diese Schande zu tilgen. Dann verstand ich, daß ich nicht so einfach einer Ahnenreihe ein Ende machen könnte, die so viele Jahrhunderte überdauert hatte. Ich sah ein, daß mich diese Angelegenheit nicht alleine betraf, sondern die lange Ahnenreihe mit einbezog. Ich besaß weder das Recht, ihr Werk zu zerstören, noch die Kinder meiner Kinder vor ihrer Geburt zu vernichten. Glücklicherweise fand ich mit Hilfe der Götter unseres Hauses in meinem Herzen die Kraft zu widerstehen.

Die Bande, die uns mit unseren Ahnen verknüpfen, leichtfertig zu betrachten, heißt Japan verleugnen. Von ihrer Ahnenreihe abgetrennt, werden die Menschen *wagamama*: sie lassen sich gehen, sie erweisen sich als Egoisten. Heutzutage spricht man von *kojinshugi*, von »Individualismus«, aber das ist dasselbe. Die Jungen vergessen, daß sie Japaner sind. Bald werden sie unsere Geschichte mit der des Westens vermischen. Dann wird Japan verschwinden ... Aber das werden die Götter nicht erlauben. Niemals ...

Während ich so nachdenke, steht mir unser altes Haus undeutlich wieder vor Augen: Schatten tauchen auf, in die sich unaufhörlich Gesichter mischen. Die fahle Silhouette meiner Mutter in einer Türöffnung. Die meines älteren Bruders, der ausländische Zigaretten rauchte. Die ständig lärmenden Schwestern. Das Schweigen meines Vaters. Die lächelnde Behendigkeit der Bediensteten. Ich sehe sie so klar wie in einem Traum, denn die Wohnungen sind untrennbar von den Gesichtern, die in ihnen gewohnt haben. Es sind die Gefährten der Vergangenheit, des Lebens von Generationen, die einander darin abgelöst haben. Und für unser Haus war das eine sehr lange Geschichte.

Die Geschichte des Hauses Endō

Am Ende des 16. Jahrhunderts ließen sich die Endō in der Ebene von Asaka nieder und gründeten den Weiler Kitai. Sie kamen aus einer weit entfernten Gegend, wahrscheinlich aus dem schon viel weiter entwickelten Südwesten.

Die Erinnerung an unsere Ahnen reicht bis in eine weit zurückliegende Epoche, in eine Zeit, in der die Krieger noch lange Schwerter trugen und Yoshitsune und sein älterer Bruder Yoritomo gegeneinander kämpften. Beide waren Söhne von Yoshitomo, der wiederum ein Nachkomme des Kaisers Seiwa gewesen war. Kaiser Seiwa hatte ihren Vorfahren den ruhmreichen Namen Minamoto verliehen. Zuerst kämpfte Yoshitsune auf der Seite seines Bruders gegen ihren gemeinsamen Feind, die Taira.[3] Doch dann packte den älteren Bruder die Eifersucht auf die Heldentaten seines jüngeren Bruders, und er beschloß, diesen zu töten. Yoshitsune floh in größter Eile nach Norden und gelangte bis nach Hiraizumi, das in unserer Gegend liegt. Hiraizumi ist eine Stadt mit riesigen Klöstern und blühenden Gärten, mitten im Gebiet der Familie Mutsu. Ein Mann namens Kudō Suketsune, Sohn des Suketsugu, war ihm jedoch dahin gefolgt und tötete ihn aus dem Hinterhalt.[4] Er brachte Yoshitsunes Kopf zu Yoritomo und erwarb sich damit dessen Wohlwollen. Als Lohn für seine Tat erhielt er Ländereien, die so unendlich weit waren wie der Himmel und so gewaltig wie das Meer, eine ganze Provinz im Nordosten.

Der jüngste Sohn dieses Kudō Suketsune, der durch Adoption

den Familiennamen Itō erhalten hatte, ließ sich zur selben Zeit in der Ebene von Asaka nieder. Unsere Vorfahren gehörten zu seinen Vasallen. Sie bildeten den Ursprung unseres Hauses.

Leider waren die Kriege noch nicht vorbei. Alle Provinzen waren durch die Schlachten, die sich die Lehnsherren mit den »großen Namen«, die *daimyō*, lieferten, verwüstet worden. Man nannte diese Zeiten *Sengoku jidai*, das »Zeitalter der kämpfenden Länder«.[5] Eine adlige Familie nach der anderen eignete sich die Rechte auf unseren Boden an. Die Date griffen die Itō an. Die Nachkommen Suketsunes wollten ihre Ländereien verteidigen, aber Date Masamune besiegte und tötete sie.[6] Von den Endō, die ihnen gedient hatten, überlebte ein einziges Kind, ein Mädchen namens Endō Mine. Sie floh auf der Stelle und zog sich nach Kitai zurück. Dort fing sie an, Land zu bebauen und gründete einen Weiler. Am siebten Tag des ersten Monats im Jahre 18 der Tenshō-Ära (1590) verfaßte Date Masamune auf seinem Schloß in Kurokawa während eines Dichtertreffens folgendes Gedicht:

Nanakusa wo
Ippa ni nosete
Tsumu nezeri![7]

Ich pflückte ein Blatt
der Nezeri und legte
darauf die sieben Kräuter!

Mit diesen Versen wollte er zu verstehen geben, daß die sieben Gebiete unserer Region in seiner Hand vereint waren: Shirakawa, Ishikawa, Iwase, Tamura, Asaka, Adachi und Shinobu.

Am selben Tag soll Endō Mine ihr Haus fertiggestellt haben.

Von Endō Mine weiß ich nicht viel. Laut meiner älteren Schwester war sie eine sehr fromme Frau. Sie pilgerte zu den drei heiligen Bergen von Kumano und nach Ise, wo man Amaterasu, die Ahnengöttin der japanischen Kaiser, verehrt.[8] Dort, in einem Ort namens Shirako, begegnete sie dem Schreindiener Hakuō. Diesen Priester nahm sie mit nach Kitai, wo er auf einer Anhöhe, die das Dörfchen im Norden begrenzte, den Gawaba Hakuō-jinja, den »Schrein unserer Mutter und des Weißen alten Mannes« gründete.

Man wundert sich heute, daß in so alten Zeiten eine junge Frau auf diese Weise ein Dorf gründen konnte, aber bei den Endō erwiesen sich die Frauen schon immer als viel stärker als die Männer.[9]

Unsere Ahnen waren zu dieser Zeit bestimmt nicht reich. Die Besitzungen waren nicht sehr ausgedehnt. Man zögerte, zuviel Land urbar zu machen, das man dann mangels Arbeitskräften nicht mehr richtig hätte bestellen können. Ich glaube, wir bauten Gerste und Hirse an, aber auch Reis für die Steuern.[10] Glücklicherweise war unser Boden so fruchtbar, daß heute der Asakamai, der Reis aus Asaka, in ganz Japan berühmt ist.

Der Nordosten war so weit zurückgeblieben, weil dort die Unruhen noch nach der Machtergreifung der Tokugawa, und sogar noch nach der Errichtung der Hauptstadt Edo im Osten andauerten. Ungefähr um die Mitte des 17. Jahrhunderts geschah schließlich folgendes: Die Ländereien, die an jene der Mutsu angrenzten und die man künftig nach der großen Stadt Aizu-Wakamatsu »Lehen von Aizu« nannte, wurden einem Herrn der Matsudaira-Familie, Hoshina Masayuki, übertragen. Als Sohn von Tokugawa Hidetada und einer seiner Konkubinen war er von den Hoshina adoptiert worden.[11] Aizu war ein gewaltiges Lehen von 230000 *koku* Land.[12] Unter der Ägide der Matsudaira begann der Handel zu florieren.

Masayuki war ein Mann, der Veränderungen offen gegenüberstand. Er zog die Manufakturen nach Aizu-Wakamatsu, regelte die vertragliche Arbeit der Landarbeiter und förderte die Lackindustrie. Dann verbot er den Doppelselbstmord und die Feuerbestattung von Föten. Er besuchte regelmäßig den großen konfuzianischen Denker Yamazaki Ansai[13] ... Wenn ich daran denke, daß mein Mann ein Nachkomme dieses Ansai ist, so bin ich mir sicher, daß es ein *en*, eine sehr alte »Verbindung« zwischen uns gibt.

Die Matsudaira waren wirklich große Herren. Bis zur Meiji-Restauration[14] herrschten sie auf dem Lehen Aizu. Sie waren es auch, die den Wohlstand der Endō möglich machten.

Denn die Endō nahmen am Aufschwung dieser armen Region teil: Unser Haus wurde immer reicher und wir haben auf großem Fuß gelebt. Wir besaßen riesige Landgüter und viele Teilpächter waren erforderlich, sie zu bestellen. Eine große Zahl von Dienstboten lebte unter unserem Schutz. Da gab es zunächst die *genin*, die »Leute von niedrigem Rang«. Weil sie vom Schicksal wenig begünstigt waren, verkauften sie uns ihre Kinder, die sie nicht ernähren konnten. Diese sollten *fudai* werden, »durch Abstammung rechtmäßige Diener«, die man von Generation zu Generation anstellte. Dann gab es noch die *nago*, die »Namenskinder«.[15] Das waren Leute, die mindestens seit drei Generationen bei uns arbeiteten, so daß man sie manchmal *sandai kosaku* nannte, »Kleinpächter der dritten Generation«. Wir gestanden ihnen das Recht zu, unseren Namen zu tragen, wir gaben ihnen Ländereien, und viele verließen sich auf uns, damit ihre Kinder etwas zu essen hatten.

Dieses Gesinde behandelte man wie Familienmitglieder, wie jüngere Brüder. Man stellte ihnen Werkzeug oder ein Tier, etwa einen Ochsen oder ein Pferd, zur Verfügung. Das war damals ziemlich viel wert! Wenn ein Knecht krank wurde, bezahlte man ihm die Medizin. Wenn er starb, kümmerte man sich um seine Familie. Als Gegenleistung arbeitete er für uns, und an Neujahr sowie zum Totenfest am Ende des Sommers kam er, um die Ahnen der Endō zu grüßen. Unser Haus gehörte schnell zur Kategorie eines *honke*, eines »Stammhauses«, dessen Oberhaupt ein erbberechtigter Sohn ist. Gemeinsam mit nur zwei anderen lag es am östlichen Ende des Dörfchens auf einer grünen Anhöhe, die das Tal überragte. Diese ideale Lage des Hauses zeigte schon an, daß es zu den ältesten in unserer »Herde«, *maki*, zählte. So nannte man eine dörfliche Gemeinschaft, um zu zeigen, daß man zueinander gehörte wie die Tiere eines Besitzers. Nach dem Krieg fand man beim Wiederaufbau unseres Hauses das Datum seiner Gründung. Es stand auf dem Hauptpfeiler, der das Dach stützte: 208 Jahre alt war das Haus und demnach vor der Erschließung des Gemeindelandes gebaut worden, noch bevor das Bewässerungsnetz für die Reisfelder angelegt worden war. Unsere Ahnen hatten die Gebärden der *kusawake* ausgeführt, sie hatten die wilden »Gräser auseinandergebogen« und zum ersten Mal die braune Erde umgepflügt. Aus ebendiesem Grund schuldeten uns alle neueren Häuser den Gehorsam.

Die Entwicklung des Geldes im 18. Jahrhundert bescherte den alten Industrien in Aizu, den Lack- und Sakeindustrien, einen Aufschwung. Besonders die roten und schwarzen Lackarbeiten mit Pflanzenmotiven in zartem Grün waren bekannt für ihre Haltbarkeit, ihre Strenge und ihre Eleganz. Bäuerlichen Familien wie der unsrigen, die ihr Geld in solche Geschäfte steckten, war der aufkommende Reichtum zu verdanken. Und wir konnten mehr und mehr von den von den Teilpächtern erarbeiteten Erzeugnissen leben.

Demzufolge ist es verständlich, daß unser Ahne Heizaburō zunächst zur Seite der Lehnsherren Matsudaira neigte, die den Shōgun unterstützten, als am 9. Tag des zwölften Monats im 3. Jahr der Keiō-Āra (1867) die kaiserliche Macht wiederhergestellt wurde. Er dachte bei sich: Diese hier haben uns beschützt, doch das wird vorübergehen ... Der Kaiser hingegen ist schon seit jeher unser legitimer Herrscher ... Immer wieder wägte Heizaburō das Für und Wider dieses Problems in seinem Kopfe ab. Er war wie ein Wassertropfen, der am Rande eines glänzenden Blattes zögert. Das ging so bis zu dem Tag, an dem sein Sohn Heisuke von der Regierungsarmee einberufen wurde. Da dieser sein ältester Sohn und damit sein Erbe war, mußte an dessen Stelle Tasukesaburō, sein jüngster Sohn, gehen. Der Ärmste! Dieser Krieg war damals ganz überraschend gekommen. Man nannte ihn in Anlehnung an den chinesischen Kalender den *boshin*-Aufstand, den Aufstand im Jahr des »Älteren Bruders der Erde und des Drachen«. Es war ein schreckliches Massaker. Bevor sie von der regulären Armee besiegt wurden, hatten die Soldaten der Byakkotai, der »Brigade des Weißen Tigers«, die Rekruten zurückgedrängt. Als Tasukesaburō von den Feinden verfolgt wurde, war er an unserem Haus vorübergekommen. Er war eingetreten. Er hatte gesagt, er hätte Angst und wolle nicht wieder in den Krieg zurück. Aber alle hatten ihm versichert, daß dies seine Pflicht sei, und Risa, die Frau des Vaters meines Vaters, hatte ihm ein Glas Wasser angeboten. Daraufhin war er wieder zurückgegangen. Drei Tage später war er tot.

Dann wurde die zweite Brigade des Weißen Tigers geschlagen. Die Überlebenden, zwanzig junge Soldaten zwischen sechzehn und siebzehn Jahren, zogen sich auf den Hügel Iimoriyama zurück. Dort gaben sie sich alle den Tod, während sie das brennende Schloß von Tsurugajō betrachteten.[16]

Wenn sich heute einer von unserer Familie in die Burgstadt

begibt, wo die Ruinen im Schatten großer Bäume vom Stolz der Matsudaira zeugen, versäumt er es niemals, zum Iimoriyama zu pilgern und auf den Gräbern der Byakkotai Räucherstäbchen niederzulegen, um ihre Geister zu beruhigen.

Ein Sprichwort sagt: »*Nakitsura ni hachi*«, »Ein weinendes Gesicht stechen die Wespen«, ein Unglück kommt selten allein. Trotz unseres Reichtums war der Tod über unser Haus gekommen. Kaum waren die Matsudaira besiegt, starb auch noch der älteste Sohn. Jetzt war nur noch ein Mädchen im Haus und unser Geschlecht drohte auszusterben. Man machte sich deshalb daran, in der Zweigfamilie von Endō Kuniyoshi, die in der Nähe von Aizu lebte, einen Schwiegersohn zur Adoption zu suchen. Denn die Endō hielten an den bevorzugten Beziehungen untereinander fest.[17]

In Wirklichkeit waren die Endō unter meiner Großmutter väterlicherseits reich geworden. Von ihr sagte man hochachtungsvoll, sie sei die einzige Tochter eines Mannes gewesen, der, wenn auch ohne Erfolg, Anwärter auf den Titel *tagaku nōzeisha giin* gewesen war, das heißt »Abgeordneter der größten Steuerzahler« der Präfektur.[18] Die Familie war so reich, daß man sich nur noch mit der Rikscha fortbewegte. Man fuhr mit ihr sogar zur Schule. Die Besitztümer waren riesig. Die Seidenraupenzucht brachte viel ein. Aus diesem Grund hatte der Urgroßvater den Großvater adoptiert und zu seinem Schwiegersohn gemacht. Doch der war ein Taugenichts und verschleuderte das Familienvermögen. Großmutter erzählte uns, er hätte Geishas eingeladen. Auch hätte er mehrere Bündel Geldscheine im Luftzug eines Ventilators flattern lassen, um sich darüber zu amüsieren, wie sich die nackten Mädchen darum schlugen, während sie danach haschten. Ich habe dieses Spektakel nie gesehen, weil ich ihn nur im hohen Alter gekannt habe, aber ich mußte darüber lachen. Um die Sache noch schlimmer zu machen, stürzte er sich in vorgerücktem Alter auch noch in Spekulationen. Er schloß Freundschaft mit einem Mann, der zweifelhafte Geschäfte betrieb. Dieser hatte ihn in der Hoffnung umgarnt, den Reichtum der Endō an sich reißen zu können, und er brachte meinen Großvater dazu, Wechsel zu unterschreiben. Dazu kam noch die Wirtschaftskrise. Die Seide verkaufte sich nicht mehr. Das hätte unsere Familie fast ruiniert. Doch zum

Glück hatte meine Mutter die Pension, die mein Vater durch den Krieg verdient hatte, gut genutzt. Sie hatte immer gesagt: »Das ist Geld, das durch außergewöhnliche Arbeit erworben wurde. Man darf es nicht verschwenden.« Und sie hatte damit Ländereien gekauft. Nun konnte man diese Felder wieder verkaufen. Nahe Verwandte halfen mit, die Kautionen und Abfindungen zu bezahlen, und so konnte diese Angelegenheit schließlich geregelt werden, ohne jemandem Unannehmlichkeiten zu bereiten. Zu diesem Zeitpunkt – ich war sechzehn Jahre alt – erlaubte man mir fortzugehen.

Das war eine Chance für mich, wie der Ostwind für ein Schiff. Doch manchmal trauere ich dem Dorf nach. Dort herrschten die alten Tugenden einer Epoche, in der man den Willen der Götter viel mehr respektierte als den der Menschen, einer Epoche, in der jeder sich mit seinem Schicksal zufriedengab, in der sich die Leute bereitwillig gegenseitig halfen.

Das Dorf und die Kräfte der Natur

Die Götter wählen die Standorte der Dörfer. Denn der Mensch kann seine Behausungen nicht einfach irgendwohin bauen: er braucht Wasser, eine Talsohle oder sanft abfallendes Gelände und Holz zum Kochen und um sich im Winter damit zu wärmen. Wenn ein Dorf arm ist, so deshalb, weil die Menschen sich niedergelassen haben, ohne den tief in die Natur eingeschriebenen Willen der *kami* zu beachten.

Dieser Absicht der Götter muß man sich bei der Straßenplanung wie auch bei allem anderen beugen. In Japan liegen die Wohnungen nahe beieinander. Es gibt wenige einzelnstehende Häuser. In windigen Gegenden ist das sehr gefährlich. Wenn in Asaka im Winter ein regenloser Tag auf den anderen folgte und der Wind ein dann entstandenes Feuer von Schwelle zu Schwelle weitertrug, wurden alle Behausungen zerstört. Im 19. Jahrhundert rückte man sie endlich weiter auseinander. Zu diesem Zweck hat man sie alle neu aufgebaut. Dann hat man von Norden nach Süden laufende Hecken gepflanzt, um den von Westen kommenden Wind abzuhalten.

Wenn früher ein Haus neu gebaut oder das Dach frisch gedeckt wurde, befestigte die Frau des Familienoberhauptes einen großen hölzernen Phallus mit Hoden aus Stroh am Firstbalken. Mit dieser Opfergabe an den Sturmgott hoffte sie, das Feuer fernzuhalten. Auf den »Dämonenziegeln«, den runden *onigawara*, die an den beiden Enden des Daches befestigt wurden, formten die Handwerker fratzenhafte Köpfe, die das Böse abhalten sollten. Oder sie machten darauf das Zeichen für Wasser, *mizu*, das den Blitzschlag ableiten und die Feuersbrünste löschen sollte.

Wenn sich die Trockenzeit ausdehnte, schlüpften die kleinen Jungen jeden Abend in ihre *happi*, ihre kurzen Baumwolljacken, zogen dann hinter einem Laternenträger die Straße hinunter und schrien: »*Hi no yōjin!* Verhütet Brände!« Sie paßten ihren Satz dem Takt ihrer klappernden Holzschuhe an. Dann kontrollierten die Leute, ob sie ihre Öfen richtig ausgemacht hatten und legten sich schlafen. Die Stimmen der Kinder wurden immer schwächer, und schließlich verklangen sie an der Straßenecke. Dann dachte ich an das Gedicht von Bashō:

Furuike ya
Kawazu tobikomu
Mizu no oto

Ist alt, der Teich da –
Das war ein Frosch, der hineinsprang –
Es tat so im Wasser.[19]

Dabei handelt es sich um ein Geräusch, das plötzlich aus der Stille auftaucht.

Trotzdem mußte man im Westen des Dorfes eine Bronzeglocke aufhängen, und es gab kaum eine Winternacht, in der diese Sturmglocke nicht läutete.

Eine horizontale Architektur

In einem japanischen Haus sitzt man direkt auf dem Boden. Die Menschen aus dem Abendland verachten diese Sitzweise. Sie sagen, wir kröchen wie die Würmer und bekämen krumme Beine davon. Doch ich glaube, diese Art zu wohnen ist, auch wenn sie nicht modern ist, moralisch überlegen. Unsere Häuser sind niedrig, ihre Linie horizontal und ihre ein wenig monotone Regelmäßigkeit beruhigt den Geist und schafft Harmonie.

Die abendländischen Menschen, die aufrecht in ihren Häusern stehen oder auf ihren Stühlen thronen, glauben, sie besäßen die Welt. Doch in Wirklichkeit sind sie die Gefangenen ihrer Betonmauern. Sie bauen Kathedralen oder Gebäude, um den Himmel zu erreichen. Sie träumen davon, Götter zu sein, aber in unseren Augen sind sie nichts weiter als Kinder, die nicht wissen, daß keiner die Welt in den Händen halten kann.

Auch wir bauen inzwischen hochaufstrebende Gebäude. Und das trotz der Erdbeben, die bestimmt ein Zeichen des Unwillens der Götter gegen diese hohen Konstruktionen sind. Zwar gibt es dafür eine Art Notwendigkeit, denn der japanische Boden ist knapp, doch es liegt auch am westlichen Einfluß. Und dann sind wir natürlich stolz auf unsere Leistungen. Doch unsere Seelen wohnen nicht in diesen modernen Gebäuden. Unsere wahren Wohnungen bleiben unsere horizontalen Häuser. Wenn wir auf dem Boden unserer Wohnungen sitzen, die aus Holz, Lehm und Papier bestehen, womit das pflanzliche Aussehen beibehalten wird, vergessen wir niemals, daß wir nur ein Teil der Welt sind, daß die Menschen in ihrem Schoß eine Gemeinschaft bilden.

Fotografie des Hauses Endō

Das alte Haus Endō lag also im Osten des Dorfes. Wie die meisten japanischen Wohnungen ließ es sich nach Süden hin öffnen, und im Winter schien die Sonne von dieser Seite her bis weit ins Innere hinein. Im Sommer dagegen bot das tief nach unten gezogene Dach ein kühles Halbdunkel. Am Vordach befestigte man ein

Das Haus Endō am Tag vor seiner Zerstörung

fūrin, ein »Windglöckchen«. Ein leichter Wind brachte den Klöppel zum Läuten. Dies rief einen feinen Ton hervor, der die Herzen neu belebte und die Dämonen fernhielt. Das war sehr hübsch.

Das wichtigste am japanischen Haus ist das Dach. Von weitem sieht man kaum mehr als dieses. Für ein Bauernhaus hat das Dach die gleiche Bedeutung wie für einen Händler sein Ladenschild: seine Schönheit und seine Pracht zeigen allen die Würde der Familie. Unser Dach war ein *yosemune*, ein Walmdach mit vier Flächen, die mit Stroh gedeckt und sehr steil waren, damit das Wasser gut abfließen konnte. Auf dem Dachfirst wurde das Stroh von einigen Reihen Ziegeln gut festgehalten. Die Ziegel waren dick und aus grauer Keramik. Ihr Glänzen bekundete den Status der Familie Endō, denn Ziegel waren früher Luxus.

Ich war also stolz auf unser Dach und auf das zweiflächige erhöhte Überdach, das auch mit Ziegeln gedeckt war und einen Teil des Firsts überragte. Dort oben drang die Sonne in das Dachgeschoß, wo man Seidenraupen züchtete. Dann strömte sie in dünnen Strahlen bis zum Eingangsraum hinunter.

Der langgezogene rechteckige Bau erstreckte sich von Ost nach West. Außen waren die Mauern weiß gestrichen. Sie bestanden aus gewöhnlichen *shinkabe*: das sind Gitter aus der Länge nach gespaltenem Bambus, an denen mit Stroh und Sand vermischter Lehm haftete. Sie wurden in größeren Abständen von schmalen Holzlatten gestützt. Der größte Teil der Südfassade bestand aus *shōji*, deren Papierscheiben das Licht durchließen. Ungefähr in der Mitte war eine schwere Holzschiebetüre angebracht. Sie blieb den ganzen Tag über offen. Am Abend ließ man nur eine kleine, nach Westen hinausgehende, mannshohe Tür mit Türangeln offen, damit die Nachtschwärmer ins Haus gelangen konnten.

Es war ein richtiger bäuerlicher Wohnsitz. Er war sicherlich beeindruckend, aber sehr schlicht. An der Vorderseite hingen ständig weiße *daikon*, riesige Rettiche, an einer am Dach befestigten Stange. Sie verdorrten in dem Maße wie der Herbst voranschritt. Im Winter aß man dann gegorenen Rettich mit Reis. Ich kann mich nicht erinnern, daß einmal keine Rettichbündel am Haus hingen. Nach der Ernte wurden auch Reisähren auf Holzgestellen draußen im Garten getrocknet. Besucher konnten also gleich bei ihrer Ankunft sehen, daß es bei den Endō immer genug zu essen gab. Bei uns gab es jeden Tag weißen Reis, er war nie mit Gerste vermischt wie bei den Armen.

Trotzdem existiert das alte Haus Endō nicht mehr. Nach dem Krieg mußte die Hälfte abgerissen werden. Vom alten Gebäude gibt es nur noch ein schlechtes Foto, das kurz vor der Zerstörung aufgenommen wurde. Es ist unscharf und vergilbt. Alles vergeht auf dieser Welt, der Schaum an der Oberfläche des Wassers löst sich in nichts auf.

Die Pracht der Endō

Wenn ich heute darüber nachdenke, weiß ich, daß der Reichtum der Endō nicht in den paar Reihen Ziegel lag, sondern viel eher in den Scheunen und den Speichern, in der Größe des Wohnsitzes und der Anzahl der Personen, die dort lebten.

Neben dem großen Haus, das wir *omoya*, »Hauptgebäude« oder »Mutterhaus«, nannten, erhoben sich zwei kleine Häuser, die auch aus Holz und Strohlehm waren und Strohdächer hatten.

Man hatte sie im Süden aufgestellt und daneben noch Büsche gepflanzt, die den Wind abhalten sollten. Die kleinen Häuser waren der *inkyo*, der »Wohnsitz für die Zeit des Ruhestands«, und der *kankyo*, der »Wohnsitz der Muße«. Dort lebten zurückgezogen und müßig meine Großeltern und Urgroßeltern. Vier Generationen konnten bei den Endō zusammenleben, und darin lag unser wirklicher Reichtum.[20]

Auf der anderen Seite der Wohngebäude lag der Garten, umgeben von einer Hecke aus Obstbäumen, Pfirsichen, Pflaumen und Kirschen. Überall sah man Büsche von Kamelien, Lespedezien und Azaleen. Im Westen des Hauses lag ein großer Obstgarten, wo man nach dem Krieg zwanzig Reihen hochwachsender Weinreben gepflanzt hat. Im Norden standen zwei riesige Speicher aus Lehm, die weiß gestrichen waren und sich jedes Jahr mit den Reisballen füllten, die die Pächter ablieferten, um die jährliche Grundrente zu bezahlen. Auch die *miso*-Vorräte und die landwirtschaftlichen Werkzeuge brachte man dort unter. Diese Speicher waren so geräumig, daß die Armee sie während des Krieges beschlagnahmte. Sie benutzte sie, ebenso wie die Scheunen, als Unterschlupf und als Flugzeugschuppen für die Luftwaffe. Auch ich habe in Asaka Zuflucht gesucht, um den Bombardierungen auf Tōkyō zu entkommen. Ich konnte die *ginga* sehen, die Kriegsflugzeuge, die man »Silberfluß«, »Milchstraße« nannte, als wären sie etwas Schönes. Wir alle fanden die Soldaten unausstehlich und schmutzig. Doch auch in unserer Familie gab es Soldaten, und so konnte man nichts sagen.

Früher hatte es noch einen weiteren Speicher gegeben. Er stand zwischen dem Mutterhaus und den Austragshäuschen auf der Seite gegenüber dem Eingang. Dort stellte man landwirtschaftliche Geräte ab und den *kahō*, den »Familienschatz«. Aber alles, was dort untergestellt worden war, wurde beschädigt.

Dieser Speicher war in eine ungünstige Richtung gebaut worden. Man mußte ihn abreißen. Ein Speicher, in dem man den Familienschatz unterbringt, ist eine wichtige Stätte, aber wir wußten damals tatsächlich nicht, daß man die Wahl seines Standortes nicht dem Zufall überlassen darf. Im Almanach steht geschrieben, daß ein Speicher in der *inu-i*-Richtung, der Richtung des Hundes und des Wildschweines stehen muß, also in der

Nordwestrichtung. Besser noch ist die *tatsu-mi*-Richtung, die Richtung des Drachens und der Schlange, das heißt die Südostrichtung. Notfalls ist noch der Norden zugelassen. Der Nordosten und der Südwesten jedoch und deren weitere Ausdehnungen, der Osten und der Süden, sind streng untersagt. In diesen Richtungen befinden sich nämlich die zwei Tore der Dämonen, das vordere Tor, *omote-kimon*, und das hintere Tor, *ura-kimon*. Durch diese dringen die schlechten Einflüsse.

Bei uns lag dieser Speicher im Süden. Deshalb verfaulte darin alles. Seine Zerstörung war eine schreckliche Arbeit. Tagelang lärmten die hin- und herfahrenden Lastwagen, die die Trümmer wegschafften. Das beweist, daß, wenn man gegen die Regeln verstößt, das Glück nachläßt und vergeht.

Weil die Familie Endō eine der reichsten im Dorf war, besaß sie vier Scheunen. Das waren leichte Bauten, in die jedes Jahr die Ernte eingebracht wurde. Sie erhoben sich im Westen, noch hinter den Latrinen, die mir doch schon weit entfernt vorkamen.

Die Abortgrube befand sich in einer dunkelbraunen, von der Witterung polierten Holzhütte. Es war ein feuchter Ort, der von dumpfen Gerüchen erfüllt war. Im Dunkeln hatte ich Angst davor, mich dorthin zu wagen. Deshalb begleitete mich eine meiner älteren Schwestern. Wir sprachen laut, um die Schatten zu vertreiben, die zusammen mit den Insekten um solche Orte herumzustreichen pflegen. Der Lärm weckte die Hühner, deren bizarre Silhouetten wir durch die Barackenfenster erblickten. Lange Zeit waren wir davon überzeugt, daß sich dieses Federvieh über uns lustig machte, und wir bewarfen es deshalb mit trockener Erde, worauf es wie wild gackerte.

Die vier Scheunen also waren noch etwas weiter entfernt, auf der anderen Seite des Weges, der durch den Garten führte. Wir besaßen auch eine Menge Äcker und Reisfelder. Wenn die Zeit gekommen war, steckten wir eine Fahne in die Maulbeerbaumfelder, auf der geschrieben stand: »Maulbeerbaumblätterpflücken des Hauses Endō.« Da kamen von überall her die Leute. Sie trugen ihre mit grünen Zweigen gefüllten Körbe bis vor das Haus. Vor den Scheunentoren stellte man eine große Waage auf, um die Blätter zu wiegen. Genauso machte man das mit dem Reis und all den anderen Erzeugnissen, bevor man sie in die Scheune brachte.

Danach bezahlte man die Arbeiter. Vor allem im Herbst standen ihre Karren am Eingang des Hofes tagelang Schlange.

Das war die betriebsamste Zeit im Jahr. Der Himmel war sehr klar, die Bäume schimmerten bläulich, und die Menschen lachten laut. Wenn ihre Ladung eingefahren war, kamen sie in unser Haus und ließen sich in der geräumigen Eingangshalle auf der gestampften Erde nieder. Dort tranken sie Sake und schwatzten miteinander. Es war eine vergnügte Gesellschaft, und das erschreckte mich.

Meine Mutter erwärmte den Sake in großen Flaschen aus grauem Ton, den *binbō-dokuri*, den »Sakekrügen der Armen«, die mit langen, kursiven, braunen oder schwarzen Schriftzeichen bedeckt waren. Meine älteren Schwestern halfen ihr dabei. Sie sagten zu jedem ein höfliches Wort und verneigten sich lächelnd. Sie vergaßen weder die zu Hause gebliebenen Alten grüßen zu lassen noch sich nach den Neugeborenen zu erkundigen. Sie erinnerten sich an die Vornamen aller Kinder aus dem Dorf und überreichten für jedes ein kleines Geschenk: Münzen mit einem Loch, die so auf ein kleines Bündel Strohhalme gesteckt waren, daß diese auseinanderstanden wie der sogenannte *yashō-uma*, der »Schwanz eines mageren Pferdes«. Zufrieden brachen die Leute wieder auf. Einmal streichelte mir ein Mann im Hof über den Kopf und fragte mich:

»Bist du ein Endō-Mädchen?«

»Ja.«

»Deine Mutter ist eine liebenswürdige Person.«

Ich drehte mich zum Haus. Dort stand meine Mutter ein bißchen steif und leicht zur Seite geneigt auf der Schwelle. Sie trug einen Kimono aus grauem Tuch, den ein feines, schwarzweißes Muster zierte, anmutige Kraniche, die zum Himmel aufstiegen. Sie war schlank und zerbrechlich, und ihr Gesicht war weiß wie der Bauch eines Fisches. Der robuste Körperbau des Mannes unterstrich ihre Zartheit.

Da wurde ich plötzlich von Furcht gepackt und lief bis zur Schwelle, um mich an meine Mutter zu klammern. Es kam mir vor, als ob noch etwas anderes als das Gewicht dieses Mannes mir angst machte. Abseits der lärmenden Parade von Körben und Karren begann ich die Arbeiter in ihrer abgerissenen Kleidung zu beobachten. Sie saßen auf groben, auf der bloßen Erde ausgebrei-

Die Familie Endō, stehend von rechts nach links: Yoshiki, Mina, Kiku, Riki; sitzend von links nach rechts: Risa, Kikumi, Yaeko, Yoshihisa, die älteste Tochter des älteren Bruders, Nami

teten Matten, sprachen laut miteinander und lachten mit entblößten Zähnen. Eine halbnackte alte Frau rauchte eine lange Pfeife. Von Zeit zu Zeit drehte sie sie um, und leerte sie, wobei ihr eine Wolke aus Asche auf ihre hängenden Brüste fiel. Diese Unordnung und dieser Schmutz beunruhigten mich, und so verbrachte ich den Rest des Tages am Kimonozipfel meiner Mutter, wobei mir das Herz so heftig pochte wie das eines erschreckten Hasen.

Natürlich sagten alle, daß es bei der Ernte lustig sei. Man aß Festtagsreis mit roten Bohnen, und die Luft roch nach warmem Sake. In der Eingangshalle bereiteten die Pächter *mochi* zu, das ist eine Art Reispudding, elastisch und weiß, für festliche Gelegenheiten.[21] Die in Dampf gekochten Körner wurden in einen schwarzen Holzmörser geworfen, und drei mit Stößeln ausgestattete Männer stellten sich um ihn herum, um den Reis zu zerstampfen. Eine Frau wendete den Brei zwischen jeder Stampfrunde um. Dazu sangen alle lachend ein Lied:

Goitcha! Goitcha! So 'ne Pampe! So 'ne Pampe!
Ich ziehe, ich ziehe mich zurück!
He du Mörser! Ist das schwer!
Goitcha! Goitcha! So 'ne Pampe! So 'ne Pampe!

Die Männer hatten glänzende Augen. Die Frauen wischten sich, als würden sie sich genieren, mit einem Zipfel ihres Ärmels eine Lachträne aus dem Augenwinkel. Die ganze Gesellschaft ging zwischen Eingang und Küche hin und her. Ich verstand nicht, aus welchem besonderen Anlaß die Männer plötzlich das Recht hatten, in diesen Ort einzudringen, der für gewöhnlich das Königreich meiner Mutter, meiner Schwestern und der Dienstmädchen war. Früher sagte man, Männer dürften nicht in der Küche herumlungern. Wenn sie sich doch einmal darin aufhielten, sprachen sie so laut, daß ich davonlief.

Das alles erschien mir vulgär und roh. Diese Leute waren der Größe der Familie Endō nicht würdig. Wie konnte meine Mutter, die doch so erlesene Umgangsformen hatte, sich in ihrer Gesellschaft wohl fühlen? Heimlich wünschte ich, diese Leute hätten etwas von Mutters anmutigem Wesen.

Licht und Schatten

Etwa um diese Zeit wurde mir alles in unserer Wohnung nach und nach fremder. Ich verstand nicht, was meine Zugehörigkeit zum Hause Endō bedeutete. Ich träumte von Vornehmheit und von Schönheit, und ich haßte das Landleben. Ich wollte, daß sich die anderen meinen Launen fügten.

Das Haus selbst fand ich fürchterlich. Es war ein kaltes Gebäude, zu groß, und die Schiebetüren schlossen nicht richtig. Es erschien mir wie ein dunkles Labyrinth, eine Welt mit undeutlichen Umrissen und voller Schikanen. Da waren Regeln und vereinzelte Verbote, deren Zusammenhänge ich erst viel später erfaßte. Das vorherrschende Gefühl meiner Kindheit war, glaube ich, Verwirrung.

Eine kurze Veranda verlief ein Stück an der Südfassade des Hauses entlang und die *shōji* ließen ein wenig Tageslicht herein.

Aber die Trennwände aus dunklem Holz und die Mauern, die sandfarben waren, mit schwarzen Einsprengseln, gaben mir das Gefühl des Eingesperrtseins, des Taumels. Die dem Eingang am nächsten liegenden Zimmer hatten keine Decke, und der Blick verlor sich wie der Rauch der Feuerstelle durch das Balkengewirr hinauf zu dem riesigen Dach. Plötzlich drangen Sonnenstrahlen durch den Dachstuhl. Sie ließen dicke Staubwolken wie unheimliche Insekten tanzen. Gelegentlich glänzte in all dem Schwarz irgendein Gegenstand mit einem irrsinnigen Funkeln.

Manchmal erzählte mir abends eine Dienerin, die aus dem Haus Yashimada, vom Dorfe Azuma stammte, die Geschichte der Gespensterkatze, eines schrecklichen Tiers, das immer bei Anbruch der Nacht erschien.

Diese Geschichte hatte sich in der Nähe des Klosters Shimono in Noda-chō ereignet, in einem angesehenen Haus, das dem größten Schnapsfabrikanten der Provinz gehörte.

»Früher, es ist schon lange, lange her,« begann sie, »da las eines Abends, als der Wind durch Azuma brauste, der junge Herr des Hauses in einem entlegenen Winkel von Fukushima ein verlassenes Kätzchen auf. Er nahm es mit nach Hause. Alle im Hause kümmerten sich um die Katze, und in demselben Maße wie diese wuchs, wurde die Familie immer reicher.

Eines Tages starb der Herr des Hauses an einer plötzlichen Krankheit und sein Sohn wurde der Nachfolger. Aber dieser und die gesamte Familie vergaßen die Katze. Das Haus ging allmählich zugrunde, und das Tier flüchtete und kehrte wieder zu seinem wilden Leben zurück.

Am selben Tag verschwand auch das schönste Mädchen des Dorfes. Sie hieß Oshin. Kurz darauf berichtete ein Reisender, er hätte sie auf der Straße nach Fukushima gesehen.

Einige Nächte später sah ein junger Mann, der diese Straße benutzte, eine schöne Frau, die ihn mit einem Handzeichen einlud, ihr zu folgen. Er gehorchte und wurde seines Goldes und all seiner Habseligkeiten beraubt. Ein anderes Mal, so erzählte man, soll es ein Krieger gewesen sein, der einen Vorübergehenden angriff und ausplünderte.

Ein Buchhalter, der in den Diensten des Hauses Uesugi stand – das war der Name der betreffenden Familie –, und sich Tanji

Shōzaemon nannte, ließ Yasuda Shigeru rufen, einen Mann, der besonders gut mit dem Gewehr umzugehen verstand. Am Abend, bei Einbruch der Nacht, begaben sie sich auf die Straße nach Fukushima. Sie verbargen sich im Schatten und warteten. Bald erschien die schöne Oshin. Yasuda Shigeru, der die Gabe hatte, die Handlungen der Menschen vorherzusehen, legte das Gewehr an und zielte sorgfältig auf die näher kommende Schöne. Er drückte ab und mit einem dumpfen Geräusch fiel Oshin nieder. Als sie im Mondlicht nachsahen, lag nur eine riesige Gespensterkatze auf der Erde.

Aber«, fuhr die Dienerin fort, »die Gespensterkatze war nicht wirklich tot. Von diesem Tag an tobte sie jeden Abend und versetzte die Leute in Angst und Schrecken, mochten sie ihre Regenklappen an den Häusern auch noch so sorgfältig schließen.

Dann entdeckte man den wahren Leichnam der schönen Oshin. Ihre Wunden wurden untersucht, und man stellte fest, daß die Gespensterkatze das junge Mädchen getötet hatte, um sich ihrer Gestalt zu bemächtigen.

Jeden Abend nun trieb sich die Gespensterkatze mit ihren merkwürdig leuchtenden Augen kreuz und quer im Dorf herum. Die Einwohner wagten nicht mehr auszugehen. Schließlich beschlossen sie, einen Wahrsager mit dem Titel *hōin,* »Siegel des Gesetzes«[22] zu Rate zu ziehen. Er riet ihnen, zu Kannon, der Barmherzigen zu beten, und bald beruhigte sich die Gespensterkatze. Kurze Zeit später starb sie.

Die Dorfbewohner begruben die Katze und errichteten über ihrem Grab einen Pavillon, der der »Gespensterkannon« geweiht wurde. Es heißt auch, sie hätten auf der Straße, auf der die Katze ihre Verbrechen begangen hatte, eine Stele in Form eines Katzenkopfes aufgestellt.«

Nächtelang jagte mir diese Geschichte Entsetzen ein. »Wenn du nicht schläfst«, drohte die Dienerin, »wird die Gespensterkatze kommen und dich holen.« Und ich spürte die Anwesenheit des schrecklichen Tieres, das in den dunklen Ecken unseres alten Hauses kauerte, bereit, sich auf mich zu stürzen, um mich zu erwürgen. Das Aufblitzen eines metallenen Gefäßes unter einem Sonnenstrahl, eine Wasserspiegelung – alles war für mich das Auge der Gespensterkatze.

Daher rührt mein Haß gegen die Dunkelheit, die diese unheimlichen Lichter zum Leben erweckte. Das Dunkel und den Schatten ordnete ich derselben Kategorie zu wie schon die schmuddeligen Kleider, die bösen Absichten des Herzens, die Reiskörner, die am Ende einer Mahlzeit in einer Schale zurückbleiben, und die Zeichen, die mit triefendem Pinsel auf zerknittertes Papier geschrieben werden. Viel später fügte ich noch den Tod hinzu, aber zu diesem Zeitpunkt kannte ich ihn noch nicht.

Seit dieser Zeit habe ich immer die kleinen, hellen Zimmer bevorzugt, in denen der Geist nicht Gefahr läuft, sich in unbekannten Ecken, wie es die geheimen Winkel des Herzens sind, zu verlieren, sondern wo man sicher sein kann, vor hellen Wänden zu stehen.

Doch mir sind auch manche wehmütigen Erinnerungen an unser Haus geblieben. Ich liebte das Parkett, dessen Holz vom vielen Putzen, durch den Rauch und die Zeit ganz blank war. Denn die Parkettböden glänzten immer bei uns. Wir hatten mindestens drei Hausangestellte, und alles war sehr sauber.

Mit unseren Socken, den *tabi*[23], rutschten wir auf den nachgedunkelten Holzdielen herum. Dabei quietschten sie manchmal in solchen Tönen, daß es klang wie der Gesang einer Nachtigall. Dann bildete ich mir ein, Gebieterin eines dieser alten Herrschaftsgebäude zu sein, deren Parkettböden so geschickt verlegt waren, daß ihr Quietschen jede Anwesenheit verriet.

Die japanische Ästhetik besitzt zwei entgegengesetzte oder einander ergänzende Regeln: *sabi* und *kirei*. *Sabi* bedeutet ursprünglich Rost, die durch die Zeit entstehende Abnutzung der Dinge, welche nach und nach eine Art Seele erlangen. *Sabi* legt matte Farben nahe, einen schwachen Glanz, einen sich aus der Geschichte heraus entwickelnden Sinn und eine von Melancholie geprägte Schönheit. Man kann das Wort *sabi* in *sabishii* wiedererkennen, welches »einsam« und »traurig« bedeutet. *Kirei* meint das »Sauber-Hübsche«, die reinen Formen, die klaren Farben, das hübsche Aussehen junger Leute, die Unverbrauchtheit neuer Dinge. Die schönsten japanischen Wohnungen sind diejenigen, in denen sich *sabi* und *kirei* ohne Widerspruch verbinden. Wegen der Schrecken meiner Kindheit ist für mich *kirei* anziehender. Aber auch das Dunkle übt auf meinen Geist eine Art zwiespältige

Faszination aus, vielleicht weil ich die erloschenen Lichter der Vergangenheit suche.

Als Kind war soviel Schatten in mir, daß ich die Ungewißheit um mich herum nicht ertragen konnte. Bestimmt war das der Grund für meinen Haß auf das alte Haus. Heute weiß ich, daß das keinen Sinn hatte. Wir müssen eher den Schatten in uns zähmen, denn die Welt verändern zu wollen, ist ein illusorischer Wunsch. Wir haben nur Macht über uns selbst.

Das Innere des Hauses

Niwa, die Eingangshalle mit dem Boden aus dunkler Erde, war geräumig. Sie maß ungefähr zwei auf drei *ken* (20 m^2). Dort schälte man den Reis. In meiner Kindheit habe ich dort noch einen *senbakoki* gesehen, aufgehängt an einem Pfeiler. Das war ein Holzbrett mit einer Reihe rostiger Eisenzacken, durch die die Bauern eine Handvoll Getreide quetschten, um es so zu schälen. Dort haben unsere Arbeiter auch das Mehl gemahlen und sich im Winter versammelt, um das Stroh und die Binsen zu verarbeiten. Sie saßen auf Matten und stellten Körbe, Schnüre oder Sandalen her. Dabei wisperten und spuckten sie den ganzen Tag. In der Eingangshalle köchelte häufig *miso* auf den *kamado*, den Öfen aus Stein und Ton. Und so gingen die Mägde dort ständig aus und ein, unter dem Vorwand, die für die Zubereitung von *miso* bestimmten Erbsen zu überwachen. Dabei schwatzten sie ununterbrochen wie die Frösche im Teich.

Im Westen grenzten die Ställe an unser Haus und boten stets fünf oder sechs Pferden Obdach. Nach Osten hin wurde der Eingangsraum durch eine große Küche verlängert, die einen erhöhten und gedielten Fußboden hatte. Dort hielt sich meine Mutter ihr ganzes Leben lang auf.

Die Feuerstelle, *irori*, nannte man bei uns *hodo*, was soviel wie »Vulva« oder »weibliches Geschlecht« heißt. Sie war in der Mitte der Küche eingelassen. In einem Kessel aus geschwärztem Metall kochte dauernd irgend etwas. Er hing an einem Kesselhaken, der mit dem Kopf eines Fisches verziert war. Von diesem Fisch glaubte man, er würde durch die Glut der Flammen im Zaun gehalten. Meine Mutter war mit der Unterhaltung des Feuers betraut. Jeden oder beinahe jeden Tag wiederholte sie, daß Kōjin, der Gott des Feuers, diesen Kesselhaken bewohne, und daß besonders die Frauen ihm Respekt bezeigen sollten. An dem Tag, an dem bei meinen älteren Schwestern zum erstenmal der Mond in ihren Unterkleidern erschienen war – anders ausgedrückt, an dem sie zum erstenmal ihre Menstruation bekommen hatten –, hatten sie am Rand der Feuerstelle weißen Reis mit roten Bohnen geopfert. Damit hatten sie das Recht erhalten, sich alleine um die Feuerstelle zu kümmern. Später übernahm die Frau meines älteren Bruders anstelle meiner Mutter die Aufgabe, dem Feuergott zu dienen.

Die Feuerstelle war ein würdevoller Ort, und auf den Plätzen ringsum mußten wir uns an eine strenge Rangordnung halten.

Der Platz *yokoza* war für das Familienoberhaupt bestimmt und befand sich am Fuß des Daikoku-Pfeilers, der an der Grenze zwischen Küche und *naka no ma*, dem »Inneren Zimmer«, errichtet war. Mit seinem Balkengewirr war dieser Daikokubashira der größte im ganzen Haus. Mein Vater schmückte ihn jeden Monat mit einem grünen Zweig. Er sagte, dies geschähe zur Feier des Gottes Daikoku, des »großen Schwarzen«, der das Haus festhalte.[24] Natürlich lief auch bei uns der Spruch um, daß außer meinem Vater nur noch die Katze, der Idiot und der Mönch des Dorfes es wagen würden, sich auf diesen Platz zu setzen!

Zur Rechten des Familienoberhauptes, auf der Seite des Spülbeckens, war der *kākāza*, der »Platz der Gebieterin des Hauses«, meiner Mutter. Zu ihrer Linken war der *kyakuza*, der »Platz des Gastes«. Wenn niemand eingeladen war, ließ sich dort mein ältester Bruder nieder. Seine Frau setzte sich, ein wenig zurückgesetzt, neben meine Mutter. Wir, die Töchter und der jüngere Sohn, drängten uns auf der Seite, die meinem Vater gegenüberlag, auf dem Platz, den man *kijiri* nannte, das »Holzende«, weil man von dort die Holzscheite ins Feuer legte. Auf Matten, die man im Eingangsraum auf den gestampften Erdboden ausbreitete, saß das Gesinde und aß.

Weil das Innere Zimmer mit seinem mit *tatami* bedeckten Boden das wärmste im Haus war, schliefen ich und die anderen

Mädchen dort. Das raschelnde Stroh der *futon*, unserer Matratzen, das wir Nacht für Nacht mit unserem Schweiß tränkten, wurde jeden Herbst nach den reichen Ernten ausgewechselt. Allabendlich liefen wir ans östliche Ende des Hauses, zum Zimmer unserer Brüder, wo sich ein Wandschrank befand, aus dem wir die *futon* herauszogen.[25] Um dorthin zu gelangen, mußten wir den *cha no ma*, den »Teeraum«, durchqueren. Darin befanden sich die den Göttern und Buddhas geweihten Hausaltäre. Vor dem ersten beteten wir zu den Shintōgöttern, vor dem zweiten verehrten wir die Verstorbenen.

Mein Vater hielt sich häufig in diesem Zimmer auf und las beim Schein des Schnees und der Leuchtkäfer.[26] Er hielt das Buch mit ausgestreckten Armen und schaukelte sanft, während er an einer langen Holz- oder Metallpfeife zog. Wenn wir dort ankamen, randalierend wie junge Hunde, hörte er auf zu schaukeln, und sagte, ohne die Augen von seiner Lektüre zu wenden: »Nur Frauen und Kinder rennen!« Das brachte mich zum Lachen, denn ich konnte mir meinen Vater tatsächlich nicht rennend vorstellen.

An manchen Winternachmittagen war uns der Eintritt in das Teezimmer verboten, weil mein Vater darin angesehene Gäste feierlich empfing.

Bevor die Geladenen kamen, öffneten wir die nach Süden zum Garten hin gehenden *shōji* weit, um dann mit feuchten Teeblättern die *tatami* zu fegen. Manchmal, wenn es viele Gäste waren, mußte man noch die *fusuma*, die Trennwände, entfernen, die im Westen das Teezimmer vom Inneren Zimmer trennten. So bildeten sie einen einzigen Saal, der so geräumig war, daß man darin hätte Jūdō treiben können. Im ganzen Haus waren diese beiden Zimmer die einzigen, deren Böden mit *tatami* bedeckt waren. Wenn es sonst irgendwo nötig war, breitete man *mushiro*, einfache Matten, auf dem Holzfußboden aus.[27]

Dort also hielten sich mein Vater und seine Kollegen aus der Gemeindeverwaltung stundenlang auf. Sie saßen um einen niedrigen Tisch aus Kirschbaumholz. Während sie in den Garten hinaussahen, tranken sie und bliesen große Rauchringe. Im allgemeinen redeten sie wenig, außer wenn sie betrunken waren. Im Haus mußten wir still sein, damit sie nicht gestört wurden.

Aber jeden Abend flogen wir durch diesen Raum wie ein

Schwarm Schwalben im Frühling und knallten geräuschvoll die Holzschiebetüren zu. Wir rannten um das *hibachi* herum, das Kohlebecken aus weißem Porzellan, das mit einer blauen Landschaft bemalt war. Es war immer voll mit rotglühender Asche. Ständig steckten zwei lange Metallstäbchen darin. Dann drängelten wir uns in das nördlich vom Teeraum liegende Zimmer unserer Brüder. Dort befand sich der Wandschrank. Wir rissen unsere Strohsäcke heraus und schleppten sie bis zum Rand der Feuerstelle.

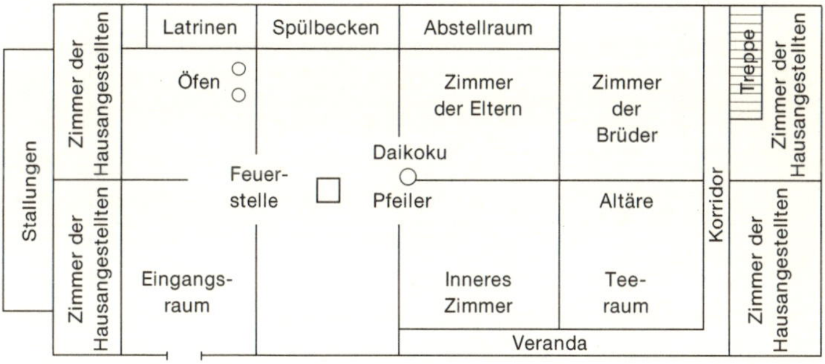

Grundriß des Hauses

Auf der nördlichen Seite des Hauses befanden sich zwei Schlafzimmer. Das eine war für meine Eltern, das andere war das Zimmer meiner Brüder. In der Nordwestecke dieses Teils der Wohnung befand sich schließlich noch das *nando*, wo meine Mutter neun Kinder zur Welt gebracht hat, da ich noch zwei weitere Schwestern und einen kleinen Bruder bekam. Dort schlief auch mein ältester Bruder eine Zeitlang nach seiner Hochzeit. Doch sie verließen das Haus bald, um sich im Austragshäuschen einzurichten, das nach dem Tod meiner Großeltern nicht mehr bewohnt war.

Weiter östlich gab es noch einen Korridor, durch den wir nie hindurchgingen. Abseits der Haupträume lagen dort zwei oder drei kleine Zimmer für die Dienstboten. Von da aus konnte man mit Hilfe einer Holztreppe, die so steil war wie eine Leiter, zum Dachgeschoß gelangen, wo man die Seidenraupen züchtete.

Unser Haus hatte einen klassischen Grundriß, die Form des *katakana* サ (*sa*).[28] Doch es war gewiß überdurchschnittlich groß.

Obwohl weder mein Vater, der in der Gemeindeverwaltung arbeitete, noch meine Brüder, die durch ihre Studien auswärts festgehalten wurden, oft da waren, war das Haus immer voll: die Arbeiter in der Eingangshalle, meine Mutter und meine Schwestern in der Küche und im Inneren Zimmer und die Mägde, die hierhin und dahin eilten. Bis zu dreiundzwanzig Personen haben in dem Haus gewohnt. Immerzu hörte man Stimmen. Auf dem Land, sagt man, sei Einsamkeit ein Luxus.

Krieg und Zerstörung

Nach dem Krieg und den Bodenreformen änderte sich alles. Wie traurig, wenn man an all die Mühsal denkt, die unsere Vorfahren und meine Mutter damit hatten, unsere Ländereien zu erhalten und zu vergrößern! Aber nach den neuen Gesetzen, welche die Amerikaner uns vorschrieben, wurde der Boden denjenigen übereignet, die ihn bestellten.[29] Mit der Agrarreform wurde der Besitz auf 3500 *tsubo* (ungefähr ein Hektar) reduziert. Das reichte kaum aus, um den Lebensunterhalt derer zu sichern, die im Hause Endō blieben.

Offen gesagt war seit Generationen keiner mehr aus unserer Familie Landwirt gewesen. Mein Vater war völlig von seinen Aufgaben in der Gemeinde in Anspruch genommen. Mein älterer Bruder war zunächst ein untätiger Jüngling. Dann studierte er in Tōkyō, und nach seiner Rückkehr unterrichtete er an der Schule in einem benachbarten Marktflecken. Wenn der Krieg nicht gewesen wäre, hätte er später die Nachfolge unseres Vaters angetreten. Kurz, er verstand weder etwas von der Landwirtschaft noch von der Seidenraupenzucht. Das waren Aufgaben, zu denen er sich absolut nicht bestimmt fühlte. Doch er war nun einmal der älteste Sohn, der Erbe des Hauses Endō. Als er nach der Reform Feldarbeiten machen mußte, um wenigstens einen Teil seiner Besitzungen zu erhalten, entpuppte sich sein Körper als so zart, so wenig geeignet für körperliche Anstrengungen, daß er krank wurde.

Glücklicherweise halfen ihm heimlich meine Schwestern, seine Felder zu bestellen, so daß er im Besitz der Parzelle bleiben konnte, die ihm das neue Gesetz als Gutsbesitzer, der sein Gut selbst bewirtschaftete, zugestanden hatte.

Aber ich frage mich, ob das wirklich alles gerecht war und ob die Gebräuche unserer Vorfahren nicht besser waren. Man sagte uns, dies sei *minshūshugi*, Demokratie, und die Demokratie ist ohne Zweifel gut, da sie nun einmal dem Krieg ein Ende bereitet hat. Aber wie meine Mutter sagte, hat sich nicht ein einziger unserer Dienstboten oder unserer Pächter bei uns bedankt. Nach der Demobilisierung waren übrigens die meisten in der Stadt geblieben, um dort ihr Geld zu verdienen.

Dann kam der Zeitpunkt, da man das große Strohdach erneuern mußte. Früher unterstützten sich die Familien gegenseitig der Reihe nach, um die Dächer zu decken. Aber nach dem Ende der Kampfhandlungen waren sehr wenige ins Dorf zurückgekehrt. Die Jungen hatten sich in Tōkyō niedergelassen. Nun gab es nicht mehr genug Leute im Dorf. Außerdem hatte der Krieg die früheren Tugenden, die Solidarität zerstört. Auswärtige Arbeitskräfte einzusetzen, wäre zu teuer geworden. Schließlich wurde das Haus von einem Teil seiner Bewohner geräumt. Es wohnten dann nur noch mein älterer Bruder und meine jüngste Schwester darin. Das Haus Endō war ganz einfach zu groß.

Finanzielle Probleme und eine Abneigung gegen hauswirtschaftliche Aufgaben waren die Gründe für den Entschluß meines Bruders. Er beschloß, das lange Gebäude mit dem goldbraunen Dach zu halbieren. Nur die eine Hälfte blieb stehen, die andere wurde abgerissen. Man deckte das Haus mit modernen grauen Keramikziegeln, denn in der verkehrten Welt der Nachkriegszeit waren Ziegel billiger als Stroh.

Ich erinnere mich, wie an jenem Tag die Mauern mit Staub und Getöse eingestürzt sind. Zusammen mit den hellbraunen und grauen, mit rissigem Kalk verputzten Lehmklumpen sind die Ängste meiner Kindheit vor meinen Füßen zerschellt. Plötzlich überkam mich eine schmerzliche Sehnsucht, *kokorobosoi*, »es zog mir das Herz zusammen«. Ich hatte zum Haus Endō gehört. Gewiß, mit meiner Heirat hatte ich es schon vor langer Zeit verlassen, wie es das Schicksal der Frauen will. Aber ich hatte immer gewußt, daß es existierte. Und nun wurde das Haus Endō wie so viele andere auch vernichtet.

Ein grauer Stein weit im Osten des neues Gebäudes unterbricht heute noch immer das Gras. Wie ein Fuchs schleiche ich manchmal um ihn herum. Er ruft einem das Ausmaß des alten Baus, die vergangene Pracht der Endō ins Gedächtnis zurück.

Die Ruhestandshäuschen wurden auch wieder aufgebaut. Es sind schmucke Villen, die aussehen wie Puppenhäuser, und sie haben fein gearbeitete Veranden aus hellem Holz.

Die Erinnerung

Durch den Willen der Götter war das zerbrechlichste Gebäude das einzige, das im Krieg unbeschädigt blieb. Es war das Heiligtum von Inari-sama, dem Gott des Grundstücks, auf welchem das Haus gebaut worden war. Man hatte es in einer Glücksrichtung erbaut, der Richtung des Hundes und des Wildschweins, im Nordwesten, und es wies nach Südwesten, der Richtung des Drachens und der Schlange, wo sich unser Haus befand. Auch für das Getreide war das die günstigste Richtung. Deswegen hat unser Haus eine lange Blütezeit erlebt, bis sich durch den Krieg und die Schuld der Menschen alles änderte.

Dieses Bethaus war früher nur ein kleines Gebäude von drei Fuß Höhe, ein leichter Holzbau, der ein kleines Strohdach trug. Auf dem Gestell in der Mitte befand sich ein heiliges Wasserbekken und ein Kästchen aus grauen, vom Regen verwaschenen Brettern. Es enthielt *shintai*, den »Körper des Gottes«: einen Stein, der völlig rund und weiß war. Es wurde von Generation zu Generation weitergegeben.[30] Da man dort Inari, den Gott des Reises verehrte, saßen auf der Schwelle zwei kleine Füchse aus graurosa Stein. Denn in Japan sind die Füchse die Boten des Reisgottes.[31] Jedes Jahr, zu Beginn des Erntefestes, am neunten Tag des neunten Monats, wechselte mein Vater das Stroh des Daches aus und stellte zwölf Reiskuchen, reines Wasser und Sake, Salz und frische Zweige vor den Schrein. Er lehrte meinen älteren Bruder die Regeln der Anordnung der Opfergaben, weil dieser den Ahnenkult übernehmen würde, wenn mein Vater im Ruhestand wäre. Und bestimmt waren es unsere Vorfahren, die von diesem Heiligtum aus über unseren Boden und das Wachstum des Reises wachten.

Um der Dankbarkeit seines Herzens Ausdruck zu verleihen, hat mein Bruder schließlich das Heiligtum mit einem richtigen Dach gedeckt.

So ist, selbst wenn die vergänglichen Gebäude eines nach dem anderen einstürzen, ein Haus niemals tot, solange noch Generationen folgen und die Erinnerung an die Vergangenheit bewahren. Die Götter und die Ahnen überleben die menschlichen Bauwerke. Sie bergen unsere ganze Geschichte. Durch sie existieren unsere Häuser und unsere Erinnerung.

Die zwanziger Jahre

Die wiederholte Neubildung des Kabinetts durch die Parteichefs ließ eine Zeitlang auf eine Entwicklung hin zu einer wirklich parlamentarischen Regierungsform hoffen. Die Rivalitäten zwischen den Parteien und das Ringen um Einfluß rückten jedoch das Militär bald wieder in den Vordergrund der politischen Szene. Mit Ausnahme der Regierung Haras (1918-1921) hielt sich keine länger als zwei Jahre.

Vier große politische Strömungen rivalisierten miteinander: die Nationalisten; die Partei Seiyūkai oder »Gesellschaft der Freunde einer konstitutionellen Regierung«, die der Mitsui-Zaibatsu nahestand; die Partei Kenseikai oder »Verfassungsgesellschaft«, die 1927 in Minseitō, »Demokratische Partei«, umbenannt wurde und ihrerseits von der Mitsubishi-Gruppe abhängig war; und schließlich die Sozialisten. Die Nationalisten hatten enge Verbindungen zum Militär und waren gegen die konstitutionelle Regierungsform. Sie prangerten die tatsächlich vorhandene Kollusion der Parteien mit solch riesigen Finanzkonzentrationen, wie es die Zaibatsu waren, an. Sie priesen die territoriale Expansion auf dem Kontinent als notwendige Bedingung für die Autarkie und Unabhängigkeit Japans.

Zuerst waren sie Feinde der Seiyūkai, die die friedliche ökonomische Expansion der militärischen Aktion vorzog. Dennoch verbanden sich die Nationalisten mit dieser Partei und machten daraus eine Art Regierungspartei, die lieber ihren Forderungen nachgab, als ihnen die Macht zu überlassen. Doch nicht nur, daß sie die Seiyūkai mit sich rissen, sie ließen auch dreimal fortschrittlich gesinnte Kabinette zu, die von Ministern der Demokratischen Partei gebildet wurden. Diese Partei beschloß am 5. Mai 1925 das allgemeine Wahlrecht und gewährte allen nichtbedürftigen Männern über dreißig das Recht zu wählen. Doch der Protestbewegung gegenüber war sie kaum offener als ihre Rivalin. Gleich am folgenden Tag verbot sie den Sozialismus durch das »Zivilschutzgesetz«, das besser bekannt ist unter dem Namen »Gesetz zu den gefährlichen Gedanken«. Denn diese wichtige politische Bewe-

gung der 20er Jahre, die linken Aktivisten, fand immer mehr Anhänger, je größer die ökonomischen Probleme wurden.

Die Mangellage während und unmittelbar nach dem Krieg hatte zu einer Steigerung des Exports geführt. Ab 1920 jedoch ging der japanische Absatz auf den amerikanischen und chinesischen Märkten zurück, was einen Abbau der Produktionsmenge zur Folge hatte. Es kam zu zahlreichen Streiks. Die Demonstration am 1. Mai 1921 wurde schonungslos niedergeschlagen – so hart, daß die linken Aktivisten Beifall spendeten, als am 21. September der reichste Mann Japans, Yasuda Zenjirō, von einem Ultranationalisten niedergeschossen wurde. Im November lieferte der Mord an Hara, der vermutlich von einem einzelnen Geistesgestörten begangen wurde, der Polizei einen Vorwand, die Gewerkschaftsführer zu verhaften. Zwar wurde 1922 die Kommunistische Partei Japans unter einer liberalen Regierung gegründet, aber 1923, als das Erdbeben im Kantōgebiet offiziell 156000 Tote forderte und Feuersbrünste ganze Stadtteile zerstörten, beschuldigte man außer den Koreanern auch die Linken: 4000 Koreaner wurden getötet und 1300 linke Aktivisten inhaftiert; der Gewerkschaftsführer Ōsugi Sakae wurde in seiner Zelle erdrosselt. Der damalige Premierminister war ein Militär.

Auf jeden Fall manifestierte sich der Liberalismus fast nur in den Bemühungen der Parteiführungen, die Beziehungen zu den ausländischen Mächten zu stabilisieren. Auf der Konferenz in Washington im Jahre 1922, bei der die jeweiligen Rechte Frankreichs, Großbritanniens, der USA und Japans im Pazifik von den vier Mächten anerkannt wurden, akzeptierte Japan nicht nur die Wiederabtretung von Shandong an China, sondern außerdem auch die Reduzierung seiner Kriegsmarine. Darüber hinaus mußte Japan unter dem Druck der sowjetischen Roten Armee mit der Räumung der sibirischen Regionen beginnen.

Das US-amerikanische Immigrationsverbot für Japaner von 1924 schürte jedoch den Fremdenhaß und erbitterte die Militärs, die entschlossen waren, Japan in einen angeblich gerechten Krieg zu ziehen. 1928 jagte eine Gruppe Offiziere der japanischen Guandong-Armee den Zug, in dem sich der Gouverneur der Mandschurei, Zhang Zuo-lin befand, in die Luft. Zhang Zuo-lin galt als ein zu unschlüssiger Verbündeter. Die Armee und die

Seiyūkai kamen überein, dieses Attentat den chinesischen Nationalisten zuzuschreiben. Und als Hamaguchi Osachi, der Premierminister, der der Minseitō-Partei angehörte, sich zu Konzessionen gegenüber den Chinesen bereit erklärte, und die japanischen Repräsentanten 1930 auf der Konferenz in London darin bestärkte, einer Reduzierung der Seestreitkräfte zuzustimmen, wodurch jegliche direkte Konfrontation mit den Vereinigten Staaten im Pazifik unterbunden wurde, mußte er mit dem Leben bezahlen: Am 14. November 1930 verübte ein Mitglied der »Patriotischen Gesellschaft«, Aikokusha, ein Attentat auf ihn. Einige Monate später starb er an den Folgen.

Parallel zu diesen Ereignissen vergrößerten sich die ökonomischen Schwierigkeiten. Der Schwarze Donnerstag im Oktober 1929 hatte dramatische Konsequenzen für den Seidenexport: ungefähr 40 Prozent der Bauernfamilien bezogen einen Teil ihrer Einnahmen aus der Seide und 97 Prozent ihrer Exporte gingen in die Vereinigten Staaten; ab 1930 sank der Absatz unaufhaltsam. Außerdem führten von 1927-1930 überreichliche Ernten zu einem Sturz der Reispreise. Die Zahl der Kleinpächter wuchs, und ihre Konflikte mit den Grundbesitzern häuften sich. 1931, als die Ernten im Nordosten schlecht blieben, während der Südwesten endlich aufatmen konnte, litten dort einige Präfekturen unter regelrechten Hungersnöten. Schließlich führte eine Politik der Währungsstabilität, die die Exportpreise auf einem hohen Niveau hielt, obwohl die Weltpreise stark fielen, zu einem gewaltigen Defizit in der Handelsbilanz.

III
Kindliches Wissen

Kame no kō yori toshi no kō.
Die Erfahrung des Alters ist besser als ein Schildkrötenpanzer.

亀の甲より年の劫

Meine Kindheit während der Taishō-Zeit, der Zeit der »Großen Gerechtigkeit«, war mild und heiter wie der wolkenlose Himmel im ersten Monat. In der Shōwa-Zeit änderte sich alles. Am fünfundzwanzigsten Tag des zwölften Monats im Jahre 14, nach abendländischem Kalender war es das Jahr 1926, verkündete Kaiser Hirohito nach dem Ende der Taishō-Zeit den Beginn einer neuen Ära. Er nannte die Zeit »Licht« und »Harmonie«, weil die Menschen von einem friedlichen und erfolgreichen Leben träumten. Doch dieses erste Jahr begann Ende Dezember und dauerte somit nur noch eine Woche – das bedeutet immer Unglück –, so daß ihre Hoffnungen enttäuscht wurden.

Zu Hause wurde ich nur hin und wieder von meiner Mutter und meinen Schwestern gebeten, Reisig für die Feuerstelle zu sammeln. Ich hatte nämlich eine schwächliche Konstitution. Anfang des Jahres 13 hatte ich eine so schlimme Lungenentzündung gehabt, daß man um mein Leben fürchtete. Meine Mutter hatte sechs Ärzte an mein Bett gerufen, und einer nach dem anderen hatte gesagt: »Das Fieber ist zu hoch, mit der Kleinen geht es zu Ende.« Ein gewöhnlicher Mensch hätte resigniert, aber sie, die acht Kinder zur Welt gebracht hatte, wußte besser Bescheid als ein schlechter Arzt. Sie hatte gehört, daß Pferdefleisch fiebersenkend wirken sollte. Also kaufte sie welches und legte es mir auf. Sie ging auf die Felder und zog Taro-Kartoffeln aus dem Boden. Dann zerrieb sie sie und mischte sie mit Essig und Weizenmehl. Daraus machte sie Umschläge, die sie mir auf die Fußsohlen legte. Weil das Fieber hoch war, trockneten sie schnell, und sie mußte sie oft wechseln. Dann rieb sie gemeinsam mit meinen Schwestern und Frauen aus der Nachbarschaft sechs Stunden lang immer wieder meinen Körper. Schließlich rief sie einen siebten Arzt. Dieser betrachtete mich und sagte sofort: »Sie wird am Leben bleiben.«

Und ich blieb am Leben. Doch ich blieb so schwach, daß mein Vater und meine Mutter mit mir zu den heißen Quellen in den Bergen fuhren. Dort sollte ich die gute Luft atmen. Ich glaube, wir blieben drei oder vier Wochen. Damals waren die Quellen nicht so teuer wie heutzutage. Wir wohnten in einer Herberge, in der meine Mutter, ganz wie es ihr beliebte, das Essen kochen konnte, das wir mitgebracht hatten. Ich nahm zwei Bäder am Tag und schlief viel. Trotzdem sagte jeder noch Monate nach unserer Rückkehr in Asaka, ich sähe aus wie ein Gespenst und müsse mich schonen.

Ich hatte also keinerlei Verpflichtungen, und ich war natürlich zu jung, um das Leben zu kennen. Und doch wußte ich, daß bei den armen Leuten die Kinder arbeiteten. Das sah ich zuerst bei unseren *omori*, unseren Kinderbetreuern, die ihr Zuhause verlassen hatten, weil es dort zu viele gierige Mäuler gab.[1] Sie halfen ein wenig bei der Feldarbeit und verteilten jeden Morgen Viehfutter und Körner an die Tiere. Nach der Getreideernte liefen sie durch die Felder und schnitten die vergessenen Ähren. Zweimal im Jahr gingen sie nach Hause zurück, zu Neujahr und zum Fest der Toten im Spätsommer. Das war ihr *yabuiri*, ihre »Fahrt in die Büsche«. So nannte man ihren Urlaub, weil sie in entlegene Gebiete reisten, wo die wilden Gräser höher als die Menschen wurden. Sie zogen einen Kimono und neue Socken an. Man sah sie dann in Scharen durch die Straßen der Stadt ziehen. Sie rauchten an Wegkreuzungen, sie kauften Geschenke oder gingen ins Kino, bevor sie in den Zug stiegen.

Ich war nie im Kino. Das Leben der *omori* erstaunte mich. Sie wußten eine Menge schrecklicher Dinge. Sie sprachen von zwölfjährigen oder noch jüngeren Mädchen, die in den Spinnereien angestellt waren, und trällerten mir einen beliebten Schlager ins Ohr:

Kago no tori yori, kangoku yorimo
Kishukusha-zumai wa nao tsurai

Noch bitterer als in einem Vogelkäfig, und noch bitterer als im Gefängnis
ist das Leben im Schlafsaal einer Fabrik.

Sie versicherten mir außerdem, daß man die Fabriken mit Mauern umgeben hätte, damit die Arbeiterinnen nicht flüchten konnten.[2]

Als zu Beginn der Shōwa-Zeit die Reispreise fielen, klebten die Armen in der Nähe des Bahnhofs Plakate an die Hauswände von Kōriyama. Sie boten darauf ihre Töchter zum Verkauf an. Ein Mädchen kostete 400 Yen.[3] Das waren dreißig oder vierzig Jahre meines Taschengeldes.

Ich ahnte, daß es auch eine gemeine und traurige Welt gab. Diese Welt war nicht die meinige. Dort konnte jede Bewegung die Ursache für ein Drama oder sogar für den Tod werden. Deshalb dachte ich manchmal, daß mein eigenes Leben, die Schule und die Spiele, daß all das völlig bedeutungslos sei.

Der Schuleintritt

Im Frühling jenes Jahres bin ich also in die Schule gekommen. Man kleidete mich prächtig ein. Ich trug einen langen Hosenrock, *hakama*, aus dunklem Seidenmoiré mit roten Aufschlägen. Die Mutter meiner Mutter hatte ihn mir geschenkt. Wenn die Seide meine Knöchel streifte, raschelte sie. Das war ein angenehmes Gefühl. Stolz, aber mit ängstlichem Herzen, brach ich auf.

Ich erinnere mich, daß mir, vielleicht infolge meiner Krankheit, die Beine weh taten und ich schlecht zu Fuß war. Die Hälfte des Weges trug mich mein Vater auf seinem Rücken.

Schließlich waren wir da. Die Lehrer befühlten die Aufschläge meines Rockes. Sie hoben meinen *hakama* ein wenig hoch und sagten, daß sie noch nie etwas so Schönes gesehen hätten. »Für ein Kind«, riefen sie aus, »ist diese Kleidung ein außergewöhnlicher Luxus!« Das machte mich ein wenig verlegen.

Eine Mitschülerin flüsterte mir zu, diese roten Aufschläge seien unschicklich, noch unschicklicher als die zu grelle Kleidung einer alten Frau. »Erst nach der Pubertät dürfen Mädchen Kleider tragen, die am unteren Rand rot sind«, sagte sie, »und zwar dürfen sie nur drei rote Fäden haben, die unten am Unterrock, *koshimaki*, durchgezogen sind.«[4] Ich habe geweint, *meso, meso* ... so sehr ich konnte. Keiner wußte warum. Später schmollte ich grundsätzlich jedesmal, wenn man mir einen *hakama* aus Moiré anzog.

Ich erinnere mich nur an diesen Zwischenfall. Im übrigen mochte ich die Schule nicht. Außerdem stellte sich noch heraus, daß der Mann von Kiku, meiner ältesten Schwester, unser Lehrer war. Weil er mit mir verwandt war, fühlte ich mich ziemlich befangen.

Die zwei Wissen

Ich hatte schnell begriffen, daß es zwei Formen des Lernens gibt, und ich gab ihnen die Namen »Das Studium des Mörsers«, *gaku*, und »Die Kenntnis der weißen Flügel«, *shū*.

学

Manabu, studieren, »Studium des Mörsers«

»Lernen in der Schule« schreibt sich mit dem Zeichen *gaku, manabu*. Es stellt einen Mörser dar, der von zwei Händen umfaßt wird, dann ein Dach oder einen Schleier – man weiß es nicht – und darunter Kinder. Es will besagen: »Die Ausbildung von Kindern, die die Wahrheit nicht kennen, unter dem Dach einer Schule.« Der Mörser und die Hände bedeuten natürlich die Anstrengung. Das Dach kam mir immer vor wie eine Barriere, die mir den Weg zur Welt versperrte. Ich konnte nicht glauben, daß das Wissen in einem verschlossenen Raum wohnen sollte. *Manabu* bedeutete das unermüdliche Wiederholen dessen, was unsere Lehrer uns beibrachten, jedes Schriftzeichen achttausendmal zu zeichnen, so wie man Klebreis zu Brei stampft.

Ich haßte das Schriftzeichen *manabu*. Vergeblich hatte meine Mutter mir immer wieder gesagt, daß man weder über Bücher noch über Menschen hinweggehen dürfe. Ich empfand dennoch keine Achtung vor dem Unterricht und ich hatte keine Begabung für das Lernen aus Büchern.

Jeden Morgen wurden wir im Schulhof dem Alter entsprechend in Reih und Glied aufgestellt. Genauso wie man es heute noch macht. Wir mußten uns vor dem Kaiser und der Kaiserin verneigen, deren Fotos in einem Rahmen über dem Eingang des Holzgebäudes aufgehängt waren. Daneben hing ein Foto von Ninomiya Sontoku, dem großen Bauernpionier der Edo-Zeit.[5] Dann las der Direktor der Schule das »Kaiserliche Erziehungsedikt«, das *Kyōiku chokugo*, vor. Ich erinnere mich noch ziemlich genau an die folgenden Sätze:

An unsere Schüler!

Es ist schon sehr lange her, da haben unsere Vorfahren dieses Land gegründet, und sie haben ihm die Tugend der Göttin Amaterasu eingepflanzt ...

Unsere Schüler sollen ihrem Vater und ihrer Mutter kindlichen Gehorsam entgegenbringen und ihren Brüdern und Schwestern Zuneigung; Harmonie soll herrschen zwischen Mann und Frau und Vertrauen zwischen Kameraden, seid ehrbietig und bescheiden, seid gütig zu jedermann, widmet euch der Aneignung der Wissenschaften und der Ausübung der Künste ....

Auf diese Weise werdet ihr nicht nur wie hervorragende und rechtschaffene Schüler handeln, sondern ihr werdet die Tradition, die uns von unseren Ahnen überliefert ist, mit neuem Glanz versehen ...

Der Text des Edikts hing hinten im Klassenzimmer. Auf ein kleines Gestell darunter stellten wir jeden Tag Wasser und frische Zweige.

Der Direktor hielt eine Ansprache über das Land und die Erziehung. Dann folgte nach einer Anleitung aus dem Radio die Gymnastik. Außerdem mußten wir im Laufe des Tages auch immer wieder an einem Spalier hochklettern. Mein Vater hatte darauf bestanden, Spaliere aufzustellen, denn, so sagte er, die Kinder sollen einen gerade Rücken haben.

Mein Vater war eine wichtige Persönlichkeit. Zu Hause redete er wenig, und so wußte ich nichts über ihn. Aber in der Schule erzählte der Direktor am Festtag des Heeres von seinen Heldentaten im Krieg und trug die Liste seiner Auszeichnungen vor. Das beeindruckte mich sehr. Und ich war nicht die einzige, auch die Dorfbewohner hörten immer auf seinen Rat.

Jedenfalls war Sport ein wichtiges Fach. Die Jungen spielten Baseball. In der Stadt übten die kleinen Mädchen auch Seilspringen. Aber wir konnten das nicht, weil wir keine Uniformen trugen. Im Kimono ist das unmöglich.

Bei uns auf dem Land war das Sportfest eine Angelegenheit des ganzen Dorfes. Dieses *undōkai* betraf genauso wie die kulturellen und die anderen Veranstaltungen mehr die Dorfbewohner als die Schüler. Die Mütter und die anderen Frauen aus dem Dorf machten Reisklöße, *onigiri*, und allerlei gute Sachen, die man sich schmecken ließ. Mit den Matten, *mushiro*, unter dem Arm kamen sie an, breiteten sie aus und richteten sich ein Lager. Es war ein Vergnügen, aber auch ein wichtiger Augenblick. Die Kirschbäume blühten, man fühlte sich wohl!

In meiner Grundschule gab es einen großen Hof. Dort fanden sportliche und auch andere Veranstaltungen statt. Beim Sportfest sprangen wir herum und versuchten Eindruck zu schinden. Ich war nicht besonders gut, aber ich verlor nicht gern. Einmal packte ich während eines Wettlaufs das vor mir laufende Mädchen am Kragen. Ich wollte sie nicht gewinnen lassen!

Der Boden bestand aus Erde. Aus nackter Erde. Am Ende des abfallenden Hofes stand eine Reihe Bäume. Und hinter den Bäumen war der Fluß. Wenn wir turnten, waren wir barfüßig ... Danach gingen wir mit den Socken in der Hand zum Fluß hinunter. Wir wuschen uns die Füße, trockneten sie ab und kehrten in die Schule zurück. Wir wuschen uns Gesicht und Hände ...

Auch nach den Kalligraphiestunden gingen wir zum Fluß hinunter, um dort unsere Schreibkästen und unsere Pinsel zu waschen. Der Fluß hieß *otonashigawa*, »lautloser Fluß«, und er war vollkommen klar.

Es gab also die Schule, den lautlosen Fluß und die Brücke, die über den Fluß führte. Und auf der anderen Seite die Berge. Für uns war das ein wunderbarer Ort. Es war eine richtige Dorfschule.

Zu Beginn des Frühlings beobachteten wir von unserem Klassenzimmer aus, hinter den Deckeln unserer Holzpulte verborgen, wie die Bäume grün wurden. Dann liefen wir in den Hof hinaus und gruben dort Löcher in den Schnee, um die schwarze Erde zu untersuchen. Wir sogen ihren herben Geruch ein und entdeckten die hellen Triebe, die die Rückkehr der schönen Tage ankündigten.

Es war eine freundliche Schule. Im zweiten Jahr der Shōwa-Zeit bekam ich dort eine Puppe mit blauen Augen und blonden Haaren. Als Zeichen der Freundschaft hatten die Amerikaner den japanischen Schülerinnen mindestens fünfzehntausend Puppen geschenkt. Ich erzählte meiner Puppe die Geschichte von Norakuro, einem kleinen schwarzen Hund, der sich verirrt hatte. Er war der rührende Held meines Lieblingscomics.

Von den eigentlichen Unterrichtsstunden weiß ich nicht mehr viel. Wie alle Kinder auf der Welt lernten wir Geschichte und Geographie, Rechnen, Schreiben und *shūshin*, Moralkunde.[6] Ich glaube, im Rechnen und im Aufsatz war ich ganz ordentlich. Einmal schrieb ich einen Aufsatz über eine Katze, der mir einigen Erfolg einbrachte. Aber das Niveau war sicher nicht sehr hoch.

Dennoch waren die Prüfungen schwieriger als heute. Es gab keine *marubatsu-shiken*, diese Fragen, die man mit einem Kreuz oder einem Kreis beantwortet. Man fragte uns: »Nennen Sie uns die Namen aller Kaiser, die Sie kennen und die in der Geschichte ein besonders tiefes Mitgefühl zeigten.« Oder: »Was wissen Sie über Motoori Norinaga?«[7] Jeden Monat bekamen wir ein Heftchen mit Noten. Meine waren nicht so gut, daß ich mich an sie erinnere. Ich erinnere mich nur an die Leitsätze, die auf der ersten Seite des Heftchens standen:

Was man selbst tun kann, soll man selbst machen.
Die Regeln der Höflichkeit soll man beachten.
Man soll nichts tun, was andere stören könnte.
Man soll alle Dinge korrekt ausführen.
Man soll richtig lernen und richtig spielen.

Doch der Geruch von Wasser und Holz drang bis in die Schule und zog mich nach draußen. Kaum hatte die Glocke geläutet, flog ich davon. Ich aß von den Brombeeren, die am Rand der Wege wuchsen, die durch die Reisfelder führten. Einmal, in Begleitung meiner kleinen Schwester, versuchte ich die winzigen Grundeln zu erwischen, die in den Bewässerungsgräben schwammen. Bespritzt mit dem nach Eisen schmeckenden Schlamm gingen wir nach Hause.

Das Schriftzeichen *narau* war mir lieber als *manabu.* Man schreibt es mit dem Zeichen *shū*, das aus zwei Flügeln und der Farbe Weiß zusammengesetzt ist. »Lernen«, flüsterte es in meine Ohren, »bedeutet Vogelflügel anlegen. Sie schlagen sanft in der Luft, und du fliegst ohne Anstrengung davon.« *Narau* erinnert auch an *nareru*, das die vertraute und alltägliche Gewohnheit bezeichnet, und an *narasu*, an die ruhige Handbewegung, mit der man den Boden der Reisfelder vor dem Säen ebnet.

習

Narau, lernen, »das Wissen mit den weißen Flügeln«

Ich verachtete also das Mörser-Wissen und wählte das mir wohlvertraute Vergnügen der Wissenschaft mit den weißen Flügeln. Ich lernte, daß man in den Bergen niemals das Wort »Maus« aussprechen darf. Man muß diese Nagetiere *yomesama*, Braut, nennen, weil die so zahlreich in Fels- und Erdlöchern hausenden Mäuse die Lieblinge der Berggottheit sind.[8] Ich lernte auch, daß in den Jahren, in denen es viele Krähen gibt, die Gefahr einer Hungersnot groß ist, weil diese Boten der Berggottheit unsere Samen als Opfergaben nehmen. Ich lernte, daß der Ruf des Fuchses glückbringend ist, wenn er *kon kon* lautet, und Unglück verheißt, wenn er wie *guai guai* klingt. Ich lernte, daß die Spinne ein glückliches Omen ist. Man muß sie in ein Reismaß von einem *shō*[9] geben und sie auf dem Altar der Hausgötter opfern. Ich wußte bald, daß man, wenn man eine Schlange in einem fischreichen Bach sieht, einen Tag lang nicht fischen darf, weil dann der Angeltag des Wassergottes ist. Und auch, daß man an einem Tag des Feuers kein Haus bauen soll, um die Gefahr einer Feuersbrunst nicht zu erhöhen. Und ich wußte, daß man, wenn man mit dem Finger auf Leute zeigt, sich sofort Speichel auf die Spitze dieses Fingers tun muß, damit er nicht verfault.

Die Alten luden die Mädchen und Jungen der Kindergruppe ein, und sie brachten ihnen nach und nach die Namen der heiligen Bäume bei, der Bäume mit den dreifach gegabelten Stämmen, in denen die Götter wohnen.

Die Altersklassen

In Asaka gab es zusätzlich zu den Verbänden zur gegenseitigen Unterstützung noch fünf Altersgruppen. Die *kodomogumi*, die Kindergruppe, vereinte alle Mädchen und Jungen zwischen sieben und zwölf oder dreizehn Jahren. Weil die Kinder vor noch nicht allzu langer Zeit aus dem Jenseits gekommen sind und auf der Grenze zwischen der menschlichen und der überirdischen Welt leben, setzen sie wie die Götter die Erwachsenen durch ihre Handlungen in Erstaunen. Deshalb beauftragt man sie mit den Riten für die *sai no kami*, die »Gottheiten der Grenzen«, die das Dorf gegen das Eindringen böser Mächte, Pest oder Überschwemmungen, schützen.

Die Jugendlichen der »Burschengruppe« waren unverheiratete junge Männer, die uns bei den schwierigsten Arbeiten halfen. Sie waren die Kraftspezialisten. Sie bauten einen Festpavillon so schnell wie im Frühling der Bambus sprießt, und sie erneuerten ein Dach in weniger als zwei Wochen. Sie übernahmen auch polizeiliche Funktionen und fingen die Landstreicher, die uns bestehlen wollten. Sie übten, auf Leitern zu klettern, um die Brände besser löschen zu können. Und später brachten ihnen Offiziere die Grundkenntnisse der Kriegskunst bei.

Die Gruppe der Familienoberhäupter versammelte sich oft im Bürgermeisteramt, um das Dorf zu verwalten. Die Frauen, die unbedingt einen Jungen zur Welt bringen wollten, beteten gemeinsam jeden Monat zu Jizō-sama und zu den anderen kinderbringenden Göttern.

Und schließlich gab es noch die Großeltern des *nembutsukō*, der religiösen Gemeinschaft des Buddha Amida, der über das im Westen der Welt liegende Paradies des Reinen Landes herrscht. Für ihr Heil und das ihrer Nachkommen rezitierten die alten Frauen stundenlang den glorreichen Namen Amidas: »*Namu*

Amida butsu! Erbarme dich unser, Buddha Amida!«[10] Einige waren nie weiter als bis nach Kōriyama oder Aizu gekommen. Aber sie sagten oft: »Wozu willst du dich denn in der Welt herumtreiben, wenn du nicht einmal Asaka kennst?«

In dieser religiösen Gemeinschaft fand der Unterricht statt, den die Alten uns in der Kindergruppe erteilten. Bei ihnen lernte ich, daß zwar der menschliche Wille gegenüber der Natur nichts ist, daß aber die richtige Ausführung der Riten und Regeln eine Macht verleiht, die derjenigen der Götter gleichkommt.

Die jahreszeitlichen Riten

Zu Neujahr läuteten die buddhistischen Glocken einhundertundachtmal[11], um die mit dem Leben verbundenen Leidenschaften zu vertreiben. Nach dem Läuten gingen wir zum Kloster und holten mit einer Feuerschnur das neue Feuer. Und wenn *toshitokugami*, der zeiterneuernde Gott, fortging, errichteten wir am Ufer des am Dorfausgang fließenden Baches den Scheiterhaufen *dondo yaki.* Auf diese Hütte aus Stroh und Bambus warf jede Familie den Altarschmuck von Neujahr und des ganzen vorigen Jahres. Der Gott des Jahres reiste mit dem Rauch wieder ab, und mit ihm die Schädlinge, die Vögel und all die Tiere, die die Ernten vernichten. Rund um das Feuer schrien wir, die Kinderschar, so laut und so stark wir konnten: »*Dondo! dondo! dondo! yaki! dondo!* Wie das brennt!« *Dondo* ist das Bullern der Flammen. Dann grillten wir im Feuer Reisteigstücke, die wir an die Spitze langer Stöcke steckten. Sie wurden elfenbeinweiß. Ich biß mit weit aufgerissenem Mund in die heißen und elastischen Kuchen, um damit für ein Jahr die Bauchschmerzen und die Insektenstiche von mir fernzuhalten.[12]

Dann liefen wir über die Felder, um die Maulwürfe zu vertreiben. Wir versetzten den Maulwurfshügeln Fußtritte. Danach wühlten wir mit einer Stockspitze in den kaputten schwarzen Erdhaufen herum. Wir sangen, wir seien Seegurken, weil die Maulwürfe die Seegurken, deren Name sich »Wassermaulwurf« schreibt, verabscheuen. Wir stimmten das *Mogura-don* an: »*Mogura-don*, edler Maulwurf! Da sind wir! *Namako-don*, edle Seegurke! Da sind wir! Hier gehen die Seegurken vorüber!« Um ihnen Angst zu machen, nannten wir alles »Seegurke«: die Stöcke, mit denen wir auf den Boden schlugen, und die Bürste, die wir an einer Schnur den ganzen Weg durch die Reisfelder hinter uns herzogen.

Dann kamen die Vögel an die Reihe. Wir hämmerten mit hölzernen Schöpflöffeln auf metallene Eimer und schrien *Hoi! Hoi!«* wie die Fuchsjäger.

Manchmal trafen wir die Kinder aus dem westlichen Teil des Dorfes. Wir riefen ihnen spöttische Bemerkungen zu und bewarfen sie mit Erdklumpen, um ihnen die Schlangen, Maulwürfe und alles Schlechte, das natürlich aus dem Westen kam, zuzuschieben. Traditionellerweise endeten diese Begegnungen mit Prügeleien.

Wenn der schmelzende Schnee am Hayama-Hügel das Bild eines Damhirsches zeichnete, dann war die Zeit gekommen, die Anzuchtfelder vorzubereiten. Unser Haus, das ein »Stammhaus« war, war verantwortlich für das Keimen der Samen. Man legte sie einen Monat lang in einem *tanai*, einem »Samenbrunnen«, unter Wasser. Es hieß, die Samen müßten genau wie die Wöchnerinnen einen Monat lang im Bett bleiben. Anschließend wurden die Samen zehn Tage lang in einen Strohballen gesteckt. Dort keimten sie. Wenn dann die Frühlings-Tagundnachtgleiche kam, die die Zeit des Auspflanzens der Keimlinge in den Anzuchtfeldern ankündigte, verteilten wir sie auf die jüngeren Häuser ringsum. In die Mitte des ersten Anzuchtfeldes steckte meine Mutter einen »Bambus, der nach den Sämlingen sieht«, einen *naemidake*. Das ist ein Stock, mit dem man das Wachstum des Reises mißt. Daran befestigte sie ein *goō*-Amulett. Das ist ein Stück Papier mit magischen Zeichen, das sie im Kloster von Kōriyama kaufte. Es soll hungrige Insekten vertreiben. Neben dem Wasserzulauf des Bewässerungsgrabens opferte sie einen sehr trockenen Reisknödel, den sie seit Neujahr aufbewahrt hatte. Dazu legte sie gerösteten Reis und wilde Blumen. Wir Kinder verscheuchten die Schwalben, indem wir direkt über den Reispflanzen die Hände zusammenschlugen.

Etwa zur Tagundnachtgleiche, *higan*, dem Tag, an dem die Sonne ganz exakt im Westen untergeht, kommen die Toten vom anderen Ufer der Welt.[13] Die Alten sagten dann:

»Laßt uns Blumen pflücken gehn in den Bergen.«

Die Kinderschar folgte ihnen auf dem Pfad durch die Hügel. Mit einer Sichel mähten wir die Gräser, die in den schönen Tagen hoch gewachsen waren. Das erschreckte die Tiere, die sich darin seit Beginn des Winters verkrochen hatten. Und wir pflückten die wilden Blumen, deren Farben viel blasser waren als die der Blumen in der Ebene unten. Während wir auf dem Gipfel Reisklöße aßen, die mit in Salzlake eingelegtem Gemüse gefüllt waren, klagte stets eine der Großmütter:

»Das ist das zweiundsiebzigste Mal, daß ich diesen Berg besteige. Noch einmal, und ich werde vielleicht nicht mehr hinunterkommen ...«

Und wir alle antworteten:

»Doch, doch! Wir werden dich auf einer Blumensänfte tragen!« Mit Blumen und Zweigen beladen, gingen wir in kleinen Schrittchen wieder den Berg hinab.

In den Gärten stellten wir Bambusstangen auf, an denen wir die Blumen befestigten. So dienten sie den Verstorbenen als Zeichen, damit sie die Wege, die zu unseren Häusern führten, wiedererkennen konnten. Die so geschmückten Bambusstangen waren so etwas wie heilige Leitpfosten.

Wie alle kleinen Mädchen in Japan bastelte ich jedes Frühjahr, am dritten Tag des dritten Monats, einen Strohkorb, der aussah wie ein Vogelnest. Da hinein legte ich ein Papierpuppenpaar, dem ich auf einem halben Blatt weißen und samtweichen Papiers rosa und weißes Zuckerwerk servierte. Dieses Schiffchen ließ ich dann den Fluß hinabtreiben, während ich am Rand hockte und es dabei beobachtete: Da verschwand es in der Ferne und nahm all die Makel des Jahres mit sich, weit über die Grenzen der Welt und des Meeres hinaus, dorthin, wo die Ahnen lebten. Mein Geist folgte ihm. Er holte das kleine Boot ein und flog dann auf und davon in die stille Welt, wo es weder Nacht noch Tag gibt.[14] Während ich meine Augen unverwandt auf das Wasser richtete, fragte ich mich, mit was das Jenseits Ähnlichkeit haben könnte.

Schließlich kam die Zeit des Pikierens. Meine Mutter zog den Meßstock für den Reis, der im Anzuchtfeld steckte, wieder heraus. Dann bog sie ihn solange, bis er brach. Wenn die beiden Teile gleichlang waren, war das ein gutes Omen für die Ernte und den

Wohlstand des Hauses. Ich erinnere mich, daß der Stock in dem Jahr, in dem meine älteste Schwester heiratete, in zwei exakt gleich lange Teile zerbrochen war.

Das Pikieren im fünften Monat war vor allem eine Angelegenheit der jungen Leute. Die *yui*-Gruppen, »diejenigen, die miteinander verbunden sind«, um sich gegenseitig zu unterstützen, verpflanzten den gesamten Reis des Dörfchens. Die Jungen zogen die Pflanzen aus dem Anzuchtfeld und die Mädchen pflanzten sie wieder ein. Sie begannen mit dem Feld des Schreins der Dorfschutzgottheit, wo der Meister der Götter, der *kannushi*, ohne jemals Kunstdünger zu verwenden, den Klebreis für die Feste wachsen ließ.[15] Der Priester steckte genau in die Mitte des Reisfeldes einen Stab. Dann wandten die sogenannten *saotome*, die »Reisjungfrauen«, dem Stab den Rücken zu und gingen strahlenförmig wie eine Sonne in alle Richtungen los. Dabei verbargen sie ihre Haare unter einem neuen Seidentuch. Ein Orchester spielte Flöte und Trommel. Auch wir gingen zu diesem Schrein, um die Musik zu hören und zu picknicken.

Woanders wird der Reis in geraden Linien gepflanzt, die durch Schnüre vorgegeben sind.

Im Sommer, wenn sich die feuchte Hitze ausbreitete, wuchsen die Gräser noch schneller als sonst. Von neuem überwucherten sie die Bergpfade und die Ahnengräber. Es wimmelte von kleinen Tierchen: Schlangen im Wasser, Raupen auf den Pflanzen und Würmer in den Bäuchen der Menschen. Wir, die Kindergruppe, machten Jagd auf sie. Wenn wir einige Insekten in eine an einen Stock gebundene Papiertüte gesperrt hatten, liefen wir unter Trommel- und Beckenklang zu dem Bach, der aus Asaka hinausfließt. Dort warfen wir sie hinein, damit sie weiter weg, im Abukuma untergingen. Dazu sangen wir das Lied:

Inesashi mushi okuru yo!
Hasuppei mushi mo okuru yo!
Aomushi okuru yo!
Mushi dara nandemo okuru yo! Okuru!
Okuru! Okuri okuru yo!

Insekten, die dem Reis schaden, wir schicken sie weg!
Auch die Baumwanzen, wir schicken sie weg!
Und die grünen Raupen, wir schicken sie weg!
Egal welche Insekten es sind, wir schicken sie alle weg!
Wir schicken sie weg! Wir schicken sie weg und schicken sie weg!

Gegen Ende des Sommers, vor dem *Obon*, dem großen Totenfest, an dem die Ahnen erneut ins Dorf zurückkehren, preßte ich mein Ohr auf den Boden. Die Erde vibrierte von dem Getöse, das die Toten verursachten, wenn sie ihre unterirdischen Wohnstätten verließen, um ins Diesseits zu kommen. Diesen Lärm vergißt niemand, der ihn auch nur ein einziges Mal gehört hat. Danach genügt es, wo immer man sein mag, die Ohren zu spitzen, um die Erschütterungen aus dem Jenseits zu vernehmen. Man weiß, daß diese Erde, auf die man sein Ohr gepreßt hat, nichts anderes ist als das eigene Fleisch, nichts anderes als diese Toten, die in ihr lärmen. Und man erschaudert wegen der Ungeduld, mit der die Ahnen diese Welt besuchen.

Für die »Verstorbenen ohne Verbindung«, die *muenbotoke*, diejenigen, welche ohne Nachkommen waren, stellte meine Mutter einen ganz einfachen Altar in den Garten. Er bestand aus einem leichten Bambusgestell, auf das wir die Reittiere stellten, die die *muenbotoke* zu uns Lebenden brachten: Ochsen und Pferde aus Auberginen und Gurken, in die wir vier Holzbeine und einen Schwanz aus Stroh steckten. Auf dem buddhistischen Altar im Haus wurden den Ahnen viel üppigere Opfergaben dargeboten: Sommergemüse, Agar-Agar-Würfel, Blumen und Papierfähnchen in fünf Farben. Die ganze Verwandtschaft versammelte sich bei uns, um für die Erlösung der Ahnen zu beten und sie um ihren Schutz zu bitten.

Im Schulhof errichteten die Jugendlichen eine Tanzbühne. Oben stand der Trommler und unten waren die besten Tänzerinnen des Dorfes. Sie trugen einen *yukata* aus gestärkter Baumwolle und verbargen ihre allzu roten Wangen unter ihren neuen Hüten. Jeder wußte, daß sich, kaum daß der Morgen graute, das hübscheste Mädchen aller *Obon*-Nächte als häßliches Entlein entpuppen konnte. Die Dorfbewohner tanzten drei Abende lang in schönen

Kleidern zu Liedern und zum Klang der Flöte, um die Toten zu unterhalten und zu trösten. Sie mimten die Gebärden der Aussaat, des Pikierens und der Ernte, um ihnen höflich zu erklären, welche Hilfe von ihnen erwartet wurde. Ich tanzte zwar schlecht, aber dafür klatschte ich lauter in die Hände als die anderen.

Wenn der zweihundertundzehnte Tag nach dem »Zeitpunkt des Vorfrühlingsbeginn« näher rückte und die Stürme zu brausen begannen, rammten wir einen großen Bambusstock in die Erde, in welchen wir eine Messerklinge steckten. Die Schneide richteten wir nach Nordwesten aus, weil von dort die starken Winde kamen. Wir sagten, das Messer würde die Wurzeln des Windes durchtrennen.

Die Erwachsenen glaubten kaum an diese Riten, die in Wirklichkeit nur Spiele waren. Sie versammelten sich im Kloster und gaben dem Mönch Geld, damit er die Zeremonien ausführte, die den Wind aufhalten und es regnen lassen sollten. Aber wir fuhren fort, den Boden zu schlagen, um ihn fruchtbar zu machen, und wir trommelten und imitierten das Quaken der Frösche, um ein Gewitter herbeizurufen.

Am 9., am 19. und am 29. Tag des neunten Monats wurde geerntet. Als ich geboren wurde, hat man den Reis vermutlich noch mit Sicheln geschnitten. Später benutzte man Maschinen. Die ersten Ähren waren für *ta no kami sama* bestimmt, den Gott der Reisfelder, der sich zusammen mit den anderen Göttern unserer Familie auf dem Altar befand. Die Arbeiter stampften wieder einmal den Reisbrei für die Reiskuchen und baten die Frösche in den Reisfeldern, die Kuchen in den Himmel mitzunehmen. Denn wenn der Winter einbrach, kehrten die Frösche mit ihrem Herrn und Gott in die andere Welt zurück und kamen erst wieder im Frühling in seiner Begleitung zu uns ins Dorf zurück.[16]

Nach der Ernte trocknete man den Reis auf Holzgestellen, bevor er in den Schobern gestapelt wurde. Dabei wurden die Ähren nach innen gewendet, damit die Tiere sie nicht fraßen. Schließlich mußte man den Reis dreschen, schälen und zu Mehl mahlen ... Und all das mußte beendet sein, bevor der Schnee die guten Leute in ihre Häuser verbannte, wo sie dann rund um die Feuerstelle saßen.

Jede Jahreszeit hatte ihre eigenen Freuden. Im Frühling pflück-

Das Enthülsen des Reises (Ende 19. Jh.) (Roger Viollet)

ten wir Blumen in den Bergen. Im Sommer fingen wir Zikaden. Dann, wenn das *Obon*-Fest gekommen war, hörten wir, wie die Schlangen sich zischelnd durch das Gras schlängelten. Ich erschreckte die Kleinen, indem ich ihnen erzählte, daß die Vipern außer Rand und Band gerieten und Vorübergehende angriffen, sobald die Zeit der Toten vorüber sei. Im Winter liefen wir über die durch die Kälte hartgewordenen Böden. Manchmal gefror in der Nähe unseres Hauses ein Reisfeld, das nicht ganz getrocknet war. Dann befestigten unsere Eltern Kufen an den Sohlen unserer Holzsandalen, *geta*, und wir glitten über das Eis.

Im Winter und im fünften Monat gab es außerdem noch die Papierdrachen, zu Neujahr die Kreisel und die Jo-Jos, im siebten Monat die Fähnchen mit den Kalligraphien, in den heißen Monaten die Feuerwerke, und wenn das Totenfest zu Ende ging, das Bemalen der Jizō-sama-Stelen.[17] In unserem Dorf lernte ich einen Kalender kennen, der ganz anders war als der in der Schule. Wenn ich jetzt davon erzähle, rieche ich noch den reinen Duft der wilden Azaleen, den Geruch der Reisfelder, die bläulich-grün waren, und den süßen Hauch der Sommerbrise.

Der landwirtschaftliche Kalender

Die alten Bezeichnungen lehren uns, daß die Zeit eine Folge von Landschaftsbildern ist: *mutsuki* ist der Monat, in dem man die Reissamen zum Keimen bringt; *kisaragizuki* der Monat, in dem sich die Knospen wiegen; *yayoi* ist die Keimzeit; *uzuki* der Monat der Deutzien; *satsuki* der Monat des Pikierens; *minazuki* ist der wasserlose Monat; *fumizuki* der Monat der Reisähren; *hazuki* der Monat, in dem die Blätter fallen; *nagatsuki* der Monat, in dem die Nächte länger werden; *kaminazuki*, der Monat ohne Götter; *shimotsuki*, der Monat des Rauhreifs; und zuletzt *shiwasu*, der Monat, in dem die Mönche von Haus zu Haus gehen und die Sūtren lesen. Wieviel poetischer waren sie doch als die Zahlen eins, zwei, drei des offiziellen Kalenders!

Natürlich hatte man in der Meiji-Zeit, während der Modernisierungswelle des Landes den abendländischen Kalender übernommen. Gleichförmig folgt ein Monat auf den anderen. Die Monatsnamen sind einfache Zahlen wie bei der abendländischen Uhr.[18] Aber wir im Nordwesten bevorzugten bei weitem den alten lunisolaren Kalender, den die Chinesen erfunden haben.[19] Das lebendige Jahr, bei dem man manchmal einen Schaltmonat hinzufügen muß, damit die Zeit des Mondes die der Sonne wieder einholt. Die abendländische Zeit erscheint leer, während die des wahren Lebens eine Folge von Bildern ist.

Der Landschaftsunterricht

Die Landschaften von Asaka spiegeln das Schicksal der Menschen wider. Berge, Ebenen und Flüsse und darüber der Himmel. Der Gott der Geburt bringt die Seele aus den Bergen. Der Mensch lebt in der Ebene. Nach seinem Tod folgt sein Geist dem Lauf des Wassers oder dem Wind, um in der Ferne in die andere Welt, in den Himmel oder vielleicht ins Meer zurückzukehren. Ich glaube an die Wahrhaftigkeit der Landschaften. Sie allein lügen niemals.

Ich durchstreifte unser Land und sammelte Kenntnisse über alle außergewöhnlichen Plätze. Auf diese Weise machte ich mir die

Lehren der Alten aus dem Dorf, unserer lebenden Ahnen, zu eigen. Sie sagten: »Die Menschen sehen, während sie hin und her eilen, nur die Ecke der Welt, in der sie ihre Arme bewegen. Aber für diejenigen, die Augen haben, die mehr sehen, beinhalten die Landschaften alle Prinzipien der Weisheit.«

Da gab es zuerst die bis zum Himmel reichenden Berge, unsere von den Göttern bewohnten Berge. Da die Quellen nicht auf den Gipfeln entspringen, wollten die *kami* nicht, daß dort Menschen wohnten, denn oberhalb der Quellen befand sich das heilige Reich der Götter. Die Menschen konnten sich dort nur hinbegeben, um sie feierlich zu begrüßen und zu verehren.

An den Hängen des Hayama-Hügels entsprang eine reine Quelle, deren Wasser äußerst mild war. Man erzählte sich, daß an einem längst vergangenen Tag der heilige Kōbō dort vorbeigekommen sein soll. Die Dorfbewohner hätten ihn gastfreundlich aufgenommen. Da habe er seinen Stock in die Erde gesteckt, und auf einmal sei am unteren Ende des Stockes Wasser aus der Erde getreten. Als Dank habe er es den Dorfbewohnern zum Geschenk gemacht.

Ungefähr im zweiten Drittel des Hügels befand sich eine Felsspalte. Sie war so schmal, daß sich kaum ein Kind hindurchzwängen konnte. Man nannte sie *hataori no fuchi*, »Abgrund der Weberin«. In Mondnächten vernahm man das Plätschern des vom Grunde aufsteigenden Wassers.

Die Alten erzählten uns dazu folgende Geschichte: Es ist schon lange her, da lebte nicht weit von jenem Ort, am Rande eines Sees, ein Vater mit seinen drei Töchtern. Eine Tages bemerkte der Vater eine Schlange, die gerade einen Frosch verschlingen wollte. Er sagte zu der Schlange: »Verzichte auf den Frosch, ich werde dir geben, was immer du willst.« Die Schlange ließ den Frosch sofort los und verlangte eine seiner Töchter. Darüber war der Vater sehr bekümmert. Die älteste Tochter verweigerte den Gehorsam, die zweite auch, nur die jüngste willigte ein. Als die Zeit verging, ohne daß etwas geschah, vergaß man die Geschichte.

Doch siehe da, in einer herrlichen Frühlingsnacht kam ein junger Mann und hielt um die Hand der jüngsten Tochter an. Es war die verkleidete Schlange; das junge Mädchen folgte ihr. Glücklicherweise wurde die Schlange, gerade als sie sich anschickten, gemeinsam den Fluß zu überqueren, von Tausenden von Fröschen angegriffen. Sie mußte sterben. Aber ach, das junge Mädchen war schon in anderen Umständen, und so warf sie sich in den Fluß. Dieser war von oben her mit der Felsspalte und von unten her mit dem Palast des Drachenkönigs verbunden. Deshalb kann man noch heute in hellen Mondnächten, wenn man aufmerksam am Schlund lauscht, die Stimme des jungen Mädchens hören, die im Palast des Drachenkönigs singend ihre Seide spinnt.

Vor einem anderen Felsen wuchs eine riesige Kamelie.[20] Es war ein großer Baum, der jedes Jahr am Ende des Winters die Felsen mit Blut befleckte. Auch diese Kamelie, die wie alle roten Bäume ein Baum des Lebens ist, hatte ihre Geschichte:

Es ist schon lange her, da hatte einmal auf dem Japanischen Meer die Tochter eines Fischers zufällig das Fleisch einer Sirene gegessen. Das hatte sie unsterblich gemacht. Da sie nicht recht wußte, was sie mit ihrer Zeit anfangen sollte, wurde sie Nonne und machte sich auf, um durch Japan zu reisen. So marschierte sie schon seit achthundert Jahren und war so alt geworden, daß sie sich auf einen Stock aus Kamelienholz stützen mußte, als sie den Nordosten erreichte. Da begann sie sich zu langweilen. Würde sie denn niemals sterben können? Sie wartete und wartete, doch nichts geschah. Schließlich fühlte sie sich so müde, daß sie beschloß, sich in einen Felsen in den Bergen einzuschließen. Sie begab sich in eine Höhle und schloß sie mit einem Stein sorgfältig hinter sich zu. Von da an hörte man achthundert Jahre lang nichts mehr von dieser Nonne. Dennoch sagten die Alten, sie wohne immer noch in diesen Felsen. Damit man sich an sie erinnerte, hatte sie vor dem Eingang ihren Kamelienstock gepflanzt. Er bekam Wurzeln und blühte jedes Jahr, um den Frühling anzukündigen.

Die ganze Landschaft war bewohnt: Frauen, die zurückgezogen im Gebirge lebten, Götter, die den Wind über den Rand der Pässe bliesen, Götter der Abhänge und der Quellen, Götter der Wegkreuzungen. Sie war bis zu den Böschungen hinter den Reisfeldern bewohnt, wo die Boten des Reisgottes, die Füchse, lebten. Um die Wahrheit zu sagen, ich habe sie niemals in den sogenannten *kitsunezuka*, den »Fuchshügeln«, herumstreifen sehen. Doch von Zeit zu Zeit fanden wir ein Huhn, dem von einem

Tier die Kehle durchgebissen worden war. Man wußte nicht, wo das Tier hergekommen war. Es hatte seine Beute nicht gefressen. Da sagte man: »Das war der Fuchs aus den Hügeln.« Man legte der Sache jedoch keine besondere Bedeutung bei.

Alles in dieser Natur hatte seine göttliche oder menschliche Geschichte. Dieses und jenes Reisfeld, dieser und jener Berg waren seit drei Generationen im Besitz der Familie. Ein anderer nur zwei. Ein vor zwanzig oder dreißig Jahren vom Blitz getroffener Baum hieß *kaminari-sama*, »Herr Donner«. Es gab nicht einen Ort, der keinen Namen hatte. Und ich kannte sie alle, weil Asaka mein Dorf war.

Der Ursprung des Windes

In meinem siebten Lebensjahr, am Tag des Aufblühens der Lespedezien, *hagi* – es war im Herbst –, nahm mich die alte Kinderaufsammlerin mit auf den Hayama. Die zarten malvenfarbenen Blüten wiegten sich wie Sterne auf dem lichten Blätterwerk.[21] Wattewolken zogen am Himmel. In einem Bambusdickicht sang eine Nachtigall, der das Echo der schwarzen Zypressen, *hinoki*, mit einem hohlen Ton antwortete, wie die Kreise, die ein Stein im Wasser hervorruft. In den milden Strahlen der Abendsonne schlief eine Schlange auf dem Sockel eines fünfstöckigen Turmes. Ich sah sie und schlug mit dem Stock auf den Boden. Sie glitt schnell davon.

»An so einem schönen Tag wie heute hat er das Dorf verlassen …«, begann die *toriagebaba*.

»Wer denn?« fragte ich.

»Der junge Mann, der nicht wiederkehrte … der drittjüngste Bruder meines Urgroßvaters.«

»Was ist aus ihm geworden?«

»Man weiß es nicht. Oder doch, er ist tot, er ist eine Nachtigall geworden.«

»Erzähle …«

»Aber du kennst die Geschichte …«

Und dann fing sie an zu erzählen:

»Es geschah an einem Tag wie dem heutigen, an dem die Wolken am Himmel so schnell dahinziehen, wie die Frauen ihre Launen wechseln. Der junge Mann sprach zu sich: »Das ist ein schöner Morgen. Ich habe schon so lange nicht mehr am Berg gearbeitet.« Und er marschierte bis zum Fuß des Berges. Dort lag, verborgen in einem Bambuswäldchen, ein Zwergbambusdickicht. Er hörte eine Nachtigall. Von ihrem Gesang begleitet, drang er in das Zwergbambusdickicht ein. Darin befand sich eine zweifarbige Lespedezie, deren Blüten sich allmählich öffneten. Und zu Füßen der Lespedezie stand ein kleines Haus.

Dahinter, *gotan, gotan!* drehte sich ein Wasserrad, *gotan, gotan!* Und in dem Haus war ein schönes Mädchen. Der junge Mann sagte sich, daß er gerne das Haus betreten würde, um sich darin einen Augenblick auszuruhen. Und ehe er sich's versah, wohnte er darin, denn es war ein sehr hübsches Haus.

Eines Tages sagte das junge Mädchen zu ihm: »Ich habe etwas zu erledigen, ich gehe für einige Zeit fort. Geh nicht in das dreizehnte Zimmer.«

Als seine Frau weg war, langweilte sich der junge Mann. Also ging er in das erste Zimmer. Darin war ein Zwerg, der säte. Der junge Mann schaute nun nacheinander in die ersten zwölf Zimmer, und in jedem sah er Zwerge, die entweder Reis ernteten oder alle möglichen anderen Arbeiten verrichteten. Das erinnerte ihn an seine eigene Arbeit, und er bekam Lust, in sein Dorf zurückzukehren. Er sprach zu sich: »Da ich sowieso nach Hause zurückgehe, kann ich geradesogut noch in das dreizehnte Zimmer schauen.«

Und schließlich trat er in das dreizehnte Zimmer. Es war das Zimmer der Nachtigall. Im Schutz der weiß und malvenfarben blühenden Lespedezien legte der Vogel seine Eier. Die Nachtigall, die in Wirklichkeit die junge Frau war, nahm ihre menschliche Gestalt wieder an und sagte: »Warum können Menschen ihre Versprechen nicht halten? Wenn du dieses Zimmer nicht gesehen hättest, hättest du alt und reich werden können ... Ich habe dir dreizehn Kinder geschenkt. Hier hast du mein Abschiedsgeschenk. Leb wohl.« Und sie gab ihm ein Kästchen. Daraufhin verwandelte sich die Frau wieder in eine Nachtigall und flog in den Himmel hinauf.

Verwirrt blieb der junge Mann stehen. Dann sprach er zu sich selbst: »Was habe ich bloß gemacht?« Als er sich umschaute, war das Haus, das einem Palast ähnlich gewesen war und das er soeben noch gesehen hatte, verschwunden. Er befand sich wieder in dem Zwergbambusdickicht.

In diesem Augenblick stieg ihm ein köstlicher Geruch in die Nase: In seinen Händen hielt er ein Kästchen mit dreizehn übereinander liegenden Fächern, die mit dreizehn Reiskuchen gefüllt waren. Er sagte sich: »Warum habe ich bloß meinen Schwur gebrochen?« Dann dachte er: »Nun gut, meine Aufgabe ist, die Felder zu bestellen und Brandrodungen zu machen.«

Auf diese Weise tröstete er sich und eilte den Berg hinunter. Aber als er sich unten im Tal umschaute, war er sehr erstaunt! Sein Haus war zerstört und auch sein Dorf hatte sich verändert. Da aß der junge Mann seine Kuchen und dachte dabei an traurige Dinge, als er sich plötzlich in einen Vogel verwandelte. Überglücklich kehrte er zu seiner jungen Frau Nachtigall zurück. Beide flogen mit großen Flügelschlägen davon in ein fernes Land. Genau in diesem Moment wurde durch die Bewegung ihrer Flügel der Wind geboren.«

Ich sagte:

»Das ist nicht wahr. Das war nicht der drittjüngste Bruder deines Urgroßvaters!«

Sie zuckte mit den Schultern:

»Wenn du mir nicht glauben willst ...«

»Und wie kann man das alles überhaupt wissen, wenn er doch nie wieder zurückgekehrt ist?«

»Wenn man in meinem Alter ist, weiß man viele Dinge«, erwiderte die *toriagebaba*, aber sie sah bekümmert aus.

Sie schaute mich an und sagte:

»Du bist jetzt groß.«

Ich hatte das Gefühl, sie enttäuscht zu haben. Wir erhoben uns und gingen langsam den Hügel hinunter, wobei wir die Kleider fest um unsere Körper rafften, weil der Wind an ihnen zerrte.

Jedes Jahr, wenn der Reis geerntet war, kam *kami-are*, der Göttersturm. Der Wind von Asaka fing plötzlich an zu brausen, und die Götter flogen nach Izumo, das auf der Seite des Japanischen Meeres liegt. Sie flogen zum Schrein von Daikoku-sama, der über die Heiraten der Menschen entscheidet. Zusammen mit Daikoku-sama beschlossen sie dort die ehelichen Verbindungen für das kommende Jahr. »Herr Soundso aus dem und dem Dorf muß Frau Soundso ehelichen.« Ihre Entscheidungen waren unwiderruflich. Nur der *yama no kami-sama*, der Berggott, ging nicht von Asaka fort. Und Ebisu-sama, die Gottheit der Fischerei und des Reichtums, löste ihn um die Mitte des Monats ab. Von *yama no kami-sama* hieß es, er hätte sich das Gesicht verbrannt und würde es nun nicht mehr wagen, in der Öffentlichkeit zu erscheinen. Und von Ebisu-sama sagte man, er hätte keine Knochen und könne deswegen keine so lange Reise unternehmen. Da diese beiden im Dorf blieben, um es abwechselnd zu bewachen, veranstaltete man eigens für sie Dankesfeste. Sie erhielten Reis mit roten Bohnen und Sake in Bambusgefäßen. Dann, am Ende des zehnten Monats, blies der Wind noch einmal mit gewaltigem Schwung, und unsere Götter kehrten alle miteinander zurück.

Der Wind ist das erste der Elemente. Er zerstört Bäume und Ernten, und er reißt die Dächer ab. Doch auf einmal, wenn er die Blütenpollen verstreut hat, beruhigt er sich wieder, und die Natur beginnt üppig zu sprießen.

Ich habe mich oft gefragt, was das ist, der Wind. Wenn er von Nordwest her wehte, sagte meine Mutter, dies sei der *tamakaze*, der »Seelenwind«. »Die Fischer«, belehrte sie uns, »fahren nicht auf das Meer hinaus, wenn der Wind von Nordwesten weht. Da fischen die Götter selbst. Man darf sich ihnen nicht nähern oder ihnen begegnen, sonst kann Schreckliches passieren.«

Wenn bei uns der Seelenwind wehte, geschahen außergewöhnliche Dinge. Die alte Kinderaufsammlerin hatte mir erzählt, daß die Kinder, die dann geboren werden, ungewöhnliche Kräfte hätten, weil *tama* sich in ihre Körper hineinstürzt. Umgekehrt wird jemand, der schwächlich ist und sich diesem Wind aussetzt, noch schwächer. Sein Kopf wird schwer, seine Glieder werden gefühllos, er zittert, und dann stirbt er. Deshalb heißt die Grippe, die Krankheit der Kälte und des Fiebers, heute noch *kaze*, wie der Wind.[22]

Von allen Elementen ist der Wind das einzige, das man so schlecht bändigen konnte. Wir wissen, wie man Feuer macht und wie man das Wasser in Bambus-, Gummi- oder Metalleitungen lenken kann. Was aber den Wind betrifft, so kannst du noch so sehr mit dem Mund blasen und deine Wangen aufblähen wie die *okame*-Maske, die Frau des Überflusses, dein Atem verflüchtigt sich, ohne sich in Wind zu verwandeln.

Der Wind ist die gewaltigste Kraft der Welt.

Gorintō, der fünfstöckige Turm

Unten am Hayama-Hügel markierte ein *gorintō*, ein fünfstöckiger steinerner Turm, die Stelle eines alten Grabes. Die fünf Stockwerke des steinernen Turmes entsprechen den fünf physikalischen Bestandteilen, aus denen die Welt zusammengesetzt ist und die die Wandlungen bestimmen.

In der unteren Etage dieses Turmes befindet sich die Erde. Sie enthält die fruchtbaren Kräfte, die die Lebewesen und die Dinge hervorbringen.

Darüber ist das Wasser. Es kommt aus den Bergen, wo die Götter wohnen, und bewässert die Ebene. Das Wasser wird aus Quellen gespeist, deren Lebensenergie sich im Lauf der Zeit verringert, und es regeneriert Körper und Seele. Unsere Götter hassen alles, was schmutzig ist. Um ihnen gefällig zu sein, müssen die Menschen jeden Tag ihre Hände reinigen, den Mund ausspülen und ihren Körper waschen. Aus diesem Grund errichten wir am Eingang der Heiligtümer Brunnen, aus denen klares Wasser rieselt. Daraus schöpfen wir mit einer Kelle aus Holz oder Metall, bespritzen unsere Hände damit und trinken drei Schlucke, bevor wir die Götter begrüßen. Die Religion Japans ist eine Religion der Reinheit.

Weiter oben in diesem Turm ist das Feuer, das Komplementärelement zum Wasser. Das Feuer sperren wir in unsere Feuerstellen, um unsere Wohnungen zu heizen und unsere Mahlzeiten zu kochen. Seine Flammen verzehren den Schmutz, während sein Rauch eine Brücke zwischen dem Himmel und unseren Inseln bildet.

Darüber kommt der Wind, gerade ein Stockwerk unter der Leere, die das Ganze beherrscht.

Als Kind habe ich gelernt, wie man Böden fruchtbar macht, wie man das Feuer verehrt und den Regen herbeiruft. Aber der Wind verschaffte mir immer ganz besondere Empfindungen. Wenn der »überflüssige Wind« wehte, drang er in Nase, Mund und Ohren. Ich hatte meine Ärmel ganz fest gebunden, doch er drang trotzdem ein, er schlich sich ein, und ich bekam eine Gänsehaut. Mir war kalt, aber ich wußte auch, daß der Wind die Lebenskräfte belebt, so wie der Blasebalg die Glut eines verlöschenden Feuers neu anfacht.

Am Fuße des Steinturms auf dem Hayama schlief um die Mittagszeit oft eine Schlange, die sich zusammengerollt hatte. »Schaut sie euch an«, sagten die Alten von Asaka, »sie wohnt in der Erde und liegt träge in den Gewässern. Ihre Zunge ist flink wie eine Flamme, und wenn ihr Körper durch die Gräser gleitet, klingt es wie das Rauschen des Windes. Sicher ist sie ein heiliges Tier!« Und die abgestreiften Häute der Schlange waren für sie ein Zeichen ihres göttlichen Ursprungs.

Zu Beginn des sechsten Monats, der in der Mitte des Jahres die Erneuerung der Zeit anzeigte, durfte sich keiner auf das Maulbeerbaumfeld begeben. »Heute«, murmelte man, »häutet sich die Schlange im Schatten der Blätter.«[23]

Beim Häuten zog sich die Schlange zunächst zusammen, als wäre sie krank, und blieb unbeweglich liegen, weil ihr die Hitze zu schaffen machte. Fleischfressende Insekten näherten sich, bereit, diese totgeglaubte Beute zu verschlingen. Aber als sie zitterte, zogen sie sich wieder zurück. Dann pumpte sich die Schlange so lange auf, bis ihre Haut zerriß. Sie schlüpfte langsam aus ihr heraus und hinterließ zu Füßen der Bäume die durchsichtige, ein wenig golden schimmernde Hülle. Die Alten sagten, die Menschen dürften die Schlange in diesem Zustand nicht sehen, weil sie nicht rein genug seien. Wenn sie unglücklicherweise eine sich häutende Schlange erblickten, würden sie sich selbst zu häuten beginnen, und ihr Geist würde dem Körper entweichen. Der Körper aber bliebe auf der Erde zurück und würde dann als nutzlose Hülle an einem Maulbeerbaum hängen.

Ich habe oft gesehen, wie Schlangen sich häuten, und ich bin nicht daran gestorben. Dennoch kann ich nicht umhin zu glauben, daß diese Geschichten ein Stückchen Wahrheit enthalten, denn die

Götter sind in allen Naturerscheinungen gegenwärtig: im Plätschern einer Quelle, im Gesang eines Vogels und des Windes, in der dunklen Farbe fruchtbarer Erde und auch im Herzen der Menschen ...

Aber das höchste Reich der Götter ist die Leere, die sich an der Spitze des fünfstöckigen Turmes befindet. Nach der buddhistischen Lehre ist sie der Ort des Erwachens, der Ort, an dem sich die Weisheit des Menschen vollendet, der sich von den Leidenschaften, die ihn an die Welt ketteten, gelöst hat. Und da sich das Wort »Leere« mit dem Schriftzeichen »Himmel« schreibt, ist sie der Raum, in dem der Dialog mit den *kami* beginnt. Dort hallt es wider vom wahren und wirksamen Wort, das die Menschen von den Göttern empfangen.

Tatsächlich ist die Reihenfolge der fünf Elemente nicht einfach durch ihr materielles Gewicht gegeben, sondern sie stimmt auch mit ihrer Anordnung im Raum überein und mit den einzelnen Stationen des Lebens, das den Menschen von der Erde zur göttlichen Welt führt.

Der Geist der Toten ist den Zeichen Luft und Wind unterstellt: Er streicht eine Zeitlang um die Häuser herum, ganz wie es der Brise der jeweiligen Jahreszeit gefällt, dann macht er sich auf den Weg zum Himmel. Die Hinterbliebenen können noch so sehr rufen, nichts kann ihn mehr zurückhalten.[24] Wenn dann die Menschen einen ungewöhnlich zutraulichen Schmetterling sehen oder eine sich geräuschlos wiegende Blume, denken sie manchmal, dies sei die vom Wind gereinigte Seele eines Vorfahren, die auf diese Weise zu ihnen zu Besuch komme. Sie stellen sich vor, diese Schönheit sei die Emanation des vor kurzem entschwebten Geistes.

Geboren aus der Erde und mit Blut verschmiert, wird der Mensch am Ende eine leichte Blume oder ein davonflatternder Schmetterling. Indem er sich auf diese Weise von der Erde bis zum Wind und zur Leere erhebt, spielt er die Rolle auf unserer Welt, die ihm zukommt.

IV
Persönliche Erinnerungen

親の心子知らず

Oya no kokoro ko shirazu.
Kinder kennen das Herz ihrer Eltern nicht.

Kokorobosoi, mit »beklommenem Herzen«, wehmütig, denke ich an meine Kindheit zurück. Ich war bestimmt glücklich, doch die Monotonie des dörflichen Rhythmus hat dazu geführt, daß die Erinnerungen an die großen wie an die winzig kleinen Ereignisse verblaßt sind. Ich habe nur eine undeutliche Erinnerung an einen Zustand des Glücks. Ich sehe nur ein paar zerfließende Bilder, die wie die Spitzen von Kryptomerien über dem Nebel erscheinen, Eindrücke, so flüchtig wie Seifenblasen.

Ich bin auf Obstbäume geklettert, die die Einfriedung rund um unser Haus bildeten. Dort versteckte ich mich und beobachtete den Hof. Wie Insekten eilten die Mägde hin und her. Ständig trugen sie etwas, Holz, Wasser, und ich weiß nicht, was noch alles. Aus ihren Unterhaltungen drangen Bruchstücke bis zu meinem erhöhten Sitz. So lernte ich in der Sprache der kleinen Leute den Lauf der Welt. Ihre Gesten und Worte sowie ihre kräftige Gesichtsfarbe brachten mich auf den Gedanken, daß ich niemals das Leben einer normalen Frau führen könnte.

Der ältere Bruder

Als ich an einem klaren Herbstmorgen, während ich rittlings auf einem Ast saß, meine Zähne in einen Apfel schlug, sagte ich zu mir: »Noch keiner hat ihn berührt, er gehört mir. Mir ganz allein.« Er war sauer und brannte mir auf den Lippen. Ein Rabe flog vorüber. *Kā kā!* Er machte sich über mich lustig. Da fiel mir der Apfel aus der Hand, und ich fiel vom Baum. Obwohl ich mir nichts getan hatte, weinte ich. Mein älterer Bruder hob mich auf. Er nahm mich in die Arme, und ich vergrub mein Gesicht an

Mit dem älteren Bruder und den drei Schwestern

seinen Schultern. An seinen Kleidern haftete der Geruch eines ungewöhnlichen Parfüms. Es war ein Duft aus der Stadt, vielleicht ein luxuriöser Duft. Er trug einen Anzug in westlichem Stil. Er hat mich bis zum Haus getragen.

Ich sah meinen älteren Bruder nicht oft, weil er in der Ferne ein schwieriges Studium absolvierte. Alles, was ihn betraf, war etwas Besonderes. Er rauchte amerikanische Zigaretten, die ihn mit einem bläulichen Dunst umhüllten. Er war oft blaß, und er spielte Violine. Einmal – ich war zehn Jahre alt –, als er aus Tōkyō heimkehrte, wollte er uns, nachdem wir uns im Garten zusammengefunden hatten, den Charleston beibringen. Also ließ ich meinen Kimono aus Baumwollkrepp in der Ecke liegen und behielt den blauen Rock meiner Schuluniform an, weil ich dachte, er würde besser zu den modernen Rhythmen passen.

Die Dienstmädchen rafften ihre Kimonos hoch, damit sie ihre Unterschenkel besser heben konnten. *Ichi, ni! Ichi, ni!* »Eins, zwei! Eins, zwei!« Sie sagten mir, ich sei begabt. Die Heiterkeit des Charleston tat meinem Herzen wohl. Die heftigen Bewegungen erschreckten die Hühner, und sie rannten mit ausgebreiteten Flügeln umher. Eine Woche oder einen Monat lang war der Hof erfüllt vom Lärm des ausländischen Tanzes. Dann reiste mein Bruder wieder ab, und ich sah ihn vier oder fünf Jahre lang nicht wieder.

Vater

Dennoch war mir dieser Bruder, der fern von uns lebte und fünfzehn Jahre älter war als ich, viel vertrauter als mein Vater. Mein Vater war groß und hatte riesig breite Schultern, wenn er seine Militärjacke anzog und die Orden daran befestigte. Es waren so viele, daß sie nicht mehr in eine einzige Reihe paßten. Mein Vater hatte ein so schroffes Wesen, daß wir es nicht wagten, ihn ohne die Vermittlung meiner Mutter anzusprechen. Dennoch, wenn ich heute darüber nachdenke, scheint es mir, als sei er kein harter Mensch gewesen, sondern ernst und aufrichtig. So streng und zugeknöpft er auch zu Hause war, draußen war er die Selbstlosigkeit in Person. Für das Dorf hat er immer gearbeitet wie der Teufel. Bei Beerdigungen brachte er der ganzen Gesellschaft etwas zu essen. Er sagte zu meiner Mutter, sie solle drei *shō* Reis kochen und daraus Reisklößchen, *musubi*, mit Algen bereiten. Wenn meine Mutter den Reis gekocht und die Klößchen zubereitet hatte, brachte er sie zu der Gesellschaft und sagte: »Greifen Sie zu! Essen Sie, soviel Sie können!«

Er kümmerte sich auch um die Dorfjugend, die auf dem Weg zur Schule an unserem Haus vorüberkam. Für sie hatte er eine Wasserstelle anlegen lassen und verlangte, daß dort immer ein sauberes Handtuch lag. Und außerdem ließ er diesen kleinen

Vater Endō

Teich einmal im Jahr reinigen, damit die Oberschüler reines Wasser hatten.

Nein wirklich, jemand, der soviel an andere dachte, konnte kein schlechter Mensch sein. Aber er gehörte einer Epoche an, in der die Väter nur ein Herz für ihren ältesten Sohn hatten, ihren Erben, ihren Schatz. Wir Mädchen interessierten sie nicht. Tatsache ist, daß er mich, wie die meisten Erwachsenen, in Verlegenheit brachte.

Auf den alten Fotos sehe ich mürrisch aus. Der Blick der Leute machte mich verlegen. Wenn ich ein Vogel gewesen wäre, hätte ich mich zum Himmel über unserem Haus hinaufgeschwungen, *kuru, kuru*, und wäre schnell wie ein Pfeil zum Meer geflogen. Aber ich war kein Milan, nicht einmal ein Sperling, und ich hatte das Meer noch nie gesehen. Bald trieb mich meine Menschenscheu weit weg von unserem Haus, bald hielt sie mich zurück, und ich vergrub mich bei meiner Mutter.

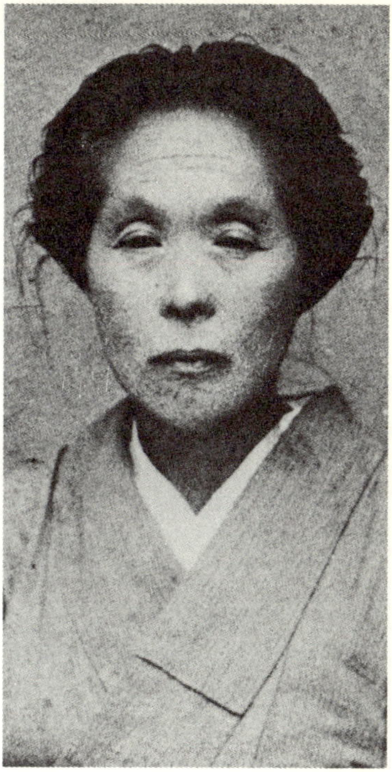

Endō Mina

Mutter

Meine Mutter war die Heldin meiner Kindheit. Alles an ihr erschien mir bewundernswert.[1] Ich habe sie nicht gekannt, als sie jung war, aber man sagte, sie sei schön gewesen. Das hatte sie gerettet. Sie hatte mit fünfzehn geheiratet und dann nur einen Sohn bekommen. Danach war sie so lange unfruchtbar geblieben, daß mein Vater sie gewiß verstoßen hätte, wäre er nicht von ihrer Anmut verführt worden.

Aber er liebte sie wirklich. Das verstand ich, als ich die Briefe las, die sie einander während des russisch-japanischen Krieges geschrieben hatten. Im Jahre 37 der Meiji-Zeit (1904) wurde mein Vater in die Mandschurei geschickt und lernte dort Angst und Kälte kennen. Im Dezember schrieb er an meine Mutter, daß sein Bataillon demnächst an die Front geschickt werden solle. Viele Soldaten waren schon gefallen, und er dachte, daß auch er sterben müsse. Da schrieb er an meine Mutter: »Du bist noch jung und du hast nur einen Sohn. Falls ich sterben sollte, laß ihn bei den Endō und verheirate dich wieder.«[2] Um ihn zu beruhigen, hatte ihm meine Mutter Fotos von der Familie und vom Haus geschickt. Schließlich mußte er diesmal doch nicht an die Front. Er antwortete ihr bald: »Ich war überrascht und glücklich, als ich diese Fotos erhalten habe. Man hat mich nicht an die Front geschickt, und ich bin tief betrübt, daß ich Dir Kummer bereitet habe. Es ist so kalt, daß mein Körper morgens, wenn ich aufwache, weiß ist vom Eis. Es ist schrecklich. Ich wollte, ich wäre krank, damit sie mich in die Heimat entließen, aber unglücklicherweise bin ich gesund und habe nicht einen Tropfen an der Nase!« So beruhigte er sie. Dennoch wurde auch er eines Tages verletzt. Drei kleine plattgedrückte Kugeln holte man aus seinem großen Manneskörper heraus, während man ihn am Boden festhielt. Wir haben sie lange aufbewahrt, als Andenken an seinen Mut ... Vielleicht sind sie noch bei meiner älteren Schwester ...

Für mich war meine Mutter zunächst einmal eine vierzigjährige Frau von kleiner und zarter Gestalt, mit einem geraden Rücken. Sie trug Kimonos in sanften und matten Farbtönen, die mit sehr kleinen Mustern verziert waren. Die Eleganz dieser Kimonos paßte zu ihrer Feinfühligkeit. Sie besaß eine ruhige Anmut und ein liebenswertes Gesicht, das immer bereit war zu lächeln. Ihre sehr schwarzen Augen glänzten wie Samenkörner. Soweit ich mich erinnern kann, war sie nie krank, und sie wurde nie böse. Ich glaubte, sie sei unveränderlich.

Geschickt machten sich ihre feinen weißen Hände den ganzen Tag über zu schaffen. Wenn sie einen Stoff zusammenfaltete, ordneten sich die Falten wie von selbst, und die Ecken waren tadellos. Wenn sie ruhig und gewandt ihre Anweisungen gab, gehorchten wir ihr alle, ohne zu murren. Manchmal gab sie auch meinem Vater einen Rat, seine Arbeit betreffend. Er tat dann so, als hätte er nichts gehört oder brummte so etwas wie: Das ist nichts für Frauen. »Nehmt euch ein Beispiel an den Tieren«, sagte er, »die Weibchen werfen die Jungen und kümmern sich um ihre Kleinen. Genauso muß es bei den Menschen sein. Überlaßt das Denken also den Männern!« Aber im geheimen schätzte er Mutters Klarsicht. Sie fand für jede Gelegenheit das passende Geschenk. Sie beurteilte die Menschen gerecht und wußte, was sie dem einen zugestehen mußte und von dem anderen fordern konnte.

Meine Mutter liebte keine überflüssigen Worte und ließ in ihrer Sprache die gleiche vollkommene Ordnung erkennen wie in allen anderen Dingen. Sie selbst sprach wenig. »Das Reden«, sagte sie zu uns, »hat genausoviel Kraft wie das Handeln. Ihr tut nicht einfach irgendwas, also redet auch nicht einfach ins Blaue hinein.« Sie wollte uns peinliche Genauigkeit beibringen: »Laßt auch nicht ein einziges Reiskorn in eurer Schale. Denkt an den Schweiß, den die Bauern dafür vergossen haben.« Oder wenn wir uns schlafen legten: »Überlaßt eure Glieder nicht der Unordnung. Ein Bett ist kein vom Sturm verwüstetes Feld. Haltet eure Beine geschlossen und legt euch so hin wie das *hiragana* さ *sa.*«

Mutter hatte einen vernünftigen Respekt vor dem Unterricht. Wenn sie meine älteren Schwestern vor dem Spiegel sah, wies sie sie zurecht: »Mit eurem Geschmeide werdet ihr das Japan von morgen nicht erbauen. Man muß arbeiten, meine Töchter«, sagte sie, »lernt, damit euer Herz schöner wird, und es wird euren Körper zieren.« Sie erinnerte uns daran, wie viele Frauen in Japan die Kultur immer hochgeachtet hatten und rühmte Murasaki, die den *Genji* geschrieben hatte und die Feministinnen des »Blaustrumpf«.[3] Dem nationalen Modernisierungsprogramm, auf das sich das Land seit der Meiji-Restauration eingelassen hatte, stimmte sie voll zu. Und bei diesem Abenteuer sollte die Ausbildung eine große Rolle spielen. Wie so viele Verantwortliche dieser Epoche setzte auch meine Mutter auf Bildung, um »einen modernen Staat zu schaffen, ein nationales Bewußtsein zu bilden und die Bürger zu formen«, wie man immer wieder betonte. Sie hat uns alle in unseren Studien ermutigt: »Seid nicht faul«, ermahnte sie uns, »sonst wird euer Leben leer und kraftlos wie ein Flußkrebspanzer.«

Zu ihrer Zeit gab es wirklich keine glücklichen Frauen. *Dansonjohi* war das Motto, die »Bevorzugung des Mannes und die Benachteiligung der Frau«. Aber sie hoffte, daß unser Leben besser werden würde als ihres. Sie wollte, daß wir genug Bildung besäßen, um eine gute Partie zu machen, und, im Gegensatz zu gewöhnlichen Müttern, die darauf versessen sind, ihre Töchter bei sich zu behalten, wünschte sie für uns, daß wir nach Möglichkeit fortgingen. Jedenfalls erlaubte sie uns nie, in der Schule zu fehlen. Falls uns Fieber oder Müdigkeit daran hinderten, zu Fuß zu gehen, trug sie uns auf dem Rücken.

Ich war sehr nachlässig und ließ meine Hefte und Pinsel immer irgendwo herumliegen. »Man muß die Schrift achten!« ermahnte sie mich, und ich tat so, als würde ich meine Sachen einsammeln. Für sie war alles Geschriebene heilig. Ihr Vater war ein gebildeter Mann. Sie selbst hatte Spaß am Lesen. Sie interessierte sich für die Wissenschaften und las dicke, aus anderen Sprachen übersetzte Bücher.[4] Obwohl sie keinen Unterricht gehabt hatte, hatte sie eine schöne energische und klare Schrift.[5]

Kalligraphie und Heirat

In meiner Kindheit überreichte mir meine Mutter jeden Samstag einen Kalligraphiepinsel, der in ein *hanshi*, ein halbes Blatt weißes Papier, gewickelt war, um welches ein *mizuhiki*, ein feingedrehtes Papierbändchen gebunden war. Sie sagte zu mir: »Geh und opfere ihn im Heiligtum von Tenjin-sama. Bitte ihn um einen guten *hanryo*.« Tenjin-sama, das ist Sugawara no Michizane[6], der Gott der Wissenschaften und der Kalligraphie. Aber was ein *hanryo* war, wußte ich nicht. Auch die anderen Kinder gingen zum Beten in Tenjin-samas Oratorium, das am Rande des Dorfes lag. Wir stritten uns und taten so, als würden wir uns gegenseitig die Pinsel klauen, bevor wir sie vor den Gott hinlegten. Seine sehr schwarze Statue mit der hohen Mütze der früheren Adligen stand verborgen im Hintergrund einer moosbedeckten Holzhütte. Vor Tenjin-sama klatschte ich in die Hände und bat ihn um einen guten *hanryo*, wie es meine Mutter mir geraten hatte. Beim Weggehen nahm ich einen der Pinsel, die wir in der vergangenen Woche geopfert hatten, wieder mit.[7]

Ich war dreizehn und hatte vor kurzem den Reis für den Feuerstellengott geopfert, als ich meine Mutter nach dem *hanryo* fragte. Sie betrachtete mich ernst: »Ein *hanryo* ist ein Gefährte, ein Ehemann. Bete zu den Göttern, daß sie dir einen guten Mann gewähren, denn je nach dem Haus, in das du eintrittst, wird dein Leben angenehm oder mühsam werden. Der Pinsel, den du Tenjin-sama gibst«, erklärte sie mir, »drückt deinen Wunsch aus, alle Dinge korrekt auszuführen. Wenn du mit diesem Pinsel schöne Schriftzeichen malst, wirst du ein vollkommenes junges Mädchen sein und heiratsfähig ... Der Pinsel ist ein heiliger Gegenstand, wirf ihn niemals zu Boden, tritt nicht darauf und spring nicht darüber.« Da habe ich zum ersten Mal verstanden, daß ich selbst das Haus Endō wahrscheinlich eines Tages verlassen würde, daß ich heiraten und in ein anderes Haus einziehen würde. Diese Entdeckung machte mir angst. Damals sagte ich mir, daß ich mich vielleicht überhaupt nicht verheiraten würde.

Seit ich sechs Jahre alt war, begaben wir uns jeden Sommermorgen gemeinsam zum Schrein von *ubusunagami*, unserer Dorfschutzgottheit. Es war ein hübsches Heiligtum aus Holz, dessen zinnoberroter Anstrich von Wind und Regen dunkler geworden war. Dort lernten wir unter der Leitung des Meisters der Götter von Asaka die Kalligraphie.

Das Erlernen der Kalligraphie (um 1875) (Roger Viollet)

Zuerst legten wir ein paar ungekochte Reiskörner nieder, die in ein halbes Blatt weißes Papier eingewickelt waren. Dann klatschten wir zweimal in die Hände, um die Götter auf unsere Gaben aufmerksam zu machen. Danach mußten wir die Veranda des Schreins kehren, bevor wir uns auf ihr niederließen. Wir saßen im Schatten des großen Strohdaches, das eine Frisur aus wilden Gräsern und Blumen hatte, die in alle Himmelsrichtungen wuchsen. Schließlich waren die Pinsel, die Tenjin-sama geweiht waren, Papier, Tintenklötzchen, Reibestein und Wasser ausgepackt. Die Älteren malten große, schwarze Schriftzeichen auf Blätter, die mit einem Polster unterlegt waren. Bei den ersten Übungen führten sie uns den Arm.

Die Umfassung aus weißem Kies war von *asunaro* gesäumt. Diese Bäume erinnern an die *hinoki*, und ihr Name bedeutet »Morgen werden«. Man sagt, daß sie jede Nacht seufzen: »*Asu, hinoki to narō!* Morgen werde ich eine *hinoki*!« Wenn wir unförmige Schriftzeichen malten, befahl der Meister der *kami* streng: »Strengt euch doch an! Seid keine ›Morgen werden‹!«

Der Meister der *kami* lehrte uns, daß die einzelnen Lernschritte der Kalligraphie ganz und gar in dem Schriftzeichen »Ewigkeit« enthalten seien. Er sagte uns, daß dieses Wort die acht Handbewegungen des Weges der Schrift in sich vereine.

Ei, die Ewigkeit

Der erste Strich, genannt *soku*, »Seite«, ist der Punkt, den man auf das Papier setzt, wobei man den Pinsel leicht schräg hält. Der zweite, *roku*, »Zügel«, ist der horizontale Strich, den man zeichnet, indem man den Pinsel anzieht wie die Zügel, wenn man ein Pferd drosseln will. *Do*, »Armbrust«, der dritte Strich, ist der vertikale Strich, den man zu sich herzieht, entsprechend der Bewegung eines Armbrustschützen. Die vierte Handbewegung oder *teki*, »Flügel«, vollendet diesen Strich, der damit einen Sprung nach links oben macht. Danach kommt *saku*, »Peitsche«, ein kurzer horizontaler Strich, den man so abrupt ausführt, wie man einem Pferd einen Peitschenhieb versetzt. Um *ryaku*, »Streicheln«, zu schreiben, das den Peitschenhieb nach links unten verlängert, darf der Pinsel das Papier nur flüchtig berühren, wie eine Frau sich über das Haar streicht. Das »Picken«, *taku*, der Strich, den man diagonal von rechts nach links zieht, entspricht der Haltung eines Vogels, der Futter vom Boden pickt. Der letzte dieser Striche heißt wieder *taku*, aber mit der Bedeutung »Zwietracht«. Er zieht sich von links nach rechts, wobei er sich leicht neigt wie ein erschlaffender Körper.

»Später«, sagte er zum Abschluß seiner Lektion, »werdet ihr das Schriftzeichen *ichi*, »eins«, lernen, denn das Erlernen der Kalligraphie gipfelt in diesem einen horizontalen Strich, der die Zahl Eins bedeutet. Das ist das schwerste chinesische Schriftzeichen von allen, welches die vollständige Meisterschaft in der Kalligraphie erkennen läßt.«

Ich liebte die Kalligraphie. Die Hand durfte dabei nicht auf dem Papier ruhen, sondern man mußte den Pinsel so halten, daß die Handbewegung sich auf den Arm und darüber hinaus auf die gesamte Körperhaltung übertrug. Der Lernende zeichnete ein Schriftzeichen achttausendmal, er konzentrierte seinen Geist auf die eine Bewegung, die ihn mit dem Papier verband. Und wenn man es lange genug versucht hatte, entstand eines Tages ein Strich auf diesem Blatt. Niemand konnte sagen, ob er wirklich dessen Urheber war. Kalligraphieren heißt, ein irgendwo bereits existierendes Zeichen entstehen lassen, Bekanntes ans Licht bringen.

Zu meinem Unglück habe ich geglaubt, daß mich eine schöne Schrift schneller heiratsfähig machen würde. Ich wollte nicht heiratsfähig sein. Die heiratsfähigen Mädchen nannten wir *hakoiri musume*, »Mädchen in der Schachtel«, um damit auszudrücken, wie sehr man sie abschirmte, während man auf den Tag ihrer Verheiratung wartete. Ich wollte nicht eingesperrt sein. Damals meinte man, daß die Mädchen dazu bestimmt seien, zu gehorchen: zuerst ihrem Vater, dann ihrem Mann und schließlich ihrem ältesten Sohn. Ich wollte nicht gehorchen. Ich sagte mir immer wieder, daß ich nicht heiraten würde. Aus diesem Grund weigerte ich mich, weiterhin zum Shintō-Schrein zu gehen und dort Kalligraphie zu lernen. Und ich habe nie wieder einen Pinsel an Tenjinsama geopfert.

Meine Mutter sah sehr traurig aus. Ich selbst war eifersüchtig auf meine älteren Schwestern, die zu jungen Frauen wurden, mit kleinen, sehr weißen Händen und schmalen Fingern. Wenn sie zum Heiligtum gingen, machten sie sich schon die *momoware*-Frisur, die Frisur des »gespaltenen Pfirsichs«: Sie teilten die Haare durch einen Mittelscheitel und schlugen sie am Hinterkopf nach oben, während sich die Strähnen über den Schläfen bauschten. Wenn sie chinesische Schriftzeichen schrieben, lächelten sie vage vor sich hin. Ich lehnte jegliche Koketterie ab und band meine Haare immer noch mit einem Gummiband im Nacken zusammen. Aber insgeheim sammelte ich Haarbänder.[8]

Vor der Sanftheit der Frauen schauderte mir. Sie erstickte mich. Es war eine gedämpfte Welt mit Getuschel, unterdrücktem Lachen hinter vorgehaltener Hand und dem Rascheln von knisterndem Stoff. Meine erste Menstruation hatte mich erschreckt. Für mich war das eine unerträgliche Folter, die man hinter einem gewandten Benehmen zu verbergen suchte. Sie lauerte im Bauch, immer bereit, aus unseren schlecht verschlossenen Körpern zu dringen.

Dafür rächte ich mich an Risa, meiner zwei Jahre älteren Schwester.

Risa

Diese Schwester war sanft und zerbrechlich und machte keinen Lärm. Sie hatte die weiße und zarte Haut eines Mädchens aus der Stadt, und Streitigkeiten machten ihr angst. Wenn es zu einer Rauferei kam, stellte ich mich vor sie. Das gab mir so etwas wie Macht über ihr Leben. Alle glaubten, meine ältere Schwester würde einen besänftigenden Einfluß auf mein unbesonnenes Wesen ausüben. Aber zu der Zeit, als ich das erste Jahr auf der höheren Schule war, enthüllte ein kleiner Zwischenfall die Perversität unserer Beziehung.

Es war im Monat August, einige Tage nach *Obon*, dem Totenfest am Sommerende. Die *susuki*[9] blühten an den Wegrändern, und der Wind jagte die Wolken über den Himmel. Vom Gesang der Nachtigall am Morgen bis zum Gesang der Nachtigall am

Abend war ich mit meiner älteren Schwester verschwunden, ohne daß jemand wußte, wohin. Abends kehrten wir mit roten Wangen und verschwommenem Blick zurück. Keiner hätte darauf geachtet, wenn sich die Sache nicht am nächsten und am übernächsten Tag wiederholt hätte.

Im Innern des heiligen Waldes verborgen, spielten wir Schule. An sich ist das nichts Befremdliches, aber ich, die Jüngere, war die Lehrerin, meine Schwester spielte die Schülerin. Und das war nicht normal. Als mein Vater von einem Hausmädchen davon in Kenntnis gesetzt wurde, griff er ein und forderte uns auf, sofort die Rollen zu vertauschen. Wir sollten uns an die Regeln halten, die besagten, daß man Achtung vor dem Alter haben solle. Scheinbar gehorchte ich. Aber am nächsten Tag nahm ich unter dem Vorwand, daß meine ältere Schwester die Rolle der Lehrerin schlecht spiele, wieder den Platz hinter dem Pult ein, das durch ein Bündel Bambus dargestellt wurde. Von Zeit zu Zeit zog ich einen Zweig heraus und tat so, als ob ich meine Schwester schlüge. Dabei kratzte ich sie an der Wange. Ein Tropfen Blut floß, und sie heulte. Hinterher behauptete man, ich hätte das absichtlich gemacht. Vielleicht stimmte das sogar. Aber ich verteidigte mich, indem ich lauter jammerte als alle anderen. Schließlich wurde uns feierlich verboten, Schule zu spielen.

Es ist nicht unwahrscheinlich, daß mich dieser Beschluß insgeheim erleichterte, denn meine Kühnheit beunruhigte mich selbst: Ich hatte eine ältere Schwester geschlagen, ohne daß mir die Götter eine dieser schrecklichen Hautkrankheiten schickten, an der man die Schändlichkeit erkennt. Nichts geschah. Oder beinahe nichts. Ich fragte mich, ob die Weltordnung eine so leichte Sache wäre, daß man ihr gefahrlos zuwiderhandeln konnte?

Der Eintritt ins Lyzeum

Das Ende meiner Kindheit war schwierig. Im letzten Jahr an der Dorfschule hatte ich mich entschlossen, daß ich Lehrerin werden würde. Weil jeder das sagte. Zu diesem Zweck mußte ich nach der *jinjō shōgakkō*, der Elementarschule in Asaka, vier Jahre lang auf ein Lyzeum, die *jinjō kōtō shōgakkō*, die höhere Elementarschule in Kōriyama, anstelle der weiteren zwei obligatorischen Jahre für gewöhnliche Kinder. Danach sollte ich auf eine höhere Mädchenanstalt. Alle Kinder kamen nach dem vollendeten zehnten Lebensjahr in die höhere Schule. Aber vom ersten Jahr an waren bestimmte Einrichtungen für die begabtesten Kinder reserviert, jene, die ihre Studien in Spezialschulen fortsetzen wollten. Da mir der Beruf einer Lehrerin vorschwebte, war der Eintritt ins Lyzeum von entscheidender Bedeutung für mich. Da außerdem meine älteren Schwestern schon auf dieser Eliteschule waren, hätte ich mir nicht erlauben können, zu scheitern. Diese Schmach hätte mich umgebracht. Im übrigen habe ich dafür wie eine Wahnsinnige gearbeitet.

Vier Kinder aus der Schule in Asaka bereiteten sich auf die Aufnahmeprüfung für die Morioka-Schule in Kōriyama vor. Es waren zwei Jungen und zwei Mädchen, eine meiner Kusinen und ich.

Um zum Lyzeum zu kommen, brauchte man ungefähr eine Wegstunde. Am Tag der Prüfung stand ich früh auf. Ich schlang nur eine Schale Reis mit einem rohen Ei und einigen Blättern Tang hinunter. Danach wartete ich auf meine Kusine. Auch sie war früh dran. Da sie in Uniform war, wohingegen ich einen rosa-weiß gemusterten Kimono angezogen hatte, überlegte ich, ob ich mich nicht umziehen sollte. Nach kurzem Nachdenken sagte ich:

»Schade, ich habe keine Zeit mehr«, und schlüpfte in meine Sandalen. Doch meine Mutter hielt uns zurück:

»Denk daran, daß deine ältere Schwester letztes Jahr viel zu früh aufgebrochen ist. Sie hat geduldig vor der Schule gewartet, doch viel länger, als notwendig gewesen wäre. Das hat sie nur sinnlos erschöpft.«

Meine Mutter goß uns Tee ein und legte uns zwei Apfelschnitze dazu. Meine Kusine holte aus ihrem Bündel *otedama* hervor. Das sind kleine Kissen, die prallvoll sind mit getrockneten Bohnen, mit denen man singend jonglieren muß. Wir waren so vertieft in dieses Spiel, daß wir die Welt um uns herum vergaßen.

Schließlich gingen wir so spät los, daß die Prüfungen schon begonnen hatten, als wir in Kōriyama ankamen. Wir konnten nicht mehr in den Prüfungsraum hinein. Also ruhten wir uns einen

Moment lang heulend auf der Straße aus, bevor wir nach Asaka zurückgingen. Im Hause Endō empfing uns mein Vater. Er nannte uns Faulenzer und teilte uns mit, daß Mutter bis nach Kōriyama gelaufen sei, als sie unsere Verspätung bemerkt habe, und er schickte uns dorthin zurück. Wir brachen also wieder auf Richtung Lyzeum und schluchzten, *poro poro*, den ganzen langen Weg über. Dort angekommen, verirrten wir uns in den Korridoren des Gebäudes. Sie waren wie ausgestorben. Wir wußten weder, was wir tun, noch wohin wir gehen sollten. Schließlich hörten wir Mutters inständig flehende Stimme. Wir näherten uns. Sie war in ihren Bauernkleidern ins Lyzeum gegangen und hatte sich nicht einmal die Zeit genommen, die Bänder, *tasuki*, aufzuknoten, die die Ärmel ihres Arbeitskimonos oben hielten. Als sie dort angekommen war, hatte sie sich den Eintritt in das Zimmer des Direktors erkämpft. Ganz laut sagte sie, sie schäme sich, daß sie es gewesen sei, die uns zurückgehalten habe! Sie wisse gar nicht, wie sie uns Mädchen um Entschuldigung bitten solle – uns, die wir seit Monaten so viel gelernt hätten, für nichts. Mutter bat flehentlich. Sie verbeugte sich tief: man möge uns gestatten, die Aufnahmeprüfung abzulegen! Nur dann würde sich die Scham, die sie vor uns empfinde, mildern. Sie sagte: »Ich verbeuge mich vor Ihnen, ohne die Hoffnung, daß Sie meinem Ansinnen Gehör schenken werden. Ich wage weder zu verlangen, daß Sie den Kleinen Zensuren geben, noch daß Sie sie ins Lyzeum aufnehmen, da die Bedingungen für die Aufnahme dabei nicht respektiert werden. Doch wenn Sie ihnen erlauben könnten, an den Prüfungen teilzunehmen, würde das wenigstens ihrer Arbeit einen Sinn geben.«

Ich hielt mich mit meiner Kusine im Vorzimmer des Direktors auf. In dessen Büro spielte sich eine Erwachsenengeschichte ab, von der ich nicht allzuviel verstand und die mich dennoch etwas anging. Meine Mutter jammerte für mich, doch ich empfand nichts dabei. Gleichwohl wußte ich, daß es meine Schuld war. Da flossen mir ganz von alleine die Tränen. Und dann fing meine Mutter an zu weinen. Ich habe sie nie auch nur eine Träne vergießen sehen. Das beunruhigte mich. Ich flüchtete durch die Gänge. Doch man fing mich wieder ein, setzte mich auf einen Stuhl und gab mir ein Taschentuch. Es roch nach Moschus. Diesen Geruch mochte ich nicht.

Das Bittgesuch dauerte lange. Schließlich wurde beschlossen, das ganze Lehrerkollegium der Schule zu versammeln, um ihm das Problem zu unterbreiten. Eine Lehrerin, Frau Hakozaki, trat für meine Mutter ein und sprach für sie. Sinngemäß sagte sie folgendes: »Was wir in unserem Lyzeum wollen, ist, Frauen heranzubilden, die gute Ehefrauen werden sollen, und nicht, zukünftigen Familienmüttern unnütze Lehren einzupauken.« Aus diesem Blickwinkel betrachtet, sei meine Mutter ein Vorbild, und man könne nicht umhin, den Vorbildcharakter ihres Bittganges anzuerkennen.

Am Nachmittag desselben Tages haben wir die Aufnahmeprüfung abgelegt. Wir waren ziemlich aufgeregt, und sicherlich waren wir nicht gerade glänzend. Wie jedes Jahr wurden die Ergebnisse in der folgenden Woche veröffentlicht, doch wir durften nicht genannt werden. Das störte uns jedoch nicht. Einige Tage später kam dennoch ein Brief, den mir meine Mutter, ganz rosig vor Freude, vorlas: Weil einige Schüler nicht erschienen waren, wurden wir, meine Kusine und ich, in das Lyzeum von Kōriyama aufgenommen. Ich sprang vor lauter Glück und lief los, um die Neuigkeit in der Schule von Asaka zu verkünden.

Doch dort sprach man nur von meiner Mutter. Man bewunderte ihren Mut und sagte mir, ich solle mich für ihren Gang bedanken. Aber keiner machte auch nur eine Andeutung über meinen persönlichen Erfolg. Enttäuscht ging ich nach Hause zurück. Ich war entschlossen, kein Wort mehr mit der Lehrerin dieser kleinen Schule zu sprechen.

Die Eintrittszeremonie fand ein paar Wochen später, Anfang April statt. Man zog mir zum letzten Mal einen *hakama* mit roten Aufschlägen an. Aber an diesem Tag war ich so glücklich, daß ich kaum darauf achtete. Im Hof des Lyzeums stellte man uns in Reih und Glied auf. Die Lehrerinnen stellten sich vor, und danach nannten wir der Reihe nach unseren Namen. Wir verbeugten uns und baten alle, sich uns wohlgesonnen zu bezeigen. Man zeigte mit dem Finger auf mich, weil ich wegen meiner Verspätung schon berühmt war. Anscheinend hatten Eltern, deren Kinder zurückgewiesen worden waren, Protest eingelegt und sogar verlangt, die Endō-Mädchen auszuschließen. Aber die Autoritäten blieben bei ihrer Entscheidung. Ich für meinen Teil war zufrieden mit dieser

Klassenausflug (in der Mitte Nami)

Bekanntheit, die mir die Ankunft in einer Gesellschaft erleichterte, in der der Name Endō nicht so bekannt war wie im Dorf.

Trotz dieses bemerkenswerten Anfangs war ich keine gute Schülerin. Da ich im Januar geboren bin, war ich unter den Jüngsten der Klasse, und ich war noch nicht reif genug. Meine Arbeiten waren mittelmäßig. Schließlich bin ich nach den vier Jahren von der Schule abgegangen. Ich kam nie auf das höhere Lyzeum. Ich hatte sowieso schon seit langem – davon werde ich später sprechen – einen anderen Weg gewählt.

Doch dieser Eintritt ins Lyzeum behielt einen bitteren Beigeschmack für mich. Meine Mutter war nicht die allmächtige Kannon, wie ich es mir eingebildet hatte. Sie hatte die Schulautoritäten angefleht, und sie, die sonst so ruhig war, war wie eine Bäuerin auf die Straße gerannt, die Ärmel ihres Kimonos noch mit den *tasuki* hochgebunden. Sie hatte geweint. Ich ahnte eine Zerbrechlichkeit in ihr, die ich erst sehr viel später, als ich während des Krieges von Tōkyō wieder nach Asaka ging, richtig kennenlernen sollte.

Als ich sie damals wiedersah, schien sie mir abgezehrt. Ihre Augen waren eingesunken, und ihr Kinn trat hervor. Ich dachte:

»Mutter ist eine alte Frau.« Und mein Körper war wie losgelöst von dem ihren. Vielleicht einfach, weil ich erwachsen geworden war.

Meine Mutter, auch das habe ich erst in jener Zeit verstanden, hat mich sehr geliebt. Während meiner ganzen Ausbildungszeit hatte sie mir jeden Monat einen Yen nach Tōkyō geschickt. Sie nahm ihn aus ihrer Privatschatulle, von ihren heimlichen Ersparnissen, die sie »an ihrem Nabel verbarg«. Als ich krank wurde, weinte sie. Für all diese Mühe fühlte ich mich ihr gegenüber zu Dank verpflichtet, vielleicht sogar schuldig. Dieses Geld, das sie mir geschickt hatte, diese Tränen, die sie meinetwegen vergossen hatte, war das die Ursache für ihre Gebrechlichkeit? Ihr Körper verlor sich in einem dunkelgrauen Kimono, der mit silbernen Fäden durchwirkt war. Vielleicht hatte ich den Körper meiner Mutter zerstört.

Später wurde sie sogar noch magerer, wohingegen ich durch drei Schwangerschaften immer mehr zunahm.

Meine Mutter ist nicht so gestorben wie andere. Sie hat sehr lange gelebt, und ihr Körper wurde kleiner und kleiner, bis er völlig verschwand. Sie wurde an einem windigen und nebligen Tag unter einem grauen Himmel beerdigt. Diese Nachricht machte mich traurig. Ich dachte heimlich, daß es nun wohl keinen Menschen mehr gäbe auf dieser Erde, der meinetwegen Tränen vergießen würde, keinen mehr, vor dem ich mich schämen könnte.

Dennoch war ich vor meiner Mutter geflohen, hatte mich geweigert, Kalligraphie und die geselligen Künste zu lernen. »Du wirst Lehrerin werden!« sagte sie zu mir. Aber ich befand mich immer auf dem wunderlichen Pfad der Kinderträume.

Spiele der Kindheit

Ich flüchtete mich in Spiele, für die ich eigentlich zu groß war. Ich verbrachte täglich mehrere Stunden mit den kleinen Jungen der Bande des östlichen Dorfteils, wo wir wohnten. Mit zehn oder elf Jahren hätte ich nicht mehr an ihren kindischen Vergnügungen teilnehmen sollen.

Mit den Knaben spielte ich mit *takeuma*, dem »Bambuspferd«, den Stelzen, und ich handhabte den Kreisel mit viel mehr Schwung als den Kalligraphiepinsel. Mit den Mädchen spielte ich Himmel und Hölle. Das Puppenstubenspiel gefiel mir nicht sehr, aber beim Spiel mit den Fäden war ich so geschickt, daß ich die Säulenhalle eines Shintō-Schreins, die Kiefernnadeln, den Fisch und den Fluß darstellen konnte. Zuweilen badeten wir halbnackt in den Wasserläufen. Im Dorf warteten wir ungeduldig auf das *ten ten-ten* des Glöckchens des Bonbonverkäufers, der auf seinem Kopf ein großes Tablett trug, das mit Süßigkeiten und Papierwindrädchen beladen war. Lärmend stolzierte er überall umher und gestikulierte wild. Er schlug seine Trommel und wedelte in alle Richtungen mit seinem *uchiwa*, einem großen, nicht zusammenklappbaren Fächer.

Wir gingen zu den *ennichi*, den Götter- und Buddhafesten nach Kōriyama. Wenn dort die Kirmesbuden die Straßen rund um das Kloster überschwemmten, kauften wir uns blaue oder rote Dämonenmasken und Feuerwerkskörper, die wir am selben Abend auf der Veranda abfeuerten.[10] Dort gab es auch *hōzuki*, große und kleine japanische Laternen, die mit schwarzen Samen gefüllt waren, die ich später zu meinem Vergnügen in eine Gartenecke pflanzte. Wenn die Früchte reif waren, nahm ich eine nach der anderen ab und steckte sie in den Mund. Wenn ich sie kaute, machten sie ein lustiges Geräusch. Ich mochte auch das »Papiertheater«, *kamishibai*: Die Spieler der lebenden Bilder riefen uns herbei, indem sie mit hölzernen Schlegeln klatschten, *kachi kachi-kachi*. Erstaunt beobachtete ich, wie sich vor mir die erbittertsten Schlachten unserer Geschichte abspielten. Ich aß geröstete Süßkartoffeln, die mir der Verkäufer noch ganz heiß, in ein Blatt Zeitungspapier eingewickelt, entgegenstreckte. Ihre Schale war schwarz geworden und ihr Fleisch weich und saftig.

Mit zwölf Jahren hätte mich das alles nicht mehr interessieren dürfen. Aber sobald ich aus der Schule nach Hause kam, schleuderte ich meine Uniform in eine Ecke und schlüpfte rasch in einen Kimono aus Baumwollkrepp. Dann lief ich mit nackten Füßen hinaus. Meine älteren Schwestern sagten mir, daß ich das Alter bereits überschritten hätte, in dem man die Füße an der Luft spazierenführe. Sie selbst widmeten dem Nähen ihrer Aussteuer täglich zwei Stunden und wechselten bei jeder Gelegenheit ihre Toilette, um durch diese Koketterie zu zeigen, daß sie im heiratsfähigen Alter waren. Ich beobachtete sie heimlich mit beklommenem Herzen, und dann ging ich in die Felder, wo ich mir die Füße bis zu den Knöcheln mit Schlamm bespritzte.

Rituelle Mütter

Manchmal entdeckte mich meine Milchmutter – das war die Mutter eines kleinen Jungen, genau in meinem Alter, die mich als erste gestillt hatte. Sie rief mir zu: »Nami-chan! Aber dafür bist du doch schon zu groß! Hast du nicht schon Reis für Kōjin-sama geopfert?« Ich blieb stehen und wurde rot. Sie lud mich ein, zu ihr zu kommen, und ich folgte ihr wortlos. Sie bot mir Tee an und rosa und grüne Süßigkeiten. Dann holte sie aus einer Kommode, *tansu*, Haarbänder heraus, mit denen sie mein sehr kräftiges und glänzendes Haar in großen Wellen aufband. Sie steckte mir das Haar hoch und sagte: »Du hast einen zarten Nacken. Du wirst schön werden!« Ich war geschmeichelt. Einen zarten Nacken und schönes Haar zu haben, ist der Traum aller jungen Mädchen, da dies die höchsten Merkmale der Schönheit sind. Ich lachte und schüttelte gleichzeitig den Kopf, damit meine Haare wieder herunterfielen. Dann bemühte ich mich, wütend zu sein und schrie sie an: »Ganz bestimmt nicht! Ganz bestimmt nicht! Ich bin ein halber Knabe, ein mißglückter Knabe!« Doch die Bänder nahm ich mit und verbarg sie in einem Geheimfach. Ich liebte sie, vor allem die meergrünen, denn ihre kühle Farbe milderte meinen dunklen Teint. Hin und wieder wurden die Bänder von meinen Schwestern entdeckt, aber ich weigerte mich jedesmal, sie ihnen zu leihen.

Während dieser ganzen Zeit besuchte ich immer wieder die *toriagebaba*, die alte Kinderaufsammlerin, die mich zur Welt gebracht hatte. Ich besuchte sie natürlich zu Neujahr und am Ende des Sommers, aber auch, wenn ich mich in dem großen Haus langweilte. Sie gab mir Kuchen aus Reismehl, gebraten und in Algenblätter eingewickelt und erzählte mir seltsame Geschichten.

Von meiner Geburt berichtete sie mir mindestens hundertmal. Ich fragte sie immer wieder danach. Sie sagte: »Du warst noch völlig beschmutzt von der Geburt, als die Sirenen von Kōriyama zu heulen anfingen. Und du warst ein Mädchen. Während deine Mutter, der du solche Schmerzen bereitet hast ...« »Und weiter?« fragte ich. »Weiter?« Sie erzählte von Blut und Geburten. Sie erzählte von einer Frau, die ihren Ehemann betrogen hatte und eines Morgens eine Schlange zur Welt brachte. Der Ehemann nagelte sie mit der Spitze seines Schwertes am Boden fest. Die Frau hatte daraufhin stundenlang verzweifelt geheult und schließlich war sie gestorben. Eine andere hatte drei Nächte und drei Tage lang geschrien, weil das Kind ihren Körper durch ihren Mund verlassen wollte. Man mußte ihr den Bauch öffnen und zog ein *sakago*, ein »verkehrt herum liegendes Kind«, an den Füßen heraus. Ich sagte: »Das ist nicht wahr!« Sie entgegnete: »Doch! Das ist wahr! Du wirst schon sehen, wenn du an der Reihe bist, Mutter zu werden ...«

Doch ich hatte mich bereits entschieden, nicht Mutter zu werden. Ich wollte dem schrecklichen Schicksal der Frauen entfliehen: »Ich werde nicht heiraten, ich werde keine Kinder haben!«

Eines Tages teilte ich ihr das mit.

»Aber wer wird dann die *kuyō*-Opfer zur Beruhigung deiner Seele darbringen? Wer wird für dich beten nach deinem Tod? Dein Geist wird niemals die Erlösung erlangen. Du wirst eine umherirrende Seele werden, ein *muenbotoke*, ein »heimatloser Geist«! Ein *gaki*, ein Hungergeist! Und du wirst dich an die Lebenden klammern, um sie zu verschlingen.«

Etwa zu dieser Zeit bemerkte ich, daß sie selber keine Kinder hatte. Und von da an glaubte ich nicht mehr so recht an ihre Geschichten. Doch wie ein gefangener Nachtfalter von einem Lichtstrahl angezogen wird, bat ich sie immer wieder: »Erzähle noch mehr!« Und sie erzählte mir nach und nach alle Geburtsgeschichten des Dorfes.

Omori, der Kinderbetreuer

Zwölf Jahre. In diesem Alter hörte ich auf, meinen *omori*, meinen Betreuer zu besuchen. Denn bei den Endō hatte jedes Kind einen persönlichen Betreuer. Ein Betreuer war ein angenommenes Kind, das neun Jahre älter war als das zu betreuende Kind. Da das Haus Endō schon seit drei Generationen reich war, liehen sich die Leute aus der Nachbarschaft oft Geld, ein Stück Land oder Samen bei uns aus. Als Pfand für ihre Schuld ließen sie entweder eines ihrer eigenen Kinder in unserem großen Haus zurück oder ein Kind noch ärmerer Leute, die die Zahl ihrer hungrigen Mäuler verringern wollten. Mit neun Jahren kamen diese Kinder also zu uns in unser großes Haus. Das waren die *yoriko*, die »zusätzlichen Kinder«.

In Asaka hieß es, daß Kinder ab neun Jahren kräftig genug seien, zu arbeiten, weil sie dann genauso viele Lebensjahre hätten wie die Egge, *maguwa,* Zähne. Und genauso viele wie der kaiserliche Palast in Kyōto Pfeiler. Und außerdem dauere es neun Monate, bis ein Kind auf die Welt käme. Das alles zeige wohl, daß neun die angemessene Zahl sei. Die *maguwa*, die Egge, befestigte man an den Nüstern der Pferde und band zusätzlich eine Leitstange daran. Die Kinder marschierten zwei Schritte vor dem Tier her und hielten dabei mit einer Hand die Stange.

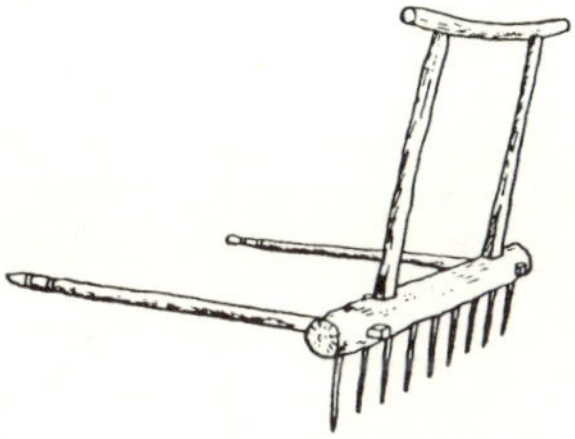

Egge, *maguwa*

Das war eine leichte Aufgabe, die ein Knirps von neun Jahren mühelos ausführen konnte, in einer Zeit, in der man alle Hände so dringend benötigte, daß man am liebsten noch die Pfoten der Hauskatze benutzt hätte, welche die einzige war, die sich immerzu mästete, ohne etwas zu tun!

Bei den Endō arbeiteten die angenommenen Kinder nicht auf den Feldern. Wir hatten auch ohne sie genug Arbeitskräfte! Aber da wir uns all den Leuten, die darauf zählten, daß wir ihre Kinder in unsere Dienste nahmen, nicht verweigern konnten, nahm man sie an, damit sie auf die Neugeborenen achtgaben. Und so erhielt jeder von uns gleich bei der Geburt einen *omori*, einen neun Jahre älteren Betreuer. Heutzutage erscheint das als ein ungewöhnlicher Luxus, aber zu jener Zeit fanden alle, daß das eine gute Einrichtung sei.

Ich wurde von einem Jungen großgezogen und nicht von einem Mädchen, obwohl das üblich gewesen wäre. Und wenn ich ein halber Knabe war, dann vielleicht, weil, wie es hieß, die Kinder ihren *omori* ähnlicher wurden als ihren Eltern.

Mein *omori* hieß Toshirō und kam einige Wochen nach meiner Geburt zu uns. Er stammte aus einem Haus in der Gegend von

Sendai, im Norden. Er war ein großer, schmächtiger Junge mit allzu runden Augen und allzu langen Händen. Aber er war sehr geschickt. Er baute kleine Segelboote aus einem einzigen Zwergbambusblatt. Wir ließen sie auf den Kanälen der Reisfelder fahren. Er schnitzte mir, ebenfalls aus Bambus, eine bewegliche Puppe, die er Take-chan nannte, was zugleich »Bambus« und »kühn« bedeutet. Eine Zeitlang schleppte ich Take-chan mit mir herum. Dann, als sie kaputt war, opferte ich sie am Grab des ältesten Sohnes des jüngeren Bruders eines Freundes meines Vaters, der mit sechs Jahren gestorben war. Dort wo er war, war es nicht mehr wichtig, ob die Puppe ganz war oder nicht.[11]

Mein *omori* brachte mir bei, daß man die *suzumushi*, die Glöckchenzikaden, die Grillen, fängt, indem man sie in der Mitte ihres Rückens festhält. Wir sperrten sie in Käfige aus Schilfrohr und fütterten sie mit Auberginenwürfeln. »Man muß fleckige Auberginen nehmen«, sagte er mir, »sie gehören den Göttern, und die Menschen können sie nicht essen.« Das tat er bestimmt aus Sparsamkeitsgründen, aber er erklärte alles auf diese Weise, sehr poetisch. Die Glöckchenzikaden zirpten einige Herbstabende lang, bis ich sie eines Morgens fand, auf dem Rücken liegend, leblos, mit geplatzten Bäuchen und voller Dreck.

Ich war elf Jahre alt, als man mir aus der Stadt ein paar Holzsandalen, *geta*, mit Lederriemen mitbrachte. Man sagte mir: »Nun werden dich deine Schwestern nicht mehr auslachen.« Ich verneigte mich höflich, um mich zu bedanken. Die anderen Kinder hatten an ihren Holzsandalen nur Schnüre aus Stroh und aus Bambusblättern, und die Erwachsenen benutzten Stoffbänder. Ich war so stolz auf diese *geta*, daß ich sie gar nicht wieder auszog. Auf der steinernen Allee im Garten ließ ich sie klappern. Das Leder war ein wenig hart und scheuerte so lange auf meinen Füßen, bis sich eine Hornhaut bildete.

Bis sie erwachsen waren, erhielten die angenommenen Kinder einen geringen Lohn, den man von den Schulden ihrer Eltern abzog. Darüber hinaus gab man ihnen natürlich zu essen und eine Unterkunft. Im Prinzip markierte der Militärdienst das Ende des Vertrages zwischen dem Geburtshaus und dem Haus der Adoptiveltern, aber in Wirklichkeit war man den angenommenen Kindern gegenüber nicht so gleichgültig, daß man sie auf diese Weise

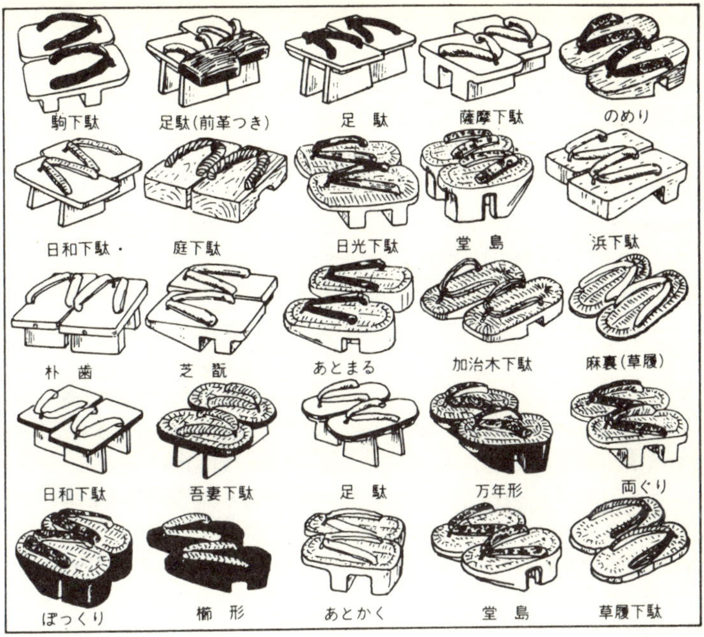

Holzsandalen, *geta*

aussetzte. Mein Vater war keiner dieser kaltherzigen Menschen, dieser *mizukusai*-Menschen, deren Herz nur nach Wasser schmeckt.

Also kehrten die *omori*, wenn sie ihren Dienst beendet hatten, in das Haus Endō zurück. Sie verneigten sich vor dem Altar unserer Ahnen und vor meinem Vater, und baten ihn, erneut ihr *oyakata* zu werden, derjenige, der »wie ein Vater ist«. Man fand für sie eine gute Ehefrau, und man gab ihnen Geld, damit sie sich ein Haus bauen konnten. Wenn sie dann eingerichtet waren, arbeiteten sie als Teilpächter bei uns weiter. Um uns zu danken, schenkten sie uns jedes Jahr mehrere Tage ihrer Arbeitskraft. Man behandelte die *omori* wie jüngere Brüder.

Zu Neujahr und am Totenfest zogen sie saubere Kleider an und kamen zum Haus, um meinen Vater zu grüßen. Sie verneigten sich vor unseren Göttern und Ahnen und man bot ihnen Sake an. Sie halfen, den Reis für die Feste zu stampfen und Reiskuchen in Form eines Spiegels herzustellen. Im Frühling arbeiteten sie auf den Feldern. Später halfen sie beim Pikieren und bei der Ernte. Und schließlich gingen sie uns auch noch beim Maulbeerblättersammeln für die Seidenraupen zur Hand.

Der *omori*, der sich um mich kümmerte, war sehr intelligent. Er wurde niemals Pächter. Er ging nach Tōkyō und absolvierte dort ein Studium. Genau wie mein älterer Bruder.

Davor, bis ich zehn Jahre alt war, waren wir fast unzertrennlich. Er nahm mich auf seinen Rücken, und wir gingen seine Eltern besuchen, die in einem Nachbardorf wohnten. Ich begrüßte sie höflich. Dann ließen wir uns am Rand der Feuerstelle nieder, die sich in einem dunklen und engen Raum befand, in dem gefräßige Fliegen geräuschvoll herumflogen. Die Hausherrin, Frau des älteren Bruders seines Vaters, bot uns Tee an und einige Stückchen gegorenen Rettich. Diese waren auf einem kleinen weißen Teller angeordnet, in dem die Salzlake gelbe Zeichen bildete, die wir wie Hellseher deuteten. Die Frau war mager, hatte eine spitze Nase und eine Haut, die so zerknittert war wie Rettich im Winter.

Einmal habe ich ihr als Geschenk des großen Hauses weißen Zucker mitgebracht, wie man ihn manchmal bei den Endō aß. Da die Großmutter so etwas wohl nicht oft zu essen bekommen hatte, ging die Frau sie holen, damit sie den weißen Zucker probieren könne. Die Alte kam. Ausgemergelt von der Arbeit, schleppte sie sich vorwärts, indem sie sich auf einen ihrer spitzen Ellenbogen stützte. In ihren Augen lag die Dunkelheit des Hauses, das sie nicht mehr verließ, da sie blind war. Die Alte strich mir mit ihrer Hand, die aussah wie ein Hühnerfuß, übers Haar und sagte zu meinem *omori*, er solle gut auf mich aufpassen.

Wir haben den Zucker aufgeleckt und dazu Tee getrunken.

Einige Wochen später ist die Großmutter gestorben. Meine Eltern haben der Familie meines *omori* ein bißchen Geld geschickt. Weil sie so freundlich war, bin ich hingegangen und habe weißen Zucker auf ihr Grab gelegt. Wenigstens einmal hatte sie davon essen können, bevor sie starb. Sie hatte ihn gern gemocht.

Mit zwölf Jahren jedoch brauchte ich schon lange keinen *omori* mehr. Außerdem hatte Toshirō, weil er studierte und abends auf dem Feld arbeitete, keine Zeit mehr, sich um mich zu kümmern. Dennoch machten wir in jenem Jahr unseren letzten Ausflug: Wir gingen zum Angeln.

Das war zu Beginn des Sommers, als der sechste Monat anbrach, der Gott der Reisfelder verschwand und die Fischsaison die Zeit der Aussaat und des Pikierens ablöste. Von diesem Tag bis zur zweihundertundzehnten Nacht nach *risshun*, dem »Vorfrühlingsbeginn«, gab es in den Wasserläufen Fische im Überfluß. In der zweihundertundzehnten Nacht kam dann der starke Wind, der die *kami* der Felder zurückbrachte und den Beginn der Erntezeit ankündigte. Das Angeln war zu Ende. Die Welt war so gut eingerichtet, daß die Jahreszeiten und die Götter harmonisch aufeinanderfolgten.

Im allgemeinen gingen die Frauen und die Alten, die nicht mehr auf den Feldern arbeiteten, zum Fischen. Doch bei uns hatte niemand Zeit dazu. Meine Mutter hätte sechs Arme gebraucht und meine Großmutter litt an Rheuma. Und meine älteren Schwestern waren zu sehr mit ihrer Aussteuer beschäftigt. In den Wasserläufen zwischen den Hügeln konnte man bei Tagesanbruch oder in der Abenddämmerung Salme oder Saiblinge, Karauschen, Forellen und Karpfen fangen.

An einem Tag, an dem der Abukuma unten im Tal über die Ufer getreten war, weckte mich früh mein *omori*, um mit mir stromaufwärts in einem Gebirgsbach, der zum Abukuma floß, fischen zu gehen.

Das Wetter war grau und drückend. Mein *omori* marschierte schnell, und meine Holzsandalen taten mir weh. Ich war schon ganz außer Atem. Mein *omori* nahm mich auf den Rücken und eilte mit mir den Fußpfad entlang. Nach einer Weile warf er mich plötzlich ab. Ich habe mir dabei den Knöchel verstaucht. Vorsichtig setzte er mich an das Ufer des Baches. Das Wasser führte den gelben Schlamm der Regenzeit mit sich. Mein *omori* holte aus seinem Beutel silberglänzende Fischstückchen heraus, die er an den Angelhaken befestigte. Er zeigte mir, wie man die Schnur zwischen Daumen und Zeigefinger festhält.

Wir haben Bachsaiblinge mit gelben Flossen und rost- und schlammfarbenen Flecken gefangen.

Nach einer Weile fing ich an, mich zu langweilen. Ich zog die Holzsandalen aus und ließ meine Füße ins Wasser hängen, um alle Forellen des Baches anzulocken. Nicht eine ist gekommen, aber meine Waden fühlten sich an, als wären sie in eine eisige Zange eingeklemmt und wurden so rot wie die Tagundnachtgleiche-Blumen *higanbana*. Sie brannten, als ich sie aus dem Wasser zog. Mein *omori* sagte, ich sei eine gräßliche Göre. Dann fing er an, meine Beine mit einem Lappen abzureiben. Der Lappen stank nach Fisch. Da schrie ich ihn an, daß das widerlich sei und schlug ihn mit den Fäusten. Er packte meine Fäuste und fesselte sie mit dem dreckigen Lappen. Ich kam mir ziemlich dumm vor und setzte eine Miene auf wie Butchōzura. So nennt man den mürrischen Gesichtsausdruck von Buddha Amida, wie man ihn oben auf der Frisur der Kannon sehen kann. Das regte meinen *omori* auf, und er drohte mir an, die Fische zurückzuwerfen, sie *suijin-sama*, dem Wassergott, wiederzugeben. Ich schrie, er solle es nur tun: »Los, mach doch! *Suijin-sama* wird sie mir in Gold wieder zurückgeben!« Da schleuderte er einen Fisch in den Bach. Aber ich konnte die Götter noch so sehr anflehen, sie haben mir nichts gegeben. Ich kam mir lächerlich vor und habe mich, wie man es in solchen Fällen zu tun pflegt, gezwungen zu lachen, damit man es nicht so merkte.

Wir nahmen die zappelnden Saiblinge mit nach Hause, und am Abend wurden sie am Rand der Feuerstelle am Spieß gegrillt. Der Großvater, die Großmutter, die Familie und die Dienstmädchen, alle haben davon gegessen.

In Asaka gibt es außer den Grundeln in den Reisfeldern und anderen wertlosen kleinen Fischen selten frischen Fisch zu essen. Zu Neujahr gab es bei uns gesalzenen Lachs. Im Frühjahr Sardinen. Getrocknete Sardinen waren außerdem eine der ständigen Zutaten, wenn man den Fond der Misosuppe kochte, auf der man dann Riementang, *konbu*, schwimmen ließ; manchmal ersetzte man diesen durch *kajime*, der an der Nordküste wächst. *Kajime* sind lange braune Algen, die getüpfelt sind wie Schlangenhäute und die die Konsistenz von neuem Leder haben. Aber frische Fische waren selten, selbst in einem Haus wie dem unsrigen. Ganz zu schweigen von den Häusern, wo es dreimal am Tag Reis mit Rettich gab oder Süßkartoffeln mit *miso* und in Salzlake eingelegtes Gemüse.[12]

An diesem Tag saßen die Arbeiter wie sonst auch im Eingangsraum auf der gestampften Erde, während unsere Familie bei der Feuerstelle saß. Die Dienstmädchen hatten die *hakozen*, die Kästchentabletts, hervorgeholt, auf denen die Gedecke für jeden aufgestellt waren. Wir mußten leise die Deckel abnehmen und umdrehen. Sie dienten als Teller. Dann waren auf den *hakozen* noch unsere Schalen, die kleinen Teller und die Eßstäbchen. Zwei Dienstmädchen brachten den Reis, die Suppe, den Fisch und die in Salz eingelegten Gemüse. Meine Mutter verteilte das Essen an alle. Sie selbst aß sehr wenig und achtete auf die guten Manieren der Mädchen. Der ältere Bruder leerte zwei Schalen Reis. Mein Vater, der einen krummen Rücken machte, schlürfte geräuschvoll seine Suppe.[13] Dabei hielt er seine Schale und seine Stäbchen in einer Hand. Dann legte er seine Stäbchen so hin, daß sie gegen den Deckel seiner Teeschale klirrten. Er kratzte sich am Hals und sagte, ohne mich dabei anzusehen: »Du wirst allmählich brauchbar. Man wird dich bald verheiraten können.« Und dieser Satz, der mein Herz und meinen Kopf normalerweise empörte, schmeichelte mir an diesem Tag. Ich wurde rot und kam mir wichtig vor.

Am Abend, als meine Schwestern schliefen, beobachtete ich das nächtliche Licht, das durch die schlecht verschlossenen Regenklappen drang. Es warf einen fahlen Streifen auf das durchscheinende Papier der *shōji*. Ich erhob mich und vermied es dabei sorgfältig, über die Körper meiner schlafenden Schwestern zu steigen, denn meine Mutter hatte mir das immer verboten. Und sie wiederholte immer wieder: »Steige weder über Bücher noch über Menschen.« Ich öffnete vorsichtig die *shōji* und drückte ein Auge auf den Spalt zwischen zwei Regenklappen. Es war eine klare Nacht ohne Sterne. Der Mond glänzte wie eine Perle. Zum ersten Mal fühlte ich so etwas wie eine Bestimmung.

*Die nationalistischen Verbände, mehr oder weniger geheim, erleben eine Blüte. Sie stehen dem Militär nahe und predigen eine im wesentlichen agrarische Ideologie. Sie prangern die Kollusion der Parteien mit den Zaibatsu an, treten für das Kleineigentum ein und fordern die Verstaatlichung der großen Unternehmen. Die Eroberung Asiens wird als Mittel angesehen, die demographischen Probleme (die japanische Bevölkerung hat die 60-Millionen-Grenze überschritten) zu lösen. Gleichzeitig zeigen sie sich, besonders England und der Sowjetunion gegenüber, als fremdenfeindlich. Diese Länder werden als »monopolistisch« bezeichnet wegen ihrer bedeutenden Besitzungen im Fernen Osten und wegen des Kontrastes, den sie damit zu Japan bilden, dem »Proletarier-Land«, das noch einmal zu dem Mittel des Krieges greifen müsse, damit das ihm angemessene Recht triumphiere.**

Nach einem mißlungenen Staatsstreich im März 1931 versuchen die nationalistischen Militärs einen Krieg zu provozieren, der, so hoffen sie, eine »innere Revolution« zur Folge haben wird. Sie schieben den Chinesen die Schuld an dem von einem japanischen Offizier durchgeführten Sabotageakt an einer Eisenbahnstrecke nahe bei Mukden zu, und beginnen im September 1931, entgegen den gemäßigten Auffassungen ihrer Regierung, eine militärische Operation größeren Ausmaßes. Sie endet am 1. März 1932 mit der Gründung des neuen Staates Mandschukuo. Als exekutives Staatsoberhaupt wird von den Japanern Pu Yi, der Neffe der verstorbenen Kaiserin Cixi (Tsen-Hi) eingesetzt. Als die Chinesen von Shanghai auf diesen Vorstoß mit einem Boykott japanischer Güter reagieren, nimmt die wegen der Heldentaten der Landstreitkräfte bereits ungeduldige Marine des Reiches der aufgehenden Sonne das Attentat an einem japanischen Ordensgeistlichen, das Ende Januar 1932 begangen wurde, zum Vorwand, um Shanghai zu bombardieren.

* Diese Ausdrücke stammen von Kita Ikki (1883-1937), Theoretiker des japanischen Faschismus, Autor von »Ein Entwurf für die nationale Neuorganisation Japans« (*Nippon kaizō hōan taikō*), das 1919 erschienen ist.

Nach zwei erneuten Staatsstreichen im Oktober und November wird im Dezember 1931 um Inukai Tsuyoshi, den Präsidenten der Seiyūkai, der dem nationalistischen Militär nahesteht, ein neues Kabinett gebildet. Dieses bemüht sich umsonst, die Armee wieder unter Kontrolle zu bekommen. Der Widerstand der Armee gegen jegliche Parteienregierung ist radikal. Am 9. Februar 1932 wird der frühere Finanzminister Inoue Junnosuke, der der Zaibatsu verbunden und gegen die Erhöhung des Militärbudgets war, in einer Grundschule im Komagome-Viertel in Tōkyō erschossen. Am 5. März des gleichen Jahres wird Dan Takuma, Aufsichtsratsvorsitzender der Mitsui-Bank, von einem Terroristen der extremen Rechten ermordet. Schließlich wird am 15. Mai des Jahres 1932 auch auf Inukai, den »Gott der japanischen Verfassung« gezielt: Am Abend dieses Tages versammeln sich die Verschwörer der Jimmukai, einer ultranationalistischen Vereinigung, die sich auf den Gründerkaiser Japans beruft, im Yasukuni-Schrein, wo die Seelen der auf dem Feld der Ehre gefallenen Soldaten ruhen. Sie begeben sich zur Residenz des Premierministers, die ganz in der Nähe des Reichstages liegt. Mit dem Revolver in der Hand dringen sie ein. Inukai, ganz ruhig, lädt seine Besucher ein, sich zu setzen und sagt: »Sie können jederzeit abdrücken. Aber wenn man miteinander redet, kann man sich verständigen.« Die Unterhaltung hat noch nicht begonnen, als eine zweite Gruppe Bewaffneter ankommt. Ihr Anführer, Leutnant Yamagishi, schießt sofort auf den Premierminister. Die Bande fährt mit dem Taxi davon. Einige gehen geradewegs zur Polizei, um sich zu stellen. Die anderen werfen Bomben und Granaten auf die Bank von Japan und auf die Mitsubishi-Bank, auf das Hauptquartier der Seiyūkai und auf die Residenz des Justizministers. Dann verteilen sie Flugblätter, die eine nationale Wiedergeburt fordern, und schließlich stellen auch sie sich der Polizei.

Das Ziel dieses Attentats, die Abschaffung der Parteienregierung, ist teilweise erreicht. Der Chef des nachfolgenden Kabinetts ist zwar ebenfalls ein Gemäßigter, aber ein Offizier, Admiral Saitō Makoto (1932–1934). Nach einem Finanzskandal muß er zurücktreten. Ein weiterer Admiral folgt ihm, Okada Keisuke (1934–1936). Obwohl er an einer relativ parlamentarischen Arbeitsweise festhält, unterstützt er die Chinapolitik der Armee.

Innerhalb der Armee rivalisieren zwei aufrührerische Fraktionen: Die Fraktion des Kaiserlichen Weges oder Kōdōha, die aus Kämpfern und Verächtern der Politik zusammengesetzt ist; und die Fraktion der Kontrolle (des Extremismus), die Tōseiha, die der Seiyūkai sehr nahe steht.

Weil Japan vom Völkerbund in seinem Vorhaben behindert wird – der empfiehlt, innerhalb der chinesischen Republik eine autonome Regierung in der Mandschurei zu errichten –, tritt Japan am 24. Februar 1933 aus dieser internationalen Vereinigung aus. Am Tag darauf stürzt es sich in den Jehol-Feldzug. Außer durch innenpolitische Zwänge rechtfertigt Japan seine Rechte auf die Mandschurei auch mit seinem Beitrag, den es seit 1905 zur ökonomischen Entwicklung dieser Provinz geliefert hat, mit der Notwendigkeit eines Walls gegen mögliche sowjetische Angriffe, mit seinem Bedarf an Nahrungsmitteln und Rohstoffen sowie mit einer zukünftigen japanischen Emigration. Ungeachtet der offiziellen Propaganda bleibt das letzte Argument in Wirklichkeit weniger wichtig: Bis 1937 haben sich erst 818000 Japaner in der Mandschurei, in der 37 Millionen Chinesen leben, niedergelassen.

Im Juli 1933 wird ein militärischer Staatsstreich, zu dem sich 3000 Verschwörer gesammelt haben, aufgedeckt. Dieser »Zwischenfall des Korps göttlicher Soldaten«, Shinpeitai jiken, scheitert also. Am 1. März 1934, als Pu Yi zum Kaiser von Mandschukuo ernannt wird, belaufen sich die militärischen Ausgaben Japans auf 43,7 Prozent des Staatshaushalts.

V
Der Ausschluß

女は三界に家なし

Onna wa sangai ni ie nashi.
Frauen finden in keiner der drei Welten ein Zuhause.

Die Kinder sind glücklich, denn sie kennen keine Scham ... Fest eingewickelt in ihren Stoffgürtel wandern sie von Arm zu Arm, von Rücken zu Rücken, später von Schulter zu Schulter, und noch bevor sie gehen lernen, entdecken sie die Erde. Man lenkt ihre Bewegungen mit dem eigenen Körper, bis zu dem Tag, an dem die Kleinen mit dem gravitätisch schiefen Mund eines Truthahns ihre älteren Brüder von allein nachahmen.[1]

Als ich zu laufen begann, befestigte mir mein Betreuer, *omori*, eine Stoffpuppe am Rücken. Zu der Stunde, in der die Spinnen ihre Fäden noch über die Wege spannen, lief ich stolpernd in der Umfriedung des Schreins von *ubusunagami-sama*, der Dorfgottheit, umher. Mit struppigem Haar spielte ich dort im Schutz der Götter und unter den Blicken der Menschen. Ich wuchs ganz selbstverständlich auf, indem ich ohne Bedauern und ohne nachzudenken meinen Lebensweg beschritt, und ohne zu wissen, daß Schmerz und Trauer in der Welt existieren. Ich hatte viel Freiheit und nichts zu tun.

Ich glaube, ich bekam sehr früh eine vage Vorstellung von der Bedeutung der Endō. Wenn die Kinder der anderen Familien mich Endō Mame, »Kleine Erbse«, statt Endō Nami nannten, weil ich klein und rund war, sagte ich zu ihnen, sie seien blöde und die Endō seien die größte Familie. Sie machten sich darüber lustig: »Oh! Schaut die kleine Erbse an, wie sie ins Horn bläst und angibt!« Dann zuckte ich mit den Schultern und versicherte ihnen, sie würden es eines Tages schon sehen.

Konformität

Ungefähr in meinem siebten Lebensjahr empfand ich wahrhaftig den Stolz zu leben. Die Freude, als eine Endō geboren zu sein, beherrschte mein ganzes Verhalten, das so aufrecht sein sollte wie eine Schwertschneide. Ich fand einen absoluten Sinn in der Konformität, und so zerbrach ich mir den Kopf, wie ich mit peinlicher Genauigkeit das ausführen könnte, was die Leute von meiner Person zu erwarten schienen. Die kleinsten Gesten des täglichen Lebens nahmen mich vollkommen in Anspruch, und die richtige Ordnung der Dinge verschaffte mir ein Gefühl persönlicher Vollkommenheit. In Kōriyama kaufte ich ein großes Heft, in das ich Tag für Tag all mein Tun und Treiben eintrug.[2]

Ich teilte es in drei Rubriken ein, die jedem der drei Orte meines Lebens entsprachen. Zunächst beschrieb ich das rege Familienleben, wie der eine oder andere sich unter unserem Dach benommen hatte, die Namen unserer Gäste oder die häuslichen Vorkommnisse. Diese vertraute Sphäre bildete den Kern meines Daseins. Es war eine geschlossene, stabile und unbestreitbare Realität, wo sich die Blicke aller unaufhörlich kreuzten und so um mich herum einen behaglichen Schutzwall bildeten. Jeden Morgen faltete ich sorgfältig dreimal meine *futon*-Matratze, damit sie in den Wandschrank hineinpaßte, ohne daß man sie mit dem Knie oder dem Fuß hineindrücken mußte. Und wenn ich den Knoten meines Gürtels so band, daß die zwei Enden völlig gleich lang waren, wenn ich in den gußeisernen Teekessel das Wasser exakt bis zur richtigen Höhe einfüllte, oder wenn ich mich vor meinem älteren Bruder ein ganz klein bißchen tiefer verbeugte, als ich es natürlicherweise getan hätte, fühlte ich zustimmende Blicke auf mich gerichtet. Dann sagte ich mir: »Du machst die Dinge wie sie sein sollen.« Das erfüllte mich mit einem erhebenden Gefühl des Friedens.

Außerhalb des Hauses aber schien sich das Netzwerk der Blicke zu lockern. Natürlich besuchte ich als Endō-Mädchen meine Milchmutter, die alte Kinderaufsammlerin und all die andern. Dennoch zerriß ein Gefühl der Unwissenheit, eine Art Abwesenheit den Raum. Daraus wurden gähnende Löcher, deren Anblick mich in einen Taumel versetzte. Draußen war das Leben unscharf wie in einer spiegelnden Wasserfläche. Ängstlich bemühte ich mich, Regeln zu bestimmen, und dachte mir für mich eine Persönlichkeit aus.

Die Betrachtung der Natur erschien mir meiner besonders würdig. Außerdem nahm ich mir gern die Zeit, über die Zartheit einer taufeuchten Päonie oder über die Gestalt einer zweifarbigen Wolke nachzusinnen, und in der Abenddämmerung dem Rascheln der *Higurashi*-Zikaden zuzuhören. Gelegentlich schmiedete ich armselige Verse, die nicht einmal zu Gedichten wurden.

Yama e itte,
O-Jizō-sama no mae e itte ...

Ich gehe in die Berge
und trete vor Jizō-sama hin
Die Farne beugen ihren Rücken ...

Diese Worte waren mir an einem Tag in den Sinn gekommen, als ich im Frühling, wenn die Blätter und Gräser noch jung und rosig sind, in den Bergen die jungen Farne pflückte, die eine Stele von Jizō-sama überwucherten. Dieser Bodhisattva ist immer als Mönch gekleidet und wacht über die toten Kinder. Die sanften, schneckenförmig gerollten Farnblätter erinnerten mich an die armen unschuldigen Kinder. Gerührt, mein Lied auf den Lippen, legte ich einen Kiesel auf einen eingestürzten Steinhaufen neben der Stele des lächelnden indischen Mönchs. Aber als ich am nächsten Tag die Worte in mein Heft eintrug, fiel mir ein, daß es die erste Strophe eines Liedes zum Farnkräuterpflücken war. Ich hatte es kurz zuvor gelernt, als ich mit meinen Schwestern einen Korb voll wilder Kräuter gesammelt hatte, um daraus leichte Essigkonserven zu machen. Ich memorierte die darauffolgenden Zeilen:

Warabi, warabi, naze koshi kogonda?
Oya no hi ni zeze kutte
Sore de koshi kogonda!

Farn, Farn, warum hast du einen krummen Rücken?
Weil du am Tag deiner Eltern dein Geld gezählt hast,
Darum hast du einen krummen Rücken!

Es war ziemlich bekannt. Ich strich das Gedicht durch und verwünschte einen Moment lang die Götter, die aus mir keinen Dichter gemacht hatten, einen dieser großen Dichter, die eine Welt schildern, in der niemand auf den Gedanken kommt, sich durch das *mizu-shōbai*, das »Wassergewerbe«, mit anderen Worten durch das Vergnügen, zu bereichern!

Die letzte Rubrik meines Tagebuchs betraf ausschließlich das Lyzeum. An diesem Ort hatte der Name Endō keine besondere Bedeutung, und die zufälligen Blicke der anderen streiften meinen Körper, ohne mich zu sehen. Einzig die platten Phrasen, die in mein grünes Heft geschrieben waren, verminderten das schreckliche Gefühl der Irrealität, das meine Brust erfüllte und dann zu meinen Lippen emporstieg.

Ich habe dieses Tagebuch lange aufbewahrt, als Erinnerung an eine glückliche Zeit, in der ich glaubte, daß allein mein Name meine Anwesenheit in der Welt rechtfertige. Dann, als ich begriffen habe, daß nur die Männer den Namen Endō und all die andern Namen beibehalten durften, habe ich es weggeworfen.

Es war, als wäre ich von der Welt abgeschnitten.

Otoko no sekai, die Männerwelt

Wir, die Mädchen und die Frauen, wir hatten kein Recht, irgend etwas zu entscheiden. Entscheidungen lagen in der Macht der Männer. Und auch unter den Männern überließ man sie den besten.

Zweimal pro Jahr, am Jahresanfang und am Ende des Sommers, wenn die Lebenden für die Toten tanzen, versammelten sich die Oberhäupter aller Familien der Umgebung beim Schrein oder anderswo, um sich mit der Zukunft des Dorfes zu befassen. Immer saß mein Vater auf dem ersten Platz, gleich neben dem Gemeindevorsteher. Dieser war das Oberhaupt, das sich die

Familien von Kitai gewählt hatten, damit es sie in der Versammlung vertrat, in der man über die Aktivitäten der folgenden Monate entschied: Mußte man die Bewässerungskanäle der Reisfelder nach Westen hin verlängern? Mußte man das Dach des Hauses des Ältesten der Tanaka erneuern oder das des Hauses des Jüngsten der Tanabe? Über solche Dinge sprachen sie. Oder auch über die Einstellung eines Lehrers. Und oft setzte sich die Ansicht meines Vaters durch.

Er mußte sich darum bemühen, daß sich alle einig wurden. Mein Vater lud alle Oberhäupter der Familien des östlichen Dorfes ein. Sie verbrachten Stunden im *zashiki,* im Besuchszimmer, rauchten und tranken, während sie gemeinsam Pläne für die Zukunft aufstellten. Meine Mutter erwärmte den Sake von Aizu, dem Land ihrer Ahnen, und servierte ihn in Schalen, die mit grünen und kastanienbraunen Mustern verziert waren. Es waren Keramikschalen aus Kutani, die sehr wertvoll waren. Dazu brachte sie ihnen auf feinen Tellern getrockneten Fisch, gekochte Sojablätter und eingelegtes Gemüse. Das alles kostete viel Geld. Um so mehr, als die Zustimmung des einen oder des anderen häufig die Höflichkeit eines teuren Geschenkes erforderlich machte. Dann rief mein Vater meine Mutter herbei: »Oi! Weißt du, wo die Algen von Sado geblieben sind?« Dabei tat er so, als würde er suchend um sich blicken. Diskret trat meine Mutter ein. Bei jedem Schritt klappten die Schöße ihres Kimonos mit einem leichten Knistern auseinander. Lächelnd verbeugte sie sich mehrere Male, kniete dann nieder, streifte ihre Ärmel mit den graublauen Aufschlägen hoch und stellte eine in ein *furoshiki* aus violetter Seide gewickelte Schachtel vor Vater. Mein Vater nahm das Päckchen aus dem Tuch, ohne überhaupt den Knoten zu lösen. Dann ließ er es mit einer ruckartigen Bewegung an allen vorbei bis zu dem Platz des entsprechenden Gastes über den Tisch gleiten. Dieser war natürlich verpflichtet, es anzunehmen, worauf ihm nichts anderes mehr übrig blieb, als nachzugeben.

Wenn die Sache schwieriger war, oder wenn der Gast zu bedeutend war, als daß man ihm so einfach einen Willen hätte aufzwingen können, überreichte ihm meine Mutter das Geschenk, wenn er ging. Während sie sich tief verneigte, sagte sie zu ihm: »Das ist für Ihre Frau. Sagen Sie ihr bitte, dies seien Algen aus

Hokkaidō. Sie sind reich an Vitaminen.« Aus diesem Grund lagen in unserer Abstellkammer, *nando*, immer mehrere als Geschenke verpackte Schachteln mit frischen oder getrockneten Speisen. Die anderen Häuser von Asaka konnten nur Erzeugnisse ihres eigenen Bodens oder aus Kōriyama anbieten. Diese außergewöhnlichen Gaben waren ein weiteres Zeichen für die Macht der Endō.

Bei uns zu Hause und in unserem Dörfchen hatte mein Vater die Befehlsgewalt über alle Bewohner. Zu den Mahlzeiten setzte er sich auf seinen *yokoza*, und meine Mutter bereitete für ihn besondere Gerichte. Er allein aß zu jener Zeit diese großen Rindersteaks, die wir manchmal in Kōriyama kauften. Und er verspeiste sie mit großen Bissen und viel Butter. Der fade Geruch des Fleisches verursachte mir Übelkeit. Er jedoch verschlang alles gierig und leckte sich dabei die Lippen. Dieser Anblick beeindruckte mich. Danach hatte ich tagelang Angst, mich ihm zu nähern, und wenn ich in das Bad stieg, nachdem er und meine älteren Geschwister darin gesessen waren, untersuchte ich das Wasser ganz genau, um die Blutstropfen zu sehen, die es zwangsläufig trüben mußten.

Mein ältester Bruder, der eines Tages das Haus erben würde, wurde mit besonderer Sorgfalt ausgebildet. Mein Vater wollte, daß er Deutsch studierte, aber zu dieser Zeit war das sehr schwierig, weil es nicht genug Bücher gab. Einmal sagte er zu Mutter, sie solle auch ihm Fleisch servieren. Mein Bruder dürfte zu dieser Zeit etwa zwanzig Jahre alt gewesen sein, denn ein leichter Flaum bedeckte seine Wangen. Meine Mutter schnitt das Fleisch in feine, rötliche Streifen und reichte ihm ein paar chinesische Stäbchen aus kostbarem Holz. Lange betrachtete mein Bruder den Teller, dann aß er mit kräftigen Kaubewegungen, ohne einmal aufzusehen. Der Schweiß rann ihm über Stirn und Schläfen. Gleich nachdem er fertig war, schob er den Teller weit über den Tisch und rief ein wenig lauter als es sich gehörte: »*Gochisōsama deshita!* Das hat sehr gut geschmeckt!« Dann verlangte er zum ersten Mal in seinem Leben Sake. Seine Augen wurden ein wenig rot, wie bei den Bauern am Ende eines langen Winterabends, wenn ihnen die Kälte weiße Falten um Augen und Mund gekerbt hat. In der folgenden Woche nahm mein Vater ihn mit nach Kōriyama. Meine älteren Schwestern sagten, sie gingen zu den Geishas.[3]

Meine Mutter sagte immer wieder zu mir, ich solle mit meinem älteren Bruder höflich sprechen. Ich durfte nicht im Vorbeilaufen das Wort an ihn richten, sondern mußte stehenbleiben und ihn leise ansprechen: »*Onīsan*, Großer Bruder.« Tatsächlich war er ja viel älter als ich. Und außerdem hatte er eine Zukunft. Er würde das Haus erben, den Ahnenaltar und die Tafeln, die dort seit mindestens fünf Generationen aufgereiht waren. Auf seinem Regenschirm, auf seinen Socken und auf allen seinen Sachen würde er unser Wappen tragen, das Schriftzeichen für »Kraft«. Wir hatten es in Erinnerung an unsere tapferen Ahnen für unsere Familie gewählt.

Da es in Japan wenig Land gibt, ist es gut, wenn man es einem einzigen Erben überträgt. Sonst würden die Familien aussterben. Dieser Erbe erhält den Titel *kachō,* Familienoberhaupt, wenn die Eltern das Alter von sechzig Jahren erreicht haben. Die Eltern richten sich in einem *inkyo* ein, in einem Austragshäuschen. Dorthin bringt ihnen die Frau des ältesten Sohnes mindestens einmal am Tag ihre Mahlzeiten. Gewiß würde mein Vater, der sehr umsichtig war, sich das Aufsichtsrecht über die familiären Güter bewahren, und seinem ältesten Sohn, seinem Nachfolger, beistehen, wie er es als Berater des Bürgermeisters bei der Verwaltung tat. So würde das Leben unseres Hauses unverändert weitergeführt werden, von Generation zu Generation, wie das immerzu fließende Wasser des Abukuma.

Mura no sabaki, das Dorfgericht

Eines Sommers, ich erinnere mich sehr gut daran, weil die Bäume von einem so düsteren Blaugrün waren, als würden sie sterben, hatte ein heftiger Streit die Brüder Sugimoto entzweit. Man nannte sie Sugimoto, weil ihr Haus am Dorfausgang neben dem alten Baumstumpf einer Kryptomerie stand. Der Jüngere hieß Tasuke. Er war mager und häßlich und hatte seit dem Tag seiner Geburt ein sehr dunkles Gesicht mit farblosen Augen, in denen sich bis zu den Farben der Erde alles widerspiegelte. Man sagte, er neige zum Nörgeln und zur Eifersucht und sei unfähig, sich mit seinem Schicksal zufriedenzugeben. Die Haut seiner

Hände war voller Blasen, als wäre er dem Höllenkessel entsprungen.

Zu seiner Hochzeit gab ihm der Vater Sugimoto ein Haus und ein Stückchen Land im Westen. Es wäre genug Land gewesen, um mit seiner Familie eine Existenz zu gründen, wenn er fleißig gewesen wäre. Aber als die Bretter an seinem Haus aus den Fugen gerieten, konnte er sich nicht dazu aufraffen, auch nur einen einzigen Nagel einzuschlagen. Da er sich obendrein noch weigerte, den Mitgliedern seiner Arbeitsgruppe zu helfen, überwucherten die Gräser sein Dach. Sein Feld war schlecht bestellt, und als er krank wurde, half ihm keiner. Weil Männer nicht alleine leben können, hatte er natürlich nach und nach seine Familie mit in sein Elend, seine Trostlosigkeit und seinen Verdruß gezogen.

In jenem beängstigend heißen Sommer hatte die Dorfversammlung beschlossen, eine Straße zu bauen, die durch sein Feld führen sollte. Sie boten ihm ein neues Stückchen Land als Ersatz dafür an. Es lag zwar abseits des Dorfes, war aber größer. Dennoch hatte er sich geweigert. Der ältere Sugimoto hatte versucht, ihn zur Vernunft zu bringen. Es hieß, sie hätten sich gestritten und dabei seien sie von den Worten zu den Fäusten übergegangen. Der ältere Bruder der Sugimoto war verletzt worden. Er hatte zwei gebrochene Finger, als die Erntezeit kam. Er würde noch tagelang nicht arbeiten können, und sein Sohn war leider noch nicht alt genug, um zu helfen.

Man trug den Fall den Dorfältesten vor. In früheren Zeiten wäre der jüngere Sugimoto zum *mura hachibu* verurteilt worden, zum Ausschluß aus der Dorfgemeinde. Das war die schlimmste Strafe, die man jenen auferlegte, die die Regeln des Lebens nicht respektierten: den Eigensinnigen, den Dieben und den Brandstiftern. Zu solchen hatte man früher jegliche Beziehung abgebrochen, auch alle Möglichkeiten gegenseitiger Hilfe. Man stand ihnen nur bei, wenn ihr Haus brannte, weil das Feuer sich ausbreiten konnte, und bei ihrer Beerdigung, weil der Tod der Anfang eines neuen Lebens ist, so daß man die Fehler des früheren verzeihen kann. Darüber hinaus konnte ein Toter ohne Bestattung auch Unglück bringen.

Auch in diesem Fall hätte man das *mura hachibu* verhängen können. Aber der ältere Sugimoto hatte lediglich zwei Finger gebrochen. Außerdem war das *mura hachibu* ziemlich veraltet in einer Zeit, in der die Leute aus ihren Häusern oder aus ihrem Dorf fortziehen, wie man früher in den ersten Tagen des Sommers die Kleider wechselte.

Also ließ mein Vater den Jüngeren der Sugimoto zu sich rufen. Dieser blieb im Eingang des Hauses stehen, weil ein so ehrloser Mann nicht das Recht hatte, die Empfangsräume zu betreten. Ich habe ihn von weitem gesehen. Er stand unbeweglich da, sehr aufrecht, das Kinn in einer herausfordernden Haltung nach oben gereckt. Vater dagegen, der neben der Feuerstelle saß, bewegte beim Sprechen lebhaft seine Lippen. Seine Worte konnte ich nicht hören. Später erfuhr ich, daß er ihm einen Kompromiß vorgeschlagen hatte: Der jüngere Bruder sollte zwanzig Tage lang die Arbeit für seinen älteren Bruder erledigen und der Versammlung der Familienoberhäupter Sake als Geschenk überreichen. Außerdem sollte er ein ganzes Jahr lang alle Gräber des Dorfes ausheben.

Als ich den jüngeren Sugimoto wiedersah, arbeitete er gerade auf einem Feld seines Bruders. Ich wollte mich ihm nähern, um irgend etwas zu sagen, guten Tag, oder einen Scherz. Da sah ich, daß er die Hälfte seines Schädels kahlrasiert hatte. Sein Kopf war abnormal in die Länge gezogen. Er warf mir einen Blick zu, als würde er mich nicht wiedererkennen. So habe ich mich wieder zurückgezogen, weil ich über sein irres und boshaftes Aussehen erschrocken bin.

Drei Monate danach ist er gestorben. Die Götter hatten Mitleid mit ihm. Seine Frau ist mit all seinen Kindern in ihr Geburtshaus zurückgekehrt. Nur sein ältester Sohn blieb bei dem älteren Sugimoto, der ihn an Sohnes Statt angenommen hatte. Aber auch dieser Sohn nahm ein böses Ende. Daran sieht man wieder, daß Familien ein gemeinsames Schicksal haben, und jenes des jüngeren Zweiges der Sugimoto neigte sich dem Ende zu.

Mein Vater hat die Sache lange bedauert. Am Abend, nachdem er etwas getrunken hatte, sagte er: »Dieser Beschluß hinsichtlich der Straße war falsch. Man darf sich niemals für etwas entscheiden, das nicht einstimmig angenommen wird.« Und jeder beschuldigte die Hitze, die einen verrückt machte.

Mich hat diese Geschichte entsetzt. Ich dachte, man würde mich aus der Gesellschaft ausstoßen, wenn ich mich gegen mein

Schicksal auflehnte, wie es der jüngere Sugimoto getan hatte. Dann würde mein Gesicht als Zeichen meiner Ehrlosigkeit so dunkel werden wie das des jüngeren Sugimoto. Meine Haut würde mit Blasen übersät sein wie die einer Kröte. Jeder würde mit einem Blick erkennen, daß ich ein böses Mädchen bin. Das erschreckte mich.

Onna no shigarami, das ausweglose Leben der Frau

Zu diesem Zeitpunkt wußte ich bereits, daß ich die Endō verlassen würde, wie alle Mädchen. Aber der Tag meiner Abreise war noch so weit weg, daß ich nicht das Bedürfnis verspürte, darüber nachzudenken. Doch dann, *patan!*, ganz plötzlich wurde die Tür zu meiner Kindheit zugeschlagen.

Die Art und Weise, wie das geschah, war merkwürdig. Am Anfang war da nur ein winziger Vorfall, eine Dummheit.

Als ich mich eines Morgens in der Schule langweilte, knabberte ich, während ich vor mich hindöste, *senbei*, kleine Reiskräcker mit Garnelengeschmack, die ich unterwegs gekauft hatte. Die Lehrerin Hakozaki bemerkte das und sagte zu mir, ich solle ihr die Kräcker geben. Ohne nachzudenken, stopfte ich noch eine Handvoll davon in den Mund, bevor ich mich erhob. Mit vollen Backen und schmalen Augen wie ein Säugling legte ich, ohne ein Wort sagen zu können, das halbvolle Päckchen auf den Schreibtisch von Hakozaki-sensei. Das war alles.

Hakozaki-sensei machte ein erstauntes Gesicht und sagte bloß: »Du hast wohl heute morgen nicht genug zu essen bekommen!« und schickte mich zurück an meinen Platz.

Auf dem Heimweg trödelte ich zwar, war aber trotzdem viel früher zu Hause als gewöhnlich. Meine Mutter fragte mich: »Bist du krank?« Einen Moment lang rang ich mit mir selbst. Dann erzählte ich undeutlich diese klägliche Geschichte, während mein Blick nach rechts und nach links auswich.

Meine Mutter servierte mir Tee und Kuchen. Während ich, durch ihre Ruhe ein wenig beunruhigt, aß, ging sie in das Zimmer, in dem wir die Götter und Buddhas verehrten. Dort berichtete sie mit einer Stimme, die nicht unbedingt traurig, aber monoton klang, so laut, daß ich es hören konnte, den Ahnen von meiner Missetat. Sie sagte ihnen: »Nami-chan sieht nicht, daß sie groß geworden ist, während alle ihre Schwestern das verstanden haben. Sicher habe ich sie schlecht erzogen, da sie unseren Namen mit Schande bedeckt. Verzeiht mir, es ist mein Fehler!«[4] Augenblicklich habe ich meine Nichtswürdigkeit erkannt. Ich wußte, daß es auf der Welt nichts Verabscheuenswürdigeres gibt als die Nachahmung der Unschuld, und ich empfand Scham. Das war wie etwas, was schon lange in mir gewohnt hatte. Ich hatte diese Scham nicht erkannt, ich hatte geglaubt, sie sei eine Art Parasit, und hatte sie vertreiben wollen. Doch jetzt legten sich die Scham und die Angst vor dieser Scham schwer auf mein Herz. Schon hundertmal hatte man mir gesagt, ich sei groß. Jeder hatte mir immer wieder gesagt: »Spiel nicht soviel mit den Jungen. Sie müssen arbeiten und lernen, um Erfolg zu haben.« Oder: »Schwatze nicht soviel unnötiges Zeug. Sage nur schöne und nützliche Dinge.« Oder auch: »Hör auf, dich wie ein Kind zu bewegen.«

Diesen Sätzen, die ich jeden Tag zu hören bekam, hatte ich keine Aufmerksamkeit geschenkt. Doch siehe da, nun sammelten sie sich wie eine Schar Zugvögel am Ende des Herbstes und kreisten in meinem Kopf. »Du bist jetzt groß, und hast dich noch nicht in dein Schicksal gefügt.« Dieses Schicksal kannte ich, gewiß. Ich wußte, daß ich keine Endō bleiben konnte, da ich ein Mädchen war, und auf einmal näherte sich die Zeit der Trennung, ohne daß ich mich einen einzigen Tag darauf vorbereitet hatte.

Das Los meines jüngeren Bruders erschien mir furchtbar beneidenswert. Er würde ein bißchen Land erhalten, wie schon in der Generation zuvor der jüngere Bruder meines Vaters, der immer noch im Nordwesten des Dorfes wohnte. Und obwohl er nicht unter unserem Dach bleiben konnte, würde er weiterhin unseren Namen tragen. Sein eigenes Haus würde, solange er wollte, mit unserem verbunden bleiben. Denn auch wenn die einzelnen Zweige unabhängig sind, gehören sie immer noch zum *maki*, zu ein und derselben Häusergruppe. Wenn mein jüngerer Bruder auch nicht reich wäre, so könnte er wenigstens bei seinen Ahnen bleiben. Er könnte sie jedesmal, wenn er es wünschte, bei Regenwetter, Sturm oder Sonnenschein, verehren.[5]

Doch für mich war alles anders, weil ich ein Mädchen war. Sicher, wenn ich heiraten würde, würde meine neue Familie mit dem Hause Endō verwandtschaftliche Beziehungen knüpfen. Doch diese Bande würden niemals die Kraft der Blutsbande haben. Sie würden nur vorübergehende Bindungen darstellen, die mit meinem Leben wieder erlöschen würden. Denn die Lebensbande, die durch die Frauen geknüpft werden, lösen sich auf, wenn diese sterben.[6]

Ich fragte mich, ob ich jemals erwünscht gewesen war bei den Endō. Ich war ein weinerliches Baby gewesen. Da meine Mutter nicht genug Milch hatte, wurde ich mit drei Monaten entwöhnt und mit Reisschleim ernährt. War es das, was mir nicht gefiel, oder verspürte ich das Bedürfnis, meine Stimme zu trainieren? Was es auch war, ich hatte jeden Tag geweint. Und auf diese Weise hatte ich sprechen gelernt.

In meinem zweiten Lebensjahr kannte ich schon viele Worte, aber ich hatte noch immer keine Lust zu laufen. Spielerisch versuchte mein *omori* es mir beizubringen, doch ich taumelte nur und brach mir bei einem Sturz in die Feuerstelle beinahe das Genick. Eines Tages wollte mein *omori*, daß ich mich auf die Füße stellte. Ich kippte nach hinten und schrie daraufhin lauter als der Hahn in der Hölle. Natürlich hätte sich mein *omori* hinter mich stellen sollen, um zu verhindern, daß ich umfalle, aber ich hatte mir nicht weh getan, und nichts rechtfertigte dieses ruhmlose Gebrüll.

Meine Großmutter beschloß, mich zu einem Mönchsarzt in Kōriyama mitzunehmen.

Dieser massierte meine Fontanelle und verbrannte Moxa in der Beuge meines Handgelenks. Mir wurde ein wenig heiß dabei. Dann legte er einfach seine Hand auf meinen Mund, wo gewöhnlich die Schreie herauskamen. Ich klammerte mich an diese Hand und versuchte, sie zu beißen. Plötzlich sagte er: »Schluß.« Und er zeigte meiner Großmutter eine kleine, ganz weiße Made, die aus der Tiefe meiner Eingeweide gekrochen war. Er erklärte: »So, das Übel ist herausgeholt. Von nun an wird sie nicht mehr weinen.« Und von dieser Zeit an soll ich angefangen haben, einem Mädchen zu ähneln.[7]

»Das war ein Glück«, erklärte mir meine Großmutter oft,

»denn wenn man dich nicht von deinen Wutanfällen hätte befreien können, hätte man dich wohl zu anderen Leuten gegeben. Du hast unsere Ohren und unsere Köpfe so sehr strapaziert, daß deine Eltern sich überlegten, dich von einer anderen Familie adoptieren zu lassen. Wenn ich nicht gewesen wäre, wärst du sicher keine Endō geblieben.«

Darüber dachte ich nach, als ich vor meinem Tee saß. Tränen stiegen mir von der Brust in die Kehle und in die Augen. Tränen, wie ich nie welche vergossen hatte, Tränen, die ohne Anstrengung flossen. Ich dachte, sie würden nie aufhören, bis zu meinem Tod. Ich berührte meine Wangen mit den Fingerspitzen und leckte sie dann ab. Diese Tränen schienen mir süßer als gewöhnlich, beinahe gezuckert, widerlich süß. Ich hatte Lust, vor Traurigkeit zu erbrechen.

In diesem Moment erschien meine Mutter, nachdem sie sich ehrerbietig von den Ahnen verabschiedet hatte. Sie sagte zu mir: »Da gibt es wirklich nichts zu heulen. Du mußt einfach wissen, daß du aus dem Alter heraus bist, in dem man sich wie ein kleines Mädchen benimmt. Treib dich ein bißchen weniger draußen herum und denk mehr an uns.«

Ich blieb vor meiner Teeschale sitzen.

Damals, kurz nach der Herbst-Tagundnachtgleiche, als dem Brauch gemäß die Ahnen vom anderen Ufer der Welt gekommen waren, ließ sich die Melancholie in meinem Herzen nieder. Sie hat sich dort ein Nest gebaut wie ein schwacher Vogel, um größer zu werden und lange zu bleiben.

Jikka to konka,
das Elternhaus und die Familie,
in die man einheiratet

Im Winter fragte ich meine Mutter, ob man mich auf dem Friedhof der Endō beerdigen würde. Sie antwortete, nein, ich würde mit der Familie meiner Schwiegereltern beigesetzt.[8]

»Aber das wäre so, als würde mein Leben überhaupt nicht zählen! Ich will nicht, daß der Tod meine Lebensbande durchtrennt, niemals!«

Sie erklärte mir, daß dem nicht so wäre:

»Deine wirklichen Bande werden nicht mehr die sein, die dich mit der Familie Endō verbinden, sondern jene, die du mit dem Haus deines Ehemannes knüpfst. Du wirst seine Ahnen verehren, die zu deinen Ahnen werden. Und die Bande, die man dir so gewährt, wirst du in deinen Kindern fortbestehen lassen.«

»Werde ich dann nichts mehr sein für euch?«

»Doch, doch. Wir werden uns oft besuchen. Ich werde mich um deine Kinder kümmern.«

Ich sagte mir, das Leben sei zu nichts nütze, da ich doch sterben müßte. Nur die Ewigkeit habe einen Sinn. Es wäre besser, wenn es gar nichts gäbe, weil der Rest nur Täuschung sei, eine schreckliche Illusion vom Glück. Und die einzige Ahnenreihe, die es für mich geben könne, sei die unserer Ahnen, die immer in den Söhnen und wiederum in deren Söhnen fortbestehen wird. Wir aber, die Töchter, gehören zu keiner Ahnenreihe. Wenn wir einmal unser Vaterhaus verlassen, finden wir kein anderes mehr, niemals. Frauen führen nur das Leben einer Eintagsfliege, die höchstens drei Tage lang lebt und kaum Zeit hat zur Fortpflanzung. Man schenkt ihnen zufällig Aufmerksamkeit wie durchsichtigen Insekten, die sich an einem Sommerabend in Schwärmen sammeln, um sich an den Lampen die Flügel zu verbrennen. Am Morgen liegt auf dem Boden nur noch ein Saum kleiner, grauer Kadaver. Sie liegen da wie Algen, die von der höchsten Welle auf einem felsigen Uferstreifen zurückgelassen wurden. Mit gebrauchten Teeblättern fegt man sie zusammen, damit ihre Körper die Matten nicht beflecken und darauf keine Spuren hinterlassen.

Onna no ichi daiji, die große Aufgabe der Frauen

Einmal monatlich trafen sich die jungen Mädchen des Dorfes im *nenbutsu*-Verband der alten Frauen. Die ältesten von uns befragten sie über unser Schicksal. Während sie ihren buddhistischen Rosenkranz um ihre knotigen Finger wickelten, erzählten sie uns folgendes:

»Wenn ein Mädchen sich verheiratet, zerbrechen ihre Eltern

ihre Reisschale auf der Schwelle ihres Geburtshauses, wie man das bei den Verstorbenen macht. Ihre Tochter ist tot für sie. Sie gehört von nun an nur zum Haus ihres Ehemannes.

»Bei einer Geburt«, sagten sie, »muß man die Eltern fragen: ›Ist es ein Mädchen?‹ Im schlechten Falle antworten sie einfach: ›Ja, so ist es‹, ohne ein einziges Mal das Wort »Mädchen« auszusprechen. So vermeiden sie die Befangenheit, die man empfindet, wenn man eine traurige Nachricht verkünden muß.«

Sie lehrten uns auch Lieder:

Gogatsu hitotsuki naku ko ga hoshi ya.
Aze ni tatasete koshi sarasu!

Ich wünsche mir ein Kind, das den ganzen fünften Monat über weint.
Ich laß es auf dem Feldweg stehn und und zeig ihm meine Hüften!

Im fünften Monat wird pikiert. In den aufgeweichten Reisfeldern bleiben die Frauen tage- und wochenlang in gebückter Haltung. Zu dieser Zeit liefert einzig ein weinendes Kind einen Vorwand, sich einen Moment aufzurichten.

»Eine Ehefrau«, sagten sie, »ist nur ein Nutztier!«

Wir protestierten:

»Aber wir werden oft in unsere Familien zurückkehren!«

Sie antworteten:

»Ihr werdet ein erstes Mal sieben Tage nach eurer Hochzeit heimkehren. Eure Schwestern und eure Mütter werden euch fragen, wie es euch geht, ohne auch nur zu wagen, euch anzusehen. Eure Väter und eure Brüder werden euch zu verstehen geben, daß es, nach allem, was ihr gekostet habt, nicht zu früh war, daß ihr fort seid und daß ihr besser daran tätet, auch diesmal ganz schnell wieder zu gehen. Sie werden denken: ›Die wären wir los!‹ Das nächste Mal werdet ihr zu Neujahr zurückkehren, dann zu den Tagundnachtgleichen und zum Totenfest am Ende des Sommers, um die Ahnen eures Geburtshauses zu grüßen. Aber ihr werdet die Nacht nicht dort verbringen, denn die Regeln der Heirat verbieten euch, auch nur eine einzige Nacht unter demselben Dach mit den Ahnen eures Blutes zu schlafen. Also werdet ihr wieder gehen! Und zwar ganz schnell!«

Die Alten lachten über unsere Angst. Sie sagten:

»*Onna no yo da*, das ist die Welt der Frauen, so ist das Leben!« Als ich meine Mutter fragte, murmelte sie, ich sei in einem guten Haus geboren, ich solle mich nicht beunruhigen, und dies sei alles nur bei den armen Leuten so. Sie beruhigte mich:

»Wir verheiraten dich in ein gutes Haus. Wir werden es uns etwas kosten lassen. Du nimmst für mindestens zehn Jahre schöne Kimonos mit. Wenn du nach deiner Heirat wieder hierher kommst, werde ich dir deinen Haarknoten lösen und ich werde deine Haare waschen und glattkämmen. Wir sind nicht so arm, daß die Hochzeit von ein paar Mädchen uns ruiniert. Wenn dann deine Kinder geboren werden, werde ich deinen Söhnen Kriegerpuppen und Karpfenbanner schenken. Deinen Töchtern werde ich Puppen vom Kaiser und der Kaiserin mit ihren Musikern und all ihren Dienern schenken.«[9]

Ich erklärte meinen Freundinnen:

»Das, was uns die Alten gesagt haben, gilt nur für die Armen.«

Bei einer meiner Freundinnen hatte gerade der ältere Bruder die Nachfolge des Vaters angetreten. Am Tag vor dem Umzug in das Ruhestandshäuschen, bevor alle zu Bett gingen, hatte die Mutter die Schwiegertochter zu sich gerufen. Sie hatte ihr in feierlichem Ton erklärt:

»Du hast dich an die Sitten des Hauses gewöhnt. Inzwischen ist deine Misosuppe genauso gut wie meine.«

Und über einen neuen Reistopf hatte sie einen neuen Reisschöpflöffel gelegt. Die Schwiegertochter hatte sich verneigt und mit der Stirn auf der *tatami* hatte sie sich bedankt und den Topf und den Schöpflöffel angenommen. Und da sie von diesem Augenblick an das Recht hatte, die Vorräte des Hauses zu verwalten wie es ihr beliebte, hatte sie fermentiertes Soja aus Nagano, woher sie stammte, kommen lassen. Diese Misopaste war rot wie die Erde im Westen des Dorfes und dick wie Reissuppe. Der ältere Bruder hatte viel gelacht und mehr Sake getrunken als sonst. Das Haus war sehr fröhlich geworden.

Diese Geschichte beruhigte mich. Dennoch sagte ich mir manchmal: »Und falls ich nicht heirate, müssen sie mich hierbehalten, bei den Endō. Ich werde nicht viel Platz beanspruchen. Sie werden mich gar nicht bemerken.« An anderen Tagen dagegen dachte ich: »Ich werde weggehen und Erfolg haben in der Welt, und sie werden sich wundern.« Doch letzten Endes zerrann mir die Freude in meinem Herzen wie Wasser zwischen den Fingern. Ich fragte meine Schwestern:

»Aber wie kann man als Endō geboren werden und dann jemand anderes werden?«

Sie antworteten:

»Ist das eine Art, sich bei den Endō zu bedanken für das, was sie dir gegeben haben, indem du dich für immer an sie klammern willst?«

Sie hatten natürlich recht. Ich mußte das werden, was die Endō wünschten, daß ich sein sollte.

Trotzdem machten mich die Vorwürfe meiner älteren Schwestern ratlos. Sie beschuldigten mich, egoistisch und dickköpfig zu sein. Sie behaupteten, mein schwieriger Charakter stelle ihre Geduld auf eine harte Probe. Das wollte ich natürlich nicht. Ich wollte einfach eine Endō bleiben, wie ich es immer gewesen war. Man versuchte, mich aus der einzigen Welt, die ich je gekannt hatte, auszuschließen. Also versank ich in Einsamkeit. Dann wurde ich allmählich häßlich wie die eigensinnigen und schwermütigen Mädchen, die sich weigern, ihre Kindheit aufzugeben.

VI
Die Weisen

牛にひかれて善光寺詣り

Ushi ni hikarete Zenkōji mairi.
Einer Kuh nachgehen und im Heiligtum Zenkō ankommen.

Jeder Mensch besitzt zwei Schicksale, ein persönliches und eines, das er mit allen anderen gemein hat. Das erste wird durch die Handlungen der Vergangenheit und ihren Einfluß auf die Zukunft bestimmt; es legt den Zeitpunkt der Geburt und den gesellschaftlichen Status fest. Damit sind die äußeren Lebensumstände definiert. Von dieser Zukunft, diesem *yo,* sprachen die alten Frauen, die man seit Generationen feindlichen Regeln unterworfen hatte.[1] Da sie wußten, daß ohne die Hilfe der Buddhas niemand die Kette von Ursache und Wirkung durchbrechen kann, beugten sie sich dem männlichen Willen, den sie den Göttern zuschrieben. Für sie war eine weibliche Existenz zwangsläufig eine schlechte Existenz. Wahrscheinlich wußten sie nichts von dem anderen Schicksal, *unmei*, dem Lauf der Welt: wer dessen Prinzipien beachtet, für den wird das Leben besser, doch für die, die sie mißachten, ist das Leben eine Quelle von Leiden. Das habe ich erst viel später, in Tōkyō, gelernt.

Unmei ist der Lauf der Gestirne, das Spiel der fünf Elemente, aus denen die Welt zusammengesetzt ist, und die Ausrichtung der Lebewesen und Dinge nach der Windrose: die Gesamtheit der natürlichen und unsichtbaren Ursachen. Es bestimmt die Daseinsbedingungen der Lebewesen und Dinge auf der Welt.

Die Chinesen haben vor langer Zeit entdeckt, daß das gesamte Universum aus fünf Elementen zusammengesetzt ist, deren Verbindungen die Natur, den Raum, das Leben und die Zeit bilden. Diese Elemente gehen in einer kreisförmigen Ordnung eines aus dem anderen hervor: Das Holz erschafft das Feuer, das Feuer die Erde, die Erde das Metall, das Metall das Wasser und das Wasser das Holz. Während das Holz der Gegensatz zur Erde ist, ist die

Erde der Gegensatz zum Wasser, das Wasser zum Feuer, das Feuer zum Metall und das Metall zum Holz. So erzeugt das Holz das Feuer, liegt das Metall in der Erde, und so zerstören sich Wasser und Feuer gegenseitig.

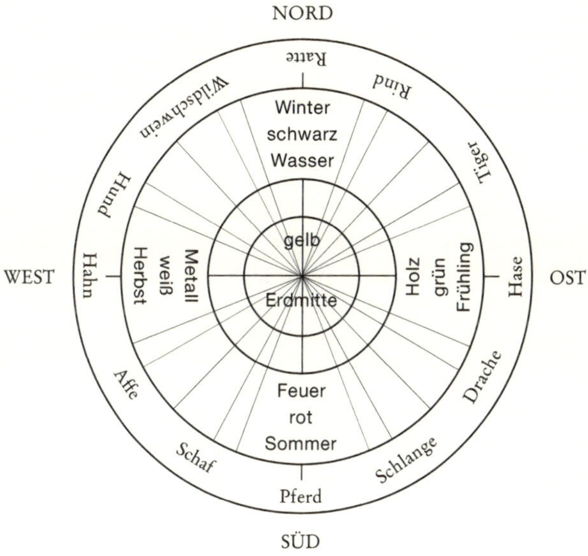

Windrose und Sexagesimalzyklus (Entwurf von Patrick Mérienne)

Die Stärke oder Schwäche eines jeden der fünf Elemente bestimmt das Leben des Glühwürmchens und den Lauf der Planeten, Frauen, die im Zeichen des Feuers zur Welt kommen, haben einen dunklen Teint, einen lebhaften Verstand, und sie sind launisch. Wenn sie im Zeichen der Erde geboren sind, haben sie dunkles Haar, einen Verstand, den sie auf alles anwenden können, und sie sind geduldig und mutig. Daran kann man nichts ändern.

Auch unsere Handlungen sind zum Scheitern verurteilt, wenn sie nicht mit den natürlichen Gegebenheiten übereinstimmen. Die Leute heute träumen alle vom Heldentum. Sie wollen großartige Taten vollbringen, deren Echo noch zu ihren Lebzeiten widerhallen soll. Sie blasen sich auf vor Stolz, ohne weiter an die Früchte zu denken, die entstehen sollen, und auch ohne an die ursprüngliche Saat zu denken.[2] Jeder hält sich für einen Gott und will die Welt um sich herum nach seinen eigenen Maßstäben neu aufbauen. Und siehe da ... die Luft, die wir atmen, wird zu *sumoggu* (Smog), und das Wasser, das uns die Götter im Überfluß gewährten, ist verschmutzt. Bald wird man auch bei uns das Wasser in Flaschen verkaufen.

Im Gegensatz dazu werden in Familien, die die Tradition achten, die Ahnen verehrt, diejenigen, die das Geschlecht begründet haben, die die Ländereien urbar gemacht und sie als erste bebaut haben ... Aber man vergißt die anderen, die unbekannten Glieder der Kette, die den Fortbestand des Blutes und die Weitergabe des Landes gesichert haben! Man vernachlässigt die treuen Mittler, die den Wünschen der Gründer Folge geleistet, das Erbgut erhalten und vergrößert haben. Doch die Weltordnung ist ein festes Gewebe. Teile, die man nach Gutdünken herausschneidet, sind nichts weiter als Fetzen.

Wenn man die Schriftzeichen der Tiere des Tierkreises betrachtet, sieht man im Norden die Ratte, *ne* ... Das ist der Ort des Winters, der Farbe Schwarz und des Wassers. Das Zeichen für »Ratte« erinnert an jenes, das »Ende« bedeutet. Weil alles im Norden zu Ende geht. Das Kopfkissen der Toten ist nach Norden gerichtet. Auch die Geburten finden im Norden statt. Weil die Dinge genau dort wieder neu beginnen, wo sie zu Ende gegangen sind.[3]

In der Richtung Ostnordost befindet sich der Tiger, dessen Name sich mit einem Schriftzeichen schreibt, das an das für »entwickeln«, »sich entwickeln« erinnert. Die Handlungen, die im Norden angefangen werden, das heißt an einem Tag der Ratte, entwickeln sich im Ostnordosten, an einem Tag des Tigers, weiter. Im Osten schreibt man das Zeichen des Hasen, *u*, das der Blume Deutzia. Damit wird das Aufblühen ausgedrückt. Im Süden bestimmt das Pferd das Gleichgewicht von *yin* und *yang*. Und im Westen schließlich sitzt der Hahn, dessen Name man mit einem Schriftzeichen schreibt, das auf die Reife verweist. Der Westen ist die Richtung des Herbstes, der Farbe Weiß und des Metalls.

Schau dir die Farben der Erde an: Im Winter werden die Reisfelder ganz dunkel, und die Wasserpfützen bilden Flecken darauf. Der Winter scheint wie der Norden ein Ort der Kälte und des Todes zu sein. Aber zur gleichen Zeit wie der Frost die Erdkruste spaltet, keimen heimlich die Pflanzen, und die Menschen unterzeichnen ihre »Verträge des Überflusses« mit den *kami*: Die Bauern räumen den Schnee fort, um ein Fleckchen Erde bloßzulegen, und werfen darauf ihre Reiskörner. Dann rufen sie die Raben, indem sie *»Pō! Pō!«* schreien, und entfernen sich. Daraufhin lassen sich die Raben, die Boten der Berggottheit, auf dem Fleckchen Erde nieder und verschlingen die Körner. Wenn sie zufrieden sind, wird die Ernte gut.

Lange nachdem dies alles in der Jahreszeit des Nordens begonnen hat, kommt der Herbst, die Jahreszeit der weißen Wolken. Man schneidet Ähren mit metallenen Geräten, weil die Versprechen aus der Winterzeit im Herbst gehalten werden müssen.

Alles auf dieser Welt gehorcht dieser Abfolge. Wer in Harmonie mit den Menschen, den Dingen und der Natur handelt und die universellen Rhythmen beachtet, dessen Leben wird sich ohne Widerstand entfalten können. Aber wenn er den Geboten der Ordnung zuwiderhandelt, muß er scheitern. *Sakura wo kiru baka, ume wo kiran baka!* Ein Dummkopf, der die Kirschbäume beschneidet, ein Dummkopf, der die Pflaumenbäume nicht beschneidet! Weder der eine noch der andere wird Früchte ernten, weil es die Natur anders bestimmt hat.

Es dauert sieben Jahre, bis aus einem Neugeborenen ein vollständiger Mensch wird. Und wenn man eines natürlichen Todes stirbt, dauert es ebenfalls sieben Jahre, bis der Verstorbene ein Buddha wird. Wenn er eines unnatürlichen Todes stirbt, dauert es länger. Denn man muß im richtigen Alter und unter angemessenen Umständen sterben. Die Toten wie die Lebenden müssen alles im rechten Augenblick tun.[4] Und daran kann keiner etwas ändern. Die höchste Tugend ist die Achtung vor den Prinzipien, die das Universum beherrschen.

Deshalb haben unsere Ahnen der Kenntnis der Zeit soviel Bedeutung beigemessen. Deshalb nannten sie die Weisen und Heiligen *hijiri*, »diejenigen, die die Tage kennen«.[5]

Im alten Japan existierte das Wort »Tugend« nicht. Man sprach von *makoto*: »Aufrichtigkeit« in Wort und Tat. *Ma* drückt die Rechtschaffenheit, die Ganzheit, das was wahr, vollkommen und überlegen ist, und die Ehrlichkeit aus. *Makoto* weist auf die Wirkungskraft des wahren Wortes hin, des Wortes der Götter und des Kaisers. Später hat man unter dem Einfluß Chinas den Tugenden Namen gegeben. Die höchsten Tugenden waren *akashi*, die Klarheit, *kiyoshi*, die Reinheit, *tadashi*, die Gerechtigkeit, *naoshi*, die Geradlinigkeit und *isoshi*, der Fleiß. Denn die Seele soll die Regeln der Welt mit der Klarheit und Reinheit eines Spiegels reflektieren, und der Geist soll lauter sein, frei von Vorurteilen, die dem entgegenstehen würden. Die Gerechtigkeit und die Geradlinigkeit zeigen die Zustimmung des Geistes zu den von den *kami* und dem Kaiser verkündeten Gesetzen. Und der Fleiß meint die Aufmerksamkeit, die der Mensch diesen vier Geboten schenkt. Alle diese Eigenschaften wurden ebenso wie die Adelstitel, die Kaiser Temmu der Aristokratie verliehen hat, aus China übernommen.[6]

Wir denken nicht wie die abendländischen Menschen, daß in uns das Gute und das Böse wohnen. Es sind vielmehr die Handlungen, die je nach den Umständen entweder das Gute erwecken oder das Böse bewirken. Zu glauben, daß das Gute und das Böse in einem wohnen, wäre so, als würde man sich auf ein imaginäres Schicksal verlassen. Das wäre nichts als ein Sich-Gehenlassen, so wie es die abergläubischen Menschen tun, unter dem Vorwand, daß alles im voraus bestimmt sei.

Die Moral und die Tugend können auch keine persönlichen Erfindungen sein, weil sie aus allgemeingültigen Prinzipien, die uns die Alten lehrten, hervorgegangen sind. Die Kindesliebe und die Achtung vor dem Wissen sind die ersten »Wurzeln des Guten«, *zengon*.[7] Vor allem muß man die Regeln dieser Welt erlernen. Dazu dienen die Erziehung und besonders die Religion.

Shūkyō, die »Religion« ... In den Wörterbüchern findet man die Definition »gemeinsamer Unterricht für alle, die gleicher Herkunft sind«. Aber oben auf den Schriftzeichen ist ein Punkt oder ein Kreis, der die Sonne darstellt; in der Mitte ist das Zeichen für Erde und darunter das für »zeigen«. *Shū* bedeutet die »Sonne, die die Erde zeigt«. Religion ist der Unterricht, der durch das Sonnenlicht, das auf die Erde geworfen wird, offenbart wird. Sie ist die maßgebende Lehre, die Kenntnis von den Ursachen der endlosen Folge von Tagen und Nächten.

宗教

Shūkyō, die Religion

Deshalb muß man, wenn der Zweifel das Herz bedrängt, zuerst die Geistlichen aufsuchen. Wir im Nordosten haben dafür die *miko*, »Kinder der *kami*«, und die *noriwara*, »Kinder, die das Wort weitergeben«. Natürlich sind das keine Kinder, aber sie sprechen so leicht mit den Göttern wie das die Kinder tun. Deshalb nannte man sie so. Dann gibt es noch die großen Meister, die »Siegel des Gesetzes«, *hōin*. Sie haben den Buddhismus studiert.[8] Sobald wir Angst hatten, unserem Schicksal entgegen zu handeln, baten wir den einen oder anderen, die Götter und die Natur für uns um Rat zu fragen.

Der Berg, ein Ort der Vermittlung mit den Göttern

Die wahre Religion Japans ist die Kommunikation mit der großen Natur, *daishizen*. Die einen nennen es Buddhismus, die anderen Shintōismus. Doch es gibt jenseits der von den Menschen erfundenen Wörter nur eine einzige unantastbare Wirklichkeit. Die Meiji-Regierung hatte die Trennung der beiden Religionen angeordnet.[9] Aber das war sinnlos, denn die Naturverehrung braucht keinen Namen. Alle unsere Gebete gehen durch die Menschen hindurch, die die Götter gewählt haben, um sie entgegenzunehmen. Die Gebete fliegen aus den reinen Herzen, überqueren die Berge, den Wohnort der Toten und der Götter, und reisen so bis ins Jenseits.[10]

In Asaka war es der »Geflügelte Berg« Hayama, der die Erde mit dem Himmel verband. Dieser grüne Hügel lag ganz nahe bei unserem Dorf. *Hinoki* wuchsen auf ihm, große Zypressen, die sich im Wind wiegten und in den Himmel wuchsen.

Dort bin ich oft hinaufgestiegen. Ich überquerte eine steinerne Brücke, die über das *Sai no kawara* führte, das ausgetrocknete Flußbett des Höllenflusses, das am Fuße dieses Hügels verlief.[11] Die Dorfbewohner häuften in diesem Bett in unregelmäßigen kleinen Haufen graue Steine auf und weihten sie den Kindern, die zu jung gestorben waren, um in den Transmigrationszyklus eintreten zu können. Diese Kinder sind vom Gesetz dazu verdammt, auf unbestimmte Zeit am Ufer des unterirdischen Flusses umherzuirren und dort, in der Hoffnung, Verdienste für ihre trauernden Eltern zu sammeln, bis in alle Ewigkeit Steintürme zu errichten, die aus purer Bosheit von schrecklichen Dämonen immer wieder umgeworfen werden. Trotz menschlicher Hilfe liegen sie halb eingestürzt herum, so zahlreich und verlassen wie die wilde Iris. Die Luft roch nach Sumpf.

Wenn ich den Höllenfluß überquert hatte, kletterte ich noch achthundert Stufen hinauf, bis zum Heiligtum auf dem Gipfel. Unaufhörlich ließ der Wind ein goldenes Licht durch die riesigen Bäume fallen. Es schaukelte sanft auf dem Boden hin und her und wiegte die Geister der toten Kinder in einem fort. Diese strichen zu Tausenden um die kleinen, zwanzig oder dreißig Zentimeter hohen Grabtafeln aus weißem Holz herum, die an manchen Stellen in dichten Reihen, wie eine Miniaturarmee, aufgestellt waren. Mützen, Lätzchen, winzige Tücher und kleine Blechfahrzeuge lagen am Fußende dieser Gräber. Der Wind zerstreute all diese Dinge und verwandelte sie in lächerliche und trostlose Überbleibsel, in ein Gemetzel von roten und blauen Gegenständen. Wie die zurückgelassenen Leichen nach einer Schlacht. Ein kleines Windrädchen aus buntem Papier drehte sich geräuschlos und wirbelte den süßlich-faden Geruch des Todes auf.

Es heißt oft, daß wir, die Japaner, den Tod nicht fürchten. Vielleicht ist das wahr, aber den Tod eines kleinen Kindes verabscheuen wir dennoch. Man weiß nicht genau, was aus ihnen wird ... Vor allem, wenn sie sterben, bevor sie sieben Jahre alt sind ... Die einen sagen, sie bauen Türme am Ufer des Höllenflus-

Kinder mit Strohkapuzenmänteln (Hiroshi Hayama/Magnum)

ses, um ihren Eltern zu helfen. Die anderen behaupten, daß sie direkt in die Welt der *kami* zurückkehren und ihre Seelen in ihrem eigenen Haus oder in ihrem Dorf wiedergeboren werden, sobald ein anderes Kind auf die Welt kommt. Das stimmt vielleicht ... und das beruhigt uns.

Auf dem Gipfel blies zwischen den Wolken immer ein Wind, abwechselnd eisig oder heiß, frisch und lebendig oder liebkosend. Im Sommer trieben die Bäume so stark, daß sie den Himmel verdunkelten. Im Winter, wenn alles so weiß war wie im fernen Land der Bären, schaute ich unter meinem dichten *kanzenbōshi* geschützt hinunter auf Asaka. Der *kanzenbōshi* ist ein Strohumhang mit spitzer Kapuze. *Kanzenbōshi* bedeutet »perfekter Hut«. Ich warf Schneebälle und sagte dabei zu mir: »Wenn sie das Haus meines Onkels erreichen – das Haus des jüngeren Bruders meines Vaters lag dem Berg von allen Häusern des Dorfes am nächsten –, werden alle meine Wünsche in Erfüllung gehen ...« Aber jedesmal schlugen sie schon weit vorher auf.

Im Frühjahr betrachtete ich vom Hayama aus nachdenklich die grünen und glatten Reisfelder, auf denen gelbe und graue Schatten wie vom Wind getriebene Wellen in den Maulbeerbäumen spielten. Wo die Götter wohnten, waren die Bäume viel dunkler. Dort unten gab es niedrige Steinmauern, die die Obstgärten umgaben, und Reihen winziger, von großen, goldbraunen Strohdächern verborgener Häuser. Es war eine sanfte Landschaft, die sich bis zum Horizont der Berge ausdehnte, so daß ich einen Moment lang glaubte, sie in einer Hand halten zu können.

Auf diesem Gipfel versammelten sich am Anfang und am Ende der Zeit der landwirtschaftlichen Arbeiten die Götter und die Ahnen, die unterwegs ins Dorf waren: am achten Tag des vierten Monats des Jahres, dem Monat der Deutzien und am Vollmondtag nach der Ernte.

Jeden Herbst also feierte man die Götter des Hayama: Man befragte sie über den Wohlstand des kommenden Jahres, und sie antworteten uns durch den Mund des *noriwara* unseres Dorfes. Unser *noriwara* war ein Mann, obwohl es sonst meistens Frauen sind, aber er war sehr geschickt. Normalerweise arbeitete er wie die anderen Dorfbewohner. Von Zeit zu Zeit bemächtigten sich die *kami* vom Hayama seines Körpers. Dann konnte er, ob er wollte oder nicht, nicht ungehorsam sein.

Manchmal, wenn er zuviel zu tun hatte, versuchte der *noriwara* sich den Göttern zu entziehen. Er tat dann so, als hätte er die Zeremonie vergessen, und blieb auf seinen Feldern. Aber die *kami* vom Hayama ließen ihn nicht gewähren. Am Tag vor dem Fest holten sie ihn bei Einbruch der Nacht. Sie bemächtigten sich seiner Person in den unerwartetsten Augenblicken, sogar auf der Toilette, weil dies ein Ort ist, an dem man wehrlos ist. Sie zwangen ihn, sich umzuziehen und sich sauber zu kleiden. Sie sagten ihm, er solle den Mund mit klarem Wasser ausspülen und sich die Hände waschen. Und dann ließen sie ihn schnell zum Heiligtum laufen, wo ihn die versammelten Dorfbewohner erwarteten. Der *noriwara* ließ sich plötzlich vor den Altar fallen und schrie: »*Tsuita! Tsuita!* Sie hocken auf mir! Sie haben von mir Besitz ergriffen!« Und dann trug er mit sehr tiefer Stimme die Namen der Götter vor, die sich an seinem Körper festklammerten. Es waren die Götter des Hayama und auch die *kami* der Dewa-Berge, in der Präfektur Yamagata: der Gott vom Gassan, dem Mondberg, mit den Flanken aus grauem Schottergestein, die von sternförmigen

Blumen übersät waren; der Gott des Haguro, des Berges mit den schwarzen Flügeln, dessen Kryptomerien bis in den Himmel wuchsen; der Gott vom Yudono, dem zinnoberroten Felsen, den die Asketen in früheren Zeiten mit einem heiligen Seil umwickelten.

Die Dewa-Berge waren zu weit entfernt, als daß man sie von Asaka aus auch nur hätte sehen können. Deshalb hatten unsere Ahnen entlang der Abukuma-Gebirgskette drei Doppelgänger gewählt, die man an den Festen von ferne verehrte.[12] Ich aber habe lange geglaubt, es handle sich um wirkliche heilige Berge.

Orakel

Unser *noriwara* sprach tatsächlich die Sprache der Berggötter. Ich habe es wie alle Bewohner Asakas selbst nachgeprüft.

Bei einem Fest im zehnten Monat hatte er verkündet, daß die *kami* des Wassers wütend werden würden. Er hatte gesagt: »Der zwanzigste Tag des sechsten Monats wird ein Unglückstag.« Dennoch hatte man an diesem Tag, vielleicht als Herausforderung, eine große Dorfversammlung abgehalten. An den Ufern des Abukuma fand ein Mittagessen statt. Der Himmel war völlig blau bis zum Horizont. Die Regenzeit hatte sich gerade verabschiedet. Da begann man sich über die Vorhersagen des *noriwara* lustig zu machen:

»He! *Noriwara!* Hast du den blauen Himmel gesehen?«

Der *noriwara* zuckte mit den Schultern.

»Ich gebe nur weiter, was die *kami* sagen. Wenn es ein Irrtum war, kann ich nichts dafür!«

Man öffnete die Kästchen mit den Mahlzeiten und setzte sich in die Sonne auf die Binsenmatten. Ruhig floß das blaue Wasser des Abukuma dahin.

Der Mann, der den *noriwara* herausgefordert hatte, trank viel Sake. Er war bald betrunken und begann, den Seher zu beleidigen. Der Ton des Wortwechsels wurde zunehmend schärfer, und man befürchtete, daß sie aufeinander losgehen würden.

Da gab es einen mächtigen Donnerschlag am Himmel, der die

Farbe der stürmischen See annahm. Bleigraue Wolken zogen sich zusammen. Die Frösche quakten. Und *zāzā*! Es begann zu regnen. Es regnete drei Tage lang ununterbrochen. Die Wege der Reisfelder rutschten ab, und der Sturm riß das Dach der Tanaka mit sich fort. Danach wurde der Himmel schlagartig wieder blau, als wäre nichts gewesen.

Von da an fragte man den *noriwara* bei jeder Gelegenheit um Rat. Sowie ein Kind krank wurde oder ein Gegenstand verloren ging, rief man ihn herbei. Er entdeckte die Ursache. Gewöhnlich war ein Fehler bei der Verehrung der Götter oder der Ahnen begangen worden: Ein unreines Mädchen hatte sich den *kami* genähert; eine tote Schlange war zwischen den Dachziegeln eingeklemmt.[13]

Nach und nach erlangte unser *noriwara* großes Ansehen, und die Leute kamen aus den Dörfern der Umgebung, um ihn um Rat zu fragen. Er war ein sehr sanftmütiger Mann. Er hat seine Arbeit als Bauer nie aufgegeben, weil er nicht wollte, daß man ihm mit Geld dankte. Er nahm höchstens ein kleines Geschenk an, mit dem man seine inneren Empfindungen ausdrückte. Ich mochte ihn sehr gerne. Dieser Mann bestand fast nur aus Haut und Knochen und hatte sehr klare, kastanienbraune, beinahe grüne Augen, wie mein *omori.* Ich fand sie schön.

Einmal hatte ich ein Buch oder einen Pinsel verloren, ich weiß es nicht mehr, da fragte ich ihn, ob er mir wieder zu dem verlorenen Gegenstand verhelfen könnte, und er willigte ein. Unglücklicherweise fand meine Mutter den verlorenen Gegenstand im Hof unseres Hauses wieder, bevor der *noriwara* die *kami* überhaupt befragen konnte. Darüber war ich enttäuscht.

In der Tat hatte meine Mutter kein großes Vertrauen in die Reden des *noriwara*. Sie war der Meinung, daß es schwierig zu erkennen sei, ob man es mit einer gewissenhaften Person zu tun hatte oder nicht, wenn man mit den Göttern kommunizieren wollte. »Wenn ein Hellseher gut ist, geht alles gut«, sagte sie, »aber wenn er es nicht ist, weiß man nicht mehr, was man machen soll.« Sie erklärte uns, daß es klug sei, die Hellseherei jenen zu überlassen, die studiert hätten und die wirklich etwas von den Regeln des Laufs der Welt verstünden: »In diesem Fall kommt es nicht auf die Charaktereigenschaften dieses Menschen an, sondern die objektive Wissenschaft lenkt seine Worte. Ein gebildeter Mann erahnt die Zukunft nicht, er weiß, wie man die Zeichen deuten muß.«

Das Siegel des Gesetzes von Kōriyama

Als man über die Heirat von Riki, der zweitältesten Tochter, entscheiden mußte, beschloß meine Mutter einen *hōin* zu befragen, das Siegel des Gesetzes von Kōriyama. Er war ein Mann, der die Wahrheit der buddhistischen Lehre verstand. Er war ein berühmter Exorzist, hatte viel studiert und trug im Kloster des Fudō Myōō, des Königs der unerschütterlichen Weisheit, den Titel *Gon Sōjō*, Bischof.

Riki war noch jung – ich glaube, sie war noch keine achtzehn Jahre alt –, als ein Antrag aus Narita kam, dem Geburtsort meiner Mutter. Der Vater des in Frage kommenden Mannes war dort beinahe fünfzig Jahre lang Bürgermeister gewesen, und die Familie Endō war ihnen bestens bekannt. Deshalb konnte man die größten Hoffnungen für diese Heirat hegen. Es war in der Tat die Rede davon, Riki in diese mit meiner Mutter verwandte Familie zu verheiraten. Der neue Bürgermeister von Narita wollte sich gerne als *tanomi-nakōdo* für diese Vermittlung zur Verfügung stellen.[14] Da es sich um den ältesten Sohn, also um den Erben handelte, würde meine Schwester die gewöhnlichen materiellen Schwierigkeiten nicht kennenlernen.

Zu jener Zeit war es nicht üblich, daß die Mädchen sich ihren Ehemann aussuchten, weil man der Ansicht war, daß eine Heirat in erster Linie gute Beziehungen zwischen zwei gleichrangigen Häusern herstellen sollte. Und ein Mädchen war, wenn man sie auch selten zwang, gegen ihren Willen eine Ehe einzugehen, kaum mehr als ein Mittel, Verbindungen zu knüpfen. Vielleicht wünschte mein Vater, ebenfalls Bürgermeister zu werden. Da mein Großvater jedoch nur ein adoptierter Schwiegersohn gewesen war, würde das schwierig werden. Eine Unterstützung aus Narita wäre also willkommen.

Auch meine Mutter war nicht gegen diese Heirat. Natürlich hätte sie es bestimmt wie alle Mütter vorgezogen, wenn sich meine

Schwester in Asaka verheiratet hätte. Aber es war nicht sehr wahrscheinlich, daß sich dort ein angemessener Ehemann finden ließe, und so würde man sich früher oder später doch dazu entschließen müssen, sie außerhalb zu verheiraten. Narita war nicht weit entfernt. Riki hatte schon in der Zeit nach ihrer Geburt dort gelebt. Da meine Mutter nicht genug Milch hatte und sich schwach fühlte, hatte sie sie drei Jahre lang ihrer eigenen Mutter in Narita anvertraut. Darüber hinaus würde diese Heirat zwischen Cousin und Cousine meiner Mutter die Gelegenheit geben, von Zeit zu Zeit ihre Familie und ihre früheren Bekannten wiederzusehen. Sie war also gerne bereit, diese Heirat zu akzeptieren. Dennoch sagte sie zu uns: »Riki-chan ist ein kräftiges Mädchen, sicher. Sie kann einen ältesten Sohn heiraten, weil sie sich nicht vor der Arbeit scheut und mit Leichtigkeit drei Mahlzeiten am Tag für die Familie ihres Mannes zubereiten wird. Aber ich kenne den jungen Mann kaum. Ich weiß weder, ob er autoritär oder, noch schlimmer, launisch ist. Ein launischer Ehemann ist unmöglich zufriedenzustellen! Und was ist, wenn er zuviel trinkt? Und wenn seine Mutter boshaft ist? ...« Diese Schwiegermutter war aus einem anderen Dorf gekommen, von weit her, aus dem Westen, hieß es. Bestimmt kannte sie die Gepflogenheiten unserer Gegend nicht. Würde Riki sich den Sitten dieses Hauses beugen?

Meine Mutter war beunruhigt, weil die Ehe ihrer ältesten Tochter gescheitert war. Man hatte für sie einen reichen und gesunden Mann gefunden, der in Kōriyama lebte. Doch Kiku war keine drei Tage verheiratet gewesen, als sie schon wieder geflohen war. Sie war nach Asaka zurückgekehrt und hatte sich in einer Scheune versteckt. Man hatte sie erst nach einer Woche entdeckt. Als man sie nach den Gründen für ihre Flucht gefragt hatte, hatte sie geantwortet: »Er hat eine Haut wie ein Haifisch. Jeden Abend, wenn es dunkel wird, fange ich an zu zittern.«

Doch hatte sie große Angst vor Vater und es deshalb nicht gewagt, ins Haus zurückzukehren ... Schließlich war die Angelegenheit geregelt worden. In Anbetracht der Tatsache, daß sie nur drei Tage verheiratet gewesen war, hatte sie der Lehrer unseres Dorfes als Ehefrau akzeptiert.

Aus diesem Grund also fürchtete meine Mutter, sich erneut zu irren. Sie hatte das Bedürfnis, jemanden um Rat zu fragen. Und da

Der Weise *hōin*, der Endō Nami ihre Bestimmung zur Meisterin der Schönheit offenbarte

sie eine fromme Frau war, beschloß sie, sich an das Siegel des Gesetzes zu wenden.

Es war ein fahler Morgen Mitte Mai. Meine Mutter trug einen strohgelben Kimono mit einem grauen und malvenfarbenen Obi. Sie war aufgeregt und sah jünger aus. Riki trug einen eleganten blauen Kimono mit großem Rosenmuster und einen violetten Gürtel. Was mich betraf, so wollte ich, da mein Vater mir schon seit Monaten einen Füllfederhalter versprochen hatte, bei einem Händler vorbeischauen und mir einen aussuchen. So habe ich sie in einer einfachen Schuluniform begleitet.

Große Schneeflocken wirbelten durcheinander. Wenn sie am Boden ankamen, wurden sie zu großen Blumen, die jedoch bald vom Erdboden verschluckt wurden. Diese großen dicken Flocken nannte man *botan yuki*, Päonienschnee! Von der Rückkehr der

Kälte überrascht, waren die Männer und Frauen in ihre Häuser geflüchtet und wärmten sich an der Feuerstelle. Die Straße war leer. Ich wandte mich an meine Schwester und foppte sie: »Dein Haarknoten löst sich auf!« oder »Hör auf, deine Wangen so aufzublasen, du siehst aus wie die *otafuku*-Maske!«[15] Meine ältere Schwester war jedoch von ihrer Wichtigkeit ganz durchdrungen und antwortete nicht. Als wir in der Stadt angekommen waren, schlurfte ich mit den Füßen, weil ich von meiner Neckerei müde war.

Meine Mutter, die den Weg kannte, klopfte an die Pforte des Klosters Fudō Myōō. Ein Mönchlein öffnete und führte uns in einen dunklen und engen Raum, in dem es nach billigem Weihrauch roch. Er war zur Hälfte ausgefüllt von einem großen Altar, auf dem weiße und goldene Opfergaben lagen. Als sich meine Augen an das Halbdunkel gewöhnt hatten, sah ich das Siegel des Gesetzes hinter einem niedrigen Tisch auf einem hellgrünen Seidenkissen sitzen. Obwohl er alt war, war seine Gesichtshaut auffallend glatt. Nur durch seine sehr hohe Stirn zog sich eine tiefe Furche. Sein Schädel war fast völlig rund und spitzte sich nur oben ein wenig zu. Sein Gesichtsausdruck war melancholisch, und er hatte ernste, eher glänzende Augen. Vor allem aber hatte er einen Mund mit großen und allzu scharf geschnittenen Lippen, die immer feucht waren. Das verlieh ihnen die Farbe von rohem Fleisch. Mit seinen ein wenig dicklichen Händen zupfte er an seiner Stola herum.

Meine Mutter kniete sich auf den Boden, direkt neben das Kissen, das er ihr anwies, um ihre Achtung zu bezeigen. Wir Mädchen waren ein bißchen unsicher und setzten uns ein wenig weiter hinten. Als das Siegel des Gesetzes fragte, weshalb sie gekommen sei, verbeugte sich meine Mutter so tief, daß sie den Boden mit ihrer Stirn berührte, und entschuldigte sich, ihn in seiner Meditation zu stören. Doch sein Ruf habe die Hügel und Flüsse überschritten, und sie selbst habe von der Unermeßlichkeit seiner Gelehrsamkeit gehört. Daher sei sie um so beschämter, ihn wegen einer Kleinigkeit zu stören. Meine Mutter wandte sich mit einer ausgesucht höflichen Sprache an das Siegel des Gesetzes, und erklärte ihm, daß es sich nur um die Heirat ihrer hier anwesenden Tochter handle. Sie sagte: »Ich bin mir nicht sicher, was ich tun soll. Ich wünschte, Sie könnten meinen Verstand erleuchten.«

Das Siegel des Gesetzes erkundigte sich nach dem Alter von Riki, dann nach dem des jungen Mannes aus Narita. Dann wollte er ihren Vornamen wissen. Schließlich verharrte er einen Moment in Andacht, bevor er seine Gebetsschnur, die er in den Händen hielt, kräftig zu reiben begann. Das machte ein Geräusch wie ein Rechenbrett, das man gedankenlos schüttelt. Ich hielt den Kopf gesenkt, aber ich versuchte zwischen meinen halbgeschlossenen Lidern hervorzuschauen. Ich hoffte, es würde sich plötzlich etwas Ungewöhnliches ereignen.

Das Siegel des Gesetzes murmelte jedoch nur einen Spruch und verharrte danach einen Moment in Schweigen, bevor er mit kräftiger Stimme sprach: »Ich bin bereit. Stellen Sie Ihre Fragen«. Darauf fragte meine Mutter, ob meine Schwester den jungen Mann aus Narita heiraten solle. Das Siegel des Gesetzes antwortete mit weit geöffneten Augen: »Ja, sie kann ihn heiraten.«

Das war's. Es war absolut nichts geschehen. Das Ganze war ziemlich langweilig, und ich dachte, daß der *noriwara* aus Asaka mindestens genauso klug sei. Hinzu kam, daß meine Waden eingeschlafen waren, da ich es nicht gewohnt war, lange stillzusitzen. Also hatte ich begonnen, meine Fersen zu kneten. In diesem Augenblick schaute das Siegel des Gesetzes auf mich: »Wie alt bist du?« Meine Mutter murmelte, ich sei im zweiten Schuljahr der höheren Elementarschule. Leicht beunruhigt fragte ich mich, was das Siegel des Gesetzes von mir wollte, von mir, die ich doch nur als Begleitung mitgekommen war. Da sagte er:

»Du wirst einen Beruf ergreifen, obwohl du ein Mädchen bist. Deine Fingerspitzen sind so fein, daß du sehr geschickt werden wirst. Du wirst *biyōshi* werden und vielen Leuten Glück bringen. Aber dafür mußt du dem besten Meister deiner Zeit folgen.«

Biyōshi, »Meisterin der Schönheit« oder »Friseuse«. Ich hörte dieses Wort zum ersten Mal. In Asaka sprach man nur verächtlich von den *kamiyui*, den »Haarbinderinnen«. Der Ausdruck *biyōshi* erschien mir sehr schön, und mein Körper wurde von einer unerträglichen Süße erfaßt. Mir war gleichzeitig nach Lachen und nach Weinen zumute.

Ich sah, wie meine Mutter sich versteifte. Sie schien im Begriff, etwas sagen zu wollen. Ihre Lippen bewegten sich. Vielleicht wollte sie protestieren. Vielleicht wagte sie es nicht. Oder sie wollte einfach fragen, ob sie nun den Preis für zwei Konsultationen bezahlen müsse, anstatt für eine, weil das Siegel des Gesetzes so berühmt war. Aber schließlich sagte sie gar nichts.

Das Gespräch war beendet. Meine Mutter und meine Schwester verneigten sich sehr tief, als sie sich verabschiedeten. Dann erhoben sie sich und verbeugten sich noch einmal.

»Vielen Dank für Ihre Aufmerksamkeit«, sagte meine Mutter.

Ich stand noch immer im Banne der Ausdrucksweise des Siegels des Gesetzes. Das Wort *biyōshi* versetzte mich in eine Welt, die von der, die ich seit meiner Geburt kannte, völlig verschieden war. Ich wollte eine Meisterin der Schönheit werden und Frauen und Männern Glück bringen! Durch diese drei Silben hatte der Seher mein Leben grundlegend verändert, er hatte mir eine neue Welt zum Geschenk gemacht.

Unter den erstaunten Blicken meiner Mutter und meiner Schwester war ich schließlich mühsam wieder aufgestanden. Es gelang mir, mich höflich vom Siegel des Gesetzes zu verabschieden, ohne dabei vor Freude oder vor Schmerz in die Höhe zu springen. Als ich auf der Türschwelle stand, spürte ich, wie die Luft um mich herum knisterte. Da rief ich meiner Mutter zu: »Ich werde *biyōshi*!«

Sie zuckte mit den Schultern und murmelte mit ein wenig zusammengepreßten Lippen: »Das werden wir später sehen.«

Dann wandte sie sich an meine ältere Schwester: »Bist du zufrieden?«

Diese errötete. Ich verstand, daß das »ja« heißen sollte. Danach redeten die beiden miteinander. Sie besprachen die Aussteuer und die Hochzeitszeremonie. Die Hochzeit eines reichen Mädchens war keine geringe Angelegenheit. Man mußte Besuche zusammen mit der Schwiegerfamilie organisieren und Geschenke entgegennehmen. Und das alles mußte geschehen, lange bevor das Paar in einem Shintō-Schrein drei Schalen Sake miteinander tauschte, nach einem Brauch, den Kaiser Taishō aufgebracht hatte. Danach würde die Braut mit all ihren Habseligkeiten zu ihrem Gatten ziehen. Und der Umzug dahin mußte prächtig sein, damit jeder sehen konnte, wie groß die Familie Endō war. Man würde einen neuen Wagen und eine Kommode aus Paulowniaholz kaufen oder einen Frisiertisch aus Kirschbaumholz.

Ihre Unterhaltung langweilte mich, und so versank ich in Träumen, die sich allmählich in unwiderstehliche Wünsche verwandelten.

Auf dem Weg nach Hause stellte ich mir eine Schar Frauen vor, die alle weiß gekleidet waren wie Pilgerinnen. Sie stiegen hintereinander bis zu einem Bethaus hinauf, das ganz oben auf einem einsamen Berg stand. Es war eine steinerne Hütte, wo die Gläubigen den ganzen Tag lang Blumen opferten und Räucherstäbchen und Kerzen brannten. Ich hielt mich etwas abseits und betrachtete sie. Diese frommen Frauen kamen, um sich bei den Göttern zu bedanken, die ihnen durch mich als Mittlerin Schönheit geschenkt hatten.

Auch mich selbst sah ich. Ich trug eine weiße europäische Bluse. Mit fachkundiger Hand herrschte ich über eine Schar Fläschchen, die mit lieblichen Düften gefüllt und mit Blumenetiketten seltener Pflanzen verziert waren. Alles war von erlesener Harmonie.

Eine verhinderte Berufung

Nach unserer Rückkehr in das Haus Endō sprachen alle viel von der Hochzeit meiner älteren Schwester. Man zankte sich über ihren Hochzeitskimono oder über die Möbel, die sie mitnehmen würde.

Das Kinn in die Höhe gereckt, die Augen in eine erhabene Zukunft gerichtet, verharrte ich in Schweigen. Ich träumte von einer leichten Existenz, leicht wie eine fünffarbige Seifenblase. Keiner achtete auf mich. Da erklärte ich plötzlich meinem Vater:

»Ich werde Meisterin der Schönheit!«

Er zuckte mit den Schultern und antwortete nicht.

Ich sagte noch einmal:

»Ich habe gesagt, ich werde Friseuse!«

Meine Mutter mischte sich ein und berichtete von den Worten des Sehers, um meine Impertinenz zu entschuldigen.

»Dumme Ideen von Frauen ...«, knurrte mein Vater.

Ich schrie:

»Ich werde Friseuse!«

Da geriet mein Vater in große Wut. Dies sei undenkbar im Hause Endō. Zwar wüßten alle, wie egoistisch und rebellisch ich sei, aber keiner hätte sich je vorstellen können, daß ich unseren Namen entehren würde!

»Bei uns wird es niemals eine Friseuse geben! Du bist verrückt. Du wirst das tun, was deine Schwestern tun und dich mit einem jungen Mann aus der Umgebung verheiraten. Man wird dir einen Wald oder ein Reisfeld als Mitgift geben. Ich will nichts mehr davon hören!«

Er sprach heftig und mit Zorn.

»Aber das Siegel des Gesetzes hat es gesagt! Ich werde Friseuse!«

»Genug jetzt!«

Ich wich einem Schlag aus und floh.

Wenn ich müde bin oder den Mut verliere, erinnere ich mich noch heute an diesen traurigen Abend im Mai. Nach dieser Szene, die mich um so mehr beeindruckt hatte, als mein Vater gewöhnlich die Ruhe bewahrte, wollte man mich zur Bestrafung in das *dozō* sperren. Das ist ein Vorratshaus aus Stein und Ton. Aber ich schlug um mich und lief davon, um mich in dem Gebüsch beim Heiligtum von Inari-sama zu verstecken. Dort jammerte ich: Nie wird mich mein Vater Friseuse werden lassen. Er wird mich verheiraten, aber ich werde mich weigern. Heimlich bat ich unsere Ahnen, mir dabei zu helfen, die Vorhersage des Sehers wahr werden zu lassen. Ich schwor, daß ich mich ihrer würdig erweisen würde, und opferte drei weiße, glatte und runde Kieselsteine, die ich zwischen den Gräsern aufgesammelt hatte. Ich erflehte ihren Beistand. Schließlich wurde ich von Müdigkeit übermannt und schlief neben dem Heiligtum ein. Inari-sama hat mir einen wunderbaren Traum geschickt. In einer weiträumigen Wohnung, die voller goldener Wolken war, flatterten lange, seidige Haarsträhnen. Sie hafteten an den Fingern wie Spinnweben, die im Sommer in der Morgendämmerung die Wege kreuzen.

Ein wenig später fand man mich zu Füßen der heiligen Füchse. Meine Mutter sprach mit mir. Vielleicht würde ich tatsächlich Friseuse werden können. Aber das wäre ein mittelmäßiges Leben, auf das ich mich nicht freuen könnte. Wenn das Schicksal mir eine solche Existenz bestimmte, so wäre das mit dem Verfall des

Hauses Endō gleichzusetzen. Vielleicht sei sein Ruin nahe. Sollte es dieser Fall sein, den das Siegel des Gesetzes indirekt verkündet hatte? Meine Mutter sah nachdenklich aus. Dann sagte sie mir, daß ich mich nicht quälen und das Ganze vergessen solle. Man brachte mich ins Bett. Von da an vermied jeder, mit mir über die Zukunft zu sprechen.

Dennoch wußte ich von diesem Tag an, daß ich keine gewöhnliche Person sein würde. Mein Schicksal würde die Leute in Erstaunen versetzen. Davon sprach ich zu keinem ein Wort, außer einmal zu meinem *omori*. Er lebte damals in Tōkyō und studierte dort an der Universität. Eines Tages, als er nach Hause gekommen war, sagte ich zu ihm, daß ich in der Hauptstadt Schönheit schaffen würde. Er verstand mich nicht.

»Du willst in der Stadt leben?« fragte er mich.

»Nein, das ist es nicht. Ich will Schönes machen.«

»Aber das kannst du doch überall! Die Stadt ist nicht schön, weißt du. Man sieht dort keine goldenen Wolken, sondern Schmutz, Grau und Promiskuität. Das wird dir nicht gefallen!«

Ich wußte, daß ich, um Friseuse zu werden, dem größten Meister der Epoche folgen mußte. Und deshalb mußte ich gehen. Ich habe meinen *omori* derart bedrängt, daß er mir aus Tōkyō einen Werbeprospekt einer Friseurschule schickte, an der er jeden Tag vorbeikam. Sie lag im Ochanomizu-Viertel.[16] Er hatte den Ort in Augenschein genommen und schöne Frauen in Kimonos mit großem Rankenmuster gesehen, die dort zu jeder Stunde ein und aus gingen: das waren keine armseligen »Haarbinderinnen«, sondern junge Mädchen, die einige Jahre lernten, bevor sie heirateten. Mein *omori* dachte, man bilde sie in den Regeln der Ästhetik der modernen Frau aus. Dieser Gedanke beruhigte ihn. Und so schickte er mir den Werbeprospekt.

Mir war sofort klar, daß das die Schule war, die ich brauchte. Über Monate und Jahre hinweg habe ich diese bedruckten Blätter unter meinem Obi gehütet. Ich habe sie zehntausendmal gelesen. Es war sicher, daß die Zeit näherrückte, in der sich die Vorhersage des Siegels des Gesetzes verwirklichen würde. Nur auf diesem Weg würde sich mein Geschick erfüllen.

VII
Warten

Ete ni ho wo ageru.
Mit günstigem Wind segeln.
えてに帆をあげる

Die dreißiger Jahre

Seit unserem Besuch bei dem Siegel des Gesetzes war es schon dreimal Frühling geworden. Dreimal hatten sich die Pächter in die Berge begeben, um dort das Gras zu schneiden: damit es verfaulte, legten sie es zusammen mit Kohleichen- und Weidenblättern ins Wasser; diese Düngermischung verteilten sie dann auf dem heiligen Reisfeld. Dreimal wurde der Klebreis dieses Feldes reif und zu Kuchen für die Feste gestampft.[1] Und dreimal hatte auch die Blume »Berghauch«, *yamabuki*, die Täler mit ihren gelben Blüten gefärbt.[2] Die Frösche hatten dreimal zu ihrer Jahreszeit gequakt und die Glöckchenzikaden hatten dreimal in ihrer Schilfrohrbehausung gesungen.

Asaka – das war die Zeit tausendjähriger Gesten.

Trotzdem erreichten das Haus Endō befremdliche Gerüchte, abgeschwächtes Echo einer kriegerischen Erregung, die die Männer begeisterte und den Frauen angst machte. Es war die Zeit der politischen Zwischenfälle. In Tōkyō waren der Finanzminister und der Aufsichtsratvorsitzende der Mitsui-Bank ermordet worden und später auch noch der Premierminister. Mein Vater sagte:

»Schaut sie euch an, diese Parteien! Die Minseitō und die Seiyūkai! Sie bringen es nicht einmal fertig, eine stabile Regierung zu bilden! Durch ihre ständigen Dispute zerrinnt ihnen die Macht zwischen den Fingern ...«

Auf dem Kontinent stachelten die Russen und die Amerikaner die Chinesen gegen uns auf. Deshalb haßten die Chinesen die Japaner, töteten sie auf der Straße und jagten die Züge in die Luft. Nur die Soldaten konnten die Ordnung wieder herstellen.

Dazu sagte mein Vater:

»Wozu dient die Rechtsgewalt, wenn man sie nicht tatsächlich hat?«

Wie so viele fing auch er an, sich eine Militärregierung zu wünschen.

Im Jahre 8 der Shōwa-Zeit (1933) wurde Japan von den Großmächten verurteilt, weil wir ihre Monopole bedrohten. Aber hatten uns nicht früher die westlichen Länder selbst unter Androhung von Waffengewalt dazu gezwungen, unsere Pforten zu öffnen?[3] Außerdem war mein Vater der Meinung, daß man sich nicht um die Vorstellungen von Ländern kümmern sollte, die sich weigerten, die Gleichheit der Einwohner Asiens mit den Weißen anzuerkennen. Schließlich trat Japan aus dem Völkerbund aus.

Die Finanzgeschäfte liefen schlecht. Alle Welt klagte. Jeder fühlte, daß das Militär früher oder später den Sieg davontragen würde.

Mein Vater hatte zu dieser Zeit viele wichtige Aufgaben im Gemeindeamt. Er hatte mit der Vorbereitung zu den Wahlen und mit all den offiziellen Empfängen zu tun. Er gehörte der Asaka-Sosui, der Wasserversorgungsgesellschaft, an und der Kyōiki Iinkai, dem Erziehungsausschuß. Er kümmerte sich außerdem um den Straßenausbau in unserer Region und um die Stromversorgung. Das alles kostete Geld und brachte kaum etwas ein.

»Die Welt muß anders werden«, sagte mein Vater.

Alle Lehrbücher in der Schule sind geändert worden. In den Büchern war nur noch vom Kaiser und von der Armee die Rede.

Patriotismus, sagte man uns, sei genauso natürlich wie die Bindung an unsere Dörfer und die Liebe zu unseren Müttern. Japanisch zu sein heiße, den Boden zu lieben, auf dem wir geboren sind und den Kaiser zu lieben, der ein Nachkomme der *kami* sei, die die Inseln erschaffen hatten. Ich lernte noch einmal die Namen all unserer Kaiser (von den Anfängen unseres Landes an) und die Daten ihrer Regierungszeiten. Die Geschichte ihrer Ahnenreihe war die unseres Landes. Alles verdankten wir ihnen und unseren eigenen Ahnen. Unser Herrscher besaß die oberste moralische Autorität. Er verkörperte Japan. Er unterschied sich sehr von den fähigen oder unfähigen Politikern, die die Macht an sich rissen und sie für sich allein beanspruchten. Heimlich träumte ich vom Kaiser, der in Tōkyō wohnte.[4]

Endō Nami im Alter von sechszehn Jahren

Schließlich brachten Gewaltstreiche und Attentate die Nationalisten an die Macht.

Ende der Schulzeit

Das undeutliche Geräusch der Geschichte störte den gleichförmigen Lauf der Zeit jedoch kaum.

Warten. Bald war es ein ungeduldiges Warten, bald ein monotones. Ich dachte: »Bald wird sich irgend etwas Unerwartetes ereignen, das meiner Langeweile einen Sinn geben wird ...« Und die Hoffnung kehrte wieder zurück. Dann machte sie der Leere Platz: einer Art schwermütigem Tier, das unaufhörlich mit spitzen Zähnen in meinem Bauch nagte. Ich haßte es eine Zeitlang, dann überließ ich mich kampflos seinen Bissen. Im eintönigen Ablauf der Jahreszeiten ließen sie nach.

Die Jahre vergingen. Ich wurde fünfzehn. Das Ende meiner Schulzeit war gekommen.

Eine Zeremonie fand statt. Es war kalt. Der Himmel war weißlich-grau. Man hatte uns im Hof in Reih und Glied aufgestellt. Der Direktor hielt eine lange Rede. Er sprach von unserer Zukunft, von unserem Land, von Hoffnung und Pflicht. Ich begriff, daß ein Zeitabschnitt zu Ende ging, aber ich hatte das Gefühl, daß mich außerhalb der Lyzeumsmauern nichts erwartete. Es war wie ein Tod, nach dem nichts mehr kommen würde.

Ich räumte meine Sachen zusammen. Ein Heft, zwei Pinsel, einige Bücher. Wenige Dinge. Ich war gerade zum Aufbruch fertig, als mich meine Lehrerin Hakozaki in die Küche rief, wo sie grünen Tee mit Reisaroma bereitete.

Sie war meine Lieblingslehrerin. Eine große und starke Frau, ganz das Gegenteil meiner Mutter, die so schmächtig war. Sie war beeindruckend. Ihre Haut war weiß, beinahe durchsichtig, und ihre hellen Haare haselnußbraun, denn in ihren Adern floß Blut aus Okinawa. Obwohl sie noch jung war, blickte sie in die Herzen der Menschen, und sie sprach immer mit gewählten Worten.

An diesem Tag fragte sie mich, woran ich gerade in diesem Moment, in dem die Schulzeit zu Ende ging, dächte. Ich begann:

»Ich möchte den Beruf ...«

Aber das war es nicht, was sie hören wollte.

»Denke nicht an dich selbst, erinnere dich, daß du von anderen hierher geführt worden bist.«

»Ich bin allen Lehrern sehr dankbar. Sie haben sich geduldig um mich gekümmert, obwohl ich eine schlechte Schülerin war ...«

Sie unterbrach mich wieder:

»Sie haben nur getan, was ihr Beruf ist. An deine Mutter solltest du denken. Wenn du heute deine Schulzeit beenden kannst, dann nur, weil sie uns damals zugesetzt hat, daß wir dich aufnehmen sollten, Nami-chan. Eine andere hätte diesen Bittgang für vergeblich oder gar für unschicklich gehalten.«

Hakozaki-sensei erklärte mir, daß die Haltung meiner Mutter eine doppelte Lehre beinhalte, eine Lektion des Mutes und eine der Menschlichkeit:

»Auch du mußt dich auf deinem Lebensweg tapfer verhalten. Wenn du Großes vollbringen willst, mußt du immer entschlossen handeln, ohne Angst vor dem Scheitern. Dein Wille soll aus deinem Bauch kommen, du sollst handeln wie ein abgeschossener Pfeil, ohne dir über das große oder kleine Glück Gedanken zu machen, in das deine Handlungen münden. Wenn du aufrichtig und ehrlich handelst, wird es gut werden. Denn nichts geht über Aufrichtigkeit und Herz. Die zweite Lehre deiner Mutter besagt, daß man nicht für sich selbst handeln soll, sondern für andere. Endō Minas Achtung vor Kindern hat unsere Bewunderung erregt. Wenn man gute Beziehungen zu den anderen hat, finden die Handlungen auf ganz natürliche Weise ihren Weg.«

Obwohl ich den Sinn dieser Rede nicht ganz verstand, weckte sie in mir eine Art Hoffnung. Es war, als würde ein frischer Wind den Nebel lichten.

Als ich zu Hause gähnte und mit den Füßen schlurfte, betrachtete meine Mutter meine Stirn und legte ihre Hand darauf. Dann zog sie mich mit sich.

»Komm.«

Sie führte mich nach draußen und sagte:

»Die Luft, die wir heute einatmen, ist unser Leben von morgen.«

Meine Mattigkeit blieb an den wilden Gräsern des Weges

hängen. Ich spürte ein wenig von dieser Freude, die ich schon in den Worten der Lehrerin Hakozaki erkannt hatte. »*Atatte kudakero.* Setz dich den Dingen aus und zerbrich.« Alles aufs Spiel setzen, das war es, was ich tun mußte:

Atatte kudakero
(Kalligraphie von Yamazaki Ikue)

Mit Hakozaki-sensei blieb ich, so lange sie lebte, in Verbindung. Als bald nach meiner Abreise nach Tōkyō eine Schülerin des Mädchenkollegs von Kōriyama in die Hauptstadt reiste, ließ sie mir Briefe in beigen Umschlägen zukommen, in die sie eine Blume gesteckt hatte, die zu dieser Jahreszeit gerade blühte. Wir liebten sie.

Hakozaki-sensei ist kurz vor dem Krieg an einer Lungenstauung gestorben. Als ich auf Anraten der Mutter des Hauses, in das ich eingeheiratet hatte, während der schweren Jahre nach Asaka zurückkehrte, reinigte ich jede Woche ihr Grab. Ich sprach das Hannya-Sūtra[5], legte Blumen auf das Grab und verbrannte Weihrauch.

Eines Tages gab es einen Luftangriff, als ich vom Friedhof nach Hause zurückkam. Jemand schrie: »Versteck dich!« Langsam verbarg ich mich hinter niedrigen Büschen. Ich hatte keine Angst, denn ich wußte, daß der Geist der Toten über mein Leben wachte. Jahrelang ging ich regelmäßig an ihr Grab. Aber heute habe ich keine Zeit mehr dazu. Es ist schon mehr als zehn oder fünfzehn Jahre her, seit ich das letzte Mal dort war. Dieses Versäumnis zählt zu den traurigen Dingen in meinem Leben.

Ich ging also auf die sechzehn zu. Die Schule war beendet. Ermutigt durch die Worte meiner Lehrerin Hakozaki sprach ich erneut mit meinem Vater, sprach mit ihm noch einmal von meinem Vorhaben, nach Tōkyō zu gehen, um dort den Beruf einer Friseuse zu erlernen.

Er antwortete mir, daß ich fünf Finger an den Händen und fünf Zehen an den Füßen hätte, daß ich normal gebaut sei und er nicht einsähe, warum ich Friseuse werden wolle. Meine Mutter gab ihm recht:

»Das ist unmöglich«, sagte sie »wegen der Meinung der Leute. Eine Friseuse bei den Endō! Das schadet den Beziehungen, die dein Vater in der Stadt hat ...«

Außerdem sagte sie, daß man für mich einen Mann gefunden hätte, einen reichen Mann, einen Reisgroßhändler oder so etwas ähnliches.

Dennoch schrieb ich heimlich an die Schule in Tōkyō. Ich wollte wissen, wie man dort lernen könnte, ohne einen Pfennig zu bezahlen. Eine elegant und schön geschriebene Antwort auf sehr feinem Papier kam zurück. Sie lautete: »Es gibt ein Mittel. Sie können *uchideshi* werden, ›Schülerin des Hauses‹, das heißt Lehrling, der im Hause des Meisters dient. Aber es ist nicht üblich, daß ein Fräulein, das vier Jahre lang die Mittelschule besucht hat, *uchideshi* wird. In der Regel gehören die gut ausgebildeten jungen Mädchen zur zahlenden Kundschaft. Denn die Lehrlinge des Hauses müssen den Haushalt, die Küche und die Wäsche machen, um ihre Ausbildung zu bezahlen. Wir wollen Ihnen nicht verhehlen, daß dies ein hartes Leben ist.«

Auf die Details des Briefes achtete ich nicht. Ich dachte einfach: »Wenn man *uchideshi* sein muß, gut, dann werde ich eben *uchideshi.*« Aber vor allem hatte dieser Brief der Schule in Ochanomizu auf einmal Gestalt verliehen. Er hat eine Verbindung zwischen uns hergestellt. Nun war ich sicher, daß ich nach Tōkyō gehen würde, egal was mein Vater darüber denken mochte. Es genügte, den Weg, den der Brief gegangen war, in umgekehrter Richtung zu gehen.

Machte diese Gewißheit die Dinge weniger dringlich? Ich lernte den Prospekt und den Brief der Friseurschule Wort für Wort auswendig. Beides hütete ich zusammengefaltet an meiner Brust.

Dann gab ich mich, beruhigt über mein Schicksal, erneut dem Warten hin. Von meinen Träumen und meiner Ungeduld blieb nur noch ein schwacher Schmerz. Wie der wehklagende Ton der Flöte *hichiriki*[6], der noch lange im Kopf nachklingt, wenn die Musik verstummt ist.

Um mir die Zeit zu vertreiben, las ich. Ich las Biographien berühmter Männer, die einfach geschrieben waren. Vor allem erinnere ich mich an ein Buch über George Washington, den Gründer der Vereinigten Staaten. Ich fand es bewundernswert, wie er Menschen verschiedener Herkunft einen und führen konnte.

Dann beschloß ich, etwas zu arbeiten.

Die Häutungen und Metamorphosen der Seidenraupe

In den Bauernhäusern werden die Seidenraupen von den Frauen gezüchtet. Die Seidenraupen werden im Obergeschoß, direkt unter dem Dach untergebracht. Dort sind Zwischenwände eingezogen, um eine gleichmäßige Temperatur zu halten. In unserem Haus waren es die Dienstmädchen, die unter der Anleitung meiner Mutter die Raupen fütterten. Sie arbeitete viel, da sie ja aus einem anderen Haus stammte. Im Frühling jenes Jahres sprang ich manchmal für sie ein.

Als Kind habe ich nur ganz selten das Obergeschoß betreten, denn es war allen, die nichts mit den Raupen zu tun hatten, verboten, dort hineinzugehen. Man sagte, es bringe Unglück. In Wirklichkeit gab es durch zu häufiges Kommen und Gehen Temperaturschwankungen unter dem Dach. An den Zwischenwänden und am Dachstuhl hingen überall Papieramulette, auf denen der Name Okonko-sama stand. Das war die Göttin der Seidenraupen, die die Mäuse und die Krankheiten von den Raupen fernhielt[7], vor allem die schrecklichen Krankheiten nach der vierten Häutung.

Im Frühling, wenn die Knospen der Maulbeerbäume aufsprangen, legte man für die Raupeneier dickes Papier in Kistchen aus Paulowniaholz. Diese Eier waren weiß und schimmerten wie

Perlmutt, und man konnte die Gestalt der Larven in ihnen erkennen: ein schwarzer Punkt war ihr Mund und ein dunkles Hörnchen ihr schon stark behaarter Körper. In der Wärme des fünften Monats wurden die Eier gelblich, dann graubraun. Dann begannen die Raupen, ihr Gehäuse ringsum anzunagen, und schlüpften aus. Ab Mitte Mai untersuchte man regelmäßig das Papier mit den Eiern, um die Farbe der Eier zu prüfen und so zu sehen, wann die Raupen schlüpfen würden. Wenn sie alle zur gleichen Zeit schlüpften, konnte man die Larven alle auf einmal wegräumen. Wenn die Raupen auf einem der Papiere schon zu weit waren, stellte man sie in den Luftzug: So verzögerte man den Zeitpunkt ihres Schlüpfens.

Dann schlüpften die jungen Larven. Sie maßen kaum zwei Millimeter und waren voller Haare. Man nannte sie *kego*, die »haarigen Kinder«. Sie wurden in Körbe gelegt, die aus feinen Bambusstreifen geflochten waren und deren Boden mit einem Stück *mushiro*, einem Stück Matte[8], bedeckt war. Die Körbe wurden dann in einem Gestell gestapelt.

Das Einräumen der Körbe mit den Seidenraupen

Kaum waren die Körbe eingeräumt, begannen die jungen Larven ihren Mund zu bewegen. Sie haben einen enormen Mund, in der Form eines Pferdehufes. Sie fressen junge, zarte Maulbeerblätter, die beinahe noch Knospen sind.

Die Larven zu füttern war eine furchtbare Arbeit. Ständig benötigte man neue Maulbeerblätter. In dem Maße wie die Raupen wuchsen, brauchte man immer dickere Blätter. Man zerkleinerte sie mit einem Küchenmesser und verteilte sie auf die Körbe. Die Raupen fraßen ungeheuer viel. Damit die Raupen ein einziges Gramm Eier produzierten, brauchte man beinahe dreißig Kilogramm Blätter, damit die Larven sich einspannen noch viel mehr! Weil sie immer am Fressen sind, scheiden sie ununterbrochen Kot und Wasser aus. Die Körbe füllten sich mit Schmutz und wurden naß. Von Zeit zu Zeit hängte man deshalb Schnüre über die Körbe: Baumwollschnüre, die mit dem Saft der wilden Kaki gehärtet und mit Stroh umwickelt waren. Daran befestigte man die Maulbeerblätter. Die Raupen kletterten daran hoch, und wenn sie oben waren, wechselte man die Körbe aus.

Fünf oder sechs Tage nach dem Beginn der Fresserei ließ dann das Kauen nach. Vor jeder Häutung hören die Larven auf zu fressen und ihren Mund zu bewegen. Das war eigenartig. Wenn man normalerweise den Dachboden betrat, glaubte man, sich in einem großen, feuchten Vogelkäfig zu befinden. Wenn man die Augen schloß, war da das Geräusch der knisternden Maulbeerblätter, *gasa gasa*, und das feuchte Kaugeräusch, ein Plätschern wie Regen, der auf die Bäume prasselt. Aber vor den Häutungen wurde es plötzlich ganz still. Die Raupen kauten nicht mehr, sie spuckten nicht mehr, sie bewegten sich nur langsam auf ihren Blättern, die durchlöchert und gezackt waren wie die der Chrysanthemen. Dann schwollen die Larven an, zogen ihre Glieder zusammen, und ihre Haut platzte entlang des Rückens auf. Sie häuteten sich. Das war ihre erste Häutung, denn die Raupen häuten sich viermal. Es kam vor, daß einige ihren Kokon schon vier oder fünf Tage nach der dritten Häutung bildeten. Man sagte, dies bringe Glück. Ich trug alle diese ersten Kokons zur Göttin Okonko-sama und hängte sie in einer Reihe an das Holzgitter ihres Heiligtums.

Am siebten Tag nach der letzten Häutung fraßen die Larven immer noch nichts. Sie wurden gelb, schimmernd und durchsichtig. Eine nach der anderen wurde in die Wiege gelegt. Während sie die Raupen einsortierten, trällerten die Dienstmädchen ein Lied aus Kiso:

Kuwa no naka kara, kouta ga moreru
Kouta kikitaya! Kao mitaya!

Aus den Maulbeerbäumen dringt ein Liedchen
Das Liedchen möchte ich gerne hören! Sein Gesicht möchte ich sehen!

Diese Mädchen träumten bestimmt von einem schönen jungen Mann, den sie eines Tages heiraten würden.[9]

Dann waren die Larven hochgeklettert. Zu diesem Zeitpunkt des Jahres hatte man die meiste Arbeit. Da wir viele Dienstmädchen hatten, brauchten wir niemanden sonst. Trotzdem magerte ich in jenem Frühjahr vor Erschöpfung ab. Als ich häßliche malvenfarbene Ringe unter den Augen bekam, verstand ich den Sinn der Redensart: »*Niwa oki no yō da*, das ist wie nach der vierten Häutung der Seidenraupe.« Man sagt das, wenn man sehr beschäftigt ist.

Weil die Frauen keine Zeit hatten, ihre Einkäufe in der Stadt zu machen, kamen die fliegenden Händler öfter in unser Dorf. Sie brachten Salz, Öl und derlei Dinge.

Dann begannen die Raupen ihre Seidenfäden abzusondern. Ihre Körper wurden durchsichtig. Sie waren zerknittert wie die Haut alter Menschen. Sie krümmten sich wieder wie ein Hufeisen, den Rücken nach innen und die Beine nach außen, und mit ovalen Kreisbewegungen ihres Kopfes wickelten sie sich den Faden um ihre Körper.

Einige Tage später sortierte man die kranken Raupen aus und warf sie weg: solche, die keine Kraft mehr zum Fressen hatten, solche, die einen bösartigen Pilz hatten, und die gelben, die anschwollen und platzten. Diese waren ansteckend, weshalb man sie möglichst schnell entfernte. Nun wechselte man regelmäßig die Matten der Wiegen. Denn das Stroh wurde naß, weil die Larven fortfuhren, das Wasser, das sie im Körper hatten, auszuscheiden. Das Wasser tränkte die Seidenfäden und trübte so ihren Glanz. Also wechselte man die Matten zweimal am Tag. Sechs oder sieben Tage dauerte es bis ein Kokon fertig war. Zum Schluß mußten sich die Fäden völlig trocken anfühlen, wenn man sie mit den Fingerspitzen berührte.

In jenem Jahr wurden die meisten Kokons an die Fabrik in Kōriyama verkauft. Einen Teil gaben wir an einen fliegenden Händler ab. Meine Mutter nahm das Geld, das wir durch den Verkauf an die Fabrik in Kōriyama erhielten, und ich hütete jenes, das wir durch den fliegenden Händler verdienten. Die schlechtesten Kokons dienten als Flock- oder Florettseide.

Um den Seidenfaden abwickeln zu können, mußte man die Puppen erst töten: Man erhitzte die Kokons in Wasserdampf und legte grüne Blätter darunter. Wenn sie die Farbe änderten, bedeutete das, daß die Puppen erstickt, tot waren. Ich habe sie mir genau angeschaut: Die Männchen waren wachsweiß und hatten verkümmerte graue Flügel, die Weibchen hatten weiße Flügel. Ich habe sie lange nachdenklich betrachtet.

Ich hatte gesehen, wie diese seltsamen Tiere ihr Wasser von sich gaben und auf den dürren, rissigen und schmutzigen Maulbeerblättern Schleim hinterließen. Diese abscheulichen Tierchen wimmelten durcheinander wie Würmer auf einem verfaulenden Kadaver. Doch nachdem sie sich zwei Monate lang gehäutet und verwandelt hatten, spannen diese Larven die Seide, den schönsten unserer Stoffe. Und als Schmetterlinge gehören sie zu den schönsten Insekten.

So rätselte ich über das Mysterium der Häutungen und Verwandlungen. Schönheit war vielleicht eine Möglichkeit, die in jedem von uns existierte. Um sie ans Tageslicht zu bringen, muß man sich sicher Woche um Woche häuten und von den überflüssigen Häuten befreien. Und schließlich muß man sterben, damit die Schönheit sichtbar wird. Man muß sich verlieren, um das Bessere in sich zu enthüllen: Dieses Opfer war gewiß eine Lust ... Ich hatte das Gefühl, der Tötung meines eigenen Körpers beizuwohnen.

Zuletzt wurde der Kokon mit heißem Wasser überbrüht, damit man den Faden abwickeln konnte. Ein einziger Faden kann bis zu tausend Meter lang sein.

Der legendäre Ursprung der Seidenraupe

Die Seidenraupen sind rätselhafte Tiere. In unseren nordöstlichen Provinzen wurde oft gesagt, diese Raupen seien die wundersamen Metamorphosen eines Pferdes und eines jungen Mädchens, die sich einst geliebt hatten.

Das war vor langer Zeit gewesen. Der Vater des jungen Mädchens hatte voller Zorn über diese außergewöhnliche Liebe das verliebte Pferd getötet. Er hatte die Haut zum Trocknen zwischen zwei Maulbeerbäumen ausgespannt. Als das junge Mädchen kam, um das abgezogene Fell ihres Geliebten zu sehen, wickelte sich die Haut um sie herum. Sie nahm das Mädchen mit in den Himmel, wo sich das Pferd bereits befand. Ein Jahr verging ... als zwei Insekten, das eine schwarz, das andere weiß, kamen und sich auf einen Maulbeerbaum setzten. Das schwarze Insekt ähnelte dem Pferd, das weiße dem jungen Mädchen. Beide begannen, einen Seidenfaden zu spinnen.

Der Vater des jungen Mädchens sammelte diese Seide und wurde reich und immer reicher.

In unserer Gegend opfert man Frauenhaar oder schwarze Hanfstränge für die Frisur der Göttin der Seidenraupenzüchter. Roßhaar und Haar: Sie sind der Ursprung der Seide. Deshalb sieht der Mund der Seidenraupe wie ein Pferdehuf aus, und auch ihr gekrümmter Körper, bevor sie den Kokon spinnt.

Meine Mutter erzählte uns, daß die Seide aus China zu uns gekommen war, und zuvor aus Indien.

»*Mukashi, mukashi wa*, früher, es ist schon lange her, da gab es im Norden von Indien ein Land, das hieß Kyūchū. In diesem Land lebte ein König, der hieß Rini, und seine Frau hieß Kōkei. Die beiden schenkten einer Prinzessin das Leben und nannten sie Konjiki. Doch ihre Mutter, die Königin, wurde krank und starb. Ihr Vater verheiratete sich wieder. Die Stiefmutter haßte das junge Mädchen, wie alle Stiefmütter. Sie brachte ihr hundertfache Leiden. Zunächst ließ sie sie auf dem Shishika-Berg aussetzen, wo Wildschweine ihr Unwesen trieben. Da nahm ein Wildschwein die Prinzessin auf seinen Rücken und brachte sie wieder an den Hof. Daraufhin setzte die Stiefmutter die Prinzessin auf dem Ōgun-Berg aus, der von Falken belagert war. Da fand sie ein

Krieger, der auf Falkenjagd gegangen war, und rettete sie erneut. Die Stiefmutter spürte, wie ihr Haß größer und größer wurde. Sie nutzte die Abwesenheit des Königs, um das junge Mädchen auf dem Kaigan-Berg auszusetzen. Dort begrub sie sie bei lebendigem Leibe, damit nichts sie mehr retten konnte. Als der König, ihr Vater, voller Trauer im Garten seines Palastes spazierenging und dort die Blumen bewunderte, sah er ein Licht, das plötzlich aus der Erde hervorströmte. Er befahl, an dieser Stelle zu graben: Da entstieg die Prinzessin der Erde und war erneut gerettet.

Aber der König hatte begriffen, daß die Prinzessin der Königin nicht ewig entkommen konnte. Also ließ er ein Boot aus einem Maulbeerbaumstamm anfertigen, setzte das junge Mädchen hinein und überließ den Kahn der Strömung des Wassers. Es trieb auf das offene Meer hinaus.

Für sich selbst errichtete der König in einem Maulbeerbaumwald, der am Ufer wuchs, eine Einsiedelei, in die er sich von der Welt zurückzog. Deswegen nannte man diese Einsiedelei die Einsiedelei der Maulbeerbaumebene. Seit jener Zeit nennt man die Mönche *sōmon*, die vom »Tor des Maulbeerbaumes«.

Unterdessen erreichte das Schiffchen Japan und landete in der Bucht von Toyoura, in der Provinz Hitachi. Dort wurde es von einem gewissen Gondayu entdeckt. Aber das junge Mädchen starb und verwandelte sich sogleich in eine Seidenraupe. Gondayu fütterte sie mit Maulbeerblättern. Im Traum unterwies ihn die Prinzessin, wie man Seidenraupen züchtet. Ein Einsiedler stieg vom Berg Tsukuba und zeigte ihm, wie man daraus einen wunderbaren Stoff weben konnte. Gondayu gab sein Wissen weiter und wurde reich und reicher.

Und wißt ihr«, fragte uns meine Mutter, »daß die Tochter des Königs Rini keine andere war als Kaguyahime, die Tochter des Kaisers Kimmei? Als sie von Indien nach Japan kam, wurde aus Konjiki Kaguya und aus Rini Kimmei. Das ist der wahre Ursprung von Okonko-sama, der Göttin der Seidenraupen. Vom Tsukuba kam sie schließlich zum Berg Fuji, ließ sich dort nieder und verkündete ihre Orakel. Denn in Wirklichkeit sind die *kami* vom Tsukuba und vom Fuji nur ein einziger: Beide sind der Bodhisattva Seishi, der mit Buddha Amida und Kannon im westlichen Paradies herrscht.«[10]

Diese Geschichten, in denen erzählt wird, daß die Seide eine Frau ist, liebte ich sehr. Das Schriftzeichen für Seidenraupe, *kaiko*, das auf sino-japanisch *san* gelesen wird, besteht aus einem Insekt unter dem Himmel. Der Klang *san* bedeutet »eintauchen«, »fliehen«, und erinnert daran, wie die Raupe sich in ihren Kokon hüllt. Aber *san* bedeutet außerdem »entbinden«, denn die Raupe schenkt wie die Frau Leben.

蚕

kaiko, die Seidenraupe

Nachdem die Zeit der Seidenraupenzucht vorüber war und ich wieder ohne Arbeit war, blieb mir nichts anderes übrig, als wieder zu warten. Als sich die Larven das nächste Mal in ihren Kokon einspannen, interessierte mich das alles schon lange nicht mehr.

Botsurakin no toki, die Zeit des Untergangs

Als das neue Jahr näherrückte, hatte sich die Kälte zusammen mit dem Berggott wieder im Dorf niedergelassen. Wenn der Abend hereinbrach, drängten sich Männer und Frauen dicht um die Feuerstellen und wärmten sich die Finger an den Kohlebecken aus Porzellan.

Mein Vater wurde oft wütend. Er regte sich über den Lärm der Kinder auf. Beim Essen trank er mehr Sake als früher. Jetzt schenkte ihm die Frau meines älteren Bruders aus einem weißen Fläschchen mit feinen Goldlinien ein. Mein älterer Bruder war aus Tōkyō zurückgekehrt. Er unterrichtete in einem Marktflecken und half meinem Vater bei den Verwaltungsaufgaben in der Gemeinde. Er war mit der Tochter von Endō Kiyosaburō und Endō Tori verheiratet, die entfernt mit uns verwandt waren. Sie war eine sanfte und stille Frau mit runden Wangen und Fingern. Ihre Schritte waren völlig geräuschlos. Einmal war ich sicher, allein zu sein, als sie mich überraschte. Sie stand mit einem dummen Lächeln da, und ich fühlte mich ohne Grund schuldig.

Auch Riki war verheiratet. In Narita. Man sah sie kaum noch. Sie war zwei- oder dreimal mit ihrem Sohn dagewesen. Er war ein dickes Baby mit bläulichroten Wangen, das sehr laut lachte. Risa war ein sittsames Mädchen. Aber eines unserer Dienstmädchen, das schon sehr jung zu uns ins Haus gekommen war, lief den Männern hinterher. Die Gerüchte über sie waren meinem Vater zu Ohren gekommen. Einen ganzen Abend lang schrie er, weil sie oft mit jungen Leuten niedriger Herkunft Umgang hatte. Dies sei kein gutes Vorbild für uns. Doch dann, als das ganze Haus schlief, erhob sie sich wie gewöhnlich. Ich sah sie nahe an unserem Lager vorbeigehen. Ich bewegte mich ein wenig. Da legte sie einen Finger an den Mund, bevor sie nach draußen schlich. Sie kam erst wieder, als der Mond schon untergegangen war.[11]

Die Stimmung meines Vaters wurde immer schlechter. Meine Mutter sagte uns, daß er Sorgen hätte. Ich spürte, wie eine große Gefahr um unser Haus herumschlich wie ein ausgehungertes Tier. Eingemauert in meine Melancholie, rechnete ich heimlich mit dem Schlimmsten, das mein Leben grundlegend verändern würde. Und schließlich trat die Katastrophe ein, die ich im Innersten erhofft hatte.

Ich sagte schon, daß die Familie Endō früher reich war, so reich, daß mein Urgroßvater Anwärter auf den Titel *tagaku nōzeisha giin* gewesen war.[12] Meine Großmutter war nur mit der Rikscha zur Schule gefahren, und unsere eigene Schulzeit war mit Land bezahlt worden, statt mit Geld. Wir hatten so viele Felder und Wälder! Aber Großvater war sehr verschwenderisch. Das wäre nicht weiter schlimm gewesen, wenn er sich nicht von einem schlechten Ratgeber hätte einwickeln lassen. Dieser hatte ihm im Seidengeschäft ein Vermögen prophezeit. Ich weiß nicht, wie sich die Sache zugetragen hat, aber mein Großvater hatte Verträge unterzeichnet, geriet in Schulden, und wir waren ruiniert.

Er war einem Schwindler aufgesessen, aber man konnte nichts machen. Wir mußten also auf die eine oder andere Weise bezahlen. Da wir wohlbekannt waren, wurden die Dinge rasch geregelt. Mein Vater verkaufte die Grundstücke, die meine Mutter mit dem Geld seiner Kriegsverletztenpension gekauft hatte. Dank der Kautionen, die von nahen Verwandten gestellt wurden, konnten die Schulden zum Teil gestundet und zum Teil bezahlt werden.

Die Angelegenheit wurde also geregelt, ohne jemandem Sorgen zu bereiten. Aber auf einen Schlag hatte sich die Situation geändert.

Die Feste zum neuen Jahr wurden ohne Aufwand gefeiert. Es waren nur noch verdrießliche Versammlungen ohne großes Festessen.

Was mich anging, so hatte der Ruin meine Wünsche wieder lebendig werden lassen. Ich erinnerte mich daran, daß meine Mutter vier Jahre zuvor meine Abreise mit dem Untergang des Hauses Endō in Verbindung gebracht hatte ... Unser Ruin war eingetreten, der Moment schien mir gekommen.

Ich flehte meinen älteren Bruder an. Ich sagte ihm, ich wolle nach Tōkyō gehen, und es würde ihn nicht einen Pfennig kosten. Er rauchte schweigend eine Zigarette.

Die Entscheidung

In einen wattierten Mantel gehüllt, saß ich jeden Tag stundenlang draußen am Ende des Gartens auf einem Steinmäuerchen. Ich wartete. Es geschah nichts. Vielleicht würde das mein Leben ausmachen: warten. Die Zeit würde mich allmählich ersticken. Ich wäre wie diese kranken Larven, die, man weiß nicht warum, sich weigerten zu spinnen. Man wirft sie fort. Ich betrachtete die Landschaft und dachte dabei, daß sie von Hügeln begrenzt wurde wie mein Leben von Vaters Willen. Auf einem der Hügel waren braune Tupfen: die Schneeschmelze würde bald so runde Flecken darauf zeichnen, wie die auf dem Fell des Damhirschs. Sie hatten schon immer den Frühling angekündigt.

Eines Tages, als ich so vor mich hindachte, unterbrach ein Schrei meine Klagen:

»*Onēsan!* Große Schwester!«

Jemand rief mich. Es war meine jüngere Schwester Yae-chan.

»*Onēsan!* Große Schwester! Er ist einverstanden! Du kannst nach Tōkyō gehen!«

Meine Brust wurde entzweigerissen und meine alte Wunde öffnete sich wieder. Yae-chan sagte: »Tōkyō! Tōkyō!« und dann:

»Vater wartet auf dich.« Ich erhob mich mechanisch. Eine Distel zerkratzte mir das Bein. Yae-chan war sehr zungenfertig. Ein Schwall von Worten, die ich nicht verstand. Ich folgte ihr bis zum Haus.

Mein Vater und mein älterer Bruder saßen bei der Feuerstelle, mit dem Gesicht zum »Inneren Zimmer«. Sie trugen westliche Straßenanzüge. Ohne ein Wort zu sagen, betrachteten sie mich forschend. Ich kniete nieder, um mich bis zum Boden zu verneigen, und setzte mich dann ganz aufrecht hin. Ich wagte nicht zu sprechen. Sie sagten immer noch nichts. Da entschuldigte ich mich:

»Ich habe euch warten lassen.«

Und ich verneigte mich noch einmal.

Mein Vater schlug seine schlanke Pfeife auf den Rand der Feuerstelle. Er legte sie hin und seufzte schwer. Dann sagte er:

»Nachdem ich die Umstände und deine Haltung eingehend geprüft habe, habe ich beschlossen, dich nach Tōkyō zu schicken. Danke deinem älteren Bruder, der sich zu deinem Anwalt gemacht hat, und deiner Mutter, die für dich ein gutes Wort eingelegt hat. Dein älterer Bruder wird dir die Einzelheiten mitteilen.«

Ich dankte ihm, und er erhob sich schweigend und steif. Er ging hinaus.

Mein Bruder schien sich zu entspannen. Ein fröhliches Funkeln blitzte in seinen Augen. Er hielt mir eine lange Rede:

»Nami-chan, wie du weißt, haben sich die Umstände geändert. Großvater hat eine Unvorsichtigkeit begangen. Er hat Verträge unterzeichnet und wir mußten bezahlen. Wir haben einige Grundstücke verkauft. Es wird Jahre dauern und viel Arbeit kosten, bis wir wieder unsere alte Stellung erlangt haben werden. Außerdem ist es vielleicht gut, wenn du einen Beruf hast. Aus diesen Gründen erlaubt dir Vater, nach Tōkyō zu gehen und dort zu leben. Aber sei dir darüber im klaren, daß du kein einfaches Leben haben wirst. Wir werden deine Ausbildung nicht bezahlen. Du wirst dich in der Schule in Ochanomizu nicht als Schülerin anmelden, sondern als Interne. Das bedeutet, daß du arbeiten mußt, um deine Unterkunft und deine Ausbildung zu bezahlen. Und wisse außerdem, daß du nicht zurückkommen, dich nicht beklagen und um nichts bitten darfst: Wenn du nach Asaka zurückkehrst, darfst du nie wieder fortgehen. Das ist alles, was ich dir im Moment zu sagen habe. Denke darüber nach. Willst du weggehen oder nicht?«

Mein Herz schlug wie das eines Fuchses, der in die Falle gegangen war. Ein Fuchs, der sich die Pfoten zernagt, um zu fliehen. Ich blickte ans Ende des Zimmers. Meine kleine Schwester war immer noch da. Sie stand in einer Ecke und schaute mich mit runden Augen an. Zum erstenmal bemerkte ich, daß sie mir ähnelte. Ich mußte tatsächlich gehen. Andernfalls würde man jede Achtung vor mir verlieren. Weggehen ... Ich hatte Angst. Aber ich hatte es doch auch gewollt. Und schließlich wäre alles besser als diese endlos langen Tage, die ich vor dieser immer gleichen Landschaft verbrachte.

Ich sagte:

»Ich werde nach Tōkyō gehen.«

Da wurde mein Bruder feierlich:

»Gut. Wenn das dein fester Entschluß ist, wird keiner versuchen, dich zurückzuhalten. Aber wenn du zurückkommst, wirst du nie mehr weggehen können. Das ist unsere Bedingung.«

Dann fuhr er mit gesenktem Kopf fort:

»Vielleicht ist unser Schicksalsschlag für dich von Vorteil. Du bist noch jung und kannst dadurch dein Leben führen, wie es dir beliebt. Aber denke auch manchmal an deine Eltern, die ihr Leben neu aufbauen müssen, um dem Haus den Glanz vergangener Zeiten wiederzugeben. Denk auch an mich, der ich mir niemals ein anderes Leben vorgestellt habe. Bestimmt hast du Glück ...«

Er setzte eine strenge Miene auf, mit zwei braunen Falten in den Mundwinkeln:

»Paß trotzdem auf. Denk daran, daß das Leben in der Stadt gefährlich ist. Hier bist du im Luxus aufgewachsen. Such nicht den Luxus in Tōkyō. Auf dem Land gibt es natürliche Grenzen für unsinnige Ausgaben, aber in der Hauptstadt gibt es sie nicht. Mach dem Namen Endō keine Schande. Wir können dich ohne Schwierigkeiten aus dem Personenstandsregister streichen.«

Ich wollte mich bedanken und mich dafür entschuldigen, daß ich monatelang schlechter Stimmung gewesen war. Vielleicht wollte ich weinen. Aber die Strenge meines Bruders hielt mich zurück. Ich konnte nicht sprechen. Als Zeichen des Gehorsams und der Achtung verneigte ich mich tief. Die Stirn auf der *tatami*, stammelte ich hastig eine Höflichkeitsfloskel. Dann erhob ich mich. Ich wußte nicht, wohin ich gehen sollte. Ich ging von Zimmer zu Zimmer und landete schließlich im Abstellraum, *nando*. Dort war meine Mutter. Sie packte alte Kimonos aus. Die lebhafte Kleidung ihrer Jugendzeit lag um sie verstreut. Die senkrechte Sonne, die durch ein schmales Fenster oben in der Wand drang, schien auf die Stoffe. Ich kniete mich neben meine Mutter:

»*Okāsan*, Mutter ...«

»Ich weiß.«

Meine Mutter beugte sich über die Kimonos und wühlte mit beiden Händen in den zerknitterten Stoffen.

»Ich habe nachgeschaut, was du mitnehmen könntest. Dort brauchst du fröhliche Kleider, denn du bist noch jung. Aber nichts zu Auffälliges. Das wäre unschicklich für eine Auszubildende.«

Sie zeigte mir einen von der Sonne gewärmten Stoff. Auf cremefarbenem Grund hatte er diagonale blaue Streifen und war mit kleinen Rosensträußen übersät. »Mit diesem rosa und beigen Obi wird das bezaubernd aussehen.«

Wir wählten drei Kimonos. Die Ränder der wallenden Ärmel waren ziemlich verstoßen, aber meine Arme waren kürzer als die meiner Mutter, und so konnte man sie kürzen. Ich würde erst in vier Wochen fahren. Sorgfältig legte meine Mutter die drei Kimonos zusammen. Sie schaute mich kurz an. Ihre Nasenflügel zitterten. Ich mußte an das alte Pferd denken, das im vergangenen Jahr gestorben war. Es lag auf der Seite. Seine langen, nun überflüssigen Beine scharrten krampfhaft am Boden. Seine Nüstern hatten stundenlang gezittert. Schließlich hatte man es erschossen. Und als es tot war, hatte es einen außerordentlich ruhigen Gesichtsausdruck mit einem weisen Lächeln, das mir das Herz zerriß.

»*Okāsan* ...«

Meine Mutter ließ mich nicht weiterreden.

»Du weißt, daß du kein Geld haben wirst. Ich selbst bin nicht reich. Oft habe ich versucht, heimlich etwas zu sparen, *hesokuri*, Ersparnisse zu machen, die man am Nabel versteckt ... Aber ihr seid so viele und ihr wolltet so viele Dinge, daß ich kein Geld aufsparen konnte. Dann dachte ich auch, daß es nicht nötig sei.

Am Tag vor deiner Abreise gebe ich dir fünf Yen. Und jeden Monat werde ich dir einen Yen schicken. Wie früher dein Taschengeld. Aber gib sie nicht sinnlos aus. Eines Tages wird dich dieses Geld vielleicht retten können.«

Sie betrachtete mich noch einmal und fuhr fort:

»Jetzt laß mich allein. Du hast viel zu tun. Geh und verabschiede dich von deinen Lehrern, deiner Milchmutter, deinen Freunden und allen deinen Onkels und Cousins. Bedanke dich für alles, was sie für dich getan haben. Ich habe Päckchen mit Tee vorbereitet und in die Küche gelegt. Die kannst du ihnen schenken. Sie werden dir Geld geben für deine Reise. Bedanke dich höflich und vergiß nicht, die Summen in ein Heft zu notieren, denn bei deiner Rückkehr wirst du jedem ein Geschenk mitbringen müssen, das mindestens die Hälfte dieses Geldes wert ist.«[13]

Während der letzten Wochen machte ich Einkäufe. Meine zweitälteste Schwester, Riki, brachte mir bei, wie ich mir alleine einen runden Haarknoten machen konnte, der meine Ohrläppchen betonte und mein rundliches Gesicht länger erscheinen ließ. Ich kam mir sehr beschäftigt vor, doch in Wirklichkeit tat ich nicht viel.

Ich hatte nach Tōkyō gehen wollen, und ich hatte es geschafft. Die Tatsache, daß mein Wunsch Wirklichkeit wurde, erstaunte mich. Genügte es zu wollen, damit die Dinge eintraten? Ich fühlte mich mächtig, ich existierte. Ich war purer Wille, pure Existenz. Aber gleichzeitig wurde mein Wunsch zu gehen immer geringer. Sein ganzer Inhalt schwand dahin. Manchmal wallte die Ungeduld in mir auf. Sie überwältigte mich. Ich werde fortgehen! Ich war glücklich! Aber dann war da eine harte Stelle ganz unten in meinem Bauch: »Abreisen wohin?« Und Angst erfüllte mich. Ich betrachtete die Hügel. Ich sagte zu mir, daß ich sie in einigen Wochen, in einigen Tagen nicht mehr sehen würde. Ich wußte nicht, ob ich das gut oder schlecht finden sollte.

Der Tag der Abreise kam. Ich trug einen blaßgrauen Kimono mit feinen roten Mustern, die sich wie Gräser umeinanderwanden. Meine Mutter hatte mir einen gelben und ockerfarbenen Obi gebunden und mir gesagt, daß dies sehr geschmackvoll aussehe. In der Hand hielt ich ein großes Bündel Kleider, und auf meiner Brust trug ich eine hübsche, goldbestickte Börse. Sie enthielt sechsunddreißig Yen: zweiundzwanzig Yen waren ein kleines Vermögen, das ich seit der Grundschule gespart hatte, fünf Yen waren von meiner Mutter, und neun hatten mir die Verwandten und Nachbarn geschenkt. Unten in die Börse hatte meine kleine Schwester Yae-chan einen winzigen Frosch aus Holz hineingesteckt. Frosch heißt *kaeru*, und das bedeutet auch »zurückkehren«. Der Frosch sollte mir helfen, zu Geld zu kommen, und mir Glück bringen.

Die Abreise

Meine Familie und einige nahe Verwandte, im ganzen etwa zehn Personen, stiegen mit mir auf den Karren, der mich zum Bahnhof bringen sollte. Alle waren fröhlich. Es wurden Scherze gemacht.

»He! Nami-chan! Du bist schon dick genug, schau, du brauchst den ganzen Platz. Iß nicht soviel in Tōkyō, sonst kannst du bei deiner Rückkehr nicht mal mehr in diesen Wagen steigen!«

»Das macht nichts, ich komme in einer Sänfte wieder! Oder besser, in einem Ochsenkarren!«

Und:

»Heirate bloß keinen Herrn aus Tōkyō! Die wissen nicht, wie man mit Frauen umgeht!«

»Dich werde ich jedenfalls nicht heiraten. Da würde ich Kinder kriegen, die so schlapp sind wie Reisgrütze!«

So sprachen wir miteinander. Und wir lachten. Nur mein Vater schüttelte den Kopf. Schulterzuckend brummte er: »Macht euch bloß keine Sorgen. Das ist sowieso nur ein *mikka bōzu*, ein ›Dreitagebonze‹. In weniger als einer Woche wird sie wieder zurück sein.« Ich hörte ihn zu meiner Mutter sagen: »Und wir werden auch noch dieses Geld zurückzahlen müssen!« Da bekam ich Lust zu bleiben.

Wir kamen am Bahnhof an. Auf dem Bahnhof machte ich eine Verbeugung vor der kleinen Schar und hielt eine Rede: »Vielen Dank, daß ihr euch so viel Mühe um mich gemacht habt. Ich bitte euch, mir auch in Zukunft wohlgesonnen zu bleiben. In Tōkyō wird das Leben hart sein, ich werde oft an euch denken, und ich werde mich eures Vertrauens würdig erweisen.«

Sie applaudierten sehr laut. Dann stieg ich in den Zug. Ich stellte mich an das Fenster und drehte den Kopf nach rechts. Ich winkte. Bald wurde die kleine Schar unscharf. In setzte mich auf die Holzbank. Mein Körper war steif. Ich fühlte, daß sich meine Lippen zu einem stumpfsinnigen Lächeln verkrampft hatten, wie man es manchmal bei Toten sieht. Ich versuchte, meinem Gesicht wieder einen natürlichen Ausdruck zu geben, aber die Haut tat mir weh. Es gelang mir nicht. Der Zug war beinahe leer. Ich dachte: »Ich könnte weinen, keiner würde mich sehen.« Ich blickte auf die Landschaft, ohne sie zu sehen. Ich hatte kein Gefühl mehr, daß ich existierte.

Zweiter Teil
Tōkyō

Einleitung

Im Frühjahr des Jahres 9 der Shōwa-Zeit, 1934, kam Nami in Tōkyō an. Dort verbrachte sie acht Jahre in strenger Disziplin und unter Demütigungen, beherrscht von einer heimlichen Wut, die ihren Geist erschöpfte und sie körperlich zugrunde richtete. Die Krankheit brachte sie wieder in ihr Dorf zurück. Dort gaben ihr die Landschaft, der Himmel und die Luft ihrer Kindheit die Kraft, wieder in die von Luftangriffen zerstörte Hauptstadt zurückzukehren. Und sie gaben ihr den Mut, in den Ruinen eine neue Existenz aufzubauen.

Über diese bittere Zeit wollte sie mir zunächst nichts erzählen. »*Omoshirokunai*, das ist uninteressant«, sagte sie mit Bestimmtheit und hüllte sich in ein Schweigen, das beinahe ein Vorwurf war. Meine indiskrete Neugierde erschien ihr grotesk.

An einem Morgen, als die Zikaden von der glühenden Sommerhitze erschöpft schwiegen, erhellte sich ihr Gesicht durch eine glückliche Erinnerung beim Anblick eines Zwergahorns in einem Topf: Gegen Ende des siebten Monats im Jahre 10 hatte ein Cousin ihrer Mutter sie zu der Baumausstellung mitgenommen, die diejenigen, die sich nach dem alten Edo sehnten, jedes Jahr vor dem Totenfest veranstalteten. Jeder kam, um an den Ufern des Shinobazu-Sees in Ueno frische Luft zu schnappen. Der eine erwarb sich eine kleine Zeder, ein anderer eine riesige Paulownia, deren Wurzeln mit Stroh umwickelt waren, oder gar die Zwiebel einer achtfarbigen Iris.

Nachdem sie um den See gegangen waren, und Namis Herz erfüllt war von den Gerüchen der feuchten Gräser und dem Wind, hatte der Onkel seiner Nichte ein in einem Maschendrahtkäfig gefangenes Glühwürmchen geschenkt. Sie hatten sich an einen Ausschank gesetzt, zerstampftes Eis mit rotem Sirup geschlürft und den blühenden Lotus betrachtet. Erfüllt von einer ruhigen Freude, hatte Nami geglaubt, ihre Seele hätte sich von ihrem Körper gelöst und sei in eine Blütenknospe geschlüpft, um im selben Moment auf dem See im Paradies des Westens, in dem Amida wohnt, wiedergeboren zu werden. Als sie bei Einbruch der Dunkelheit, leicht auf den Arm ihres Begleiters gestützt, wieder bei der Schule angelangt war, hatte Nami flüchtig gedacht, daß das Glück nun endlich bei ihr eingekehrt sei. Nachdem sie sich getrennt hatten, war sie mit dem kleinen Käfig, den sie in ihrem Kimonoärmel verborgen hielt, die Treppe zu ihrem Zimmer hochgestiegen. Dort hatte sie sich bis spät in die Nacht hinein mit dem Glühwürmchen unterhalten und vor ihm ihren Reichtum – drei Kimonos –, ihre Hoffnung und ihre geflügelten Träume ausgebreitet.

Am nächsten Tag war das Tierchen tot.

Weiter wollte sie mir nichts erzählen, während wir uns im obersten Stockwerk des Hauses Yamazaki befanden, in jenem beinahe kahlen Raum, in dem sie mir jeden Morgen, nachdem sie zu den Göttern gebetet hatte, drei oder vier Stunden lang von ihrem Leben berichtete. Ein wenig später, als wir im westlich eingerichteten Salon im unteren Stockwerk saßen, willigte sie ein, von ihrer schwierigen Ausbildung, ihrer erzwungenen Heirat und der Verbitterung, die daraus gefolgt war, in Bruchstücken zu erzählen. Eingesunken in ein graues Plüschsofa, sprach sie lauter als gewöhnlich und unterbrach sich ständig, um zu verlangen, daß auf der Stelle Tee oder einige teure Häppchen serviert wurden. Das Gespräch, das schlechtgelaunt begonnen hatte, wurde nach und nach zu einem melancholischen Gemurmel. Ihre Hand hob sich immer seltener vor den Mund, um ein stoßweises Lachen zu ersticken. Und eines Tages erklärte sie: »Wenn man über die Dinge von morgen spricht, lachen die Dämonen! ... Und wenn man aus der Vergangenheit erzählt, amüsieren sich gewiß die Götter und Buddhas.« Von diesem Tag an tat es ihr wohl, mir ihr Herz auszuschütten.

Ihr Mann Tatsuo, der bei unseren Unterhaltungen indiskret die Ohren spitzte, mischte sich von Zeit zu Zeit ein. Mit scharfer Ironie beschuldigte er sie der Lüge. Sie zuckte mit den Schultern und fragte ihn, ob er nichts Besseres zu tun hätte, als hier so um uns herumzuschleichen, doch eine leichte Unruhe trübte ihren Blick. Tatsuo schnaubte wie ein altes Tier in der Sonne und sagte in herausforderndem Ton: »Gut, erfinde du ruhig weiter, ich werde unterdessen spazierengehen!« Sie wartete auf das Geräusch der Türe, die zuschlug, als er die Wohnung verließ, bevor sie ihre Erzählung wieder aufnahm.

Erstes Buch
Biyō no michi:
Der Weg der Schönheit

Zu dieser Zeit war Pu Yi Kaiser von Mandschukuo, und der japanische Herrschaftsraum erstreckte sich bis in die Innere Mongolei und den Norden Chinas. In Japan selbst verstärkten die nationalistischen Extremisten, die in gewalttätigen Aktionen ein Mittel sahen, um an die Macht zu kommen, ihre Machenschaften und Provokationen. Sie rühmten die Rückkehr des Kaisers und den nationalen Wiederaufbau und prangerten wie früher das bäuerliche Elend, die Korruption der Parteien, den Egoismus der Zaibatsu und die Zaghaftigkeit der Diplomaten an. Bei den Wahlen vom 20. Februar 1936 führte die Maßlosigkeit ihrer Reden jedoch einen Sieg der demokratischen Partei Minseitō herbei. Das erbitterte die nationalistischen Extremisten und zwang sie zum Handeln.

Am 26. Februar, bei einer schneereichen Witterung, die an diejenige erinnerte, die zur Zeit der glorreichen Rache der siebenundvierzig Rōnin geherrscht hatte, rebellierten unter der Führung ihrer Offiziere zwei Regimenter der Landstreitkräfte, die der harten Fraktion der Kōdōha nahestanden. Sie ermordeten Admiral Saitō Makoto, den neuen Bewahrer des kaiserlichen Privatsiegels, Takahashi Korekiyo, den Finanzminister, und Watanabe Jōtarō, den Generalinspekteur der militärischen Ausbildung. Der Premierminister zählte zu den Überlebenden. Der Kaiser, die Mitglieder der Regierung, die das Massaker überlebt hatten, und die weniger extremistischen Führer der Tōseiha stellten sich gegen die Rebellen. Am 27. Februar erreichten regierungstreue Truppen Tōkyō, und am 28. mußten sich die Aufständischen ergeben. Dreizehn wurden zum Tode verurteilt und hingerichtet. Doch die öffentliche Meinung machte sie bald zu Helden.*

* Die siebenundvierzig Rōnin oder »herrenlose Samurai«, die sich umbringen mußten, weil sie, um ihren toten Herrn zu rächen, heldenhaft der Autorität des Shōgun getrotzt hatten, werden als Muster der Tugend angesehen. Ihre blutige Geschichte bildete das Thema eines der berühmtesten Stücke des japanischen Theaterrepertoires, *Chūshingura,* »Das Schatzhaus der treuen Vasallen«.

Die Tōseiha profitierte von der Angst vor der Kōdōha: Das Kabinett, das nach dem Sieg der Demokraten bei den Wahlen von 1936 gebildet wurde, war paradoxerweise militärisch geprägt. Der starke Mann dieser Regierung war General Terauchi, der Sohn des früheren Premierministers. Er erhielt das Ressort des Kriegsministers.

Die Politik der Armee galt zunächst der Expansion auf dem Kontinent. Besorgt über die starken Spannungen zwischen Japan und der UdSSR, unterzeichnete Japan am 25. November 1936 den Antikominternpakt. Enttäuscht über die Annäherung zwischen Kommunisten und Nationalisten in China, die Schwierigkeiten für Japan befürchten ließen, begannen die Militärs 1937 die Kämpfe an der Marco-Polo-Brücke, die zum »Chinazwischenfall«, Nikka jihen, *führten, wie man diesen Krieg schamhaft nannte. Japan, so erklärte man dem Volk, werde Asien von der westlichen Präsenz befreien, werde »die acht Weltgegenden unter einem Dach« organisieren,* hakkō-ichiu, *wie es eine chinesische Redensart ausdrückte, die in diesem Kontext über die Vorstellung von Brüderlichkeit weit hinausging und die Herrschaft Japans rechtfertigen sollte.*

Peking und Tientsin fielen. Die Armee rückte nach Hebei vor, dann nach Shanxi. Im August 1937 landete sie in Shanghai. Danach wurde Nanking Opfer eines Massakers. Es gab 200 000 Tote: Zivilisten und militärische Gefangene. Ab März 1938 befand sich Japan im Krieg: Die junsenji keizai, *die »Quasi-Kriegswirtschaft«, wurde eingeführt. Sie erlaubte der Regierung, ihre Kontrollen auf das gesamte Wirtschaftsleben auszudehnen. Eine Million Reservisten wurden einberufen. Kanton und Hankow fielen in die Hände der Japaner. Dieser »Zwischenfall« in China hatte drei Millionen dreihunderttausend Tote zur Folge, davon zwei Millionen fünfhunderttausend Zivilisten. Flüchtlinge und Kriegsgefangene waren niedergemetzelt, Städte ausgeplündert worden.*

Die westlichen Länder reagierten dennoch kaum. Die UdSSR bremste Japans Vorrücken im Norden. Aber die Franzosen und die Briten fürchteten vor allem, die Japaner in eine Allianz mit Deutschland zu treiben. Die Vereinigten Staaten schritten zunächst nicht ein und warteten solange ab, bis Japan, angespornt von Deutschland, seinen Herrschaftsbereich 1939 bis nach Südostasien, Hainan und an den Spratley-Archipel ausdehnte, bevor sie ein Handelsembargo gegen Japan in Erwägung zogen.

Als der Krieg in Europa ausbrach, wollte Japan nicht eingreifen. Wie zur Zeit des Ersten Weltkriegs hoffte es, daraus Vorteile zu ziehen, um seinen Einfluß im Fernen Osten auszubauen. Ein Teil der Japaner befürwortete eine Zusammenarbeit mit der UdSSR, weil man so China aufteilen und sich Niederländisch-Indien aneignen könnte, um ein eventuelles Erdöl-Embargo der Amerikaner unwirksam zu machen. Ein anderer Teil, vor allem die Landstreitkräfte, waren für eine Zusammenarbeit mit Deutschland, die zu einer Aufteilung der europäischen Besitzungen im Pazifik führen sollte. Die Marine dagegen, die über die Kräfteverhältnisse besser informiert war, hielt es für vernünftiger, sich mit den Vereinigten Staaten auf der Basis eines Kompromisses über China zu verständigen.

Dennoch begann Japan im Juni 1940, weil es von einem nahen Sieg der Achsenmächte infolge des deutsch-französischen Waffenstillstands überzeugt war, nach Süden vorzurücken. Da Japan sich der Neutralität Thailands sicher war, forderte es von den französischen und britischen Behörden die Schließung der Straßen von Birma und Indonesien, über die sich China mit Nachschub versorgte. Schließlich kaufte Japan die gesamten indochinesischen Exportgüter auf. Nach langem Zögern verschärften die Vereinigten Staaten die Exportlizenzen und das Embargo auf Produkte, die für Japan bestimmt waren, besonders auf Flugzeugtreibstoffe, Eisen- und Stahlschrott. Im Juli 1941 schließlich wurden die japanischen Guthaben in den Vereinigten Staaten eingefroren und die Erdöllieferungen eingestellt. Am 27. September 1940 hatte Japan das Dreimächteabkommen unterzeichnet, und obwohl Deutschlands Pakt mit der UdSSR, 1939 geschlossen, Japan eine Zeitlang irritiert hatte, hoffte es durch das Neutralitätsabkommen mit Stalin vom 13. April 1941 – einige Monate vor dem Unternehmen Barbarossa –, die Beziehungen zu Deutschland noch enger zu gestalten. MacArthur setzte bald durch, daß die militärische Präsenz der Amerikaner auf den Philippinen verstärkt wurde. Jeder war von da an überzeugt, daß der Krieg unvermeidlich sei.

Der Kaiser verzichtete auf diplomatische Manöver, die sich als ungeschickt erwiesen hatten, und beschloß, die Regierung General Tōjō Hideki anzuvertrauen, der seit jeher ein Befürworter einer Konfrontation mit den Vereinigten Staaten war. Die öffentliche Meinung in Japan war von der nationalistischen Propaganda so stark beeinflußt, daß die Bevölkerung nur an den Sieg glauben konnte.

VIII
Anfänge

Isogaba maware.
Wenn du es eilig hast, mache einen Umweg.
急がばまわれ

Bilder von Tōkyō

Es war im April des Jahres 9 der Shōwa-Zeit (1934) ... Nachdem der Zug neuneinhalb Stunden gefahren war, fuhr er in den Ueno-Bahnhof ein. Das war ein dunkler Bahnhof, wie alle Bahnhöfe zu jener Zeit. Vor allem war er groß. Ich hatte noch nie ein so großes Gebäude gesehen. Das Dach war viel höher als alle Dächer der Tempel und Häuser in Kōriyama. Und das Gedränge war größer als auf den Festen in Fukushima. Blasse Wesen mit schmutzigen Schatten unter den Augen wimmelten durcheinander wie Schwärme gelber Schmetterlinge über den Rapsfeldern. Dennoch, wenn man genau hinschaute, schien jeder genau zu wissen, wohin er sich wenden mußte. Jene, die dem Zug entgegenstürzten, wedelten mit den Armen und verbeugten sich dann mit einem mechanischen Lächeln. Andere strömten entschlossen nach draußen, in ein Leben, von dem ich glaubte, es sei bis in die kleinsten Details geregelt. Nur eine dicke Frau, von rosigen Kindern umringt, zögerte, bevor sie ihr Gepäck einem Träger übergab. Die Gepäckträger, das wußte ich, erkannte man an ihren roten Schirmmützen.

Ich war noch im Zug sitzen geblieben. Ich fürchtete, mich zu verirren, und so hielt ich nach meinem älteren Bruder Ausschau, der kommen sollte, um mich abzuholen. Ich wartete einen Moment, dann bekam ich Angst, daß der Zug weiterfahren würde. Also nahm ich mein Bündel unter den Arm und fand mich auf dem Bahnsteig wieder. Ich wußte nicht, was ich tun sollte, und erinnerte mich an einen Tag, als ich mich am *ennichi* von Kōriyama verirrt hatte.[1] Ich hatte rote Fische, *kingyō*, Goldfische, gekauft. Sie schwammen in einer Wanne, die ich schräg gegen meine Brust drückte, ohne zu bemerken, daß das Wasser ausfloß und die Fische im Sterben lagen. Als man mich wiedergefunden hatte, hoben sich ihre Kiemen in rasendem Tempo.

So stand ich im Bahnhof und sagte mir, daß diesmal ich es sein würde, die stürbe, wenn mein Bruder nicht käme. Ich hatte ganz weiche Knie.

Und dann war mein Bruder da. Wie die anderen wedelte er mit den Armen in der Luft herum und lächelte. Er sagte irgend etwas. Bestimmt erkundigte er sich nach der Reise und nach dem Zug, aber ich war so ergriffen, daß ich nichts verstand. Aufs Geratewohl sagte ich, ja, sie sei gut verlaufen ... sehr gut.

Ich folgte ihm zum Ausgang, aber er ging so schnell, und mein Bündel war so schwer, daß ich bis zur Straße nichts sah. Dort strahlte der Himmel in einem Blau, wie ich es mir nie hätte vorstellen können. Ein erbarmungsloses Licht zeigte jeden Gegenstand bis ins Detail. Zuerst wußte ich nicht, ob ich das gut oder schlecht finden sollte, doch vielleicht weil ich nicht damit gerechnet hatte, schnürte mir nun die Enttäuschung die Kehle zu. In diesem Augenblick wäre ich am liebsten in unser Dorf, ans Ende der Welt oder sogar in den Himmel zurückgekehrt, wenn ich nicht Angst vor den Klatschbasen in Asaka gehabt hätte und wenn ich gewußt hätte, welche Züge ich hätte nehmen müssen. Tatsächlich aber folgte ich meinem älteren Bruder bis zur Straßenbahnhaltestelle.

Er, der normalerweise wortkarg war, zeigte sich erstaunlich beredt und zwinkerte unaufhörlich mit den Augen, um seine Übereinstimmung mit der uns umgebenden Ordnung kundzutun. Er schien stolz darauf zu sein, Tōkyō zu kennen. Das machte ihn mir völlig fremd. Er sagte, wir hätten die U-Bahn nehmen können, aber in der Straßenbahn würde ich mehr von der Hauptstadt sehen. Er erklärte mir, die U-Bahn sei sehr bequem, aber sie werde manchmal bestreikt. *Sutoraiki*, Streik. Auch in den Seidenfabriken von Kōriyama gab es manchmal Streiks. Einmal hatten die Arbeiter höhere Löhne für weniger Arbeit verlangt. Dadurch wurde der Seidenhandel monatelang beeinträchtigt und der Arbeitgeberverband mußte die Abnahmepreise für die Kokons senken, um die Forderungen bezahlen zu können. Das kam die Bauern teuer zu stehen. Diese Art, seine Forderungen durchzusetzen, indem man die Arbeit verweigerte, war schrecklich und schockierend.

Ginza, die große Prachtstraße in Tōkyō (um 1925–1930) (Roger Viollet)

Mein Bruder erzählte, daß während der Streiks riesige Menschenmengen die Fabriken und Betriebe verließen und wie an Festtagen mit weißen Fahnen durch die Straßen zögen. Männer und auch Frauen. Auf den Kundgebungen, sagte er, könne man sogar Mütter mit ihren Kindern auf dem Rücken sehen. Als ob das eine Art sei, Kinder großzuziehen! Er hoffte, daß ich nicht die Angewohnheiten der Stadtbewohner annehmen würde, daß ich nicht eines dieser unverfrorenen Mädchen werden würde, die immer mehr verlangten, als ihnen zukäme.

Wir mußten stehen, weil die Straßenbahn voll war. Sie rumpelte geräuschvoll, weil Holz und Metall gegeneinanderstießen. Also schrie ich ihm mehrmals zu, daß ich schlechten Umgang vermeiden würde.

Bei jedem Halt ließ der Kontrolleur, eine Frau, eine kleine Gruppe aus- und einsteigen. In Uniform, mit enger Hose wie die der Militärs, ging sie von Passagier zu Passagier und lochte die Fahrkarten. Sie lächelte und sah zufrieden aus.

Auf den Straßen gingen die Leute mit viel größeren Schritten als bei uns im Dorf. Dort gab es *moga, modern girls*. Sie waren zu dritt und lachten laut, ohne dabei die Hand vor den Mund zu halten. Die Größte spielte mit einem Jo-Jo. Ihr Haar war kurz, und ihre Röcke ließen ein gutes Stück ihrer Waden sehen. Weil sie sich ihrer Eleganz offensichtlich bewußt waren, hatten sie einen unglaublich selbstbewußten Gesichtsausdruck. Alle drei trugen runde Hüte, die tief in die Stirn gezogen waren. Ich sagte mir, eines Tages würde ich auch gern einen solchen Hut haben, aber ich wagte nicht, das meinem Bruder zu gestehen.

Als wir uns Ochanomizu näherten, erklärte mein Bruder mir, daß dort eine Quelle entspringe, deren Wasser so rein sei, daß sich in diesem Viertel eine ganze Reihe Teemeister, die besten wie die schlechtesten, niedergelassen hätten. Er kannte ein junges Mädchen, das zwanzig Lektionen im voraus bezahlt hatte, doch der Teemeister hatte sich aus dem Staub gemacht, ohne ihr auch nur eine zu geben.

Nachdem wir aus der Straßenbahn ausgestiegen waren, marschierten wir eine breite Allee entlang, in der rote Mehrfamilienhäuser mit Holzhütten abwechselten, Geschäften vor allem. An einem Fluß sah man Bettler. Ich dachte: »Das also ist Tōkyō?« Ich verstand nicht mehr, warum ich mir so sehr gewünscht hatte, hierher zu kommen.

An der zweiten Straßenecke blieb mein Bruder auf dem linken Gehsteig vor einem zweistöckigen Gebäude stehen. Über der Tür stand auf schwarzem Grund mit goldenen Schriftzeichen geschrieben: »*Ochanomizu Biyō Jogakkō*, Mädchenfriseurschule Ochanomizu.« Darunter war zu lesen: »Vom staatlichen Erziehungsministerium anerkannter Betrieb.« Wie aus dem Werbeprospekt hervorging, war sie zu jener Zeit die einzige von den staatlichen Behörden offiziell anerkannte private Lehranstalt für das Friseur- und Schneiderhandwerk. Genau aus diesem Grund hatte ich sie mir ausgesucht. Der Anblick dieses Schildes beruhigte mich ein wenig.

Der Empfang einer Auszubildenden

Mein älterer Bruder rief: »*Ojama itashimasu!* Entschuldigen Sie die Störung! Ist da jemand?« Sofort kam eine große schmale Frau und hieß uns flüsternd willkommen. Wir verbeugten uns tief und zogen unsere Schuhe aus, um in die beigefarbenen Pantoffeln zu schlüpfen, die sie aus einem kleinen Wandschrank mit Schiebetüren geholt hatte. Mir war ein wenig übel, aber da ein frischer Geruch nach Thunfisch in der Luft hing, wußte ich nicht, ob mir aus Nervosität oder einfach nur vor Hunger schlecht war. Von einer Sekunde zur anderen empfand ich die gegensätzlichsten Gefühle.

Die Frau hieß Yamazaki Naka. Sie war die Frau des jüngeren Bruders des Direktors der Schule. Später, sehr viel später, sollte ich ihren Sohn heiraten, aber zu diesem Zeitpunkt konnte ich das natürlich nicht wissen. Ich bemerkte nur, daß sie rosige Hände mit einer glatten, durchsichtigen Haut hatte, die die feinen, bläulichen Äderchen schlecht verbarg. Und ich sah auch, daß ihre gewölbten Fingernägel Rillen hatten. Das beunruhigte mich ein wenig, weil man in Asaka sagte, daß Rillen auf den Nägeln Spuren schlechter Taten seien, die man in der Vergangenheit begangen hat.

Yamazaki Naka führte uns in ein kleines, drei *tatami* großes Zimmer, in dessen Mitte ein niedriger Tisch stand. Sie gab uns zwei mit grüner Seide bezogene *zabuton*, die sie von einem Stapel Kissen genommen hatte. Und sie servierte uns grünen Tee, während wir warten mußten. Mein Bruder begann ein Gespräch mit dieser Frau. Sie fragte, ob ich das junge Mädchen aus Kōriyama sei und wie sich die Ernte dort unten anließe. Als ob man dies im vierten Monat schon wissen könnte!

In einem großen, westlich eingerichteten Raum empfing uns dann der Direktor der Schule, Yamazaki Seikō. Er saß hinter einem Schreibtisch, der mit rotem Saffianleder bezogen war. Davor warteten zwei mit weißen Spitzen verzierte Sessel auf die Besucher. Ich mußte mich in einen davon setzen, doch ich wußte nicht, was ich sagen sollte. Der Direktor schien sowieso kein Interesse an mir zu haben. Er unterhielt sich mit meinem älteren Bruder. Sie sprachen schnell und gebrauchten Wörter, die ich nicht kannte. Ich war in der Tat sehr müde, aber ich hörte trotzdem, wie mein Bruder sagte:

»Wenn sie Ihnen Ärger macht, benachrichtigen Sie mich, dann komme ich und hole sie.«

Daraufhin ging mein Bruder, und Yamazaki Naka stellte mir die wichtigsten Bewohner der Schule vor. Sie nannte mich Nami. Dabei sagte sie nur meinen Vornamen ohne *san*, »Fräulein«, hinzuzufügen. Bis dahin hatte mich niemand außerhalb meiner Familie mit einer solchen Vertraulichkeit behandelt. Dieses *yobisute*, diese Art und Weise, meinen Namen hinzuwerfen, ließ mich schlagartig verstehen, daß ich nun *uchideshi*, Schülerin des Hauses, geworden war. Ich hatte auf meinen angeborenen Rang verzichtet.[2]

Yamazaki Nobuko, die Frau des Direktors der Schule, nahm sich daraufhin meiner an. Sie war eine große Frau mit einem mürrischen Gesichtsausdruck. Von ihr wurde ich auf mein Zimmer gebracht. Wenn man das überhaupt ein Zimmer nennen kann ... Es war ein winziger Raum und dunkel wie eine mondlose Regennacht. Ich konnte gerade noch stehen, weil der Wandschrank den größeren Teil der linken Wand einnahm.

Yamazaki Nobuko sagte frostig: »Da du eine Interne bist, wirst du dich um die Hausarbeit kümmern. Wir haben hier zweihundert Schülerinnen, davon sind achtzehn intern. Während der Freizeit, die dir deine Arbeit läßt, wirst du am Friseurunterricht teilnehmen.« Dann zog sie sich zurück und ließ mich allein.

In dieser Mansarde empfand ich eine Art Scham über die

plötzliche Mißachtung meiner Person. Panik schnitt mir ins Herz, wie ein Frühlingsregen die Päonien entblättert. Um nicht zu weinen, versuchte ich mich davon zu überzeugen, daß das nicht von Dauer sein würde, daß ich bald in einem großen Haus wohnen würde, so groß wie ein Schloß, und daß unter meinen Fenstern die Vögel singen würden. Im Innersten meines von Einsamkeit zerrissenen Herzens bemühte ich mich zu denken: »Sie werden schon sehen, ich werde es ihnen zeigen.« Aber gleichzeitig fragte ich mich vorsichtig, was ich ihnen denn zeigen könnte.

Das Leben einer uchideshi

Am nächsten Tag kochte ich zum erstenmal in meinem Leben einen Topf voll Reis. Er war weich und klebrig und hatte einen üblen angebrannten Geschmack. Die zahlenden Schülerinnen schnitten Gesichter und betrachteten mich geringschätzig. Ich schwor mir, daß mir das nicht wieder passieren würde, und so machte ich mich an die Arbeit wie eine Verdammte. Innerhalb einer Woche ließ der beißende Spott nach. Nach einem Monat war er verschwunden.

Jeden Tag mußte ich nach dem Frühstück die Wäsche waschen und sie zum Trocknen auf die Terrasse hängen. Dann kam der übrige Haushalt: das Mittagessen, der Tee, die Einkäufe und das Abendessen. Am härtesten war der Winter. An Tagen, an denen der Himmel klarblau war, was ich jetzt haßte, rötete das Wasser meine Hände. Wenn ich dann am Abend auf dem Weg zum Einkaufen unten an der Ecke am heiligen Bethaus von Inari-sama[3] vorbeikam, hielt ich einen Moment inne, um ihn flehentlich um Regen zu bitten. Das gab mir wieder neuen Mut. Dann ging ich zum Fluß, um nach den Fröschen Ausschau zu halten, die den Frühling ankündigten. Der Fluß erinnerte mich an Asaka. Dieser Ort war mir von ganz Tōkyō der liebste. Doch wegen der Bettler, die an den Uferböschungen herumlungerten, bin ich nie bis zum Wasser hinuntergestiegen.

Sonderbarerweise war ein zusätzliches Unglück der Ursprung meiner ersten Freuden. Obwohl ich oft nach Asaka schrieb, war die Familie Endō voller Zweifel, ob ich mich anständig betrug.

Nach meiner Abreise nach Tōkyō hatte mein Vater jeden Tag einen Wagen zum Bahnhof geschickt, der mich dort abholen sollte. Nach drei Wochen hatte er es aufgegeben, auf mich zu warten. Ich stellte mir vor, wie er, Gleichgültigkeit vortäuschend, vor sich hinbrummelte, was ich in Tōkyō wohl für Dummheiten machte. Meine Mutter hatte sicher wie gewöhnlich meine Verteidigung übernommen bis zu dem Tag, an dem ihr ein beunruhigendes Gerücht zu Ohren kam. Als sie nach einer schweren Grippe eine blinde Masseuse in Kōriyama aufsuchte, versicherte ihr diese Körperbehinderte – sie hatte wohl den belehrenden Ton der Leute angenommen, die sich für gut informiert halten –, daß diese Schule in Ochanomizu für die Härte bekannt sei, mit der sie ihre Lehrlinge behandle. Gerüchten zufolge nähmen sie keine Internen mehr auf, seit sich vor einigen Jahren eine junge Auszubildende das Leben genommen hatte.

Also beschloß meine Mutter, mich überwachen zu lassen. Sie trat mit Naganuma Yūzaburō, der ein Cousin von ihr war, in Verbindung. Dieser hatte in den Vereinigten Staaten gelebt und war nach Tōkyō zurückgekehrt, nachdem er Ärger bei Wettgeschichten gehabt hatte. Aber, vielleicht weil ihn die Gesellschaft eines kleinen Mädchens langweilte oder weil ihn eine solche Verantwortung erschreckte, traf er seinerseits immer mit Endō Isaji, einem Verwandten meines Vaters zusammen, der auch in Tōkyō wohnte. Sie beschlossen, mich jeden Monat zu besuchen, um dann in Asaka über die kleinen Vorkommnisse meines Lebens zu berichten.

Am letzten Samstag in jedem Monat nahm Endō Isaji mich unter dem Vorwand, mir Lebensart beizubringen, mit zu den beliebtesten Plätzen in Tōkyō. Wenn Naganuma Yūzaburō ihn begleitete, gingen wir zu dritt in einen Tempel, ein Kloster oder ein Museum. Dann luden mich meine Onkel in ein Restaurant ein, wo sie mir zeigten, wie sich Männer und Frauen der guten Gesellschaft benehmen. Ich lernte, wie man abendländisch ißt, wie man Messer und Gabel hält oder daß man Suppe ißt, indem man den Löffel behutsam seitlich zum Mund führt, ohne Schluckgeräusche in der Kehle zu machen oder zu schlürfen.[4]

Beide Männer waren schon im Ausland gewesen und erheiterten mich mit ihren Erzählungen, daß die Ausländer groß seien und eine rosige Haut hätten und daß sie unendlich lange Gliedmaßen hätten, die sie wie Senju Kannon, die tausendarmige Kannon, in alle Richtungen schwenkten.

Sie sagten auch zu mir: »Jetzt bist du zwar nur eine Interne, aber wenn du später Erfolg haben willst, mußt du dich wie eine Tochter aus gutem Hause aus der Stadt benehmen. Du wirst reiche Kundinnen haben und beweisen müssen, daß du eine bessere Erziehung genossen hast als sie. Natürlich mußt du das Friseurhandwerk lernen, aber außerdem mußt du dafür sorgen, daß dein Herz, dein Geist und dein Körper schöner werden. Denn wenn dein Geist weniger schön ist als dein Körper oder dein Herz weniger erlesen als dein Geist, wirst du keinen Anspruch auf Harmonie erheben können, welche die Quelle der wahren Schönheit ist. Du darfst keine Gelegenheit ungenutzt lassen, um deine Persönlichkeit zu vervollkommnen.

Diese Rede begeisterte mich.

Für unsere Ausgänge zog ich einen eleganten Kimono an, der aus einem cremefarbenen Stoff geschneidert und mit zarten Stengeln und Rosen ohne Dornen bedeckt war. Oder ich trug einen grellgrünen Kimono mit weißen Vögeln, die leuchtendgelbe Tupfen hatten. Meine Onkel sagten anerkennend:

»Du bist schön wie eine junge Braut!«

Ich fühlte, wie ich rot wurde.

»Diese Kimonos hat mir meine Mutter geschickt ...«

»Sie denkt wohl, du hättest dir einen Mann geangelt.«

»Ich habe ihr geschrieben, sie soll mir schlichtere Kimonos schicken.«

»Für Eltern gehen Mädchen nur aus dem Haus, um zu heiraten. Hast du wirklich keinen gefunden?«

Ich setzte ein verlegenes Gesicht auf, aber insgeheim war ich sehr zufrieden, in einer Stadt wie Tōkyō als heiratsfähig angesehen zu werden.

Mit meinen Onkeln machte ich manchmal einen Spaziergang

um die Wassergräben des kaiserlichen Palastes. Im klaren Wasser zu Füßen der geschwungenen Befestigungsmauern aus grauem Stein balancierten Vögel auf Seerosen. Meine Onkel begleiteten mich auch zum Tempel von Asakusa. Dort konnte man nicht erkennen, ob mehr Pilger oder Händler anwesend waren. Wir besuchten auch das Jindai-Kloster, das weit im Westen von Tōkyō lag. Dort servierte man uns eiskalte Buchweizennudeln auf einem kleinen Bambussieb.

So fand ich nach und nach Gefallen an Tōkyō. Sicher, die Stadt war nicht schön, weil man nach dem Erdbeben im Jahre 12 der Taishō-Ära (1923), als die Holzhäuser wie Fackeln brannten, reizlose Hütten, mehr schlecht als recht, wieder aufgebaut hatte. Aber hinter den armseligen Fassaden aus rissigem Zement oder schlecht gekanteten Brettern lehrten mich die Onkel eine geheime Geschichte von strahlender Schönheit zu erkennen. Sie sagten: »Früher stand da ein Samuraihaus. Es war ein schönes Gebäude aus braunem Holz. Und dort war ein Teepavillon, den die reichen jungen Leute häufig aufsuchten. Hier befand sich das baufällige Haus eines alten Shamisenspielers, der bei dem Erdbeben vor Angst den Verstand verloren hatte.[5] An Sommerabenden saß er in der Unterhose auf der Veranda. Während er auf seinem Instrument kratzte, sang er von der heulenden Menge inmitten aufzüngelnder Flammen und bläulicher Rauchwolken, von rasenden Fluchten und von verletzten Kindern.«

Allmählich begann ich hinter der äußeren Wirklichkeit eine andere, viel subtilere Wahrheit zu erkennen, die mich mit Liebe zur Vergangenheit und zu den Menschen erfüllte.

Zu jener Zeit begriff ich, daß die Schönheit ebenso in den Herzen wie in den Formen wohnt.

Von Zeit zu Zeit, wenn Endō Isaji nach Kōriyama fuhr, kam er in Asaka vorbei, um dort die Neuigkeiten zu übermitteln. Es scheint, daß mein Vater die ersten Male nicht einmal meinen Namen hören wollte. Doch glücklicherweise konnte mein Onkel durch sein freundliches Wesen erreichen, daß mir verziehen wurde. Danach lud ihn mein Vater bei seinen Besuchen ein, am mit warmer Asche gefüllten Kohlebecken mit ihm Sake zu trinken. Tage später erreichte mich das Echo ihrer friedlichen Unterhaltungen durch einen Brief meiner Mutter. Da bekam ich Heimweh.

In ihren Briefen schrieb mir meine Mutter immer, ich müsse ernsthaft arbeiten, um meine Dankbarkeit den Yamazaki gegenüber zu bekunden, da sie mir gestatteten, meine Bestimmung zu erfüllen. Sie übermittelte mir auch die Neuigkeiten über diesen und jenen. Die alte Kinderaufsammlerin war gestorben. Ein Cousin war in die Mandschurei gegangen. In Kōriyama war ein neues Kino eröffnet worden, und alle waren hingegangen, um einen Film anzuschauen, in dem junge Arbeiterinnen in Tōkyō gezeigt wurden. Wie gut sie angezogen waren! Nach Aussage meines Onkels, fügte sie hinzu, sei ich runder geworden, und es würde mir stehen. Meine Gesten seien weicher geworden, und das gebe mir das vornehme Aussehen einer echten Städterin. »Das Wasser von Tōkyō soll dir gut bekommen.« Und immer wieder schrieb sie denselben lobenden Schlußsatz: »Du scheinst ein robustes kleines Mädchen zu sein.«

Diese Komplimente freuten mich natürlich, aber ich hatte nicht das Gefühl, daß ich sie verdient hätte. Also arbeitete ich immer mehr, damit meine Mutter meinetwegen nicht erröten müßte.

Resignation

Auf diese Weise vergingen etwa vier Monate, in denen ich kaum mehr als meine eigenen Haare frisierte. Wie der Vagabund den Mond betrachtete ich die eleganten Mädchen, die mit ernster und sanfter Miene über Locken und Scheren sprachen. Von Zeit zu Zeit murmelte ich: »In ihren Augen zählt die Zukunft eines Lehrlings nichts ...« Und wie einen bösen Schatz sammelte ich den Groll in meinem Herzen, um daraus einen seltsamen Trost zu schöpfen, wenn die Müdigkeit meinen Kopf aushöhlte oder der Wind der Traurigkeit wehte. Zwischen Racheträumen und Scham hin- und hergerissen, dachte ich manchmal: »Sie werden schon sehen, daß ich Erfolg haben werde!« Doch mit der Zeit löschte der Kummer meine Wünsche aus.

Das war mein geistiger Zustand, als Yamazaki Nobuko mich ins Zimmer des Direktors rufen ließ. Grob schlug sie den linken Ärmel meiner Arbeitsschürze hoch: Eine goldene Uhr glänzte an meinem Handgelenk.

»Das ist eine Schweizer Uhr.«

»Ja, das ist ein Geschenk meines Vaters zu meinem zwölften Geburtstag.«

»Das Armband ist aus Leder.«

»Keiner meiner Brüder oder Schwestern hat jemals etwas so Schönes bekommen.«

»Bist du das Lieblingskind?«

»Meine Mutter hat meinen älteren Schwestern verboten, über meinen Körper oder meinen Kopf zu steigen ...«

»Hier gibt es keine Bevorzugungen. Diese Uhr paßt nicht zu deiner Stellung. Alle hier haben bemerkt, daß du darauf achtest, deine Hausschürze abzulegen, bevor du auf die Straße gehst. Als wolltest du deine Stellung vor der Welt verbergen. Du tätest besser daran, dein vornehmes Gebaren aufzugeben.«

Yamazaki Nobuko sprach mit eintöniger Stimme: »Du bist zu uns gekommen und hast eingewilligt, eine Interne zu werden. Also hör auf, ein Doppelleben zu führen und dich ständig daran zu erinnern, daß du aus gutem Hause stammst. Wenn du das wirklich denkst, verhältst du dich weder gegenüber uns, die wir dich als Interne aufgenommen haben, noch dir selbst gegenüber loyal, weil du wirklich eine Interne bist. Solltest du wirklich unaufrichtig sein, oder handelt es sich nur um die Unbesonnenheit eines jungen Herzens? Laß in Zukunft List und Tücke. Du kannst nicht gleichzeitig drinnen und draußen sein. Solange du dich so aufführst, handelst du nur halbherzig und setzt dich nicht voll und ganz ein. Und keine deiner Handlungen wird die richtigen Früchte tragen.«

Ich war gedemütigt. Am selben Tag noch bin ich in einer Ärmelschürze auf die Straße gegangen, weil mir nichts anderes übrigblieb. Aber anstatt die Uhr in eine Ecke zu werfen, verbarg ich sie weiter oben am Arm, hoch über dem Ellbogen, damit sie keiner sehen konnte.

Einige Wochen später war die Uhr verschwunden. Das Band war durchgescheuert gewesen. Ich hatte sie vielleicht verloren. Vielleicht hatte ich sie aber auch am Morgen in meinem Zimmer vergessen und jemand hatte sie mitgenommen. Ich wagte nicht zu fragen, und ich habe nie mehr jemanden über dieses Schmuckstück reden hören.

Dann begriff ich, daß Yamazaki Nobuko recht hatte. Als ich keinen Luxusgegenstand mehr besaß, verlor ich das, was sie vornehmes Gebaren genannt hatte. Anstatt zu lächeln, indem ich die Lippen öffnete, was mir einen überheblichen Ausdruck verlieh, bemühte ich mich, schüchtern die Mundwinkel hochzuziehen. Anstatt aus Stolz zu arbeiten, begann ich allmählich meine Meister zu akzeptieren. Ich fing an, eine Handbewegung nach der anderen zu lernen, durch die ich eine Sekunde hier und zwei da gewinnen konnte. Ich lernte, wie man einen Löffel nimmt und ihn so hält, daß kein Tropfen durch eine zögernde Handbewegung danebengeht. Ich stellte den Sack mit dem Reis nahe genug an den Tisch, um den Reis leicht herausschöpfen zu können. Ich schätzte die nötige Menge Wasser genau ab, um ihn zu kochen: Wenn ich den Zeigefinger ganz gerade in das Wasser tauchte, mußte die Flüssigkeit bis zur Höhe des ersten Fingerknöchels reichen. Ich strengte mich an, weder Zeit noch Material zu vergeuden. Ich nannte das die Ökonomie der Handbewegungen, eine Wissenschaft, die mir später in meinem Beruf als Friseuse große Dienste leisten sollte. In dem Maße, wie meine Bewegungen sicherer wurden, entdeckte ich das Vergnügen an der wohl erfüllten Aufgabe. Denn die Harmonie einer Bewegung beim Kochen kann den Geist genauso befriedigen wie der Glanz der Sonne auf einem nassen Stein oder der großartige Gesang der Vögel nach einem Gewitter. Ich zog aus meiner Geschicklichkeit einen Stolz, der mir gerechtfertigt schien, während in meinem Körper das beruhigende Gefühl entstand, daß ich jeglicher Art von Dasein gewachsen wäre.

Die Prüfung

Eines Morgens führte mich Yamazaki Nobuko in einen kleinen Raum, der für das Zurechtmachen der Bräute bestimmt war: Der Boden war mit *tatami* bedeckt; der Raum war nur mit einem großen Standspiegel und einem niedrigen Tischchen möbliert, das an diesem Tag mit mir unbekannten Gerätschaften überhäuft war. Yamazaki Nobuko befahl mir, mich zu setzen, und ließ mich dann

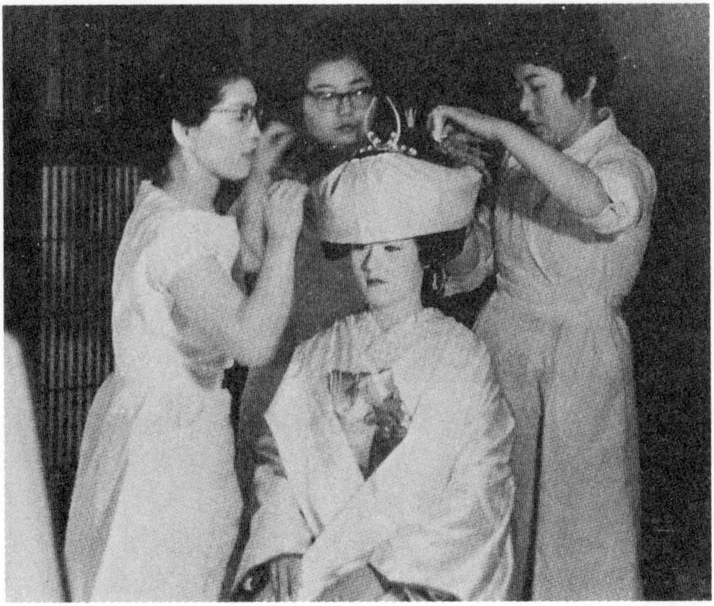
Aufbau eines Brautknotens

allein. Sie kam aber bald wieder und hielt ein bezauberndes junges Mädchen an der Hand, das einen einfachen Unterkimono aus weißer Broché-Seide trug. Dieses junge Mädchen ähnelte einer jener Schönheiten, von denen in den Büchern die Rede ist: Sie hatte erstaunlich schwarze Haare, in denen ein blauer Schimmer glänzte. Sie fielen ihr über die Schultern herab. Feiner Schweiß perlte in runden, rosa Tropfen auf ihren Schläfen und verlieh ihrer Haut eine marmorne Reinheit. Auf ihrem zarten Hals trug sie den Kopf mit der Anmut einer langstieligen Rose, die der Mairegen niederbeugt.

Es war die schönste Frau, die ich seit dem Tag meiner Geburt gesehen hatte. Ich kannte weder ihren Namen, noch wußte ich, woher sie gekommen war. Ich begriff nur, daß sie an dem Tag, an dem ich meine erste Frisierstunde erhielt, heiratete. Es schien mir, als ob unser gleichzeitiger Eintritt in ein neues Leben besondere Bande zwischen uns knüpfte. Ich versuchte sie anzulächeln, sie schaute mich nicht einmal an. Dennoch bin ich noch heute den Göttern dankbar, daß sie mir erlaubten, in Begleitung einer so schönen Person in meinen Beruf einzutreten. Indem sie mir diese Frau in diesem Augenblick zeigten, sagten sie zu mir: »Schau, wie weit menschliche Schönheit gehen kann. Diese hier soll dein Leitbild sein. Bewahre diese wunderbare Vollkommenheit in Erinnerung.«

Yamazaki Nobuko unterbrach meine Betrachtungen: »Nachdem ich ihr die Haare eingefettet habe, reichst du mir der Reihe nach die Gegenstände, die auf dem Tisch liegen, wie ich sie verlange. Warte auf meine Anweisungen und störe mich auf keinen Fall.«

Yamazaki Nobuko arbeitete schweigend. Von Zeit zu Zeit nannte sie den Namen eines Kammes oder einer Nadel. Es war kein deutlicher Befehl, sondern nur ein einfaches Wort, das sie zwischen ihren ein wenig dünnen Lippen wisperte. Das Herz schlug mir wie einem Sperling, der sich vor dem Gewitter fürchtet, als ich gespannt auf die Namen wartete, die ich größtenteils nicht kannte. Da gab es gerade oder gebogene Kämme. Kämme zum Frisieren und Zierkämme. Spatel aus Holz, aus Horn und aus Schildpatt. Bügel, um die Haarrollen zu stützen, Haarreifen aus Metall. Einfache Nadeln oder gebogene, spitze oder stumpfe. Ich verließ mich auf den Zufall und auf die Götter und wählte die Geräte aufs Geratewohl. Mit gesenktem Kopf rutschte ich kniend auf den *tatami* und reichte sie Yamazaki Nobuko. Diese ergriff sie, ohne einen Blick darauf zu werfen. Wenn es das richtige war, machte sie schweigend weiter, aber wenn ich mich geirrt hatte, sah ich, wie sich ihre Kiefer leicht zusammenzogen, bevor sie das Teil auf den Boden schleuderte. Dort prallte es heftig ab und flog polternd gegen die Wand. Oder es glitt mit dem Rauschen von Vogelflügeln über der Oberfläche eines Tümpels auf den *tatami* entlang. Als der Boden damit bedeckt war, sagte ich mir, daß ich sie eigentlich einsammeln müßte, aber ich wußte nicht, ob ich mich erheben durfte. Also entschloß ich mich, so unauffällig wie möglich über die Matten zu kriechen, um die Geräte zu mir herzuholen und sie wieder auf den Tisch zu legen.

Das Ganze dauerte zwei Stunden, die mir endlos erschienen, da das Gefühl meiner Nichtswürdigkeit in meinem Herzen ständig zunahm.

Als die Frisur fertig war, gingen beide wortlos hinaus. Als Zeichen der Ehrerbietung verbeugte ich mich und wagte es nicht mehr, den Kopf zu heben. Ich begriff, daß man mich einer Art Prüfung unterzogen hatte, und ich glaubte durchgefallen zu sein. Seit Monaten war ich schon da. Und was hatte ich gelernt? Ich wußte wie man den Reis richtig kocht und wie man die Jacke *haori* aufhängen muß, damit sie beim Trocknen nicht zerknittert. Aber hatte ich den Grund für all das nicht vergessen? Erfüllt von dem Vergnügen der rasch erledigten Aufgabe, hatte ich meine Pläne aufgegeben und mein Schicksal aus den Augen verloren. Jetzt, da man mir Vertrauen schenkte, hatte ich mich als unfähig erwiesen. Hätte ich abends keine Bücher über das Friseurhandwerk lesen sollen? Hätte ich nicht in diesen kaum benutzten Enzyklopädien nachschlagen sollen, in denen die Namen aller Geräte, die ich für meinen Beruf brauchte, aufgeführt waren? Zum ersten Mal dachte ich ernsthaft daran, nach Asaka zurückzugehen: Ich würde heimkehren, um Verzeihung bitten und klaglos die niedrigsten Arbeiten auf mich nehmen.

Eine schmerzliche Melancholie, qualvoll wie der Schrei der Eule hinter den Trauerweiden, überwältigte mich.

Behutsam schob Yamazaki Nobuko die *fusuma*, die Schiebetür, auf. Ich senkte das Kinn auf die Brust, damit sie meine Augen nicht sehen sollte, die vor Angst so trüb waren wie eine gefrorene Pfütze. Sie griff mir grob unter das Kinn und zwang mich, den Kopf zu heben. Zum ersten Mal lächelte sie mich an. Sie sagte:

»Von morgen an wirst du täglich eine Stunde freihaben, um das Friseurhandwerk zu lernen.«

Ich weinte. Man hatte mir verziehen. Ich war unendlich dankbar. Ich wollte mich ihr zu Füßen werfen, ihr sagen, daß ich mich nie mehr wie ein verwöhntes und egoistisches Kind gehenlassen würde, daß ich hart arbeiten und mich schließlich würdig erweisen würde. Aber da mir die Worte fehlten, um all das zu sagen, stammelte ich:

»Danke. Ich werde Ihnen in allem gehorsam sein.«

»Gut«, sagte Yamazaki Nobuko, »ich hoffe, daß diese schönen Worte nicht so rasch abgleiten wie das Wasser von einem Stein.«

Biyō no michi, der Weg der Schönheit

Vom nächsten Tag an nahm ich mit den zahlenden Schülerinnen täglich eine Stunde am Unterricht von Yamazaki Seikō, dem Direktor der Schule, teil.

Damals war der Bart des Meisters noch schwarz und sein Mund und seine Augen strahlten vor wohlwollendem Lächeln. Er trug eine kleine runde Brille, die ihm das Aussehen eines großen Gelehrten gab, und an Festtagen befestigte er die Orden, die er im Russisch-Japanischen Krieg erhalten hatte, an seiner Brust. Er war ein sanfter und liebenswürdiger Mann und immer freundlich. Später, als sein Bart schon lange weiß geworden war, in der Zeit, als Japan gegen Amerika kämpfte, wurde er traurig und schweigsam.

Aber um das Jahr 10 der Shōwa-Zeit war er immer vergnügt und geizte nicht mit wundervollen Reden. Er sagte: »Wenn Sie schöne Frisuren machen wollen, müssen Sie sich der besten Geräte bedienen. Die japanischen Holzkämme sind die feinsten. Nehmen Sie die aus Buchsbaumholz aus Satsuma. Das ist ein haltbares Material und fühlt sich angenehm an. Bei den Werkzeugen aus

Metall wählen Sie die deutschen, denn in Deutschland wird der widerstandsfähigste Stahl hergestellt.« In der Schule waren alle metallenen Geräte aus Deutschland. Außerdem riet er uns: »Zögern Sie nicht, teure Geräte zu kaufen. Das ist kein überflüssiger Luxus, denn man kann die schönste Arbeit nur mit den zuverlässigsten Geräten zustande bringen. Und Sie, die Sie hier lernen, Sie sollen die edelsten Frisuren kreieren.«

Yamazaki Seikō lehrte den *biyō no michi*, den »Weg der Schönheit«, eine Lebensart, bei der man die Schönheit ins Zentrum jeglichen Denkens stellt. Wie der Herbstmond die Wolkendecke durchbricht, so öffnete er jedem von uns die Augen des Herzens. Noch heute ist es mir ein Vergnügen, die Worte meines Meisters an meine eigenen Schüler weiterzugeben. Und diese Worte, die ich einst gehört habe, erwärmen mir noch immer die Kehle und den Mund, bevor sie über meine Lippen kommen. Ich sage meinen Schülern: »Ich kann nicht wissen, wie Ihr Beruf in zehn oder fünfzehn Jahren aussehen wird, wenn Sie Meister sein werden. Denn die Welt ändert sich unaufhörlich, und die Techniken auch. Ich lehre Sie heute die Blüte unserer Kunst, aber träumen Sie niemals davon, das perfekte Wissen zu besitzen. Sie werden immer weiter lernen und suchen und Ihr Know-how entsprechend der Zeit, in der Sie leben, erweitern müssen. So werden Sie gegenüber den Menschen verantwortungsvoll handeln und Hervorragendes leisten.«

Am Anfang der Shōwa-Zeit war der Unterricht im Friseurhandwerk eine schwierige Angelegenheit, weil die Moden so oft wechselten, daß sie schneller zu sein schienen als die Zeit. Das Zeitalter lag lange zurück, da sich die verheirateten Frauen ihr Haar mit *funori* – einem Algenkleister – oder mit Weizenmehl wuschen, und auch das nur, wenn sie ihr Elternhaus besuchten. Weit zurück lag auch das Zeitalter, in dem die Frauen auf Kamelienöl vertrauten, um das Schwarz ihres Haars zu erhalten, und auf die Öle der Pflaumenblüten, um ihren Reiz zu erhöhen. Die Mädchen schworen nur noch auf *pomādo kosumechikku (pomade cosmetics)* aus dem Westen und sie parfümierten ihre Haare mit Nußöl, ohne jegliches Feingefühl.

Das Aussehen mußte weder mehr auf das Alter abgestimmt sein, noch auf die soziale Stellung, und alle, die mit der Mode gehen und originell sein wollten, verlangten die gleiche modische Frisur: sie wollten einen relativ kurzen Schnitt und variierten nur die Anordnung der Haare über den Schläfen, die sie entweder über den Ohren aufsteckten oder dahinter, je nach der Tagesmode. Die traditionell eingestellten Damen dagegen behielten ihren Nackenknoten und fragten ihren Friseur nur nach der Lage des Scheitels: links, rechts oder in der Mitte. Es gab keinerlei Regeln mehr, aber letztlich führte diese Anarchie nur zu Monotonie. Es bedurfte der Erfindung des Brenneisens, damit einige Frauen sich dazu entschließen konnten, das Haar halblang und in Wellen zu tragen, manchmal durch einen Haarreif gehalten, denn bis dahin wäre kein anständiges Mädchen mit offenem Haar auf die Straße gegangen.

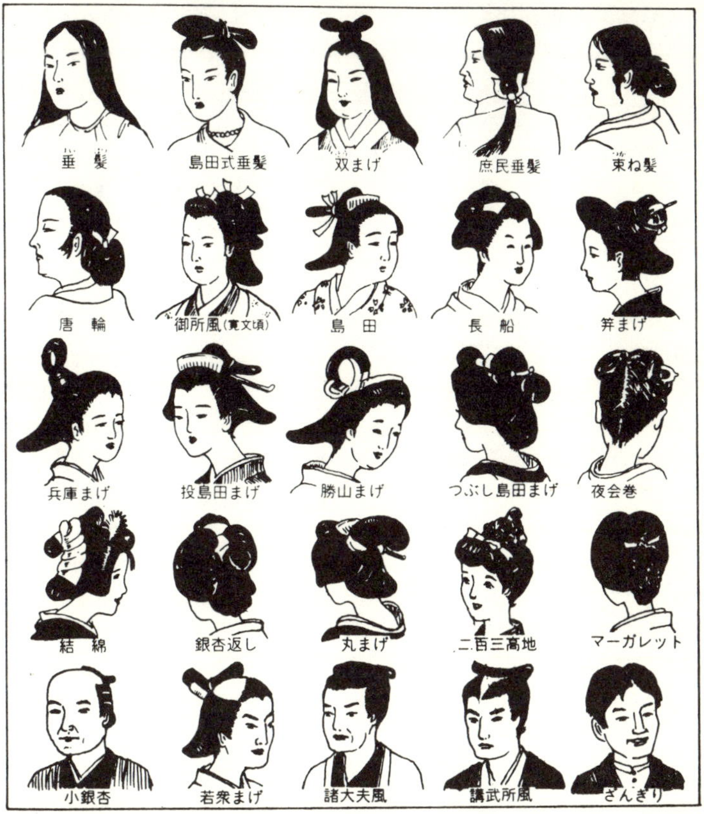

Traditionelle Frisuren

Wenn die Friseure wahre Meister der Schönheit werden wollten, mußten sie Prinzipien einführen, die ihrer Kunst einen neuen Sinn verliehen. Denn nur die Dummen würden für längere Zeit ihr Geld für sinnlose Dinge ausgeben. Die Kunst bestand darin, sich von den früheren Regeln inspirieren zu lassen und sie in gemäßigter Form anzuwenden, um auf diese Weise den guten Geschmack zu kreieren. So hielt man an der Versicherung fest, daß bei den modernen Haarreifen genau wie bei den Bändern für die Haarknoten Lila nur für eine große Dame passend sei, Rot für ein junges Mädchen und die blassen Farben für die alten Frauen. Die Anstandsregeln sollten ihre Gültigkeit nicht verlieren.

Außer diesen Regeln lernte ich die Namen der Kämme und des Haarschmucks sowie deren Gebrauch kennen. Zuerst mußte man mit einem *tokigushi*, einem grobzinkigen Kamm, durch das Haar fahren. Das war ein Kamm mit gewaltigen Zinken, den man in der ganzen Hand hielt. Dann mußte man die Haare waschen und sie mit Hilfe eines *sukigushi* glattkämmen. *Sukigushi* war ein kurzer Kamm mit einem breiten Rücken und feinen Zinken, in dem der den Glanz des Haars trübende Staub zurückblieb. Ich lernte auch, daß man den *sukigushi* durch eine abendländische Bürste ersetzen konnte. Den Scheitel zog man mit Hilfe eines *kesuji-kushi*, eines Kamms mit sehr langem Griff und winzigen Zinken. Mit ihm konnte man auch die Strähnen, die sich aus einem Knoten gelöst hatten, wieder zurückstecken. Die leichten Haare an Schläfe und Stirn dagegen wurden mit einem *bintokigushi* gekämmt, mit dem man auch die Haarrollen der klassischen Knoten aufbauschen konnte. Die Schmucknadeln stammten alle vom *mimikaki*, dem »Ohrenlöffelchen« ab, das man schon in der Antike benutzt hatte, um Frisuren zu befestigen: Das war ein Stab aus Holz, Elfenbein oder Glas, dessen eine Spitze abgerundet war wie ein Wassertropfen und an dem leichte Schmuckstücke hingen, zum Beispiel Kugeln aus Achat oder grüner Jade und Anhänger mit Blumen- oder Schmetterlingsmotiven.

Yamazaki Seikō zeigte mir eines Tages ein Schönheitsnecessaire aus sehr alter Zeit, als die verheirateten Frauen sich noch die Zähne schwärzten.[6] Das Kästchen war aus Paulowniaholz und mit Päonien und Indigoblüten verziert. Es enthielt eine schwarze Dose mit feinen Metallintarsien, die durch ein Stück Stoff geschützt

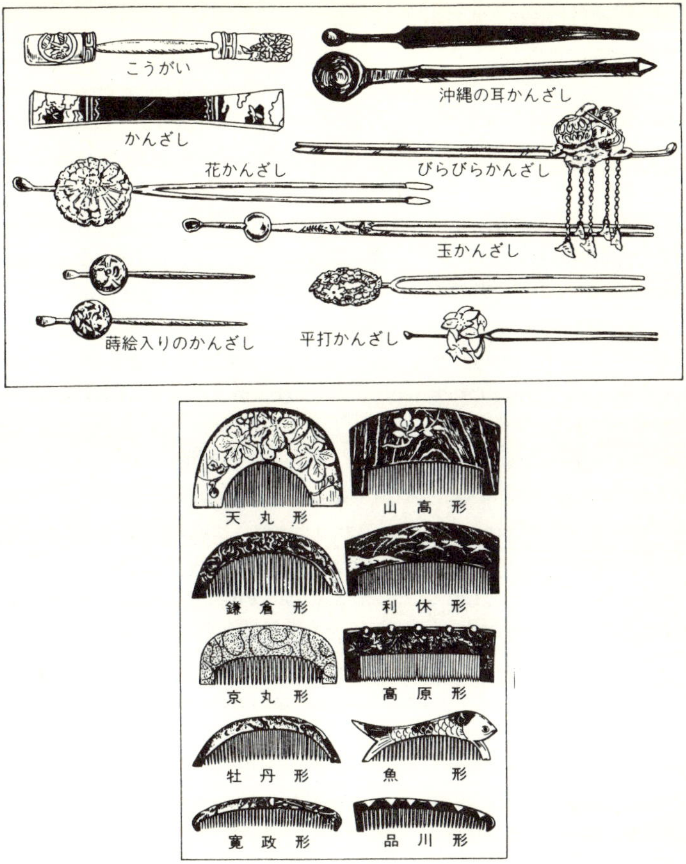

Traditionelle Haarnadeln und Kämme

wurde. Er hatte die fahle Farbe des Meeres, war mit Lotosknospen bestickt und konnte mit einem violetten Band zusammengebunden werden. Die Dose hatte zwei Abteilungen. Die erste enthielt feine Kämme, die zweite Gerätschaften zum Zähneschwärzen. Jeder Gegenstand war in mehrere Lagen Japanpapier eingewickelt, wobei jedes Blatt eine andere Farbe hatte: Das erste Blatt war schwarz und mit leichten Goldmotiven aufgehellt: Kranich und Schildkröte, Kiefer, Bambus und *tachibana* – Tiere und Pflanzen, die als Glücksbringer gelten. Die Schildkröte symbolisiert Langlebigkeit, der Kranich, der die himmlische mit der irdischen Welt verbindet, bringt Jahr für Jahr den Frühling zurück. Der Bambus wächst trotz seiner Knoten gerade, die Kiefernnadeln fallen paarweise, unzertrennlich wie ein altes Ehepaar; und die *tachibana* schließlich, eine mythische Orange, von der die Kaiser vergangener Zeiten dachten, sie wüchse in Korea, ist eine Frucht der Unsterblichkeit. Die darauffolgenden Blätter hatten die sieben Farben des Regenbogens: Rot, Orange, Gelb, Grün, Blaßblau, Indigo und Dunkelviolett, die kaiserliche Farbe. Auf das letzte Blatt, das nicht gefärbt war, waren farblich aufeinander abgestimmte Pflanzenmotive gezeichnet.

Ich war so glücklich, wie man es auf dieser Welt nur sein kann, wie eine Lerche auf einer Wolke. Ich arbeitete ohne Unterlaß, aber die Hausarbeit ließ mir jeden Tag zwei Stunden Zeit, die ich meinen Studien widmen konnte. Abends las ich eine Geschichte des Friseurhandwerks. Über die zarten Abbildungen gebeugt, träumte ich davon, Schleifen, Haarrollen, Haarbänder, Nackenzopf, Papilloten, Innenrollen oder Haarknoten vergangener Zeiten wieder einzuführen und den schwarzen Langhaarfrisuren, die über die Seiten des Buches fluteten, wieder Leben zu schenken.

Gewiß erwarb ich mir durch diese verrückten Träume zunächst die Nachsicht und dann die Zuneigung der Familie Yamazaki. Da ihnen meine Beharrlichkeit gefiel, faßten sie insgeheim den Plan, mich mit ihrem eigenen Sohn zu verheiraten. Mit Ausnahme von Yamazaki Nobuko, die mir einen allzu niedrigen Rang beimaß, wie ich später begriff.

Yamazaki Tomekichi, der jüngere Bruder von Yamazaki Seikō und Verwalter der Schule, der später mein Schwiegervater werden sollte, verstand nichts vom Friseurhandwerk. Als ich ihm meine utopischen Wünsche und meine Prachtphantasien anvertraute, fing er an zu lachen und neckte mich:

»Da haben wir ein Mädchen aus Tōhoku, das sich für einen goldenen Karpfen mit indigoblauen Flossen hält!«

Oft fragte er mich:

»Sehnst du dich nicht nach dem Landleben?«

»Nein! Ich muß doch noch so viele Dinge lernen.«

»Nun, aber ich sehne mich danach, wenn ich so schöne Mädchen sehe wie dich! Nur auf dem Land gibt es so etwas noch.«

Ich brach in schallendes Gelächter aus und drückte meine Nase ins Taschentuch. Zwar hatte ich tatsächlich zugenommen, aber die kräftige Farbe meiner Wangen, die ich von der Landluft hatte, war verblaßt. Wenn ich mich im Spiegel anschaute, fand ich, daß ich beinahe vornehm aussah.

Vor allem Yamazaki Naka ging sanft mit mir um. Sie tröstete mich wegen meiner Ungeschicklichkeit: »Selbst ein Affe fällt mal vom Baum.« Und sie ermutigte mich, noch einmal von vorne anzufangen.

Dieses einfache Leben dauerte ungefähr zwei Jahre, bis ich im April des Jahres 11 der Shōwa-Zeit mein erstes Friseurdiplom erhielt.

Ich schrieb nach Asaka, daß ich den Gesellenbrief erhalten hätte und daß ich meine Lehrzeit noch zwei Jahre fortsetzen wolle, um den Meisterbrief zu erhalten.

Endō Nami mit einer Auszeichnung

Bald kam eine Antwort: Risa, meine drittälteste Schwester, heiratete in die Familie eines Kuchengroßhändlers in Kōriyama ein. Sie ließ fragen, ob ich eigens dafür kommen könnte, um ihr den Hochzeitsknoten zu machen. Das würde mich zwar Zeit kosten, aber es seien nun schon zwei volle Jahre, daß ich nicht mehr in Asaka gewesen sei. Und die Yamazaki würden bestimmt ihre Erlaubnis geben.

Am Ende des Briefes meiner Mutter hatte meine Schwester einige Zeilen geschrieben: Sie hätten im schönsten Geschäft von Kōriyama einen Kimono gekauft. Dafür hätten sie einen roten Stoff mit großen weißen und goldenen Blumen und einen goldweiß gemusterten Obi gewählt. »Du wirst kommen«, schrieb sie, »ich werde sehr hübsch aussehen und großen Eindruck auf dich machen, obwohl du eine Städterin geworden bist.«

Beim Lesen dieses Satzes fand ich plötzlich den Ton unserer kindlichen Streitereien wieder, wenn Risa in meinen Schubladen wühlte, um mir meine Haarbänder zu klauen. Das entlockte mir ein zufriedenes Lächeln. Risa fragte mich, ob ich Zierkämme kaufen könnte, und gab mir die Adresse eines Geschäftes im Kanda-Viertel, in der Nähe von Ochanomizu. Die Adresse hatte sie in einer Illustrierten entdeckt. Sie schrieb auch, wie sehr sie sich über unsere baldige Begegnung freue: »Ich bin so froh darüber, daß ich glauben könnte, ich heirate nur, damit ich dich wiedersehen kann!«

Das alles freute mich natürlich, aber ich wurde mir auch bewußt, wie sehr ich selbst mich inzwischen verändert hatte. Ich fand das Schreiben meiner Schwester ungeschliffen, unkultiviert. Und selbst die Tatsache, daß sie den Sohn eines Kuchengroßhändlers ehelichte, schien mir gewöhnlich und langweilig. Sicher würde Risa glücklich werden. Sie würde eine Kinderschar mit scharlachroten Wangen großziehen, und sie, die sonst so Sanfte, würde sie kräftig ausschelten. Sie würde sie in ihre rosigen Arme nehmen, ihre Brüste würden schwerer und schlaff werden. Das alles schien mir hoffnungslos traurig ... Aber gleichzeitig beruhigte mich diese Vorstellung auch. Meine ältere Schwester war wunderbar normal. Neben meiner eigenen unsicheren Existenz bestand weiterhin unveränderlich das frühere Leben, und das war gewiß etwas Gutes. Von Asaka aus wachte Risa über mich, wie eine Pfauhenne ihre Flügel ausbreitete, um das Mahl ihrer Küken zu schützen.

So ließ ich meine Gedanken über die unterschiedlichen Schicksale schweifen, die das Tun und Treiben eines jeden bestimmen, als mich der Gedanke, daß ich noch nie einen Hochzeitsknoten gemacht hatte, wie ein Stich in die Brust traf. Nobuko hatte ihn stets vor meinen Augen aufgesteckt, und ich hatte die Theorie in meinen Büchern gelesen. Ich kannte die Reihenfolge, in welcher die Nadeln und Kämme gesteckt werden mußten, damit eine Welle über der anderen lag. Der ganze Aufbau befand sich in einem heiklen Gleichgewicht. Würde ich wirklich für den Halt eines solchen Bauwerks garantieren können. Doch ich konnte jetzt noch nicht um eine praktische Unterweisung bitten, denn der Brautknoten stellte das letzte Geheimnis des japanischen Friseurhandwerks dar. Keiner lernte ihn, bevor er sich nicht für die Meisterprüfung angemeldet hatte ... Meine Anfrage würde man als schamlos verurteilen ... Doch ich wollte nicht auf diese Rückkehr ins Dorf verzichten. Asaka! Ich wollte die grünen Hügel wiedersehen und die Häuser mit den grasbewachsenen Dächern. Wenn ich an die graue und rosa Abenddämmerung im Frühling dachte, kam es mir vor, als würde mein Blut schneller durch die Adern fließen.

Also studierte ich heimlich ein Buch über den Brautknoten, sammelte das notwendige Material und fuhr nach Fukushima.

Sobald ich in Kōriyama angekommen war, wußte ich, daß diese Reise mir nur Enttäuschungen bringen würde. Als ich die Großstadt meiner Kindheit wiedersah, sagte ich mir, genau wie bei meiner Ankunft in Tōkyō: »Ach, wenn das alles war ...« Und mein Herz zog sich zusammen. Das Haus Endō erschien mir traurig und kalt, wie ein verlassener Frachter in einem Hafen. Meine Mutter hatte ein fleckiges Gesicht und mein Vater hatte eine weniger vornehme Haltung als in meiner Erinnerung.

Auf dem Kopf meiner älteren Schwester baute ich zum ersten Mal in meinem Leben einen Knoten mit großen Wellen. Ich verbarg die Fehler meines Werkes hinter dem *tsunokakushi*. Das war ein großes weißes Seidenband, das man um die Stirn der

Bräute band, um die Hörner der Eifersucht, die so rasch auf der Stirn der jungen Ehefrauen wuchsen, zu verbergen.[7] Ich dankte den Göttern: die Frisur schien korrekt zu sitzen, als die Familie auf den Lastwagen kletterte, der uns zu dem Heiligtum brachte, in dem die Hochzeitsfeier stattfinden sollte.

Leider kann kein Affe lange für einen Tiger gelten ... Die Unebenheiten der Straße brachten den Knoten derart ins Wanken, daß er unversehens zusammenfiel. Eine Strähne löste sich und legte sich wie eine grüne Alge um den Hals. Die Frisur stürzte vollends ein, als die Braut sich vor den Göttern verneigte, bevor sie die Schale mit Sake trank, die ihr ihr Ehemann reichte. Schließlich, als meine Schwester die Wohnung ihrer Schwiegerfamilie betrat, war von dem Knoten nur noch ein struppiger Wust geblieben, der an das nasse Stroh auf den Reisfeldern im Winter erinnerte. Die Katastrophe war so offensichtlich, daß an diesem Tag kein Foto mehr von dem Hochzeitspaar gemacht wurde.

Tagelang hatte ich mich schon auf diese Niederlage vorbereitet, aber die Worte der Entschuldigung, die ich mir überlegt hatte, wollten mir nicht über die Lippen. Ich verharrte bewegungslos. Kopf und Schultern an den Türpfosten des Hauses gelehnt, wußte ich nicht mehr, was ich sagen sollte. So bin ich dann ohne etwas zu sagen wieder nach Tōkyō gefahren.

Einige Wochen später erhielt ich einen Brief aus Asaka. Ein Bild, das sie dazugesteckt hatten, flatterte auf den Boden: es handelte sich um ein Foto, auf dem Risa mit dem Brautknoten an der Seite ihres Ehemannes sittsam lächelte. Auf einem Schild im Hintergrund konnte man *Nakamura kashi-donya* lesen, Kuchengroßhändler Nakamura. Meine Mutter nannte den Namen des Friseurs, den man in Kōriyama aufgesucht hatte, sowie den des Fotografen. Risa, schrieb sie, habe das Foto bei ihrem ersten Besuch im Dorf mitgebracht. Freundlich habe sie erklärt, daß man sich eigentlich darüber hätte im klaren sein müssen, und daß man von der jüngeren Schwester nicht soviel hätte erwarten dürfen. Dieses Zartgefühl wirkte auf mich noch mehr als das Foto wie ein Schlag ins Gesicht. Darüber hinaus war die Braut auf diesem Bild unglaublich schön. Ich erinnere mich, daß ich in den Ärmel meines Kimonos biß, um nicht vor Enttäuschung zu schreien. Ich warf mich auf den Boden meines Zimmers und blieb dort liegen, mit wirren Gedanken, verloren wie ein junger Vogel, dessen Nest zur Regenzeit den Fluß hinabtreibt. Ich war eifersüchtig.

Der erste Salon

Die Monate vergingen, und keiner sprach mehr von der Angelegenheit. So vergrub ich den Vorfall ganz tief in meinem Herzen. Die Hausarbeit, die Unterrichtsstunden und die Zeit ließen mich meine Demütigung vergessen.

Zwei Jahre später, im Februar des Jahres 13 der Shōwa-Zeit (1938), erhielt ich den Meisterbrief. Einen Monat nach dem Ende meiner Ausbildung vertrauten mir die Yamazaki ein gepachtetes Friseurgeschäft im Bunkyō-Bezirk, im Hongō-ni-chōme, an. Das war eine Filiale der Schule, in der die frischen Diplominhaberinnen eine nach der anderen ein Praktikum absolvierten. Seit der frühere Verantwortliche Ende des Jahres 12 (1937) aus dieser Welt geschieden war, war Hongō geschlossen und diente zu nichts mehr. Da die Yamazaki es dumm fanden, Miete zu bezahlen und keinen Pfennig einzunehmen, und weil sie dachten, eine Anfängerin sei besser als gar niemand, gaben sie mir den Schlüssel.

Als ich die Tür öffnete, war ich genau zwanzig Jahre alt. Aber kaum hatte ich die Verantwortung für das Haus in Hongō auf mich genommen, bemerkte ich mit Schrecken, daß ich nichts konnte. Ich war nichts weiter als ein *biyōshi no tamago*, ein »Ei einer Meisterin der Schönheit«, das noch Monate oder Jahre brauchen würde bis zum Schlüpfen. Wenn der Laden immer voller neuer Gesichter war, dann nicht, weil ich Erfolg hatte, sondern im Gegenteil, weil keine Kundin jemals wiederkam.

Bald gingen die täglichen Einnahmen zurück. Da überkam mich eine Scham, die mit Angst und Hoffnungslosigkeit vermischt war. Doch wie man es mir früher vorgeworfen hatte, besaß ich einen starken Geist: Anstatt mein Scheitern einzugestehen, beschloß ich es zu verbergen, indem ich zu einer List griff.

Seit meiner Ankunft in Tōkyō hatte ich jeden Yen, den mir meine Mutter monatlich schickte, in eine Schachtel gelegt, die ich ganz tief in meinem Wandschrank hinter meinem Strohsack ver-

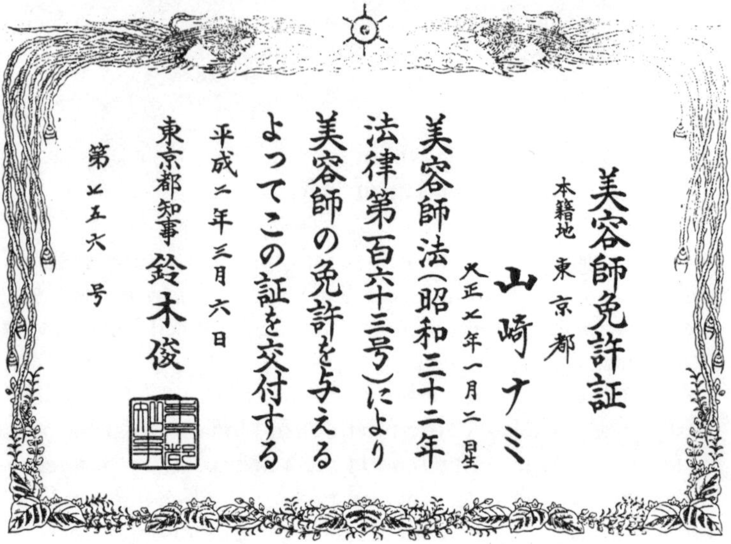
美容師免許証
本籍地 東京都
山崎ナミ
大正七年一月二日生
美容師法（昭和三十二年法律第百六十三号）により美容師の免許を与える
よってこの証を交付する
平成二年三月六日
東京都知事 鈴木俊
第七五六 号

Meisterbrief von Yamazaki Ikue

steckte. Zu der Zeit, als ich meinen Meisterbrief erhielt, verfügte ich tatsächlich über ein kleines Vermögen: 100 Yen. Wenn ich gewollt hätte, hätte ich mir davon eine komplette Aussteuer kaufen können. Aber mein Stolz und das Schicksal hatten anders entschieden.

Als ich bemerkte, daß die Einnahmen immer weniger wurden, griff ich jeden Abend tief in die Schachtel mit den Spargroschen und zog daraus einen Yen, den ich dann zu meinem Gewinn dazulegte, bevor ich ihn bei den Yamazaki ablieferte. Wenn ich im Laufe des Tages ohne Beschäftigung war, löste ich die Frisierarbeiten der Schülerinnen auf und machte sie noch einmal, während ich gleichzeitig vorsichtig nach einer Kundin ausspähte. Ich sagte mir: »Morgen kommen mindestens vier.« Oder: »Morgen werde ich üben, um geschickter zu werden.« Oder auch: »Morgen werde ich alles gestehen.« Wenn ich morgens den Laden öffnete, verkündete ich laut, daß gleich einige Kundinnen kämen. Während ich so vor mich hin plapperte, richtete ich die Bürsten und Kämme. Wenn danach immer noch niemand erschienen war, verstummte ich und überprüfte schweigend, ob die Lockenwickler und Nadeln sauber waren. So verging eine Stunde. Dann setzte ich mich, betrachtete mich im Spiegel und versank in tiefe Melancholie: »Ich bin nichts. Warum kommen die Leute nicht zu mir?« Und die Traurigkeit verschleierte meine Augen wie Herbstnebel.

Als ich fast kein Geld mehr hatte, entschloß ich mich, meine letzten Yen zu opfern. Ich wollte mich in den Friseurgeschäften der Umgebung frisieren lassen, um zu sehen, wie die anderen das anstellten.

Meine Rücklage schmolz dahin, ohne daß meine Kundschaft größer wurde. Dennoch hielt mich die Angst, die mich Tag und Nacht beherrschte, davon ab, meine List aufzugeben. Kopflos wie eine Spinne, die in ihrem eigenen Netz gefangen ist, schrieb ich nach Asaka. Ich schrieb meiner Mutter:

»Vier Jahre habe ich mich gewissenhaft an unsere Abmachungen gehalten und bin ohne Eure Hilfe ausgekommen. Aber jetzt befinde ich mich aus Gründen, die ich nicht darlegen kann, in großer Bedrängnis. Wenn Ihr mir helfen wollt, werde ich Euch in meinem ganzen Leben um nichts mehr bitten. Das ist ein Versprechen. Aber dieses eine Mal helft mir und rettet mich!«

Dieser Brief verbreitete Entsetzen in der Familie Endō. »Was konnte sie so dringend benötigen? Hatten sie ihr nicht alle notwendigen Kleider geschickt? Hatte sie nicht zu essen und einen Platz zum Schlafen? Arbeitete sie nicht in einem Frisiersalon?« Mein Mangel an Geld konnte nur mit schlechtem Umgang, einer sündhaften Neigung oder unbedachten Dummheiten erklärt werden.

So also dachten sie und schickten meinen großen Bruder nach Tōkyō, um nachzusehen, worum es ging. Als wir uns trafen, bat ich ihn inständig, mir Geld zu geben. Mit der Stirn auf der *tatami*, flehte ich ihn an und klagte wie ein junger Hund. Doch meine Klagen, langweilige Worte, die Schimmelpilze in den Ohren und Moos im Mund wachsen ließen, überzeugten ihn nicht.[8] Damit die Sache vorankam, sagte mein Bruder schließlich:

»Schwöre mir, daß du nichts getan hast, was den Namen Endō beschmutzen könnte.«

Ich schwor.

»Dann werde ich dir Geld geben. Aber du mußt mir sagen, wozu du es brauchst.«

»Und du wirst es mir, egal aus welchem Grund ich es brauche, geben?«

»Ja.«

Mein Bruder hatte sich vorgestellt, es handle sich um unbesonnene Ausgaben, etwa für exotische Parfüms oder luxuriöse Kleider und um einen fragwürdigen Umgang, den ich pflegte – jedenfalls lachte er über meine Erklärungen! Aber wegen der Lüge, in der ich gelebt hatte, tadelte er mich. Und dann lachte er wieder. Da heulte ich lauter als zuvor und entblößte dabei meine Zähne. Das schien ihn zu rühren. Er legte einen Arm um meine Schulter und zog mich über den niedrigen Tisch zu sich heran. Er sagte: »Weine dich ruhig aus, wir sprechen nachher weiter.« Das erinnerte mich an den Tag in meiner Kindheit, als ich vom Baum gefallen war. Er murmelte: »Vielleicht hast du keine Begabung für das Friseurhandwerk? Vielleicht hat sich das Siegel des Gesetzes doch getäuscht? Du solltest in unser Dorf zurückkehren. Man wird das vergessen, und das Leben wird weitergehen wie zuvor.« »Du erinnerst dich«, fuhr er fort, »an den Lärm, den das Wasser nach der Schneeschmelze in den Bambusrohrleitungen macht, an die Wolken im Frühling, die der Wind vor sich hertreibt? Und an den sanften Schatten der Strohdächer?« Und dann sagte er noch: »Du kannst zurückkehren. Ich werde dir helfen, da ich jetzt das Familienoberhaupt bin.« Und: »Wenn du dich dafür entscheidest zu bleiben, kann ich nichts für dich tun, weil ich nicht von hier bin ... Aber du zeigst dich weder den einen noch den anderen würdig, wenn du das Geld der Endō nimmst und es den Yamazaki gibst. Im Gegenteil, du wirst dir stets dessen bewußt sein, daß dein Leben sinnlos ist. Wenn du bleibst, kannst du das Geld, das du den Yamazaki ungerechtfertigterweise gezahlt hast, abschreiben.«

Zurückzukehren nach Asaka – das würde bedeuten, das Scheitern meiner Bemühungen anzuerkennen. Und in Asaka war für mich wie für die anderen alles schon im voraus bestimmt. Ich aber wollte anders sein. Sicher würde dieses Gefühl mit einer Heirat und der Geburt eines Kindes verschwinden, doch in Tōkyō fühlte ich mich wie eine der wurzellosen Wolken, die in der Abenddämmerung vom Wind zerzaust werden. Letztendlich entschloß ich mich zu bleiben, damit ich mein Schicksal selbst bestimmen könnte.

Als er ging, sagte mein älterer Bruder: »Du bist dumm, aber dein Stolz wird dich retten!«

Erste Erfolge

In der folgenden Woche erhielt ich den Titel einer Lehrerin der Frauenschule für Ästhetik in Ochanomizu. Jede Nacht lehrte mich Yamazaki Nobuko das Friseurhandwerk, und jeden Morgen mußte ich den zahlenden Schülerinnen zeigen, was ich am Vorabend gelernt hatte. Da ich auch noch den Laden in Hongō führte, hatte ich doppelte Arbeit. Meine seltenen Kundinnen, alles Großmütter, waren bald erstaunt über meine Fortschritte:

»Welch ein Tempo! Welche Geschicklichkeit! Sie wirken jetzt wie eine richtige Friseuse!«

Ich lernte, mich schnell auf den Fersen umzudrehen, ohne daß sich die Schöße meines Kimonos halb öffneten. Ich hatte das bei Nobuko gesehen und fand, daß mir das den Anschein von Professionalität verlieh. Die Kundinnen sagten:

»Welche Eleganz! Sie wirken wie eine richtige Dame!«

Da fing ich an, Komplimente und Ratschläge zu verteilen und imitierte dabei eine Haltung, von der ich dachte, sie sei charakteristisch für die großen Persönlichkeiten dieser Welt. Und die Kundinnen waren entzückt:

»Welche Weisheit! Sie sind eine Göttin!«

Schließlich wagte ich mein Friseurdiplom an die Türe zu hängen und eine Karte, auf der hinter meinem Namen mein Titel als Lehrerin vermerkt war. Und allmählich blühte das Geschäft im Haus im Hongō-ni-chōme.

Damals arbeitete ich zehn bis zwölf Stunden am Tag. Ich band meine Haare zurück zu einem kleinen straffen Knoten. Das machte mich älter, was, so dachte ich, Vertrauen einflößte. Bald hatte ich eine Assistentin, dann zwei und schließlich drei. Da ich das Geld der Schule nicht unüberlegt ausgeben wollte, sparte ich an allem, von den Haarnadeln bis zur Heizung. Deshalb erhielt ich in der Nachbarschaft den Ruf, entsetzlich knauserig zu sein.

Wenn ich mir heute vergegenwärtige, was ich damals war, sehe ich mich als eine Art Maschine, unfähig, an etwas anderes zu denken als an den Erfolg. Meine Nerven waren so angespannt, daß sich die Haut über meinen Backenknochen und unter meinen Augen spannte. Wenn die Leute jetzt zu mir sagen: »Sie müssen sehr schön gewesen sein in Ihrer Jugend!«, widerspreche ich zwar nicht, aber es bringt mich zum Lachen. Manchmal bekomme ich dabei Lust, mich zu rekeln und den Himmel zu betrachten. Dann verberge ich das Lachen hinter der Hand, und mit einem schelmischen Gesichtsausdruck, der den Anschein erweckt, als ob ich lüge, entgegne ich: »Überhaupt nicht. Ich war häßlich, sage ich Ihnen, wie ein mageres Pferd im Herbst.«

IX
Die Heirat

長いものには巻かれろ

Nagai mono ni wa makarero.
Vor höheren Dingen verneige dich!

Das Orakel vom Ontake-san

Ich war zwanzig Jahre alt, im Heiratsalter. Das Haus im Hongō-ni-chōme blühte, und das Leben bekam die Farbe von klarem Wasser, es war sorglos und plätscherte fröhlich wie ein Fluß im Frühling.

Dann und wann würdigte eine Kundin meinen Arbeitseifer und machte mir das Angebot, mich als Schwiegertochter zu nehmen. Das schmeichelte mir mehr als ich eingestehen wollte, aber weil ich in meinem Stolz davon überzeugt war, die Vollendung erreicht zu haben, lehnte ich diese Angebote ab: »Da würde Ihr Sohn aber ein schlechtes Geschäft machen! Mit einer Frau, die sich mehr um ihren Beruf kümmern würde als um ihn!«

Damals hatte ich nur den einen Wunsch, Yamazaki Seikō und seiner Frau Nobuko zu beweisen, daß ich der Aufmerksamkeit würdig war, die sie mir geschenkt hatten. Sie hatten mir die Chance des Erfolges gegeben, nach der ich seit meiner Kindheit vergeblich auf der Suche gewesen war: auf dem Feld, in der Schule und bei der Seidenraupenzucht. Eine tiefe Dankbarkeit, die in meinem ganzen Leben nicht versiegen wird, ließ mein Herz stärker schlagen.

Doch als auf dem Weg göttlicher Orakel das Schicksal die Tiefe meiner Zuneigung prüfte, konnte ich mich ihm zunächst nur widersetzen. Dann mußte ich mich ihren Forderungen fügen, wie schwacher Rauch an einem Tag, da der Westwind weht, gezwungen wird, gerade in den Himmel aufzusteigen.

Schon seit vier Jahren sagten mir unabhängig voneinander Yamazaki Seikō und sein jüngerer Bruder Tomekichi, daß sie mich mit ihren Söhnen zu verheiraten wünschten. Und jedesmal lehnte ich ihre Anträge ab, die ich nicht für ehrlich hielt, da ich mir nicht vorstellen konnte, daß sie eine Verwandtschaftsbeziehung zu einer einfachen Auszubildenden wünschten. Ich bemühte mich, mich anmutig zu verneigen, und murmelte dabei, ich müsse doch zuerst eine vornehme Dame werden! Die Ehefrauen der beiden Brüder schienen diesem Streit um meine Zukunft, in dem ihre Männer begriffen waren, sowieso keine große Aufmerksamkeit zu schenken. Nobuko, die in ihrem Innersten entschieden hatte, die Tochter ihres älteren Bruders mit ihrem eigenen ältesten Sohn zu verheiratcn, beeilte sich, die Meinungsverschiedenheiten auf ihre Weise zu regeln: Sie lud ihre Nichte ein, bei ihnen zu wohnen und begünstigte den vertrauten Umgang der jungen Leute, so daß die Natur ihren Lauf nahm. Das junge Mädchen wurde schwanger, und die Heirat von Cousin und Cousine wurde zur offensichtlichen Freude aller gefeiert. Es hieß, sie paßten gut zueinander: Beide waren in Tōkyō geboren, waren groß und hatten sehr schmale Hände und Füße. Ihre Familien zählten diese Ähnlichkeiten gewissermaßen als Begründung für ihr Verlöbnis auf.

Auch die Frau von Tomekichi machte sich über eine Heirat ihres Sohnes Tatsuo Gedanken. Sie amüsierte sich über die Naivität ihres Mannes und zog es vor, es den Göttern zu überlassen, ihr bei der Wahl einer Schwiegertochter zu helfen.

Yamazaki Naka gehörte der religiösen Vereinigung vom Ontakesan an, dem heiligen Berg der Hida-Bergkette im Zentrum des Landes. Jedes Jahr nahm sie zusammen mit anderen Gläubigen an der Pilgerfahrt zum Berggipfel teil: In mehr als dreitausend Metern Höhe über der Menschenwelt suchten sie den Horizont im Westen ab, dort wo das Paradies des Reinen Landes jenseits des Meeres liegt. Dann konnten sie dank ihres Führers, der wußte, mit welchen Worten man mit den Göttern reden mußte, die göttliche Seele des Asketen Kaigen Reijin befragen. Er war der Gründer ihrer Glaubensbewegung, derjenige, der den Berg für sie geöffnet hatte. In diesem Sommer hatte Kaigen Reijin zugesagt, Naka zu antworten. Sie hatte den Wunsch geäußert, ihn über die Heirat ihres Sohnes Tatsuo zu befragen. Sie legte ihm nacheinander die Namen von siebenundzwanzig Schülerinnen vor, von denen sie glaubte, sie könnten zu ihrem Sohn passen. Aber der Gott lehnte sie alle ab. Dann stellte sie ihm den achtundzwanzigsten vor, es war mein Name, Nami. Da sie es als wenig wahrscheinlich erachtet hatte, daß die Götter von ihr verlangen könnten, ihren Sohn mit einem Mädchen ohne Vermögen zu verheiraten, hatte sie ihn an die letzte Stelle gesetzt.

Doch siehe da, der Gott antwortete ihr, daß nur ich, Nami, in Frage käme, und sonst keine. Und er ergänzte sein Orakel noch, indem er klar zu verstehen gab, daß ich schwer zu überzeugen sein würde, aber daß er, Kaigen Reijin, über die guten Menschen, die den Berg bestiegen, wache.

Bei ihrer Rückkehr nach Tōkyō verkündete Naka jedem, der es hören wollte, daß die Götter mich dazu auserwählt hätten, Tatsuo zu ehelichen.

Giri, die gesellschaftliche Verpflichtung

Keiner fragte nach meiner Meinung. Wie hätte ich auch daran denken können, dieses Privileg zurückzuweisen, durch das mich meine Wohltäter vor allen anderen auszeichneten? Ich wagte nicht zu gestehen, daß ich schon in meiner Kindheit beschlossen hatte, nicht zu heiraten. Das war eine Art Gelübde, dessen Einhaltung mich zum Erfolg führen mußte. Sicher, diese Heirat zwang mich nicht dazu, meinen Beruf aufzugeben, denn es war Brauch, daß die Friseusen wenigstens bis zur Geburt eines zweiten oder dritten Kindes weiter arbeiteten. Aber meine beruflichen Träume würden hinter dem Dienst an meinem Ehemann zurücktreten müssen. Denn keine Frau darf das Ansehen des Mannes übertreffen, mit dem sie ihr Bett teilt. Außerdem vermutete ich, er würde nichts taugen. Heißt es nicht *kamiyui no teishu*, »der Mann einer Friseuse«, womit man Männer meint, die auf Kosten ihrer Frau leben? Ich dachte, daß diese Verbindung mich dazu verdammen würde, ein unbedeutendes, nichtssagendes Leben zu führen, ein Leben ohne guten oder schlechten Geruch.

Aber ich wußte auch nicht, wie ich diese neue Verbindlichkeit ablehnen sollte. Meine lange Ausbildung war die Ursache einer unantastbaren Verpflichtung, die mich für immer an die Familie Yamazaki band. Ich hatte ihnen gegenüber eine Dankespflicht, *giri*. Meine Arbeit, weit davon entfernt als Tauschobjekt dienen zu können, hatte mich jeden Tag noch mehr zur Schuldnerin gemacht: *giri* gegenüber Personen von höherem Rang kann nicht getilgt werden, denn die ständigen Beziehungen sind weit davon entfernt, die Bande zu lösen. *Giri* bekräftigt sie vielmehr unaufhörlich.[1] Die Beziehungen von einem Meister zu seinem Schüler kamen mir vor wie ein klebriges Spinnennetz.

Nur durch die Aufopferung meiner Wünsche oder das Opfer meines Lebens würde ich diesem Zwang entkommen ... Und da ich keine Lust hatte zu sterben, konnte ich nur kapitulieren. Das würde meine alten Verpflichtungen löschen, aber es würde auch neue schaffen ... Am Ende würde die Heirat diese Verpflichtungen fest in meinem Körper verankern. Von einer Schülerin würde ich zur Braut werden. Und meine Pflichten gegenüber meiner Schwiegerfamilie würden noch zehn oder zwanzig Jahre lang wachsen. Solange bis ich selbst Schwiegermutter werden würde.

Manchmal resignierte ich. In anderen Augenblicken entschloß ich mich, zu fliehen. Ich würde ein Schiff nehmen, in ein fernes Land fahren und dort meine Identität wechseln. Einen Augenblick träumte ich: »Welchen Namen wähle ich? Ich ziehe ein westliches Kleid an und nehme einen dieser Modenamen an, denen man ein *ko* anhängt, wie es bei berühmten Leuten früher üblich war. Das wäre hübsch. Ich nenne mich Mariko. Ich frisiere das Haar der Fremden ... blondes und kastanienfarbenes Haar.«

Doch dann packte mich die Wirklichkeit an der Kehle wie der Fischer den Fisch an den Kiemen. Ich erinnerte mich an die Worte, die die Alten in Asaka sagten, als man einen Bewohner aus Asaka hinausjagte: »Er wußte nicht, was *giri* ist.« Wenn man ein guter Mensch war, dann war man *girigatai*, nahm man es »sehr genau mit *giri*«. »Die Undankbaren«, sagte meine Mutter, »sind keine Menschen. An dem einen oder anderen Tag sterben sie verlassen, fern von allen, wie die Algen, die außerhalb des Wassers vertrocknen.«

Ich entschloß mich, meinen älteren Bruder zu Hilfe zu rufen. Da ich davon überzeugt war, daß er meine Bitte nur als eine Laune ansehen würde, fuhr ich selbst in unser Dorf, um ihn zu überzeugen. Zu meiner freudigen Überraschung stellte er meinen Entschluß nicht in Frage und versprach auf der Stelle, sich für mich einzusetzen.

Er kam also eigens nach Tōkyō. Er stattete den Brüdern Yamazaki einen Besuch ab. Er grüßte sie, und sie empfingen ihn prunkvoll. Sie überhäuften ihn mit Aufmerksamkeiten und kleinen Geschenken. Sie boten ihm Sake an, runde Birnen und schenkten ihm eine alte Abhandlung über die Landwirtschaft. Man lud meinen Bruder zu einem Festessen ein, bei dem nacheinander in prachtvoller Anordnung Muscheln, Fleisch und Fische serviert wurden. So fand er keine Worte, mit denen er den Heiratsantrag hätte ablehnen können, von dem, um die Wahrheit zu sagen, sowieso nicht die Rede war. Als er wieder abfuhr, vertraute er mir an, daß ein einfacher Bauer wie er, es sich nicht leisten könne, Leuten aus der Stadt etwas zu verweigern, was immer es auch sei. Schließlich riet er mir, mich an Endō Isaji zu wenden, den Cousin meines Vaters, der schon lange in Tōkyō lebte. Er hatte sich schon oft bei meiner Familie für mich eingesetzt und ein bewunderndes Staunen gezeigt für das, was er meinen Mut nannte. Jedenfalls sagte er gerne: »Nun, für ein Mädchen aus Tōhoku hat sie ziemlich viel Mumm in den Knochen!«

Endō Isaji arbeitete inzwischen in Ōtemachi in der Filiale der Mitsubishibank, deren Direktor er geworden war. Naganuma Yūzaburō dagegen arbeitete gelegentlich für das Handelshaus Mitsubishi. Nun traf es sich, daß Tatsuo damals ebenfalls in diesem Handelshaus angestellt war. Endō Isaji bat also Naganuma Yūzaburō, über besagten Yamazaki Tatsuo Erkundigungen einzuziehen. Naganuma erfuhr, daß dieser in den acht Jahren seiner Anstellung weder jemals gefehlt hatte, noch zu spät gekommen war. Von da an drängte Endō Isaji mich zur Heirat, anstatt sich für mich einzusetzen. Was könne eine Göre vom Land Besseres finden, als diesen jungen Mann, der gesund sei und seine Arbeit gewissenhaft erledige. Ob ich Feministin sei? Oder ob ich alleine leben wolle, um meine Machenschaften vor der Welt zu verbergen?

Ich war bestimmt keine Feministin. Und ich hatte auch nichts zu verbergen. Ich hätte gerne wie ein Kind unter dem Schutz der Yamazaki gelebt und mich für unschuldig gehalten, allein verantwortlich vor der Welt für meine Taten. Ich wollte frei sein wie die Schwalbe im Frühling, bevor sie ihre Eier legt. Aber es gab noch etwas anderes, was mich erschreckte. Als Yamazaki Tomekichi einmal getrunken hatte und seine Frau Naka ihn bat, sich doch hinzulegen, murmelte er, sie müsse ihm größere Achtung entgegenbringen, denn die Yamazaki stammten aus einem edlen und sehr alten Geschlecht. »Unter unseren Ahnen waren große Männer!« grölte er. Ich ahnte fürchterliche Dinge, deren Schatten auf dem Schicksal der Familie lastete. Warum sollten so bedeutende Personen mich als Tochter wählen? Ich müßte eine unbekannte Vergangenheit auf mich nehmen, die mir Angst einjagte. Genauso wie das Körpergewicht dieses Mannes, den ich noch nie gesehen hatte und den ich bald *shujin*, mein Herr und Gatte, nennen müßte.

Miai, die Vorstellung vor der Hochzeit

Da ich von allen Seiten attackiert wurde, stimmte ich schließlich zu, mir Tatsuo anzusehen, jedoch unter der Bedingung, daß er nichts davon wüßte. Tatsächlich sagte er, er hätte mich einmal flüchtig in der Schule gesehen. Doch ich bin ihm niemals begegnet, die Götter wissen, warum. Nobuko, die hinter meinem Rücken behauptete, ich wolle Tatsuo nicht heiraten, weil ich ihren eigenen Sohn vorgezogen hätte, da er von einer älteren Linie abstamme, ließ mir keine Ruhe: »Stimme wenigstens zu, ihn dir anzusehen, das verpflichtet dich zu nichts.« Nachdem ich nachgegeben hatte, beeilte sie sich, die Sache zu organisieren.

Es war an einem Tag mit bewölktem Himmel gegen elf Uhr. Tomekichis und Nakas Sohn aß mit zwei Freunden im Speisesaal zu Mittag. Nobuko forderte mich auf, einen Blick durch das

Fenster auf ihn zu werfen. Da ich zu klein war, mußte ich mich auf einen Mülleimer stellen, um die Höhe der Fensterscheibe zu erreichen: Im Halbdunkel sah ich drei junge Männer, die mir den Rücken zuwandten. Am besten konnte ich ihre *tabi*-Söckchen erkennen: zwei von ihnen trugen schmutzige *tabi*, einer saubere.

Yamazaki Nobuko sagte zu mir: »Der mit den sauberen *tabi* ist es.«

Diese Information beruhigte mich ein wenig, und so stimmte ich zu, ihn öffentlich zu treffen.

Die offizielle Begegnung, das *miai*, fand gleich am nächsten Tag statt. Ich erschien mit meiner Dienstmädchenschürze, mit strubbeligen Haaren und ungeschminkt und hoffte, daß ihn meine Häßlichkeit enttäuschen und er mich ablehnen würde ... Erst Jahre später, lange nach unserer Hochzeit, habe ich ihm das gestanden. Tatsächlich hatte er eine Braut wie mich damals nicht nötig. Er war ein schöner Mann mit feinen Zügen und einem spöttischen Ausdruck, der ihm Charme verlieh. Er besuchte oft eine junge Dame, die er heiraten wollte. Tagelang hatte er getobt

Yamazaki Tatsuo (1931) aufgenommen mit Selbstauslöser

und geschrien, er würde sich niemals mit einer Friseuse abgeben! Aber seine Mutter gab nicht nach. Man muß, sagte sie, den Entscheidungen der Götter Folge leisten. Schließlich mußte er seine Freundin verlassen, um mich zu heiraten.

Wenn uns die Leute heute zusammen sehen, rufen sie aus: »Sie haben sicher aus Liebe geheiratet!« Aber wir beide lachen heimlich, denn wir wollten einander wahrhaftig nicht heiraten.

Die Hochzeit

Es war im Jahr 14 der Shōwa-Zeit, als man uns zur Heirat zwang. Endō Isaji und Yamazaki Nobuko, die mit dieser Verbindung, als deren Urheber sie sich fühlten, besonders zufrieden waren, dienten als Vermittler, *nakōdo*. Damals wie heute wurden, wenn zwei Familien sich verbanden, in gegenseitigem Einvernehmen Vermittler ihres Vertrauens gewählt, die für die zukünftigen Ehegatten bürgen und im Falle eines Streites die Unterhandlungen führen sollten.[2]

Hase, der auf dem Mond Heilkräuter zubereitet
(nach einem Gemälde aus dem 8. Jh.)

Tatsuo stammte aus gutem Hause und war im christlichen Kolleg L'Aurore zur Schule gegangen. Er war also Christ.[3] Die Hochzeitszeremonie wurde in der Kirche in Aoyama abgehalten, wo uns der Älteste der Yamazaki ein Rollbild schenkte, das einen Hasen auf dem Mond zeigte.[4] Drei Schriftzeichen waren darauf kalligraphiert: *ai*, die Liebe, *kei*, die Achtung und *shin*, das

Vertrauen. Aber in meinem Innern verachtete ich diese Worte. Ich glaubte, sie hätten nur den Sinn, die Frauen gefügig zu machen. Wie die tugendhaften Worte und der Glaube Nakas seien sie nichts als ein Trick der Reichen, um die Armen in Schranken zu halten. Im selben Moment, in dem ich sie las, spürte ich, wie der Haß anfing, in meinem Bauch und meiner Brust zu nagen. Beim Festessen, das die Familie Yamazaki in einem Hotel ausrichten ließ, hielt Endō Isaji eine Lobrede auf Tatsuo und mich. Er betonte meinen Eigensinn, der in Tōkyō so sprichwörtlich geworden war wie in Asaka, und hob die Tugenden von Tōhoku und die Kühnheit der Einwohner Tōkyōs hervor. Ich hörte ihm lachend zu, so, wie ich auf meiner eigenen Beerdigung gelacht hätte. Als das Bankett zu Ende war, brach ich in Tränen aus. Man erklärte, dies sei so normal wie die Nacht nach dem Tage, das Gewitter nach der Hitze und das Alter nach der Jugend. Man führte es auf die Müdigkeit und die Aufregung zurück und drängte mich, mich einige Augenblicke zurückzuziehen, um mit Cremes und Schminke mein Gesicht in Ordnung zu bringen. Dann verließen wir, die frischgebackenen Eheleute, die Anwesenden, um uns in der Wohnung niederzulassen, die man uns über dem Geschäft in Hongō eingerichtet hatte. Schon zwei Wochen zuvor hatten Yamazaki Tomekichi und Naka Ochanomizu verlassen und waren nach Hongō gezogen.

Als ich auf der engen Treppe bei jeder Stufe stolperte, faßte mich Tatsuo um die Taille, um mir beim Hinaufgehen behilflich zu sein.

Japanischen Frauen wird oft nachgesagt, sie seien häßlich und boshaft in ihrer Jugend. Sie sind nicht schlimmer als andere, aber der Eintritt in eine Schwiegerfamilie bürdet ihnen neue Umgangsformen auf, und zwar in einem Alter, in dem der Kopf nicht mehr so fügsam ist wie in der Kindheit. Daraus resultiert eine kräfteverzehrende Disharmonie. Heute rät die Werbung jungen Ehefrauen, im Haushalt ihres Mannes die Gebräuche ihrer Heimatprovinz wieder aufzunehmen. Aber damals sollte eine Ehefrau nicht originell sein, sie mußte sich in die Gebräuche fügen, die ihr ihre Schwiegermutter einschärfte. Deshalb konnte eine Schwiegertochter die Leitung der Hausgemeinschaft nicht vor dem Tag übernehmen, an dem sie die Misosuppe nach den überlieferten

Die Hochzeit von Endō Nami und Yamazaki Tatsuo

Regeln der Familie ihres Mannes kochen konnte. Ihre Fähigkeit, sich darein zu fügen, bewies sie dadurch, daß sie nach zehn oder zwanzig gemeinsamen Lebensjahren ihr Geschmacksvermögen und damit ihren ganzen Körper verändert hatte. Daran erkannte man, daß sie mit den Regeln ihrer alten Familie gebrochen hatte und fortan diejenigen des neuen Hauses anwenden und weitergeben konnte.

Aber dieser lange Unterricht verfinsterte das Leben der Frauen. Ich, die ich immer gelebt hatte, wie es mir gefiel, hatte die größten Schwierigkeiten, mich meinem Mann, meiner Schwiegermutter und meinem Schicksal zu unterwerfen.

Ai oder koi, Liebe oder Leidenschaft

Tatsuo zeigte sich mir gegenüber immer korrekt, obwohl ich keine gute Ehefrau war. Sicher, er hatte mehrere Geliebte, aber das müssen die Götter erlauben, weil es mehr Frauen als Männer auf dieser Erde gibt. Dagegen ist nichts einzuwenden. Und dann, jetzt, wo ich alt bin, kann ich es gestehen, haben Männer mich nie sehr interessiert. Höchstens vielleicht in meiner Kindheit: Mein *omori* hatte mich ein bißchen verwirrt, als er meine Füße abrieb, um mich wieder aufzuwärmen. Oder mein älterer Bruder, als er mich in die Arme nahm. Tatsächlich denke ich, daß sich Liebe zunächst zu sehr nahestehenden Personen zu entwickeln beginnt. Die Söhne sind verliebt in ihre Mütter, die Mädchen in ihre Brüder. Wenn sich der Kreis der Beziehungen erweitert, beginnt man auch andere Menschen zu lieben.

Im Westen scheint es so zu sein, daß sich die Menschen begegnen und sich schlagartig ineinander verlieben. Das geschieht auch in Japan, aber hier sind das nur vorübergehende Neigungen. Die wahre Liebe entsteht nach langen Monaten oder Jahren, wenn die Zeit die Menschen, die Seite an Seite leben und Kummer und Sorge teilen, füreinander geprägt hat. Man braucht sich nur umzusehen, wie es jungen Leuten von heute mit einer Liebesheirat, *renai kekkon*, ergeht. Kaum sind ein oder zwei Jahre vergangen, da trennen sie sich wieder. Für die *miai kekkon*, die auf eine Zusammenkunft hin arrangierte Heirat, gilt genau das Gegenteil: Nach ein oder zwei Jahren ist daraus Liebe geworden, und es ist schwierig, sich wieder zu trennen.

Im Japanischen gab es schon immer zwei Worte, *ai* und *koi*, die man nicht miteinander verwechseln darf. *Ai* bedeutet die Liebe, die man für seine Eltern, seine Brüder und Schwestern oder seinen Ehemann empfindet. *Koi* bezeichnet nur die Verwirrungen des Herzens, die bei der Frau durch den Mann hervorgerufen werden und beim Mann durch die Frau.

愛	恋
Ai, die Liebe	*Koi*, die Leidenschaft

In Asaka lernten wir sehr früh, daß *koi* ein starkes Gefühl ist, das jeder nach seiner Art in zwei Wochen oder drei Jahren ausleben kann. Aber *koi* unterliegt individuellen Wünschen und nicht der Ordnung der Gemeinschaft und muß deshalb verborgen bleiben, um dem rechten Lauf der Welt nicht zu schaden. *Ai* dagegen spiegelt die offiziellen Bande des Blutes oder der Verschwägerungen. Meine Mutter erzählte manchmal, daß sie in ihrer frühesten Jugend eine heftige Leidenschaft empfunden und einen Augenblick lang geglaubt habe, sie hätte das Glück entdeckt. Und dann fügte sie hinzu: »Lernt die Leidenschaft kennen, wenn ihr könnt, aber verliert euch nicht darin, denn sie würde euch zerstören.« Vielleicht hat mir deswegen die Leidenschaft immer Angst gemacht. Jedenfalls ist es eine Tatsache, daß ich ihr nicht begegnet bin. Es sei denn, meine Leidenschaft für meine Arbeit hätte mir dieses Glück ersetzt.

Akirame oder yamai, Resignation oder Krankheit

Ich war bald schwanger. Aber meine Seele verbitterte sich, und meine Schultern zogen sich zusammen, während mein Bauch dicker wurde. Ich hustete viel. Man rief einen Arzt. Er diagnostizierte eine Rippenfellentzündung. Ich wurde gepflegt. Ein Mädchen kam zur Welt. Nachdem meine Schwiegermutter Naka erneut Kaigen Reijin, den *kami* vom Ontake-san, um Rat gefragt hatte, beschloß sie, es Motoko zu nennen. *Moto* ist die japanische

Lesart von *gen* aus *kaigen* und bedeutet »Ursprung«.[5] »Motoko«, sagte Naka, »ist ein Kind des Ontake-san.« Da verspürte ich den Drang, dieses Baby, das mir meinen Bauch verunstaltet hatte und mir trotzdem nicht gehören sollte, zu hassen. Außerdem hustete ich trotz der Medikamente unaufhörlich.

Schließlich fuhr ich nach Asaka. Ich weiß nicht genau, wer diese Idee aufgebracht hatte. Vielleicht ich, weil ich fliehen wollte. Oder Naka, die von meiner Anwesenheit genug hatte und mich davonjagen wollte. Mir war das jedenfalls egal. Meinen Ehemann zurückzulassen machte mir wenig aus. Nicht nur meine Krankheit konnte als Ausrede dienen, es war zudem noch Krieg, der andauerte und meinen Umzug verständlich machte. In Tōkyō war es schwierig, guten Reis zu bekommen. Wenn die Kämpfe sich in die Länge ziehen würden, würde man Tatsuo einberufen und er müßte in ein militärisches Übungslager. Auf jeden Fall würden Naka und ihr Mann in Tōkyō bleiben, um das Haus zu hüten.

Am Morgen des Tages, an dem ich nach Asaka abreiste, begleitete mich Naka zum Bahnhof, um Motoko zu tragen. Unterwegs sagte sie mir, ich solle aufhören, umsonst zu kämpfen und wiederkommen, wenn ich mich mit meiner Lage abgefunden hätte.

Akirameru, verzichten, resignieren, war wieder so ein Wort, dessen Sinn ich nicht verstehen wollte. Was mich leiden machte, war nicht so sehr die Krankheit, sondern der Eindruck, daß die Götter ihr Spiel mit mir trieben. Als meine Ausbildungszeit vorüber war, hatte ich geglaubt, daß die Schwierigkeiten der Vergangenheit angehörten und daß jetzt die Zeit gekommen sei, die Schönheit in die Welt zu tragen. Und genau da beschnitt die Heirat die Flügel meiner Träume und beschwerte meine Knöchel mit Steinen und meinen Bauch mit Kindern. *Akirame*, die Fähigkeit zu verzichten, sagte Naka, ist die große Qualität der japanischen Frau. Ich aber lehnte mich dagegen auf, weil ich nicht wußte, daß aus dem Verzicht der leuchtende Friede geboren wird, der die wahre Kraft und die Urteilsfähigkeit schenkt.

Das Gewicht einer schrecklichen Angst lastete auf meinen Lungen und ich hustete, um das Böse aus meiner Brust zu vertreiben. Als ich in Asaka ankam, mußten sich meine Eltern bei den Yamazaki für die Unannehmlichkeiten, die ihnen ihre nutzlose Tochter bereitete, entschuldigen. Doch sie stellten sich selbst einige Fragen: Nie war in der Familie einer so krank gewesen. Ich selbst hatte seit einer Rippenfellentzündung im Alter von zwölf Jahren nie mehr Fieber gehabt. Das alles kam ihnen sehr seltsam vor. Und da ich mich in meinem Leiden verschloß, fragten sie sich, welch entsetzliches Schicksal denn mit den Yamazaki verknüpft sein könnte.

Seimei no jissō, die »Wirklichkeit des Lebens«

Ich kehrte nach Asaka zurück und ließ mich im Hause Endō, das jetzt von meinem älteren Bruder geführt wurde, häuslich nieder. Als erstes setzte ich mich auf die Veranda. Ich stützte die Ellbogen auf meine Knie und aß eine Kaki. Dabei betrachtete ich die Landschaft. Ich erkannte die Hügel mit ihren trägen Hängen wieder, ihren grünen, wie ein Damhirschfell mit Schnee gefleckten Mantel, die in Nebel gehüllten Gräser, zwischen denen im geheimen winzige bläuliche Sterne blühten, und den herben Geruch der ersten Frühlingstage. Meine Angst verging langsam, aber mit ihr verließ mich auch die Lebenskraft.

Jeden Morgen und jeden Abend schluckte ich die von einem Arzt in Tōkyō verschriebene Medizin gegen Tuberkulose. Ich hustete zwar weniger, aber ein leichtes Fieber blieb und lastete auf meinen Bewegungen und meinem Denken. Alles wurde mir zum Anlaß, mich in meine Melancholie zu vergraben. Motoko, das den Göttern vom Ontake-san geweihte Kind, lächelte mich an, wenn ich traurig war. Ich fühlte mich unfähig, dieses Kind, das heiter wie ein Blutströpfchen im Schnee war, zu lieben, da sich die Götter und meine Schwiegermutter seiner bemächtigt hatten.

Als die Frühlingsvögel aus den Wolken auftauchten, die Augen voller Bilder aus dem Süden und unaufhörlich zwitschernd, als wollten sie die Inselbewohner auslachen, verglich ich mich mit ihnen. Ich war eine Nachtigall im Käfig, die den Adler um seinen Berggipfel beneidet: Mein Frauenschicksal hatte mir die Flügel gestutzt. Weder auf dem Dorf noch in der Stadt würde es je Freiheit für mich geben, denn ich war ja bloß eine Ehefrau.

In der Freundlichkeit, mit der jeder meiner Schwäche begegnete, erkannte ich nur Geringschätzung. Ich sagte zu mir: »Glücklich all jene, die nichts versucht haben und also auch nicht gescheitert sind!« Denn es gibt nichts Schlimmeres als einen Traum, den die Pflicht zum Gehorsam zerstört hat.

Manchmal flüchtete ich in meine Kindheit und grub meine Füße in die Erde, die warm war von der Morgensonne. Ich stellte mir vor, daß ich nie weggewesen wäre und daß Glück und Ruhm mich erwarteten. Meine Traurigkeit wäre nichts als die Frucht eines bösen Traumes, wie man ihn während Vollmondnächten hat. Aber als die Illusion verblaßte, lähmte eine resignierte Benommenheit von neuem meinen Geist und überließ dem Fieber, das meinen Körper allmählich aufzehrte, das Feld.

So lebte ich einen oder zwei Monate mit dieser aus Tōkyō mitgebrachten Krankheit, die mir wie eine unbescheidene Dienerin Gesellschaft leistete, als der Mann meiner älteren Schwester, der Kuchengroßhändler Nakamura aus Kōriyama, zu Besuch ins Haus Endō kam. Obwohl er nur ein Händler mit runden Backen und dicklichen Händen war, brachte er ein Buch mit. Es hatte den Titel *Seimei no jissō tetsugaku, Die Philosophie der Wirklichkeit des Lebens,* und war ein Glaubensbuch von Taniguchi Masaharu.[6]

Dieser Taniguchi Masaharu war am Vortag des *niiname*-Festes[7], des Festes des neuen Reises, geboren worden. Es war am zweiundzwanzigsten Tag des elften Monats im Jahre 26 der Meiji-Ära (1893), zu einer Stunde, als der Vollmond noch die Berge im Westen erhellte und die Sonne im Osten schon die Wolken berührte. Das Gleichgewicht, das in diesem Augenblick die Bewegung der Sterne regierte, hatte ihm einen so ausgeprägten Gerechtigkeitssinn verliehen, daß die Götter beschlossen hatten, ihm außerdem noch außergewöhnliche Weisheit zu gewähren. Tatsächlich bestimmt der Augenblick, in dem man auf die Welt kommt, die angeborenen Eigenschaften, und die Götter bemessen diesen Eigenschaften entsprechend die Intelligenz eines jeden.[8]

In dem Buch des Kuchengroßhändlers las ich wunderbare Dinge. Taniguchi-*sensei*, Meister Taniguchi, schrieb darin: »Der Gott meiner Heimaterde, mein *ubusunagami*, ist der des Heiligtums zu Ikuta, wo man die jüngere Schwester von Amaterasu Ōmikami, Wakahirume no kami verehrt, die man auch Wakahimegimi no mikoto nennt ...« Und weiter unten: »Das Schicksal der Menschen wird zur Hälfte von der Summe der Handlungen bestimmt, die voraufgegangene Generationen im Laufe ihres Lebens vollbracht haben. Von der übrigen Hälfte wird wiederum die Hälfte von der inneren Einstellung bestimmt, die sich in den Anstrengungen und Handlungen in diesem Leben offenbart. Das letzte Schicksalsviertel schließlich wird vom Gott der Heimaterde und von den anderen hochrangigen Geistern, die ihren Sitz an seiner Seite haben, bestimmt. Ich spreche von der »Hälfte des Schicksals«, aber es ist natürlich nicht möglich, eine exakte mathematische Gleichung aufzustellen. Die allgemeine Ausrichtung des Schicksals wird von *ubusunagami* entsprechend den Verdiensten des früheren Lebens festgelegt. Von diesen hängt auch der Entschluß des Gottes ab, wo man geboren und von wem man aufgenommen wird. Indem er uns auffordert, das die Menschheit erleuchtende Licht zu verstärken und das Universum durch die Kraft von Sumiyoshi-myōjin[9] zu reinigen, weist er uns den Weg, wie wir eine Bewegung entwickeln können, die dem japanischen Staat zur Ehre gereicht. So war ich, der ich in einer Familie mit sechs Kindern geboren wurde, der einzige, der adoptiert wurde und studieren konnte. Und so habe ich schließlich ›Die Philosophie der Wirklichkeit des Lebens‹ gegründet. Jedesmal, wenn ich mich an diese Tatsachen aus der Vergangenheit erinnere, bin ich voller Dankbarkeit für den Gott meiner Heimaterde.«

Mein Schwager erklärte mir, daß die Götter Taniguchi Masaharu gewählt hätten, um den Menschen ihren göttlichen Ursprung zu offenbaren, weil er ein Mann von großem Wissen sei. Er hatte alle ausländischen Denker und die chinesischen und japanischen Klassiker gelesen. Mit der Gnade dieser Erkenntnis hatte er *Seichō no ie*, das »Haus des Wachstums« gegründet, eine Zeitschrift, deren Philosophie alle Religionen an Weisheit übertraf, denn sie faßte sie alle zusammen.[10] Mein Schwager sagte auch, daß jeder in Eintracht mit den Göttern leben müsse, da sie die Quelle des wirklichen Lebens seien. Japan, das zwischen Asien und den Vereinigten Staaten, zwischen Ost und West liege, nehme eine besondere Vermittlerposition ein. Er sagte: »Aber was ist nun Japans Aufgabe? Was muß Japan für die Welt tun? Ägypten und Babylon sind die Gründer der menschlichen Kultur. Die Juden haben ihr eine bewunderungswürdige Moral hinzugefügt. Die

Griechen haben sie verfeinert. Die Phönizier haben diese Kultur durch ihre Reisen über die Welt verbreitet. Die Römer haben sie bewahrt. Die Deutschen haben sie weiterentwickelt. Und die Amerikaner haben sie in die Praxis umgesetzt. Sollten die Japaner jetzt nichts mehr zu tun haben? Soll Japan diese auf ausländischem Boden entwickelte Zivilisation übernehmen und sich einfach damit zufriedengeben? Ganz bestimmt nicht. Japan muß wie die anderen Großmächte seinen Teil zur Menschheitsentwicklung beitragen! Ich bin mir sicher, daß wir das Werk unserer Vorgänger zu wunderbarer Entfaltung bringen werden.«

Und er legte mir in einer Rede von bestechender Klarheit dar, daß die Welt des Himmels, die Hochebene, auf der die Götter wohnen, das Jenseits der Christen und das Paradies des Reinen Landes der Buddhisten dazu berufen seien, auf der Erde Wirklichkeit zu werden. Und daß die Japaner daran arbeiten müßten. »Der Name Jesus und der Name Japan beginnen beide mit einem J. Das ist kein Zufall, sondern ein göttliches Zeichen des allumfassenden Willens«, sagte er. »Das Christentum, der Buddhismus und der alte Shintō-Glaube« werden alle im »Haus des Wachstums« vereint werden, in dem sich die Seelen frei entfalten können. Und dieses »Haus des Wachstums« wird der Urgrund sein für ein harmonisches Universum, in dem Japan, das Land an der Wurzel der Sonne, seine Bestimmung erfüllen wird: der Welt das Glück zu bringen.[11]

Er lehrte mich auch, daß sich zwei große Einigungsbewegungen gegenüberstünden. Die Kommunisten versuchten seit langem die Welt auf materialistischer Basis zu vereinheitlichen, und in Japan selbst, diesem Land der Götter, beriefen sich einzelne darauf und wollten das Kaisertum abschaffen.

Die andere Bewegung sei von dem Bestreben erfüllt, mittels geistiger Kräfte die Welt neu zu ordnen. Sie wünsche die Schaffung eines Universums, in dem alle Wesen unter demselben Licht vereint wären: das sei das Haus des Wachstums.

Der Mann meiner älteren Schwester hatte in Kōriyama den Titel eines örtlichen Beauftragten des Hauses des Wachstums. Als er mir das Buch über die *Philosophie der Wirklichkeit des Lebens* anvertraute, versicherte er mir, daß dieses Buch außergewöhnliche Fähigkeiten besitze: Männer und Frauen, die nur seinen Titel in einer Zeitung gelesen hätten, hätten daraufhin vom Selbstmord abgesehen. Andere, halb gelähmte, hätten gespürt, wie ihre Schmerzen verschwanden. Dank dieser Lehre herrsche Frieden in Familien, die sich zuvor uneinig gewesen seien, Körper und Herzen der guten Menschen seien sämtlich gerettet. Ich hatte schon von der *Wirklichkeit des Lebens* gehört. Ich hatte sogar die Anzeigen in der Zeitschrift *Shufu no tomo*, *Der Freund der Hausfrau*, gelesen. Aber mein Geist verharrte so sehr im Groll, daß kein Lichtschimmer den Nebel meines Herzens zerstreuen konnte. Sollten die Götter an diesem Tag endlich Mitleid mit mir haben? Oder war ich in meinem Kummer bereit, nach irgendeinem Trost zu greifen? Ich weiß es nicht. Aber das Bedürfnis zu glauben und der Wissensdurst ergriffen von mir Besitz.

In dem Buch stand, daß Verfehlungen, Übel und Krankheiten Zeichen eines falschen Verständnisses der kindlichen Beziehungen des Menschen zu den Göttern seien. Um von dem Übel loszukommen, genüge es, zu dem »Wirklichen Leben« zurückzukehren, das jeder als Kind des göttlichen Willens führen müsse.

Mein Schwager machte mir klar, daß ich mich vergeblich bemühte, das Schiff meines Lebens zu wenden, auf das ich ohne Hoffnung auf Rückkehr geraten war; daß meine zum Scheitern verurteilten Versuche der Grund meiner Leiden seien. Er sagte: »Es sind nicht die Götter, die dir eine solche Krankheit wünschen. Das Fieber kommt von deinen üblen Gefühlen, deiner Unzufriedenheit. Wirf das Thermometer, das *shinpaibō*, »Sorgenstab«, heißt, weg und nimm deine Medikamente nicht mehr mit Haß, sondern mit dankbarem Herzen ein.«

Bei diesen Worten versteifte sich mein Körper zunächst in einer Bewegung der Auflehnung, wie sich eine Made, die sich im Innern einer Frucht versteckt, ringelt, wenn sie durch einen Messerschnitt entzweigeschnitten wird. Dann erstaunte mich die Richtigkeit der Rede dieses Mannes wie das frische Laubwerk des Ahorns im Frühling. Er zeigte mir Gefühle, die so schwer waren, daß ich sie mir nicht einmal in meinen geheimen Träumen eingestehen konnte, im hellen Licht. Ich begriff, daß ich meine Krankheit hinauszögerte, in der Hoffnung, nicht nach Tōkyō zurückkehren zu müssen. Nachdem mir auf diese Weise die Augen meines Herzens geöffnet worden waren, hörte ich auf zu kämpfen.

Ich entschloß mich, gesund zu werden. Aus dem Thermometer, das ich zerbrach, sprangen lustige Quecksilberkügelchen. Nachdem ich die Glasscherben eingesammelt hatte, ging ich heimlich über die Felder bis zu der Wegkreuzung, an der früher die Kinderschar die Insekten zurückgewiesen hatte, die der Ernte schädlich waren. Dort machte ich ein Loch und begrub die Scherben. Während ich eine alte Melodie trällerte, stampfte ich die Erde fest: »Möge die Krankheit von mir weichen wie dieser Sorgenstab!« Wieder im Hause Endō, versteckte ich in meinem Kimonoärmel die Schachtel mit den Medikamenten, die ich in Tōkyō gekauft hatte. Ich trug sie zum Bach hinunter, der zum Ausgang des Dorfes floß. Dort ließ ich sie in die Strömung fallen, während ich ein Liedchen trällerte, das man zum Zurückschicken der Ahnen sang. Mit einer gewissen Erleichterung fand ich, daß es zur Situation paßte: »Danke, daß ihr gekommen seid, aber kehrt nicht zu früh wieder.«[12] Als ich mich an das kleine Mädchen erinnerte, das schwarze Füße von der Erde der Reisfelder hatte, lachte ich, wie ich es schon seit zehn Jahren nicht mehr getan hatte. Dabei spürte ich, wie sich die achthundert Fäden lösten, die meine Atmung behindert hatten.

Als ich begriff, daß nur die Kraft meiner Seele meine Genesung erreichen konnte, schloß ich mich ein, um mehrere Stunden am Tag zu lesen, damit meine geistige Energie gesteigert würde. Meine Umwelt war zunächst überrascht, dann erschrocken. Sie sagten sich: »Nun wird sie verrückt«, und sie verdoppelten ihre Opfergaben an die Klöster. Schließlich entschloß ich mich, zu Fuß nach Kōriyama zu gehen, um meine ältere Schwester zu besuchen. Mein ältester Bruder machte sich Sorgen, das könnte zu anstrengend sein, aber meiner Entschlossenheit gegenüber war er machtlos, und er ließ mich gehen. Wie Lorbeerblätter nach dem Regen

Beim Besuch in Asaka mit der ältesten Tochter als Baby

glänzten meine Augen, als ich wieder zurückkehrte, und ich erklärte meine Absicht, meinen jüngeren Bruder Yoshihisa, der bei Fukushima wohnte, zu besuchen. Im Hause Endō waren sie immer noch beunruhigt, aber dann zog man es vor, in meiner Eigensinnigkeit einen Vorboten meiner baldigen Genesung zu sehen. Ich fuhr mit dem Zug.

An diesen Orten, deren Landschaft mir nur undeutlich die glücklichen Stunden meiner Kindheit in Erinnerung rief, konnte sich mein Herz endlich von den sinnlosen Fesseln befreien. Spaziergänge, Fischen und Lesen. Ich führte ein gesundes Leben. Ich zählte die Chancen, die mir das Schicksal geboten hatte und die ich in meiner selbstgefälligen Torheit zurückgewiesen hatte. Ich dachte: »Ich werde mir mein Leben nicht aus Liebe zu den Schatten der Vergangenheit verpfuschen. Ich werde den Weg der *shura* verlassen, auf dem jene wandeln, deren Stolz sie dazu verdammt, ohne Unterlaß zu kämpfen.« Nachdem zwei Monate vergangen waren, fühlte ich mich stark genug, um zu leben, wie es der Name Yamazaki forderte, den mir die wunderbaren Götter gewährt hatten.

Entschuldigungen an die Götter, die Ahnen und die Menschen

Ich fuhr wieder zurück zum Hause Endō, um dort meine Heilung zu vermelden. Dann schrieb ich *zangebun*, »Beichtbriefe«, an meinen Mann Tatsuo und an meine Schwiegermutter Naka. In diesen Briefen gestand ich, den guten Namen der Yamazaki so sehr abgelehnt zu haben, daß meine Gesundheit darunter gelitten habe. Wenn ich noch erwünscht sei, würde ich mich in Zukunft so verhalten, wie dieser Name es erforderte. Tatsuo versprach ich, auch in meinem Herzen seine Frau zu werden. Bald darauf kam er, um mich abzuholen.

Er sagte mir, daß er nie an Scheidung gedacht, aber seit unserem Hochzeitsabend auf diesen Augenblick gewartet habe. Ich war voller Bewunderung über seine Geduld, sein Vertrauen, seine Großzügigkeit. Gemeinsam fuhren wir nach Tōkyō zurück. Im Zug gab er mir Ausschnitte aus einer Bibel zu lesen, die er noch aus seiner Schulzeit hatte. Um mich zu einem besseren Leben anzuregen, hatte er oft fromme Bücher in meiner Reichweite liegengelassen. Aber ich hatte mich geweigert, sie aufzuschlagen, weil ich mich nicht von schönen Worten täuschen lassen wollte. An diesem Tag entdeckte ich, daß das, was ich für die Worte des Teufels gehalten hatte, in Wirklichkeit göttliche Worte waren. Und ich verstand, wie wichtig *seishin taido*, die »geistige Einstellung«, ist, die Art, wie man die Dinge wahrnimmt und aufnimmt.

Als wir uns der Hauptstadt näherten, hatte ich den Eindruck, daß die Farbe der Luft sich geändert hatte und die Bäume grau geworden waren. Ganz nahe bei Tōkyō bemerkte ich durch das Zugfenster ein riesiges Loch in der Erde. »Das war eine Granate, die in ein Zwiebelfeld gefallen ist«, sagte Tatsuo. Am nächsten Bahnhof stieg ein junger Mann ein. Er war so blaß, daß man hätte meinen können, unter seiner Haut verliefen grüne Fäserchen. Aber da ich ganz von dem Wunsch erfüllt war, mich zu entschuldigen und ein neues Leben zu beginnen, wandte ich die Augen ab.

Nach meiner Ankunft in Hongō begrüßte ich die Ahnen der Yamazaki. Ich verneigte mich vor ihrem Altar, *butsudan*, und legte dort Geschenke nieder: ein Kästchen mit eingelegten Auberginen und kleine, mit einer Paste aus roten Bohnen gefüllte

Brote, die ich aus Fukuskima mitgebracht hatte. Dann entschuldigte ich mich mit folgenden Worten: »Ich bin in diese Familie gekommen, weil die Götter der Meinung waren, daß nur ich allein in sie einheiraten konnte. Aber anstatt ihnen dankbar zu sein, habe ich mich ihnen widersetzt und mich geweigert, sie zu verehren. Da haben sie mir diese Krankheit geschickt, um die Augen meines Herzens zu öffnen, und so erlangte ich die wahre Einsicht. Hier stehe ich nun vor euch. Ich bin mir des Glückes, das ihr mir gewährt habt, bewußt und werde von jetzt an den Menschen dienen, wie es die Götter wünschen.«

Nachdem ich auf diese Weise meine Reue gezeigt hatte, blickte ich um mich. Da sah ich, daß am Anfang des Jahres 19 der Shōwa-Zeit (1944) die Welt völlig in Unordnung geraten war.

Am 7. Dezember begann mit Pearl Harbor der Pazifische Krieg: Obwohl Admiral Yamamoto persönlich für Verhandlungen eingetreten war, zerstörte er überraschend und ohne Kriegserklärung drei Viertel der amerikanischen Pazifikflotte. Dieser Sieg, der den Weg nach Niederländisch-Indien und zu den Philippinen freimachte, ermöglichte die Errichtung eines Japanischen Großreiches: Im Mai 1942 dehnte es sich von den westlichen Aleuten im Norden bis nach Neuguinea und zu den Salomon-Inseln im Süden aus; von den Gilbert-Inseln und den Marshall-Inseln im Südosten bis zu den Nikobaren und den Andamanen im Südwesten; von den Grenzen Chinesisch-Birmas und den Bergen Zentralchinas im Westen bis zur mongolischen Steppe und dem Amur-Fluß im Nordwesten.

Als das japanische Volk die Siegesberichte hörte, konnte es nur Stolz empfinden. Man rühmte den Heldenmut der fernen Soldaten, die sich von Wurzeln und Rinden ernährten, wohingegen die Amerikaner, so die japanische Propaganda, ohne Schokolade und Zigaretten nicht kämpfen konnten. Da sie von ihrer Unbesiegbarkeit überzeugt waren, überraschte es sie sehr, als am 18. April 1942 ein Dutzend amerikanische B25 unter der Führung Oberst Doolittles über Tōkyō flogen. Der Feind war geschlagen, aber Admiral Yamamoto war überzeugt von der Notwendigkeit, neue Schläge gegen die amerikanische Marine ausführen zu müssen, und begann eine Marine- und Luftoffensive, die zur Schlacht bei den Midway-Inseln führte: Diese bedeutete im Juni den Wendepunkt im Amerikanisch-Japanischen Krieg.

Da die Schüler von dieser Schlacht jedoch als von einem großen Sieg unterrichtet wurden, sangen sie immer noch:

Wir werden die Flagge der aufgehenden Sonne,
die von unserem Blut getränkt ist,
an den vier Ecken der Welt hissen,
in den fernen Wüsten, wo die Sterne funkeln,
wo die Löwen unter den Bäumen brüllen.

Wir werden die Krokodile des Ganges fangen,
am Fuße des Himalaya.
Im Mai werden die Karpfen hoch*
über der Stadt London flattern.
Moskau, das verschneite Sibirien,
werden morgen unser sein.
Im von Gangstern befreiten Chicago
werden wir ein Denkmal errichten.
Und wenn wir an der Reihe sind, den Höllenfluß zu durchqueren,
werden wir mit den Schatten kämpfen.

Aber im Laufe des Sommers 1944, nach der Räumung von Guadalkanal, dem Verlust von Attu und dem Fall von Saipan, lernten sie eine neue Strophe dazu:

Wenn ich ins Meer gehe,
wird sich mein Leichnam im Wasser auflösen.
Wenn ich in die Berge gehe,
wird meine Leiche mit Moos bedeckt werden.
Ich werde für den Kaiser sterben,
ich werde ohne Bedauern gehen.

Die Schüler, denen man beibrachte, mit dem Gewehr umzugehen, die Soldaten, die in die Berge zum Manöver zogen, die Mütter, die in den Fabriken arbeiteten, alle fragten sich voller Angst, wie dieser Krieg wohl enden würde. Seit Ende des Jahres 1939 gab es den Schwarzmarkt. Ab November 1944 hörten die Luftangriffe auf Japan nicht mehr auf. Ganze Viertel und Städte lagen in Schutt und Asche. Der große Shintōschrein Atsuta und das Schloß in Nagoya waren zerstört worden.

Seit dem Juni 1945 hatten die Befürworter des Friedens versucht, den Kaiser dazu zu überreden, durch die Vermittlung der UdSSR mit den Alliierten zu verhandeln, aber Stalin hatte ihre

* Die karpfenförmigen Drachen, die man am 5. Mai, dem traditionellen Knabenfesttag an Masten hängt, die auf der Schwelle des Hauses errichtet werden, symbolisieren den Mut, der von den kleinen Männern erwartet wird: zu dieser Jahreszeit schwimmen die Karpfen die Flußläufe hoch, um zu laichen. (Siehe unten Anm. 9, Kap. V)

Angebote abgelehnt. Am 26. Juli wurde in der Erklärung von Potsdam die bedingungslose Kapitulation Japans gefordert. Diese wurde erst nach dem Abwurf der Atombomben auf Hiroshima und Nagasaki am 6. und 9. August und nach der Kriegserklärung der Sowjetunion am 8. August akzeptiert. Die Sowjetunion hoffte, einen Teil der japanischen Besitzungen in Asien für sich zu gewinnen. Die einzige Zusage von seiten der Alliierten war, daß das japanische Volk seine Regierungsform frei wählen konnte, was die Aufrechterhaltung des Kaisertums zuließ.

Am 14. August zeichnete der Kaiser die kurze Ansprache auf, mit der er dem Volk die Kapitulation bekanntgab. Im letzten Augenblick wurde von einigen Militärs ein Putschversuch unternommen. Sie wollten die Aufnahme der kaiserlichen Rede entwenden und so eine Fortsetzung des Krieges erzwingen, aber die Ansprache konnte am 15. August gesendet werden. Trotz des archaischen Charakters der kaiserlichen Sprache, verstand jeder den Inhalt sofort: Japan war besiegt. Das japanische Volk mußte erfahren, welche Greueltaten von seiner Armee begangen worden waren: Massaker an der Zivilbevölkerung, schlechte Behandlung der Kriegsgefangenen, von denen 28,65 Prozent in Arbeitslagern den Tod gefunden hatten. Der Archipel selbst war ausgeblutet: 1 990 000 Soldaten und 600 000 Zivilisten waren getötet worden. 8 046 000 Menschen waren obdachlos.

Das japanische Volk empfing die amerikanischen Besatzungsmächte mit Ergebenheit und Disziplin. Die absolute Befehlsgewalt, die von Truman auf MacArthur, den obersten Befehlshaber der alliierten Streitkräfte übertragen worden war, wurde von den japanischen Machthabern nicht in Frage gestellt.

Die paradoxe Aufgabe MacArthurs bestand darin, Japan die Demokratie aufzuzwingen. Er stellte die Grundrechte wieder her, erklärte die Gleichheit von Mann und Frau und ließ eine neue Verfassung aufstellen, die von den westlichen Legislativsystemen, insbesondere der amerikanischen und der britischen Gesetzgebung, beeinflußt war. Diese Verfassung, die theoretisch vom Willen des Volkes bestimmt sein sollte, in Wirklichkeit aber unter der Kontrolle von General Courtney Whitney abgefaßt wurde, entzog dem Kaiser sämtliche Regierungsgewalt: Wenn er das »Symbol des Staates« bliebe, so hätte er diese Position nur dem

Willen des Volkes zu verdanken. In Artikel 9 verzichtete Japan außerdem für immer auf den Krieg. Diese Verfassung, die 1946 verkündet und im Mai 1947 in Kraft trat, wurde von den Konservativen abgelehnt, da sie vom Ausland diktiert war. Mit der Gesamtheit der Reformen war eigentlich nur die linke Opposition zufrieden: Diese Veränderungen förderten die politische und gewerkschaftliche Freiheit und verlängerten die Schulpflicht von sechs auf neun Jahre. Sie sahen eine Landwirtschaftsreform und die Zerschlagung der Zaibatsu vor.

Die Säuberung betraf ungefähr 200 000 Personen. Ein internationales Militärgericht wurde eingerichtet, um über die obersten Machthaber zu richten. Verhängt wurden sieben Todesurteile durch Erhängen, eines betraf General Tōjō, und sechzehn Personen wurden zu lebenslänglicher Haft verurteilt. Aber diese Urteile, die zwei Jahre nach Kriegsende gefällt wurden, ließen die japanische Öffentlichkeit ziemlich gleichgültig. Sie wünschte vor allem, diesen Krieg so bald wie möglich zu vergessen.

X
Krieg

腹が減っては軍は出来ぬ

Hara ga hette wa ikusa wa dekinu.
Mit leerem Bauch kann man keine Schlachten schlagen.

Unsägliche Angst, riesige Hoffnungen, kleine Unbequemlichkeiten ... In Tōhōku hatte ich diesen Krieg beinahe vergessen. Als am Morgen des 8. Dezember des Jahres sechzehn (1941) die Zeitungsverkäufer lauthals *»Gōgai!«* und *»Sensō!«*, »Extrablatt!« und »Krieg!« schrien, bin ich zuerst erschrocken. Aber ich war überzeugt, daß Japan diese abendländischen Eindringlinge, die ein anmaßender Ehrgeiz dazu trieb, unsere Bruderländer zu erobern, aus Asien vertreiben müsse. Ich wußte, daß Japan für den Ruhm unseres Kaisers kämpfte. Und dann kam auch sofort die Nachricht: Die amerikanischen Schiffe, die großen, von einer stolzen Nation für unbesiegbar gehaltenen Schiffe, waren zerstört. Die Götter wachten über Japan. Nichts würde der kaiserlichen Armee Widerstand leisten können.

Danach hatte ich mich, wie jedermann, an die Siegesberichte gewöhnt, die das Vorrücken der Marine nach Süden, zu den Inseln, begleiteten, wo die Leute angeblich immer fröhlich sind. Unter einem solchen Himmel würde bestimmt nichts Schlimmes geschehen können. Doch die Monate vergingen, und mein Stolz hatte sich in den alltäglichen Sorgen der Kriegszeiten aufgezehrt. Denn es hatte bald an Seife, Streichhölzern und Geschirr gemangelt. Der häufige Besuch auf dem Schwarzmarkt, dem *yamiichi*, dem »Markt der Finsternis« schien mir im Widerspruch zur Verherrlichung des Mutes zu stehen, den man den Soldaten Groß-Japans nachrühmte.[1] Unmerklich nahm die Gleichgültigkeit von mir Besitz.

Für meine Teilnahmslosigkeit gab es noch zwei weitere Gründe. Der eine war persönlicher Natur, den anderen hatte ich ohne Zweifel mit den meisten Einwohnern Tōkyōs gemeinsam.

Zunächst einmal war der Krieg, zumindest gesprächsweise, ein längst vertrauter Hintergrund. Schon seit mehreren Jahren sprachen die Männer in unserer Familie über die Kämpfe auf dem chinesischen Kontinent. In Frauenmagazinen las ich die offizielle Propaganda: Man suchte Ehefrauen für die Soldaten und die Siedler, die die fernen Länder urbar machten. Außerdem hatte mein Vater zusammen mit den Veteranen aus dem Russisch-Japanischen Krieg mir bis zum Überdruß von seinen Heldentaten erzählt und dabei fortwährend bedauert, daß meine Mutter ihm nicht mehr Söhne geschenkt hatte, aus denen er Soldaten hätte machen können. Krieg war eine Sache für die Jungen. Das ging mich nichts an.

Der zweite Grund war der, daß sich die militärischen Operationen weit außerhalb des Blickfeldes auf leeren Meeren abspielten. Niemand in meiner Umgebung hatte bislang Tote zu beklagen oder solche in seinen Alpträumen zu gewärtigen.

Als im April des Jahres 17 (1942) die amerikanischen Flugzeuge über Tōkyō flogen, hatte ich sie von zu Hause aus gesehen, ohne zu wissen, woher sie kamen. Danach hatte ich unter der Leitung der Nachbarschaftsvereinigung unseres Stadtviertels[2] gelernt, was man im Fall eines Alarms zu tun hatte: unter einen Stapel Matratzen kriechen und warten bis das Motorengeheul verschwunden war. Aber die Flugzeuge kamen nicht wieder, und das Leben ging weiter wie zuvor. In der Tat, wenn ich nicht zu husten begonnen hätte, hätte ich sogar eine Art Freude über den vorzeitigen Beginn des Frühlings empfunden. Und dann war ich nach Asaka gefahren.

Im Frühjahr des Jahres 18 (1943) begann ich mich dann zu fragen, wie lange denn dieser Krieg, den man nach wie vor siegreich nannte, noch dauern sollte. Selbst in Fukushima aß man keinen guten Reis mehr. Die täglichen Rationen waren so knapp, daß man den Reis mit Gerste oder Hafer oder gar mit Kartoffeln mischen mußte, und an manchen Abenden mußte man sich mit Bohnen- oder Sojabohnensuppe begnügen. Bei der Kleidung war das glücklicherweise anders. Von Zeit zu Zeit kamen Leute aus Tōkyō oder anderswoher aufs Land und machten ihre Einkäufe auf dem Schwarzmarkt. Sie tauschten neue Kleider, Kleider ihrer Verstorbenen, gegen Lebensmittel. Während die Frauen aus Tōkyō nur noch *monpe*, weite lange Hosen[3], trugen, waren die Mädchen aus Asaka noch nie so elegant gewesen. Wir hatten jetzt westliche Kleider und sogar Hüte ... Aber trotzdem mußte man auf den Feldern hart arbeiten, weil die Männer an der Front waren.

Von mir jedoch verlangte man nicht viel. Jeder berief sich auf meine schwache Konstitution, und ich konnte mich aufs Haus beschränken. Ich beteiligte mich also nicht an der Feldbestellung im Frühjahr. Aber gegen Mitte des fünften Monats entschloß ich mich, auch meinen Teil zu der Arbeit beizutragen. Da ich zarte Hände hatte, bescheinigte man mir bereitwillig eine große Geschicklichkeit für heikle Aufgaben. Deshalb vertraute man mir das Pikieren eines kleinen Stückchen Landes an. Und wahrhaftig, zum Erstaunen aller erledigte ich im Laufe eines einzigen Tages die Arbeit von mindestens drei Personen. Doch leider stiegen am nächsten Tag die Pflanzen, die ich nicht tief genug in die Erde gesteckt hatte, wieder an die Oberfläche des überfluteten Reisfeldes und trieben dort lustig im Wind. Man lachte über meine Unwissenheit, und wegen dieser Schande hörte ich sofort auf, die Bäuerin zu spielen. Ich dachte mir auch, daß der Krieg nicht als Vorwand für neue Vergnügungen dienen dürfte, wenn in der Ferne, vielleicht im selben Moment, Soldaten starben. Doch eigentlich wollte ich nicht an den Krieg denken.

Als ich wieder nach Tōkyō zurückkehrte, überraschte mich der Schmutz. Es war ein so übelriechender Dreck, wie ich es mir niemals hätte vorstellen können, denn niemand holte den Müll ab. Außerdem hatte die Regierung den Bewohnern befohlen, möglichst viele Metallgegenstände zu sammeln für die Stahlfabrikation. Die Straßen waren mit unnützem Eisenschrott verstopft, der vor sich hinrostete. Man aß schlecht. Die Obrigkeit predigte *yasegaman*, die Fähigkeit, den Hunger zu ertragen, als wäre das eine Tugend und die Garantie für den Sieg. »Ich werde keine Wünsche haben bis zum Sieg!« rief man. Frauen kamen aus den Provinzen, um sich mit ihren Kindern in der Rüstungsindustrie zu verdingen, während andere auf der Suche nach einem weniger schweren Leben aus der Hauptstadt flohen. Doch keine Rede über die Entwicklung der Kriegsindustrie kann die Nahrung für die hungrigen Mäuler ersetzen.

Der Vorname Ikue

In diesem Durcheinander bemühte ich mich jedoch, mein Leben neu zu organisieren. Um den Bruch mit meiner unseligen Vergangenheit zu besiegeln, folgte ich dem Rat meiner Schwiegermutter Naka, die mich dazu ermunterte, meinen Vornamen zu ändern. Wir begaben uns gemeinsam zu einem Spezialisten für Namenssymbolik. Er fragte mich nach meinen Geburtsdaten und suchte dann den glückbringenden Namen Ikue aus. Das ist ein seltener Vorname. Ich kenne niemanden, der so heißt. Die drei Schriftzeichen, aus denen cr zusammengesetzt ist, »Meister der Welt«, »Ewigkeit« und »Flußmündung«, hallten in meinem Herzen wie Erfolgsversprechungen wider. Ich übernahm wieder das alte Haus in Hongō und arbeitete dort verbissen wie ein Dämon.

伊久江

Ikue

Und tatsächlich wurde meine Klientel zahlreicher als gewöhnlich. Zunächst einmal wachsen die Haare ja nicht weniger, nur weil man weniger ißt. Und dann hatten auch zahlreiche Friseure ihre Geschäfte geschlossen. Weil die Friseurschule in Ochanomizu einen Keller besaß, war sie beschlagnahmt worden und diente seit dem Jahr 18 (1943) als Kaserne. Dank der erhaltenen Entschädigung konnte die ältere Linie der Yamazaki in der Präfektur Shiga eine große Baracke erwerben. Seikō und Nobuko hielten dort Schneiderkurse ab.

Ich war so tüchtig, daß manche mir vorwarfen, ich verhielte mich wie ein Mann. Darauf antwortete ich, daß ich nichts dafür könne, da ich schon in meiner Kindheit ein *otoko-onna*, ein »Knabenmädchen«, gewesen sei. Andere, die sahen, daß ich alle Entscheidungen traf, kamen zu dem Schluß, daß ich eine *anenyobō* sein müsse, eine »Ältere-Schwester-Ehefrau«, das heißt eine Frau, die älter ist als ihr Mann. Naka zog es vor, darin den Einfluß des neuen Namens Ikue zu sehen, der von etlichen für einen Männernamen gehalten wurde. Sie freute sich darüber, da eine solche Kraft den vergangenen Ruhm der Yamazaki bald wieder zum Leben erwecken würde. Und ohne Zweifel hatte sie recht.

Die Luftangriffe

Ungefähr zur Jahresmitte wurde meine Klientel wieder kleiner. Nach der Einnahme von Saipan im Juli verbreiteten sich beunruhigende Gerüchte über die Möglichkeit amerikanischer Luftangriffe. Es ging das Gerücht, auf jener fernen Insel Saipan hätten unsere Soldaten die Höhlen gesprengt, in die sie sich vor dem Angreifer geflüchtet hatten, und die Frauen und Kinder hätten sich unter den entsetzten Blicken der feigen Amerikaner von den Felsklippen ins Meer gestürzt. Andere hätten, um sich Mut zu machen, mit entsicherten Handgranaten gespielt wie mit Bällen, bis auch diese explodierten. Nach dieser Niederlage wurde auch den kleinen Mädchen der Umgang mit dem Gewehr beigebracht. Sie sollten sich gegen die Angreifer verteidigen können. Wir stellten uns unsere Toten an der Front vor, das Kinn und die Knie zum einsamen Himmel gewendet. Der Mund voller Erde. Und während ich ein unbedingtes Vertrauen in den Kaiser zur Schau trug, fragte ich mich innerlich doch, ob nicht auch ich eines Tages zu dieser schrecklichen Ehre gelangen würde.

In Tōkyō mangelte es an allem, bis hin zum Wasser im *sentō*, im öffentlichen Bad, das grau und lauwarm war, weil man Energie sparen mußte.[4] Man ging auch nur noch zweimal in der Woche dorthin, und nicht mehr jeden Abend wie vor dem Krieg. Die Nachbarschaftsvereinigung verteilte den Reis immer knausriger. In Hongō fingen wir an zu hungern. Die Suche nach Lebensmitteln nahm täglich mehr Zeit in Anspruch. Ich mußte weit aus Tōkyō hinausfahren, und überall herrschte das gleiche Elend. Nach den Luftangriffen im November hatten die Soldaten und die Polizei ganze Straßenzüge gewaltsam aufgerissen, um die Brände, die durch die feindlichen Bomben entfacht worden waren, aufzuhalten. Sie hatten Schutzschneisen gegraben. In Bunkyō hatte es noch keinen Luftangriff gegeben, aber an anderen Stellen der Stadt brach das Chaos aus. Die Einwohner flüchteten. Diejenigen, deren Wohnungen von den amerikanischen Bomben oder von japanischen Soldaten zerstört worden waren, irrten mit ihren zusammengerollten Matratzen auf dem Rücken in den Straßen umher. Abends suchten sie Zuflucht in Wellblechhütten, die sie wieder verließen, wenn ein Luftalarm sie dazu zwang, die Luftschutzunterstände aufzusuchen.

Nachts flammten die Brände, die »Blüten Edos«, wie man früher sagte, auf. Wir rannten bis zu dem Loch, das die Nachbarschaftsvereinigung ausgehoben hatte. Das war eine Grube von kaum zwei Metern Tiefe, auf deren Grund das Wasser stand. Es wimmelte von Schaben, die an Armen und Beinen hochkrabbelten und den Schorf der Mückenstiche aufkratzten. Ohne miteinander zu sprechen, behielten wir die Augen weit geöffnet im Dunkeln. Motoko schmiegte sich an mich, während Naka das Hannya-Sūtra flüsterte und ihre buddhistische Gebetsschnur herunterbetete. Tatsuo war irgendwo anders. Jeder fragte sich insgeheim, ob Japan seine Ruhmesziele nicht zu hoch gesteckt hatte und ob die Götter, weil sie unseren Stolz für maßlos hielten, unseren Untergang wollten. Sobald der Luftalarm vorbei war, sprangen die Frauen aus den Löchern. Die Kinder hingen an ihren Jacken. Sie rannten, um nachzusehen, ob ihre Häuser brannten. Auf das Dröhnen der B 29 folgte ein Schreien und Schluchzen und das Röcheln der Verwundeten, die man hastig auf Bahren gezerrt hatte und im Trab bis zum nächsten Hospital trug ...

Mit Naka zusammen hatte ich ein Baby gesehen, das keine Arme und Beine mehr hatte. Sein ganzer Körper erinnerte an vom Feuer ausgedörrte Erde, und es schrie, wobei man ganz hinten in seinem Hals eine winzige, gekrümmte rosa Zunge sehen konnte. Einige Minuten später war es tot. In seinem offenen Mund konnte man die Zunge immer noch sehen, doch nun war sie schlaff.

Seine Mutter hatte es da auf den Pflastersteinen und der Erde liegenlassen, um zu einem zerstörten Haus in der Nachbarschaft zu eilen. Sie wollte nachsehen, ob nicht noch etwas Nützliches übriggeblieben war, das sie stehlen könnte. Wir dachten, wir könnten den kleinen Leichnam in ein Kloster bringen, damit sie ihn dort verbrannten, aber da wir nicht wußten, wer es war, verzichteten wir darauf. Als wir am nächsten Tag wieder an dem

Leichnam vorbeikamen, war er zur Hälfte von den Hunden abgenagt.

Sokai, die Evakuierung

Tatsuo war erst im Jahr 19 der Shōwa-Zeit (1944) einberufen worden, weil er zur Reserve der Landstreitkräfte gehörte, die, außer in China und im Süden des Kontinents, noch nicht gekämpft hatten. Wie mehr als zwei Millionen andere Männer brachte man ihn in ein Lager in den Bergen, wo er im Hinblick auf die Invasion der Amerikaner ein intensives Training absolvieren mußte. Seine Aufgabe würde es sein, den heiligen Boden zu verteidigen, den man dem Feind nur getränkt vom Blut des Volkes, das sich für den Kaiser opferte, überlassen wollte. So jedenfalls sagte man. Er selbst hatte nie an einen Sieg geglaubt. Er erklärte: »Ich habe vor dem Krieg amerikanische Filme gesehen, also weiß ich, daß die Vereinigten Staaten mächtig sind. Nur diese dummen Generäle glauben, sie seien die stärksten!« Aber wenn er nicht gegangen wäre, hätte man ihn erschossen. Deshalb ging er …

Tomekichi und Naka, meine Schwiegereltern, wiederholten jeden Tag, daß man Tōkyō verlassen müsse. Ich war erneut schwanger. Sie sagten, daß ich, wenn ich bliebe, vor Angst mein Kind verlieren würde. Das Frisieren, das man als nutzlosen Luxus betrachtete, war verpönt. Auch waren die Gerätschaften, die ich zur Ausübung meines Berufes brauchte, nicht mehr aufzutreiben gewesen. Die Flucht aufs Land war sowieso allgemein üblich. In Scharen stieg die Bevölkerung in die Züge, um Tōkyō zu verlassen. Ganze Stadtviertel waren von Bomben und Bränden dem Erdboden gleichgemacht worden. Man war ausgehungert und verängstigt. Also sind wir alle zusammen nach Asaka gefahren. Die Familie von Tatsuos jüngerem Bruder kam auch mit uns.

Als wir in unserem Dorf ankamen, rekelte sich Motoko lange, und ihre Augen glänzten wie Fischschuppen. Sie drehte sich zwei- oder dreimal um sich selbst, und dann rief sie: »Hier ist es schön!« Und ich dachte, daß der Krieg wirklich grauenhaft war, weil er den Kindern angst machte.

Auch in Asaka gab es nicht viel zu essen, und die Kinder liefen über die Hügel, um Bambussprossen herauszuziehen, die man bis dahin für den menschlichen Verzehr für ungeeignet gehalten hatte. Sie knabberten sie von morgens bis abends, um das Hungergefühl zu betäuben. Im Hause Endō waren auch Soldaten einquartiert. Sie hatten ein Lagerhaus aus Stein als Flugzeughangar beschlagnahmt. Ich fand sie ungehobelt und schmutzig, aber wenn ich daran dachte, daß auch mein Mann irgendwo an militärischen Übungen teilnahm, konnte ich nichts gegen ihre Plünderungen einwenden. Als ich sie sah, hatte ich jedoch zum ersten Mal das Gefühl, daß eine Niederlage unvermeidlich sei. Menschen, die so bar jeder moralischen Werte waren, konnten von den Göttern keine Hilfe erhalten.

Um mich zu beschäftigen, eröffnete ich ein kleines Friseurgeschäft in Kōriyama. Das brachte ein wenig Geld ein, womit man auf dem Schwarzmarkt Salz und Streichhölzer kaufen konnte. Ich bemühte mich, nur an das tägliche Leben zu denken. Man mußte von etwas leben. *Kangaeru yori, umu ga yasushi*, heißt ein Sprichwort. »Es ist leichter Kinder zu gebären, als zu denken.« Ich mußte etwas tun. Weil ich vergessen wollte, daß Tōkyō und die Städte im Norden unter den Bomben brannten, betrachtete ich die in der Sonne schlafenden Hügel und sagte mir, daß die Götter diesen Horror nicht länger zulassen würden.

Shūsen, das Ende des Krieges

Für uns endete der Krieg in Asaka. Wie alle Japaner hatten wir am 15. August mittags Radio gehört: Zwei Bomben einer neuen Machart waren auf Hiroshima und Nagasaki geworfen worden. Japan war verloren. Japan hörte auf zu existieren.

Meine Mutter weinte, Naka auch. Auch ich brach in Schluchzen aus, und wir klammerten uns aneinander. Wir drängten uns so fest zusammen, daß das Schlagen unserer Herzen nicht mehr zu unterscheiden war. Kaum eine Minute später jedoch fühlte ich, wie meine Brust vor Glück anschwoll: Es war vorbei, wir hatten überlebt. Ich war noch am Leben! In diesem Augenblick begriff ich, wie sehr ich Angst gehabt hatte, zu sterben. Wir mußten uns ergeben, das war vielleicht eine Schande, aber wir lebten.

Und dann verbreitete sich bald das Gerücht, daß die Amerikaner sich nicht als die grausamen Besatzer aufführen würden, wie man es bis dahin befürchtet hatte. Sie würden nicht einmal die Frauen vergewaltigen. Man befragte die Notabeln der Region, die vor Jahren, als man die Amerikaner Teufel nannte, drüben gewesen waren. Und alle sagten nur Gutes über sie. Sie seien von übermäßig großem Wuchs, was ihren Sieg erkläre, aber von freundlichem Wesen. Sie seien *gentlemen*. Man bemühte sich, dieses neue Wort auszusprechen, und später noch weitere: *Harō! Hello! Sankyū! Thank you!* Wer wußte denn, ob sie nicht sogar Japanerinnen heiraten würden? Jedenfalls würde es genügen, wenn man ihnen ein wenig Respekt entgegenbrächte, und sie würden Japan vom Krieg befreien.

Endlich hatte man wieder etwas zu essen. Die Soldaten waren plötzlich verschwunden und hatten ihre Vorräte in unseren Speichern zurückgelassen. Ich fragte meinen älteren Bruder, ob wir uns bedienen dürften. Er verneinte: »Die Regierung hat mir die Aufsicht anvertraut, ihr dürft nichts anrühren ...« Dann fügte er hinzu: »Aber ich kann nicht dafür bürgen, daß die Mäuse nichts anrühren.«

Also standen wir in der Nacht auf, zusammen mit meiner Mutter, dieser guten Frau, die die ganze Familie ihrer Tochter aufgenommen hatte. Mit einem großen Schlüssel, der einen furchtbaren Lärm machte, öffnete sie die drei Tore des Speichers. Dann machte ich mit einem Bambusstab Löcher in die Säcke. Überall ein bißchen, wie die Mäuse. Die Körner fingen an zu rieseln. Es war Klebreis, ein sehr nahrhafter Reis. Wir nahmen ein wenig für uns und für die Frau des jüngeren Bruders von Tatsuo, die zu ängstlich war und selbst nicht wagte, sich zu bedienen. Und dieser Reis hat uns wahrhaftig das Leben gerettet.

So vergingen die Tage, und dann erfuhr ich, daß Tatsuo entlassen worden war, ohne daß er hatte kämpfen müssen. Er erzählte, daß man ihm einige Yen als Entlassungsgeld gegeben hatte. Da sie nichts wert waren, wollte er sie mit seinem Vater zusammen vertrinken. Was Seikō und Nobuko anging, so war das Gebäude in Shiga, in dem sie ihr Hab und Gut gestapelt hatten, abgebrannt.

Sie waren ruiniert. Sie waren nach Tōkyō zurückgekehrt. Naka meinte, wir sollten auch dahin zurückkehren. Meine Mutter meinte jedoch, daß ich in der Hauptstadt nichts zu erwarten hätte. Tōkyō sei nur noch ein Trümmerfeld, wo vor zehn oder zwanzig Jahren nichts wieder aufgebaut sein würde. Sie bot mir an, in Fukushima zu bleiben. Mein älterer Bruder versicherte, in Asaka gäbe es für alle etwas zu essen. Das verlockte mich, denn trotz allem empfand ich eine undeutliche Angst vor diesen Amerikanern, die bestimmt nicht bis nach Kōriyama kämen. Und außerdem liefen im Vergleich zu anderen meine Geschäfte nicht schlecht.

Als Tatsuo mir schrieb, ich solle zurückkommen, wußte ich nicht, wie ich mich entscheiden sollte, und stattete dem Siegel des Gesetzes, das mir in meiner Kindheit meine Bestimmung offenbart hatte, einen Besuch ab. Seine Diagnose lautete folgendermaßen: »Du kennst hier zu viele Leute. Du wirst kostenlos frisieren und du wirst in den Preisen einen Nachlaß gewähren. Wenn du in Fukushima bleibst, wirst du nur eine Bettlerin sein. In Tōkyō wirst du reich werden. Hier gibt es nicht genug Wasser für dich. Die großen Fische müssen im tiefen Wasser schwimmen.«

Also ging ich nach Tōkyō zurück. Ich reiste in Begleitung von Motoko und Ryōko, meiner zweiten Tochter, die erst ein paar Monate alt war. Tomekichi war krank, und Naka, die früher so stark gewesen war, war nur noch eine alte, magere Frau. Das Weiße in ihren Augen war gelb geworden. Als wir wieder bei Tatsuo waren, überließ sie mir erleichtert und ohne Umstände das Hauswesen.

Unser ganzes Hab und Gut waren acht Ballen Reis, die wir von meiner Familie bekommen hatten. Da die Polizisten und die Soldaten die Lebensmittel im Zug beschlagnahmten, hatten wir sie nicht mitgenommen. Mein älterer Bruder, der bei der Genossenschaft in Asaka als Direktor arbeitete, ließ sie mit dem Lastwagen nach Tōkyō transportieren. Wir gaben unseren Wohnungseigentümern ein wenig Reis ab. Aber nicht den Nachbarn, denn wenn man irgendwo anfängt, nimmt es kein Ende mehr …

Wenn ich mich heute an diese Jahre der Not erinnere, kommt es mir so vor, als sei eine tödliche Krankheit über die Welt gekommen. Diese Krankheit war der Krieg. Die Götter haben sie nicht gewollt, sie entsprang dem Wahnsinn der Menschen. Weil Japan den Westen imitieren wollte, schlug es diesen verhängnisvollen Weg ein. Und dann erzeugte ein Krieg den nächsten. Die Völker töteten sich gegenseitig bis zu dem Tag, an dem ihre Vergehen so grauenhaft wurden, daß selbst die Götter sich davor entsetzten. Und da weder die Erschaffung noch die Zerstörung der Welt von den Menschen beschlossen werden kann, haben die Götter unseren Schlachten ein Ende gemacht.

Aber ich bin sicher, daß das Japan von heute keinen Krieg mehr zulassen wird. Nie mehr.

Die Nachkriegszeit

Zu sechst also, Naka, Tomekichi, Tatsuo und unsere beiden Töchter, haben wir uns im Bunkyō-Bezirk niedergelassen. Dort hatte uns ein chinesischer Restaurantbesitzer für ein Jahr eine Bruchbude mit zwei je sechs *tatami* großen Zimmern vermietet. Diese Behausung war so klein, daß die Strahlen des Mondes bis ins Innerste dringen konnten. Tagsüber hüteten die Großeltern im Hinterzimmer die Kinder, während das Zimmer zur Straße hin als Frisiersalon diente: Wir brachten zwei große Spiegel an, die in Shiga nicht verbrannt waren – das war alles, was uns geblieben war. Den Boden bedeckten wir mit *shibugami*, das ist ein mit Kakisaft wasserdicht gemachtes Papier. Am Abend rollten wir es auf, um die Betten ausbreiten zu können.

Ich arbeitete allein, und da ich schon wieder schwanger war, war das sehr hart für mich. Tatsuo hatte seine Stellung bei Mitsubishi nicht wieder bekommen. Froh, daß er nicht gezwungen war, eine dieser bescheidenen Arbeiten, die damals gang und gäbe waren, zu verrichten, wie Wasser zu tragen, Trümmer zu beseitigen oder Mädchen zu beaufsichtigen, organisierte er für seinen ehemaligen Chef von Zeit zu Zeit Ausstellungen. Wenn ich an Sonntagen viele Kundinnen hatte, half er mir. Er reichte mir die Lockenwickler und räumte ein wenig auf. Er meinte, man solle sich in der Ginza niederlassen.[5] Dort sei alles verbrannt, und man könne auf dem Aschenfeld hinziehen, wo man wolle, weil es keine

Die beiden Töchter in den vierziger Jahren

Eigentümer mehr gäbe. Naka teilte seine Ansicht. Sie war sogar der Meinung, daß es in der Welt der Nachkriegszeit nichts Merkwürdiges an sich hätte, wenn ein Mann Friseur würde. Aber Tomekichi war damit nicht einverstanden. Er sagte, ein Mann müsse einen Beruf haben, der ihm Spaß mache, und das Friseurhandwerk sei gerade gut genug für Frauen und Schwule. Außerdem hätten weder er noch Naka Lust, das Bunkyō-Viertel zu verlassen. Also blieben wir.

Die Ginza hat mir sowieso nie Glück gebracht. Als ich viel später dort einen Salon eröffnete, hatte ich nur Ärger ...

Wenn ich an die Männer und Frauen dachte, die, da sie keine Unterkunft mehr finden konnten, in den Ruinen Bretter sammelten und sie mit Wellblech bedeckten, um daraus Hütten zu bauen, sagte ich mir, daß wir Glück gehabt hatten. Ganze Familien hausten in den ehemaligen Luftschutzunterständen: Sie breiteten Matten auf dem Boden aus, und schon war es ein Haus. Die

Regierung rief die Polizei dazu auf, sie auszuquartieren und die Löcher wieder zuzuschütten. Das waren jedesmal Szenen mit Tränen und Wutanfällen, weil die Leute nicht wußten, wo sie schlafen sollten. Es gab auch Kinder, die alleine in so etwas wie Hundehütten lebten. Das waren die *furōji*, die »streunenden Kinder«, wie man sagte. Am Tag trieben sich diese Waisen auf den Straßen herum, sammelten Zigarettenstummel auf und putzten Schuhe. Sie hatten einen wilden Gesichtsausdruck. Sie stahlen, und die Leute vertrieben sie wie hungrige Tiere mit Fußtritten. Und trotz allem wurde Tōkyō weiter von begehrlichen Menschenmassen überschwemmt: Abenteurer oder ruinierte Familien, die ihr Glück im Schwarzhandel versuchten, und Siedler aus China, aus jener vielgepriesenen Mandschurei, aus der sie jetzt ausgewiesen wurden. In den Straßen bettelten die Kriegsverletzten in weißen Uniformen. Sie saßen an einer Ecke des Gehsteigs oder spielten auf einem Leierkasten. Als hätten sie nicht den Krieg verloren! Und dann gab es noch die heimkehrenden Soldaten, die die Frauen aus den Fabriken vertrieben, die diese in den Notzeiten am Laufen gehalten hatten. Alle diese Frauen suchten Arbeit. Ich hatte glücklicherweise einen Beruf.

Sobald Tatsuo Geld verdiente, gab er es Freunden, die sich in Not befanden. Er erklärte ihnen, daß er es sich erlauben könne, weil ich arbeitete. Also brachte er kein Geld mehr nach Hause ... In Wirklichkeit war er traurig. Vor dem Krieg hatte er gerne gemalt und Pinsel, Farben und Leinwand besessen. Er hatte all diese Dinge nach Shiga geschickt. Aber es war alles verbrannt. Darüber war ihm das Lachen vergangen ... Nun, ich wußte genau, daß zu jener Zeit alle Welt Geld brauchte ... Und da er es für gute Zwecke verwendete, konnte ich nichts dagegen sagen ... Ich mußte also allein für die Versorgung der Familie geradestehen.

Und dann ist Tomekichi gestorben. So fröhlich er gelebt hatte, so traurig ist er gestorben. Früher liebte er die Klarheit des warmen Sake, unzüchtige Neckereien mit Mädchen und das rege Leben auf den Straßen – wenn die Händler ihre Stände weggeräumt hatten und die roten Laternen an den Türen der Vergnügungsetablissements angingen. Ich hatte den Eindruck, daß er sich als Flüchtling in Asaka langweilte. An den ersten Sommerabenden blieb er auf der Veranda sitzen, um die kleinen Feuerwerke zu

Yamazaki Tomekichi

betrachten, die *senkō hanabi*, die Wunderkerzen, die die Kinder in der Nachbarschaft abbrannten. Gegen Ende des siebten Monats, nach dem Totenfest, fing er an, Gespenstergeschichten zu erzählen. Das waren Geschichten, bei denen es einem kalt den Rücken herunterlief, und bei denen, wie er sagte, die Luft abkühlte.[6] Als dann die Herbsttaifune kamen, verschwanden die Kinder. Eines Abends blieb er zu lange auf, um den Vollmond zu betrachten. Am Morgen fand ihn Naka zitternd von einem schlimmen Fieber. Einige Monate später starb er in Tōkyō.

Im Ton der Vernunft sagte Naka, daß ein Mann, der für das Vergnügen geboren sei, soviel Elend nicht hätte ertragen können. Aber ich sah, wie der Schmerz ihres Witwentums langsam an ihren Wangen zehrte. Ihre Haut hatte graue Flecken, die rund um ihre Augen zwei Nachtfalterflügel zeichneten und zwar so deutlich, daß man sie für eine Tätowierung hätte halten können. Jede Nacht besuchte Tomekichi sie im Traum. Er lachte wie früher und erklärte, er sei nicht tot. Morgens mußte sich Naka immer wieder von neuem von ihrer Einsamkeit überzeugen. Und das wiederholte sich so oft, daß sie beinahe den Verstand verlor.

Ein noch größeres Problem aber war es, etwas zu essen zu finden. Und so retteten sie schließlich die Schwierigkeiten, die wir hatten, um zu überleben. Die tägliche Ration Reis betrug kaum hundert Gramm. Wenn wir keine Arbeit hatten, liefen wir in die

Vororte, um dort das, was wir in den zerstörten Häusern hatten einsammeln können, gegen Lebensmittel zu tauschen. Tatsuo ging weit, bis aufs Land hinaus. Sicher, auch die Amerikaner verteilten Lebensmittel, aber sie kannten unsere Gewohnheiten nicht. So gaben sie uns viel Mais, von dem wir nicht wußten, wie wir ihn zubereiten sollten. Wir knabberten ihn beinahe roh mit Sojasauce. Davon bekamen wir Blähungen und ließen stundenlang ekelhaft stinkende Fürze fahren, worüber die Kinder lachen mußten. Es ging das Gerücht, daß mindestens zehn Millionen verhungert wären.

Ich wußte, um die Wahrheit zu sagen, nicht, was ich über die Amerikaner denken sollte. Ich hatte sie gefürchtet, aber sie ließen den Kaiser unangetastet. Man hatte ihnen vorgeworfen, Japan auszuhungern, und sie verteilten lächelnd Kaugummi an die Kinder. Sie brachten ihnen auf dem gerade erst von ihren Bomben geräumten Gelände Baseball bei. Auch wenn ich sie nicht wirklich kritisieren konnte, erzeugte ihre Anwesenheit trotzdem ein Unbehagen. Auf meinen planlosen Streifzügen durch Tōkyō traf ich auf Schilder mit der Aufschrift OFF LIMIT. Einmal, als ich sie durch einen Stacheldraht hindurch genau betrachtete, richtete ein Soldat sein Gewehr auf mich und brüllte etwas, was ich nicht verstand. Da bin ich davongerannt. Ich hatte das Gefühl, sie würden das Land unserer Ahnen stehlen. Auf den Bahnhöfen waren die Stationsnamen auf Englisch geschrieben. Die Straßennamen und die der Hotels ebenfalls. Ich entschloß mich, ein englisches Konversationslexikon zu kaufen. Aber ich war so wenig begabt, daß ich den Versuch aufgeben mußte, während ich immer noch nicht mehr als *sankyū (thank you)* und *demokurashī (democracy)* sagen konnte ...

Denn mit dem Englischen hätte ich eine andere Art zu denken lernen müssen. Die Slogans von Frieden, Gleichheit und Demokratie hatten in wenigen Tagen die nationalistische Propaganda hinweggefegt. Es hieß, die neue Verfassung beruhe auf dem »Willen des Volkes« und nicht auf dem des Militärs. Ich fragte mich, was dieser moderne Ausdruck bedeuten mochte und wie denn die Amerikaner den »Willen des Volkes« erkennen wollten, da ich doch selbst nicht wußte, was er beinhaltete. Es hieß auch, daß das Volk für immer auf den Krieg verzichten werde. Aber hatte es ihn jemals gewollt? Und schließlich, waren es nicht die westlichen Länder gewesen, die die Feuerwaffen und die Bomben erfunden hatten? Doch ich wußte, daß die Demokratie dem Krieg ein Ende gemacht hatte und daß sie folglich gut war.

Zwei Dinge jedoch schienen mir außergewöhnlich in dieser beunruhigenden Welt. Ich sah, wie Kinder mit ihren Lehrern ihre zerstörten Schulen wieder aufbauten; das, dessen war ich mir sicher, war etwas Nützliches. Und dann verkündete man die Gleichheit von Mann und Frau. Diese Behauptung schockierte mich, aber auch wenn ich mir sagte, daß dies eine jedem Anstand widersprechende Absurdität sei, empfand ich trotzdem eine heimliche Befriedigung. Als Tatsuo sich wie ein Mädchen zierte, um das neue Gesetz ins Lächerliche zu ziehen, schrie ich ihn an, wenn man Frieden haben wollte, wäre es das Beste, die Macht den Frauen zu geben. Wir würden die Schmerzen der Geburt zu gut kennen, um die Kinder dann im Krieg zu töten. Der Hochmut der Männer sei die Ursache für so viele Tote! Darüber hinaus hätten in früheren Zeiten die Götter Kaiserinnen an die Spitze des Landes gesetzt, weil die Frauen viel klüger seien als die Männer. Und wenn Japan durch jahrhundertelange innere Kämpfe verwüstet worden sei, so sei dies die Schuld der Männer, die ungerechtfertigterweise die Macht an sich gerissen hätten!

Völlig verblüfft von meinen Reden, schlug Tatsuo die *fusuma*, die Schiebetür, beim Hinausgehen so kräftig zu, daß sie aus dem Rahmen sprang.

Doch was ich gesagt hatte, war nicht so dumm gewesen. Der Beweis dafür ist, daß Frauen einen zunehmenden Raum in der japanischen Politik einnehmen. Und daß die Männer nicht mehr lachen, wenn man über diese Gleichheit spricht ... Jedenfalls las ich sorgfältig die Flugblätter, die das Erziehungsministerium an die Mauern anschlagen ließ: »Die Frauen haben eine bessere Intuition, ihr Herz ist gerechter und loyaler. Von jetzt an werden sie in allen Angelegenheiten ein Wort mitzureden haben.«

Im Salon belebte sich das Geschäft wieder, und Naka drang immer häufiger darauf, daß Tatsuo dort arbeitete. Er antwortete nicht. Es mangelte an Geld für das tägliche Leben. Mit noch einem weiteren Kind müßten wir früher oder später diese zu kleine Wohnung verlassen. Das würde noch mehr Geld kosten. Als ich kurz vor der Entbindung stand, entschloß er sich endlich, ernsthaft zu werden. Er gründete eine kleine Gesellschaft, um Ausstellungen zu organisieren, und brachte mir seine Einnahmen.

Ich bekam dann einen Jungen, den ich Hikaru, der »Leuchtende«, nannte. Angesichts dieses großen Jungen, der so fröhlich lachte wie ein Sommerregen, erkannte ich plötzlich, daß für mich der Kummer und der Krieg vorbei waren.

Mit der Wiederherstellung der Grundrechte im Jahre 1945 hatten die großen Parteien ihre politische Arbeit wieder aufgenommen. Die Minseitō war zur Shinpotō, Fortschrittspartei, geworden, und die Seiyūkai hatte den Namen Jiyūtō, Liberale Partei, angenommen. Letztere war bei den Wahlen von 1946 an die Macht gekommen und sollte, bis auf ein kurzes sozialistisches Intermezzo vom April 1947 bis Februar 1948, die Mehrheit bis auf den heutigen Tag behalten. Der starke Mann der Nachkriegszeit war Yoshida Shigeru, ein Liberaler, der sich früh für die Kapitulation ausgesprochen hatte. Zwischen 1946 und 1954 sollte er fünfmal das Amt des Premierministers bekleiden.

Indessen wandten sich die Arbeiter und die Intellektuellen den linken, den kommunistischen und sozialistischen Parteien, die gleich nach dem Krieg wiederauferstanden waren, und den stark politisierten Gewerkschaften zu, die in dieser Zeit der moralischen Orientierungslosigkeit und der wirtschaftlichen Flaute stark mobil machten. Denn MacArthur hatte den ökonomischen Problemen, die er für unwichtig hielt, zunächst wenig Beachtung geschenkt. Ab 1946 häuften sich die Streiks und Demonstrationen. 1947 versuchte MacArthur die Situation durch die Einführung einer neuen Arbeitsgesetzgebung zu entschärfen. Für Männer und Frauen sollte die gleiche Bezahlung eingeführt werden, Diskriminierungen von Nationalitäten (insbesondere der Koreaner) sollten verboten werden, ein Mindestgehalt wurde festgelegt, die Arbeitszeit begrenzt, Frauen- und Kinderarbeit gesetzlich geregelt, die Krankschreibung eingeführt etc. Aber diese Maßnahmen verstärkten nur die Gewerkschaftsbewegung, so daß das amerikanische Oberkommando allmählich begann, die Freiheiten, die es selbst gewährt hatte, wieder einzuschränken.

Doch 1948, am Ende von drei Reformjahren, veränderte sich von einem Tag auf den anderen radikal die Situation. Aufgrund der wachsenden Spannungen zwischen den Vereinigten Staaten und der UdSSR und wegen Maos Vormarsch in China wollten die Vereinigten Staaten Japan für ihre Zwecke gegen China und das kommunistische Korea einsetzen: Die Zerschlagung der Zaibatsu-Konzerne, die die japanische Wirtschaft schwächte, wurde gebremst; man verzichtete auf den Reparationsplan und bemühte sich, für einen Haushaltsausgleich zu sorgen. Diese unbedingt notwendige Politik verschärfte indessen die sozialen Schwierigkeiten und trug zum größten Erfolg bei, den die kommunistische Partei Japans jemals hatte. Bei den Wahlen im Januar 1949 erhielt sie 35 Sitze, gegenüber 5 im vorangegangenen Reichstag. Im Frühjahr dieses Jahres verstärkte die Linke ihre Gewaltaktionen: ein Attentat auf den Präsidenten der staatlichen Eisenbahngesellschaft, Streiks etc. 1950 gab es die erste Demonstration gegen die Besatzungsmacht. Unterdessen war der Koreakrieg ausgebrochen.

Dieser Krieg bewirkte eine Beschleunigung der eingeleiteten Prozesse. 1951 erreichte die Produktion wieder ihren Vorkriegsstand; die antikommunistischen Repressionen nahmen zu; dagegen wurde einer immer größeren Anzahl Personen, die kurz nach dem Krieg verurteilt worden waren, Amnestie gewährt. MacArthur dachte daran, Japan wiederzubewaffnen. Aber Premierminister Yoshida, der fürchtete, daß diese Maßnahme unpopulär und kostspielig wäre, schreckte davor zurück. Schließlich gab der von der Regierung Yoshida ausgehandelte und am 8. September 1951 in San Francisco unterzeichnete Friedensvertrag Japan seine Unabhängigkeit zurück. Gleichzeitig wurde jedoch die Stationierung der amerikanischen Streitkräfte auf dem Archipel geplant. Am selben Tag, einige Stunden nach der Unterzeichnung des Friedensvertrages, wurde der japanisch-amerikanische Sicherheitspakt geschlossen.

Im japanischen Volk war von da an der Gedanke tief verankert, daß Japan, wie die gesamte Menschheit, ein Opfer des Krieges gewesen war.

XI
Nakas Tod

鬼の目にも涙

Oni no me ni mo namida.
Selbst in den Augen der Dämonen sind Tränen.

Die Autorität einer Schwiegermutter

Da ich unter diese schreckliche Zeit einen Schlußstrich ziehen wollte, beschloß ich, ein Haus zu bauen. Es ergab sich die Gelegenheit, zu einem guten Preis ein Gelände von 80 *tsubo*[1] zu kaufen. Es gehörte dem jüngeren Bruder von Tatsuo, der von einer reichen Familie, die ein großes Restaurant besaß, adoptiert worden war. Zudem hatte Tatsuo in Hokkaidō eine Ausstellung organisiert, die, den Göttern sei Dank, 6000 Yen eingebracht hatte.

Also ging ich zur Stadtverwaltung, um eine Genehmigung einzuholen. Aber dort sagte man mir, daß wir nicht zahlreich genug seien, um ein Haus zu bauen, das größer als 15 *tsubo* sei. Ich erklärte, das Gelände sei riesig, und ich wolle viele Leute einstellen. Doch das war leider die Vorschrift, und es war nichts zu machen. Also fand ich mich damit ab und baute ein Geschäft von 10 *tsubo* und eine Wohnung von 5 *tsubo*. Um die Gebühren und die anderen Kosten zu decken, benötigten wir 15 000 Yen. Tatsuos Geld und die 7000 Yen, die wir gespart hatten, ergaben zusammen 13 000. Es fehlten uns nur noch 2000. Naka ging zur Bank, um ein Darlehen aufzunehmen. Sie wurde von einer Angestellten des Verwaltungsamtes begleitet, die eine Kundin von mir war und sich in geschäftlichen Dingen auskannte. Diese Kundin sagte mir damals, ich solle auf meinen Status als Kleingewerbetreibende verzichten, zusehen, daß ich Arbeitskräfte anstellen könne und eine Gesellschaft gründen, die ich als *hōjin*, als juristische Person, eintragen lassen solle. Dies sei steuerlich günstiger.

Das Holzhaus wurde in zwei Wochen erbaut. Ich stellte zuerst eine Angestellte ein, dann zwei. Und auf das Schild, auf dem der Name meines neuen Salons stand, *Kanōya biyōshitsu*, »Schön-

Der alte Schönheitssalon Kanōya

heitssalon, der Ihre Wünsche erfüllt«, konnte ich bald das Wort *hōjin* schreiben. Ich arbeitete damals wie eine Besessene, mehr als zehn Stunden täglich, und ich sparte an allem. Abends taten mir die Beine weh vor Müdigkeit, und morgens war ich vor Erschöpfung ganz schwach. Gerne hätte ich meiner Schwäche nachgegeben, mich wie die Kirschblüten im ersten Frühlingsregen auf dem Boden ausgestreckt und mich der Bewußtlosigkeit überlassen. Doch ich lächelte stets und eilte hin und her, als wäre nichts dabei, machte meinen Kundinnen Komplimente und tadelte meine Angestellten.

Heute sagen die Leute zu mir: »Wie erfolgreich Sie sind! Sie haben eben Glück gehabt!« Sie wissen wahrhaftig nicht, wie sehr ich mich damals angestrengt habe. Es war sehr, sehr viel Arbeit ... Schließlich belohnten die gerechten Götter meine Mühen: Nach drei Jahren verdiente ich 100 Yen netto im Monat.

Ich hätte gerne noch eine Arbeitskraft eingestellt, aber es war nicht genug Platz. Ich sagte Naka, ich wolle das Haus abreißen und die ganze Fläche des Geländes bebauen. Leider war sie dagegen und argumentierte, daß dafür weder der Ort noch die Zeit günstig wären. Zunächst wollte ich ihre Einwände einfach übergehen, da ich sie lästiger fand als eine Wespe auf einem in Essig eingelegten Meerbrassenfilet, aber Tag für Tag wiederholte sie: »Ich selbst besitze eine gute Frisiertechnik. Aber leider habe ich eine schwache Gesundheit und konnte es nicht zu etwas bringen. Ich möchte, daß du Karriere machst. Doch dafür reicht die menschliche Kraft alleine nicht aus. Du mußt die *hōgaku*, die »Wissenschaft der Richtungen«, die Geomantie, berücksichtigen.«[2]

Zu jener Zeit glaubte ich kaum an diese mir unverständlich scheinende Wissenschaft. Dennoch fragte ich sie:

»Und was sagt die Geomantie?«

»Der Geomantiemeister sagt, daß man noch drei Jahre warten muß, denn erst dann wird für dich die Richtung *daikippō*, die ›große Glücksrichtung‹, kommen.«

Ich wußte nicht mehr aus noch ein. Wir lebten jetzt zu acht in diesem 5 *tsubo* großen Haus: Naka, Tatsuo, die drei Kinder und zwei Lehrlinge, die ich in den Wandschränken schlafen ließ, aus denen man die Zwischenfächer entfernt hatte. In einer Ecke des Gartens hatte ich einen Abstellraum aus Brettern und Blech errichtet, aber trotzdem war immer alles überfüllt.

Ich sagte zu Naka:

»Aber wir sind zu viele. So viele, daß die Angestellten in den Wandschränken leben müssen!«

Naka antwortete nichts. Aber hinterher merkte ich, daß sie schwermütig wurde und insgeheim weinte. Als ich sie nach den Gründen ihres Kummers fragte, sagte sie:

»Du wirst das Haus in einer schlechten Richtung bauen, und dein Geschäft wird keinen Erfolg haben.«

Ihre Tränen rührten mich. Ich hatte geglaubt, daß es außer meiner Mutter und meiner älteren Schwester keinen Menschen auf dieser Welt gäbe, der um mich weinen würde. Darüber empfand ich Dankbarkeit und entschloß mich daher, mich Nakas Willen zu fügen. So versprach ich ihr also, nicht weil ich an die *hōgaku* glaubte, sondern aus Achtung vor ihr und aus kindlicher Pietät, die »Richtung des großen Glücks« abzuwarten, die in drei Jahren eintreten sollte.

Wenn man sich verbissen und hoffnungsvoll in die Arbeit stürzt, vergeht die Zeit wie im Flug, und so befanden wir uns bald am Rande des siebenundzwanzigsten Jahres der Shōwa-Zeit

(1952). Naka ließ sich wieder vom Meister der Richtungen beraten, und er verkündete, daß man jetzt bauen könne. Sie bat ihn, ihr genau zu sagen, wo sich im Bunkyō-Bezirk ein günstiges Gelände befände. Er nannte ihr ein ideales Gebiet, das mitten im Hakusan-Viertel lag, und gab ihr die Karte eines *fudōsanya*, eines Immobiliengeschäfts. Naka suchte dieses *fudōsanya* sofort auf und erfuhr dort, daß das in Frage kommende Gelände schon vergeben sei. Sie war enttäuscht wie eine alte Frau, der die Götter die letzte Freude verweigern. Langsam ging sie wieder nach Bunkyō zurück, um dort die schreckliche Nachricht zu verkünden: Wir müßten noch einmal drei Jahre warten, damit die »Große Glücksrichtung« wiederkäme. Doch diesmal wollte ich das Schicksal nicht akzeptieren. Ich stürzte zum Immobilienhändler und bot ihm an, den Boden für den doppelten Preis zu pachten. Der Mann gab nach. Ich besichtigte das Gelände. Es war nur 60 *tsubo* groß, aber das genügte. Viel schwerwiegender war, daß es um das Gelände herum noch zerstörte Häuser gab und die Geishas sich auf der Straße herumtrieben. Hier war die Welt der Blumen und Weiden, *karyūkai*, die Demimonde, ein so verrufener Ort, daß die Leute sich fragten, ob der Teufel uns dazu getrieben hätte, dort hinzuziehen. Aber die Würfel waren gefallen, und die Arbeiten begannen.

Unglücklicherweise verließ meine Schwiegermutter diese Welt, ohne das fertiggestellte Haus gesehen zu haben. In den Tagen vor ihrem Tod war sie noch zweimal zum Meister der Richtungen gegangen und hatte an seine Tür geklopft. Doch dieser hatte es abgelehnt, sie noch einmal zu sehen. Hinterher sagte ich mir, daß er sich einem Gespräch mit ihr wohl deshalb entzogen hatte, weil er wußte, daß sie sterben mußte, und er ihr also nichts Gutes mehr mitteilen konnte.

Naka starb ohne große Umstände. Sie hatte zwei- oder dreimal gesagt, sie werde versuchen, so lange zu leben, bis das Haus fertig sei, doch zuweilen zeigte sie mir einen *yukata*, einen fast einfarbig weißen Baumwollkimono, den sie nie getragen hatte. Sie sagte, sie würde ihn anprobieren, wenn sie gestorben sei.

Und dann fiel sie eines Tages in einen merkwürdigen Schlaf. Da sie nicht mehr aufwachte, brachten wir sie ins Krankenhaus. Dort sagte man uns einige Stunden später, man müsse den Mönch rufen, der das *makuragyō* liest, das Sūtra, das man am Kopfende des Toten betet. Und ich solle den *yukata* holen, den man ihr nach der Reinigung, *yukan*, anziehen würde. *Yukan* ist die Waschung der Haare und des ganzen Körpers mit heißem Wasser.

Tatsuo flüsterte ihr ihren Namen ins Ohr, um zu sehen, ob sie ihn wirklich nicht mehr hörte. Dann versuchte er, ihr etwas zu trinken zu geben. Er ließ ein wenig Wasser in ihren Mund fließen und stellte eine Schale mit Wasser neben ihren Kopf, weil die Toten, wie es heißt, immer durstig sind.[3] Dann zog eine Frau ihr den *yukata* an und schnürte ihn linksherum zu, anders als man es bei den Lebenden macht. Ich sah, wie sie sich um sie zu schaffen machten, und war erstaunt über das so friedliche, fast lächelnde Gesicht meiner Schwiegermutter, die seit einigen Monaten so gequält gewirkt hatte. Schließlich teilte uns das Krankenhauspersonal mit, sie würden sie noch vierundzwanzig Stunden lang beobachten. Sie sagten, das Gesetz verbiete es, die Verstorbenen vor Ablauf eines Tages zu verbrennen. Man müsse sicher sein, daß sie wirklich tot seien.

Das ließ uns gerade die Zeit, um die Totenwache vorzubereiten. In unserem engen Haus war das zwar etwas schwierig, aber wir waren nicht reich genug, um uns einen speziellen Raum dafür zu mieten.

So mußten wir den Frisiersalon für zwei Tage schließen. Ich bedeckte den Hausschrein, die Spiegel und die farbigen Gegenstände mit weißem Papier, denn das zu lebhafte Funkeln paßte nicht zu diesem traurigen Anlaß.[4] Doch da ich noch nie mit einem Todesfall konfrontiert gewesen war, wußte ich nicht genau, was ich tun mußte. Glücklicherweise kamen die Nachbarn, um mir zu

Yamazaki Naka

helfen, so wie es bei Beerdigungen Brauch ist, damit sich die »Schwarze Unreinheit«, *kuro-fujō*, nicht ausbreitet: Da die Familienmitglieder die Tote berühren dürfen, dienen die Nachbarn immer als Vermittler zur übrigen Welt. Zwei Bewohner unserer Straße benachrichtigten die Trauergäste: meine weit entfernt wohnenden Eltern, die Kundinnen und alle unsere Bekannten.[5]

Dann brachten die Totenträger, denen der Mönch oder das Krankenhaus unsere Adresse mitgeteilt hatte, Nakas Leiche. Sie hatten sie dort unauffällig zum *fujō-mon*, zum Totentor, einem besonderen Tor, hinausgetragen und sie ohne Gefolge bis zu unserem Haus gebracht. Denn wir wollten die Angelegenheit so regeln, als hätte sie ihren letzten Atemzug zu Hause getan.

Bei uns legten sie sie auf eine mit einem weißen Tuch verhüllte Matratze und deckten sie mit einer kleinen Daunendecke zu. Und damit die Gegenwart der Leiche nicht störte, legten sie ihr einen feinen weißen Stoff über das Gesicht. Ein Messer, eine Waffe gegen die schädlichen Wesen, die ihr vielleicht im Jenseits begegnen könnten, wurde ihr auf die Brust gelegt. Und auf einen kleinen

Tisch, den man an ihrem Kopfende plaziert hatte, stellte man noch eine Schale Wasser gegen die Qualen des Höllenfeuers. Daneben legte man Weihrauch. Dazu kam noch eine Schale mit *makura no meshi*, »Reis am Kopfende«, der in Form eines Berges aufgehäuft war und in dem ein einziges Stäbchen steckte, was man bei Lebenden niemals tun darf.[6]

Die ersten Besucher kamen, um die tote alte Frau zu grüßen. Sie verbeugten sich und steckten ein Räucherstäbchen in das Räuchergefäß. Ich hielt mich nahe bei Nakas Gesicht, und wenn sie ihr Lebewohl sagen wollten, hob ich den weißen Schleier.

Bis jetzt hatte ich noch nicht sehr viel empfunden. Aber das tiefe Mitgefühl, das unsere Gäste zeigten, ließ mich auf einmal verstehen, was für ein schreckliches Unglück passiert war. Sie blieben einen Moment und sagten Dinge wie: »Das ist sehr traurig, sie war eine so freundliche Frau. Nun geht es ihr besser, an der Seite ihres Mannes.« Diese Worte hatten natürlich keinen Sinn, aber niemand weiß, was er in solchen Situationen sagen soll. Da war mir plötzlich zum Weinen zumute.

Am nächsten Tag wurde die Leiche eingesargt. Die Leichenträger stellten das Totenpodest in der Ecke des Zimmers auf, die vom Haupteingang am weitesten entfernt war. Es war ein prächtiger Altar mit fünf Stufen für die Opfergaben. Der Sarg, dessen Deckel noch nicht zugenagelt war, damit jeder Abschied nehmen konnte, wurde einfach oben draufgestellt. Auf die Stufen davor stellte man ein großes Foto von Naka und ihr provisorisches Ahnentäfelchen, *ihai*, aus weißem Holz. Der *kaimyō*, der postume Name, den der Mönch für den Totengeist ausgesucht hatte, stand auf einem halben Blatt weißen Papiers, das auf dem weißen Holztäfelchen mit einem Klebstoff aus Reisstärke befestigt war. Denn für die Toten darf man nur natürliche Produkte verwenden. Obwohl dieser Name nur die weibliche Form des Namens war, den er erst vor kurzem ihrem Ehemann Tomekichi gegeben hatte, verlangte der Mönch viel Geld. Aber das war normal, denn die Wahl eines Namens ist eine wichtige Angelegenheit.[7]

Auf dem Altar lagen außerdem noch Weihrauch, Kuchen und Kerzen. Und darum herum lagen Blumen, die wir gekauft oder die Verwandte, Nachbarn und andere geschickt hatten, wobei sie sorgfältig ihre Namen dazugeschrieben hatten.

Auf der Straße lehnten die Totenträger große Trauerkränze, die auf schwarzweißen Füßen standen, gegen die Hauswand, damit jeder sehen konnte, daß es bei den Yamazaki einen Todesfall gegeben hatte.

Die Totenwache begann gegen sechs Uhr. Kurz zuvor opferte jedes Familienmitglied ein Räucherstäbchen für Naka. Für die Toten muß die Zahl der geopferten Räucherstäbchen immer ungerade sein. Danach blieben wir aufrecht stehen, ohne etwas zu tun. Damit wir die Gäste nicht ansteckten, kamen die Nachbarsfrauen, um Tee und Kuchen vorzubereiten, die man in unserem Namen den Besuchern reichte. Ich hörte die Frauen in der Küche flüstern, während der Mönch die Sūtren rezitierte. Ein Gast nach dem anderen kam. Sie defilierten in ihren Alltagskleidern vorüber, wie es bei der Totenwache üblich ist. Man zeigt damit, daß man von der Todesnachricht überrascht wurde und in großer Eile gekommen ist.

Am Eingang hatten die Nachbarn einen Tisch aufgestellt und darauf die »Liste der wohlriechenden Namen« gelegt: Die Besucher schrieben ihren Namen in diese Liste und gaben ihre *kōden*, ihre »Opfergabe für den Weihrauch«, ab. Das ist Geld in einem Umschlag, der an *gorei*, die »Verehrte Seele« adressiert ist. Denn die toten Buddhas nennt man vor dem Tag der Beerdigung nie bei ihrem Namen. Eigentlich müßte man diese Opfergaben auf den Altar vor den Sarg legen. Aber aus Furcht vor *kōden dorobō*, vor »*kōden*-Dieben«, schrieben die Geber ihren Namen, ihre Adresse und die Höhe der Gabe auf die Rückseite des Briefumschlags. Die Nachbarn schütteten das Geld in einen großen Sack und legten die leeren Umschläge vor den Sarg.

Zusammen mit der Liste am Eingang dienten sie hinterher zum Zusammenzählen und zur Aufstellung der *kōdenchō*, der »Liste der Weihrauchopfergaben«, die man vor jeder Beerdigung zu Rate zieht, um zu wissen, welche Familie man benachrichtigen muß. Denn die Verbindungen zwischen den Häusern zur gegenseitigen Hilfeleistung bei Sterbefällen werden von Generation zu Generation weitergegeben. Darüber hinaus gestattet es diese Liste, nach der Beisetzung auf dem Friedhof jedem Geber etwa die Hälfte des Wertes von dessen *kōden* in Geschenken wiederzugeben. Doch in der Praxis erstattet man nicht genau die Hälfte dessen, was gegeben worden ist, zurück, weil dies zu kompliziert wäre. Man legt vier oder fünf Gebergruppen fest und wählt dann bestimmte Geschenke als Modell für die jeweilige Gruppe.

Manche verteilen Bettlaken oder Handtücher anstelle eines Beileidgeschenks. Aber ich persönlich finde den Gedanken unangenehm, auf Laken zu schlafen, die man in einem Trauerfall erhalten hat. Andere geben wieder Geld, ohne sich besondere Mühe zu machen, aber das ist ziemlich gewöhnlich. Ich ziehe es vor, mich an die Prinzipien der Mönche zu halten, nach denen man nur vergängliche Produkte, wie Seife oder Shampoo, geben darf. So habe ich für den Tod von Naka drei Sorten Luxusseife gekauft, die ich den Geladenen nach der Trauerfeier überreicht habe.

Wie dem auch sei, diese Weihrauchgaben sind ein guter Brauch: Wenn man die Geschenke zum halben Preis dessen, was man erhalten hat, zurückerstattet hat, bleibt noch etwas übrig, um die Kosten der Bestattung zu bezahlen. Und sogar noch etwas, was man für wohltätige Zwecke spenden kann. So kommt es, daß im Unterschied zu Hochzeiten, die große Ausgaben mit sich bringen, weil man alles, was man bekommt, zurückerstatten muß, Begräbnisse nichts kosten. Sicher hat sich aus diesem Grund die alte dörfliche Sitte der Weihrauchopfergaben auch in den Städten erhalten. Manche Familien jedoch lehnen die *kōden* ab, um ihren Wohlstand unter Beweis zu stellen oder sie bevorzugen Versicherungen, die die Bestattungskosten übernehmen. Das bringt dann die Leute in große Verlegenheit.

Die Besucher legten also ihre Opfergabe nieder und kamen herein, um die Tote zu grüßen: Sie verbeugten sich und steckten ein Räucherstäbchen in das Räuchergefäß. Dann gingen sie in das Nebenzimmer und tranken dort Tee und aßen Kuchen. Es wurde nichts anderes serviert, weil wir nicht reich waren. Heutzutage bieten die Familien irgend etwas an, gekochten Thunfisch oder sogar Hühnchen am Spieß. Obwohl man bei einem Trauerfall *shōjin-ryōri* reichen sollte, eine »Mahlzeit, die den Geist vorwärtsgehen läßt«, wie die Mönche sagen, das heißt vegetarische Gerichte. Die Wohlhabenden servieren manchmal *yasai no tenpura,* Gemüse, das in feinem Eierteig gebacken ist oder *kinpira gobō*, eine Art Schwarzwurzel, die mit Sesamöl, Sojasauce und Zucker zubereitet wird, aber man kann das alles auch viel einfacher machen.

Die Leute defilierten bis gegen elf Uhr an der Toten vorbei. Man sagt, daß die Totenwache die ganze Nacht hindurch dauere, aber um diese Zeit empfehlen sich die Besucher und sagen: »Es ist spät, Sie sind sicher müde.« Man gibt ihnen ein kleines Geschenk als Dank für ihre Mühe, und sie ziehen sich zurück.

Da man nach einer Totenwache niemals dort hinausgehen darf, wo man hereingekommen ist, ließen wir an diesem Tag die Seitentür offen.[8] Das gab einen Luftzug, und ich erinnere mich, daß mich dies an die Kühle des Todes erinnerte.

Danach haben wir ein wenig geschlafen. Am Nachmittag des folgenden Tages – glücklicherweise war es keiner jener *tomobiki*-Tage, an denen die Toten »ihre Freunde mit sich ziehen«, so daß die Beerdigung stattfinden konnte[9] – konnte man die *sōgi*, die Totenfeier vor der Beisetzung, abhalten und die Leiche einäschern lassen.

Diese Feier fand im Kloster statt. Die Totenträger transportierten den Sarg dorthin und bauten den Altar in einem speziellen Raum wieder auf. Alles war exakt wie zuvor, nur stand der postume Name Nakas jetzt auf dem Totentäfelchen aus weißem Holz und nicht mehr nur auf dem halben Blatt Papier. Wir waren sehr zahlreich, vielleicht hundert Personen.[10] Der Mönch las die Sūtren, und jeder verbeugte sich und verbrannte dreimal eine Prise Weihrauch vor der Toten, bevor er zum letzten Mal ihr Gesicht betrachtete. Nakas Gesicht schien mir von feierlicher Anmut. Ich dachte, daß ich niemals zuvor gesehen hatte, wie schön sie war. Das schnürte mir das Herz zusammen.

Die Stunde des Sargverschließens war gekommen. Ein Sargträger setzte in Höhe ihres Kopfes einen Nagel, einen einzigen, den »letzten Nagel«, auf den Sargdeckel. Jeder von uns mußte einmal mit einem unbehauenen Stein darauf schlagen.[11] Dieser Augenblick war schrecklich. Ich hatte den Eindruck, als würde ich Naka Gewalt antun, als wäre ich es, die gerade ihren Tod beschlösse. Wahrhaftig, es gibt nichts Traurigeres, als auf den Sarg eines Toten zu schlagen.

Danach sind die alten Leute, die sich selbst dem Jenseits nahe fühlten, gegangen. Auch die schwangeren Frauen und all jene, die sich vor dem Tod fürchteten. Wir, die Verwandten, »gingen in die Berge«. Mit anderen Worten, wir sind dem Leichenwagen bis zum städtischen Krematorium gefolgt. In der Halle standen nur zwei Öfen. Da an diesem Tag viele Verbrennungen stattfanden, mußte man sich gedulden. Damals benutzte man kein Öl wie heute. Man machte ein Holzfeuer, und es dauerte mindestens zwei oder drei Stunden, bis eine Leiche verbrannt war.

Als Naka an der Reihe war, stellten die Sargträger ihren Sarg vor dem Ofen auf, und der Mönch las die Sūtren. Noch einmal mußte sich jeder vor ihrer sterblichen Hülle verneigen. Danach sagte ein Sargträger: »*Osame itashimasu*, der Moment der Trennung ist gekommen.« Und er schob ihre Leiche in das große Feuer.

Wir warteten in einem Nebenzimmer und aßen und tranken. Alle sahen angespannt aus, und ich fühlte mich sehr unwohl. Der Mönch fuhr fort, Sūtren zu murmeln. Dann sagte der Sargträger: »*Agarimashita*, es ist vorbei.« Wir gingen in die Verbrennungshalle, und er zog die Knochen in einer Art Schublade heraus. Er ließ sie auf eine dicke Blechplatte von ungefähr einem Meter auf achtzig Zentimeter gleiten. Das machte ein unangenehmes Geräusch. *Gara gara*, als ob er eine Rassel schütteln würde. Er forderte uns auf, herzukommen und paarweise die Gebeine in den *kotsutsubo*, den »Knochentopf« zu räumen. Das war ein weißer Keramiktopf, etwa dreißig Zentimeter hoch und zwanzig Zentimeter im Durchmesser. Der Sargträger rief Tatsuo und mich, weil wir die nächsten Verwandten waren, und gab jedem von uns ein Stäbchen, damit wir gemeinsam einen der größten Knochen ergriffen und in den Topf legten.[12] Es sind immer die nächsten Verwandten, die die ersten Knochen einräumen, und sie müssen die größten wählen. Als alle vorbeidefiliert waren – wir waren kaum zehn oder fünfzehn –, waren natürlich immer noch einige Knochen übrig. Der Sargträger legte die Schädeldecke und den *nodobotoke*, den »Buddha des Halses«, den Adamsapfel, beiseite[13], dann schüttete er den Rest in die Urne.

Wenn die Menschen sterben, ohne vorher krank gewesen zu sein, gibt es viele Knochen, und es ist schwierig, alle in die Urne zu bekommen. Aber da Naka schon seit langem sehr schwach war, hatte sie nicht so viele Knochen. Der Sargträger konnte mühelos die Schädeldecke darauflegen, die eine Art Deckel bildete. Danach verschloß er die Urne, wickelte ein weißes Tuch außen herum und befestigte es mit einem Metallring. Dann schlug er sie, glaube ich, noch in ein Stück Brokat ein und stellte sie in einen Kasten aus Paulowniaholz. Den »Buddha des Halses« legte er in ein sehr kleines Kästchen, damit wir ihn, wenn wir es wollten, für lange Zeit bei uns zu Hause aufbewahren konnten.

Wir trugen die Urne mit den Gebeinen und das Ahnentäfelchen von Naka nach Hause. Auch der Mönch kam mit den letzten Gästen wieder zu uns. Er half uns, die Gebeine von Naka auf einem kleinen Tisch neben dem Altar der Ahnen aufzustellen. Davor stellten wir ihr Foto und ihr Ahnentäfelchen, Kerzen, Weihrauch, Blumen und Kuchen. Und dann las er, um Zeit zu sparen, sofort die *shonanuka*-Sūtren, die Sūtren der »ersten sieben Tage« nach dem Tod.[14] Die Gäste aßen noch eine fleischlose Mahlzeit. Dann gingen sie alle fort.

Danach opferte ich jeden Morgen bis zum *shijūkunichi*, dem neunundvierzigsten Tag, Wasser vor Nakas Tafel. Denn die Seelen der Verstorbenen irren neunundvierzig Tage lang zwischen dieser Welt und dem Jenseits umher. Danach brechen sie endgültig ins Jenseits auf, und die Lebenden können ihre Gebeine beerdigen.

Am neunundvierzigsten Tag also begab sich die ganze Familie zum Kichijō-Kloster, wo wir, als Tomekichi gestorben war, für viel Geld ein schönes Familiengrab erworben hatten.[15] Der Mönch hatte die Totengräber benachrichtigt, damit sie das Grab öffneten. Sie hatten eine viereckige Säule auf das Grab gestellt, die auf der einen Seite Nakas postumen Namen trug und auf der anderen ihren weltlichen Namen, das Todesdatum und ihr Alter. Diese Säule blieb dort stehen, bis man eine steinerne Stele errichtete. Aber es ist üblich, diese Stele erst viel später aufzustellen, wenn man keine Geldsorgen mehr hat.

Neben dem Grab hatte man einen kleinen Altar aufgebaut. Eine Schale mit Reis, Wasser, um das Höllenfeuer zu löschen, Früchte und Blumen, denn Blumen sind das Kleid der Toten, und Kuchen. Das waren die Opfergaben. Man verbrannte Weihrauch. Da ich im Haus keine Knochen aufbewahren wollte, legte ich die beiden Kästchen mit der Asche in das Grabgewölbe.

Dann sind wir wieder nach Hause gegangen. Auf dem buddhistischen Altar hatte der Mönch eine neue, schwarzgestrichene

Tafel aufgestellt, auf der Nakas postumer Name in goldenen Buchstaben eingraviert war. Noch einmal las er Sūtren und brachte Opfergaben dar. Und dann aßen alle gemeinsam und gedachten der Toten.

Als all das zu Ende war, fühlte ich mich sehr erschöpft. Ich hatte mich auch noch um die Bauarbeiten an unserem neuen Haus kümmern müssen, denn wir wollten bald umziehen. Ich sagte mir, daß ich nichts weiter für Naka tun könnte. Daß es überflüssig sei, sich darum zu bemühen, welches Schicksal ihr in der anderen Welt begegnet war, da sie immer tugendhaft gelebt hatte.[16] Und daß sie vor allem gewollt hatte, daß ich das Geschäft zu neuer Blüte brächte.

Beziehungen zu einer verstorbenen Schwiegermutter

Trotzdem hatte ich das Gefühl, als sei ein großes Unglück geschehen. Ich fühlte mich verloren, als wären die Wellen des Meeres leise davongegangen, um niemals mehr zurückzukehren. Mit dem Alter und der Zeit hatte ich in Naka jemanden gefunden, dem ich die Probleme meines Berufes und die täglichen Ärgernisse anvertrauen konnte. Auch wenn die Frauen immer vom Haß zwischen Schwiegermüttern und Schwiegertöchtern reden, ich liebte die Mutter meines Mannes. Nur mit ihr konnte ich über meinen Beruf sprechen. In der Hoffnung, meinen Kummer zu vergessen, stürzte ich mich in meine Arbeit.

Naka war bereits neun Wochen tot, als ich mich aus einem Grund, an den ich mich nicht mehr erinnere, nach Kamakura begab. Nachdem ich dem Großen Buddha ein Geldopfer gebracht hatte, fühlte ich mich sehr erschöpft und ging am Strand spazieren. Wie ich so am Meer entlangging, spürte ich plötzlich ein Gewicht in meinem Rücken, und ein Schraubstock schnürte mir den Hals zu. Ich wollte schreien, aber kein Ton kam heraus. Ich konnte nicht einmal mehr den Speichel hinunterschlucken, der in meinem Mund zusammenfloß. Ich hielt mich für ernsthaft krank und kehrte eilig nach Tōkyō zurück. Als ich mich auf der Veranda unseres Hauses in Bunkyō ausgestreckt hatte, litt ich noch immer

Die große Statue des Buddha Amida in Kamakura (13. Jh.) (Keystone)

unter Atembeschwerden, als ob trockener Schlamm meine Lungen verstopfte. Ich bekam fast die ganze Nacht keine Luft, und man konnte meine Schultern und meinen Nacken massieren, soviel man wollte, es nützte nichts. Am nächsten Tag bemerkte Tatsuo, daß mein Gesicht weiß war wie ein Fischbauch. Er dachte, ich hätte eine schlimme Krankheit, und riet mir, einen Arzt aufzusuchen. Ich zögerte, und dann sagte ich, ohne überhaupt darüber nachgedacht zu haben, es würde nichts nützen, weil mein Leiden, davon sei ich überzeugt, keine gewöhnliche Krankheit sei.

Ich fuhr wieder zurück nach Kamakura, wo sich das Gewicht auf mich herabgesenkt hatte, und besuchte einen Mönch. Dieser fragte mich sofort, ob meine Familie kürzlich einen Trauerfall gehabt hätte. Ich antwortete ja, meine Schwiegermutter sei gestorben.

»Nun, dann ist das ein *gaki*, ein Hungergeist«, sagte er. »Die Seele der Toten ist in der anderen Welt ein *gaki* geworden. Das ist ein schlechter Lohn, und das Gespenst schleicht um Sie herum, um sich von Ihrer Energie zu ernähren. Man muß dem Geist *kuyō*-Riten anbieten, damit er sich beruhigt und sobald wie möglich diesen traurigen Weg der Wiedergeburt verlassen kann.«

Da ich vollkommen von meinem Kummer und meiner Arbeit in Anspruch genommen gewesen war, hatte ich tatsächlich kaum eine Messe für die Ruhe meiner Schwiegermutter lesen lassen. Ich hatte nicht versucht, durch den Mund eines Mediums mit ihr zu sprechen. Ich hatte mich niemals zum Grab begeben, um nachzusehen, ob Spender ihr *sotoba* dargebracht hatten. Das sind hölzerne Votivtafeln, die ihr helfen sollten, das Heil zu erlangen.[17] Und nun war Naka wegen meiner Undankbarkeit auf einen schlechten Weg geraten.

Ich gab dem Mönch Geld, und bestellte Gottesdienste für die Ruhe der Totenseele. Kurz darauf lockerte sich die Hand, die mir die Luft abgeschnürt hatte. Aber ich wußte, daß ich immer wieder für Nakas Ruhe beten mußte. Und wenn ich selbst eines Tages Frieden haben wollte, mußte ich zuerst diese Wunde, die der Tod eines geliebten Wesens im Innersten eines jeden aufreißt, verbinden.

Hungergeist *gaki*
(nach dem *gaki*-Rollbild, 12. Jahrhundert)

Zweites Buch
Kami no mizu:
Das Götterwasser

Am 28. April war mit dem Inkrafttreten des Vertrages von San Francisco die Besatzungszeit zu Ende. Doch weil die amerikanischen Sicherheitskräfte in Japan blieben, brachte die Linke am 1. Mai ihre Unzufriedenheit vor dem kaiserlichen Palast unmißverständlich zum Ausdruck.

Nachdem die Amerikaner zunächst Frieden und Demokratie gepriesen hatten, diese neuen Werte und Grundlagen einer »modernen Kultur«, mit der man dem Nationalismus und dem Krieg begegnen wollte, holten sie aus Angst vor sozialen Unruhen nach und nach die Männer auf die politische Bühne zurück, die ihren Reformen feindlich gesonnen waren. Schon 1952 hatte Yoshida Shigeru, wenn auch ohne Erfolg, vorgeschlagen, die Presse durch die Regierung kontrollieren zu lassen. 1953 wurde ein Antistreikgesetz für den Bergbau und die Industrie verabschiedet. Bald wurde die Polizei zentralisiert und die nationale Polizeireserve zu Streitkräften der Selbstverteidigung umgebildet. Außerdem wurden die Rechte der Lehrergewerkschaft eingeschränkt und die Antitrustgesetze entschärft.

Hatoyama Ichirō, der 1954 an die Macht kam, war in den dreißiger Jahren Erziehungsminister gewesen. 1946 wurde er im Zuge der Säuberungen für schuldig befunden und 1951 wieder amnestiert. Er entschloß sich, zum Teil aus einer feindlichen Einstellung den Amerikanern gegenüber, sich der UdSSR anzunähern. Dank der Normalisierung der japanisch-sowjetischen Beziehungen wurde Japan 1956 in die Vereinten Nationen aufgenommen. Tatsächlich zeigte es sich jetzt als eine Macht, mit der man in Asien wieder rechnen mußte: Die Maßnahmen zur Wiederankurbelung der Wirtschaft, wie steuerliche Anreize, Neuinvestitionen, Krediterleichterungen und Ausfuhrhilfen, die 1952 beschlossen worden waren, trugen ihre Früchte. 1955 war, so hieß es, die Nachkriegszeit zu Ende. Das beispiellose Wachstum 1956 und Anfang 1957 wurde Jimmu būmu getauft, »Boom des Kaiser Jimmu«, nach dem mythischen Gründer des japanischen Staates.

Kishi Nobusuke, seit 1957 Premierminister, war zuvor einer der

Verantwortlichen bei der Planung von Mandschukuo gewesen. Als Industrie- und Handelsminister unter der Regierung Tōjō war er während der amerikanischen Besatzung drei Jahre im Gefängnis gesessen. Er förderte die Mittelschicht und den Dienstleistungssektor, baute die Selbstverteidigungsstreitkräfte aus und setzte bei den Amerikanern den Abzug ihrer Landstreitkräfte durch. Vor allem aber wird sein Name mit der Erneuerung des japanisch-amerikanischen Sicherheitsabkommens im Jahre 1960 in Verbindung gebracht, die zu Gewaltaktionen auf den Straßen und sogar im Reichstag führte. Erst Kishi Nobusukes Rücktritt ließ wieder Ruhe einkehren.

Diese Unruhen hatten das Volk jedoch erschreckt, und die Wahlen von 1960 brachten einen Stimmenzuwachs für die Jimintō, die Liberaldemokratische Partei, wie sich die führende Partei seit 1955 nannte.

Mit Ikeda Hayato kam eine neue Generation an die Macht. Ikeda, der mehr Techniker als Politiker war, stellte die Ordnung wieder her, indem er verbreitete, er werde das Volkseinkommen innerhalb von zehn Jahren verdoppeln.

Unter seinem Mandat und dem von Satō Eisaku, dem jüngeren Bruder von Kishi Nobusuke, wurde die Geschichte Japans zunächst zur Geschichte der japanischen Wirtschaft: 1959-1961 gab es den »Iwato-Boom«, 1966-1970 den »Izanagi-Boom«, benannt nach berühmten Episoden der nationalen Mythologie. Dazwischen liegen die shokku, »Schocks«: 1963 der »Kennedy-Schock«, den die Maßnahmen zur Stützung des Dollars verursachten, die hart waren für ein überschuldetes Land, dessen Refinanzierung meistens in Dollars erfolgte; 1967 der »Pfund-Sterling-Schock«, der der Abwertung des Pfund Sterlings folgte, das eine wichtige Reservewährung für Japan war. Zwischen diesen beiden Schocks gab es noch die finanziellen Schwierigkeiten von 1965, die durch die Überschuldung der Unternehmen hervorgerufen und durch Beschlüsse zum Haushaltsausgleich verschärft wurden, bis der Staat die Verpflichtungen der privaten Einrichtungen übernahm, indem er Schatzanweisungen ausstellte. Diese Probleme bereiteten den Japanern um so größere Sorgen, als die OECD, in die Japan gerade eingetreten war, die finanzielle Liberalisierung forderte. Aber 1964 war auch die Zeit der Olympischen Spiele: riesige

Bauvorhaben wurden begonnen, ganze Viertel modernisiert; ein Hochgeschwindigkeitszug, der Shinkansen, der Tōkyō in vier Stunden mit Ōsaka verband, wurde eingerichtet.

Doch bei jedem »Schock« mußten kleine und mittlere Unternehmen, meist Zulieferfirmen der großen, gravierende Verluste hinnehmen. Und im großen und ganzen hatte die soziale Gesetzgebung mit dem Wachstum nicht Schritt gehalten. Die Nachlässigkeit in der gesamten Stadtplanung hatte eine wilde Ausbreitung der Städte zur Folge. In Minamata und Yokkaichi richtete die Umweltverschmutzung große Schäden an. Eine neue Sekte, die Sōka gakkai, predigte erfolgreich eine populistische Ideologie und gründete die Kōmeitō-Partei, die sich aus den Anhängern der alten Ordnung zusammensetzte: sie bildeten 10 Prozent der Wähler von 1967.

Die Jungen schließlich gaben sich nicht alle mit der Rückkehr einer traditionalistischen Gesinnung zufrieden, die durch die Kunst der Teezeremonie, des Blumensteckens oder des Nō-Theaters vermittelt wurde. Genausowenig wie mit der aufkommenden Medienkultur. Sie lasen Marcuse, Mao und Che, ergriffen heftig Partei für Nordvietnam und gegen die Vereinigten Staaten. Die Zwischenlandung des amerikanischen Schiffes Enterprise *in Sasebo im Jahre 1968 trieb die Studenten auf die Straßen. Das Hauptgebäude der Tōkyō-Universität wurde zu einer Festung.*

Dennoch fuhren die Arbeiter, die diese Ausschreitungen kaum beachteten oder mit ruhiger Nachsicht betrachteten, fort, am Wohlstand des Archipels zu wirken.

1969 ist Japan die »dritte Großmacht«. Es bekam die Ogasawara-Inseln zurück und erhielt von den Vereinigten Staaten das Versprechen der baldigen Rückgabe Okinawas.*

* Von Robert Guillan für den Titel seines Werkes formulierter Ausdruck, *»Japon, troisième grand«*, Paris 1969, Neuausgabe Le Seuil, 1979, 320 S.

XII
Forschungen

七転び八起き

Nana korobi ya oki.
Wenn du siebenmal hinfällst, steh achtmal auf.

Seit dem Tod meiner Schwiegermutter hatte ich das Gefühl, als sei meine Verbindung zur Welt abgerissen. Alles kam mir unwirklich vor, das helle Lachen der Kinder ebenso wie das konventionelle Reden der Erwachsenen. Mit dem ausdruckslosen Blick eines Fisches sagten meine Kundinnen: »Sie fühlen sich sicher einsam …« Ich antwortete ja, ich fühlte mich einsam. Aber diese Worte schienen in eine von Tag zu Tag überwältigendere Leere zu fallen. Ich überraschte mich manchmal, wie ich Nakas Bewegungen nachahmte, die ein wenig steife Art, mit der sie mit ihren leicht nach innen gerichteten Füßen getrippelt war, ihre ehrerbietigen, tiefen Verneigungen; und sogar ihr Lächeln, bei dem sie die Unterlippe so eigenartig hochgezogen hatte. In dieser Nachahmung suchte ich Schutz. Außerdem gebrauchte ich Sätze, die ich oft von ihr gehört hatte.

Naka hatte mich bis zu ihrem Tod unterstützt. Sie hatte mir Ratschläge gegeben, wie man die einen führt und den anderen die Stirn bietet, und sie hatte mir die kleinsten Handgriffe meines Berufes beigebracht. Und nun war ich auf einmal allein … Ich sollte Monate und Jahre brauchen, um Vertrauen in meine Fähigkeiten zu gewinnen, ein Vertrauen, das zur Quelle der Gelassenheit und Kühnheit wurde, die mir schließlich großen Einfluß über andere verlieh …

Tatsächlich hatte ich schon nach unserem zweiten Umzug im Jahr 27 der Shōwa-Zeit (1952) mit schrecklichen Schwierigkeiten zu kämpfen. Das alte Haus, das in ein Wohnheim für die Angestellten umgewandelt worden war, brachte kein Geld ein. Und für den Neubau hatten wir Schulden machen müssen. Ich hatte ihn beinahe vierzig *tsubo* groß bauen lassen (122 m^2), aber ich schuldete der Bank sechs Millionen Yen: drei für die Bauarbeiten und noch einmal drei für die Rechte, die Pacht, den Immobilienmakler und so weiter. Tatsuo hatte den Kredit ausgehandelt. Auf sieben Jahre, weil wir fast nichts hatten. Er hatte zuerst mit seiner Firma gebürgt. Als das nicht genügte, hatte auch die Familie seines jüngeren Bruders eine Bürgschaftserklärung abgegeben. Nun mußte ich das Geld für die Rückzahlungen aufbringen, egal welche Anstrengungen das kosten würde. Andernfalls wären wir alle bankrott. Zum damaligen Zeitpunkt war das wahrhaftig schwierig für mich.

Vom Morgengrauen bis in die Nacht war ich pausenlos auf den Beinen, wie ein von den Menschen gejagter Fuchs. Seit Nakas Tod hatte ich niemanden mehr, der sich um die Kinder kümmerte. Sie gingen zwar zur Schule, aber ich mußte ihr *bentō*, ihr Mittagessen für unterwegs, und ihr Abendessen zubereiten. Und dann, ohne daß ich etwas dafür getan hätte, einfach weil es genug Platz gab, wuchs das Unternehmen. Bald hatte ich zwölf Angestellte. Doch das brachte nicht mehr ein.

Wir befanden uns noch immer in jener Phase der Nachkriegszeit, in der die Leute das, was sie an Lohn bekamen, nicht wieder einbrachten. Sie arbeiteten nicht, und sie stahlen. Zwanzig, fünfzig oder sogar hundert Lockenwickler verschwanden jeden Monat. Die Angestellten nahmen sie mit nach Hause, um ihre Verwandten zu frisieren oder um durch Schwarzarbeit Geld zu verdienen. Ich weiß es nicht. Fest steht, daß ihre Verschwendung mich fast ruinierte. Sie nahmen auch Geld aus der Kasse. Oder sie machten *donburi kanjō*, pauschale Preise, die so ungenau berechnet waren, daß das Geld in der Kasse nie mit den Abrechnungen übereinstimmte.

Es waren keine schlechten Menschen, sondern einfache Männer und Frauen einer Zeit, in der jeder sah, wie er durchkam. Vor vernünftigen Reden verschlossen sie die Ohren und hörten nur auf ihren leeren Magen. Und weder ich noch sie konnten etwas dafür. Das Schlimmste ereignete sich im Jahre 28 oder 29 der Shōwa-Zeit (1953 oder 1954).

Jedes Jahr, wenn die Feste näher rückten, ließen sich die Frauen ihre Haare zu eleganten Knoten aufstecken, bevor sie ihren Festtagskimono anzogen. Es kamen so viele, daß man alle Götter und Bodhisattvas hätte beschäftigen können. Aber als ich am 28. Dezember gegen drei Uhr ins Geschäft kam, herrschte dort eine so merkwürdige Stille, daß ein Vorübergehender hätte glauben können, es sei geschlossen. Zwei Angestellte arbeiteten. Andere saßen herum und baumelten mit den Beinen. Wieder andere waren weggegangen. Ich fragte, was los sei, ob dies ein Streik sei. Ein junger Mann, den ich erst kurz zuvor eingestellt hatte, antwortete mir. Sein Blick funkelte wie der einer wilden Katze, als er sagte, daß dies zwar kein richtiger Streik sei, aber sie hätten es satt, soviel zu arbeiten und so wenig zu essen zu bekommen.

»Die Abwesenden sind mit dem Geld aus der Kasse Mandarinen kaufen gegangen«, sagte er, »denn uns fehlt Vitamin C.«

Nun verstand ich, und ich bekam Angst. Tatsache war, daß ich jemanden eingestellt hatte, der von einem anderen Geschäft aus angeblich ungerechten Gründen entlassen worden war. In Wirklichkeit gehörte er, ohne daß ich es wußte, einer kommunistisch ausgerichteten Gewerkschaft an. Er hatte die anderen aufgehetzt und sie davon überzeugt, daß wir, die Yamazaki, uns auf ihre Kosten ernährten.

Zu jener Zeit gingen die Angestellten nie in ein Restaurant. Sie bekamen alle Mahlzeiten bei uns. Es ist leider wahr, daß wir nicht die Mittel besaßen, sie so zu ernähren, wie es hätte sein müssen.[1] Also sagte ich ihnen, daß ich mit ihren Geschichten von Vitamin B oder C oder was sonst auch immer nichts anfangen könnte:

»Ich lasse Sie nicht aus Geiz hungern. Aber Japan hat den Krieg verloren und Sie müssen sich damit abfinden, in Armut zu leben. Wir leben eben nicht mehr in einem Land, in dem jeder seinen Bauch füllen kann, wie er will. In diesen Zeiten ißt man, was da ist. Sie wissen, daß ich einen Kredit aufnehmen mußte. Wenn ich ihn nicht zurückzahlen kann, werden Sie keine Arbeit mehr haben. Wenn Sie leiden, so ist das nicht meine Schuld.«

Tatsuo ging immer noch jede Woche aufs Land, um Lebensmittel zu kaufen. Wenige Bauern kamen in die Stadt, um ihre Produkte zu verkaufen. Mehr konnten wir nicht tun.

Ich sagte noch, daß diejenigen, die von meinen Worten überzeugt seien, bleiben könnten, die anderen sollten auf der Stelle gehen. Zwei Angestellte gingen, der Gewerkschaftler und noch ein anderer. In diesem Augenblick wandte ich mich an diejenigen, die geblieben waren:

»Auch Sie können nicht hierbleiben, denn Sie glauben bestimmt nicht, was ich sagte, sonst hätten Sie nicht gestreikt. Sie sind nur noch da, weil Sie nicht wissen, wo Sie hingehen sollen.«

Und ich jagte sie davon. Ich behielt nur die zwei Angestellten, die nicht aufgehört hatten zu arbeiten – noch heute steht die Tochter der einen in unseren Diensten, und sie ist eine wirklich zuverlässige Person. Zwei Mädchen kamen später wieder und baten mich inständig, sie wieder bei mir aufzunehmen. Ich ließ sie schwören, daß sie so etwas nicht noch einmal machen würden, und erst dann willigte ich ein.

So also ist das gewesen. Wir mußten mit nur vier Angestellten weitermachen, während ich so viele Schulden hatte. Doch wenn es wirklich nötig gewesen wäre, hätte ich sie alle hinausgeworfen und wieder bei null angefangen! Trotzdem, die Götter wissen, wie sehr wir das Geld brauchten!

Ich hatte ein paar Yen zur Seite gelegt, weil die erste Gedenkfeier für meinen Vater näher rückte. Er war Naka nur wenig später in die andere Welt gefolgt. Ich hätte aufs Land fahren und dort Geschenke machen müssen. Doch gerade da bekam der Sohn von Tatsuos jüngerem Bruder eine Hirnhautentzündung. Er brauchte Spritzen, die mehr als 100 Yen kosteten. Nun, ich sagte mir, daß es besser sei, das Geld für die Lebenden als für die Toten auszugeben, und gab ihnen die 100 Yen. Aber danach hatte ich keinen Pfennig mehr. Aus Stolz sagte ich in Asaka nichts davon. Ich ließ sie glauben, daß meine Arbeit mich so sehr in Anspruch nähme, daß ich nicht nach Asaka fahren könnte. Mein älterer Bruder dachte, die Stadt hätte mich hartherzig gemacht. Das machte mich zwar traurig, aber in meinem Innern habe ich mich bei Vater entschuldigt, und ich bin sicher, daß er mir verziehen hat. Danach sparte ich noch mehr, damit ich bei der nächsten Gedenkfeier wieder etwas Geld hätte. In jenem Jahr konnte ich dann allerdings auch nicht hingehen, weil ich die Grippe hatte.

Tatsache war, daß der Salon gerade noch lief, ohne soviel einzubringen, daß man viel hätte abbezahlen können. Tatsuo konnte mir auch nicht helfen, weil seine Geschäfte so schlecht gingen, daß sein Lohn Monat für Monat dazu gebraucht wurde, einen Bankrott zu verhindern. Ich sagte ihm, daß das nicht sehr vernünftig sei, daß es besser wäre, wenn er seine Gesellschaft auflösen und sich selbst irgendwo eine bezahlte Arbeit suchen würde. Er brauchte Wochen, um sich zu entscheiden. Dann fand er eine Stelle bei der Werbefirma Dentsū.

Von da an liefen die Dinge weniger schlecht. Dazu muß man noch sagen, daß die Regierung eine Preiserhöhung im Friseurhandwerk genehmigt hatte. Außerdem begann ich selbst Kurse zu geben und in vielen Städten Japans Vorträge zu halten. Aber das ist eine ganz andere Geschichte.

Die Entdeckung der Geomantie

Die Art und Weise, wie es dazu kam, war wirklich sonderbar. An einem Tag, an dem die Erinnerung an die Vergangenheit mir den Atem benahm, befand ich mich, ohne vorher darüber nachgedacht zu haben, vor der Wohnung des Meisters der Richtungen, den Naka früher aufgesucht hatte.

Dieser Meister der Richtungen hieß Watanabe. Ich klopfte an seine Tür und rief meinen Namen. Er empfing mich auf der Schwelle, aber er ließ mich nicht eintreten. Er sagte zu mir:

»Ich kann niemand gebrauchen, der nicht an die Geomantie glaubt. Die Person, die dir damit in den Ohren gelegen hat, ist tot! Also frage mich nichts! Begnüge dich damit, auf deine Weise zu handeln, jetzt, da du sie getötet hast!«

Doch ich kam nicht davon los. Dreimal brachte ich Früchte zum Haus des Meisters der Richtungen. Ich bekam nur seine Frau zu Gesicht, Frau Watanabe. Ihr überreichte ich diese für die Nachkriegszeit außerordentlich luxuriösen Geschenke. Und da sie das in Verlegenheit brachte, erreichte sie schließlich, daß ihr Gatte mir erlaubte, seine Wohnung zu betreten.

Er saß hinter einem Tisch, der überhäuft war mit Papieren und Pinseln. Er seufzte:

»Was ist es also, was du mich fragen willst und weshalb du nicht locker läßt?«

In diesem Moment gewahrte ich, daß ich nichts zu fragen hatte. Ich wolle einfach meiner Schwiegermutter in Glaubensdingen nachfolgen, sagte ich. Schon Motoko, unsere älteste Tochter, sei seit ihrer Kindheit dem Gott vom Ontake-san geweiht. Jeden

Sommer begleitete ich sie auf ihrer Wallfahrt auf den Berg, so wie Naka es gewollt hatte. Aber ich dachte, das sei nicht genug.

»Wenn ich es kann«, fügte ich hinzu, »würde ich gerne an die Wissenschaft der Richtungen glauben. Wenn Sie mir beweisen, daß sie wahr ist, werde ich den Glauben meiner Schwiegermutter fortführen.«

Da fragte mich der Meister:

»Was bedeuten die achtundachtzigste Nacht und die dreiundzwanzigste Nacht des zwölften Monats?«

»Das weiß ich! In Asaka gab es ein Lied, das besagte, daß mit dem Wind der achtundachtzigsten Nacht die Düfte des Sommers kämen. Man stampfte *mochi*, während man sich wünschte, daß die Seidenraupen spinnen würden, ohne einzugehen. Außerdem keimen die Samen, die man nach der achtundachtzigsten Nacht sät, nicht mehr.«

»Und die dreiundzwanzigste?«

»An diesem Abend ißt man Kürbisse, *tōji*.«

»Und was bedeutet der *tōji*?«

Ich mußte meine Unwissenheit eingestehen.

Er erklärte mir anhand kleiner Zeichnungen, die er machte, wo sich die Erde und wo sich die Sonne befand. »In der achtundachtzigsten Nacht nach dem Frühlingsbeginn bildet die Sonne einen Winkel von achtundachtzig Grad zur Erde. Es ist die Zeit des längsten Tages im Jahr, an dem die Sonne ihren höchsten Stand erreicht. Die dreiundzwanzigste Nacht ist dagegen die längste Nacht des Jahres, in der die Sonne einen Winkel von dreiundzwanzig Grad zur Erde bildet.«

Er sprach beinahe eine Stunde lang.

»So gibt es allgemeingültige Regeln, die die Samen, die in die Erde gesteckt werden, wenn die Sonne einen bestimmten Winkel zur Erde bildet, keimen lassen. Oder sie verfaulen lassen. Das sind die Naturgesetze, und gegen sie kann nichts geschehen.«

Er lehrte mich, daß die Zahl zwölf die höchste Zahl ist, die *tenkansū*, die Zahl, bei der sich alles umkehrt und von neuem beginnt. Es gibt zwölf Monate, zwölf Stunden am Tag und zwölf in der Nacht. Deshalb muß der Kreis von dreihundertsechzig Grad, den die Sonne um die Erde zu beschreiben scheint, in zwölf Abschnitte unterteilt werden. So erhält man Winkel von dreißig

Grad, die die natürlichen Winkel schlechthin sind. Diese Winkel muß man sowohl beim Häuserbauen als auch bei allem anderen als Berechnungsgrundlage nehmen: nur Häuser, deren Pfeiler einen Dreißiggradwinkel zum Dach bilden, halten einem Erdbeben stand.

Ich erkannte, daß mein früheres Mißtrauen nur Unwissenheit war. Diese Überlieferungen, die ich für Aberglauben gehalten hatte, waren die Regeln des Universums. Von diesem Tag an stattete ich dem Meister der Richtungen regelmäßige Besuche ab.

Nach und nach brachte er mir die Prinzipien des Tierkreises bei. Ich lernte, daß der Kreis des Ostens gegen den Uhrzeigersinn durchlaufen wird und daß die Beachtung der grundlegenden Vorschriften der Geomantie den Erfolg aller Unternehmungen garantiert.

Erfindung und Entdeckung

Ich begriff, daß eine Erfindung nur die Entdeckung einer bis dahin unbekannten Sache ist, die aber schon vorher in der Natur vorhanden war. Erfindungen sind nur Fortschritte in der Erkenntnis der Welt. Das einzige, was die Menschen wirklich geschaffen haben, ist das Böse. Die Neugierde dagegen ist ein Geschenk der Götter.

Wenn ich in alten Zeiten geboren worden wäre, hätte ich bestimmt die Tracht jener Nonnen gewählt, die sich in die wilden Berge, wo Adler und Geier fliegen, zurückgezogen hatten und ihre Tage der Herstellung des zinnoberroten Elixiers, der berühmten Quelle der Unsterblichkeit widmeten. Nachts brauten sie wunderbare flüssige Arzneien, womit sie Körper und Herzen heilten. Sie wurden von den Göttern geliebt, aber von den Menschen als Giftmischerinnen gejagt. So flohen sie von Gipfel zu Gipfel, und manchmal offenbarten sie ihre wundertätigen Kräfte, die die Menge in Erstaunen versetzten.

Wenn ich in einer armen Familie zur Welt gekommen wäre, wäre ich eine dieser Heilkundigen geworden, die den Wasser- oder Feuerblick haben und die jeder, je nach Bedürfnis, verehrt oder fürchtet. Wenn ich in einem Bürgerhaus erzogen worden wäre, hätte ich Gedichte geschrieben. Aber durch Zufall, durch die Gnade der Götter, erblickte ich das Licht der Welt bei reichen Bauern und erhielt eine karge Erziehung. Dann kam ich in dieser seltsamen Epoche, in der die Demokratie die Liebe zum Vaterland ersetzte, zur Reife. Die abendländischen Kleider verbannten den gewöhnlichen Kimono in die Reihe der Armen- oder Altenkleidung. Die *shinki*, die »göttlichen Schätze«, hatten nun Namen wie »Fernsehen«, »Kühlschrank« oder »Waschmaschine«.[2]

Noch keine zehn Jahre waren seit dem Krieg vergangen, als auch die Schönheit kein Geschenk des Himmels mehr war, sondern ein menschlicher Kunstgriff. Mit dem ersten selbstverdienten Geld ließen sich die jungen Arbeiterinnen die Nase verlängern oder die Augen durch einen Einschnitt erweitern. Als wäre das möglich, wollten sie diesen Amerikanerinnen ähneln, deren Bilder in der Werbung der Illustrierten überhandnahmen.

Neben meiner früheren Religion schloß ich mich, wie jedermann, den neuen, aus dem Abendland importierten Kulten an: dem wissenschaftlichen Fortschritt und dem Konsum. Als ich dann erkannt hatte, daß die Wissenschaft nichts anderes erklärte als die unvergänglichen Prinzipien, die seit dem Ursprung der Zeiten in den heiligen Texten offenbart werden, bemühte ich mich zu begreifen, wie sich in ein und derselben Welt Physik und Theologie, Chemie und Geomantie verbanden. Und allmählich begann ich die Einheit aller Dinge zu erkennen: Die Regeln der Wissenschaft oder die Mechanismen, die sie aufdeckt, nachzuahmen, bedeutete, sich wie die Götter zu verhalten, die sie eingerichtet hatten, tugendhaft und zweckdienlich.

Der Schädelkreis

Als ich eines Tages mit dem Taxi vom Meister der Richtungen nach Hause fuhr, dachte ich, daß die universellen Regeln des Weltenlaufes zwangsläufig auch für meine Kunst, den Weg der Schönheit, gelten müßten.

Seit jeher war es die große Sorge der Meister der Schönheit, haltbare Frisuren zu entwerfen und zu machen. Denn es gibt

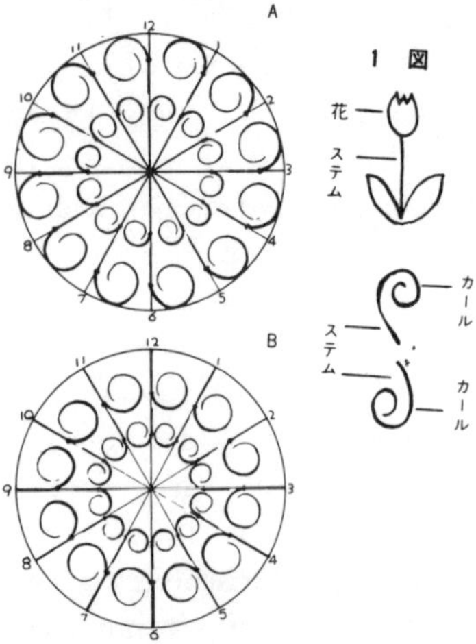

Das Aufdrehen der Haare nach Yamazaki Ikue
(Handbuch Yamazaki Ikue)

nichts Traurigeres, als einen eingesunkenen Haarknoten, aus dem sich ein paar ungebärdige Haare wie wilde Kräuter lösen, nichts Kläglicheres als eine widerspenstige Strähne, die wie Rauch, der sich gegen den Wind wendet, steil in die Luft ragt, nichts Bemitleidenswerteres als eine unordentliche Frisur, die aussieht wie ein Heuschober nach einem Sturm. Bei der alten Technik konnte man mit einer Fettschicht, die den Haaren Gewicht verlieh, Unvollkommenheiten ausgleichen. Aber bei modernen Frisuren wie Dauerwelle oder Kurzhaarschnitt waren die Haarkünstler ratlos. Ohne den Grund dafür zu erkennen, stellten sie fest, daß nur die Hälfte der Frisuren länger als einen oder zwei Tage saßen. Sie tadelten die Ungeschicklichkeit ihrer Kundinnen beim Frisieren, bemängelten die Qualität ihrer Haare oder schoben es sogar auf die Witterung, nur um ihre Kunst nicht in Frage stellen zu müssen. Dennoch war jeder heimlich auf der Suche nach der wunderbaren Methode, die seine Überlegenheit garantieren würde.

Im Taxi, das mich nach Hause brachte, sagte ich mir, daß der Kopf eine Kugel sei und daß die Haare darauf einen ungefähren Kreis bildeten, dessen Mittelpunkt oben auf dem Hinterkopf liege. Und ... Wer weiß ...? Vielleicht müßte man die Haare nach dem Vorbild der zodiakalen Richtungen aufwickeln?

Sofort nach meiner Rückkehr machte ich mich ans Werk. Wenn man die Schädeldecke in zwölf gleiche Abschnitte aufteilte und, angenommen die obere Mitte der Stirn entspräche dem Norden und der Nacken dem Süden, die Haarsträhnen entsprechend den regulierenden Prinzipien des Kosmos ausrichtete, bevor man sie auf Wickler rollte oder mit Haarnadeln festklemmte, würden die Frisuren dann nicht besser halten?

Meine ersten Versuche machte ich auf den Köpfen der Lehrmädchen. Und mit jedem neuen Versuch bemerkte ich, daß sich die so behandelten Haare leichter frisieren ließen und die Locken stabiler waren. Ich war von einer Leidenschaft ergriffen, die meine Wangen heißer als Fieber erglühen ließ, und innerhalb von zwei Wochen stellte ich eine neue Theorie auf, der ich den Namen *pin kāru, pin curl*, gab, da man die Strähnen mit Hilfe einer einzigen Klammer festhalten konnte. Ich rief meine Schüler zusammen und mit einer Feierlichkeit, die meine Erregung verbergen sollte, erklärte ich ihnen, daß Haare wie Pflanzen einen Stengel besäßen, und daß die Locken ihre Blüten seien.

Dann fügte ich noch hinzu:

»Da die Leute sehen, daß man Haare ohne Schmerzen abschneiden kann, betrachten sie sie als Dinge und die abgeschnittenen Strähnen als Abfall. Aber in Wirklichkeit sind es lebende Pflanzen, denn sie wachsen ja. Ihre Behandlung ist nicht nur Sache der Chemiker, sondern auch der Bauern. Wie diese müssen die Meister der Schönheit die Regeln befolgen, die die Entwicklung der Lebewesen und Dinge lenken.«

Nachdem sie diese Worte gehört hatten, glaubte jeder sogleich an meine Kunst.

Bald ging das Gerücht um, daß ich, Yamazaki Ikue, einfache Friseuse im Bunkyō-Bezirk, das Geheimnis entdeckt hätte, mit dem man widerspenstiges Haar bändigen könnte. Gehilfinnen und Gehilfen, die einen Fortbildungslehrgang bei mir machen wollten, belagerten den Laden. Doch weil ich mich noch nicht bereit fühlte, jagte ich sie wieder davon.

Dieselben natürlichen Prinzipien wandte ich beim Schminken an: Um ein unvorteilhaftes Gesicht ins Gleichgewicht zu bringen, brauchte man nur die Augenbrauen so zu zeichnen, daß sie ein Dreieck mit einem Winkel von dreißig Grad zur Nasenwurzel bildeten. So erhielt auch der unangenehmste Gesichtsausdruck die Frische einer duftenden Frühlingsbrise oder die ruhige Ausgeglichenheit des ersten Sommerabends.

Bald wußte ich, daß der Geist in dauernder Empfangsbereitschaft für die Naturgesetze sein muß. Die Jahreszeiten zum Beispiel erscheinen uns als Selbstverständlichkeit, aber in Wirklichkeit beruht ihre regelmäßige Wiederkehr auf einem komplexen Mechanismus, der uns die Bedeutung der entsprechenden Winkel vor Augen führt. Denn die Natur lehrt uns alles: die Farben, die Formen und die Harmonie. Alle Schönheit ist in der Natur. Und das gilt besonders für Japan.[3]

Dann kam der Augenblick, in dem ich der Welt meine Entdekkung offenbarte.

Das Erlernen der Rede

Es war ganz einfach. Ein Rundschreiben des NHK, der Japanischen Rundfunk- und Fernsehanstalt, hatte mich über ein Fernunterrichtsprojekt über das Friseurhandwerk informiert. Als ehemalige Schülerin der Ochanomizu-Schule lud man mich zu einem Treffen ein, das als Vorbereitung der Sendung dienen sollte.

Der Tag dieser großen Versammlung war für mich so denkwürdig wie für andere der Hochzeitstag. Seit einigen Monaten trug ich nur noch westliche Kleidung. Für das Treffen hatte ich ein rohseidenes Kleid ausgesucht, mit kleinen gelben Volants an den Handgelenken und am Hals. Ich trug Schuhe mit so hohen Absätzen, daß ich Schwierigkeiten hatte, darin zu gehen. Mein dreimal gewaschenes Haar umgab mein Gesicht mit einem bläulichen Schimmer.

Nachdem ich mit klopfendem Herzen, wie ein Kind, das nach seiner Mutter sucht, in den Gängen der NHK herumgeirrt war, stieß ich eine Tür auf: Ich war in eine Voliere voller rosa und weiß gekleideter Friseusen geraten, die mit einem Lärm, der einem Schulhof würdig gewesen wäre, unruhig auf ihren Stühlen herumrutschten. Alle sagten, es sei unmöglich, über das Friseurhandwerk zu reden, am besten solle man doch zeigen, wie die verschie-

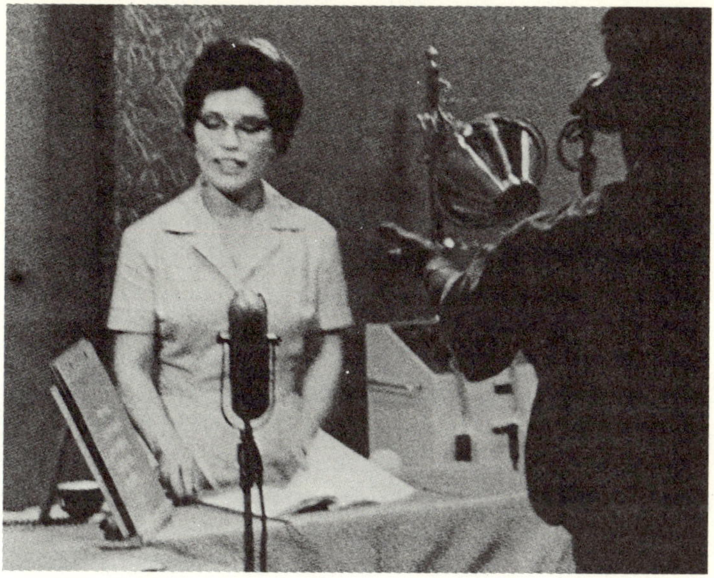

Auftritt im Fernsehen mit Schmetterlingsbrille

denen Handgriffe ausgeführt werden. Das Frisieren sei ausschließlich eine Frage der Erfahrung. Und die Produzenten erwiderten, sie sähen nicht, wie man einen Unterricht auf einem zufriedenstellenden kulturellen Niveau machen solle, wenn die Friseurhandwerkslehre tatsächlich keinen Inhalt hätte. Man müsse über das Friseurhandwerk sprechen wie über eine Wissenschaft.

Gakumon, Wissenschaft. Das war ein Wort, das ich in meiner Kindheit gehaßt hatte. Aber als ich es an diesem Tag hörte, wurde mir klar, daß mir diese Gelegenheit von den Göttern gegeben worden war, um meine Ideen bekannt zu machen.

Ich sehe mich noch genau. Da ich keinen Stuhl gefunden hatte, stand ich noch neben der Tür, als ich anfing, meine persönlichen Theorien vorzutragen. Ich sagte, daß die Haare entsprechend den Regeln, die den Lauf des Universums bestimmten, auf dem Kopf wüchsen. Ich sprach von Handlungen, die gleich den Bäumen Früchte trügen.

Ich flüsterte nur, aber allmählich ließ der Lärm nach, und Ruhe kehrte ein. Da wagte ich es nicht mehr, aufzuhören.

Ich erzählte, wie ich die Wissenschaft entdeckt hatte, ich sprach von den Göttern, die mich Schritt für Schritt dahin geführt hatten und von meiner Freude, die Schönheit unter dem Himmel zu vermehren. Als ich völlig erschöpft und mit ausgetrocknetem Mund verstummte, war es totenstill. Ich schämte mich und wollte davonlaufen. Plötzlich ertönte eine schrille Frauenstimme:

»Nun, da haben wir doch unseren kulturellen Vortrag!«

Einige Wochen später begann ich im Fernsehen zu unterrichten. Das war eine schreckliche Erfahrung. Ich fühlte mich wie ein Blatt, das in die Strudel eines Flusses gefallen war. Seit dem Tag meiner Geburt hatte ich immer wieder zu hören bekommen, daß es nichts Schlimmeres gäbe als ein geschwätziges Mädchen, deshalb wurde ich ziemlich wortkarg. Und nun auf einmal bat man mich, öffentlich die Handgriffe meines Berufes, ihren Sinn und ihre Wirkung zu erklären.

Am Anfang dachte ich nur an meinen Mund und an die Bewegungen meiner Lippen vor der Kamera. Vor allem durfte ich den Mund nicht zu weit aufmachen. Das wäre vulgär. Elegant sprechen, so glaubte ich wenigstens, hieß, die sorgfältig geschminkten Lippen zu runden und dabei mit gemessenen Bewegungen auf einen Gegenstand zu deuten oder mit vornehmer Befangenheit die Brille, die auf die Nase gerutscht war, wieder hochzuschieben. Seit Hikaru auf der Welt war, trug ich nämlich eine Brille und ich hatte nach der amerikanischen Mode eine Schmetterlingsbrille gewählt.

Aber wenn ich in dieser Weise über meine Erscheinung nachdachte, kamen mir keine Worte mehr in den Sinn. Sie versteckten sich irgendwo ganz hinten in meinem Kopf oder in meinem Hals. Wie vom Licht erstarrte Insekten in der Nacht. Sie brachten mich zum Husten. In meinem Innern wandte ich mich an die Götter, an Benten-sama, die sanfte Göttin der Redekunst und der Musik, die am Ufer der Seen Zither spielt.

»Benten-sama, gib mir eine leichte Sprache, und ich werde dein Heiligtum am Biwa-See besuchen. Benten-sama, gib mir eine klare Sprache, und ich opfere dir Gebete und Reis. Benten-sama, gib mir faszinierende Worte, und ich errichte dir eine Gebetsnische in meiner Wohnung.«

Und Benten lehrte mich, daß Aufrichtigkeit die beste Führerin ist. Sie gewährte mir eine zuverlässige Stimme, die die Gedanken nicht im Stich ließ. Langsam stiegen die Worte aus meinem Geist herab in meinen Mund.

Schließlich bezauberte meine Aufrichtigkeit die Fernsehzuschauer. Sie waren eher an die Prahlereien der Scharlatane gewöhnt, die irgendwelche Wundermittel anpriesen, als an eine Lobrede auf die Anstrengung.

Dann überstürzten sich die Dinge. Die Stadt Tōkyō fragte mich, ob ich die städtischen Friseurprüfungen organisieren wolle. Man war zufrieden mit den Fragen, die ich mir ausdachte, und so sollte ich die folgenden zehn Jahre immer neue Aufgaben für die Friseurlehrlinge zusammenstellen. Ich trat bei nationalen Wettbewerben auf und erhielt mehrere Preise. Bei den großen jährlichen Versammlungen der Meister meines Berufes flüsterte der eine oder andere meinen Namen ins Ohr seines Nachbarn.

Benten

Meine allmähliche Bekanntheit lenkte mich jedoch nur zeitweise von meiner unüberwindbaren Schwierigkeit zu leben ab. Mein Kopf und mein Körper fühlten sich schwer an. Ich glaubte zuerst, es sei mein Verstand, der meiner Gesundheit wieder irgendeinen Streich spiele. Dann bemerkte ich, daß von den ungefähr zwanzig Frauen, die jetzt bei mir arbeiteten, immer zwei oder drei krank waren. Da ich mir eine plötzliche Schwächung der japanischen Frauen, deren Widerstandskraft früher gerühmt wurde, nicht vorstellen konnte, verdächtigte ich die Chemie. Sie machte die Haare trockener als die Früchte der *hechima*, die man im Bad benutzte.[4]

Schon einige Jahre zuvor war die Heißwelle, die den Haaren die biegsame Konsistenz vom Herbstwind gebeugter Gräser verliehen hatte, durch die chemische Dauerwelle ersetzt worden. Aber diese rochen ekelhafter als der Sumida-Fluß, dessen Wasser ganze Wagenladungen von Industriemüll mit sich führten. Wenn ich vergaß, Gummihandschuhe überzuziehen, ließen die Haarlotionen meine Finger aufspringen wie Wasser in einem strengen Winter. Sie drangen in die Poren und vergifteten das Blut und den Körper. Sie riefen Ödeme hervor, von denen Lippen und Lider anschwollen, Blasen und blaurote Flecken an den vier Gliedmaßen, und mit Weißfluß oder Blut einhergehende Unterleibsbeschwerden.

Es war also die ziemlich banale Feststellung des Gestanks und der verschiedensten Unannehmlichkeiten, die mit dem Gebrauch der modernen Produkte verbunden waren, was mich von neuem auf den Weg der Entdeckungen führte.

Die Tōkyō-Universität, die ganz in der Nähe liegende alte kaiserliche Universität, rekrutierte sich immer aus den besten Studenten und den berühmtesten Professoren. So befand sich unter meiner Klientel ein gutes Dutzend Ehefrauen von Wissenschaftlern. Ich entschloß mich, mich an eine von ihnen, die Frau eines bekannten Mediziners zu wenden: »Die abendländischen Produkte sind erstaunlich«, sagte ich, »die Haare wellen sich wie Glyzinienranken, ohne daß man weiß, warum, aber ihr Geruch ist merkwürdig. Wissen Sie, was sie enthalten?«

Die Kundin wußte es nicht, aber sie erklärte sich bereit, eine Probe davon mitzunehmen, damit ihr Mann sie unauffällig im Universitätslabor analysieren konnte.

In der darauffolgenden Woche ging ich zu dem Wissenschaftler, um seine Analyse zu erfahren. In meiner Hand hielt ich ein Geschenk, Kuchen mit Garnelengeschmack, das ich in ein elegantes viereckiges Tuch gewickelt hatte. Vor seiner Wohnung machte ich mich durch fröhliches Rufen bemerkbar. Aber als sich die Tür öffnete, blähte sich der Mediziner mit der grimmigen Wut einer Katze, die ihr Territorium gegen einen größeren Rivalen verteidigt, vor mir auf, und bevor ich mich überhaupt höflich verneigen konnte, wetterte er gegen mein Produkt: »Das ist Ammoniak! Anstatt Schönheit zu verkaufen, verkaufst du den Tod!«

Entsetzt über diese dröhnenden Vorhaltungen floh ich quer durch die Gärten der Universität. Ich rannte zu schnell, wie ein verletzter Vogel. Und dann bemerkte ich, daß ich ihm die Kuchen nicht gegeben hatte. Traurig warf ich sie auf eine Bank. Dann setzte ich mich. Voller Verzweiflung fragte ich mich, warum der Hellseher in meiner Kindheit mich so getäuscht hatte? ... Und dann, da ich trotz allem doch leben mußte und außer diesem Beruf nichts hatte, faltete ich die Hände und betete in meinem Innern: »Ich lege mein Schicksal in die Hände der Götter, die viel weiser sind als die Menschen.«

Ich nahm die Kuchen, und auf dem Weg zurück nach Hakusan aß ich sie Stück für Stück auf. Dann machte ich mich wieder an die Arbeit.

Doch wenn der Geruch der Dauerwelle den Frisiersalon durchströmte, kam es mir so vor, als wäre ich einer jener blinden Fische, die sich an die Küste werfen, während sie glauben, auf die offene See hinauszugelangen.

Da ich wissen wollte, wie die anderen Meister der Schönheit dachten, nahm ich an Kursen und Konferenzen teil. Alle sahen zufrieden aus. Ich fühlte mich wie ein wildes Gras zwischen Zimmerpflanzen, aber ich wollte ein Produkt finden, das nicht gegen die Naturgesetze verstieß.

Ein sonderbarer Mann hatte mir den Weg gezeigt. Er besaß eine runde Nase, die zwischen mageren Wangen saß, und einen großen, sich unaufhörlich hin- und herbewegenden Kopf auf einem knochigen Körper. Er hieß Ichikawa und sagte zu mir:

»Die Welt ist voller verrückter Wissenschaftler, die glauben, daß ihr Wissen sie dazu berechtigt, sich aufzuführen wie die Herren der Welt.«

Er sprach von Atomenergie, von Hiroshima und von Wasserstoffionen. Er erklärte, daß der Körper und die gesamte Welt aus positiven und negativen Teilchen bestünden, deren Gleichgewicht ihnen ihre Struktur, ihr Aussehen und ihre Form gebe. Er sprach von »pH-Wert« und »Gleichgewicht«.

Ich verstand natürlich nicht viel. Aber all das erinnerte mich an den Wechsel von *yin* und *yang*, den die Chinesen vor langer Zeit entdeckt hatten. Ich schloß daraus, daß nur eine neutrale Dauerwelle das natürliche Gleichgewicht des Körpers bewahren könnte.

So begann das große Abenteuer, das mich schließlich zum Erfolg führen sollte. Aber zunächst glaubte ich wiederholt, dem Ruin und der Schande anheimzufallen, denn ein habgieriger Mensch nach dem anderen mißbrauchte meine Unwissenheit.

Einer von ihnen hatte ein saures Produkt hergestellt und behauptet, es sei neutral. Weit davon entfernt, die Haare zu wellen, machte es sie glatter. Da ich es literweise angeschafft hatte, beschloß ich, es zur Behandlung von krausem Haar zu verwenden. Denn zu jener Zeit konnte eine junge Frau mit krausem Haar kaum daran denken, sich zu verheiraten. Sie trug ein Kopftuch und wagte sich weder ins öffentliche Bad noch zum Friseur, so sehr fürchtete sie den Spott. Sie war genötigt, einen Beruf zu ergreifen, dessen Nützlichkeit so offensichtlich war, daß man vergaß, wer ihn ausübte. Sie wurde Krankenschwester.

Die Behandlung mit diesem Mittel erwies sich zunächst als so wirksam, daß eine auflagenstarke Illustrierte, *Shufu to seikatsu*, »Die Hausfrau und das tägliche Leben«, einen Bericht darüber veröffentlichte. Darin wurde mein Leben erzählt und meine Technik der Haarentkrausung mit lobenden Worten beschrieben. Es hieß, daß das Produkt »so wie Wasser trockenes Heu in frisches

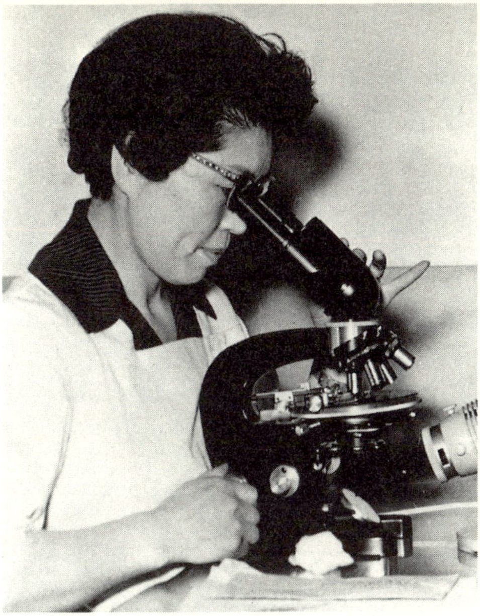

Yamazaki Ikue untersucht Haare unter dem Mikroskop

Gras umwandelt« die dichtesten krausen Löckchen in »lange, sich mit den Wellen wiegende Braunalgen« verwandle. Die Kundinnen strömten herbei. Das brachte Geld.

Doch Habgier erzeugt immer Unglück. Bald entdeckte ich an dem Mittel eine goldbraune Farbe, die ich nie zuvor gesehen hatte. Der Hersteller, den ich sofort befragte, versicherte mir seltsamerweise, daß sich nichts daran geändert habe. Doch drei Tage später traf die schlechte Nachricht ein: Eine Kundin beklagte sich in einem Brief, daß ihre Haare zunächst rot geworden seien wie Kiefernnadeln im Herbst und jetzt ausfielen wie Kiefernnadeln im Winter. Und am darauffolgenden Tag kam ein zweiter Brief, in dem man mir mit einem Prozeß drohte. Und dann kamen noch mehr ... Meine Bemühungen waren letztendlich schädlicher als das Übel, das sie bekämpft hatten. Ich erkannte, daß die Götter von dem Tag, an dem ich der Verlockung des Geldes nachgegeben hatte, aufgehört hatten, über mich zu wachen.

Das war zweifellos die düsterste Zeit in meinem Leben, eine

Zeit, die deshalb um so grausamer war, weil meine Hoffnungen so groß gewesen waren.

Eines Abends, als ich gerade meinen kleinen Sohn Hikaru, das leuchtende Kind, das noch nicht sprechen konnte, ins Bett brachte, packte mich das unwiderstehliche Verlangen zu sterben und meine Kinder in die Hölle mitzunehmen. Ich konnte noch so sehr zu den Göttern beten, sie sollten mich retten, mir wieder und wieder sagen, daß meine Kinder gut seien, daß mein Mann kein übertriebener Schürzenjäger sei, daß es mir nicht an Geld mangele, die Schande ließ mich mit aufgerissenen Augen und entblößten Zähnen schluchzen.

Eines Abends, als meine Kehle so zugeschnürt war, daß ich nach Luft rang, legte ich Hikaru ins Bett und sagte ihm mit tiefer Stimme:

»Ich werde mich vor der Tür des Chemikers erhängen.«

Da ich dachte, daß ein weicher Stoff die Schmerzen mildern würde, nahm ich einen seidenen Gürtel von der Unterwäsche des kleinen Jungen.[5] Den hübschen Stoff um mein Handgelenk gewickelt, legte ich mich neben den schlafenden Tatsuo. Als dann der Mond die Hälfte seiner Bahn erreicht hatte, schlich ich leise zur Eingangstür.

Aber sie knarrte und weckte Tatsuo. Er erhob sich, rannte auf die Straße hinaus, packte mich am Arm und gab mir eine kräftige Ohrfeige. Er warf mir vor, nicht an die Ahnen zu denken, und sagte: »Bevor du den Forscher spielen willst, sei lieber Ehefrau und Mutter!« Und er schlug mich noch einmal!

Drei Tage später versuchte ich es wieder. Ich war schon auf der Straße, als mich das Bedürfnis überkam, Wasser zu lassen. Da drehte ich wieder um. Zu Hause spürte ich, wie ich wieder zu mir kam. Ich sagte zu mir: »Warum sterben? Ich bin nicht wirklich unglücklich, und keiner hat mir den Prozeß gemacht.« Ich ging zu den Hausaltären und verbeugte mich ehrerbietig vor ihnen. Danach legte ich mich wieder schlafen.

Am nächsten Morgen diagnostizierte der Arzt vom Ochanomizu-Hospital Überarbeitung und verschrieb mir eine Reihe von Calciumspritzen.[6]

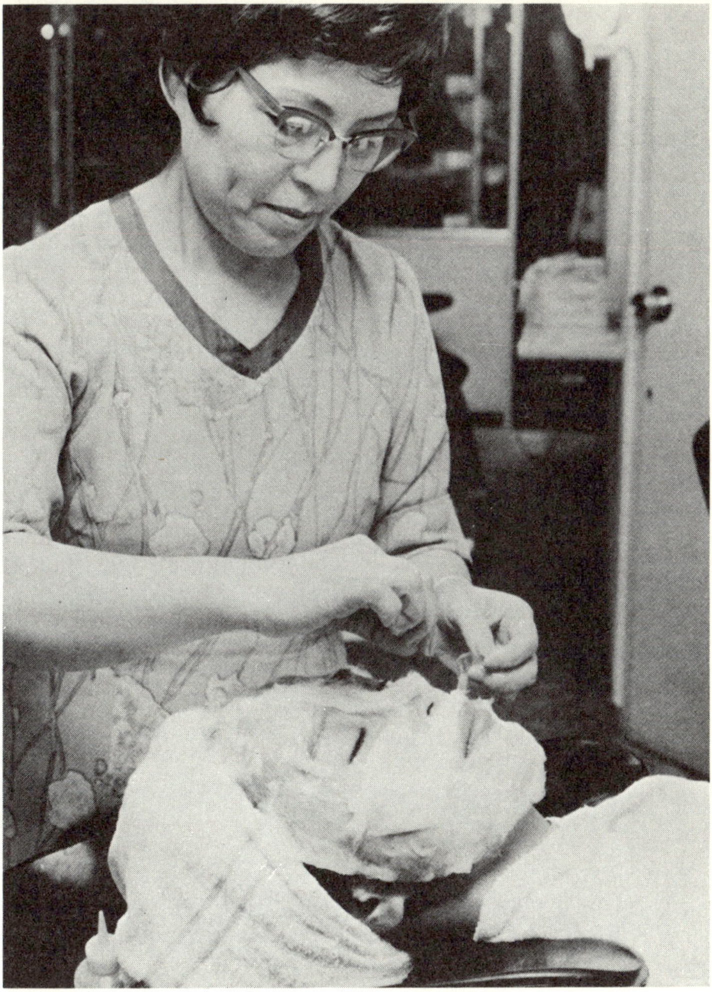

Beru jubansu, Belle Jouvence

Einen Monat später traf ich mich, durch Vermittlung meines älteren Bruders, mit einem Professor der Tōkyō-Universität, den er als Vorsitzender der landwirtschaftlichen Genossenschaft von Asaka manchmal um Rat fragte. Dieser Spezialist für den gewerblichen Pflanzenanbau erklärte sich bereit, für mich die beanstandeten Produkte zu analysieren. Danach wußte ich, was sie enthielten. Mit seiner Hilfe und der zweier junger Chemiker stellte ich eine klare Lotion her, von der die Haare kräftig und schimmernd wurden. Dieses Mal waren die Kundinnen so zufrieden, daß sie meinen Namen in Windeseile bis über Bunkyō hinaus verbreiteten. Es war noch kein Monat vergangen, als die Frauen bis auf die Straße hinaus Schlange standen.

Allmählich kam wieder Geld ins Haus. Die Vorhaltungen Tatsuos ließen nach. Ich fühlte mich friedlich wie ein Tier, dem es endlich gelungen ist, seine Höhle zu graben.

Das Produkt sollte einige Jahre später in verbesserter Form den Namen Belle Jouvence erhalten. Diesem Produkt sollte ich meinen Ruf verdanken.

Die Bestandteile dieser Dauerwelle unterschieden sich nicht sehr von denen, die man normalerweise verwendete, aber sie war so mild, daß wiederholter Gebrauch, weit davon entfernt die Haare anzugreifen, sie sogar kräftigte.[7] Es dauerte noch einige Zeit, bis die notwendigen Schritte unternommen waren und im Jahre 37 der Shōwa-Zeit (1962) wurde das Wundermittel vom Kōseishō, dem Gesundheitsministerium, genehmigt.

Schnell erwies es sich seines Namens würdig. Dank diesem Produkt erhielt müdes Haar seinen Glanz zurück, den es vor zehn oder zwanzig Jahren verloren hatte. Wenn man es fürs Gesicht verwendete, verlieh es der Haut einen klaren, marmornen Schimmer. Jeder konnte feststellen, daß diese Lotion tatsächlich die reinigenden Eigenschaften des *wakamizu*, des Wassers der Jugend, hatte, das die Götter beim ersten Morgengrauen eines neuen Jahres in die Brunnen und Flüsse gießen.[8] Die Menschen schöpfen es feierlich heraus, um ihre durch die Zeit erschöpften Lebenskräfte zu erneuern.

In meinem Innersten nannte ich meine Erfindung *kami no mizu*, »Götterwasser«, denn ich wußte, daß nur der Himmel einer einfachen Bäuerin diese wunderbare Flüssigkeit hatte anvertrauen können. Die Götter wachten über mich, weil ich nie auch nur irgend jemanden betrogen hatte.

Dieses Wasser ist die Quelle der Harmonie. Es ist so gerecht wie der Weg des Buddhismus der gerechte Weg der Mitte ist. Es ist rein wie das Herz Buddhas. Seine Wirksamkeit ist eine Gnade der Götter. Seine Zusammensetzung ist unnachahmlich. In den Händen habgieriger Menschen verwandelt es sich in schmutziges Wasser.

Wenn ich so über meine Überzeugungen spreche, sehen manche in meinen Worten die höchste Kunst der Geheimhaltung. Wohingegen andere dahinter ein unsagbares Rätsel vermuten. Meine Kundinnen hingegen sagen:

»Zu Belle Jouvence greifen, ist wie das Leben ändern oder einen neuen Glauben annehmen. Seit der zweiten Sitzung fühle ich mich richtig entspannt! Und ich habe viel weniger Falten.« Meine Kundinnen sind Frauen mit glatter Porzellanhaut, ihr Blick ist so glänzend wie ein frischer Blutstropfen.

XIII
Die Geschäftswelt

勝って兜の緒をしめよ

Katte kabuto no o wo shimeyo.
Wenn du gesiegt hast, schnalle den Riemen deines Helms noch fester.

Sieben Jahre lang habe ich soviel gearbeitet, bis sich meine Augenfarbe veränderte. Jeden Abend zählte ich das Geld in der Kasse und rechnete dabei immer wieder hin und her, wieviel ich abbezahlen könnte. Im Jahre 33 (1958) waren meine Schulden endlich alle getilgt. Da glaubte ich, daß die Zeit gekommen sei, in der das wahre Leben mir Freude und Vergnügen schenken würde.

Stolz und von jetzt an selbstsicher, nahm ich an dem Tag, an dem ich die letzte Anleihe bezahlt hatte, einen neuen Kredit auf, um in einem Mietshaus in der Ginza einen neuen Salon zu eröffnen. Ginza! Dieser berühmte Name brachte mich zum Träumen. Ich hoffte, dort alle Arten von Haaren zu sehen, das helle Haar der Menschen aus dem Westen, das Haar der Bewohner anderer asiatischer Länder ... Das würde meine Kenntnisse erweitern. Über der Tür würde ich ein Schild anbringen, auf dem die Schriftzeichen »Japanisches Haarforschungszentrum« leuchteten. Das würde seriös wirken. Mein Name würde in den besten Vierteln der Stadt bekannt werden ...

Eine Angestellte des städtischen Verwaltungsamtes, die seit langem unser Haus in Bunkyō besuchte, ließ sich für mich von einem Steuerberater des Finanzministeriums beraten. Dieser meinte, ich müsse eine neue Gesellschaft gründen. Dies sei viel vorteilhafter als eine Filiale. Wenn die Geschäfte unglücklicherweise nicht liefen, könnte ich dann den Laden schließen, ohne das Geld, das ich anderswo verdiente, dabei zu verlieren.

Alle diese Vorsichtsmaßnahmen brachten mich zum Lachen. Ich dachte bei mir: »Was für unnötige Sorgen!« Dennoch folgte ich den Ratschlägen, weil man immer das Richtige tun soll. Das war mein Glück, denn in der Ginza geriet ich wieder an einen Gauner! Der Geschäftsführer betrog mich. Er verkaufte heimlich

Geräte und verfälschte die Schönheitsmittel, indem er Wasser hinzufügte.

Nach und nach erkannte ich, daß, wenn auch die ganze Welt und die Regierung unaufhörlich von der wiedergefundenen Harmonie redeten, die Starken in Wirklichkeit nicht eher ruhen würden, bis sie die Schwachen zermalmt hätten und diese sich ihnen unterwarfen. Zuerst hatte mich Nakas Weisheit, dann lange Zeit die Inbrunst meines Glaubens vor einem Milieu übler Geschäftemacher geschützt, wo Mißgunst, heimtückische Hinterhältigkeit und dummer Ehrgeiz herrschen. Aber die sicherlich naive Suche nach einer Gewißheit, die den Sinn der Welt und des Lebens klar erkennen lassen würde, zog mich ins Netz dieser skrupellosen Händler, deren Verbindungen und Machenschaften meine kleinen Erfolge der Reihe nach durchkreuzten und zerstörten ... Glücklicherweise dienten sogar die Fallen, die sie mir stellten, letztendlich meinem Erfolg.

Begegnung mit Europa

Meine Abenteuer begannen mit der Ankündigung, daß die Olympischen Spiele in Tōkyō stattfinden sollten. Ich sah ein, daß Japan sich nicht mehr länger von der Welt fernhalten konnte. Ich hatte gearbeitet, als ob unser Archipel das ganze Universum wäre, ohne daß mir jemals in den Sinn kam, nach den Leistungen anderer Länder zu fragen. Aber als ich hörte, daß so viele Männer und Frauen aller Nationen nach Japan kämen, sagte ich mir, daß an einem anderen Punkt auf dieser Erde vielleicht jemand dieses natürliche Produkt, das ich noch suchte, erfunden hatte. Also entschloß ich mich, Frankreich, das so berühmt war für seine Mode, zu besuchen; und die Schweiz, die für die Gesundheit ihrer Bevölkerung bekannt war.

Darüber hinaus unterschied man in der Mitte der dreißiger Jahre der Shōwa-Zeit schon zwischen den Japanern, die im Ausland gewesen waren und jenen, die unsere Inseln noch nie verlassen hatten. Diejenigen, die reich genug waren zu reisen, brachten aus Europa phantastische Geschichten über die Lichter von Paris und die Erhabenheit der Alpen mit. Sie versicherten, daß Japan nur eine winzige Insel sei, von der man, wenn man in Richtung Horizont ging, Gefahr lief hinunterzufallen. Die restliche Welt dagegen sei so weit wie das Meer. Ihr Aufenthalt in der Fremde umgab diese Reisenden mit einem Nimbus, der so unendlich war wie der Himmel. Ich wollte keinem jener Aquariumsfische gleichen, die die Wände ihres Beckens mit den Grenzen der Erde verwechseln. Und schließlich erschien mir eine Reise nach Übersee wie eine unzweifelhafte Demonstration meiner ersten Erfolge.

Da ich Angst vor der Reise hatte, wollte ich Tatsuo mitnehmen. Er bat bei Dentsū um einen Sonderurlaub, aber seine Chefs lehnten ab. Aus Neid. Er zögerte, eine Firma mit einem so angesehenen Namen zu verlassen. Denn in unserem Land, wo man gegenüber launenhaften Menschen, die ihre Arbeitsstelle wechseln wie andere die Frauen, sehr mißtrauisch ist, würde er keinen entsprechenden Arbeitsplatz mehr finden, und so wollte er sich in die Absage fügen. Aber ich sagte zu ihm: »Mein Friseurgeschäft bringt genug Geld ein, um dir deine Freiheit wiederzugeben.« Und ich bot ihm den Posten des Generaldirektors der Firma Yamazaki an. Ein solches Angebot würde ihm Dentsū niemals machen. Unter der Bedingung, mit diesem Titel niemals öffentlich auftreten zu müssen, nahm er an. Er sagte zu mir: »Ich werde mich wie der Theatergarderobier des Kabuki hinter den Kulissen aufhalten.« Und wir wurden uns einig.

Blieb nur noch, Mittel und Wege zu finden, um nach Frankreich reisen zu können. Unsere Unwissenheit veranlaßte uns zu einer befremdlichen Eile und brachte uns auf eine holprige Bahn, wo wir notwendigerweise viele Gesetze der japanischen Gesellschaft verletzten.

Folgendes geschah:

Gegen Anfang der dreißiger Jahre der Shōwa-Zeit (1955) leitete ein gewisser Donohashi den Arbeitgeberverband des Friseurhandwerks. Das war ein bemerkenswerter Mann, groß und von vornehmer Eleganz. Vor allen seinen Kollegen war er in Frankreich gewesen. Als er bei seiner Rückkehr vorschlug, eine japanische Abteilung des Haarpflegerverbandes von Frankreich zu gründen, gehörten wir zu den ersten acht Beitrittswilligen. Wir zahlten 100000 Yen, eine Summe, die in unseren Augen groß genug war, um spürbare Privilegien zu rechtfertigen. Da ich in einem Fachblatt gelesen hatte, daß sich die Direktoren des französischen Verbandes gerade in Japan aufhielten, glaubte ich, wir könnten sie durch Donohashis Vermittlung um eine Einladung zu einem Europabesuch bitten.

Mein Gesuch beim Vorsitzenden des Arbeitgeberverbandes blieb jedoch ohne Wirkung, so daß ich mich zu einer List entschloß. Ich richtete es so ein, daß ich der Präsidentin des französischen Verbandes heimlich ein Geschenk überreichen ließ: zwei Perlen, die in ein mit Gold durchwirktes Tuch eingewickelt waren. Obwohl uns niemand um unsere Anwesenheit ersucht hatte, schleppte ich am nächsten Tag den nunmehr arbeitslosen Tatsuo zum Haneda-Flughafen. Gemeinsam mit mir sollte er die fremden Gäste grüßen, die wieder abreisten.

Um die Aufmerksamkeit auf mich zu ziehen, hatte ich einen prunkvollen Kimono angezogen, der für mein Alter ein bißchen zu auffallend war. Hocherhobenen Hauptes und mit einem für meine Stellung zu weit vorgereckten Kinn, schritt ich einher wie die Leute aus dem Westen. Donohashi machte vor Verlegenheit ein langes Gesicht. Der Dolmetscher und die Schüler, die ihn begleiteten, bildeten einen engen Kreis um die Franzosen, als wollten sie jeden daran hindern, sich ihnen zu nähern. Außerdem sprachen sie laut und schnell, mit kehligen, bedrohlichen Stimmen. Verlegen fing ich an, um sie herumzuschleichen, dann stolperte ich, durchbrach das menschliche Bollwerk, und, um nicht zu fallen, hielt ich mich am Arm der Französin fest. Als sie sich wieder aufrichtete, machte ich ihr ein Kompliment über ihren Hut. Das mußte der Dolmetscher wohl oder übel übersetzen und mich gleichzeitig mit Namen vorstellen. Sofort gab mir die Französin ihren Hut und reichte mir einen Brief, der in einem nach Veilchen duftenden versiegelten Umschlag steckte: Darin schrieb sie, sie fühle sich geehrt durch die erhaltenen Perlen und schlug vor, daß wir sie im nächsten Monat bei einem Kongreß in Paris besuchen sollten. Wir hatten gewonnen! Wir würden Pässe und Visa bekommen!

Als Donohashi bemerkte, daß unsere kleinen Tricks Früchte getragen hatten, setzte er eine freundliche Miene auf und half uns bei der hastigen Vorbereitung unserer Reise. Doch da es wohl wahr ist, daß ein unehrlicher Mensch sich nicht plötzlich in einen Bodhisattva verwandelt und die wilden Kakibäume nur bittere Kakifrüchte tragen, stellte er uns einen Übersetzer vor, der, nachdem er sein Honorar kassiert hatte, so spurlos verschwand wie der Schatten, wenn die Sonne untergegangen ist.

Das brachte uns um so mehr in Verlegenheit, als wir viel Geld investiert hatten. Wir hatten uns die notwendigen Kleider und Accessoires angeschafft, um die alte japanische Mode vorführen zu können. Wir hatten uns selbst herausgeputzt, um würdig auftreten zu können. Und schließlich hatten wir eine Menge Männer und Frauen eingeladen, angesehene oder vor Neugier brennende Kollegen, liebenswürdige und neugierige Geschäftsfreunde und für die Gesellschaftsnachrichten verantwortliche Journalisten, die unsere Abreise in der Presse bekanntmachten: »Herr und Frau Yamazaki begeben sich als Vertreter des japanischen Friseurhandwerks nach Paris, um dort an den Vorführungen des französischen Haarpflegerverbandes teilzunehmen. Wir wünschen ihnen alles Gute!«

An einem Glückstag, einem »Tag der großen Ruhe«, *taian*, den wir sorgfältig im Kalender ausgewählt hatten, verließen wir Bunkyō mit großem Gefolge und fuhren zum Haneda-Flugplatz. Einige Angestellte und Freunde trugen die Koffer voller Kimonos, Kämme und Schminke zu den Taxis, stiegen selbst ein und folgten uns zum Flughafen. Dort hatten wir in Erwartung eines feierlichen Abschieds einen Saal reserviert. Ich war völlig erschöpft.

Jemand wisperte mir ins Ohr:

»Fahren Sie nicht. Finden Sie einen Vorwand. Sie brauchen sich nur den Blinddarm operieren zu lassen!«

Nur das Groteske dieses Vorschlags gab mir dann den Mut, ein wenig später in das Flugzeug zu steigen, das nach Paris flog.

Die Reise nach Frankreich

Diese Frankreichreise hat wenig Erinnerungen bei mir zurückgelassen. Ich besuchte einige Kulturdenkmäler und fand sie schön. Paris war wie ein Museum. Aber Tourismus war ein Luxus, an den ich damals kaum dachte. Ich war geschäftlich gekommen. Nichts anderes interessierte mich.

Die Pariser behandelten uns wie Spielzeug. Sie zeigten uns herum wie exotische Gegenstände. Sie brachten uns in einem Luxushotel unter, weil wir, wie sie sagten, uns unseres Standes würdig erweisen müßten. Und als wir uns beklagten, daß uns das Geld unter den Händen zerrann, sagten sie, wir sollten weniger essen. Schließlich sind wir nach zwei Wochen in eine kleine

Pension umgezogen, in der wir selbst kochen konnten. Die westliche Küche erwies sich sowieso mit der Zeit als schwer verdaulich.

Mit Tatsuo zusammen kaufte ich auf dem Markt ein. Das gefiel uns. Wir erfuhren, daß man Obst und Gemüse nach Gewicht kauft und nicht nach der Stückzahl wie in Japan. Wir konnten nur »ein Kilo« sagen, und so nahmen wir von allem große Mengen. Wir staunten über die schwarze Schale des Riesenrettichs, die in Asien weiß war wie die der weißen Rübe. Außerdem kauften wir alle möglichen Kleinigkeiten, um die Bemühungen unserer Kollegen, Freunde und Verwandten teilweise zu vergüten, die durch einige Scheine in einem Umschlag zu unserer Expedition beigetragen hatten.[1] Wir legten uns einen Vorrat wunderbarer Geschichten zu, die die Merkwürdigkeiten der Franzosen zum Ausdruck brachten, ihr geschäftiges Treiben und ihr unerschöpfliches Geplapper. Alle zeugten von unserer bedauerlichen Naivität und der heldenhaften Persönlichkeit einiger französischer oder japanischer Retter, die gerade im richtigen Moment einschritten und uns aus skurrilen Abenteuern rissen. Tatsuo, der ein Talent für Sprachen hatte, erweiterte sein Vokabular um »Comment allez-vous?«. Vor allem aber wurden seine schwarzen Haare durch die ständigen Sorgen innerhalb eines einzigen Monats weiß. Das gab ihm zwar ein vornehmes Aussehen, verlieh aber seinem Gesicht einen traurigen Zug.

Darüber beunruhigt, suchte ich eine französische Wahrsagerin auf. Sie sagte, daß sie die Kraft meines Geistes wie ein Sturmwind getroffen hätte, als ich in ihr Zimmer getreten war. Ich würde bekommen, was ich suchte, denn »Gott« wache über mich.

»Um welchen Gott handelt es sich?« fragte ich.

»Um den Gott des Universums«, antwortete die Wahrsagerin.

Als ich diese Worte hörte, wurde mir klar, daß Ame no minaka nushi, der Gott, der die Erschaffung Japans und der Welt gelenkt hatte, die Augen fest auf mich gerichtet hatte. Das beruhigte mich ein wenig, denn ich fürchtete, daß unsere Anstrengungen nicht viele Früchte tragen würden.

Auf beruflicher Ebene war diese Reise nur ein halber Erfolg. Ich hatte mich durch die Vorführungen alter Mode, deren Schönheit die Zuschauer überraschte, bekannt gemacht. Ich hatte die Technik des *suberakashi* demonstriert, bei der man die Strähnen so über den Schläfen hochstecken muß, daß sie einen Knoten auf dem Kopf andeuten, während die Masse der Haare eine einzige tiefliegende und große Haartolle bildet, die von Papierbändern festgehalten wird; ich hatte den klassischen Shimadaknoten, den man auf den meisten Briefmarken sieht, gemacht, und auch den *yakaimaki*, der sich wegen der Kämme stärker an den Kopf schmiegt.

Andererseits hatte ich erfahren, daß die Forschungen über die saure Dauerwelle, die man ein Dutzend Jahre früher gemacht hatte, gescheitert waren. Und schließlich war ich sprachlos vor Erstaunen, als ich hörte, daß Donohashi dem französischen Verband die japanischen Beitragsgelder vorenthalten hatte. Da ich jedoch wußte, daß er mächtig genug war, um uns schaden zu können, hatten Tatsuo und ich uns entschlossen, unseren Kollegen nichts davon zu sagen.

Auf jeden Fall hätte man unser Verhalten leicht kritisieren können. Trotz meiner bescheidenen Position innerhalb des japanischen Verbandes, dessen Hierarchie sich nach der Dauer der Zugehörigkeit richtete, hatte ich es gewagt, mit einem fremden Land direkte Verbindungen zu knüpfen. Rückblickend wurde mir klar, daß nur eine unverschämte Dreistigkeit uns dazu verholfen hatte, so eine Reise zu unternehmen, die nur wenige japanische Friseure vor uns machen durften. Außerdem konnte ich mir gut vorstellen, daß die Franzosen Donohashi die Vorrechte nicht eingeräumt hatten, die ihm wegen seiner Vermittlerfunktion zugestanden hätten. Also hatte er es nicht für sinnvoll gehalten, Geld nach Frankreich zu schicken, da es ihm nichts eingebracht hätte. Sowieso ließ die große Entfernung das Risiko einer skandalösen Enthüllung unbedeutend erscheinen. Moralisch gesehen würde zudem der Verstoß gegen eine Vorschrift, die einige tausend Kilometer entfernt von Personen aufgestellt worden war, die so wenig mit Japan zu tun hatten, nicht sehr ins Gewicht fallen. Statt einen Streit mit ungewissem Ausgang zu entfachen, zog ich es also vor, die Dinge dabei bewenden zu lassen.

Das Nützliche an diesem drei Monate dauernden Aufenthalt in Europa war letzten Endes, daß er mich über den Zustand der Welt beruhigte. Wie viele Inselbewohner hatte ich geglaubt, daß das Leben außerhalb der Inseln nicht mit dem unseren vergleichbar sei. Meine Phantasie war von Kinobildern gespeist worden, und

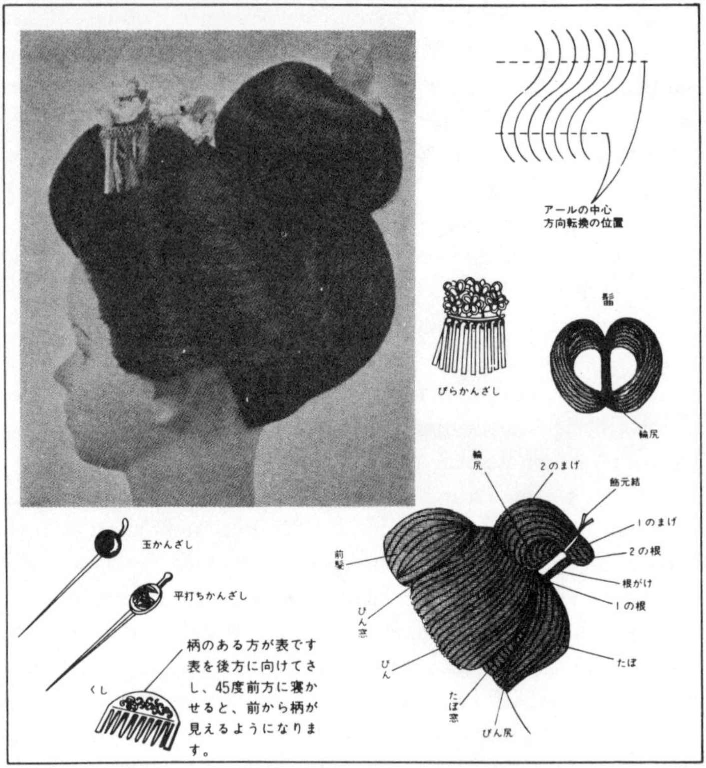

Aufbau eines Knotens
(Handbuch Yamazaki Ikue)

ich hatte bizarre Zivilisationen konstruiert, in die ich meine Ängste und Hoffnungen projizierte. Die Reise überzeugte mich von der Universalität des menschlichen Charakters. Europa war alt, sicher, aber die Franzosen hatten auch zwei Arme und zwei Beine wie wir.[2]

Langsam näherten wir uns wieder dem Fernen Osten. Wir reisten auf der südlichen Route, die über mehrere Zwischenstationen vom Mittelmeer bis Südostasien führte. In Hongkong trafen wir mit Erleichterung wieder auf asiatische Gesichter, die nichts Geheimnisvolles für uns hatten. Als wir Japan erreichten, kamen uns die Lebensweise so gewöhnlich und die Sorgen so banal vor, daß wir uns den meisten unserer Landsleute überlegen fühlten.

Die Verschwägerung

Meine neue Selbstsicherheit verschaffte mir bald Freundschaften. Die Besitzer von Momijiya, einem großen Kosmetikhersteller, bemühten sich um eine Verschwägerung mit mir. Man teilte uns mit, daß ihr ältester Sohn unsere älteste Tochter ehelichen wolle. Es stimmt, daß Motoko die japanische Anmut der *Yamato nadeshiko*, der Nelken von Yamato, besaß.[3] Für eine Japanerin war sie hochgewachsen, sie hatte schmale Hand- und Fußgelenke, und ihr Gesicht war von anmutiger Milde. Eine extreme Koketterie erhöhte noch ihren Reiz. Diese Koketterie war schon auf dem Winterfest in ihrem dritten Lebensjahr zutage getreten[4]: Sie trug einen geblümten Kimono, und weil sie Puder und Lippenstift aufgetragen hatte, weigerte sie sich, etwas zu essen, um sich auch ja nicht ihre Lippen zu verschmieren, wie sie sagte.

Als ich zum ersten Mal mit ihr über das Heiraten sprach, gebrauchte Motoko, ohne es zu wissen, eine Redewendung, die ich selbst früher benutzt hatte: »Ich brauche mich nicht zu verheiraten«, sagte sie. Seit ihrer Jugend hatte sie ein so natürliches Talent für die Frisier- und Bekleidungskunst gehabt, daß jeder in ihr die rechtmäßige Erbin des Familienbetriebes sah. Weil sie in ihrer Kindheit unter meiner Abwesenheit gelitten hatte, war sie zudem entschlossen, keine Kinder zu haben. Sie wollte sie nicht unglücklich machen. Und schließlich hatte sie bald bemerkt, daß unser junges Familienvermögen die Freier anzog wie die Katzen die Flöhe. Kurz, sie wünschte nicht zu heiraten.

Doch da ich wußte, daß es auf dieser Welt keine glückliche Ehelosigkeit gibt, sagte ich zu ihr:

»Eine Frau, die nicht heiratet, kann die wahre Schönheit nicht kennen.«

Um unsere Meinungsverschiedenheit auszuräumen, mußten wir die Entscheidung den Göttern vom Ontake-san überlassen, die einst über die Geburt Motokos gewacht hatten. Sie rieten der jungen Frau, sich auf den ruhigen Weg der guten Hausfrau zu begeben. Sie fügte sich also, zögerte indessen bei der Wahl der beiden Bewerber, von denen die Götter glaubten, sie würden zu ihr passen. Der erste hatte sein Diplom an der Tōkyō-Universität gemacht und war nun bei Dentsū angestellt. Er war ein sanftmüti-

Die Familie Yamazaki am Tag vor der Abreise der Eltern nach Paris. Motoko ist die zweite von links

ger Mensch, der ihr ein leichtes Leben garantiert hätte. Der andere war der Erbe von Momijiya, ein Kaufmann, der ständig in Bewegung war. Nach den beiden *miai*, den offiziellen Begegnungen, wählte sie Momijiya, aus Angst, sich zu langweilen, wie sie sagte. Also nahm sie den großen und gelenkigen Yasuo zum Mann. Er hatte eine spitze Nase und weit auseinanderstehende Augen und verteidigte wie ein Teufel den Kult des Kaisers und die Werte Großjapans. Er hieß Yamazaki wie wir, obwohl keinerlei verwandtschaftliche Verbindungen zwischen uns bestanden. So würde Motoko ihren Namen, den Göttern sei Dank, nicht ändern müssen.

Motoko verließ uns und zog ins Shibuya-Viertel, wo sich Momijiya befand. Sie wurde bald schwanger, und Yasuo verbot ihr jegliche Arbeit, solange die Erziehung ihrer Nachkommenschaft nicht gewährleistet wäre.

Beim Weggang dieser Tochter, deren Charakter dem meinen so ähnlich war, empfand ich Trauer. Doch im Unterschied zu den anderen Mädchen, die in der Nachkriegszeit aufgewachsen waren, war Motoko mit dieser arrangierten Heirat schnell zufrieden. Sie schätzte das Zusammenleben mit ihrer Schwiegermutter, die ihr wie sie sagte, das Wesentliche der Aufgabe einer Mutter beibrachte: eine stete Aufmerksamkeit für die kleinen, alltäglichen Handlungen, die allen den Eindruck von Wohlbehagen und Sicherheit vermittelt. Ich war ihr ein wenig böse wegen dieses indirekten Vorwurfs. Aber eine Geschäftsfrau hat wahrlich keine Zeit, häufig zu Verwandtschaftstreffen zu gehen.

Noch vor der Hochzeitsfeier schlug mir Momijiya vor, in einem Gebäude, das sie in Shibuya besaßen, einen Salon zu eröffnen. Ich konnte den Vorschlag nicht zurückweisen, ohne unhöflich zu erscheinen. Da das Geschäft in der Ginza nicht lief, entschloß ich mich also, meinen dortigen Einsatz wieder herauszuholen, um ohne große Unkosten umzuziehen und zu einem vorteilhaften Preis eine Fläche von einhundertfünfzig Quadratmetern zu mieten, die Belle Jouvence gewidmet sein sollte.

Von diesem Tag an mußte ich mir nie mehr Gedanken darüber machen, wie ich einen neuen Standort für einen Salon finden könnte. Die Vermieter strömten so zahlreich herbei, daß ich manches Angebot ausschlagen mußte.

Der Salon in Shibuya war noch nicht eröffnet, da bot mir eine Versicherungsgesellschaft Räumlichkeiten in Shinjuku an. Die Gegend dort wurde gerade renoviert, und Monat für Monat wurden die alten Gebäude durch Wolkenkratzer ersetzt. Die finanziellen Aussichten waren verlockend: Sie verlangten zu Beginn eine Kaution von einer Million und hätten sich dann mit einer kleinen prozentualen Beteiligung am Gewinn begnügt. Außerdem ehrte mich dieses Entgegenkommen von Persönlichkeiten, denen ich nie vorgestellt worden war, so sehr, daß ich lange zögerte, dieses Projekt auszuschlagen. Doch es war unvernünftig, denn es würde Monate oder Jahre dauern, bis sich die Investitionen in Shibuya lohnten. Die Versicherungsgesellschaft blieb trotz meiner respektvollen Ablehnung beharrlich – hinterher erfuhr ich, daß sie in Wirklichkeit versuchte, mich von Shibuya wegzulokken. Sie handelte im Auftrag eines Kosmetikfabrikanten, der gerade in demselben Häuserkomplex ein Geschäft eröffnen wollte und, wie es hieß, die Konkurrenz fürchtete. Der Versicherungsträger und der Fabrikant pflegten ihre Kinder untereinander zu verheiraten und bildeten das, was man eine »Alkovensippschaft« nennt. Doch zu jener Zeit kannte ich die Hintergründe der Angelegenheit nicht und dachte einfach, daß es sehr schade wäre, sich diesen von den Göttern gebotenen Glücksfall entgehen zu lassen.

Aber ich wußte wahrhaftig nicht, woher ich neues Kapital auftreiben sollte. Ich überlegte zunächst, ob eine meiner Angestellten, Fräulein Nakamura, deren Familie sehr reich war, den neuen Salon finanzieren könnte. Ich würde ihn selbst pachten, so daß er unter dem Namen Yamazaki firmierte. Auf meine Anfrage hin telefonierte Fräulein Nakamura sofort mit ihrer Familie, die in der Präfektur Gumma lebte. Sie überredete ihren Vater und ihren Onkel mütterlicherseits, ihr jeweils 500 000 Yen zu leihen. Das ergäbe zusammen die Million, die als Kaution verlangt wurde.

Das Problem schien also gelöst, als mich der alte Aoki besuchte. Aoki war ein ehemaliger Garderobier am kaiserlichen Hof. Er hatte mir manchmal für Vorführungen alte Kostüme geliehen. Ich achtete ihn ganz besonders, seit er den Titel eines Protokollchefs bei Hofe erhalten hatte. Durch seinen Umgang mit den Großen dieser Gesellschaft wußte er alles über die vornehmen Sitten und das tugendhafte Verhalten. Er kannte das richtige Benehmen in jeder Situation.

Als er von meinen Plänen hörte, überschüttete mich dieser treue Freund mit Vorwürfen. Er sagte, daß derartige Projekte in geschäftlicher Hinsicht überhaupt keinen Sinn hätten. Ich würde die mir obliegende Verantwortung auf eine einfache Angestellte abwälzen. Falls es sich nur um ein Liquiditätsproblem handle, könne er mir das Geld gerne ausleihen! Ich könne es ihm wiedergeben, wenn die Sache Gewinn brächte.

Also suchte ich nach den passenden Worten, um Fräulein Nakamura meinen Meinungsumschwung mitzuteilen, als diese sich mir weinend zu Füßen warf. Ihr Vater und ihr Onkel hätten sich so heftig zerstritten, daß sie nicht mehr wisse, wie sie das nötige Geld beschaffen solle.

Einmal mehr konnte ich feststellen, wie weise der alte Aoki war, und ich war in meinem Innersten erstaunt. Ich gestand Fräulein Nakamura die Scham, die ich empfand, weil ich versucht hatte, einem jungen Mädchen, das bar jeglicher geschäftlicher Erfahrungen war, eine solche Bürde aufzuladen. Ich entschuldigte mich wegen meiner doppelten Absicht. Sie entschuldigte sich für ihre Naivität. Wir lagen uns in den Armen und fingen beide an zu schluchzen, was, wie überall, der Beginn einer glücklichen Versöhnung war.

Schließlich wurden an einem klaren Novembertag, als man die Blättergirlanden aus rotem Plastik, die im Herbst die Einkaufsstraßen schmücken, durch wie Schnee funkelnde Silberpapierdekorationen ersetzte, zwei Yamazaki-Filialen eröffnet. Eine der Filialen war in Shibuya und eine in Shinjuku. In Shibuya hatte ich eine jüngere Schwester von Tatsuo, eine einfache Frau, die mit dem Alter füllig und geschwätzig geworden war, mit dem Empfang der Kundinnen betraut. In Shinjuku machte dies eine ihrer Schwägerinnen, eine freundliche Hausfrau, die voller Freude war über das in sie gesetzte Vertrauen.

Schwierigkeiten

Der Salon in Shinjuku zog sowohl Kundinnen in Mitsukoshi- oder Isetankleidern an, als auch die Bewohnerinnen des Viertels, die man manchmal in Ärmelschürzen auf der Straße schwatzen sah. In Shibuya dagegen lief gar nichts. Ich hatte gehofft, daß meine treuen Kundinnen aus der Ginza mir dorthin folgen würden, aber die schwierigen Verkehrsbedingungen in Tōkyō, die langen Zugstrecken, hatten eine nach der anderen entmutigt. Außergewöhnliche Tätigkeiten, Familiendramen oder finanzielle Schwierigkeiten wurden vorgeschoben, um die Besuche zu verschieben, sie immer seltener werden zu lassen und bald gar nicht mehr zu kommen. Dazu war das ganze Viertel eine einzige Baustelle. Nach den Olympischen Spielen, für die Tange Kenzō nicht weit von Shibuya entfernt avantgardistische, von der ganzen Welt bewunderte Gebäude errichtet hatte, war in der Nähe des Bahnhofs und in den angrenzenden Straßen mit umfangreichen Bauarbeiten begonnen worden. Der Lärm der Preßlufthämmer verscheuchte zuerst die Vögel und dann die Spaziergänger. Vor dem Salon hatte es vorher ein unbebautes Gelände gegeben. Dort hatten sich nach einem Regen alle Wolken des Himmels in den klaren Wasserpfützen gespiegelt. Dann war dort ein Gebäude in die Höhe gewachsen, das den Eingang des Friseurgeschäftes völlig verdeckte.

Nach zwei Jahren war die Lage so schlecht, daß die Vernunft gebot, entweder das Geschäft zu schließen und erneut umzuziehen, oder auf einen dieser gewöhnlichen Salons umzustellen, den die Frauen aus dem einfachen Volk besuchten.

Eines Tages, als das Durchgehen der Rechnungen noch trostloser war als gewöhnlich, faßte ich einen Entschluß. Wie für ein feierliches Ereignis kleidete ich mich in einen Kimono und begab mich in den Salon. Ich sammelte die Angestellten um mich. Und als die hübschen oder weniger hübschen Mädchen in lockerer Reihe vor mir standen, kündigte ich ihnen die baldige Schließung des Geschäftes an. Wenn die älteren Friseusen kein eigenes Geschäft gründen wollten, könnten sie in Bunkyō oder in Shinjuku unterkommen, die jüngeren müßten gehen.

Als ich meine Rede beendet hatte und meine Stimme unter der Wirkung einer unbezähmbaren Trauer wie eine Kugel der wilden Klette in meinem Hals kratzte und mich zum Husten brachte, stieß ein kleiner Mann die Tür auf, deren Glocke mit unverschämter Fröhlichkeit läutete. Während sich ihm die Blicke zuwandten, fragte er höflich, was es denn mit dieser Forschung über das Wachstum und die Verschönerung der Haare auf sich habe, er habe die Werbung im Schaufenster gelesen.

Tatsächlich hat niemand jemals erfahren, durch welchen Zufall dieser Mann in einem zu engen Beamtenanzug in genau diesem Augenblick eingetreten war. War dies ein Eingreifen unserer verschwägerten Momijiya? Eine Gnade der Götter? Oder beides auf einmal? Jedenfalls war dieser Mann von Beruf Fernsehproduzent. Eine Woche später widmete ein lokaler Kanal Belle Jouvence zwölf Minuten Sendezeit und erklärte, daß es die Friseurkunst verändert habe. Kaum war die Sendung zu Ende, da erschienen sechs Kundinnen in Shibuya. Einen Monat später verstopfte eine Schlange die Straße und behinderte die wenigen Autofahrer, die sich ins Baustellenviertel verirrt hatten.

So begann ein neuer Aufschwung: Belle Jouvence wurde den verschiedenen Haartypen angepaßt. Jährlich wurden große Symposien mit Frisurenvorführungen veranstaltet, die beachtliche Erfolge erzielten. Im Hinblick auf einen Verkauf dieser Marke

Bei der Verleihung eines Friseurhandwerkpreises

oder wegen der geradezu phantastischen Möglichkeit von Yamazaki-Filialen auf ausländischem Boden, wurden in den Vereinigten Staaten und in den wichtigsten Ländern Europas Belle Jouvence-Patente angemeldet.

Nun glaubte ich, daß mein Lebensschiff die Frühlingsstürme überstanden und den Schatten der sommerlichen Schilfrohre erreicht hätte. Ruhig und gelassen wartete ich ab, während ich meinen jungen Reichtum betrachtete. Doch da brach ein neuer Streit aus.

Die Konkurrenz

Donohashi beunruhigte das Wachstum dieses Familienunternehmens, dessen Konkurrenz seinen Interessen täglich mehr schadete, und so zog er seine Gesellschaft in eine Intrige hinein. Zunächst hatte ihn der jähe Aufstieg der Yamazaki nur geärgert. Als er dann bemerkte, daß wir das Friseurhandwerk und die Herstellung von Kosmetika gleichzeitig betrieben, was die Einordnung in irgendeine Berufsgruppe verhinderte, hatte er sich insgeheim darüber aufgeregt. Wenn ich die Schädlichkeit der gewöhnlichen Mittel anprangerte, zuckte er nur mit den Schultern. Als wir schließlich Erfolg hatten, bekam er Angst und entschloß sich, meine Fortschritte zu behindern.

Zunächst sagte er halblaut zu den Großunternehmern, die Anhänger von Belle Jouvence seien gefährliche Fanatiker. Sie würden die Handlungsweisen ihrer Kollegen anschwärzen und verhielten sich aus Intoleranz illoyal. »Belle Jouvence zu benutzen ist kein Friseurhandwerk, sondern eine Ideologie«, sagte er. Die Vereinigung der Dauerwellenspezialisten traf sich in einer außerordentlichen Sitzung und faßte den Entschluß, Belle Jouvence in Mißkredit zu bringen und uns so zu zwingen, unser Geschäft zu schließen. Vierhundert Leute einigten sich darauf, mich fertigzumachen.

Ihre Sache schien zunächst einfach.

Vergleich der Wirkung einer basischen und einer sauren Dauerwelle
(Handbuch Yamazaki Ikue)

Im Jahre 38 der Ära Shōwa (1963) hatte das Gesundheitsministerium die Verwendung von Belle Jouvence für Haut und Haare genehmigt. Obwohl im Jahre 41 (1966) eine amtliche Mitteilung die Anwendung einer seiner Ingredienzen für das Gesicht verbot, war die frühere Genehmigung Jahr für Jahr mit demselben Wortlaut verlängert worden. Das geschah sicherlich aufgrund der Nachlässigkeit der Verwaltung, aber auch weil es keinerlei Klagen gab. Im Vertrauen auf das, was wir für unser Recht hielten, verwendeten unsere Angestellten Belle Jouvence manchmal als Gesichtswasser, das besonders bei der Behandlung von harmlosen Hautkrankheiten wirksam war.

Die Vereinigung erstattete eine Anzeige beim Gesundheitsministerium. Dieses benachrichtigte seinerseits das Polizeipräsidium, welches den Produzenten von Belle Jouvence zu sich kommen ließ. Als vorsichtiger Mann schlug dieser zuerst im Kalender nach, bevor er sich an einem Tag, der Gutes verhieß, zum Präsidium begab. Aber trotz seiner Vorsichtsmaßnahmen wurde er unfreundlich empfangen: Man trug ihm die Gründe der Klage vor und verwies ihn an die Abteilung des Gesundheitsministeriums, die für die Richtlinien pharmazeutischer und kosmetischer Produkte zuständig ist. Dort beschuldigte man ihn, zwei gefährliche Mittel zu vertreiben. Er verteidigte sich wie ein Hecht an der Angel und führte seine bloße Eigenschaft als Hersteller als Argument an. Damit lehnte er die ganze Verantwortung für den Gebrauch, den andere von seinen Produkten machten, ab. Er bedauere. Man ließ ihn gehen.

Er unterrichtete mich über die Intrigen meiner Widersacher. Sofort trat ich mit meinen Schülern in Verbindung. Sie sollten Aussagen zu meinen Gunsten sammeln. Innerhalb von acht Tagen trafen aus allen Himmelsrichtungen sehr viele Briefe ein. Kundinnen beschrieben darin das Glück, das Belle Jouvence ihnen gebracht hätte, ihre blühende Gesundheit und ihren Seelenfrieden. Diese Briefe beruhigten mich. In völliger Gelassenheit beschloß ich, mich der Politik zu bedienen.

Zufällig zählte eine meiner früheren Schülerinnen die Ehefrau eines Abgeordneten der Liberaldemokratischen Partei zu ihren Kundinnen. Dieser schlug vor, direkt beim Gesundheitsministerium zu intervenieren. Dort kannte er einen Mann, der früher sein *oyakata*, sein Protektor, gewesen war. Zu ihm hatte er schon immer quasikindliche Beziehungen unterhalten.[5] Kaum war dieser Politiker von der Angelegenheit unterrichtet, sagte er: »Ich kenne solche Geschichten von Raubvögeln, die Spatzen verschlingen wollen.«

Er ließ beurkunden, daß es keinerlei Anhaltspunkte für die Schädlichkeit von Belle Jouvence gebe und befahl seinen Untergebenen, die Akten zu begraben.

Es war dann der Verband für die Haargesundheit, der unter Donohashis Führung noch einmal zum Angriff ansetzte. Ein von ihnen gedungener Abgeordneter stellte im Reichstag eine Frage zu dem Problem Yamazaki. Doch er wurde von oben beschieden, daß diese Sache längst abgeschlossen sei.

Diese überflüssigen Streitigkeiten bewogen mich dazu, aus allen Berufsverbänden auszutreten. Um sich zu rächen, verbot Donohashi den Fachzeitschriften, auch nur eine Werbezeile für Belle Jouvence zu veröffentlichen:

»Wer diesen Namen druckt, wird keine Anzeigen von den großen Produzenten mehr bekommen«, drohte er.

Eine Blockade wurde errichtet. Ich durchbrach sie, indem ich mein eigenes monatliches Anzeigenblatt herausgab ... Doch da alle großen Kriege, seien sie gerecht oder ungerecht, eines Tages zu Ende gehen müssen, beugten sich die Werbeleute nach und nach der wachsenden Popularität von Belle Jouvence.

Letztendlich gab es weder einen Sieger noch einen Besiegten, obschon das Überleben meines Geschäfts eine Art von Sieg war.

Obwohl ich aus dieser Sache unbeschadet herauskam, fragte ich mich manchmal, was diese verrückten Kämpfe denn sollten. Meine Träume von Harmonie, Größe und Schönheit hatten Zwietracht, Engstirnigkeit und häßliche Intrigen ausgelöst. Dieses Leben möchte ich wirklich nicht noch einmal leben. Warum nur erlauben die Götter den Menschen, sich in Streitigkeiten aufzureiben, die noch unnützer sind als die Kämpfe der Geister im Jenseits?

1970 wurde in Ōsaka die Internationale Messe veranstaltet, 1972 Okinawa zurückgegeben, 1974 dem früheren Premierminister Satō Eisaku der Friedensnobelpreis verliehen, 1978 der chinesisch-japanische Friedens- und Freundschaftsvertrag ratifiziert, 1985 fand die wissenschaftliche Messe in Tsukuba statt, 1986 der Gipfel der Sieben in Tōkyō, usw. Unter der Ägide der Liberaldemokratischen Partei erlangte Japan den Rang einer Großmacht.

Doch von Zeit zu Zeit störten düstere Erinnerungen die friedliche Stimmung. 1970 beging der Schriftsteller Mishima Yukio öffentlich Selbstmord. 1972 tauchte der Soldat Yokoi, der in Unkenntnis über die Niederlage Japans auf der Insel Guam geblieben war, wieder auf. Und 1974 kehrte der Offizier Onoda, der in Erwartung eines offiziellen Übergabebefehls im Herzen des philippinischen Dschungels geblieben war, zurück. Außerdem kamen zu Beginn der achtziger Jahre diejenigen Japaner zurück, die man nach dem Krieg auf dem Kontinent als Kinder zurückgelassen hatte. Von den Chinesen und den Koreanern wurde eine Auseinandersetzung über die Schulbücher entfacht. Sie waren entrüstet, wie die Kriegsverbrechen, die die Japaner in ihren Ländern begangen hatten, darin verharmlost wurden. Dies alles waren schmachvolle Erinnerungen, die mit dem Hinscheiden des Kaisers Shōwa im Januar 1989 etwas weiter in die Ferne gerückt sind.

Die fortschrittlichen Länder in Ost und West wurden von zwei Krisen, dem Dollarschock und der Ölkrise, erschüttert. Doch während die alten Mächte geschwächt daraus hervorgingen, wurde Japan, das unsere Wirtschaftsexperten für so anfällig hielten, stärker. Die Schwierigkeiten, auf die man traf, waren Anstoß für eine dynamische Wiederankurbelung der Wirtschaft. Als 1971 die Aufwertung des Yen die Handelsbilanzen in Gefahr brachte, wandte sich Japan entschlossen dem Kapitalexport zu. Als 1974 zum ersten Mal seit dem Krieg das Bruttosozialprodukt sank, konstatierte man die Überschuldung der Unternehmen, die Verschwendung der Rohstoffe und den Mangel an Investitionen in Forschung und Entwicklung. Daraufhin leitete Japan, zehn Jahre vor den europäischen Ländern, eine industrielle Umstrukturierung ein, die eine Steigerung der Exporte mit großen Gewinnen erlauben sollte. So konnte die Wirtschaft im Jahre 1978 ein erneutes Wachstum vermelden und wurde durch die zweite Ölkrise kaum beeinträchtigt.

In diesem Kontext wirtschaftlicher Prosperität waren die blutigen Taten der Sekigun, der Roten Armee, in der ersten Hälfte der siebziger Jahre, die Gewalttaten der extremen Linken um den Flughafen Narita sowie die Bomben der Trotzkisten, die Tōkyō und Ōsaka 1985 plötzlich gelähmt hatten, schnell vergessen und wurden in der Erinnerung zu Nebensächlichkeiten. Die Finanzskandale, die in unterschiedlichem Maße fast sämtliche Politiker betrafen, von dem sehr beliebten Tanaka Kakuei bis zu dem medienfreundlichen Nakasone Yasuhiro, vergrößerten nur die Distanz zwischen den Machthabern und dem Wählervolk. Während jegliche Diskussion oder Vision einer nationalen oder internationalen Politik fehlte, zeigte sich Japan mit dem zwar spektakulären, aber vielleicht unsicheren Erfolg zufrieden.

In den siebziger Jahren haben die Japaner diesen Erfolg, sicher völlig zu Recht, ihrem extremen Arbeitseifer zugeschrieben. In den achtziger Jahren erschien Japan manchem als erste Finanzmacht der Welt. Der Gedanke, daß sich im materiellen Erfolg eine natürliche und spezifische Überlegenheit ausdrückt, ist hier genauso alt wie in der westlichen Welt und bildet die Grundlage einer neuen nationalistischen Strömung.

In der Heisei-Ära wird sich, wie es heißt, der Frieden mit Hilfe der kokusaika, der Internationalisierung, vollenden. Aber niemand weiß, ob dies nur die Wirtschaftsordnung betreffen oder ob sich damit auch die geistige Einstellung wandeln wird.

XIV
Dōzokugaisha, ein Familienunternehmen

三人よれば文殊の知恵

Sannin yoreba Monju no chie.
Wenn sich drei Leute zusammentun,
sind sie so weise wie der Bodhisattva Monju.

Jeder kennt einen jener ehrgeizigen Menschen, die vom Schauspiel des Reichtums und der Gewalt der Macht verführt, davon träumen, daß die anderen sich vor ihnen verbeugen. Da sie keine Furcht kennen, waren sie es, die früher die Städte und Reiche aufbauten; heute sind sie es, die einem Haus ihren Namen geben, der sich von Generation zu Generation wie ein Titel weitervererbt.

Ich jedoch, Yamazaki Ikue, war nicht dazu berufen, etwas Großes aufzubauen. Als ein ängstliches, wenngleich widerspenstiges Mädchen hatte ich lange in jener Selbstbezogenheit gelebt, die einen taub macht für die Erfordernisse der Gesellschaft und der Geschäfte. Während ich auf der Suche nach mir selbst unaufhörlich die Welt durchforschte, ähnelte ich jenen Meeresvögeln, die, wenn sie in ihrem Gefieder nach Ungeziefer suchen, sich das eigene Fleisch blutig reißen.

Meine Bemühungen hatten sich indessen angesammelt wie die Ablagerungen in einem Flußbett. Wenn die Müdigkeit meinen Mut erschöpft und Fehlschläge meine Arbeit zunichte gemacht hatten, dann erinnerte ich mich an die Bauern an den Ufern des Abukuma, die ihre Brücken nach jedem Hochwasser wieder aufbauten. Und ich beschloß, mein Geschäft noch weiter auszubauen. Doch letzten Endes wurden meine Schritte von mehr Mißgeschicken als Freuden begleitet, wie von den Insekten im Herbst, die einem auf den grasbewachsenen Wegen vor die Füße springen.

Von Bunkyō aus hatte sich meine Domäne zunächst bis zur Ginza, dann bis zu den beiden sehr beliebten Stadtteilen Shinjuku und Shibuya ausgedehnt. So namhafte Institutionen wie das

»Haus der japanischen Frau« und das Geihinkan-Hotel hatten mir ihre Salons anvertraut, um Brautpaare zurechtzumachen. Und obwohl meine Erfolge schwankten, hatte der Name Belle Jouvence in den Ohren Tausender Hauptstadtbewohnerinnen einen guten Klang. Ich bemerkte, daß die Bankangestellten sich tiefer verbeugten, wenn ich die Schwelle der Zweigstelle in Hakusan überschritt, und daß mich die Geschäftsleute aus der großen Avenue mit *sensei*, »Meisterin«, anredeten. Allmählich hatte sich das Unternehmen so vergrößert, daß ich über fünfundzwanzig Angestellte gebot, die in rosa und weißen Arbeitskitteln, in die mein Name eingestickt war, umherliefen. Ein voller Kalenderzyklus, sechzig Jahre, waren inzwischen seit meiner Geburt vergangen.[1]

Ich fühlte mich kaum älter als ein Kind und wandte meine Gedanken der Vergangenheit zu. Da staunte ich über den zurückgelegten Weg, und in höchster Verwunderung, wie eine Ente, die im Winter ein Ei legt, pries ich die Götter, die mich bis hierher geführt hatten. Dann entschloß ich mich, meine Zukunft in die Hand zu nehmen, wie man sagt.

Yamazaki Ikue Biru, das Yamazaki Ikue Building

Zunächst faßte ich den Entschluß, unser Haus neu bauen zu lassen. Es war in einer Zeit der Armut aus Holz gebaut worden und paßte nicht mehr zur gesellschaftlichen Stellung der Yamazaki. »Da hinten«, sagten die Kundinnen, »hört man schon beinahe den Kuckuck rufen.« Es war Mode, daß die reichen Leute in Neubauten aus Stein oder Beton wohnten. Außerdem war unser Quartier so eng, daß die Gerüche und Dünste aus der Küche die Altäre beschmutzten. Ich befürchtete, daß die Ahnen darüber erzürnt wären. Im fertiggebauten *biru*, building, würde ich ihnen einen eigenen Raum reservieren. Dort könnten sie in Frieden leben, abseits vom Kommen und Gehen des Alltags.

Ich schaute im Kalender nach und sah, daß das Jahr 44 (1969) für Umzüge günstig war. Die Banken streckten das gesamte benötigte Kapital vor, da sie wußten, daß wir pünktlich bezahlen würden. Nachdem wir den Abrißtermin auf die zweite Woche des folgenden Jahres gelegt hatten, zogen wir am Frühlingsanfang um. Wenn wir, die Bewohner, unser Haus von einem Augenblick auf den anderen verlassen hätten, wären unsere Seelen, die mit der alten Behausung so vertraut waren, Gefahr gelaufen, durch diese Neuordnung erschüttert zu werden. Wir fürchteten, daß sie zornig würden oder schlimmer noch, daß sie, indem sie sich weigerten, unsere alte Wohnung zu verlassen, unsere Körper verlassen könnten. Deshalb gestanden wir ihnen ein ganzes Jahr zu, um sich von den Mauern zu lösen, zwischen denen sie so lange gelebt hatten.

Während wir auf die Fertigstellung des Hauses warteten, richteten Tatsuo und ich uns in einem modernen Appartement im vornehmen Viertel Roppongi ein. Motoko hatte uns schon verlassen. Ryōko, unsere jüngere Tochter, die in Kürze heiraten sollte, wohnte bei ihrem zukünftigen Ehemann.

Die Art und Weise, wie es zu dieser Verbindung kam, war sehr komisch. Tanaka Teiichirō, der Ryōko heiraten sollte, hatte uns zwei oder drei Monate zuvor zum ersten Mal besucht. Nach einem neuen Brauch war dieser große, dunkelhäutige junge Mann, dessen einfältiger Gesichtsausdruck seine Intelligenz nur einen Augenblick verbergen konnte, gekommen, um in weißen Handschuhen für einen seiner Freunde offiziell um die Hand unserer Tochter anzuhalten. Dieser Freund hatte ihn nämlich gebeten, bei uns zu vermitteln, weil wir in Hochzeitsangelegenheiten als mißtrauisch galten. Dazu muß man sagen, daß unser Wohlstand mehr Freier anzog als die Nacht Gespenster.

Teiichirō hatte sich also überreden lassen, den Heiratsvermittler zu spielen. Aber das Schicksal wollte es, daß er, als er das Haus betrat, Ryōko erblickte, die er nie zuvor gesehen hatte. Sie blendete ihn, wie er sagte, mit ihren wie acht Sonnen strahlenden Augen. Sie kam ihm drall vor wie eine Sommerfrucht. Er war so bezaubert, daß er die vorbereitete Rede vergaß und stammelnd für sich selbst um die Hand unserer Tochter anhielt.

Da uns das Merkwürdige dieser Situation verwirrte, beschlossen wir, die Götter vom Ontake-san zu fragen. Glücklicherweise versicherten diese, daß die beiden Freunde ihre Rollen vertauschen könnten. Der abgewiesene Freier wurde also damit beauftragt, das Glück der neuen Liebenden zu arrangieren!

Nachdem seine Schwestern in andere Familien eingeheiratet hatten, blieb Hikaru unser einziger Erbe. Doch der Meister der Richtungen fand die Richtung Roppongi unpassend für ihn, er sollte sich im Norden niederlassen. Auch seinen Vornamen sollte er noch ändern, damit sein allzu zurückhaltendes Wesen erkennbarer würde. Er beschloß, sich Mitsunobu zu nennen. Das ist ein Name, dessen Schreibweise der von Hikaru ähnlich ist.[2] Dann nahm er ein *apāto (apartment)*, ein Zimmer in einem Viertel im Norden. Dort zog er mit einer jungen Frau zusammen, die er liebte und heiraten wollte. Das war Kyōko, mit dem schmalen Körper und dem vornehmen Gesicht. Ein sanftes Mädchen. Ich sollte später große Schwierigkeiten haben, mit ihr zurechtzukommen.

Nun, da die Geschäfte weitergehen mußten, damit wir all diese Kosten bezahlen konnten, erwarb ich in Bunkyō ein kleines Häuschen, das als provisorischer Frisiersalon diente. Die Angestellten wohnten im ersten Stock über dem Geschäft.

Vor dem Ende des Jahres 46 (1971) war unser dreistöckiges, hellrosa verputztes Gebäude fertiggestellt worden. Ich ließ ein großes Schild anbringen, auf dem jeder meinen Namen lesen konnte: YAMAZAKI IKUE BIRU.

Seit dieser Zeit hat sich die Anordnung der Räumlichkeiten kaum verändert. Das Erdgeschoß und die erste Etage sind dem Frisiersalon vorbehalten. Darüber befindet sich unsere Wohnung, eine Maisonettewohnung mit einer Wendeltreppe.

Durch einen kleinen gefliesten Eingangsraum, in dem jeder seine Schuhe zurückläßt und in *surippā (slippers)*, Plüschpantoffeln, schlüpft, wie das in jedem Haus üblich ist, gelangt man in unsere Wohnung. Nur eine Stufe trennt diesen Eingang vom Vorzimmer, von dem aus man nach Westen in die *dainingu kichin*, D. K. (*dining kitchen*, Eßküche) kommt, und nach Osten in das westlich eingerichtete Besuchszimmer, an das sich ein japanisches Zimmer anschließt. Ein kurzer geschlitzter Vorhang, ein kastanienbrauner *noren* mit cremefarbenen Kranichen, diesen glückbringenden Vögeln, die mit gestreckten Beinen zum Himmel emporfliegen, verbirgt die Küche, die in einen mit Geranien bepflanzten Balkon mündet. Dieser Raum ist weiß, modern und funktionell eingerichtet: Hohe weiße Küchenbüffets trennen die Eßecke ab, in welcher Tatsuo jeden Morgen gegen zehn Uhr seine Zeit bei einem indonesischen Kaffee verbringt. Das ist ein ganz besonderer Kaffee: Man läßt die Körner zuerst von einer Ente verschlucken, holt sie wieder heraus, reinigt und mahlt sie. Tatsuo behauptet, es sei der beste aller Kaffees. Er trinkt aus einer Tasse, die er, je nach Laune des Tages, aus einer Sammlung von beinahe hundert Stück sorgfältig ausgewählt hat. In dieser Sammlung findet sich eine feine Porzellantasse mit einer in einen durchsichtigen Schleier gehüllten Tänzerin neben einem Steinkrug, der eine Öffnung in Form eines rotlippigen Mundes hat!

Diese Küche ist in gewisser Weise auch Tatsuos Büro. Nach unserer Rückkehr aus Frankreich hat er, wie vereinbart, den Titel des Generaldirektors angenommen. Obwohl er manchmal fürchtet, daß meine Launen und ausgefallenen Ideen uns Ärger einbringen werden, und obwohl er bei jeder meiner Kühnheiten mit den Schultern zuckt und wettert, ich sei verrückt wie der Herbstwind, bringt er mir, was den Lauf der Geschäfte anbelangt, Vertrauen entgegen, so daß er mehr Zeit mit Spazierengehen verbringt, als bei der Bearbeitung der Akten. Nichtsdestotrotz sieht er jeden Morgen langsam die Post durch, die von dem Angestellten, der damit beauftragt ist, den Salon zu öffnen, hochgebracht wird. Er macht zwei Stapel: Briefe, die er an den Generalsekretär weiterleitet, und Briefe, die er persönlich beantwortet: Er holt Pinsel, Tuschkasten und ein samtenes Papier und schreibt mit Genugtuung einige elegant formulierte Sätze, mit denen er sich für ein geschmackvolles Geschenk oder eine schmeichelhafte Einladung bedankt. Dann drückt er sehr sorgfältig sein Siegel darauf und begibt sich zur Post in unserem Viertel. Dort endet seine morgendliche Arbeit, die nur der Auftakt ist für einen spontanen Bummel oder Ausflug, den er unternimmt, um die Stunden auszufüllen und etwas zu erleben, was er mir später erzählen kann. Immer vergnügt, scherzt er mit den Kaufleuten des Viertels, wobei er sich an jeden mit ausgesucht höflichen Worten wendet, die seiner Nonchalance etwas Aristokratisches verleihen. Tatsuo ist heiter, er besitzt *iki*, die Eleganz des echten Einwohners von Tōkyō.

Im Laufe des Tages treffen sich die Bewohner und die Angestellten des Hauses anläßlich zufälliger alltäglicher Ereignisse in dieser *dainingu kichin*. Das Fernsehgerät und der Videorecorder, die in einer Ecke neben dem Eingang stehen, bleiben im allgemeinen ausgeschaltet. Die Pausen sind gut für die *sararī man (salaried men)*, die Angestellten. Von uns, den Geschäftsleuten, hat keiner Zeit. Jeder verzehrt hier, wie es ihm paßt, seine von Satō-san zubereitete Zwischenmahlzeit. Satō-san kommt am frühen Morgen, räumt auf und kocht. Nur beim Abendessen versammeln sich regelmäßig mehrere Familienmitglieder.

Meistens defilieren um diese Zeit die Leiter unserer Salons am Eingang unserer Wohnung vorbei, um die Metallkassette auf die Schwelle zu legen, die ihre Tageseinnahmen enthält. Wieder ist es Tatsuo, der den Ankommenden antwortet, wenn sie an die Tür klopfen. Es amüsiert mich, wenn er von der Küche aus, wo er zerstreut in der Zeitung blättert, im werbenden Ton der Straßenhändler ruft:

»*Irasshai! Irasshai!* Willkommen! *Gokurōsan!* Vielen Dank für Ihre Mühe!«

Am Eingang wirft sich der Überbringer der Kassette auf die Erde nieder und nennt die Höhe der Summe, die er bringt. Nachdem er wieder gegangen ist, erhebt sich Tatsuo und holt die auf dem Boden liegende Kassette.

Das Wohnzimmer, das die Mitte der Wohnung einnimmt, ist der Ort gesellschaftlicher Zusammenkünfte und geschäftlicher Besprechungen: Unter einem Kristalleuchter von Mitsukoshi[3], der den ganzen Sommer trotz Klimaanlage im Luftzug klirrt, stehen zwei mit grauem Wollstoff bezogene Sofas um einen niedrigen, in chinesischem Stil gearbeiteten Tisch mit weißen Spitzendeckchen.

An diesem Tisch empfange ich die Journalisten, die mich interviewen wollen. Hier finden bei einer Tasse grünem Tee oder Kaffee meine geschäftlichen Zusammenkünfte statt. Die Wände werden teilweise von Bücherschränken mit Glastüren eingenommen. Darin stehen schöne Bildbände über das Friseurhandwerk. In diesem Zimmer im westlichen Stil habe ich ein gesticktes Bild aufgehängt, das zwei junge Frauen zeigt, die auf einer traditionellen *engawa*, Veranda, stehen. Und in einer Ecke steht ein Klavier.

Die Familie beim Abendessen im Salon in Bunkyō: Mitsunobu, Ikue, Tatsuo, Hitoe, Kyōko

Aber weil ich darauf nicht spielen kann, habe ich eine Art Spieluhr einbauen lassen, die die Tasten betätigt. Wenn ich mich entspannen will, lasse ich sie alte Melodien wie *Dōki no sakura*, »Kirschbäume aus der gleichen Zeit« spielen.[4] Ich liege auf dem Sofa und höre zu. Ich mag die alten Lieder lieber als die moderne Musik.

Doch das zwölf *tatami* große japanische Zimmer, das östlich davon anschließt, ist meiner Konzentration förderlicher. Dort finden das Denken, die Künste und die Gastfreundschaft statt. Dort werden die hohen Gäste empfangen und die Angestellten, die wir in vertrautem Rahmen ehren wollen, und dort treffen wir unsere Geschäftsbeschlüsse. Auf diesen Matten nehme ich auch jeden Donnerstag meine Kalligraphiestunden oder die Stunden in chinesischer Tuschemalerei, *sumie*. Denn ich habe die künstlerischen Betätigungen aus meiner Kindheit wieder aufgenommen. Auf einem niedrigen Tisch aus Kirschbaumholz breite ich große Blätter Papier, die mit einem Polster unterlegt werden, aus. Oder ich male auf kartonierte Blätter große Schriftzeichen, die ich zu Gelegenheiten wie Neujahr oder Jahresmitte allen Angestellten zum Geschenk mache. Jeder gesteht meiner Kalligraphie *aji*, »Geschmack«, zu und sagt, sie sei originell.

An der Südwand dieses Raumes ist die *tokonoma* eingerichtet, die Schmucknische, in der ich den Reliefdruck eines Flachreliefs der berühmten Bronzelaterne des Großen Klosters des Ostens, des Tōdaiji in Nara, aufgestellt habe: einen flötenspielenden Engel. Zu seinen Füßen steht recht oft ein Blumenarrangement, dessen drei Hauptzweige durch ihren Wuchs den Himmel, die Menschen und die Erde darstellen sollen. Daneben befindet sich ein kleiner Stapel mit Geschenkpapier und Zeitschriften. Ich bekomme so viele Geschenke und so viele Handarbeiten, daß ich gar keine Zeit habe, sie mir alle anzusehen!

Entsprechend den Lehren des Geomantikers, den ich zur gleichen Zeit aufsuchte wie den Architekten, nimmt der *butsudan*, der Ahnenaltar, die Nordwand ein. Wir verehren dort eine kleine Statue des Buddha als Kind, der, kaum war er aus dem Schoß seiner Mutter Maya gekommen, seine Hand zum Himmel streckte, um das buddhistische Gesetz zu bezeugen.[5] Die Räucherstäbchen, die oft vor diesem hübschen pausbäckigen Säugling brennen, verschleiern ein wenig den Stapel noch verpackter Geschenke, denn die Geschenke, die ich bekomme, werden immer zuerst den Ahnen überreicht.

Über diesem Ahnenaltar, auf dem die Ahnentäfelchen der Ahnen unseres Hauses stehen, war früher ein *kamidana* aufgehängt, der den Shintō-Gottheiten, die von alters her über den Wohlstand der Familie wachen, geweiht ist. Aber als Mitsunobu vor einigen Jahren, aus Gründen, über die ich noch sprechen werde, das Haus verließ, schaffte man ihn ins obere Stockwerk, in das ehemalige Zimmer unseres Sohnes. Auf jeden Fall war es besser, die Ahnen von den Göttern zu trennen.[6]

Damals haben die Arbeiter den Teppichboden herausgerissen und ein alter Handwerker legte *tatami* im alten Stil, mit einer dunkelgrünen goldbestickten Einfassung. Die Gipsdecke verschwand hinter einer Deckentäfelung aus *hinoki*-Holz. Und ich selbst spannte um die körnig verputzten Wände eine heilige Schnur, von der ich Bänder aus weißem Papier, die in Streifen geschnitten und im Zickzack gefaltet sind und die Anwesenheit der Götter symbolisieren, herunterhängen ließ. Im Norden des Zimmers stellte ich einen prunkvollen Altar auf, den ich im Asakusa-Viertel gekauft hatte: ein Miniaturschrein aus hellem

Holz mit einer Reihe Säulen davor, ebenfalls aus unbearbeitetem Holz. Seither opfere ich dort den Göttern ungekochten Reis und Früchte in flachen Gefäßen aus reiner weißer Keramik oder in rechteckigen Holzgefäßen, die als Reismaß dienen.

Jeden Morgen stehe ich um sechs Uhr auf und komme hierher, um die Götter zu grüßen. Ich öffne die Fenster, und *bata bata*, wie ein Sperling, der seine Flügel ausbreitet, fege ich mit viel Schwung ihr Heiligtum. Dann ist das Anrichtezimmer an der Reihe. Das ist ein kleiner, vollständig mit *tatami* ausgelegter Raum, der eine Schleuse zwischen dem Treppenabsatz und dem Wohnort der *kami* bildet. Hier richte ich die Opfergaben her. Ich wasche den Klebreis, um den Göttern zu zeigen, daß er am selben Tag gegessen werden muß. Ich lege diese Mahlzeit auf den Altar und rezitiere mit gefalteten Händen in meinem Herzen das *Ō harae no norito*, das Gebet der großen Reinigung. Dann spüre ich, wie die Götter mir Mut, Glück und Leben einhauchen. Mein Geist wird so gerade und scharf wie ein Schwert. Ich fürchte nichts mehr.

Wenn ich eine schwierige Entscheidung fällen muß, ziehe ich mich in das Anrichtezimmer zurück. Dort denke ich nach und arbeite meine Pläne aus. Es ist ein bis auf niedrige Wandschränke unterhalb der Fenster, die ich mit durchsichtigem *shōji*-Papier

Yamazaki Ikue verneigt sich vor dem shintōistischen Hausschrein

verhüllen ließ, völlig leerer Raum, wo nichts meinen Geist stören kann. Auf dem Fensterbrett stehen einige Gegenstände, die ich besonders liebe: eine Pagode aus Perlen, die ich in einem Glasgehäuse aufbewahre, eine Puppe aus Pappmaché aus Hakata und ein kleines Lackkästchen aus Wajima, schwarz mit hellgrünen Farnmotiven.[7]

Heute, da ich Direktorin von sieben Friseursalons bin, jeden Tag von achthundert Ideen und tausend Fragen bestürmt werde und mit Mitsunobus Wagen oder im Taxi von Versammlung zu Versammlung fahre, ist dieser Ort ein Refugium für mich. Die Atmosphäre hier ist viel friedlicher als in unserem Zimmer, das direkt daneben liegt. Dort lädt mich das große westliche Bett eher zum Schlafen als zum Nachdenken ein.

Außer den Göttern und den häuslichen Ahnen gibt es noch zwei Gottheiten, die das Haus Yamazaki beschützen: Auf dem Treppenabsatz am oberen Ende der Wendeltreppe, die von dem mit Teppichboden ausgelegten Wohnzimmer ausgeht, steht neben dem Eingang zum *furo*, dem japanischen Badezimmer, Bentensama. Das ist die Wassergöttin der Redekunst, die mir, nachdem ich ein Gelübde bei ihr abgelegt hatte, die Redegewandtheit geschenkt hatte. Und auf dem Hausdach, auf der Terrasse, weisen Inari-sama, der Fuchsgott, und seine zinnoberrote Säulenhalle nach Nordwesten, in die Richtung, wo die alten Gottheiten wohnen.[8] Tatsuo und ich sind diesem Reisgott besonders verbunden, weil schon unsere Eltern ihn verehrten.

Alle diese Gottheiten wachen also gemeinsam über das Wohlergehen des Salons: im Erdgeschoß befindet sich ein Raum, groß genug, um zwanzig Kundinnen aufnehmen zu können, und im ersten Stock gibt es Behandlungsräume für die aufwendigere Schönheitspflege sowie für Männer, die es vorziehen, ihre Anwesenheit an einem Ort, der mehr vom weiblichen Geschlecht frequentiert wird, vor den Augen der Vorübergehenden zu verbergen.

Schließlich ist, in dem Maße wie die Geschäfte sich ausdehnten, der Arbeitsraum immer enger geworden. Wir mußten im vierten Stock eines nahegelegenen Gebäudes Büroräume mieten. Diese sind das Reich der drei Männer, die zusammen mit mir den Lauf des Unternehmens gewährleisten: unser Sohn Mitsunobu und zwei meiner Neffen.

Die Yamazakigesellschaft

Im selben Jahr, als das Haus gebaut wurde, übernahm die *Yamazaki Ikue biyōshitsu kabushikigaisha*, die »Aktiengesellschaft der Yamazaki Ikue Friseursalons« das alte Unternehmen Kanōya. Beide Gesellschaften wurden zusammengelegt. Ihr Name stand auf einer riesigen Banderole, die man in der großen Straße aufhängte, an der Ecke zu dem Gäßchen, wo das weiße neue Gebäude emporragt.

Das Kapital ist in der Hand der Familienmitglieder. Die *Yamazaki Ikue biyōshitsu kabushikigaisha* ist eine *dōzokugaisha*, eine Gesellschaft, deren Besitzer alle zur gleichen Familie gehören. Die Hauptaktionäre sind mein Sohn und ich. Aber unter den Aufsichtsratsmitgliedern befinden sich außerdem der Sohn meiner jüngeren Schwester, Hirotoshi, und der dritte Sohn meines älteren Bruders, Endō Muneo, zwei Cousins also von Mitsunobu. Alle drei sind nach mir die wichtigsten Personen des Hauses. Jeder ruft Hirotoshi und Mitsunobu bei ihren Vornamen, wie es bei Künstlern Brauch ist. Aber tatsächlich spielte lange Zeit unbestritten Hirotoshi die eigentliche Hauptrolle in unserem Haus.

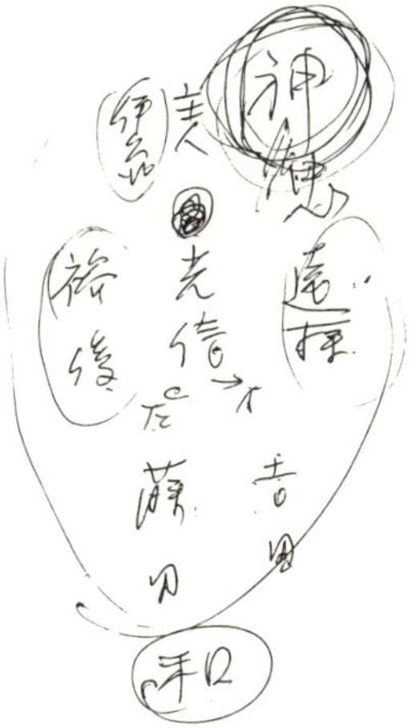

Schema, das die Harmonie symbolisch darstellt, die die drei Leiter des Unternehmens um Mitsunobu vereint (Yamazaki Ikue). Oben: Yamazaki Ikue und ihr Mann sowie die Götter, denen alle Loyalität schulden. In der Mitte: Mitsunobu. Links davon Hirotoshi. Rechts davon Endō. Weiter unten: die beiden dienstältesten Angestellten. Unter der schematischen Darstellung steht das Zeichen *wa*, Harmonie.

Dieser Neffe war ein magerer junger Mann, ein schlacksiges Würmchen, der nach der neuesten Mode rotgefärbte Haare hatte. Gewiß wäre er reizlos gewesen, hätte er nicht diesen lebhaften Blick, sein schräges Lächeln und kleine, zarte Hände gehabt.

Er war neben mir der einzige Nachkomme der Endō, der sich schon immer zur Schönheit berufen fühlte. Kaum hatte er die Oberschule abgeschlossen, als er erklärte: »Ich will Friseur werden. Ich werde reich.« Er ging auf eine Fachschule und nahm die strenge Ausbildung auf sich. Leidenschaftlich beneidete er die Meister, die durch eine mysteriöse Fähigkeit die menschliche Gestalt stärker zu verwandeln vermochten, als der Schatten die Umrisse der Dinge verändert. Am Ende seines ersten Ausbildungsjahres lud ich ihn zu einer der großen Hair-Shows ein, wo die künstlerische Gestaltung der Haartracht die Vollkommenheit erkennen läßt, die die Götter in die menschlichen Körper gelegt haben. Die Kurven, die Linien, die Falten und Züge der Gesichter kamen ihm wie himmlische Zeichen vor, deren Sinn die Kunst ihm enthüllte.

Er überlegte: »Soll man diese Dinge betrachten und sie in Ruhe lassen?« Und von Bewunderung ergriffen, dachte er daran, Mönch zu werden. Doch dann stand er plötzlich vor mir und bat mich flehentlich, ihn in meine Dienste zu nehmen.

Ich wägte die Vorteile dieses Vorschlages ab und versuchte, ihren Wert genau einzuschätzen. Ich fürchtete, den eifersüchtigen Groll meines Sohnes hervorzurufen, der, obwohl er mehr als drei oder vier Jahre jünger war als sein Cousin, ihm eines Tages Anordnungen geben würde. Wenigstens hoffte ich das ... Aber wenn dieser Sohn sein Erbe ausschlagen würde, hätte ich hier bereits einen Nachfolger ... Ich dachte: »Es ist besser zu handeln, als sich mit fruchtlosen Überlegungen aufzureiben«, und stellte meinen Neffen auf der Stelle ein.

Hirotoshi nahm das Pseudonym Yamazaki an, damit jeder wußte, daß er zur Familie gehörte, und sich über seine natürliche Vorrangstellung klar war. Trotzdem haben wir ihn nicht offiziell adoptiert, aus Angst davor, daß er eines Tages irgendeine Dummheit begehen könnte, die den Namen der Ahnen beflecken würde.

Sicher, bis heute hat er nichts Schlimmes getan, aber in solchen Dingen muß man vorsichtig sein.

Heute ist er stolz auf seine Geschicklichkeit, die ihm bei japanischen und internationalen Wettbewerben bald Preise einbrachte. Außerdem hält er den Angestellten einen Vortrag im Trend der Zeit:

»Geschmack«, sagt er, »ist ein Talent, das mir die Götter mitgegeben haben. In diesem Haus beherrscht jeder die traditionellen Stile, die Technik und die gesamte Chemie. Was dagegen die zeitgenössische Mode angeht, sind die jungen Leute dumm wie Ameisen. Tadellose Frisuren zu machen, bei denen jedes Haar an seinem Platz bleibt, ist schön und gut, doch darüber hinaus muß man ein bißchen Phantasie mitbringen, die den Geschmack zur Geltung bringt. So wie man einer klaren Suppe Salz zugibt, um ihr ihre Würze zu geben. Nun, diesen Geschmack kann man nicht unterrichten, das ist der Mangel des Hauses Yamazaki, wie auch der aller Friseure Japans.«

Dann fügt er hinzu:

»In unsrer Zeit muß man die Kunst nicht mehr erlernen wie in früheren Zeiten die ›Wege‹, den Weg der Blumen, der Kalligraphie oder des Schwertes. Wir sind in die Ära der Internationalisierung getreten, in der jeder seine Persönlichkeit unter Beweis stellen muß.[9] Unglücklicherweise ruft dies bei einem Volk wie dem unseren, das die Freiheit immer noch wie die übelste Einengung fürchtet, nur Verwirrung hervor. Bemüht euch also, euch selbst einzubringen!«

Und diese Worte begeistern die jungen Leute.

Mitsunobu

Unser Sohn Mitsunobu besitzt keine himmlischen Gaben. Wenig mitteilsam, übt er sich in leichter Heiterkeit. Aber ohne Zweifel ersetzt bei ihm die Aufrichtigkeit das Talent.

Er war in der Tat kein sehr robuster Junge. Seinetwegen habe ich angstvolle Tage ausgestanden, die mir länger vorkamen als mein ganzes Leben. Ohne Vorwarnung verließ er mit neunzehn das Haus, um sich im Norden als Fahrer anstellen zu lassen. Am Tag bevor er ausriß, rauchte er schweigend eine *Sēbūn Stā (Seven Star)* nach der anderen und drückte sie in einem großen, gußeisernen Aschenbecher aus. Sein Verschwinden überraschte mich nicht wirklich. Als ich durch vieles Herumfragen von einem seiner Kameraden aus der Oberschule erfuhr, daß er am Leben war und bei einem Fuhrunternehmen in Aomori arbeitete, wußte ich nicht, ob ich ihn anrufen und streng zurechtweisen oder ihn bitten sollte, zurückzukehren. Und so wartete ich drei Wochen, während ich Magenschmerzen hatte vor Angst. Und es machte mich immer noch krank, als er zurückkehrte. Diesen Schmerz, dieses Leiden, das man nie vergessen kann, wünsche ich keinem …

Er war zweiundzwanzig oder dreiundzwanzig Jahre alt, als er plötzlich begriff, daß weder die eine noch die andere seiner Schwestern mir nachfolgen würde, da beide als Schwiegertöchter in andere Familien gegangen waren. Bis dahin hatte er den Plan gehegt, Rennfahrer zu werden. Vielleicht aus Sohnesliebe, sicher aber, weil ihn der Gedanke todtraurig machte, ein Unternehmen aufzugeben, das aus dem Nichts entstanden und trotz allem so gut gediehen war, stellte er seinen Jaguar und seinen Benz wieder in die Tiefgarage. Er sagte sich, daß das moderne Friseurhandwerk sich einer komplexen Apparatur bediente, deren Handhabung seine alte Leidenschaft für die Mechanik befriedigen könnte. Und schließlich entschloß er sich, die Rolle zu spielen, die in unserem Haus schon immer für ihn vorgesehen war.

Seit seiner Geburt war er unser Liebling. Trotzdem fing er in meinem eigenen Salon als Lehrling an. Die gewöhnlichen Friseure schicken ihre Sprößlinge in die Geschäfte ihrer Kollegen, um sie dort ihre Ausbildung machen zu lassen. Er war zwar verwöhnt, doch blieb er, obwohl er zwei Monate nichts anderes tat, als den Älteren Lockenwickler zu reichen und auf dem Fliesenboden herumliegende Haare zusammenzufegen. Bis zu dem Tag, an dem eine Kundin, nachdem sie eine Zeitschrift von ihren Knien hatte fallen lassen, unhöflich zu ihm sagte:

»Heb das auf.«

Er bekam hochrote Wangen von der Demütigung, und sein Herz war vor Scham gespalten wie ein Holzscheit unter dem Hieb einer Axt. Da wußte er, daß er so nicht weitermachen konnte und entschloß sich, mit seiner Ehefrau nach Frankreich zu gehen. Diese war überglücklich, einem schwierigen Zusammenleben mit mir, ihrer Schwiegermutter, ein wenigstens vorübergehendes Ende bereiten zu können und war einverstanden, vier Jahre in Europa zu bleiben.

Mitsunobu lernte bei einem großen Pariser Friseurmeister. Kyōko wurde bald schwanger. Sie machte sich Sorgen, so weit von ihrer Familie entfernt zu gebären, aber sie schrieb, und darüber mußte ich lachen: »Es ist hineingekommen, also wird es auch wieder herauskommen.« Sie weigerte sich, sich auf eine schmerzlose Geburt einzulassen. In einer Klinik in Neuilly brachte sie ein kräftiges Mädchen zur Welt und zwei Jahre später einen schmächtigen Jungen.

Nach seiner Rückkehr nach Tōkyō im Jahre 50 (1975) setzte sich Mitsunobu dank seiner überseeischen Technik und mit seinen Fähigkeiten im Geschäft durch. Viel früher als alle unsere Konkurrenten führte er zur Kontrolle des Warenbestandes und des Personals die elektronische Datenverarbeitung ein.

Heute ist Mitsunobu ein gemachter Mann: sein regelmäßiges Gesicht ist ein bißchen voller geworden, was ihm einen seriösen, und ein bißchen steifen Ausdruck gibt. Um ihn zu necken, nennen ihn seine Schwestern einen zum Friseurmeister konvertierten Samurai, der in die technischen Spielereien der Moderne vernarrt ist!

Wie dem auch sei, er ist jetzt ein Mann, auf den ich mich verlassen kann, und ich danke jeden Tag den Göttern, die es ihm erspart haben, auf einem elenden Weg zugrunde zu gehen.

Darüber hinaus hat er einen treuen Gehilfen in Endō Muneo.

Endō-kun

Mein Neffe Endō ist der Vertrauensmann, der das Haus in Gang hält, derjenige, der die Fäden zieht, das Geld zusammenhält, sich die ganzen Verfahren ausdenkt und ausführt. Er war es, der die Fusion meiner Gesellschaften geplant und durchgeführt hat. »Das ist zu kompliziert«, sagte er. »Ich habe zwei Banken und zwei

Konten. Ich renne ständig von einer Bank zur anderen. Vereinfachen Sie das alles, Yamazaki-sensei!« Es war mein Glück, daß ich ihn machen ließ, denn zwei Jahre später verlieh uns das Finanzamt den Titel »Bedeutender Steuerzahler«. Das soll bei einem Friseurbetrieb selten geschehen.

Ohne Endō würde das hier alles nicht so seriös wirken. Er kann mit Recht stolz darauf sein. Doch weil er kein Friseur ist, tritt er sehr bescheiden auf. Er hat kein Recht auf den Titel *sensei*, »Meister«. Man nennt ihn nur Endō-san oder Endō-kun. Weil er einen einfachen Charakter, ein ungeschliffenes Äußeres und Komplexe hat, die Geschäftsleute manchmal denen gegenüber empfinden, die sie als Künstler verehren, ist Endō bestrebt, auf seinem Platz zu bleiben, den er nicht für etwas Besonderes hält. Sicher erinnert er sich auch daran, daß er früher einige Fehler gemacht hatte und nur mir sein Heil zu verdanken hat, weil ich ihm eine Stelle gegeben habe.

Er war nämlich sehr jung, als er vom Land weg wollte, und durch Beziehungen bei einem Kaufmann unterkam. Aber bald erkannte er, daß er so wenig von den Geschäften und der Welt verstand wie ein Fisch vom Himmel. Er schrieb sich an einer Kurzuniversität für die Abendkurse ein, wo er sich Kenntnisse über die modernen Methoden der Geschäftsführung und des Verkaufs aneignete. Das Diplom mit dem roten Stempel, das er sich in einem schwarzen Rahmen an die Wand hängte, verschaffte ihm ein so starkes Selbstvertrauen, daß er, ohne nachzudenken, ein Lebensversicherungsbüro gründete. Da er sich streng an die Regeln und Gesetze hielt, hatte er keine Probleme. Aber sein bäurisches Wesen widerstrebte einer Klientel, die zwar wünschte, daß man mit ihr über den Tod sprach, aber in Worten, die so sanft sein sollten wie die Haut eines weißen Pfirsichs und zart wie frischer Tōfu.

Mit fünfundzwanzig verdiente Endō gerade 3000 Yen im Monat, und um überleben zu können, schlief er im Flur des Hauses eines seiner früheren Betreuer von der Universität. Dieser erreichte, wie weiß ich nicht, daß man dem jungen Abenteurer eine Stelle in Ōsaka anbot. Seine zukünftigen Vorgesetzten forderten einen Bürgen.

Also besuchte Endō mich, seine Tante aus Tōkyō, um mich um

Unterstützung zu bitten. Damals, im Jahre 43 (1968), bot ich ihm eine Stelle bei mir an. Als Mensch ohne Herzensbildung, aber mit gewitztem Geist, stellte Endō die achthunderttausend Listen seiner Intelligenz in meine Dienste. So daß ich ihm nach einigen Wochen den Titel des Generalsekretärs des Unternehmens Yamazaki verlieh.

Endō ist nicht mit Glück gesegnet. Als ob die Götter bei seiner Geburt beschlossen hätten, daß es vor allem Böses in seinem Leben geben sollte. Zunächst fand er keine Frau, die er heiraten konnte. Denn keine wollte einen ungeschickten Mann mit kurzen und ungelenken Bewegungen, einen Mann mit zu lebhaften Augen in einem etwas feisten Gesicht, der nicht wußte, wie man einer Frau den Hof macht. Also ging er zurück nach Asaka, um sich eine Ehefrau zu suchen, und brachte eine Cousine seiner Mutter mit, ein mageres Mädchen mit dunkler Haut und dünnen Haaren.

Als sie wieder in Tōkyō waren, zeigte er ihr Ryōko, unsere zweite Tochter, die zwei Jahre nach ihrer Heirat das prächtige und glückliche Bild einer jungen Frau abgab, die durch ihre erste Mutterschaft aufgeblüht war. Er sagte zu seiner Frau:

»Wenn du Kinder in die Welt gesetzt hast, wirst du so werden.«

Sie lächelte sanft, mit einem etwas einfältigen Gesichtsausdruck. Aber ihr erstes Kind wurde tot geboren, und sie war nicht kräftiger geworden. Endō sagte:

»Ich kenne den Zorn der Götter gut. Man muß beten, die Riten ausführen und Gaben opfern, damit einem kein Unglück widerfährt. So ist die Religion Japans.«

Jeden Morgen opfert er auf dem Hausaltar Wasser, Sake, Salz und Reis. Und wenigstens einmal im Jahr beauftragt er das Kloster, Gebete zu rezitieren, damit der zum Gespenst gewordene Geist des Kindes nicht wiederkehrt und ihnen die Ruhe raubt.

Dennoch ist Endō nie traurig. »Ich tue, was ich tun muß, um die Weisungen der Direktorin auszuführen«, sagt er. Und dank seiner Bemühungen wächst mein Unternehmen.

Die neuen Salons

Acht Salons tragen heute meinen Namen: sieben in Tōkyō und einer auf Hawaii. Und zwei berühmte Hotels haben mich mit dem Frisieren und Ankleiden ihrer Brautpaare betraut. Es gibt zehn Gebäude, an denen die Passanten meinen Namen lesen können, den Namen einer kleinen Bäuerin aus Fukushima.

Jeder dieser Orte besitzt eine eigene Geschichte, die ihn in meinen Augen von den anderen unterscheidet. Es sind nicht die Geschichten der Anleihen, die mir von den Banken mit wachsendem Erfolg immer leichter gewährt wurden, sondern die eigentümlichen Wege, die die Götter benutzten, um mir ein neues Geschäft nach dem anderen zu schenken. Bunkyō erinnert mich an die furchtbaren Anstrengungen meiner Jugend. Shibuya an die Heirat Motokos. Shinjuku, wo ich inzwischen zwei Salons besitze, an das glückliche Ende eines vergeblichen Streits. Gotanda, ein Jugendsalon im Shinagawa-Bezirk, führt mir Mitsunobu vor Augen, der ihn alleine leitet. Und den Salon in Mukōjima habe ich Ryōko zu verdanken. Mukōjima ist ein vernachlässigtes Viertel jenseits von Asakusa und heißt die »drübenliegende Insel«.

Die Einrichtung dieses Salons auf der Insel hatte damals einen hühnerkampfartigen Sturm innerhalb der Familie ausgelöst. An einem Abend mit Nieselregen, daran erinnere ich mich noch, war der Vater einer früheren Klassenkameradin von Ryōko gekommen, um mir den Vorschlag zu machen, einen Salon auf der »anderen Seite« des Sumida-Flusses aufzumachen. Der Sumida bildet im Norden die Grenze zu den Elendsvierteln, wo die *burakumin*, die Parias leben[10]: Das sind Leute koreanischen Ursprungs, die sich seit Generationen auf die unreinen Aufgaben wie Gerberei, Schlachterei oder Einäscherung der Toten beschränken. Keiner will sie in seiner Familie, in seinem Haus oder in seinem Unternehmen haben. Und plötzlich baute die Firma Sumamiya dort ein Luxusgebäude. Ihr Vertreter erklärte, daß die Zeiten der Klassengesellschaft vorbei seien. Im Namen der Demokratie sei der Moment gekommen, die am meisten Benachteiligten am Luxus des Zentrums von Tōkyō teilhaben zu lassen.

Dieses Projekt gefiel mir. Aber die Männer der Familie sträubten sich. Sie sagten, es sei verrückt, sich auf ein Geschäft in einem

Randbezirk einzulassen, es würde nicht laufen. Oder schlimmer noch, die fürchterliche Nachbarschaft würde meinem guten Ruf schaden.

Doch die Orakel, die wir zu Rate zogen, um die Auseinandersetzung zu regeln, pflichteten mir bei. Dann räumte mir Sumamiya vorteilhafte finanzielle Konditionen und günstige architektonische Voraussetzungen ein: Da man sich der Schwierigkeiten bewußt war, verzichtete man auf die Miete und gab sich mit einer geringen prozentualen Gewinnbeteiligung zufrieden – und in der Tat, da ich dort niemals Gewinne gemacht habe, hat es auch nie etwas gekostet. Außerdem akzeptierte die Firma, daß, nach einer der Grundregeln der Geomantie, der Eingang des Geschäftes durch einen stark gekrümmten Korridor in die glückbringende Richtung des Drachen und der Schlange, *tatsu-mi*, also nach Südosten verlegt wurde. Denn, das ist ein allen Kaufleuten bekanntes Prinzip, die Ausrichtung des Eingangs, durch den Glück und Unglück kommen und gehen, beeinflußt den Wohlstand eines Hauses.

Meine Beharrlichkeit hatte also den Sieg davongetragen, wie immer.

Damit die Angestellten einwilligten, in diesem wenig besuchten Viertel zu arbeiten, zahlte man ihnen Sonderzulagen. Später gingen die Geschäfte so gut wie in den anderen Salons.

Im Dezember 1988 wurde der Salon in Mukōjima wegen einer Sanierung des Viertels geschlossen. Er wurde bald durch einen anderen ersetzt, den ich nach Abschluß schwieriger Verhandlungen in einem Hotel weiter im Norden eröffnete. Die Verhandlungen waren deshalb so schwierig, weil die Moral in der menschlichen Gesellschaft und in der Welt der Götter so verschieden ist.

Als ich diesen neuen Standort gefunden hatte, dachte ich, daß ich mich den gewiß wenig respektablen, aber auf dieser Erde üblichen Gebräuchen unterwerfen müsse, und willigte ein, zwölf Millionen Yen als Abstand zu bezahlen. Sieben davon bezahlte ich sofort und versprach, den Rest in der folgenden Woche zu begleichen. Eine diffuse Angst drängte mich jedoch, die Götter zu befragen. Folgendes sagten sie mir durch den Mund eines Mediums:

»Wir kennen diesen Brauch der Menschen nicht. Mußtest du

bei den Salons, die wir dir bis jetzt anvertraut haben, ein einziges Mal einer übermäßigen Geldforderung nachgeben? Wenn du dich auf solche Geschäfte einläßt, werden wir unsere Augen von dir abwenden.«

Erstaunt über die Strenge der Götter und halb wahnsinnig vor Angst, lief ich zum Eigentümer des Hotels und entschuldigte mich, während ich mich bis zum Boden verneigte, daß ich meinen Verpflichtungen nicht nachkommen könne. Ich sagte zu ihm:

»Behalten Sie das Geld, das ich schon bezahlt habe, als Entschädigung, aber ich kann die restlichen fünf Millionen nicht bezahlen. Ich nehme diesen Salon nicht. Geben Sie ihn also einem anderen Bewerber, denn ich bin sicher, daß es daran nicht mangelt.«

Da beugte sich zu meiner großen Überraschung der Vermieter dem Willen der Götter: Er gestattete mir, mich einzurichten, ohne vorher zu bezahlen. Ich bewunderte die guten Wirkungen, welche die Unnachgiebigkeit der *kami* auf die menschliche Welt haben konnte! Ich dankte ihnen aus tiefster Seele, daß sie mir verziehen hatten, und beschloß einmal mehr, meinen Körper und meine Seele ihrer unermeßlichen Weisheit zu überlassen.

Dank der Götter also regiere ich heute über eine Salonfläche von 1500 *tsubo*[11], ein lächerliches Gebiet für einen Kaiser, aber ein wahres Königreich für eine gewöhnliche Frau. Eintausendfünfhundert *tsubo*, auf denen junge Männer und Frauen in einem Arbeitskittel mit meinen Initialen täglich arbeiten, wofür sie mir von Herzen dankbar sind. Ich habe das viertgrößte Friseurunternehmen in Japan! In diesem Jahr, dem ersten der Heisei-Ära (1989), werden unsere Einnahmen die Grenze von einer Million überschreiten. Meine Geschäfte gehen gut ... so gut, daß ich noch vor Jahresende über zweihundert Angestellte haben werde! Manchmal sage ich mir diese Zahlen vor, und dann muß ich in die Hände klatschen wie ein Kind.

Trotzdem bin ich nicht reich, denn die Kosten sind immens. Aber wie Endō und Mitsunobu oft sagen, die Gewinne sind nur dazu da, die Steuern zu bezahlen. Aus diesem Grund bestehen sie im Moment darauf, daß ich das Gebäude in Bunkyō abreißen lasse, eine Anleihe aufnehme und dort ein neues, viel größeres bauen lasse.

Ein Haus, das kaum zwanzig Jahre alt ist! Man müßte schon

wieder umziehen, und das wäre sehr anstrengend. Ich fühle mich manchmal so abgespannt ...

Aber ich bin viel glücklicher als die anderen. Ich habe reichlich Geld für Nahrung und Kleidung. Meine Geschäfte blühen. Ich habe ein großes Unternehmen geschaffen, sage ich mir. Ein wirklich großes, und das beruhigt mich.

Friede

Mit viel Hartnäckigkeit, verlorenen und gewonnenen Kriegen habe ich mir also ein Königreich aufgebaut. Doch nachdem ich den von Donohashi abhängigen Berufsverband verlassen hatte, kam es mir vor, als ob die Isolation, zu der mich das Fehlen eines gleichwertigen Gesprächspartners verdammte, meinem Erfolg jeglichen Sinn raubte. Also beschloß ich, meine eigenen Organisationen aufzumachen. Vor langer Zeit hatte ich einen Forschungsverband für Fachleute gegründet, dem meine früheren Angestellten beitraten. Diesen erweiterte ich um die *Warudo biyūti ando herusu asoshiēshon*, die W.B.H.A., *World Beauty and Health Association*, den Weltverband für Schönheit und Gesundheit. Sein Wirkungskreis erstreckt sich über ganz Japan auf all jene, die sich, ob Friseur oder nicht, für die Schönheit einsetzen. Und schließlich faßte ich den plötzlichen Entschluß, der Vereinigung der Friseure für Brautpaare beizutreten, in der Donohashi kaum Einfluß besaß. Bald wurde ich dort Vizepräsidentin. Dann machte mir mein Schwiegersohn den Vorschlag, einer Vereinigung der Kosmetikfabrikanten beizutreten, die er selbst mit etwa zehn Kollegen gründen wollte. Als Präsidentin eines Forschungsverbandes nahm ich also an dieser Vereinigung mit dem Namen »Verband des Kammes« teil.

Als spendendes Mitglied zahle ich jedes Jahr eine bedeutende Geldsumme, was mir das Recht gibt, meinerseits Beiträge von den Mitgliedern meines eigenen Forschungsverbandes einzuziehen, die gern an den regelmäßigen Aktivitäten der Kosmetikhersteller teilnehmen wollen.

Seit bald zehn Jahren finden diese Aktivitäten um den »Tag des

Kammes« statt, den man auf den 4. September gelegt hat. Denn der Kamm, *kushi*, erinnert an die Ziffern »neun«, *ku*, und »vier«, *shi*. Da diese beiden Zahlen, weil sie Homonyme von »Schmerz« und »Tod« sind, früher von den Menschen für unheilvoll gehalten wurden, verboten alte Bräuche, Kämme zu opfern. Diese Utensilien, hieß es, besäßen die traurige Fähigkeit, die Bande zwischen den Menschen zu lösen, so wie sie die Haare entwirrten. Ebenso sollten sie angeblich Schmerz und Tod herbeiführen.[12] Aber die Vereinigung beschloß, mit diesen alten Tabus Schluß zu machen und sich ein modernes Image zu geben.

An besagtem Tag stehen an den Kreuzungen beliebter Viertel Friseure, die Kämme verteilen, und Leute, die bunte Luftballons steigen lassen. Unter freiem Himmel frisieren sie bei moderner Musik gratis die Neugierigen. Den Passanten schenken sie Kämme.

Ich fahre im Taxi von einer Kreuzung zur anderen und staune über die von Jahr zu Jahr größer werdende Menge von Schaulustigen. Man könnte es für ein Fest aus meiner Jugendzeit halten, so fröhlich geht es zu. Hie und da begegne ich einem Familienmitglied. Yasuo, dem Alleinverteiler von Belle Jouvence. Motoko, die ihm manchmal hilft. Teiichirō, der Hersteller von Friseurgeräten geworden ist. Ryōko, die für mein Sekretariat zuständig ist, oder gar Kyōko, die sich um die Geschäftsführung kümmert. Denn heute arbeitet die gesamte Familie an meiner Seite. Ich habe allen Glück gebracht. Meine Arbeit ist nicht einfach eine dieser langweiligen Tätigkeiten, die einem zu essen geben, sondern eine himmlische Mission.

Am Anfang des Jahres 63 (1988) hörte ich durch ein Gerücht, daß der alte Donohashi krank sei. Es hieß, er habe Krebs. Zuerst dachte ich, daß ihn seine Bosheit tötete. Dann, im Juni, erhielt ich von diesem Mann, den ich seit langem nicht mehr gesehen hatte, eine Einladung zu seinem achtundachtzigsten Geburtstag, seinem *beijū*, dem Alter der Weisheit. Neugierig, aber im Innersten befriedigt, begab ich mich zu der Feier.

Sobald er mich erblickte, erhob sich der alte Donohashi aus seinem Sessel. Er ging auf mich zu, und da er groß war, beugte er sich von oben herab, um mir zu sagen:

»Es hat alle möglichen unangenehmen Geschichten gegeben.

Bitte verzeihen Sie mir. Ich bin glücklich zu sehen, daß es Ihnen gut geht.«

Ich begriff, daß er sich auf den Tod vorbereitete und mit den Männern und Frauen, denen er in der Vergangenheit Schaden zugefügt hatte, Frieden schließen wollte. Ich antwortete ihm:

»Ich bin froh, daß all das vorüber ist. Achten Sie auf Ihre Gesundheit.«

Und ich empfand eine unermeßliche Ruhe, als würde sich der Himmel in mein Herz senken.

XV
Die Geschäftsführung

船頭多くして船山へのぼる

Sendō ōku shite fune yama he noboru.
Wenn es zu viele Bootsführer gibt,
steigt das Schiff auf einen Berg.

Folgendes geschah an einem ruhigen Winterabend. Tatsuo und ich waren gerade in unser neues Haus gezogen. Wir saßen in der Küche. Er las die Zeitung, während ich mit Honig beträufelte Schnitze runder Birnen aß, die mir eine frühere Schülerin aus der Präfektur Yamanashi geschickt hatte. Endō klopfte an unsere Tür. Als ich ihm Birnen anbot, lehnte er ab, indem er lebhaft, als würde er sich fürchten, mit gespreizten Händen wedelte. Dann setzte er sich mir gegenüber und setzte jene förmliche Miene auf, die bei ihm auf große Pläne schließen läßt. Er sagte zu mir:

»Ihre Bedeutung, Frau Professor, erlaubt Ihnen nicht mehr, wie in der Vergangenheit alles allein zu leiten. Die Entscheidungen, die wir täglich treffen müssen, sind so zahlreich, daß wir Sie nicht jeden Augenblick fragen können. Der Glanz Ihres Erfolges ruft Neugierde hervor ... Kurz, wir sind nicht mehr unter uns. Wir müssen die Dinge so aufschreiben, daß wir darüber nicht erröten müssen. Es geht nicht darum, irgend etwas zu verändern, sondern die Prinzipien, nach denen Sie schon seit jeher Ihr Geschäft führen, niederzuschreiben.«

Er schlug mir vor, eine Geschäftsordnung aufzusetzen, die alle meine Richtlinien zur Führung der Angestellten enthalten sollte.

Da ich dachte, daß meine Erfolge keine Früchte des Zufalls waren und meine Gedanken als Vorbild für die Geschäftswelt dienen könnten, war ich sofort damit einverstanden.

Bei der Ausarbeitung dieser Geschäftsordnung zeigte sich Endōs peinliche Genauigkeit und Gewissenhaftigkeit. Er versammelte die Angestellten und überprüfte mit jedem einzelnen Punkt für Punkt der Geschäftsordnung, damit hinterher keiner etwas daran aussetzen konnte. Sein Mißtrauen gegenüber unvorhergesehenen Initiativen und unerwarteten Zufällen prägte sein Denken. Diese Besonnenheit, die dazu geeignet war, auch die leisesten Befürchtungen aus dem Weg zu räumen, lenkte also die Niederschrift der etwa hundertseitigen Broschüre. Sie wurde gedruckt, damit jeder die Prinzipien der Geschäftsführung meiner Salons nachlesen konnte. Andere hätten das vielleicht für unnütze Mühe gehalten, da ich kaum fünfundzwanzig Angestellte habe pro Salon. Doch schließlich erwies sich diese Geschäftsordnung als so effektiv, daß zuweilen andere Geschäftsleiter zu uns kamen, um sie zu Rate zu ziehen und sich von meinen Gedanken inspirieren zu lassen.

Endō betrachtete das Funktionieren eines Unternehmens als Ablauf eines großen Spieles, bei dem zu Anfang jeder die gleichen Chancen hat. Man rückt auf einem vorher festgelegten Spielfeld mit dem einzigen Kriterium Zeit und dem eingesetzten Arbeitsaufwand vor.[1] In unserer Geschäftsordnung ist die Anordnung der Paragraphen so, daß jeder zuerst die Artikel liest, die die höchsten Posten betreffen. Auf diese Weise lernt er die Wichtigkeit der Führung und die Unerreichbarkeit der höheren, geschlossenen Gesellschaft, in der sie ihren Ursprung hat, kennen. Außerdem spiegelt die Reihenfolge der Kapitel von Anfang bis Ende unser pädagogisches Bemühen wider: Die Hauptthemen sind der Reihe nach: die Hierarchie, die Wohnung, die Gehälter und die Ausbildung.

Ich will nicht alle Einzelheiten der Geschäftsordnung beschreiben, nur die Überzeugungen, von denen sie getragen ist: die Vorstellung, daß die Arbeit nicht nur ein Broterwerb ist, sondern für das Individuum vor allem das einfachste Mittel darstellt, seine Rolle in der Gesellschaft auszufüllen; meine Vorstellung von der familiären Struktur des Betriebs; und der Anspruch hervorragender Qualität auf einem Gebiet, auf dem der Konkurrenzkampf seit jeher hart ist.

Shigoto, die Arbeit

Jeder weiß, daß man das Wort *shigoto* mit dem Zeichen schreibt, daß »im Dienst vollbrachte Sache« bedeutet. Bevor es Arbeitnehmer gab, bezeichnete es die Aufgabe, die von einem Vasallen für seinen Herrn oder von einem Beamten für den Staat ausgeführt wurde. Nach der buddhistischen Lehre verweist es auf *go*, das *karma*, das gegenwärtige Schicksal, das man als Entlohnung für die von einem selbst oder von den Ahnen in den vorangegangenen Leben vollbrachten Handlungen erhalten hat. Die Arbeit ist also die Tätigkeit, durch die sich die Stellung des Menschen in der Welt, der Geschichte und der Gesellschaft konkretisiert. Sie ist zugleich Schicksal und Bestimmung, und in ihr kommen alle Aspekte der menschlichen Person, physische oder geistige, zum Einsatz. Sie macht keinen Unterschied zwischen öffentlichem und privatem Leben. Aus diesem Grund habe ich verlangt, daß die folgenden Sätze über der Geschäftsordnung stehen:

> *»Die Angestellten müssen folgende Prinzipien respektieren: Sie folgen den Weisungen und sind bescheiden, aufrichtig und entschlossen; sie sind von der Bedeutung ihres Berufes als Meister der Schönheit überzeugt und widmen sich voll und ganz ihrer Aufgabe, weil sie wissen, daß ihre Arbeit sie zu aktiven Mitgliedern der menschlichen Gesellschaft macht.«*

In meinem Haus möchte ich keine jungen Leute, die nur Friseur werden wollen, weil ihre Eltern es schon sind. Auch nicht solche, die sich diesen Beruf leicht und lukrativ vorstellen. Und auch nicht jene, die diesen Weg gegen den Willen ihrer Familie einschlagen und so einen rebellischen Geist bezeugen, der mit meinen Harmoniewünschen wenig übereinstimmt. Wenn sich mir ein junger Aufrührer vorstellt, sage ich zu ihm:

»Deine erste Aufgabe ist es, deine Eltern zu überzeugen. So habe ich es in der Vergangenheit selbst gemacht.«

Ich denke dabei auch an die angstvollen Tage, als Mitsunobu soviel rauchte, bevor er in den Norden flüchtete und sich dort heimlich als Fahrer verdingte. Da ich diesen Kummer niemandem wünsche, stelle ich niemals ein Kind gegen den Willen der Seinen ein. Bevor ich einen jungen Menschen einstelle, treffe ich mich immer mit einem seiner Eltern, in der Regel mit der Mutter.

Schließlich habe ich in Zusammenarbeit mit Endō ein neuartiges Verfahren entwickelt, mit dem wir uns Gewißheit über die Ernsthaftigkeit der Bewerber verschaffen können. Die Bekanntheit des Hauses Yamazaki zieht jedes Jahr mehr junge Leute an. Im November veröffentliche ich in den Fachzeitschriften Stellenanzeigen für zehn bis fünfzehn Personen. Zu zwei Dritteln sind es Mädchen, die darauf antworten, obgleich die jungen Männer immer zahlreicher werden. Außer den üblichen Unterlagen, *curriculum vitae,* Foto etc. müssen die Bewerbungsunterlagen einen zwei bis drei Seiten langen Aufsatz enthalten. Die angehenden Friseure werden dazu angehalten, darin ihre Motivation, ihre Ziele sowie die Gründe darzulegen, die sie dazu geführt haben, das Haus Yamazaki zu wählen. Ich empfange nur die jungen Leute, für die der Weg der Schönheit ein Lebensinhalt ist. Ich lasse sie mit ihrem Vater oder ihrer Mutter nach Bunkyō kommen und lege ihnen dar, daß Aufrichtigkeit die wichtigste Eigenschaft ist, die man braucht, um ein guter Friseur zu werden:

»Das ganze Universum«, sage ich, »besteht aus positiven und negativen Teilchen, und auch die Stimmungen der Menschen sind aus diesen Kräften gemacht. In einem Beruf wie dem unsrigen, in dem man ständig mit Menschen zu tun hat, muß man eine positive Ausstrahlung haben. Wenn du eine Kundin frisierst, ohne mit dem Herzen bei der Sache zu sein, führen deine Anstrengungen sicher zu nichts.« Wenn der Kandidat mir antwortet: »Wieso das? Ich dachte, es handle sich in erster Linie um eine Technik«, stelle ich ihn nicht ein. Aber wenn er mir sagt: »Ich weiß, daß es Gefügigkeit und guter Wille sind, worauf die menschlichen Beziehungen basieren«, dann behalte ich ihn.

Da ich aber dennoch fürchte, daß die Menschen ihre Gesprächspartner in einer Stunde nicht zweifelsfrei kennenlernen können, frage ich auch noch die Götter um Rat, damit sie mir bei der Wahl helfen. Schließlich stelle ich nur diejenigen ein, deren Orakel die Berufung bestätigt haben. Das Resultat dieses Verfahrens ist, daß ich nur gute Angestellte habe, anständige Jungen und geschickte Mädchen. Sie müssen zu Beginn versprechen, drei Jahre zu bleiben, aber viele bleiben viel länger bei mir.

Manche sind so stark mit unserem Haus verbunden, daß sie hoffen, es zu erben und sich zu eigen zu machen. Sie betrachten es als ihr eigenes!

Viele sind jedoch überrascht von der Härte der Arbeit. Denn obwohl die geltende Gesetzgebung die durchschnittliche Arbeitszeit auf acht Stunden am Tag begrenzt, nehmen die zahlreichen Versammlungen und die nicht zur Arbeitszeit zählenden Fortbildungslehrgänge dem Angestellten alle freie Zeit. Das ist durchaus nicht übertrieben, da gemeinsame Freizeitaktivitäten, Spiele und persönliche Gespräche von der Arbeitszeit nicht abgezogen werden und das ganze Leben sich für sie wie für mich im Unternehmen selbst abspielt. Nur ganz wenige beklagen sich, daß sie keinen Augenblick für sich haben.[2] Wenn nach Monaten oder Jahren der Eifer der Anfänger nachläßt und die Gleichgültigkeit zunimmt, geraten auch die früheren Vorsätze und Träume in Vergessenheit.

Sobald man das geringste Nachlassen bemerkt, läßt einer der Geschäftsführer den nachlässigen Angestellten zu sich kommen und gibt ihm seinen Bewerbungsaufsatz zu lesen. Wenn er sich dann an die Anstrengungen und Opfer erinnert, die er einmal für den Erfolg zu bringen bereit war, knüpft er erneut an seine Hoffnungen an und erlangt die anfängliche Begeisterung zurück.

Dieser Aufsatz bildet tatsächlich ein so wirksames Instrument unserer Geschäftsführung, daß viele Friseurunternehmen diese Erfindung des Hauses Yamazaki kopiert haben und sich ebenso zufrieden wie wir darüber äußern.

Wenn die Gegenüberstellung mit der eigenen Vergangenheit nicht genügt, den Mut des enttäuschten Angestellten wiederzubeleben, sage ich ihm einfach:

»Wenn du weniger arbeiten willst, gibt es in Tōkyō genügend Salons, wo die Kunden so selten sind, daß du von morgens bis abends herumsitzen und Zeitschriften lesen kannst. Nichts hält dich hier zurück. Wechsle ruhig das Haus.«

Meistens bleibt er dann bei uns.

Schwieriger noch als die Bequemlichkeit, die von der wiedergefundenen Begeisterung besiegt wird, sind die Probleme des Herzens zu lösen. Sie verdunkeln die Stimmung, rufen unpassende Aufwallungen hervor und führen zu Bündnissen und Verschwörungen. Die Regungen der törichten Leidenschaften, der Melancholie, des Hasses oder der blinden Liebe stören mit Sicherheit den Lauf der Arbeit. Doch hat die Vernunft weder einen Einfluß auf die verliebten Angestellten, noch auf die Eifersüchtigen oder auf die Verzweifelten. Ihren Gefühlen ausgeliefert, werden diese Angestellten geistesabwesend und unruhig. Wenn ich sie so sehe, rufe ich sie zu mir und zwinge sie zu sprechen und solange weiterzusprechen, bis sie ihren Kummer zum Ausdruck bringen und er sich vor aller Augen und unter allgemeinem Verständnis auflöst. Als zusätzliche Vorsichtsmaßnahme wird, sobald sich zwischen zwei Angestellten ein und desselben Salons eine innige Freundschaft anbahnt, in der Regel einer von ihnen in ein anderes Viertel versetzt, so daß sich niemals Grüppchen bilden können.

Ich sage »in der Regel«, weil wir die Augen schließen, solange es keine Geschichten gibt. Wenn der Leiter eines Salons sieht, daß sich zwei junge Angestellte näherkommen, nimmt er sie beiseite und sagt zu ihnen:

»Ihr wißt, daß Yamazaki-sensei Herzensangelegenheiten untersagt ... Wenn sie etwas davon bemerkt, werdet ihr entlassen. Aber habt Geduld, seid diskret und heiratet in drei Jahren, wenn ihr den Rang einer Fachkraft habt.«

Im allgemeinen funktioniert diese Strategie so gut, daß mich jedes Jahr zwei oder drei Paare aufsuchen, die wünschen, daß man sie verheiratet. Ich setze eine erstaunte Miene auf:

»Ach! Ihr wollt heiraten? Gern will ich euch als Zeuge *nakōdo* dienen.«[3]

Aber ich erinnere mich an den Tag, an dem eine neunzehnjährige Göre mir heulend erklärte, sie werde uns verlassen. Sie schüttelte den glatten Pony über ihren runden Wangen, schluchzte mit ihrem ganzen zierlichen Körper und entschuldigte sich, daß sie das Versprechen, drei Jahre zu bleiben, nicht einhalten könne, aber sie sei, wie sie sagte, unglücklich.

Ich holte Erkundigungen ein und erfuhr, daß einer unserer jungen Fachleute alle Mädchen betörte. Es ging das Gerücht, er werfe sein Auge mal auf diese, dann auf jene und dann wieder auf eine andere. Für diejenigen, die darüber spotten konnten, hatte das keine besondere Bedeutung. Aber das Mädchen mit den dicken Backen konnte nicht mehr schlafen und verzehrte sich vor Kummer. Ich sagte zu ihr:

»Bleib. Ich werfe ihn hinaus.«

Mitsunobu konnte noch so sehr betonen, daß dies einer unserer besten Fachleute sei, ich gab nicht nach. Ich ließ den jungen Mann zu mir kommen und sagte ihm:

»Wenn ein Apfel faul ist, wirft man ihn fort, bevor er die anderen ansteckt.«

Und ich entließ ihn.

Um mir zu danken, verdoppelten die jungen Mädchen ihren Arbeitseifer, und in ihre Herzen kehrte wieder Ruhe ein.

Die Angestelltenheime

Ein anderes wesentliches Instrument der Fusion von Privat- und Berufsleben ist die Wohnung im *ryō*, im Angestelltenheim.[4] Sie ist für alle ledigen Angestellten, die nicht bei ihrer Familie wohnen, obligatorisch.

Ein und diesselbe Person kann nicht zwei Gesichter haben, das eine sauber und das andere schmutzig. Wer sich zu Hause tadellos benimmt, handelt auch seinem Arbeitgeber gegenüber korrekt. Wozu sich also verstecken?

Im Laufe der Jahre waren deshalb mehrere Wohnheime errichtet worden, Heime des Unternehmens, in denen die jungen Leute in einem gemeinschaftlichen Rahmen die Bedeutung der gegenseitigen Hilfe und des wechselseitigen Verständnisses lernen. Dort erwerben sie unentbehrliche Fähigkeiten für ihren zukünftigen Erfolg als einfache Angestellte, als Gründer eines eigenen Stadtteilsalons, als berühmte Lehrmeister oder als gute Hausfrauen.

Da das Wohnheim in Hakusan zu eng wurde, richteten wir ein weiteres im Norden der Stadt ein, im Sugamo-Viertel. Dort sind die Wohnungen nicht so teuer. Später kamen noch zwei weiter entfernte Heime in Nippori hinzu. Der größte Teil der Mädchen wohnt in einem geräumigen Haus, das wie ein kleiner Landgasthof angelegt ist. Es liegt in Ogikubo, an der Chūō-Linie, fünfundvierzig Minuten mit dem Zug. Es wurde auf einem Gelände errichtet, das uns Aoki, der frühere Protokollchef am kaiserlichen Hof, verpachtet hat. Die anderen Angestellten schlafen in zwei

Wohnheimen, die wir in der Nähe von Ikebukuro gemietet haben. Das ergibt also sieben Yamazaki-Wohnheime. Beinahe so viele wie Salons.

Natürlich würde ich mit meinen Angestellten gerne unter einem Dach leben. Wir würden alle gemeinsam wohnen, so wie in den Häusern von früher, wo die Bediensteten bei den Grundbesitzern logierten. Wir wären eine große Familie ... Eigentlich sollte das Wohnen in einem Wohnheim umsonst sein, aber die Arbeitsgesetzgebung ist dagegen. Man will vermeiden, daß die Arbeitgeber auf diesem Umweg versuchen, die Gehälter zu kürzen. So verlangen wir von unseren Angestellten einen täglichen Beitrag von 100 Yen. Das ist eine symbolische Beteiligung, wenn man bedenkt, daß sich die realen Kosten für die Wohnung auf 20 000 Yen pro Monat und Person belaufen. In Ogikubo zum Beispiel ist die Einrichtung sehr komfortabel, mit Einzelzimmern, Gemeinschaftsküchen und Gemeinschaftsbädern. Die *ryō* stellen eine beträchtliche finanzielle Belastung dar, aber auch eine nützliche, denn nur dieses Opfer kann das *magokoro*, das »wahre Herz«, die aufrichtige Zuneigung an das Unternehmen garantieren. Die vielfältigen hierarchischen Bande und Beziehungen im täglichen Zusammenleben erleichtern es, die Verantwortung auch für das Gefühlsleben des einzelnen zu übernehmen. Man kann damit die *kurai tokoro*, die »dunklen Zonen«, das asoziale Verhalten, verringern und freundliche und lächelnde Arbeitskräfte heranbilden.

Da gab es zum Beispiel eine Geschichte, die sich vor sechs oder sieben Jahren zugetragen hat. Eine neue Mitarbeiterin aus der Provinz weigerte sich, im Heim zu schlafen, obwohl sie keine Verwandten in Tōkyō hatte. Kaum hatte sie sich im Wohnheim eingerichtet, erklärte sie jedem, der es hören wollte, daß sie ein *apāto* suche. Ich wurde von ihren unmittelbaren Vorgesetzten davon unterrichtet und ließ sie zu mir kommen. Sie war ein junges, rundliches Mädchen, das die ganze Zeit lachte und nichts ernst zu nehmen schien. Ich fragte sie, warum zum Teufel sie alleine wohnen wolle. Mit einem Ausdruck, wie er gerade bei den jungen Leuten in Mode war, antwortete sie:

»*Dokuritsu shitai*, ich möchte unabhängig sein.«

»Das ist schön und gut«, stimmte ich zu, »aber unabhängig zu sein heißt nicht, daß man tun und lassen kann, was einem beliebt.

Als Anfängerin beziehst du nur ein kleines Gehalt. Kannst du deine Miete und die Nebenkosten damit bezahlen?«

»Meine Eltern werden mir helfen ...«

»Ist das deine ›Unabhängigkeit‹? Sind deine Eltern so reich, daß du ihnen eine solche Bürde aufladen kannst? Was du willst, ist nicht unabhängig, sondern allein sein!«

»Vielleicht ...«

»Warum willst du denn allein sein? Bei den Yamazaki ist die Arbeit hart. Allein sein heißt, daß du allein nach Hause kommst, daß du deine Einkäufe machen mußt, daß du allein kochen und essen mußt. Ist es diese Einsamkeit, die du suchst?«

»Nein ...«

»Warum dann allein leben? Ist es, weil du etwas verbergen willst?«

»...«

»Nun, denke darüber nach und sprich mit deinen Eltern darüber.«

Kaum waren zehn Tage vergangen, als ich von der Mutter dieses jungen Mädchens einen langen Dankesbrief erhielt. Sie schrieb darin, daß ich mich besser um ihr Kind kümmerte als die eigenen Eltern, die immer seinen Launen nachgegeben hätten. Ich hingegen hätte sie zu überzeugen gewußt, wie man sich richtig verhält. Das wärmte mich innerlich wie eine Schale mit Sake am frühen Neujahrsmorgen.

So etwas kommt vor, weil die modernen Familien ihre Kinder nicht mehr erziehen. Sie schicken sie zur Schule, wo man ihre Köpfe mit Wissen vollstopft, ohne daß man ihnen etwas über das Leben beibringt. Die jungen Leute von heute tun so, als wären sie Erwachsene. Aber in Wirklichkeit sind sie so sehr mit sich selbst beschäftigt, daß sie nicht mehr fähig sind, ihr Scheitern zu bedauern oder sich über ihre Erfolge zu freuen. Sie spielen die Gleichgültigen und legen sich einen Panzer aus Egoismus zu. Wenn sie ihr richtiges Leben beginnen, heulen und wehklagen sie monatelang. Doch dann gewöhnen sie sich daran.

Nun, diese unschlüssige neue Mitarbeiterin blieb schließlich im Heim. Und sie entwickelte sich dort so gut, daß sie es bis zur stellvertretenden Chefin brachte, bevor sie wieder in die Provinz zurückging.

Wenn ich mich nicht an die Trauer erinnert hätte, die in den ersten Monaten in Tōkyō über mich gekommen war, an ihr Gewicht auf meiner Brust und an die nicht zu unterdrückenden Tränen, die ständig meine Augen füllten, hätte ich sicher nicht die Worte gefunden, die zum Nachdenken führen und überzeugen. Aber ich habe in dieser jungen Angestellten meinen eigenen Hang zur Revolte wiedererkannt.

Inzwischen wußte ich, daß niemand Frieden in seinem Herzen finden kann, ohne die Regeln des Lebens zu akzeptieren, die die Gesellschaft den Menschen vorgeschrieben hat.

Diese Regeln hat Endō formuliert und der Hausordnung für die Wohnheime vorangestellt. Hier sind sie:

Geistige Instruktionen

- *Man soll die Gebräuche respektieren und sich gegenseitig achten.*
- *Man soll sich an die innere Ordnung des Gruppenlebens halten und sich zuvorkommend zeigen.*
- *Man soll sich gegenseitig helfen.*
- *Man soll sich in allen Dingen von den Älteren beraten lassen.*
- *Die Älteren sollen den Jüngeren immer auf ihre Fragen antworten und ihnen in Worten und Taten beistehen.*
- *Man soll jederzeit bereit sein, den anderen zuzuhören, den Beziehungen von »Herz zu Herz« Bedeutung beimessen und heute wie morgen dementsprechend handeln.*
- *Man soll die Einrichtungen des Wohnheims mit Sorgfalt behandeln und sie, wie es sich gehört, in Ordnung halten.*
- *Man soll sich für das, was man erhalten hat, seien es materielle oder immaterielle Dinge, immer bedanken.*
- *Man soll seine Sachen immer aufräumen.*
- *Man soll ein regelmäßiges Leben führen.*
- *Man soll mit den Älteren höflich sprechen.*
- *Man soll vermeiden, Grüppchen zu bilden oder sich in seinem Zimmer einzuschließen, und sich immer so verhalten, daß das Leben im Wohnheim fröhlich und harmonisch ist.*

- *Es ist streng verboten zu rauchen, um Feuer zu vermeiden, und weil es für die Gesundheit schlecht ist.*
- *Man soll sich innerhalb des Wohnheims freundlich grüßen.*

Die praktischen Regeln, die sich daran anschließen, betreffen die Sicherheit, die Ausgeh- und Heimkehrzeiten des Heims, den Haushalt, die Benutzung von Elektrizität, Gas etc. Das Telefon dient nur dazu, Gespräche entgegenzunehmen; die Angestellten dürfen sich nicht mit ihrem eigenen Namen melden, sondern mit dem Namen Yamazaki. Denn alle diese Regeln wollen eine einzige Tatsache klarmachen: das Unternehmen ist wie eine Familie, die Angestellten sind unsere Kinder.

Kazoku Keieishugi, die familialistische Geschäftsführung[5]

Früher behandelte man die Angestellten des Hauses wie jüngere Brüder, und wenn der Tag ihrer Heirat kam, gab man ihnen ein wenig Land oder Geld, damit sie sich niederlassen konnten. Als Dank arbeiteten sie weiterhin für ihre Herren.

Als ich nur zwei oder drei Angestellte hatte, konnte ich mich an diesen Brauch halten, aber heute, und da können wir noch so reich sein, sind es zu viele. Einige kennen mich so wenig, daß sie mich für einen Gott oder für einen Dämon halten. Und in ihrem Innern flehen sie zur mir, anstatt die *kami* anzurufen. Andere beklagen sich, daß ich sie ersticke wie der Schatten eines dicht belaubten Baumes.

Obwohl eine Anstellung auf Lebenszeit im Gegensatz zu den großen japanischen Unternehmen in einer so kleinen Gesellschaft wie der unsrigen nur eine Ausnahme sein kann, bin ich der Überzeugung, daß die Arbeit ein dichtes Gewebe von unendlich vielen Verantwortlichkeiten und Pflichten zwischen Arbeitnehmer und Arbeitgeber darstellt. Wer einige Jahre bei den Yamazaki gearbeitet hat, unterhält sein Leben lang geschäftliche Verbindungen zu uns. Die Bande zwischen den Angestellten und dem Arbeitgeber resultieren nicht aus einem Vertrag, der nur von juristischem Wert ist, sondern aus der Übertragung der elterlichen Gewalt auf den Arbeitgeber.

Nyūshashiki, die Aufnahmezeremonie

Der Wechsel des sozialen Status der Neueingestellten wird mit einer Zeremonie an einem der letzten Tage im März im »Haus der japanischen Frau« gefeiert. Dort mietet man einen Saal, der groß genug ist, um etwa vierzig Teilnehmer zu fassen: Die Aufsichtsratsmitglieder und die Leiter der jeweiligen Salons sitzen in einer Reihe, ihnen gegenüber die neu Eingetretenen neben ihren Eltern. Der feierliche Ritus vollzieht sich jedes Jahr genau gleich.

Die jungen Leute nennen der Reihe nach ihren Namen, ihren Geburtsort, ihre Motive und ihr höchstes Ziel. Dann stellen sie ihre Eltern vor. Die Geschäftsführer und die Salonleiter stellen sich nun ihrerseits vor. Tatsuo und ich bedanken uns bei ihnen mit einer Ansprache, in der wir die Geschichte des Hauses, die Prinzipien unserer Geschäftsführung, die Pläne des Unternehmens und die zukünftigen Entwicklungen des Weges der Schönheit vorstellen. Die Leiter der einzelnen Salons sprechen einige Willkommenssätze, bevor Endō die interne Organisation des Hauses erklärt und die Geschäftsordnung vorliest. Schließlich beschreiben Mitsunobu und Hirotoshi kurz die handwerklichen Aspekte der Arbeit.

Die Zeremonie endet damit, daß jedem die Geschäftsordnung überreicht wird. Endō verkündet: »Ihr habt uns eure Hoffnungen anvertraut, wir lehren euch durch die Geschäftsordnung, in der sie niedergelegt sind, mit welchen Mitteln ihr sie realisieren könnt.« Die Anfänger treten, gefolgt von ihren Eltern, zu Endō vor, der ihnen seine Broschüre überreicht und wiederholt: »Ihr sollt die Geschäftsordnung beachten und in eurem Geist stets den Gedanken bewahren, daß ihr Mitglieder des Unternehmens Yamazaki seid, eines Unternehmens, in dem alle an der Schönheit und der Verbesserung der zwischenmenschlichen Kommunikation arbeiten. Dafür kann sich nur einsetzen, wer ein reines und gesundes Leben führt.«

Es folgt ein freundschaftliches Mittagessen, das wieder durch Reden unterbrochen wird. Danach verlassen die Eltern ihre Kinder. Diese werden dann in die jeweiligen Salons geführt, wo die älteren Angestellten einen Willkommensempfang für sie vorbereitet haben. Am Abend schließlich begeben sie sich in die Heime, wo zu ihren Ehren kleine Feste gegeben werden. Wenn sie alleine sind, sollen sie die Geschäftsordnung, die sie am selben Morgen erhalten haben, lesen und über die ersten beiden Artikel nachdenken:

- *Die Angestellten dieses Hauses halten sich an die Geschäftsordnung und erfüllen ihre Aufgaben mit Aufrichtigkeit. Sie halten sich an die Arbeitsbestimmungen, sorgen für die Instandhaltung der Geräte und bemühen sich um die Aufrechterhaltung der Ordnung an ihrem Arbeitsplatz.*
- *Das Haus garantiert den Angestellten ein gesundes Leben auf hohem kulturellen Niveau. Es ist bestrebt, das Wohlbefinden zu steigern, und bemüht sich um die Verbesserung der Hygiene, der Technik und der Kultur.*

Am nächsten und am übernächsten Tag müssen sie die Abschnitte studieren, die den »Arbeitsbestimmungen« und der »Ausbildung der Angestellten« gewidmet sind.

Von dieser Zeit an werden alle Angestellten, wie alt sie auch sein mögen (sie sind im Durchschnitt bei ihrer Einstellung zweiundzwanzig), als »Kinder« des Unternehmens betrachtet und erhalten als solche nicht nur eine berufliche Ausbildung, sondern auch eine besondere Erziehung, die es ihnen gestattet, sich den Gebräuchen und dem Geist des Hauses Yamazaki anzupassen.

Ausbildung und Hierarchie

Die Arbeitnehmer sind in einer Art Altersklassen zusammengefaßt, die sich nicht nach ihrem Geburtsdatum, sondern nach der Dauer ihrer Betriebszugehörigkeit richten. Als ich diese Klassen ersann, dachte ich an die *kumi*, die Dorfgruppen, die die Einwohner nach Generationen zusammenfassen. Dort wurde jeder mit seiner Rolle, die ihm die Gesellschaft seinem Alter gemäß zuteilt, vertraut gemacht, und alle erledigten gemeinsam rituelle, produktive und administrative Aufgaben. Im Unternehmen Yamazaki spiegeln die unterschiedlichen Aufgaben in den *kai*, »Verein«, genannten Klassen unmittelbar die aufeinanderfolgenden Ausbildungsabschnitte wider und bilden eine strenge Hierarchie. Das gesamte Unternehmen wird als Ausbildungsgefüge begriffen, das mir, meinem Neffen Hirotoshi und meinem Sohn Mitsunobu unterstellt ist. Wir sind die *dai-sensei,* die »großen Lehrmeister« und haben den Titel »Fachleiter« inne.

Man unterscheidet die *intān (intern)*, die Sieger des nationalen Friseurexamens oder die ehemaligen Praktikanten des Forschungsverbandes, von den *minarai,* den Lehrlingen ohne Titel. Trotzdem werden alle neu Hinzugekommenen, ob sie ein Diplom haben oder tatsächlich Anfänger sind, gleich behandelt. Sie bilden die »Klasse der ersten Periode«, *daiikki-kai.* Am Ende ihres ersten Jahres erhalten sie den Titel »Junge Fachkraft« und treten in die Klasse *daihi-kai*, »jene, die die Flügel ausbreiten«, ein. Diese verlassen sie drei Jahre später als »Fachkraft«, womit sie Zugang zur Vereinigung der *nakama*, der »Kollegen«, haben. Unter den ältesten »Kollegen« werden dann die »stellvertretenden Chefs«, *sabu-chīfu*, die »Chefs«, *chīfu*, und die »Salonleiter«, *tenchō*, gewählt, die für die Verwaltung der Ausrüstung, des Personals und der allgemeinen Arbeitsorganisation zuständig sind. Früher trugen alle einfarbige Arbeitskittel, aber heute haben sie eine moderne Berufskleidung: schwarze Hosen und weiße Hemden für die Anfänger und die jungen Fachkräfte, gestreifte Hemden für die Fachkräfte. Meine Initialen sind auf den Kragen gedruckt, so daß die Leute, wenn sie sie sehen, wissen, wen sie vor sich haben.

Die Informationen zirkulieren ständig in dieser Pyramide. Meine Weisungen werden von den Fachleitern, Hirotoshi und Mitsunobu, an die Leiter der Salons weitergegeben. Diese setzen die »Kollegen« davon in Kenntnis, welche sie ihrerseits unter den jungen Fachkräften verbreiten, die dann schließlich die Anfänger davon unterrichten. Umgekehrt werden die Mitglieder jeder Klasse dazu angehalten, systematisch Berichte über die Arbeit der

Neueingetretenen abzufassen und sie ihren unmittelbaren Vorgesetzten zu übergeben. Außerdem werden täglich von den Salonleitern individuelle Blätter zu jedem einzelnen Angestellten geführt. Sie notieren die kleinsten Details der Tätigkeit, so daß die Zentraldirektion die Leistung jedes Angestellten genau einschätzen kann. Die Beurteilung der Leiter wiederum ist Endō, dem einzigen Generalsekretär, anvertraut. Endō definiert ihre Aufgabe folgendermaßen:

»Die Leiter müssen jedem ihre Aufmerksamkeit schenken und für alle ein Vorbild sein. Ihre Autorität beruht nicht auf den Befehlen, die sie erteilen, sondern auf ihrem eigenen tugendhaften Verhalten. Es ist die Quelle ihres Ansehens und der Zustimmung aller.«

Kaum habe ich meine Füße in einen Salon gesetzt, spüre ich intuitiv die Qualitäten und die Schwächen seines Leiters. Wenn die Frauen wie *yukimushi*, »Schneeinsekten«, hin- und hereilen, fehlt dem Leiter der Ordnungssinn. *Yukimushi* sind winzige Blattläuse, die zu Beginn des Frühlings zu Millionen ausschlüpfen. Wenn die Männer gähnen und träge dastehen, wie die Händler, die auf dem Markt vor sich hin dösen, dann ist er ein Faulpelz. Wenn sie sich mit Zeitschriften Luft zufächeln wie die schon lange vor Sonnenuntergang auf ihre Liege hingesunkenen Mönche, vermute ich einen nachlässigen Leiter. Und wenn die Angestellten mit finsteren Mienen herumspazieren, was ihrer Aufgabe genauso widerspricht, wie wenn ein Intellektueller mit einem Teppichklopfer Fliegen töten würde, dann ist der Gehorsam gegenüber den Befehlen eines heuchlerischen, oder schlimmer noch, tyrannischen Leiters nur vorgetäuscht. Wenn dagegen die Jungen höflich lächeln und die Mädchen sauber sind wie frisch gewaschene Früchte, dann freue ich mich darüber, daß der Leiter eine ruhige und freundliche Person ist, die die Freude eines klaren Morgens um sich verbreitet. »Bei den Yamazaki«, so wiederholt Endō oft, »müssen die Leiter allen wie eine Emanation der Persönlichkeit unserer Direktorin erscheinen und Harmonie stiften.«

Kaigi, die Konferenzen

Neun verschiedene Konferenzen knüpfen Tag für Tag, gleich den Fäden eines Gewebes, die Bande, die die Angestellten zu einer Gemeinschaft vereinigen, in welcher der geringste Fehler des einen zum Unglück aller werden kann. Einerseits tragen sie zum Informationsaustausch bei und andererseits zur Harmonie, *wa*, ohne die kein Menschenleben schön ist.

Bei fünf Konferenzen versammeln sich die Geschäftsführer, die verantwortlichen Leiter der Salons, Direktoren, Chefs und stellvertretenden Chefs, und die Mitglieder der Altersklassen, die sich aus den »Kollegen« und den »Jungen Fachkräften« zusammensetzen. Bei der sechsten versammeln sich speziell die auf Zeit bestimmten Verantwortlichen der Buchhaltung, der Gerätewartung, der Reinigung etc. Die letzten drei Sitzungen haben eine rein psychologische Funktion.

Da gibt es zunächst die Sitzungen für die Anfänger, die sechs Wochen nach Beginn der Ausbildung anberaumt werden. Ich habe nämlich bemerkt, daß die neuen Angestellten, vor allem die aus der Provinz, zwei oder drei Monate nach ihrem Eintritt in die

Arbeitswelt mürrisch werden. Während sie davon geträumt hatten, wie Sterne am winterlichen Himmel zu glänzen und sich die bewundernde Dankbarkeit derer ausgemalt hatten, die sie schön machen, stellen die jungen Leute fest, daß sie außerhalb ihres eigenen Herzens keine Anerkennung finden ... Sie begreifen, daß sie nicht die Stellung eines Meisters, sondern die eines Dieners innehaben. Viele wollen aufgeben, weil sie sich vom Schicksal betrogen fühlen. Sie wollen gehen, wieder in den Schoß ihrer Familie in der Provinz zurückkehren, wo eine Mutter für ihre Bequemlichkeit sorgt. Da sie nicht den Mut haben, das einzugestehen, prahlen sie oder reißen aus und verletzen sich wie junge Vögelchen, die es im Frühjahr nicht erwarten können, in die Ferne zu fliegen.

Es ist meine Aufgabe, zu diesem Zeitpunkt die schlechten Angestellten, die weder ihren Körper noch ihre Seele je an die strenge Disziplin eines Berufes gewöhnen werden, von den rechtschaffenen Anfängern zu unterscheiden, die mit der Zeit die durch die Arbeit und das Leben in der Hauptstadt bedingten Frustrationen akzeptieren werden. Endō weiß genau, daß die meisten Mädchen nach zwei oder drei Jahren zunehmen. »Das ist die Zeit, die eine Provinzbewohnerin benötigt, um sich an das Wasser von Tōkyō zu gewöhnen«, sagt er. Aber so lange können wir nicht warten. Also haben wir uns etwas ausgedacht. Wir sagen zu den Neuen: »Trefft euch jede Woche und sprecht über eure Erfahrungen.« Und wir raten ihnen, sich gegenseitig zu helfen, indem sie Arbeitsgruppen bilden. Wie vorherzusehen, verwandeln sich ihre ersten Diskussionen in Streitereien, bei denen Groll und Eifersucht, Egoismus und Hochmut aufeinanderprallen. Schließlich kommen sie dahin, gemeinsam einen detaillierten Bericht über ihre Streitereien abzufassen. Dieser wird an mich weitergegeben. Nach Meinung aller bin ich die einzige, die in der Lage ist, die Anpassungsfähigkeit eines neuen Mitarbeiters zu beurteilen.

Die Generalversammlung findet einmal im Monat statt. Resultate und Programme werden lange und detailliert erörtert, bevor die Gehälter ohne Quittung ausbezahlt werden. Wir lehnen jedes Bezahlungssystem über Banken ab. Das Geld wird bar ausbezahlt, damit die Angestellten nicht vergessen, wer sie bezahlt, und sich verpflichtet fühlen *arigatō*, »danke«, zu sagen.[6]

Die neunte Versammlung, die unter der Bezeichnung »Frühstück am Mittwoch« läuft, gehört im Unterschied zu den anderen nicht zur Vorschrift. Dreimal im Monat, jeweils am Mittwoch, werden etwa zehn Gäste, die wir aus einer Altersklasse, aus einem Salon oder nach einem anderen Kriterium, das mir für die Gelegenheit passend erscheint, auswählen, dazu aufgefordert, ihr Frühstück in unsrer, Herrn und Frau Yamazakis Gesellschaft, einzunehmen, damit wird uns ungezwungen miteinander unterhalten können.

Tatsuo empfängt die Ankommenden mit einem *wōku-man (walk-man)* auf dem Kopf, denn er hört jeden Morgen eine ganze Kassette mit komischen *manzai*-Geschichten.[7] Das stimmt ihn für den ganzen Tag heiter, wie leicht hingetupfte Frühlingswolken. So bin ich selten. Ich bin immer ein wenig ängstlich. Wir servieren ein traditionelles Frühstück, das die jungen Leute, die an den westlichen Toast gewöhnt sind, nicht oft essen: Misosuppe mit Blattang, gegrillten Fisch, gekochtes Ei, getrocknete Algen und Vollkornreis – der ist viel gesünder als weißer Reis – und Scheibchen gegorenen Rettich. Nur Tatsuo hat durchgesetzt, daß er beim weißen Reis bleiben kann! Eines Tages, als wir uns gerade mit Angestellten im japanischen Zimmer aufhielten, fragte er mich plötzlich:

»Nun, da ich alt bin, willst du mir eine letzte Freude gewähren?«

Überrascht und ein bißchen verlegen wegen seines feierlichen Tones, habe ich natürlich zugestimmt.

»Für die kleine Anzahl von Jahren, die mir noch zu leben bleibt, bitte ich dich, gib mir weißen Reis, denn ich mag den anderen nicht.« Und er setzte eine bemitleidenswerte Miene auf.

Die Angestellten lachten. So erlangte Tatsuo dieses ganz besondere Privileg, weißen Reis essen zu dürfen!

Das Frühstück verläuft normalerweise ohne jede Förmlichkeit, so daß jeder ganz frei mit mir reden kann, mit der Präsidentin, die sich immer weiter von ihm entfernt hat, je größer das Unternehmen wurde. Doch damit nicht einer gar nichts sagt, bitte ich jeden Angestellten darum, einige Sätze zu sagen und seine momentanen Freuden und Sorgen zum Ausdruck zu bringen. Nach den Ansprachen gibt es jeweils einen kleinen Applaus oder bewundernde

Ausrufe. Es sei denn, wir sind enttäuscht über die Geistlosigkeit der Worte. Dann frage ich: »Ist das alles? Hast du nichts anderes zu sagen?«, damit er sich das nächste Mal ein bißchen besser vorbereitet.

Hier erlangen die einen den Ruf eines langweiligen Schwätzers oder eines geschickten Plauderers, andere den eines errötenden Stummen. So wächst das Wissen um den Charakter jedes einzelnen, und zwischen den Mitgliedern des Hauses Yamazaki bildet sich eine Solidarität, die genauso stark ist wie die, welche früher die Bewohner eines Hauses vereinte.

Prämien und Zulagen

Die traurigen oder glücklichen Feiern, die den Lauf eines menschlichen Lebens begleiten, bilden von Zeit zu Zeit eine Möglichkeit, die Verpflichtungen, die aus dem Unternehmen eine Gemeinschaft machen, zu bekräftigen. Die Direktion beteiligt sich an Hochzeiten und Geburten mit Zahlungen von Sonderprämien, deren Höhe je nach Anzahl der Dienstjahre und der Bedeutung des Ereignisses schwankt: Wenn ein Erstgeborenes auf die Welt kommt, bringt das seinem Erzeuger eine höhere Prämie als ein Nachgeborenes, wobei Zwillinge wie »eineinhalb Nachgeborene« zählen. In einem Trauerfall hängt die Zulage vom Verwandtschaftsgrad zu dem Verstorbenen ab.

Krankheiten und Naturkatastrophen, Brände oder Überschwemmungen fordern Entschädigungsleistungen. Doch diese werden von Jahr zu Jahr geringer, weil sich die Versicherungen immer mehr ausbreiten. Sie ersetzen die kostenlose gegenseitige Hilfe der Menschen in früheren Zeiten durch ihre anonymen Geldzahlungen. Ich bedaure das natürlich, aber man sagt, daß nichts den Fortschritt aufhalten kann.

Im Unterschied zu den alten Dörfern, diesen geschlossenen und beständigen Gemeinschaften, bleiben in so einem kleinen Betrieb wie dem unsrigen die Arbeitnehmer nicht lange. Wie es bei den Friseuren Brauch ist, verlassen die meisten Angestellten unser Haus, in dem sie gelernt haben, nach fünf Jahren, anstatt nach zwei oder drei Jahren wie bei den gewöhnlichen Friseuren. Sie kehren wieder in das Geschäft ihrer Familie zurück oder gehen anderswohin und gründen ihren eigenen Salon. Im einen oder anderen Fall aber bleiben die Bande zu ihrem Meister, zum Haus Yamazaki, weiterhin bestehen.

Am Tag ihres Abschieds erhalten die Angestellten eine Zulage, die je nach Dauer der Betriebszugehörigkeit zwischen einem einfachen und dem fünfunddreißigfachen Bruttogehalt liegt. Diese Summe ist natürlich ansehnlich genug, um ihnen bei der Gründung eines eigenen Betriebs oder der Erweiterung des Familienbetriebs zu helfen. Im Prinzip erinnert diese Gabe an die Übertragung von Ländereien und beweglichen Gütern, die in ländlichen Gemeinden die Stammfamilie mit den Zweigfamilien verband. Sie läßt zugleich die Unterordnung des Angestellten unter seinen Arbeitgeber und die moralische Verpflichtung des Geschäftsinhabers gegenüber denen, die eine Zeitlang von ihm abhängig waren, weiterbestehen. Der frühere Angestellte wird Mitglied im Forschungsverband Yamazaki Ikue und schickt seine Angestellten zu den Fortbildungslehrgängen, die regelmäßig veranstaltet werden. Er ist auch weiterhin Benutzer der von mir erfundenen Belle-Jouvence-Produkte. Wenn es ihm außerdem gelingt, etwa fünfzig Fachleute zu vereinen, die sich über die Yamazakische Technik und die Besonderheiten unserer Produkte unterrichten wollen, erhält er die Genehmigung, eine Ortsgruppe unseres Verbandes zu bilden und wird deren Vorsitzender. Er hat dann die Befugnis, den Beitrag seiner Kollegen einzuziehen, von dem nur ein geringer Teil an die Zentrale in Bunkyō zurückfließt.

Wenn seine fachlichen Kompetenzen ausreichen, kann er innerhalb dieses Forschungsverbandes als Dozent Kurse organisieren und sich einmal im Jahr mit den anderen Mitgliedern des »Verbandes der Schönheits-Lehrkräfte Yamazaki Ikue« in Tōkyō treffen: Er kommt dort mit wichtigen Persönlichkeiten, Medizinern und Universitätsprofessoren, zusammen, deren Umgang sein Ansehen erhöht.

Darüber hinaus hat er sein ganzes Leben lang Zugang zu den Hair-Shows und Frisierwettbewerben, die unter dem Namen Yamazaki Ikue stattfinden. Er kann an Freizeitaktivitäten, freundschaftlichen Treffen, Vergnügungsreisen oder sportlichen

Veranstaltungen teilnehmen, die von Zeit zu Zeit die Mitglieder des Hauses Yamazaki zusammenführen. Mit rund zwanzig im Hause Yamazaki angestellten Friseuren oder den Mitgliedern des Forschungsverbandes kann er mit mir oder Mitsunobu eine Reise durch einige europäische Hauptstädte machen, wie Paris, London, Rom, Wien und Berlin. Mit der Seilbahn fährt er auf den Gipfel des Montblanc und kehrt mit Koffern voller französischer Kleider und italienischer Accessoires wieder nach Tōkyō zurück.

Gleichermaßen tritt die Familie Yamazaki bei namhaften Fachverbänden als Fürsprecher für ihn ein. Als Dank dafür rühmt er unseren Namen und verbreitet unsere Originaltechniken und unsere Produkte.

Falls er schließlich trotz dieser Hilfe scheitern sollte, kann der ehemalige Angestellte jederzeit wieder in unser Unternehmen zurückkehren und bekommt dort wieder seine alte Stellung und sein Gehalt. Die Berücksichtigung einer solchen Möglichkeit der Rückkehr in unser Geschäft spiegelt die große Sorge von uns Friseuren wider: die Angst vor dem Bankrott. Von den zweihunderttausend Friseursalons, die es in Japan gibt, müssen jedes Jahr fünftausend schließen.

Ich erinnere mich oft an das Jahr des *oiru shokku (oil shock)*, der Ölkrise, in dem die Konkursmeldungen in die Zehntausende gingen. Die bunten, spiralförmig gewundenen Pfosten, die die Friseure als Aushängeschild auf ihre Schwelle stellen, verschwanden wie Eis in der prallen Sonne. Ich erinnere mich an meine morgendlichen Ängste, wenn ich die beinahe leeren Terminkalender sah, an die Stille, die bisweilen in den Salons herrschte. In solchen Augenblicken spitze ich die Ohren nach dem heutigen Trubel, und das Rauschen der Stimmen, das Gluckern des Wassers versetzt mich wieder in die glückliche Realität.

Die hervorragende Qualität

Damit der gute Ruf des Hauses erhalten bleibt, entwickelte ich einen Lehrgang, der die kleinsten Haltungen, Gesten und Worte derer, die hier arbeiten, formalisiert. Nichts wird dem Zufall eigenwilliger Launen oder individuellen Entscheidungen überlassen. Diese peinlich genaue Etikette erspart den Angestellten jede unangenehme Situation, sowohl in ihrem Verhältnis zu den Kunden, als auch im fachlichen Bereich. Den Anfängern erkläre ich:

»Selbst ein Kind weiß einen Besucher höflich zu begrüßen und seine Haare mit einem Kamm zu kämmen. Aber die Fachleute müssen darüber nachdenken, wie sie ihre Gäste empfangen oder einen Kamm handhaben, so daß jeder in ihnen die wahren Spezialisten erkennen kann. Niemand erhält ein Kompliment von einem

Kunden, den er gedankenlos behandelt, oder von einer Frau, die er an den Haaren zieht.«

In den ersten Wochen seiner Ausbildung widmet der Anfänger drei oder vier Stunden am Tag dem Einüben des Empfangs: er bildet sich in der Höflichkeitssprache aus[8] und lernt die Sätze, mit denen er die Kunden empfangen und sie zu ihrem Stuhl führen muß. Er lernt die Formulierungen, die er in der Unterhaltung gebrauchen muß, über welche Themen er sich auslassen und welche er vermeiden soll. Natürlich sind die bevorzugten Themen Belle Jouvence und seine wohltuende Wirkung. Er übt sich auch im schnellen Abnehmen des Telefons und lernt, sich in jeder Situation klar und distinguiert auszudrücken.

Die gleiche Gewissenhaftigkeit herrscht bei seiner fachlichen Ausbildung. Damit er die Haare korrekt kämmt, bringe ich ihm bei, als erstes den Schwerpunkt des Kammes zu finden und seinen Daumen daraufzulegen. Der Daumenballen muß auf dem Rand des Kammes ruhen, wenn man ihn mit den Zinken nach oben benutzt, aber auf den Zinken des Kammes, wenn man ihn nach unten gleiten läßt. Da der Kopf rund, der Kamm dagegen gerade ist, geht die natürliche Tendenz dahin, aus dem Handgelenk heraus große Kreise zu ziehen. Doch tatsächlich müssen die kreisenden Bewegungen aus dem Handgelenk so bemessen sein, daß eine Überanstrengung vermieden wird. Das heißt, man muß die Bewegungen soweit reduzieren, daß der Kamm sich um sich selber dreht. Um das Kämmen angenehm zu machen, führt der Anfänger tägliche Bewegungsübungen durch: Er dreht den Kamm zwischen seinen Fingern, ohne dabei den Arm, das Handgelenk oder die Hand zu bewegen. Um seine Bewegungen kontrollieren zu können, legt er eine kleine Dose auf seinen Handrükken, die beim Üben nicht herunterfallen darf. Zuerst beschäftigt er sich mit dem Bewegungsablauf der Innendrehung des Kammes. Das Handbuch, das ich verfaßt habe, erklärt dazu:

1. *Den Kamm gerade vor sich halten, der Kammrücken liegt dabei in der Horizontale. Der Daumen befindet sich auf dem Rücken des Kammes, der Zeigefinger berührt leicht die Zinken. Der Mittelfinger, der Ringfinger und der kleine Finger unterstützen den Kamm von der Unterseite.*

2. *In dem Augenblick, in dem der Daumen den Kamm sanft aufrichtet, unterstützen der Mittelfinger, der Ringfinger und der kleine Finger die Zinken stärker.*
3. *Der Mittelfinger, der Ringfinger, der kleine Finger und der Daumen üben Druck auf den Kamm aus, damit er sich nach innen dreht.*
4. *Die Zinken des Kammes gehen nach innen und der Kamm kehrt wieder in die Horizontale zurück. Damit ist die Drehung vollendet.*

Anschließend übt der Anfänger die Außendrehung.

Alle Angestellten müssen den gleichen Kursus in der vorgeschriebenen Zeit absolvieren. Dabei bin ich mir wohl bewußt, daß jeder entsprechend seiner persönlichen Begabung auf andere Schwierigkeiten stößt. In meinem Handbuch habe ich auch etwa hundert »persönliche Ziele« in sechs Rubriken aufgelistet. Sie decken vom »täglichen Leben« bis zur »Führung des Salons« die wichtigsten Tätigkeitsfelder ab.

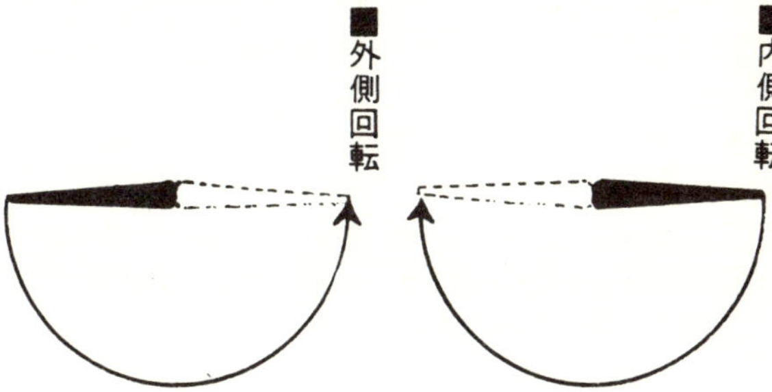

Der goldene Punkt
Die Art und Weise, den Kamm zu handhaben
(Handbuch Yamazaki Ikue)

In der Rubrik »tägliches Leben« schlage ich vor:

Genügend schlafen; den Aufbruch zur Arbeit organisieren; auf die Arbeitskleidung aufpassen; ein nahrhaftes Frühstück zu sich nehmen; jeden Morgen Gymnastik machen und rechtzeitig bei der Arbeit sein; mit Freude am Leben des Wohnheims teilnehmen; seine Berufskleidung überprüfen (rosa Arbeitskittel); die mor-

gendliche Begrüßung nicht vergessen; auf seine Gesundheit achten; den täglichen Zeitplan einhalten; sich im Salon gut benehmen; seine freie Zeit intelligent nutzen; etwas von den Älteren lernen; die Jüngeren unter seine Obhut nehmen; einen Tag ohne Fehler verbringen; mit der Klimaanlage sparsam umgehen; einen fröhlichen Tag verbringen; ein persönliches Problem lösen; sich zerstreuen.

Jeden Monat muß der Angestellte aus zwei bis fünf Themen eines auswählen und in der vom Unternehmen herausgegebenen Zeitschrift etwas darüber schreiben. Diese wird unter den Stammkunden der Salons verteilt. So kann er sich einen Namen machen, was ihm manchen Stammkunden bringt. Auf diesem Umweg steuert er etwas zur Treue einer Klientel bei, die, wie jeder weiß, von Natur aus unbeständig ist.

Jeden Morgen lehne ich mich eine halbe Stunde vor der Öffnung des Geschäftes im Bunkyō-Viertel voller Unruhe aus dem Fenster.

Zuerst kommen die Angestellten. Fröhlich begrüßen sie sich, wenn sie den Laden betreten. Ich höre ihre klaren Stimmen und ihr hohes Lachen. Während ich in der Küche vor einer Tasse Algentee sitze, sehe ich sie vor mir. Zehn Minuten vor zehn läßt sie der Direktor des Salons sich in einer Reihe aufstellen. Sie rufen gemeinsam: »*Ohayō gozaimasu!* Guten Morgen!« Dann laufen sie zu ihren Plätzen und machen ein wenig Morgengymnastik. Der Direktor hält eine kleine Rede ... und jetzt rezitieren sie die feierliche Morgenbegrüßung:

Laßt uns durch den Weg der Schönheit eine gesunde Gesellschaft errichten und das wa[9] *(die Harmonie) des Glücks zur Entfaltung bringen.*

Laßt uns mit einem aufrichtigen Herzen und einem lächelnden Gesicht das wa *der Dankbarkeit zur Entfaltung bringen.*

Laßt uns für ein glanzvolles Leben das wa *der Anstrengung zur Entfaltung bringen.*

Laßt uns durch die Arbeit unseres Geistes das wa *der Klarheit zur Entfaltung bringen.*

Laßt uns durch eine grenzenlose Phantasie das wa *von Belle Jouvence, das* wa *der Kultur in dieser Welt zur Entfaltung bringen.*

Dann verbeugt sich jeder und verkündet den anderen die Ziele, die er sich für den Tag, die Woche oder den Monat vorgenommen hat. Danach sagen alle gemeinsam: »*Yoroshiku onegai shimasu*! Dürfte ich Sie also darum bitten!« und gehen auf die Türe zu, um den Salon zu öffnen.

Ich kehre zum Fenster zurück und schaue nach, ob wie am Tag zuvor die ersten Kundinnen auf der Straße warten. Sie sind da. Eine jähe Freude läßt mein Herz höher schlagen, und ich zittere, während ich das Fenster wieder schließe. »Ich bin glücklich«, sage ich zu mir. Und wenn ich gegen elf Uhr hinuntergehe, um den Ablauf der Arbeiten zu beobachten, sehe ich Friseure und Friseusen, die in frischer Arbeitskleidung von Stuhl zu Stuhl und von Kunde zu Kunde flattern und dabei liebenswürdige Scherze machen. Ich gebe Ratschläge, die auf der Stelle in die Tat umgesetzt werden. Der Geruch von feuchtwarmer Sauberkeit steigt mir in die Nase. Ich finde die Welt so schön, daß ich Mühe habe, ein Lachen zu unterdrücken. Ich fühle, daß ich angesehen bin. Es ist ein erhebendes Gefühl.

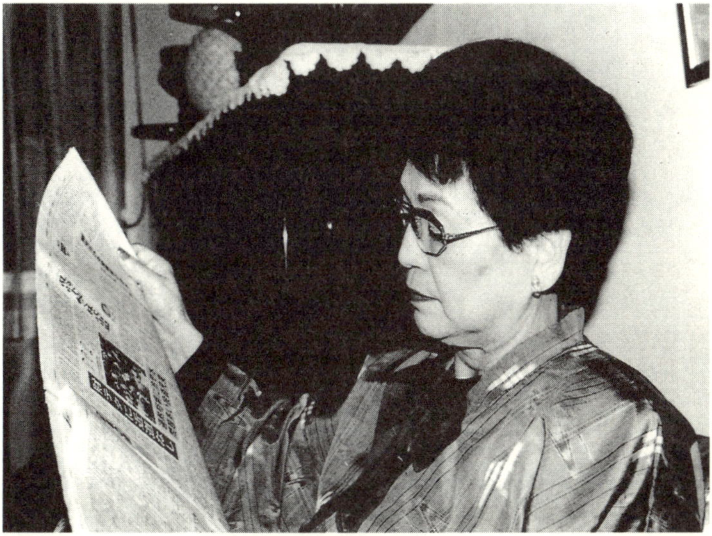

Bei der Zeitungslektüre (1990)

Drittes Buch
Die Götter der Yamazaki

XVI
Das Schicksal

溺れる者は藁をも摑む

Oboreru mono wa wara wo mo tsukamu.
Ein Ertrinkender greift nach einem Strohhalm.

Das Erbe

In der Familie Endō gab es niemand, der besonders religiös war. Zwar thronten in unserem Haus in Asaka die Götter und Ahnen auf riesigen Altären. Aber so prächtig waren sie eher, weil man damit das Ansehen des Hauses erhöhen wollte, als wegen außergewöhnlicher Frömmigkeit. Meine Mutter führte die Riten aus, wie sie die Gebräuche der Menschen achtete, und sie glaubte nicht, daß man den Bewohnern der anderen Welt mehr als Reis, Wasser und einige Augenblicke der Andacht opfern könne. Wir Kinder besuchten, wie es sich gehörte, häufig die Dorfheiligtümer. Tenjin-sama opferten wir Pinsel, und wenn im Sommer die Ferien anfingen, lernten wir unter der Ägide des Meisters der *kami* die Kalligraphie. Er wohnte im Heiligtum von *ubusunagami-sama,* dem Gott der Heimaterde. Wenn wir auf dem Friedhof spielten, lernten wir die schwierigen Schriftzeichen auf den Gräbern zu entziffern, die die Mönche für die postumen Namen der Toten ausgewählt hatten; und die vertrauten Seelen der Verstorbenen ängstigten uns weniger als die Wut unseres Vaters, dessen Macht wir viel höher einschätzten als die aller Götter. Also war ich, das vierte Mädchen der Familie Endō, in keiner Weise darauf vorbereitet, der unsichtbaren Welt zu dienen.

Als ich in meine Schwiegerfamilie eintrat, erbte ich unversehens die Kulte, mit denen die Vorfahren der Yamazaki schon seit Generationen ihre Götter verehrt hatten. Da war zunächst die sanfte Benten-sama, die mein Schwiegervater Tomekichi aus einem Grund, den ich bereits vergessen habe, persönlich verehrte und die mir die Gabe der Redegewandtheit schenkte; wie in den meisten Familien im Osten des Landes war da auch Inari-sama, der Fuchs. Früher hatte ihnen meine Schwiegermutter Naka jeden Morgen Wasser, Salz, ungekochten Reis und Sake geopfert. Und jeweils am ersten und fünfzehnten Tag des Monats brachte sie Benten-sama gekochten Reis, vermischt mit roten Bohnen, und Inari-sama Eier oder *abura-age*, dünn geschnittene und fritierte Tōfuscheiben. Kōjin-sama, der auf einem Papieramulett neben dem Küchenherd dargestellt war, schmückte sie am letzten Tag des Monats mit einem frischen Kiefernzweig. Eigentlich hätte sie einen *sakaki*-Zweig mit immergrünen Blättern nehmen müssen, dessen Name sich »göttlicher Baum« schreibt. Aber da er in Tōkyō schwierig zu beschaffen ist, hoffte sie, der Gott würde sich mit der Kiefer und ihren glänzenden Nadeln zufriedengeben.[1] Wenn Naka diese Opfergaben aufstellte, zündete ich vor jedem Gott eine Kerze an und verbeugte mich ehrerbietig vor ihnen. Außerdem war Tatsuo auf ein ausländisches Gymnasium gegangen, und so mußte ich auch noch zum christlichen Gott beten, der seinen Obolus am Sonntag forderte. Und schließlich waren ich und die anderen Bewohner des Hauses Yamazaki dazu verpflichtet, die Götter vom Ontake-san zu verehren, die Naka, und vor ihr Nakas Mutter, mehr als alle anderen Götter verehrt hatten.

Mit elf Jahren war Tatsuo zum ersten Mal den Hang des Berges Ontake hinaufgeklettert. Seither pilgerte er jedes Jahr dorthin, weil er dachte, die von seinen Ahnen hinterlassenen Bräuche könnten nicht schlecht sein. Aus dieser Gewohnheit heraus hatte er sich die meisten seiner Vorstellungen vom Leben gebildet. Deshalb konnte ich mich nicht weigern, ihm darin zu folgen, wenn ich auch im Innersten nichts davon halte. Also ahmte ich seine Treue zu den Göttern des Berges nach und verehrte Kaigen Reijin, den Begründer der religiösen Gemeinde Kaigenkō. Kaigen Reijin soll durch eine endlose, mir unbekannte Abstammungslinie von Kunidokotachi no ōkami sama abstammen. Von diesem erzählte man in der Familie, er habe Japan erschaffen.

Als Naka noch jung war, war ein heiliger Mann namens Uchida Kamekichi der Führer der religiösen Gemeinde. Er leitete die Pilgerfahrten, und er war es auch gewesen, der meine Heirat mit Tatsuo bestimmt und meiner Erstgeborenen den Namen Motoko gegeben hatte. Und weil sie den Göttern vom Ontake-san geweiht war, hatte dieses Kind nicht einmal nach der Einheirat in eine andere Familie ihren Namen wirklich ändern können.

Nach vier Jahren Ehe hatte Motoko nur einem Knaben, der so ungestüm war wie der Wind, das Leben geschenkt, und sie wünschte sich ein Mädchen, das sanft sein sollte wie ein Lufthauch. Auf den Rat der Mutter ihres Ehemannes wollte sie einen neuen Namen annehmen, um ihr Schicksal zu ändern. Sie nannte sich Eriko. Aber nachdem sie zwei weitere Kinder geboren hatte, wandte sich das Glück gegen ihren Mann. Da tauschte Motoko den Namen Eriko in Tomiko um. Dieser Name sollte nach Ansicht eines *seimeigaku*-Meisters, eines Meisters der Wissenschaft der glück- und unglückbringenden Schriftzeichen, ihren und den Erfolg ihrer Familie garantieren.[2] Außerdem drängte sie ihren Mann Yasuo, den Namen Yasunobu anzunehmen, weil dies das Schicksal ganz gewiß wohlgesonnener stimmen würde. Sie drohte ihm, sich scheiden zu lassen, wenn er dem Rat des Meisters nicht folgte. Als sich seine Geschäfte nach dieser Namensänderung immer noch nicht besserten, suchte ich meine Tochter auf und sagte zu ihr:

»Das ist alles übertrieben. Die Götter vom Ontake-san haben dir einen guten Namen gegeben. Du hättest ihn behalten sollen. Das erste Mal mag ja noch hingehen, das war ein Rat deiner Schwiegermutter, der Mutter von Yasuo, und ein Namenswechsel beim Eintritt in einen neuen Lebensabschnitt ist in Ordnung. Habe ich nicht früher selbst den Namen angenommen, den mir meine Schwiegermutter ausgewählt hatte? Deine Entscheidung war also richtig. Aber dieses Mal! Dein *seimeigaku* und all das, das ist doch nur Aberglaube!«

»Keineswegs«, erwiderte Motoko, »dieser Meister ist ein Mann der Wissenschaft. Er hat die mit jedem japanischen Namen verbundenen Schicksale statistisch untersucht.«

»Du mußt nur drei *seimeigaku*-Meister befragen, und du wirst drei verschiedene Ansichten erhalten. Von wegen Wissenschaft ...«

»Aber es gibt die Statistiken, und das ist Mathematik. Er kann sich nicht irren.«

»Soviel ich weiß, haben im Unterschied zu aufrichtigen Gebeten solche Rechnungen noch nie schönes Wetter gebracht! Im übrigen ist es unhöflich gegenüber den Göttern, die über deine Geburt gewacht haben.«

Um sich den großen Gottheiten, die über ihre Kindheit gewacht hatten, nicht undankbar zu zeigen, willigte Tomiko ein, an den Tagen der Pilgerschaft ihren alten Namen Motoko anzunehmen. Und die Geschäfte ihres Mannes blühten wieder. Zuletzt ließ Motoko als treues Kind des Ontake-san keine Jahreszeit mehr aus, ob bei Sonne im Herbst oder bei Nebel im Frühjahr, um den Berg zu besteigen. Ich fand mich damit ab, sie an den gewöhnlichen Tagen Tomiko zu nennen. Das fiel mir um so leichter, als ich mich früher im Glauben so unbeständig gezeigt hatte, daß ich mich kaum befugt fühlte, irgend jemandem sein wankelmütiges Verhalten vorzuwerfen.

Denn nach dem Tod von Naka hatte ich eine gewisse Zeit den Kult des heiligen Berges vernachlässigt, um mir anderswo mächtigere Götter zu suchen.

Bruch mit dem Ontake-san

Während des Krieges wurde Uchida Kamekichi eingezogen, und in Saipan opferte er sein Leben, um die vierzig Anhänger der Religionsgemeinde Kaigen, deren Führer er war, zu retten. So wurde keiner von ihnen getötet oder auch nur verwundet. Das zeigt, daß dieser Mann ein großer Heiliger war. Nach seinem Tod und der Niederlage Japans zerstreuten sich die Mitglieder der Kaigen, wie so häufig, wenn ein Meister stirbt.

Naka indessen ruhte nicht, bis sich wieder eine Gruppe Gläubiger zusammengefunden hatte. In Erinnerung an Uchida versammelten sich einige Nachbarn aus Bunkyō gemeinsam mit ihr um einen jungen Asketen namens Shintani Kōichi. Das war ein Mann, dessen Herz und Geist gerecht waren, der aber eine schlechte Mutter hatte. In Abwesenheit ihres Sohnes nahm sie seine Stelle als *maeza* ein, das heißt, daß sie bei den Beratungen den »Sitz des Vorderen« innehatte. Wenn die Götter durch den Mund des Mediums sprachen, mit dem ihr Sohn sich zusammengetan hatte – die Götter drücken sich immer durch den Mund einer Frau aus[3] –, gab sie die Fragen der Betenden weiter. Sie war aber einzig darauf bedacht, den Meister in Beschlag zu nehmen und ihre Talente dazu zu benutzen, sich zu bereichern. Sie hatte vor niemandem Achtung, weder vor den Menschen noch vor den Göttern. Ihre Haltung stieß die Gläubigen nach und nach ab. Und auch ich, die ich lange Zeit über in treuem Gedenken an die verstorbene Naka die Shintani regelmäßig besucht hatte, sollte schließlich fernbleiben.

Als ich einmal müde oder einfach traurig war, behauptete die Mutter Shintanis rundheraus, wie jemand, der den Grund aller Dinge kennt, meine Schwierigkeiten kämen nur von meiner Arroganz. Ich sei nur durch die Gnade der Götter berühmt und es gäbe nichts, worauf ich stolz sein könnte. Aber in Wirklichkeit war mir die Mutter des Führers böse, weil ich ihr einmal eine Gefälligkeit abgeschlagen hatte. Als ich unvorsichtigerweise meine Beziehungen zum kaiserlichen Hofamt, dem *Kunaichō*, verraten hatte, war mir Frau Shintani in den Ohren gelegen:

»Wissen Sie, daß meine Familie seit vielen Jahrhunderten Sake herstellt. Wir stellen einen sehr milden Sake her. Man bewahrt ihn in Gärbehältern aus Kryptomerienholz auf, und im Laufe der Zeit nimmt er den lieblichen Duft des Harzes an.«

»Das muß köstlich sein ...«

»Sie sagen es. Hören Sie, ich bin sicher, daß Seine Majestät der Kaiser unseren Sake sehr zu schätzen wüßte.«

Frau Shintani setzte eine affektierte Miene auf, die sie ohne Zweifel für vornehm hielt.

»Das ist möglich.«

»Sagen Sie, da Sie dort ja hochgestellte Leute kennen, könnten Sie nicht ein Wort für uns einlegen? Ich bin sicher, Seine Majestät der Kaiser könnte ihn nicht mehr entbehren, wenn er ihn nur erst gekostet hätte. Und denken Sie an die Werbung für unser Haus! Das wäre soviel wert wie tausend Zeitungsannoncen.«

Ich war erstaunt, wie man so die Götter und die Geschäfte vermischen konnte. Und ich war schockiert von dem Gedanken, daß der Name des Kaisers als Werbeargument dienen sollte. Deshalb weigerte ich mich zu vermitteln. Monatelang warf die Frau mir das noch vor. Bei jedem meiner Besuche sagte sie: »Man sieht, daß Sie zu keiner Dankbarkeit fähig sind!«

So habe ich mir die Feindschaft der Mutter des Meisters zugezogen. Von dieser Zeit an wußte ich, daß ich früher oder später mit ihnen brechen würde.

Es geschah dann im Jahre 45 der Ära Shōwa (1970), zur Zeit der Internationalen Weltausstellung, der *banpaku*, wie wir dazu sagen. Mein Neffe Hirotoshi hatte dort einen internationalen Preis errungen. Außer mir vor Freude rannte ich zu den Shintani, um den Göttern dafür zu danken. Ich erzählte die Neuigkeit, und noch ganz aufgeregt fragte ich gerade den Meister nach dem Betrag, den ich Ontake-san zum Dank opfern müßte, als seine Mutter ins Zimmer trat. Sie trug ein Tablett mit Tassen und grünem Tee. In meiner Begeisterung bemerkte ich nicht, daß ich den diskret eingegossenen Tee trank, ohne sie begrüßt zu haben. Aber angesichts des Zornes, der Frau Shintanis Gesicht plötzlich purpurrot färbte, verließen mich meine geflügelten Träume ganz schnell. Sie rief, es sei doch absonderlich, daß eine gegenüber den Göttern so ungehobelte und undankbare Frau Erfolg habe. Die Welt des Friseurhandwerks müsse sehr verdorben sein, daß so etwas möglich sei. Ich entschuldigte mich für mein Benehmen, es sei unhöflich gewesen, doch hätte ich es nicht absichtlich getan. Ich legte das Geschenk hin, das ich mitgebracht hatte, und zog mich zurück. Am selben Tag schickte ich den Shintani 100 000 Yen per Post. So zerriß auch ich, später als die anderen Gläubigen dieser Religionsgemeinschaft, meine Bande zum Ontake-san. Aber ich muß dazu sagen, daß ich schon seit sechs Monaten zu anderen Göttern ging.

Innengoto, das Schicksal

Es hatte mit Träumen begonnen, die mir auch während des Tages keine Ruhe ließen, obwohl es keine richtigen Alpträume waren. Ich hatte von Yamazaki Tomie geträumt, der Cousine von Tatsuo, der jüngsten Tochter des Direktors der Ochanomizu-Schule. Tomie war nur zwei Jahre jünger als ich. Wir hatten während meiner Ausbildung zusammen gespielt und gearbeitet. Das junge Mädchen hatte mir Freundlichkeit und sogar Zuneigung bezeigt.

Wir liebten einander zärtlich. Tomie war schön, Tomie war intelligent. Sie lernte Englisch und Russisch. Als ich noch eine arme Interne war, schlug mir Yamazaki Seikō vor, mit ihr zusammen zu lernen. Aber ich lehnte ab, weil ich dachte, daß ich nicht mein Leben lang bei den Yamazaki bleiben würde. Zu Beginn des Krieges heiratete Tomie einen Angestellten von Mitsui Bussan, einen Mann, der groß war wie sie, sportlich und überaus sympathisch. Doch nur eine Woche nach der Hochzeit wurde er einberufen und nach Manila geschickt. Er fiel im Krieg. Um zu überleben, arbeitete Tomie als Friseuse. Später bediente sie in Restaurants und in Bars. In so einem *nomiya*, einer Kneipe, lernte sie Dazai Osamu, den berühmten Schriftsteller kennen. Er wurde ihr Liebhaber.[4]

Dieser Mann erinnerte sie an ihren Lieblingsbruder, den zweitältesten, der an Meningitis gestorben war. Er war im selben Jahr wie ihr Bruder von der Oberschule in Hirosaki abgegangen. Aus Trauer oder Sehnsucht besuchte sie Dazai Osamu regelmäßig. Und dann gaben sich beide den Tod. Sie ertränkten sich im Tamagawa-Kanal, dessen Wasser zu jener Zeit noch klar waren. Tomie starb am 13. Juni im Jahre 23 der Ära Shōwa (1948). Sie hatte sich selbst getötet. Aber es war ein *shinjū*, ein »Doppelselbstmord aus Liebe«, ein so seltsamer Tod, daß er gewiß nicht natürlich ist.[5] Ich konnte nicht verstehen, daß eine junge Frau, die so voller Leben war, sich umbringen konnte.

Jahre später träumte ich, daß etwas Schweres auf meinen Füßen liege. Ich versuchte mich zu bewegen, aber ich konnte es nicht. Da gewahrte ich, daß jemand auf meinem Lager saß. Als ich genauer hinschaute, erkannte ich am Kimonomuster, daß es eine Frau war. Ich wollte sie bitten zu gehen, aber gerade als ich diese Aufforderung formulieren wollte, sah ich, daß das Zimmer, in dem ich mich befand, auf allen Seiten geschlossen war. Ich fragte:

»Wie sind Sie hereingekommen?«

»Ich komme überall durch«, antwortete die Frau.

Und sie verließ den Raum mit einem bedeutungsvollen Schweigen, das nur durch das Rascheln ihrer Kleider an den Knöcheln unterbrochen wurde.

Ich erwachte mit dem Eindruck, Tomie begegnet zu sein. Ich schlug in meinem Kalender nach und entdeckte, daß es genau der

13. Juni, der dreizehnte Gedenktag der jungen Toten war. Am selben Tag um 14 Uhr nahm ich mit der Familie und den Ehemaligen von Ochanomizu an den *hōji*-Riten teil, die wir für die Ruhe Tomies begingen: Wir brachten den Buddhas Opfer dar und machten den Mönchen Geldgeschenke, um die »Wurzeln des Guten«, *zengon*, zu sammeln, die Tomie zu einem besseren Lohn verhelfen würden.[6]

Dieser Traum hinterließ den bittersüßen Geschmack des *amacha*-Tees in meinem Mund. Mit diesem Tee besprengt man am achten Tag des vierten Monats Buddha, um seine Geburt zu feiern.[7]

Danach kam Tomie mich häufig besuchen. Einmal ging ich im Traum auf der Straße, als jemand auf meine Schulter klopfte und fragte:

»Wie lange ist Tomie nun schon tot?«

Als ich erwachte, spürte ich noch dieses merkwürdige Gefühl, als hätte ich die junge Frau gesehen, und im Kalender stellte ich fest, daß es der Tag vor dem siebzehnten oder dreiundzwanzigsten Gedenktag war. Besonders gut erinnere ich mich an den Gedenktag im Jahre 43 der Shōwa-Zeit (1968): Mitsunobu, von dem man zuerst geglaubt hatte, er hätte sich nur verspätet, war nicht gekommen, weil er und seine Kameraden einen Autounfall hatten. Zu dieser Zeit besaß er einen Sunbeam. Glücklicherweise wurde niemand ernsthaft verletzt. Aber als ich mitten in der Feier diese Nachricht vernahm, stieß ich kleine Klagelaute aus, wie ein Vogel, der zum Nest zurückkommt und seine Kleinen nicht mehr vorfindet. Da sagte mir eine Frau mit Namen Shimamura, die den Riten beiwohnte:

»Bestimmt liegt ein *innengoto*, ein Schicksal auf Ihrer Familie.«

Ein *innengoto* ist kein Schicksal, das einem eine boshafte Person anhext. Es ist ein Schicksal, das aus der ewigen Abfolge von Ursache und Wirkung hervorgeht und durch einen äußeren Anlaß plötzlich Gestalt annimmt. So wie der Ton einer Glocke weder von der Glocke noch vom Klöppel allein ausgelöst wird, sondern von den Schlägen des Klöppels an die Glocke. Wie aus einem Reiskorn keine Ähren wachsen, wenn man es auf dem Speicher aufbewahrt, und es Früchte trägt, sobald man es in die Erde steckt. Gleichwohl ist das *innengoto* meistens ein böses Schicksal.

»Bestimmt liegt ein *innengoto* auf Ihnen«, sagte die Frau.

Und ich erinnerte mich, daß meine Schwiegermutter früher manchmal das Wort *innengoto* gebraucht hatte. Denn seit Generationen starben die Söhne der Yamazaki zu früh. Tomie hatte drei ältere Brüder gehabt. Der Älteste war mit einem Mädchen aus Korea verheiratet und hatte, vielleicht weil seine Frau fremden Ursprungs war, vor nichts Achtung und kannte keine Liebe zu seinen Eltern. Gerade, daß er noch an das Bett seines sterbenden Vaters kam. Die anderen Brüder starben an Meningitis, alle beide am 10. April, mit genau einem Jahr Abstand dazwischen, der eine an der Front, der andere zu Hause. In der vorhergehenden Generation hatte es acht Kinder gegeben, davon sechs Jungen. Und alle waren sie viel zu jung gestorben, bis auf einen einzigen, der sich in Yokohama niedergelassen hatte. Das war der einzige männliche Nachkomme der Familie, zusammen mit Mitsunobu. Und dieser letztere war nur eine Quelle von Sorgen. Er hatte einen schwachen Charakter, liebte die Zerstreuung und hatte nichts von einem künftigen Erben. Ich dachte wohl, daß es hierfür einen Grund geben müsse, aber ich wußte, daß Naka früher schon danach gesucht hatte, ohne je einen zu finden. Doch da ich ein solches Schicksal nicht annehmen wollte, sagte ich zu Frau Shimamura:

»Das ist unmöglich. Wir beten doch genug für Tomie ... Es gibt keinen Grund.«

Doch Frau Shimamura behauptete, dieses Schicksal müsse von weit her kommen, es sei nötig, sich genauer darüber zu informieren. Und dann, da sie an die Welt der Geister glaubte, nahm sie mich mit zu einer gewissen Umeda Mariko im Bezirk Arakawa, im Norden Tōkyōs. Umeda Mariko, die in der Naohi-Religion den Titel einer *kyōshu*, einer »Meisterin«, innehatte, wollte für mich die Toten befragen.

Die Naohi-Religion[8]

Zuerst wunderte ich mich darüber, daß die Verstorbenen in dieser Religion nur mit Lärm und Schlägen sprachen. Das Medium aus Arakawa deutete sie wie eine Art Alphabet. Sie sagte, daß dies die Schrift der Geister sei. Ich dachte, daß eine solche Ausdrucksweise zuviel Raum für menschliche Interpretationen ließe und daß die Gefahr sich zu irren groß sei. Doch da ich eigens hergekommen war, trug ich mein Problem vor.

Bald erschienen mit großem Lärm die Geister von Dazai Osamu und Yamazaki Tomie. Sie stritten sich, und Tomie weinte. Sie sagte, daß sie nicht habe sterben wollen. Ich ließ Tomie fragen, ob es nötig sei, mehr für sie zu beten. Tomie antwortete, daß sie wünsche, man möge ihren guten Ruf wieder herstellen. Sie berichtete über die Umstände ihres Todes: Im Gegensatz zu dem, was manche behaupteten, sei nicht sie es gewesen, die Dazai Osamu in den Selbstmord getrieben habe, sondern er habe sie mitgerissen, weil er in seinem Innern vollkommen verdorben gewesen sei und keinerlei Lebenskraft mehr gehabt habe. Sie aber sei viel zu jung gestorben und noch voller Leben gewesen.[9]

Die Klagen Tomies erschütterten mich tief. Plötzlich begriff ich die Existenz der Geisterwelt, und die Bedeutung der Medien der Toten als etwas völlig Einleuchtendes. Denn in diesen Worten, dessen war ich mir sicher, war nichts erlogen. Ich weinte über das Schicksal der jungen Frau, die gestorben war, ohne es gewollt zu haben, und sich im Jenseits vor Sehnsucht nach dem Leben verzehrte. Dann spürte ich eine sonderbare Kraft, die mich von der Erde emporhob und in meinem Herzen schrie, daß ich Tomie retten würde und mit ihr die männliche Nachkommenschaft der Yamazaki.

Um Wurzeln des Guten für Tomie und die Ihren zu sammeln, begann ich, die Naohi-Sekte regelmäßig zu besuchen.

Umeda Mariko war ihre Berufung zum Medium durch Ōnaohi no kami und Kannaohi no kami offenbart worden, zwei reinigende Götter, die am Anfang der Welt geboren wurden, während des Bades, das Izanagi nach seiner Rückkehr aus der Hölle im Fluß in der Ebene von Himukai no Tachibana no Odo no Ahakihara genommen hatte. Diese Götter, die der Sekte ihren Namen gaben, richten jene wieder auf, die krumm sind, machen wieder gerade, was verbogen ist. Umeda Mariko machte mir zwei Papierfiguren, welche die beiden Liebenden, die sich selbst getötet hatten, symbolisierten. Ich trug sie nach Hause und stellte sie auf den Altar der Verstorbenen. Dort brachte ich ihnen drei Tage nacheinander reines Wasser und gekochten Reis dar, in den ich die Stäbchen vertikal hineinsteckte, wie es sich für die Toten gehört.

Kaum waren drei Tage vergangen, als ein Mann an der Tür klingelte: Er sagte, er wolle wissen, wie Yamazaki Tomie gestorben sei. Er war Direktor eines chinesischen Restaurants im Bezirk Meguro und war ihr früher sicher begegnet. Vielleicht hatte er sie sogar geliebt, denn er zeigte große Achtung für das Andenken an die schöne Verstorbene. Er wolle, sagte er, und er gebrauchte die gleichen Worte wie die Naohi-Priesterin, ihren Ruf wieder herstellen. Ich schloß daraus, daß die Naohi-Riten eine wunderbare Wirkung hatten. Danach träumte ich nie wieder von Tomie.

Doch mit Mitsunobu ging es nicht besser, und ich erkannte, daß ich das Schicksal, das die Yamazaki-Söhne daran hinderte, Männer zu werden, noch nicht geklärt hatte. Ich mußte zuerst die Toten ausfindig machen, die für dieses Unglück verantwortlich waren, und dann mit Gebeten und Opfergaben Wurzeln des Guten für sie schaffen, ihre Pein mildern und so ihrer Bosheit ein Ende setzen. Ich ging also weiterhin zu dem Medium.

In der folgenden Sitzung offenbarte sich mir mein Schwiegervater Tomekichi. Ich erinnerte ihn höflich daran, daß seine Ehefrau Naka früher gemurmelt hatte, daß ein *innengoto* auf der Familie liege, und fragte ihn mit viel Rücksicht, ob diese Befürchtung gerechtfertigt sei. Der Ahnengeist heulte, dies sei so, aber er weigerte sich, mehr zu sagen, und verschwand wieder. Umeda Mariko hatte die Stirn vor Anstrengung in achttausend Falten gelegt und rief ihn einen ganzen Monat lang wieder und wieder, ohne daß er die Güte hatte, wiederzukommen. Bis er dann eines Tages endlich wieder sprach. Seine Geisterluft zitterte, während er erzählte, es habe einst an einem Ort namens Yamazaki eine Schlacht stattgefunden, bei der durch das Verschulden unserer Familie viele Menschen umgekommen seien: Die Yamazaki hätten einen Mann umgebracht, der diesen Krieg hätte verhindern können.[10] Als er so gesprochen hatte, stieß Tomekichi Schreie der

Angst und des Schmerzes aus, vor denen sich die Zuhörer entsetzten. Dann verschwand er wieder. In der folgenden Woche erzählte er, daß dieser Tote, gepeinigt von seiner unfreiwilligen Verantwortung für das unnötige Gemetzel, voller Groll und Haß sei auf die Yamazaki. Dies sei die Ursache für die Schwäche aller Söhne der Familie.

»Was müssen wir tun?« fragte ich.

Aber Tomekichi verschwand und kam nicht wieder.

Ich war besorgt, weil ich den Namen des Toten, der die Ursache unseres Schicksals war, nicht kannte, und ich also nichts für ihn tun konnte. So betete ich zu den Göttern und Buddhas, daß sie mir einen Ort nennen sollten, von wo aus ich mit ihm in Verbindung treten könnte. Ich würde mich dann bei ihm entschuldigen und das Schicksal korrigieren. Aber ich betete fünf Monate lang jeden Tag, ohne daß es mir gelang, seinen Namen zu erfahren.

Es war schwierig, diesen wilden Geist herbeizurufen, weil er nicht aus unserem Geschlecht stammte. Die Toten wie die Lebenden zögern, sich auf Fremde einzulassen, mit denen sie keine Blutsbande verbinden. Nur die eigenen Ahnen offenbaren sich freiwillig ihren Nachkommen. Schließlich begriff ich, daß die Naohi-Priesterin nichts weiter für mich tun konnte. Und da die Unterhaltungen sehr viel kosteten, ohne daß sie zu irgendeinem Ergebnis führten, stellte ich meine Besuche ein. Außerdem hatte ich das undeutliche Gefühl, daß sich die Atmosphäre bei Umeda Mariko verändert hatte.

Einige Monate zuvor hatte meine jüngere Schwester, die mich bei meinen Besuchen begleitet hatte, in aller Unschuld einen habgierigen Mann dort eingeführt: Er heiratete die Tochter der Priesterin, um die Sekte an sich zu reißen. Die Priesterin hatte ihn ohne Widerstand gewähren lassen. Dieser Mann hatte dann den früheren Verwalter hinausgeworfen, der eine namhafte Persönlichkeit war und im Verwaltungsrat der Universität Nichidai im Hongō-Viertel saß. Daraufhin hatte er sich selbst zum Verwaltungsdirektor der Naohi-Gemeinde ernannt. Von da an begannen die Beiträge unaufhörlich zu steigen, schneller als ein Affe den Stamm einer Kryptomerie hochklettert …

Die Daiwa-Religion[11]

Meine jüngere Schwester sagte mir, daß im Norden, in Sendai[12], eine Meisterin lebte, die mir bei meiner Suche bestimmt helfen könne. Ich entschloß mich, diese auf der Stelle aufzusuchen.

Meine ältere Schwester, die Frau des Kuchengroßhändlers aus Kōriyama, hatte als erste von ihr gehört. Eines Tages ließ sie sich massieren und erzählte dabei ausführlich von ihren Schwierigkeiten, wie es Frauen tun, wenn sie unter sich sind. Sie erzählte, daß sie Glück gehabt habe, weil ihre Brüder und Schwestern rechtschaffene Leute seien. Trotzdem habe ein Erbschaftsproblem sie entzweit, wie die Sonne den Norden vom Süden trennt. Nach der neuen Verfassung von den Amerikanern sollten alle, Mädchen wie Jungen, ältere wie jüngere, zu gleichen Teilen etwas vom Familienvermögen erben. Aber unser ältester Bruder hatte erklärt, die Amerikaner verstünden nichts von Japan, und eine solche Teilung der Ländereien würde das Haus unserer Ahnen sofort ruinieren. Er hatte natürlich recht. Zwar hatte meine ältere Schwester ihren Teil bereitwillig abgetreten, aber die anderen hatten sich lange bitten lassen. Diese Geschichte hatte der Eintracht sehr geschadet. Die Masseuse riet meiner älteren Schwester, nach Sendai zu gehen. Sie sagte, dort geschähen wahrhaft merkwürdige Dinge, die jeden über seine Pflicht aufklären würden. Meine Schwester begab sich mit meiner jüngeren Schwester dorthin und beide waren so erstaunt, daß sie mir davon erzählten.

Als ich meine Schwestern die klaren Worte der Meisterin, die so viele Dinge wußte, rühmen hörte, fragte ich mich, ob dies nicht ein Versuch der Götter sei, mich durch ihre Vermittlung wissen zu lassen, daß es im Norden einen Ort gebe, an dem ich das Schicksal, das dem Glück und dem Wohlstand meiner Familie entgegenwirkte, aufklären könnte. Da ich der Meinung war, daß in religiösen Dingen Fügsamkeit die größte Weisheit ist, folgte ich meinen Schwestern nach Sendai.

Die Meisterin in Sendai war ein Medium, die zur Daiwa-Religion, der Religion der »Großen Harmonie«, gehörte. Ihre Anhänger verehrten Ōkuninushi, den »Großen Herrn des Landes«. Das ist eine Gottheit, die mir schon seit langem vertraut war, weil sie auch unter den Göttern der Sekte vom Berg Ontake einen hohen Rang einnahm. Durch die Vermittlung des Mediums, dessen Bruder die Fragen entgegennahm und weiterleitete, befragten die Gläubigen die Götter und die Toten und führten die Opferzeremonien durch, mit denen man die Wurzeln des Guten vermehren konnte.

Das Medium saß hinter einem niedrigen Tisch und hatte sich eine Gebetsschnur um die Finger gewickelt. Ich fragte zunächst, ob Nakas Ahnung eines Schicksals begründet sei, und erhielt die Antwort, so sei es. Da diese Antwort mit der der Naohi-Priesterin übereinstimmte, war ich von der Existenz eines *innengoto* überzeugt. Ich beschloß also, mich allen Forderungen der Toten zu fügen, um das Familienschicksal zu lösen. Ich bat das Medium, den Geist zu rufen, der die Yamazaki verderben wollte, und er wurde herbeigerufen. Das Medium schlug seinen Kopf gegen den niedrigen Tisch. Sein Atem zischte, und heisere Töne, wie es sie auf der Welt der Lebenden nicht gibt, kamen aus seiner Kehle oder seiner Brust. Dann endlich sprach der Geist. Er gebrauchte die altertümliche Sprache der Samurai. Er schien wütend zu sein, weil man ihn gezwungen hatte, zu kommen. Er stammelte und schrie vor Wut und Enttäuschung. Obwohl mich dieser übernatürliche Lärm beunruhigte, besaß ich noch genug Geistesgegenwart, ihn zu fragen, ob er der Familie Yamazaki angehöre. Da heulte das Gespenst, es wolle diesen Namen nicht hören. Ich entschuldigte mich und sagte: »Was immer auch die Verbrechen meiner Ahnen gewesen sein mögen, ich bitte Sie um Verzeihung.« Aber der Geist brüllte obszöne und unsinnige Worte. Da ich nicht wußte, was ich tun sollte, um ihn zu beruhigen, versprach ich ihm Opfergaben und verabredete mich mit ihm an *higan*, der Herbst-Tagundnachtgleiche, dem Tag, an dem die Toten vom jenseitigen Ufer in diese Welt zurückkehren.

Es ist bekannt, daß an den Tagundnachtgleichen die Sonne genau im Westen untergeht, weshalb sich das Paradies des Westens in dieser Zeit näher an der Welt der Lebenden befindet.[13]

Sobald ich dieses Versprechen gemacht hatte, verschwand der schreckliche Geist und überließ dem alten Tomekichi den Platz. Ich begrüßte ihn höflich und sagte ihm, daß er nun, da ich all diese Riten für die Familie ausführte, doch befreit und der Erlösung nahe sein müsse. Aber der alte Mann stammelte angstvoll und ohne sich zu bedanken: »Das alles ist zu gefährlich. Du wirst einen Unfall haben oder eine Krankheit, die dich daran hindern wird, nach Hause zurückzukehren!« Er erklärte, er habe Angst, denn der wilde Geist, der um die Familie herumschleiche, zerstöre das, was er selbst und die anderen Vorfahren für ihre Nachkommen geschaffen hätten.

Meine kleine Schwester, die an der Sitzung teilnahm, versuchte mich zurückzuhalten. Wir bekamen beide Angst. Aber ich faßte mich wieder. Ich sagte mir, daß es nichts Schändlicheres gibt, als ein Versprechen zu brechen, und gelobte erneut, zur Tagundnachtgleiche wiederzukommen. Ich fragte meinen Schwiegervater einfach nach den Mitteln, mit deren Hilfe ich die Gefahren beseitigen könne. Er sagte mir, ich solle die Meisterin bezahlen, damit sie täglich die heiligen Texte rezitiere, die das Böse fernhalten, und jede Woche eine Opferzeremonie vollführe. Darüber hinaus solle ich ein ganzes Jahr lang jeden Morgen das Hannya-Sūtra lesen.[14]

Als alle Geister verschwunden waren und das Medium aus der Trance erwacht war, gab mir sein Bruder eine Liste mit den Kosten der diversen Zeremonien. Wenn diese Ausgaben aus meinem einzigen Sohn einen wirklichen Erben machen konnten, würde ich diese Opfer gern auf mich nehmen. Ich hoffte außerdem, daß sich die Schwierigkeiten, die mir der Verkauf von Belle Jouvence eingebracht hatte, verringern würden, sobald der wilde Geist auf seine Rache verzichtete, und daß ich dann auch mein Geld wiederbekäme. Und schließlich hatte mich eine große Neugierde auf die Welt der Toten erfaßt, und allein die Faszination, die sie auf meinen Verstand ausübte, verbot mir, meine Suche aufzugeben. Ich einigte mich mit Bruder und Schwester über den Preis.

Im Zug nach Tōkyō fing ich an, das Hannya-Sūtra aufzusagen. In Bunkyō brachte ich, viel sorgfältiger als ich es bis dahin getan hatte, den Göttern und Ahnen jeden Tag ihre Opfer dar. Und nach und nach trug meine Andacht Früchte. Bei seinen ersten Äußerungen erzitterte die Stimme des Geistes vor Rachsucht. Er stammelte Sūtren, die, wie mir der Bruder des Mediums sagte, aus dem Shingon-mikkyō stammen, dem esoterischen *mantra*-Buddhismus, den die Zauberer praktizierten.[15] Seine Zornesausbrüche waren um so heftiger, als er geglaubt hatte, endlich in der Lage zu sein, die Familie Yamazaki völlig zu zerstören. Aber durch meine Frömmigkeit hatte ich ihn daran gehindert, sein Ziel zu erreichen.

Nach und nach beruhigte sich der Geist durch meine Besuche bei der Meisterin in Sendai. Der Mann enthüllte seine Identität: er war ein *bushi*, ein Samurai im Dienste eines großen Herrn. Ich hatte oft gehört, daß unsere Ahnen dem Hofe nahegestanden hätten. Deshalb fragte ich ihn, ob die Yamazaki früher auch Krieger gewesen seien. Aber wieder schrie er, daß er diesen Namen verfluche, und verschwand sofort.

In der folgenden Séance erzählte er seine Geschichte: Der Herr seines Lehens hatte ihm eine Botschaft anvertraut, die er in einer anderen Provinz überbringen sollte. Er hatte sich als Bettelmönch, *komusō*, verkleidet und war abgereist. Sein Kopf war unter einem Korbhut verborgen, eine Flöte steckte in seinem Gürtel, und ein einziger Diener, ebenfalls als Mönch verkleidet, begleitete ihn.[16] Bei einem kleinen Häuschen, das dem Kriegsgott Marishiten geweiht war, machten sie halt. Dieser willigte ein, über den Erfolg ihrer Mission zu wachen. Doch wie sie sich ihrem Ziel näherten, verirrten sie sich und baten in einem großen, sehr hellen Gebäude, in dem man Ärzte ausbildete, um Obdach. Dort befand sich auch einer namens Yamazaki, der sie herzlich empfing und im Morgengrauen alle beide töten ließ. Das Scheitern ihrer Mission führte zum Tod vieler anderer Menschen.

Die Besuche des Daiwa-Mediums

Zu diesem Zeitpunkt meiner Reise in die Vergangenheit begann Belle Jouvence, den Markt zu erobern. Meine Geschäfte nahmen einen solchen Aufschwung, daß ich keine Zeit mehr hatte, nach Sendai zu fahren. Doch da ich nicht in dem Moment, da meine Konsultationen sich als nützlich erwiesen, auf sie verzichten wollte, traf ich eine neue Vereinbarung mit der Meisterin von Sendai: Bei jedem Vollmond würde das Medium nach Tōkyō kommen, um hier seine Orakel zu stellen. Ich würde dazu etwa zehn Gläubige versammeln. Ich hatte nämlich die Verdienste der Daiwa-Sekte so gerühmt, daß mehrere meiner Kundinnen und einige Meister der Schönheit ihrerseits die Meisterin zu befragen wünschten. Diese neuen Anhänger und ich würden ihre Beiträge zusammenlegen, um die Reisekosten und den Aufenthalt des Mediums in der Hauptstadt zu bezahlen.

Also kam das Medium einmal im Monat mit dem Zug aus Sendai. Sie wickelte die kleine Statue des Großen Herrn des Landes sorgfältig in Seide und dickes Japanpapier und legte sie ehrerbietig auf ihre Knie. Doch da dieses Vorgehen trotz allem der Achtung für den Gott ermangelte, erwarb sie mit Hilfe unserer Familie einen kleinen Wagen, mit dem sie bequem nach Tōkyō fahren konnte. Sie brachte das Bildnis in einem lackierten Holzkästchen auf dem Rücksitz unter. Wir gewöhnten uns an, sie in allen Belangen um Rat zu fragen, egal ob es sich um geschäftliche Angelegenheiten handelte oder um Familienprobleme. Damals war es vor allem Marishiten, der sich offenbarte. Dieser Gott sagte mir, daß es fünf Jahre dauern würde, bis sich die heftige Seele, die uns schadete, beruhigen würde. Er könne aus der Welt der Götter deutlich in die Herzen der Menschen sehen und wisse, daß die Aufrichtigkeit, die uns, Tatsuo und mich, erfülle, die Hindernisse aus dem Weg räumen würde. Unsere Frömmigkeit werde den bösartigen Machenschaften des eigensinnigen Gespenstes entgegenwirken.

Ich erfuhr noch, daß dieser Geist sich Kiyoharu nannte und vor dreihundert Jahren gelebt hatte. Aber seinen Nachnamen erfuhr ich nie.

Bald kam der Tag, an dem Kiyoharu seine Zufriedenheit erklärte: Er kündigte an, daß er bald sein Kleid der Trauer und des Hasses ablegen werde, um in einem weißen Gewand vor die Götter zu treten.[17] Er bat, ihm Geld für den Kauf seiner neuen Kleider zu opfern und am 10. Tag des vierten Monats, dem Gedenktag seines Todes, die Opfergaben feierlich darzubringen.

Da erinnerte ich mich, daß die beiden Yamazaki-Söhne, die an Meningitis gestorben waren, die Welt am 10. April verlassen hatten, und ich begriff, daß das Schicksal sich endlich gelöst hatte.

Zu dieser Zeit kam die Daiwa-Meisterin jeden Monat nach Tōkyō, wo ich ihr zu Ehren sieben bis zwölf Personen versammelte, die ihr ihre Probleme vorlegten. Doch der hastige Ablauf dieser Versammlungen bereitete mir Unbehagen. Da ihr Bruder,

der für gewöhnlich als *maeza* diente und unter diesem Titel die Bitten der Gläubigen weiterleitete, sie nicht begleitete, stimmte die Meisterin zu, die Fragen der Teilnehmer selbst entgegenzunehmen. So kam es, daß sich jeder x-beliebige direkt mit den Göttern, die aus ihrem Munde sprachen, unterhalten konnte. Wenn die Götter wirklich da waren, dachte ich, könnten sie mit Recht über den Mangel an Feierlichkeit verärgert sein.

Dann verlangte das Medium immer mehr Geld, ohne zu erklären, auf welche Weise die für die Ausführung eines Ritus ausgegebene Summe seine Wirkung beeinflussen sollte. Die Habgier dieser Frau wurde so offensichtlich, daß ich fürchtete, aus Naivität meine Kundschaft betrügerischen Machenschaften ausgeliefert zu haben. Ich sagte mir, daß die Dinge so nicht weitergehen könnten. Da kam zum *setsubun*-Fest, das man am Tag vor dem Frühling feiert, die Meisterin aus Sendai mit einer Liste, auf die sie die Höhe der erhofften Opfergaben im voraus notiert hatte: Unter dem Namen eines jeden Gläubigen stand die Summe von 10 000 Yen. Natürlich war es bequem für sie, mit festen Summen zu rechnen, aber das war denn doch zu teuer. Obwohl alle Dinge um mich besser liefen, verlor ich das Vertrauen in das Medium. Da ich wußte, daß die Götter nur denen Schutz gewähren, die aufrechten und gerechten Herzens sind, befürchtete ich, daß diese Machenschaften letztlich zu ganz anderen Ergebnissen führen könnten, als ich sie erhoffte. Da ich trotz allem nicht wagte, mit einer so mächtigen Meisterin zu brechen, begnügte ich mich damit, meine Einladungen immer seltener werden zu lassen. Ich begann, in meinem Herzen nach neuen Göttern zu suchen. Da begegnete ich den Göttern Ansais.

Oni, am *setsubun-Tag* verjagter Dämon

XVII
Die Götter Ansais

Jigoku de hotoke. 地獄で仏
In der Hölle ist Buddha.

Es war im Jahre 47 oder 48 der Shōwa-Zeit (1972 oder 1973), als ich mich an die stolzen Worte meines früheren Schwiegervaters erinnerte. An manchen Abenden, wenn er getrunken hatte, prahlte er mit seiner vornehmen Herkunft. Er behauptete, daß unser Vorfahre Gelehrter und Arzt gewesen sei. Da ich dank der Orakel wußte, daß dieser Mann vor dreihundet Jahren gelebt hatte, fragte ich mich plötzlich, ob unser Vorfahre nicht Yamazaki Ansai gewesen sein könnte. Das war ein sehr berühmter neokonfuzianischer Gelehrter und Gründer der Shintō-Schule, die unter dem Namen Suika bekannt ist.[1]

Ich drängte das Daiwa-Medium, die Götter über diesen Punkt zu befragen. Sie antworteten, daß dem in der Tat so sei, und schickten mir im selben Augenblick den Geist Ansais. Leider weigerte sich dieser zu sprechen.

Verblüfft durchsuchte ich daraufhin den *kahō*, den Familienschatz, und entdeckte dort wunderbare Zeichen, die ich wohl als Beweise für die außergewöhnliche Abstammung der Familie interpretieren mußte. Bald schien mir, daß die Yamazaki genug vornehme Götter hätten, um, wenigstens unter normalen Umständen, als eingetragene Friseurmeister gelten zu können.[2]

Unter unseren Schätzen fand ich nämlich zwei Bilder, von denen ich sofort wußte, daß sie für mich so wertvoll sein würden wie Wasser für die Reissaat. Beide Bilder waren auf hauchzarten Seidenstoff gemalt, der mit der Zeit schmutzig und brüchig geworden war. Ich trug sie zu einem Künstler, um den Stoff restaurieren zu lassen. Dieser sagte mir, diese Werke seien mindestens drei Jahrhunderte alt und sehr selten.

Das größere Bild, das mit Kanō Sozan signiert war, stellte eine rote Sonne und Götter dar: Die Sonne steht ganz hoch oben, neben einer kraftvollen und klaren Kalligraphie des Namens

Amaterasu-kōdaijin. Diese Göttin wird in dem Heiligtum, das das kaiserliche Geschlecht in der Stadt Ise seinen Ahnen geweiht hat, verehrt. Rechts von der Sonne ist Tsukiyomi-daimyōjin, das Nachtgestirn, unter einer Mondsichel dargestellt. Das war der Gott, der, seit er sich mit seiner Schwester, der Sonne, am Anfang aller Zeiten zerstritten hatte, über die Welt der Finsternis und des Todes herrschte.[3] Gegenüber, zur Linken der Göttin, befindet sich Inao-daimyōjin, der Gott, der den Reis wachsen läßt: zu seinen Füßen liegen geopferte Ähren auf Tabletts.[4] Im Zentrum des Bildes schließlich erkannte ich Sarutahiko-daijin, einen mit *sakaki*-Zweigen versehenen bärtigen Greis. Das war der Gott, der einstmals die Nachkommen der Sonne zur japanischen Erde geführt hatte, damit sie auf den Inseln ihre himmlische Macht ausüben konnten.[5]

Das andere, kleinere Bild war jüngeren Datums. Obwohl die Tinte verblaßt war, konnte ich die Bergkette des Ontake erkennen. Angefangen bei Kunidokotachi no ōkami, der Japan erschaffen hat, schienen die Götter in der Abenddämmerung wie merkwürdige Vögel auf den Wolken zu liegen.

Als ich diese Gemälde sah, erinnerte ich mich daran, mit welcher Frömmigkeit Naka sie früher verehrt hatte. Lange bevor ich in dieses Haus eintrat, hatte sie sie in der *tokonoma*-Nische aufgehängt. Jede Woche brachte sie ihnen Blumen und verneigte sich tief vor ihnen. Sie sagte oft, es seien Geschenke der Götter. Ich dachte also, es wäre für den Schutz der Familie das beste, wenn wir uns auf diese Gegenstände verließen. Sie gehörten zur Familie und mußten für sie mit einer besonderen Macht ausgestattet sein. Die Scham über mein Versäumnis erfüllte mein Herz. Ich bedauerte, die Götter in der Ferne gesucht zu haben, obwohl es im Hause selbst so edle gab.

Wenn ich auch die Herkunft des kleinen Bildes nicht kannte, so war mir doch die Geschichte des großen Rollbildes mit Sarutahiko vertraut.

Tomekichi, Tatsuos Vater, hatte es in seiner Jugend bekommen. Zu jener Zeit arbeitete er, als Schmied wie sein Vater, in einer Gewehrfabrik, wo er die gehobene Stellung eines Prüfers innehatte. Er hatte also einen guten Beruf und war wohlhabend genug, um gelegentlich Geld zu verleihen. Eines Tages, als einer seiner

Freunde Schwierigkeiten hatte, seine Schuld zurückzuzahlen, akzeptierte er anstelle des Geldes dieses Bild. In der Absicht, es zu Geld zu machen, trug er es sogleich zu einem Antiquitätenhändler im alten Nihonbashi-Viertel. Aber der Händler sagte zu ihm, daß er dieses Bild lieber verehren solle, als es zu verkaufen. Also trug er es nach Hause und bat Naka, es in der *tokonoma* aufzuhängen. Einige Jahre später räumte man es weg, weil der Stoff im Licht vergilbte, und stellte es nur noch bei feierlichen Gelegenheiten aus. Als dann die Seide zerschlissen war, schloß man es in ein Kästchen ein. Danach hat man es vergessen.

Aus zwei Gründen vermutete ich, daß dieses Gemälde einst dem großen Yamazaki gehört hatte. Zunächst einmal war ich an den Gedanken gewöhnt, daß unsere Familie von einem Gelehrten abstammte. Nur eine solche Herkunft konnte unseren Reichtum und meinen Erfolg rechtfertigen. Und zum zweiten zählte der verehrungswürdige Sarutahiko, der im Zentrum des Bildes steht, zu den Gottheiten, denen Ansai eine besondere Wertschätzung entgegenbrachte.

Denn Ansai war ein Kind Sarutahikos. Seine Mutter hatte einem ersten Sohn das Leben geschenkt. Aber er war gestorben. Im Schrein von Hiyoshi, wo man Sarutahiko feiert, legte sie ein Gelübde ab, um einen neuen Erben zu bekommen. In der Vollmondnacht des folgenden Monats schickten ihr die Götter von Hiyoshi einen wunderbaren Traum: Auf dem Rückweg von einer Pilgerfahrt kam sie an einem Friedhof vorbei, dessen Eingang durch einen Shintō-Torbogen gekennzeichnet war. Neben diesem Torbogen stand ein bärtiger Alter. Er trug ein makellos reines Gewand und hielt einen weißblühenden Pflaumenzweig vor sich. Diesen Zweig gab er der Frau und sagte ihr, sie solle ihn in den linken Ärmel ihres Kleides stecken. Sie gehorchte. Danach gewahrte sie, daß sie schwanger war und brachte einen Sohn zur Welt, den man Kizaemon nannte. Viel später nahm er den Namen einer Pflaumensorte an, unter dem er berühmt werden sollte: Ansai. Ich dachte, Sarutahiko und der Alte vom Hiyoshi-Schrein seien gewiß ein und dieselbe Person.[6]

Mit fünfzig Jahren schließlich hatte Ansai ein Heiligtum gestiftet, in dem er die vergöttlichte Gestalt seiner Seele, genannt Suika, »Gnade und göttlicher Schutz«, verehrte. Er hatte sie zuerst im

Innern seines Hauses untergebracht, dann außerhalb, in einem besonderen Gebäude. Die *bakufu*-Militärregierung erkannte zwar die Existenz lebender Buddhas an, akzeptierte aber nicht, daß ein Mann sich seiner göttlichen Natur rühmte. So mußte Ansai seine Seele von neuem in sein Haus überführen. Nach seinem Tod weihten ihm seine Schüler jedoch ein Heiligtum, das Suika-reisha, das Suika-Grabmal. Dort verehrten sie den großen Sarutahiko, in Erinnerung an die Achtung, die ihr Meister diesem Führer-Gott entgegengebracht hatte.

Aus diesem Grund weisen noch heute die meisten Schreine, die diesem Gott geweiht sind, auf das Denken des heiligen Mannes Yamazaki Ansai hin. Einmal kam ich am Tsubakijinja, dem Kamelienschrein, vorüber, den die Bewohner von Yokkaichi in der Präfektur Mie Sarutahiko geweiht hatten. Da bemerkte ich auf einer schwarzen, am Eingang errichteten Tafel einen Satz von Ansai:

> *Michi wa, Nisshin no michi narite*
> *Oshie wa, Sarutahiko-daijin no oshie nari.*
>
> Der Weg ist der Weg der Sonne
> Die Lehre ist die Lehre des großen Sarutahiko.

Was die Herkunft des wiederentdeckten Gemäldes anbelangte, war ich darauf bedacht, größere Gewißheit zu erlangen und befragte das Medium der Daiwa-Sekte, das ich noch von Zeit zu Zeit besuchte. Dieses bestätigte, daß die Vorfahren der Yamazaki es in Auftrag gegeben hätten. Ich staunte darüber, daß die Götter Tomekichi für seine Großzügigkeit gedankt hatten, indem sie ihm einen alten Familienschatz wiedergaben. Und ich schloß die beiden Bilder, wahrhaftige Körper unserer Götter, in unseren Hausaltar ein. Dort befinden sie sich noch immer, wie es sich gehört, vor den Blicken der Menschen verborgen.

Mir war klar, daß es meine Aufgabe war, durch Bücher und die Lehren des Orakels mehr über das Leben unseres Ahnen Yamazaki Ansai zu erfahren. Ich las, daß der große konfuzianische Gelehrte im Jahre 4 der Ära Genna, »Ursprünglicher Frieden« (1618), in Kyōto geboren und im Jahr 6 der Ära Tenwa, »Himmlischer Frieden« (1682), dort gestorben war. Sein Vater, ein Akupunkteur, war seines intelligenten, aber schwierigen Kindes schnell überdrüssig geworden und hatte es einem Kloster auf dem Berg Hiei anvertraut. Ansai sollte Mönch werden. Vom Berg Hiei aus ging er in die Gegend von Tosa. Dort stellte sich heraus, daß er ein sehr schlechter Buddhist war: es sei eines seiner Lieblingsspiele gewesen, sagten die Orakel, den Mönchlein ein Bein zu stellen. Nun, ich weiß nicht, ob das stimmt oder nicht, gewiß ist aber, daß er die Buddhas nicht genügend verehrte. Eines Tages jedoch fiel er einem Adligen aus der Umgebung auf, als er diesem Tee brachte, der weder zu heiß noch zu kalt war, sondern genau die richtige Temperatur zum Trinken hatte. Dieser Mann, er hieß Tani Jitchū, erzählte ihm vom Konfuzianismus. Hingerissen von der Strenge dieser Philosophie, stürzte sich Ansai auf das Studium der Gedanken von Shushi.[7] Dann warf er seine Mönchskleidung weg und kehrte in die Welt der Laien zurück.

Dieses ungestüme Verhalten mißfiel jedoch dem Herrn des Ortes, Yamauchi Chūgi, und er jagte Ansai von seinem Lehen. Der junge Gelehrte ging also zurück nach Kyōto, wo er anfing, den Konfuzianismus zu lehren. Er zog dort viele Schüler heran, bis er eines Tages Kyōto verließ, um in die große Stadt Edo zu gehen, ohne daß jemand wußte warum.

Dort lebte er als einfacher Unbekannter in Armut. Er mietete sich ein Zimmer in der Nähe einer Bücherei, wo er sich die Werke auslieh, die er lesen wollte. So lebte er, bis der adlige Herr Hoshina Masayuki von dem Lehen Aizu von seiner Intelligenz reden hörte, die lebhafter sein sollte als das Morgenlicht: Er nahm ihn unter seinen Schutz und brachte ihn in den Osten, damit er ihm bei seiner politischen Tätigkeit hilfreich zur Seite stünde.[8]

Nach dem Tod Hoshinas kehrte der Gelehrte ein letztes Mal nach Kyōto zurück. Dort lehrte er, wie es hieß, Tausende von

Schülern den Suika-Shintō, einen Shintō, der von jedem fremden Glauben frei war, eine Religion von absoluter Reinheit. Nach der sehr hohen Moral des Suika-Shintō sollte der Mensch zu den Göttern beten, mit aufrichtigem Herzen die Wohltaten empfangen, die man ihm dank des Gebetes gewährte, und von den so erhaltenen Gaben den rechten Gebrauch machen. Außerdem sollte er die erhabene Macht des Kaisers ehren.

Am Vorabend seines Todes rief Ansai seinen Lieblingsschüler zu sich und sagte zu ihm: »Räume die drei *kakemono*, die Rollbilder, weg, die im Hinterzimmer hängen und lege sie in ihre Behälter.« Das waren seine letzten Worte.

Als ich diese Geschichte erfuhr, fand ich es wunderbar, daß die Götter beschlossen hatten, mir unsere Verbindung zu Ansai durch Rollbilder zu offenbaren. Natürlich waren die Gemälde, die ich wiedergefunden hatte, nicht jene, um die sich Ansai während seines letzten Atemzugs Gedanken gemacht hatte. In der Überlieferung heißt es nämlich, daß er die Gemälde verehrte, welche die Kalligraphien der Orakel von Amaterasu, Hachiman und Kasuga trugen und die er von seinem eigenen Vater geerbt hatte. In seiner Kindheit hatte ihm dieser beigebracht, sich jeden Morgen die Hände zu waschen und den Mund auszuspülen, bevor er sich respektvoll vor diesen Gemälden verbeugte und sie grüßte. Seine Familie war im übrigen so fromm, daß er schon in jungen Jahren die Pilgerfahrt nach Ise gemacht hatte. Dort residiert die große Sonnengöttin.

Das Erbe

Durch die Frömmigkeit Ansais begann ich allmählich meine eigene Religiosität und mein seltsames Schicksal zu verstehen. Mein Geburtshaus stand in der Nähe von Aizu, wo Ansai eine Zeitlang gelebt hatte, und wie er war ich umhergeirrt, bevor ich meinen wahren Glauben fand. Aber gerade durch meine Unschlüssigkeit, die mich von Sekte zu Sekte geführt hatte, hatte ich schließlich soviel gelernt, daß ich die Lehre meines Vorfahren verstand. Wie er hatte ich mich eingehend mit dem Weg von *yin* und *yang* beschäftigt. So konnte ich den Sinn seines Denkens klar erfassen, wenn er behauptete, daß es die Naturgesetze sind, die die Handlungen des Menschen leiten müssen. War ich nicht schon seit langem davon überzeugt, daß die einzig richtige Handlungsweise diejenige ist, die mit den Regeln der Natur übereinstimmt?

Die traditionelle Ausbildung, die mir in der Ochanomizu-Schule zuteil geworden war, und die Zufälle des Lebens hatten mir außerdem Verbindungen zum Hof eröffnet. Diese erlaubten mir, die Bedeutung der kaiserlichen Familie zu ermessen und die Sorgfalt, mit der ich, wie alle Japaner, über den Kaiser wachen mußte, damit Japan bis in alle Ewigkeit weiterbestehen kann.

Die Nachkriegszeit war noch nicht vorbei, als ich mich den Gründern der Ochanomizu-Schule, dem alten Herrn und der alten Dame, die ihr Leben der Schönheit geweiht hatten, gerne gefällig erweisen wollte. Ich wollte Kostüme und Frisuren der Adligen von einst öffentlich vorführen. Dank eines Arztes aus meinem Bekanntenkreis, der beim kaiserlichen Hofamt, dem *Kunaichō*, ein und aus ging, erhielt ich einen Termin bei einem *emonja*, einem Bekleider des Hofes, namens Aoki. Und so lernte ich diesen Mann von adliger Abstammung kennen. Er diente mir, ich habe es schon einmal gesagt, mein ganzes Leben hindurch mit seinem Rat.

Mit Aoki, dem Zeremonienmeister am kaiserlichen Hof

Er erwartete mich an einem frühen Wintermorgen in Akasaka auf der Benkeibrücke, die über die Schloßgräben führt. Die Kälte zwang uns, im Schwanenhaus Zuflucht zu suchen. An diesem unpassenden Ort überzeugte ich ihn von meiner Entschlossenheit und rührte ihn durch die Aufrichtigkeit meiner kindlichen Pietät. Er willigte ein, mir bei meinem Vorhaben, der Erneuerung der japanischen Kultur, zu helfen. Er lieh mir alte Kostüme, die ich in einem großen Theater vorführte. Aber, Ironie des Schicksals und Zeichen der traurigen Umwälzungen der Epoche, meine Vorführung zog fast nur Amerikaner an. Da sagte ich mir, daß es noch Monate oder Jahre dauern würde, bis Japan den Glauben an sich selbst wiederfände.

Danach lehrte mich Aoki das Zeremoniell des *Emondō*, des Weges der Kleidung. Ich erfuhr, daß die Prinzessinnen des Hofes ihre Blicke in eine *yang*-Richtung wandten, nach Süden oder Osten, während man ihnen ein Dutzend Kimonos von verschiedenen Farben anzog. Diese bildeten das offizielle Hofdamengewand *jūnihitoe*. Auch die zwei Bekleiderinnen, Frauen von adliger Herkunft, waren zu strengen Verhaltensregeln gezwungen: die, die einen höheren Rang innehatte, stellte sich südlich oder östlich der Prinzessin auf, je nachdem ob diese nach Osten oder Süden blickte; die zweite Ankleiderin dagegen stand westlich oder nördlich von der Prinzessin. Am Hof beherrschten nämlich nicht links oder rechts den Raum, sondern die Richtungen der Windrose.

Da Prinzessin Michiko nicht von adligem Geblüt war, konnte ich als einfache Bürgerliche bei ihrer Hochzeit mit dem kaiserlichen Prinzen Akihito an der Einkleidung der zukünftigen Kaiserin teilnehmen und durfte ihr das Haar im alten *suberakashi*-Stil binden.[9]

Es schien mir, als hätten die Götter mein Leben geleitet, so daß ich die Worte Ansais verstehen konnte, die er, nach Shushi, häufig wiederholt haben soll: »Eine Person, die dem Kaiser gegenübersteht, muß eine angemessene Kleidung und Frisur tragen.«

Ich wußte inzwischen auf meine Handlungen in der menschlichen Gesellschaft die strengste Disziplin anzuwenden.

Trotz des Verbrechens, das einst von Ansai begangen worden war und dessen Ursache ich niemals werde aufklären können, fühlte ich mich meinem berühmten Vorfahren nahe. Ich ahnte, daß dieses

Kaiserliche Hoftracht, *jūnihitoe*

illustre Erbe der Ursprung meiner Erfindungen war. Nur dadurch war es erklärlich, daß ein Mädchen vom Lande, das keinerlei Kenntnisse von irgendeiner Wissenschaft hatte, diese wunderbaren Flüssigkeiten, die die Quelle der Schönheit waren, hatte finden können. Ich hatte schon immer gedacht, daß Belle Jouvence nicht die simple Frucht der Chemie war, sondern das Ergebnis einer göttlichen Tugend. Dies und die wachsende Überzeugung der Wichtigkeit meiner Mission führten mich dazu, mir einen Sinnspruch auszudenken, und ihn auf zwei quadratische, mit Goldpailletten besetzte weiße Pappestücke zu kalligraphieren:

Omote wa, kami no mizu
Ura wa, kami no michi …

An der Oberfläche, das Wasser der Götter,
Dahinter, der Weg der Götter.[10]

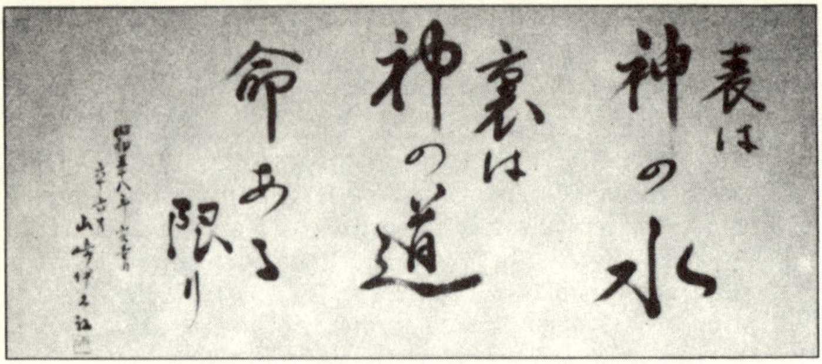

Sinnspruch von Yamazaki Ikue, von ihr selbst kalligraphiert

Shin to butsu, Götter und Buddhas

Im Denken meines Ahnen stieß mich nur der wilde Haß gegen den Buddhismus ab, den er oft zum Ausdruck gebracht hat. Ansai glaubte nämlich, daß nur die Götter japanisch seien und daß wir auf unseren Inseln keine vom Kontinent gekommenen Buddhas nötig hätten. Er versicherte, daß die aus der Welt der Götter abstammenden Japaner nach ihrem Tod dahin zurückkehren würden. Er wollte, daß man die buddhistischen Klöster zerstörte.

Ohne Zweifel wandte sich diese Kritik nicht gegen den wahren Buddhismus, den jeder in seinem Herzen achtet, sondern gegen den abseitigen Buddhismus, den schlechte Mönche heimlich in den esoterischen Klöstern praktizierten. Anstatt sich den Opferzeremonien zu widmen, benutzten sie zu unbekannten Zwecken die magischen Kräfte, die ihnen die Kenntnis der heiligen Formeln der *mantras* verlieh. Während sie vorgaben, Wohltaten für die Menschen anzusammeln, murmelten sie in Wirklichkeit *jumon*, unglückbringende Zaubersprüche.

Die Verachtung Ansais für die schlechten Mönche erkenne ich an. Doch in seiner Ablehnung des Buddhismus scheint mir, vergißt er, daß in Japan alle Ahnen Buddhas sind und daß keiner seine Herkunft verleugnen kann.[11] Denn wenn auch die Götter das Land und die Geographie geschaffen haben, so bilden die Buddhas die Geschichte eines jeden.

Nach den Mythen des *Kojiki*, den »Erzählungen alter Begebenheiten«, die die Geschichte des Archipels erzählen, haben die

Götter Japan als erstes Land geschaffen.[12] Am Anfang war der Gott Ame no Minakanushi no mikoto, der Herr der hehren Himmelsmitte, der Gott des Universums. Er war es, der Kunidokotachi no ōkami, dem großen Gott vom Ontake-san, befahl, Japan zu erschaffen. Dann wurden andere Götter ausgeschickt, um von diesen ersten Inseln aus die ganze Welt zu erschaffen. Aber Japan, dieses Ursprungsland, das an der Wurzel der Sonne liegt, ist das Land der Götter geblieben.[13]

Manche behaupten, daß Japan früher mit dem Kontinent verbunden gewesen sei. Aber dieser Gedanke stimmt weder mit dem überein, was das *Kojiki* sagt, noch mit den Vorstellungen, nach denen unsere Heiligtümer erbaut sind. Im kaiserlichen Schrein von Ise selbst befinden sich zwei Heiligtümer: das *naikū*, das innere Heiligtum, ist Amaterasu geweiht und den anderen Göttern des Archipels, wohingegen im *gekū*, dem äußeren Heiligtum, jeder die Götter verehren kann, die einst in andere Gegenden geschickt worden waren.[14]

Die Japaner dürfen stolz darauf sein, in Japan geboren zu sein.

Nachdem die männlichen Götter das Land geschaffen hatten, hätten es die weiblichen führen müssen. Da die Sonnengöttin Amaterasu wußte, daß die Männer von so maßlosem Ehrgeiz erfüllt sind, daß ihre Unternehmungen unvermeidlich Streit nach sich ziehen, hatte sie die Regierung der Inseln übernommen. Aber die Männer konnten der Verlockung nicht widerstehen, und so folgten auf die Kaiserinnen die Kaiser. Und von dieser Zeit an verwüsteten Katastrophen die Welt. So ereigneten sich die Tragödien der Geschichte, durch die Schuld der Männer, nicht durch die der *kami*.

Bei den Buddhas ist das anders. Sie sind nicht verantwortlich für die Existenz des ganzen Landes, sondern nur für die der Individuen. Der Charakter eines jeden Menschen und sein Schicksal sind die gegenwärtigen Folgen dessen, was in den vergangenen Generationen von den Vorfahren getan wurde. Es gibt also niemanden, der sich ihrer dankbaren Verehrung entziehen könnte.

Auf jeden Fall ist es schon lange her, daß die Buddhas in unser Haus gekommen sind, so lange, daß man ihnen einen Kult widmet. Ich sehe wirklich nicht, wieso das aufhören sollte.

Wir, die Yamazaki aus dem Bunkyō-Viertel, bilden nur eine Zweigfamilie, *bunke*, da Tatsuo von einem jüngeren Sohn abstammt. Das Buch der Vergangenheit, *kakochō*, in dem die postumen Namen unserer Verstorbenen verzeichnet sind, wird im Kichijō-Kloster aufbewahrt. Es ist erst eine Generation darin vertreten. Wenn wir diese Welt verlassen, werden Tatsuo und ich Buddhas der zweiten Generation. Und Mitsunobu bildet die dritte.

Vor fünfzehn Jahren hat unsere Familie ein Familiengrab auf dem Friedhof des Kichijō-Klosters erworben. Mir wäre es lieber gewesen, wenn wir uns in der Nähe der älteren Linie hätten einrichten können. Ihr Grab befindet sich in einem Kloster der Sōtō-Zen-Schule im Zentrum von Tōkyō. Aber dort war kein Platz mehr.[15] Darum habe ich ein Grab im Kichijō gekauft, einem Kloster derselben Schule. Das macht also keinen Unterschied. Außerdem konnte ich, da es ein neuer Friedhof war, einen günstigen Platz im Osten aussuchen. Das wäre in den überfüllten Vierteln im Stadtzentrum nicht möglich gewesen. Ich habe den Rat des Geomantikers gewissenhaft befolgt, denn ich mache meine Sache lieber richtig. Der Platz für die Toten hat mich viel Geld gekostet, denn er wird zum Preis des »Friedhofs*tsubo*« verkauft: eine Fläche von einer halben Matte wird für diese Gelegenheit *tsubo* getauft und wie diese verkauft. In der Hoffnung, eine zahlreiche Nachkommenschaft zu haben, haben wir fünfzehn »Friedhofs*tsubo*« gekauft.[16]

Im Moment ruhen dort nur Tatsuos Eltern. Aber ich habe dort einen *shoentō* errichtet, einen Votivturm, der all denen geweiht ist, die mit der Familie verbunden sind: den Kunden, den verstorbenen Angestellten und den anderen. Ich habe ihn als Zeichen meiner Dankbarkeit errichten lassen für alle, die mir geholfen haben. Ich möchte ihnen den Weg zur Erleuchtung erleichtern.

Mit unseren Erben begeben wir uns viermal im Jahr auf den Friedhof: vor Neujahr, zum Obon-Fest am Ende des Sommers und zu den Tagundnachtgleichen und natürlich an den Gedenktagen. Bei diesen Anlässen gräbt man ein wenig in der roten Erde, und dann opfert man Wasser, Blumen und Räucherstäbchen von sehr guter Qualität. Danach wird die Stele von Tomekichi mit einem *shō* Sake, einer Flasche von eins Komma acht Litern, besprengt, weil er so gerne getrunken hat. Während wir den Alkohol vergießen, erzählt Tatsuo unseren Enkeln von den Dummheiten seines Vaters und schließt mit den Worten:

»Ich bin ebenfalls dem Trunke ergeben. Vergeßt nicht, mir etwas einzuschenken, wenn ich tot bin!«

Und alle lachen.

Jeden Morgen mache ich kurze Andachtsübungen vor dem Ahnenaltar. Ich pflege die Blumen, stelle die Opfergaben auf, zünde die Kerzen an und spreche das Hannya-Sūtra und shintōistische Gebete. Diese passen besser zur Herkunft unserer Familie als die buddhistischen Texte: das *Senzo mitamaya no norito,* das »Gebet für den Altar der Ahnenseelen«, und das *Sobyō no norito,* das »Gebet für die Ahnenseelen«. Beide drücken unseren Respekt ebenso wie unsere Dankbarkeit aus.

Ich habe nie wie Ansai daran gedacht, unsere Verbindungen zum Kloster abzubrechen. Die Mönche erfüllen ihre Aufgabe mit großem Ernst. Sie benachrichtigen mich immer, wenn der Tag der Zeremonie für Tomekichi oder Naka näherrückt. Einen Monat vor dem Termin schickt uns die Kirchengemeinde einen Brief, worin man uns an die Gedenkfeier erinnert. So laufen wir nicht Gefahr, die lieben Verstorbenen zu vergessen oder sie aus Nachlässigkeit zu *muen* werden zu lassen. Das sind die »Toten ohne Verbindung«, die alle möglichen Störungen verursachen.[17] Da mein Schwiegervater und meine Schwiegermutter im Februar diese Welt verlassen haben, sie am 29. und er am 7., ehren wir sie gemeinsam. Das macht weniger Umstände. In den gewöhnlichen Jahren machen wir nur eine kleine Feier mit den Kindern, aber zu den großen Gedenktagen laden wir nähere und entfernte Verwandte und auch Freunde ein. Wir feiern alle gemeinsam im Kloster, wo die Mönche ein besonderes Essen ohne Fleisch zubereiten. Es genügt, wenn man sie wissen läßt, wie viele Personen an den Riten teilnehmen werden. Dann können die Köche die entsprechende Anzahl von Mahlzeiten vorbereiten.

Ich sehe wirklich nicht, was an solchen Praktiken schädlich sein sollte. Es hat keinen Sinn, die Götter und Buddhas allzu deutlich einander gegenüberzustellen. Die Toten sind uns nahe, während die Götter unsichtbar und fern sind. Und dann, wer weiß, ob die Buddhas nicht im Lande der Götter sind? Man kann vor seinem eigenen Tod unmöglich darüber urteilen.

Übrigens habe ich eines Tages festgestellt, daß selbst Ansai ein altes Grabmal in einem buddhistischen Kloster besitzt, eine Stele, die ihm ein Mann geweiht hat, den er gerettet hatte. Daher bin ich mir ganz sicher, daß ich trotz meiner Zugehörigkeit zu einer shintōistischen Familie unsere Verstorbenen, die Buddhas, ehren kann. Und ist denn nicht jeder Kult gut, vorausgesetzt das Herz ist aufrichtig?

Wahrhaftig, ich habe vor nichts Angst, weder vor den Weisen noch vor den Dummköpfen. Weder die Reichen noch die Armen können mich erschrecken. Ich habe das reine Blut derjenigen, die den Wünschen der Götter Folge leisten, und ich werde, dessen bin ich mir sicher, sehr alt werden. Hat nicht meine eigene Mutter siebenundneunzig Jahre gelebt? Auf jeden Fall fürchte ich den Tod nicht mehr als das Leben, denn ich bin schon seit langem mit denen, die im Jenseits leben, in Verbindung.

XVIII
Die Religionsgemeinde Sangū

犬も歩けば棒にあたる

Inu mo arukeba bō ni ataru.
Wenn ein Hund spazierengeht,
trifft er auf einen Stock.

Durch meine Bemühungen, die Welt und das Leben zu verstehen, war ich zu der Auffassung gekommen, daß alle Traditionen gut sind, sofern man sie im Grunde seines Herzens achtet. Das war damals, als dank der Götter in meiner Umgebung ein neues Medium erschien. Es war eine *miko* namens Takabayashi Takeko.

Miko, das Medium

Genau gegenüber der Ochanomizu-Schule besaß die Familie Takabayashi ein großes Fischgeschäft. Schon seit jeher war Naka eng mit ihnen befreundet. Da sie Handel trieben, waren die Türen des Hauses immer ganz weit offen, so daß man bis hinten hineinsehen konnte. Wie jedermann wußte auch Naka, daß die Takabayashi Probleme hatten. Der älteste Sohn – sie hatten fünf Söhne – war schwermütig. Er hatte Anfälle von Gewalttätigkeit, die die Seinen in Angst und Schrecken versetzten. Manchmal nahm er die Messer, mit denen der Fisch geschnitten wurde, an sich und versteckte sie. Keiner wußte, ob er damit sich selber oder andere umbringen wollte. Man war gezwungen, die Messer zu verstecken, um eine Tragödie zu verhindern. Er war in die Klinik der Universität Tōkyō eingeliefert und dort mit Elektroschocks behandelt worden, aber sie hatten nichts genützt. Da sagte Naka zu Frau Takabayashi, daß es das beste sei, die Sache den Göttern zu überlassen und nahm den armen Verrückten mit zum Ontake-san.

Bei den ersten Pilgerfahrten war der Sohn so krank, daß er nicht einmal richtig sprechen konnte. Auch war er unfähig, nur ein einziges Gebet aufzusagen. Aber mit der Zeit und dank Nakas Opfergaben verbesserte sich sein Zustand in einem solchen Maße, daß er imstande war, seine Riten alleine auszuführen. Dadurch wurde er gerettet: Eines Tages, als er die Kerzen vor den Göttern anzündete, setzte er die *gohei*, die Papiersymbole, in Brand. Da bekam er so große Angst, daß er durch den Schock geheilt wurde. Im selben Jahr heiratete er, und ein Jahr darauf wurde sein erstes Kind geboren. Als sie diese seltsame Genesung feststellte, murmelte Naka zum ersten Mal, daß die Familie Takabayashi keine gewöhnliche Familie sein könne.

Erstaunt über die Macht dieser Götter, trat Frau Takabayashi in die Religionsgemeinschaft vom Ontake-san ein, zu der Naka gehörte. Sie wollte auf dem heiligen Berg nämlich um eine zweite Gunst bitten: Sie hatte nur Söhne und wünschte sich das sanfte Erlebnis, ein Mädchen zu bekommen. Ihr Wunsch wurde bald erfüllt. Trotz ihres vorgerückten Alters brachte sie ein Mädchen zur Welt. Da konnte jeder feststellen, daß die von den Göttern erhaltenen Kinder nicht wie die anderen sind: Dieses Mädchen war ein Zwerg, ein so kleines Kind, daß man glaubte, es würde nicht überleben. Trotzdem wurde es nie krank. Man nannte es Takeko, »Bambuskind«, in Erinnerung an die wunderbare Prinzessin, die in einem alten Märchen von einem Greis in einem Bambus gefunden wurde.[1]

Takeko war ein freundliches, wenn auch schüchternes kleines Mädchen. Manchmal sagte sie, die Götter würden ihr ins Ohr flüstern, aber ihre Eltern zuckten nur sanft mit den Schultern. Sie wollten so ein Schicksal nicht anerkennen. Doch alles deutete darauf hin, daß sie anders war. Sie wuchs und wurde eine Gestalt von wunderlicher Häßlichkeit, mit roten Wangen, schmalen Augen und sehr schönen Händen, die so fein waren wie die einer Göttin. Obwohl sie fünf Söhne hatten, adoptierten ihre Eltern einen Ehemann für sie, und trotz ihres so kleinen Körpers gebar sie ihre Kinder leicht. Es waren ein Junge und ein Mädchen, und beide waren völlig normal. So war nach Ansicht aller ihre Mißbildung ohne einen Eingriff der Götter undenkbar.

Takeko war noch ein Kind oder beinahe, als ich sie, um ihr eine Abwechslung zu bieten, mit in die Daiwa-Gemeinde nahm. Dort betrachtete die Priesterin die grauenhafte kleine Zwergin und sagte zu ihr: »Du, du mußt den Göttern dienen.« Das gefiel Takeko nicht und sie ist nie wieder dorthin mitgegangen.

Damit sie heiraten konnte, gaben ihr ihre Eltern im Vorort Tsurugashima ein Stück Land als Mitgift. Doch sie war traurig, weil ihr Mann, der Architekt war, dort bauen wollte, aber weder er noch sie Geld besaßen. Da mein Erfolg die Wirkungskraft meines Glaubens bezeugte, ging sie, um die Götter der Daiwa-Priesterin zu befragen: Sie sagten ihr, sie solle sich keine Sorgen machen und mit den Bauarbeiten beginnen. Das Geld würde sie bald bekommen. Und tatsächlich erhielt ihr Mann einige Tage später einen Auftrag, der es ihnen erlaubte, für die Ausgaben aufzukommen. Doch Takeko, die sich in Gegenwart der Götter immer unwohl fühlte, weigerte sich auch dieses Mal, die Daiwa-Gemeinde öfter zu besuchen.

Zwei Jahre später entschloß sich einer ihrer Brüder, seinerseits ein eigenes Haus zu bauen. Aber bei dieser Gelegenheit verursachten ihm seine Arbeiter mehr und mehr Schwierigkeiten, so daß auch er sich an die Priesterin der Daiwa-Sekte wandte. Diese war der Meinung, daß man *tama*, »Seelen«, eingraben und ein *toko shizume no matsuri*, ein »Fest zur Beruhigung des Bodens« veranstalten müsse.[2] Doch zu dem gewählten Datum konnte die Priesterin, die den Titel einer Sektenstifterin, *kyōso*, innehatte, nicht kommen und schickte eine Stellvertreterin. War nun das Talent der Stellvertreterin nicht so groß wie das des anderen Mediums? Oder gefiel sie vielleicht aus einem unbekannten Grund den Göttern nicht, die man an diesem Tag verehrte? Fest steht, daß sich die Götter weigerten, sich durch ihre Vermittlung zu offenbaren und vom Körper der Zwergin Besitz ergriffen. Sobald die Priesterin begonnen hatte, das Gebet zum Fest der Beruhigung des Bodens zu lesen, brach Takeko zusammen und murmelte mit Grabesstimme, daß ein schrecklicher Zorn sie quäle. Überrascht unterbrach sich das professionelle Medium. Dann begann sie mit dem Geist, der von Takekos Körper Besitz ergriffen hatte, einen Dialog:

»Welcher Gott bist du?« fragte sie.

»Ich bin der Gott des Bodens«, antwortete Takeko.

Mir war das schrecklich peinlich, denn das Verhalten der Zwergin erschien mir wie eine große Unhöflichkeit gegenüber der

Spezialistin, die extra für die Zeremonie von Sendai gekommen war. Ich machte Takeko auch Vorhaltungen, sobald sie wieder bei Sinnen war, aber sie konnte sich an nichts erinnern.

Die Zeit verging, und da sich die junge Frau normal verhielt, vergaß man den Vorfall.

Drei Jahre später, an einem Tag, an dem Frau Takabayashi nach Sendai gehen sollte, um dort den feierlichen Ritus zu Ehren ihrer Ahnen zu begehen, bekam sie eine schlimme Grippe. Takeko war damit einverstanden, an ihrer Stelle mit mir zusammen hinzugehen. Gemeinsam fuhren wir vom Ueno-Bahnhof los. Aber bald fiel der Regen so heftig, daß der Zug langsamer fahren mußte. Wir kamen erst spät in der Nacht an. Die Priesterin hatte uns geraten, noch am selben Abend bei Daikoku-sama auf dem Hügel Ōuchiyama unsere Aufwartung zu machen. Doch wir mußten uns damit begnügen, eine kleine Statue des Großen Herrn des Landes zu grüßen, die man in der Küche der Herberge, in der wir abgestiegen waren, verehrte.[3] Da die Zeremonie im Morgengrauen beginnen sollte, nahmen wir unser Bad und gingen eilig schlafen.

In dieser Nacht hatte Takeko einen seltsamen Traum. Sie sah, wie der kleine Daikoku-sama aus der Küche durch das Fenster in unser Zimmer kam. Kaum war er herinnen, da wurde er riesengroß und kam mit Schritten, die einen grauenhaften Lärm machten, auf sie zu. Er näherte sich ihr und befahl ihr, in seine Augen zu schauen. Als sie hineinblickte, sah sie, wie dreimal ein blendendes Licht aus den Augen des Gottes trat und in die ihren eindrang. Ein fürchterlicher Schmerz weckte sie. Da ich noch schlief, rüttelte sie mich und fragte, ob ich denn den Gott nicht gehört hätte. Ich sagte ihr, es müsse ein Traum gewesen sein. Aber Takeko war davon überzeugt, daß der kleine Daikoku-sama aus der Küche sie wirklich besucht hatte. Sie konnte nicht glauben, daß dies ein gewöhnlicher Traum gewesen sein sollte.

Als wir bei der Priesterin, die uns für das erste Gebet erwartete, ankamen, war sie immer noch ganz in diesem Erlebnis befangen. Und sobald Takeko den Klang der rituellen Trommel hörte, die die Rezitation der heiligen Worte begleitete, brach sie wieder zusammen, bebte und knurrte wie ein Tier. Ich stieß sie mit dem Ellbogen und zwickte sie in den Arm, damit sie wieder zu sich kam. Aber nichts half. So fühlte ich mich auch dieses Mal der Priesterin gegenüber verlegen. Doch schnell entschlossen fragte diese den Gott, der von Takekos Körper Besitz ergriffen hatte:

»Wie ist dein Name?«

»Ich bin der Große Herr des Landes«, antwortete der Gott durch den Mund der Zwergin.

Die Priesterin forderte mich auf, ihm Fragen zu stellen. Also fragte ich:

»Wer war ich in meinem vorangegangenen Leben?«[4]

»Du warst im Dienste des Hofes«, antwortete der Gott.

Er erklärte daraufhin, daß zwischen den Familien Takabayashi und Yamazaki eines jener Bande bestünde, die, selbst wenn sie abgeschnitten würden, nicht zu lösen seien. Und er befahl Takeko, seine *misugata*, seine »heilige Gestalt«, mit nach Hause zu nehmen und davor jeden Tag das Gebet der großen Reinigung zu sprechen.

An dem Tag, der dieser außergewöhnlichen Nacht folgte, kauften wir für 15 000 Yen eine vergoldete Statue von Daikoku und nahmen sie mit nach Tōkyō. Wie es der Große Herr des Landes verlangt hatte, rezitierte Takeko jeden Tag vor ihr das Gebet der großen Reinigung. Täglich fiel sie in Trance und begann mit einer rauhen Stimme, die ihren Mann erschreckte, in einer sehr alten Sprache zu sprechen. Auch fing sie an, Einkäufe zu machen, und verschwendete ihre seit zehn Jahren angesammelten Ersparnisse, um Opferteller, Bronzeleuchter und andere Kultgegenstände zu erwerben. Als ihr Mann ihr befahl, mit diesen Extravaganzen aufzuhören, schien sie zuerst Vernunft anzunehmen, aber es war noch keine Stunde vergangen, da gab die Zwergin dem Willen des Großen Herrn des Landes nach. Sie nahm die Stadtbahn und fuhr ins Asakusa-Viertel in die Nähe des Klosters Sensō. Dort werden fromme Gegenstände verkauft. Zuletzt bekam es ihr Mann wirklich mit der Angst zu tun und rief mich an. Ich sollte nach Saitama kommen und Takeko besuchen, um sie zu bitten, damit aufzuhören. Aber in dieser Woche war ich so beschäftigt, daß ich seiner Bitte nicht nachkommen konnte.

Zu dieser Zeit ließ der Große Herr des Landes Takeko wissen, daß ich ihr ein Zeremonialgewand nähen solle: Für seinen Gottesdienst sollte sie künftig einen weiten violetten Hosenrock, *ha-*

Der Gott Daikoku

kama, dazu einen weißen *kosode* – ein Unterkleid – und einen violetten Kimono mit Chrysanthemenmuster tragen. Von ihrem Ehemann begleitet, kam Takeko zu mir, um mir diese Nachricht zu bringen. In Wirklichkeit war sie versucht, sich von ihrer heiligen Berufung loszusagen, denn sie hatte Angst. Ihr Mann drängte sie dazu. Ich war ratlos, weil ich gut verstehen konnte, daß es für einen Mann nicht leicht war, zu sehen, wie seine Frau von den Göttern in Besitz genommen wird. Nun, ich sagte der Zwergin, daß es nichts nützen würde, seinem Schicksal entfliehen zu wollen, aber bevor sie sich zu irgend etwas entschließe, solle sie zur Daiwa-Gemeinde gehen und die Priesterin um Rat fragen. Ich selbst würde sie begleiten, da ich in jedem Fall fragen wollte, wo ich ein violettes Gewand mit Chrysanthemenmuster nähen lassen konnte. Denn einen Stoff von kaiserlicher Farbe, bedruckt mit dem kaiserlichen Motiv der Chrysantheme, konnte man im Handel bestimmt nicht finden.

Als die Priesterin von der Situation in Kenntnis gesetzt war, sagte sie zu Takeko, daß sie ihr Zögern verstehe, da niemand sich so einfach den Göttern weihen kann. Sie müsse drei Monate lang bei ihr Unterricht nehmen. Danach würde sie den Titel *kyōshi,* »Lehrmeisterin«, erhalten, und von der Gabe, die ihr der Himmel gewährt hatte, Gebrauch machen können.

Aber da sich Takeko von Natur aus jeder Disziplin widersetzte, wandte sie sich direkt an den Großen Herrn des Landes. Dieser sagte zu ihr:

»Dieser Unterricht wird dich erschöpfen, er wird deinen Körper zerbrechen. Geh nicht zur Daiwa-Sekte, sondern komm direkt zu mir auf den Berg Ōuchiyama. Ich lehre dich, was du wissen mußt.«

Ich begleitete Takeko zurück nach Tōkyō und berichtete Frau Takabayashi die Worte des Gottes. Diese wurde von Entsetzen gepackt. Sie fürchtete, diese Prüfungen würden ihre Tochter töten. Denn ihre Gesundheit hatte sich unter der Wirkung der wiederholten Trancezustände verschlechtert. Sehr beunruhigt, entschloß ich mich, mit Takeko zu reden, um sie dazu zu bewegen, darauf zu verzichten. Aber die Zwergin antwortete mir mit einer Würde, die sie bisher nie an den Tag gelegt hatte. Sie sagte, meine Sorge sei unnötig, denn sie habe selbst den Entschluß gefaßt, den Göttern zu dienen.

»In der letzten Nacht«, erklärte sie, »hat der Große Herr des Landes mir einen Teil seiner Seele in meinen Körper gepflanzt. Von nun an bin ich unverwundbar.«

Takeko verbrachte nur drei Tage auf dem Ōuchiyama. Jeden Morgen begab sie sich in den verschneiten Wald. Zuerst wandte sie ihr Gesicht den Baumkronen zu, die unbeweglich zwischen den Winterwolken standen, dann warf sie sich auf dem vereisten Erdboden auf die Knie. Sie rieb sich die Wangen mit Schnee, bis sie blaurot wurden, und murmelte seltsame Worte. Nachdem ihre asketische Bußübung beendet war, stieg sie wieder hinunter zum Heiligtum. Dort lehrte sie der Große Herr des Landes in drei Tagen die ganze Kunst eines Mediums. Diese Tage waren voller Tränen, Trance- und Erstarrungszustände, die uns, ihre Mutter und mich, mehr als einmal in Angst und Schrecken versetzten. Sie lernte, wie man die heiligen Papiersymbole zuschneidet, wie man Schutz-, Glücks- und Wohlstandsamulette herstellt und wie man sich reinigt, um die Riten ausführen zu können: Bevor sie ihre Wanne im Bad fülle, müsse sie zuerst Sake nach Norden, Osten, Süden und Westen versprengen und danach Salz in diese Richtungen streuen. Während das Wasser fließe, solle sie dreimal das Gebet der Großen Reinigung sprechen und dann, je nach Jahreszeit Pfirsich-, Iris- oder Chrysanthemenblüten hineinwerfen. Danach solle sie sich sorgfältig waschen, ohne das Spülen des Mundes zu vergessen. Nach der Reinigung solle sie das Gewand mit dem kaiserlichen Muster anziehen und mich bitten, ihr einen Knoten zu machen, in den ich Pfirsich-, Iris- oder Chrysanthemenblüten hineinflechten solle.[5] Alles müsse bis zum Monat Mai bereit sein, zu dem Zeitpunkt, da Takeko das *miko no tanjō*, das Fest der Geburt des »erlauchten Kindes«, der *miko*, das heißt des Mediums, feiern solle.[6] Danach werde sie ihre Fähigkeiten ausüben können.

Als diese Erklärungen beendet waren, befahl der Große Herr des Landes Takeko, den Berg zu verlassen:

»Geh«, sagte er zu ihr, »ich werde dich begleiten. Geh schnell, denn ich habe meine ganze Seele in dich gelegt, und mein Leben ist hier in Gefahr.«[7]

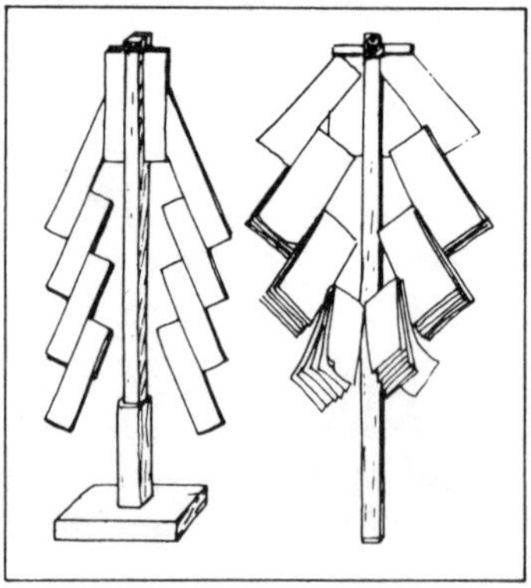

Heilige Symbole, *gohei*

Als die vom Großen Herrn des Landes angeordnete Zeremonie näherrückte, wurde ich nervös und ungeduldig. Die ungewöhnlich komplizierten Vorbereitungen störten den täglichen Ablauf und machten meine Angehörigen nervös. Tatsuo setzte eine griesgrämige Miene auf und stöhnte leise, daß ich wahrhaftig so verrückt sei wie der Herbstwind. Und während er sich fragte, aus welcher seltsamen Verkettung von Ursache und Wirkung meine Wunderlichkeit wohl entstanden sei, begann er eifrig das Kloster zu besuchen, in dem der Kult der Föten gepflegt wird. Denn wie die meisten japanischen Mütter hatte ich mindestens vier- oder fünfmal abgetrieben.[8] Motoko bemühte sich, mich durch ihre Gebete wieder zum gewohnten Ontake-san-Kult zurückzubringen. Mitsunobu klagte jeden Morgen, daß diese ganze Frömmigkeit übertrieben sei: »Es sind genug Götter im Haus. Dieses Erbe wird viel zuviel Arbeit machen.« Und Ryōko trat ganz plötzlich, aus reiner Provokation, dessen bin ich mir sicher, in eine universalistische Sekte ein. Diese Sekte reduzierte alle Religionen auf eine durchschnittliche Moral, indem sie ihren Anhängern verbot, zu töten oder zu stehlen.

Da es mir unangenehm war, die Meinen in solche Verwirrung zu stürzen, dachte ich einen Moment daran, das Fest abzusagen. Aber Naka, meine verstorbene Schwiegermutter, sprach zu mir durch die Vermittlung von Takeko: »Die Menschen nehmen die Forderungen der Götter nie widerspruchslos hin. Ich sehe, wie groß deine Trauer ist, aber wisse, daß Beharrlichkeit deinen Kummer zum Verschwinden bringen wird. Die Zeit wird deine Leiden lindern.«

Und da dies die ersten Worte Nakas nach ihrem Tod waren, konnte ich nicht anders, als mich ihnen zu beugen.

Dennoch gefährdete meine Frömmigkeit zu dieser Zeit ernstlich den Familienfrieden.

Meine Beziehungen zu Kyōko, der Frau von Mitsunobu, waren nie einfach gewesen. Wenn Kyōko mir auch, wie es ihre Verpflichtungen als Schwiegertochter mit sich brachten, in allem gehorchte, erkannte ich in ihrem Blick doch manchmal ein maßlos feindseliges Funkeln oder schlimmer noch, eine Gleichgültigkeit, die mich erschreckte.

Eines Tages, als Kyōko den Reis für das Mittagessen zubereitete, tauchte unerwartet die *miko* Takeko auf. Ihr Sohn und ihre Tochter, die damals acht und zehn Jahre alt waren, hingen an ihrem Arm. Ohne mir etwas dabei zu denken, wies ich meine Schwiegertochter an, ihnen etwas zu essen zu geben. Sie gehorchte zwar, aber die ganze Mahlzeit über sagte sie kein Sterbenswörtchen. Weder begrüßte sie die *miko*, noch sagte sie sonst etwas. Danach verschwand sie mit den Kindern. Weder am Abend noch am nächsten Tag kam sie zurück.

Da ergriff Panik mein Herz. Am Abend, nach Sonnenuntergang, hörte ich das finstere Krächzen eines Raben, und eine böse Vorahnung überkam mich: Ich fürchtete, Mitsunobu würde das Haus verlassen und seiner Frau Kyōko folgen.

In der Familie Kobayashi, in der Kyōko geboren wurde, war sie das letzte von vier Kindern. Vier Mädchen, denn sie hatten keinen Sohn. Nachdem die drei ältesten in andere Familien eingeheiratet hatten, äußerten ihre Eltern den Wunsch, die Jüngste bei sich zu behalten und für sie einen Ehemann zu adoptieren, den sie zu ihrem Erben machen könnten. Aber in dem Augenblick, in dem Kyōko Mitsunobu kennenlernte, fielen ihre Pläne ins Wasser. Denn dieser war selbst ein Erbe. Beide waren jung, schön und schüchtern. Kaum waren sich ihre Blicke begegnet, da begannen sie auch schon, sich zu lieben. Traurig hatten die Kobayashi ihre letzte Tochter ziehen lassen. Aber sie nähmen sie mit Freuden wieder auf, wenn sie darum bitten würde. Dann wären wir es, die Yamazaki, die ohne Erben dastehen würden. Meine Bemühungen, mein Aufstieg in der Gesellschaft hätten keinen Sinn mehr.

Diese große Gefahr wollte ich abwenden. Also ließ ich die *miko* in mein Haus in Bunkyō kommen und befragte verzweifelt die Götter.

Naka offenbarte sich zum zweiten Mal. Sie erklärte mir, daß ich Kyōko nicht hassen solle: Dieses Mädchen führe ein egoistisches Leben, weil ein furchtbares Schicksal, ein *innengoto*, das auf ihrem Geburtshaus laste, sie für jede Art von Pietät unzugänglich mache. Ob ich denn nicht wisse, daß Kyōko aus einer gottlosen Familie komme, in der es keine Altäre gäbe, weder für die Götter noch für die Buddhas? Der Himmel hatte beschlossen, daß Kyōko bei den Yamazaki einheiraten sollte, in der Hoffnung, daß die verstorbenen Ahnen der Kobayashi dann auch in den Genuß einer Nachkommenschaft kämen, die für ihre Ruhe beten würde. Naka sagte: »Man muß den Toten der Kobayashi Opfergaben bringen.«

Und sie entfernte sich.

In diesem Augenblick hörte ich Schritte auf der Treppe: Kyōko war heimlich zurückgekommen, um Kleider zum Wechseln für ihren Sohn Masashi zu holen. Sie hatte die göttliche Botschaft, in der es um ihre Herkunft ging, gehört. Völlig außer sich lief sie davon. Sie rannte wie ein verletzter Hund, dem ein Blinder Steine nachwirft.

Ich war betrübt darüber, daß diese Zwietracht andauerte, und suchte jeden Tag Trost bei den Göttern. Da meine Gebete aber nichts ausrichteten, versuchte ich schließlich, meine Schwierigkeiten in der Welt der Menschen zu lösen. Ich vertraute Mitsunobu an, wie bedauerlich ich diesen Zank fand, so sinnlos wie eine Schlacht der Wolken am Himmel. Ich gab meiner Überzeugung Ausdruck, daß in dieser wie in allen anderen Angelegenheiten die Schuld bei beiden läge.

»Wenn Kyōko wiederkommt«, sagte ich, »wird sie sich des Leides bewußt werden, für das sie verantwortlich ist.«

Bei diesen Worten geriet Mitsunobu, der sonst so ruhig war, daß manche ihn für apathisch hielten, in eine heftige, kurze Wut. Er lehnte es rundweg ab, in dieser Weise mit Kyōko zu reden. Daraufhin bat ich Tatsuo, zu vermitteln. Aber er wollte sich in etwas, was er Frauengeschichten nannte, nicht einmischen. Seit er die toten Föten ehrte, war die Farbe auf seine Wangen zurückgekehrt, die eine Zeitlang durch die häuslichen Streitereien blaß geworden waren. Seine wiedergewonnene Energie trieb ihn dazu, noch mehr in Tōkyō herumzustreifen, so daß man ihn in Bunkyō kaum noch sah.

Einige Tage später kam Kyōko doch wieder zurück und das Leben wurde fortgesetzt wie früher. Wenigstens dem Anschein nach, denn dieses Davonlaufen, dem weder Tränen noch irgendeine Aussprache gefolgt waren, vergiftete weiterhin die Luft in unserer Wohnung oben im Haus in Bunkyō. Als Kyōkos Stimmung eines Morgens milder schien, nutzte ich das aus und wandte mich direkt an meine Schwiegertochter. Ich rief sie in die Küche und sagte zu ihr:

»Ich mache dir keine Vorwürfe. Die Schuld liegt nicht bei dir, ein *innengoto* lastet auf den Kobayashi. Ich werde so lange für deine Ahnen beten wie es nötig ist.«

»Tun Sie nicht zuviel, Mutter. Die Mutter meines Geburtshauses möchte gewiß nicht, daß Sie sich soviel Mühe machen. Und wenn Sie für die Kobayashi beten, muß sie bestimmt an Ihren Riten teilnehmen ...«

»Nein, das ist nicht nötig, da du jetzt zum Haus Yamazaki gehörst. Durch dich sind wir hinreichend mit deinen Ahnen verbunden.«

»Wenn es das ist, was Sie stört«, erwiderte Kyōko, die bis zu diesem Tag von allen als sanfte Person betrachtet worden war, »kann ich sehr wohl gehen.«

Und sie ging, wobei sie die Vorzimmertür hinter sich zuschlug.

Ich hatte das Gefühl, daß ich besser nichts hätte sagen sollen. Ich hatte Angst, daß Kyōko und Mitsunobu wirklich gehen würden, wenn das so weiterginge. Ich mußte vorsichtig sein. Am selben Abend rief ich sie beide zu mir und sprach noch einmal mit ihnen:

»Ihr seid dazu berufen, die Nachfolge des Hauses Yamazaki anzutreten, und ihr werdet zugleich das Unternehmen und unsere Götter erben. Deshalb müssen wir, auch wenn es Probleme zwischen uns gibt, diese lösen und die Götter in den Mittelpunkt unserer Beziehungen stellen.«

Kyōko und Mitsunobu lehnten dieses Angebot ab.

Wieder vergingen einige Monate. Ich bemerkte, daß sich meine Enkelkinder veränderten. Hitoe, die Ältere, arbeitete schlecht in der Schule, und Masashi lachte nicht mehr. Plötzlich verkündeten Kyōko und Mitsunobu, daß sie am übernächsten Tag in ein modernes Appartement im obersten Stockwerk eines Gebäudes in unserem Viertel ziehen würden. Sie sagten, daß ihnen das Zimmer, das ihnen in unserem Haus zugeteilt war, viel zu eng sei. Noch am selben Tag holten Möbelpacker ihre Sachen. In der Nacht schliefen sie in einem Hotel.

Ich blickte in ihr leeres Zimmer und sagte mir, daß ich unserer Uneinigkeit um jeden Preis ein Ende setzen müsse. Erneut rief ich meinen Sohn und meine Schwiegertochter zu mir, um mich mit ihnen auszusprechen. Ich wandte mich an Kyōko:

»Für dich ist alles sehr gut verlaufen, weil du das Glück hattest, den Mann heiraten zu können, den du liebst. Aber mit Geld allein kannst du deine Kinder nicht glücklich machen. Sie brauchen die Zuneigung von uns allen. Wir müssen miteinander auskommen und die Kinder in den Mittelpunkt unserer Beziehungen stellen.«

Als sie diese Rede hörte, weinte Kyōko zum ersten Mal, seit sie in unser Haus gekommen war. Es waren nur unauffällige Tränen, die ihre Augen füllten, ohne zu fließen. Aber als ich sie bemerkte, wußte ich, daß wieder Ordnung einkehren würde. Da legte ich ihr die Hand auf die Schulter, mit einer Geste, die besagte, daß sie immer zur Familie gehören würde und ich Mitgefühl für sie empfand.

Unsere Beziehung wurde so harmonisch, daß die Götter Kyōko sogar baten, am Fest der Überführung des Heiligtums vom japanischen Salon in das Zimmer, das die junge Frau bis vor kurzem mit Mitsunobu bewohnt hatte, teilzunehmen. Sie drangen darauf, daß sie die Namen von Mitsunobu, Tatsuo und mir, Ikue, auf den Kragen, den Gürtel und den unteren Rand des Festtagskimonos der *miko* stickte. Ich fürchtete einen Moment, dieser göttliche Befehl könnte unseren Streit wieder aufflackern lassen, aber Kyōko fügte sich, ohne zu klagen oder zu murren. Dann nahm sie mit der ganzen Familie an den Riten teil, ohne daß sie sich anmerken ließ, was sie in ihrem Innersten darüber dachte.

Als Dank dafür ehrte ich die Götter noch mehr, die nun von dem Zimmer aus, das meinem Sohn gehört hatte, über uns wachten. Aber ich fühlte mich allein, denn es war niemand mehr unter meinem Dach, dem ich Anweisungen hätte geben können. Um mich zu trösten, schenkten mir die Götter eine Inbrunst, die meine Angst vertrieb, und ich betete jeden Tag zu den übernatürlichen Wesen, den Toten und den Göttern.

Wie immer, wenn eine *miko* aufrichtig ist, scharten sich auch um Takeko die Gläubigen und bildeten eine fromme Gemeinschaft. Nur wenige Wochen waren seit der »Geburt der *miko*« vergangen, als sich schon regelmäßig zwanzig bis dreißig Gläubige in ihrem Haus in Tsurugashima versammelten. Der Herr des Hauses, der Architekt war, hatte glücklicherweise das Gebäude auf allen vier Seiten mit einer großen Veranda umgeben. So genügte es, die beweglichen Wände zu entfernen, um einen weitläufigen Raum zu haben, der dem Dienst an den Göttern angemessen war. Dort fanden die ersten Riten statt, die man zur Ehre des Großen Herrn des Landes feierte. Dieser wurde auf einem provisorischen Altar durch die kleine Statue von Daikoku-sama repräsentiert, die wir vom Ōuchiyama mitgebracht hatten.

Aber als der Herbstvollmond[9] näherrückte, verlangten die Orakel, daß auch andere *kami* neben ihm aufgestellt würden: Amaterasu, »Die, die den Himmel beleuchtet«, Tsukiyomi no mikoto, »Der, der die Monde zählt«, und Ame no Minakanushi no mikoto, »Der Herr der hehren Himmelsmitte«, sollten von nun an ihren Sitz neben ihm haben. Sie waren damit einverstanden, daß die ersten beiden durch einfache Papieramulette, wie man sie in den großen Heiligtümern kaufen kann, symbolisiert wurden, forderten aber, eine Statue aus purem Gold für den Herrn der hehren Himmelsmitte gießen zu lassen: in einer Höhe von fünf Zoll sollte sie die sitzende Gottheit darstellen; sie sollte den muskulösen Nacken eines Mannes, die Brust einer Frau, das Gesicht eines jungen Mädchens und die Haare eines Greises haben. So würde sie das Männliche und das Weibliche, die Jugend und die Weisheit, das heißt die Ganzheit des Universums symbolisieren.

Die Orakel befahlen weiter, daß zu ihren Ehren bei jedem Vollmond eine Opferzeremonie abgehalten werden solle: Der im Nordwesten aufgestellte Altar sei mit *sakaki*-Zweigen zu schmücken[10], die man im Morgengrauen in der Nähe der Wohnung der *miko* pflücken solle; man solle sie nicht mit Tau reinigen, sondern einfach mit Hilfe eines Hanffadens binden, bevor sie in die vier Ecken gestellt würden.

Als die Statue dank der Opfergaben der ersten Gläubigen hergestellt war, befahlen die Götter, ihren Wohnsitz vollständig mit *hinoki*-Holz zu täfeln, so daß zuletzt ein richtiges Heiligtum im Wohnsitz der *miko* eingerichtet war.

Bei jedem Vollmond opferte diese ihnen Produkte aus den drei Landschaften, aus denen die Welt besteht: aus dem Gebirge, vom Meer und vom Land. Vom Meer stammten die Meerbrassen mit dem hochgebogenen Schwanz und die Muscheln, in denen die Wellen rauschen. Aus dem Gebirge kam das wilde Gemüse, das je nach Jahreszeit wechselt, und vom Lande die sieben verschiedenen Knollenfrüchte, die die Götter erfreuen. Sie fügte noch Sake, Wasser, gewaschenen Reis, Salz und auch Stoff – zwei oder drei Stück glänzende Seide – und noch sieben Blätter der *konbu*-Alge[11] hinzu. Das dunkle Grün der Alge hob sich von dem strahlendweißen Papier ab, auf dem man die Opfergaben hübsch angeordnet hatte.

Die Teilnehmer an diesen Zeremonien waren zum größten Teil Friseure aus meiner Bekanntschaft, weil ich ihnen von den großen Verdiensten der neuen *miko* berichtet hatte.

Den Mitgliedern des Forschungsverbandes erzählte ich von der einsamen asketischen Übung der Zwergin auf dem Ōuchiyama. Meinen eigenen beruflichen Erfolg deutete ich ihnen als Beweis ihrer Wirkungskraft. Dem Weltverband für Schönheit und Gesundheit gab ich als Beispiel meine blühende Gesundheit und die prachtvolle Schönheit der Haare der *miko*, einer bemerkenswerten Benutzerin von Belle Jouvence. Zu allen sagte ich: »Belle Jouvence ist ein natürliches Produkt, das die Chemie der Götter und nicht die der Menschen geschaffen hat.« Und entzückt von den wunderbaren Wirkungen dieser Schönheitslotion, schlossen sich die Frauen in großer Zahl der neuen Sekte an. Wie durch ein Wunder, wahrscheinlich ein Zeichen des Wohlwollens der Götter, verkaufte sich Belle Jouvence um so besser, je mehr sich die religiöse Gemeinde ausweitete.

Schließlich gab ich meinen Angestellten die Anweisung, an den Riten teilzunehmen.

Schon seit langem befragte ich die Orakel, bevor ich ein neues Geschäft eröffnete oder jemanden einstellte. Aber nachdem mir die Götter die große Gunst erwiesen hatten, eine *miko* neben mich zu stellen, dachte ich, nun sei der Augenblick gekommen, alle die Meinen davon profitieren zu lassen. Denn nur die Verehrung übernatürlicher Kräfte verschafft den Menschen genügend Überzeugungskraft im täglichen Leben.

Ich beschloß, einmal im Jahr im Haus in Toyama ein großes Fest zu veranstalten, bei dem sich die Angestellten der sieben Salons versammeln sollten. Dank der *miko* würde jeder nach Belieben die Götter über seine augenblicklichen Probleme befragen können.

Ich teilte Endō meinen Entschluß mit. Er befürchtete zuerst, daß diese Verpflichtung die Jungen abschrecken würde, aber ich erklärte ihm:

»Wenn ich sie zu den Familienriten einlade, dann deshalb, weil ich sie als meine eigenen Kinder betrachte. Einige werden sich nicht darum scheren, sicher, aber anderen wird es helfen. Diejenigen, denen das nicht gefällt, werden sicher einen anderen Arbeitsplatz finden.«

Als Endō sie über diese Forderung befragte, sagten die Angestellten schlicht: »Wenn die Yamazaki gute Arbeitgeber sind, dann vielleicht wegen ihres Glaubens. Wir sehen also nicht, was uns daran stören sollte.«

Die jährliche Versammlung wurde eingeführt. Als danach die Geschäfte noch besser gingen, wagte ich es, die Götter zu einem Thema zu befragen, das mich täglich ernsthafter beschäftigte: die Frage meiner Nachfolge.

Da ich sah, daß die Spannungen zwischen den drei Cousins, Hirotoshi, Endō und Mitsunobu, jedes Jahr wuchsen, fürchtete ich, sie würden nach meinem Tod nicht zu Verbündeten, sondern zu Rivalen werden. Ich wußte, daß eine juristische Entscheidung keinerlei Harmonie zwischen den Männern schaffen konnte. Doch die war für ihren Erfolg unerläßlich. Außerdem fürchtete ich, daß der jüngste der drei, mein Sohn, in diesem unsinnigen Kampf unterliegen würde.

Ich bat die *miko* und die drei Cousins, sich gemeinsam mit zwei alten Angestellten, die schon lange zu den Geschäftsführern zählten, einmal im Monat zu treffen. Ich wünschte, daß die Götter ihnen Ratschläge geben würden, welche Haltung sie in ihrer Lebensführung einnehmen sollten.

Im Laufe der Monate legten die Götter ihre Ansichten dar. Zu

Endō sagten sie, er solle sich nicht weiter mit Aufgaben belasten, die er nicht übernehmen könne, sondern auch anderen Vertrauen schenken. Hirotoshi legten sie nahe, sich weniger in den Vordergrund zu drängen, sondern einem anderen den Vortritt zu lassen. Unter dieser Bedingung werde sich sein Erfolg als dauerhaft erweisen. Yoshida Chieko, die seit zehn Jahren in unserem Betrieb arbeitete, aber manchmal zu unpassenden Zeiten das Haus verließ, um Bier trinken zu gehen, legten sie ans Herz, sich weiblicher zu geben. Und zu Fujita Shunshō, der seit zwanzig Jahren bei uns ist, sagten sie, er solle sich in Zukunft wie in der Vergangenheit benehmen. Lange weigerten sie sich, zu Mitsunobu zu sprechen. Endlich, als ich siebzig Jahre alt wurde, ermunterten sie ihn dazu, sich den anderen zu öffnen.

Diese Worte beruhigten mich, denn ich dachte, daß keiner es wagen würde, den Anweisungen der Götter nach meinem Tod zuwiderzuhandeln. Nach Art der Jugend aus den vornehmen Vierteln behauptete Hirotoshi, weder an Gott, noch an den Teufel zu glauben. Aber er sagte auch, daß man niemals die Wünsche der Verstorbenen mißachten dürfe. Er wünsche sich, daß ihn seine eigenen Kinder einmal in Ehren hielten, wenn er seinerseits die Welt verlassen hätte. Aus diesem Grund dachte er sogar an eine Heirat.

Ich konnte mir also jeden Morgen sagen: »Wenn mein Sohn tot ist, werden seine Kinder das Geschäft weiterführen. Ich kann sterben, wenn die Götter es wünschen. Ich werde Naka, Seikō, Nobuko und die anderen sehen. Wir werden gemeinsam über das Glück der Unsrigen wachen. So wird die Welt ewig dauern.«

Kō, die religiöse Gemeinde

Tatsächlich erwies sich die neue Religion als so erfolgreich, daß die Gläubigen nur so herbeiströmten. Ein Jahr nach ihrer Gründung waren bei einer Versammlung ihrer Anhänger bestimmt tausend Personen zusammengekommen. Zusätzlich zu den Friseuren kamen nämlich zahlreiche Anhänger der Daiwa-Gemeinde, die von ihrer Meisterin enttäuscht waren, und fragten die Zwergin

Takeko um Rat. Die Schönheit ihrer Orakel bewog sie, bei uns zu bleiben.

Die Götter waren der Meinung, daß nun die Zeit gekommen sei, eine wirkliche Organisation, eine religiöse Gemeinde, *kō,* zu bilden. Sie gaben Takeko den Rang einer *nakaza*, das ist »diejenige, die in der Mitte sitzt«, und beschrieben ihr erneut die Kleidung, die sie für ihre Dienste tragen müsse. Zu den feierlichsten Gelegenheiten müsse sie zwei *hakama* übereinander anziehen, der eine solle dunkelviolett und der andere weiß sein. Darüber solle sie ein strahlendweißes Gewand tragen. Sie müsse das Haar mit einem kostbaren Kamm so hochstecken, daß es in einem Strom über ihre Schultern herabfiele. Bei den kleinen Zeremonien, zu denen sie einen roten *hakama* und ein weißes Obergewand tragen solle, solle sie ihre langen schwarzen Haare offen hängen lassen. Sie schenkten ihr außerdem einen neuen Namen, Ichi, »diejenige, die das Wissen besitzt«. Der Name kommt von Ichiyo, der Nachfahrin von Königin Himiko, die in den alten Zeiten, in denen Japan noch keinen Namen hatte, das Königreich durch ihre Riten regierte.[12]

Danach ernannten mich die Götter zur *maeza*, das ist »diejenige, die davor sitzt«. Ich sollte zwischen der Zwergin und ihren Gläubigen sitzen und damit beauftragt sein, die Gebete zu vermitteln und die göttlichen Botschaften zu kommentieren. Bei diesen Gelegenheiten sollte ich ein weißes Gewand tragen.

Darüber hinaus gaben die Götter klar zu verstehen, daß wir unzertrennlich seien wie *yin* und *yang*. Takeko sei *yin* und ich *yang*.[13]

Schließlich wählten sie noch zwei Friseusen unter den Anhängern aus, Frau Seki aus Hiroshima und Frau Nomura aus Sapporo. Diese bezeichneten sie als *shiten,* als meine und der Zwergin Assistentinnen. Während der Trancesitzungen sollten sie sich in zwei bis drei Metern Entfernung von uns aufhalten und die Gebete und Formeln rezitieren, die die Gefahren fernhielten. Außerdem sollten sie am Tage der Zeremonie schon vorher zur *miko* gehen und dort die Opfergaben und Kultinstrumente vorbereiten. Sie sollten wie ich weiß gekleidet sein.

Die Götter erklärten, daß sie Frauen als Dienerinnen gewählt hätten, weil diese im allgemeinen viel mutiger seien als Männer.

Mangetsu-sai, das Vollmondfest

Im darauffolgenden Herbst nahmen mehr als dreihundert Personen am Vollmondfest teil. Im Garten von Tsurugashima, der in allen vier Himmelsrichtungen mit Sake und Salz gereinigt worden war, errichtete man ein großes Zelt aus rotweiß gestreiftem Stoff. Dort wurde ein provisorischer Altar aus hellem Holz errichtet, aber man stellte keine Statue auf, weil der Boden des Zeltes sich zur Natur, zum eigentlichen Wesen der Götter hin, öffnete. Doch bald fing es so heftig an zu regnen, daß man das Zelt sorgfältig schließen mußte.

Die Mitglieder der Gemeinde, in erster Linie Frauen, machten eine nach der anderen einen Abstecher zum Haus der Zwergin. Sie begaben sich zur Toilette, wuschen sich die Hände und spülten sich den Mund aus. Dann bereitete jedes Mitglied seinen Opfergang vor: ein 5000-oder 10 000-Yenschein wurde in einen Umschlag gesteckt und unter den Gürtel geschoben. Wenn die Zeit gekommen war, zogen die Gläubigen ihre Schuhe auf der Schwelle des Zeltes aus und traten schweigend in einer langen Reihe ein. Sie setzten sich auf den mit einer Plane bedeckten Boden. Ich begann, langsam die Gebete zu lesen, während unsere beiden Assistentinnen die Opfergaben in Empfang nahmen.

Kaum waren zehn Minuten vergangen, da verfiel die vor dem Altar sitzende *miko* in Trance. Sie sackte leicht zusammen und fing an, schnell zu sprechen, bald mit einer schrillen, bald mit einer rauhen Stimme, mit kurzem Atem wie ein Greis. Ich übersetzte die Botschaft des Himmels von Zeit zu Zeit in eine klarere Sprache: Als erste kamen die Wassergötter. Sie sagten, sie seien sehr wütend, deshalb würden sie es regnen lassen. Es folgte der Mondzähler, der über die Seelen der Toten wacht. Er beklagte sich:

»Ich bin traurig, denn die Seelen der Toten in der Unterwelt geraten in Aufregung, weil sie über die Gottlosigkeit der Menschen erzürnt sind. Ich werde mich nicht mehr zeigen.«

Dunst und Wolken hatten sich in der Tat auf eine für die Jahreszeit ungewöhnliche Art zusammengezogen, und der Mond, der doch an diesem Tag gefeiert wurde, blieb unsichtbar.

»Was sollen wir tun, um dem abzuhelfen?« fragte eine Gruppe Gläubiger.

Und die Götter antworteten: »Eine Delegation der religiösen Gemeinde soll sich auf Pilgerfahrt nach Izumo begeben. Dorthin zog sich in alten Zeiten der Große Herr des Landes zurück. Danach soll sie nach Ise gehen, wo Amaterasu, die, ›die den Himmel erleuchtet‹, residiert, und dann zu den Inseln im Süden, wo im letzten Krieg so viele unglückliche Seelen den Tod gefunden haben.«

Die Götter beantworteten dann die Einzelfragen, die von denen gestellt wurden, die Geld- oder Gesundheitsprobleme hatten, und verordneten jedem Opfergaben und Gebete. Und schließlich erteilten sie einigen Frommen die Erlaubnis, ein Bild des Großen Herrn des Landes zu erwerben, das sie in ihrem eigenen Haus aufstellen und verehren konnten. Eine große magere Frau, die gerade ihren Mann verloren hatte, richtete sich auf, als sie gewahrte, daß sie noch nicht auf der Liste dieser glücklichen Begünstigten stand, und wedelte mit ihren schwarzen Ärmeln wie mit Flügeln. Dabei stieß sie einen einzigen schrillen Schrei aus, bevor sie wieder zurücksank. Ein wenig ärgerlich über diesen unerwarteten Lärm, sagte ich zu ihr: »Beruhigen Sie sich. Die Götter werden Ihnen bald erlauben, einen privaten Kult für den Großen Herrn des Landes einzurichten. Das ist gewiß.« Beruhigt setzte sich die Frau wieder hin.

Sekai-heiwa, der Weltfriede

Bei der ersten Pilgerfahrt im folgenden Jahr, *hatsumairi*[14], begab ich mich mit einer Delegation, zu der die *miko* und etwa zwanzig Gläubige gehörten, nach Izumo. Dort steht der Schrein des Großen Herrn des Landes, der die japanische Erde, nachdem er sie befriedet hatte, den Nachkommen der Sonne anvertraut hat. In Izumo willigte der Gott zum ersten Mal ein, uns den Sinn unserer Mission zu offenbaren. Das geschah folgendermaßen:

Als sich unsere Pilgergruppe vor dem Altar verneigt hatte und die Priester des Ortes uns gereinigt hatten, fragten uns die Mitglieder einer anderen religiösen Gemeinde, die sich auf der gleichen Pilgerfahrt befanden:

»Wie nennt sich eure Sekte?«

Ich antwortete, wir hätten keinen Namen, aber unsere Stifterin heiße Takabayashi Takeko. Eine zweite Gruppe und noch eine weitere stellten mir dieselbe Frage. Da dachte ich bei mir, daß es sicher gut wäre, wenn wir einen Namen hätten, an dem uns jeder leicht erkennen könnte. Zu diesem Thema befragte ich den Großen Herrn des Landes. Und dieser antwortete mir durch den Mund seiner *miko*, daß er uns den Namen Sangū, die »Drei Herrscherinnen« schenke. Dann erklärte er uns die Bedeutung dieses Namens:

»Am Anfang der Welt«, sagte der Große Herr des Landes, »gab es drei Götter. Im Zentrum der Welt befand sich Ame no Minakanushi no kami, der »Herr der hehren Himmelsmitte«, der unteilbar ist. Neben ihm, genauso edel wie er, befanden sich Takamimusubi no ōkami, der »Große Gott der hehren Erzeugung«, und Kamimusubi no ōkami, der »Große Erzeuger der Götter«. Und jeder dieser beiden letzteren teilte sich in zwei Teile. Das ergab fünf Gottheiten, die den fünf Elementen entsprechen, aus denen die Welt besteht. Durch wiederholte Teilung, analog der der menschlichen Körperzellen, erzeugten sie fünfundsiebzig Götter. Das sind die Bewohner der himmlichen Götterwelt, über die Amaterasu, die, »die den Himmel erleuchtet«, herrscht. Parallel dazu bildeten sich in der Welt des Dunkels, die ihr Bruder, der Mondzähler lenkt, die fünfundsiebzig Götter, die in der Totenwelt wohnen.

Eure Riten dienen dazu, daß zwischen den drei Welten, der des Himmels, der der Erde und der des Dunkels, Harmonie herrscht. Die während des Zweiten Weltkriegs und in anderen Schlachten gestorbenen Seelen sind in einem solchen Aufruhr, daß sie das Licht der himmlischen Götter daran hindern, die Erde zu erleuchten. Ihr werdet sie durch eure Gebete beruhigen. Dann wird das göttliche Licht die Welt erleuchten und jeden Krieg zunichte machen. Schließlich, wenn wieder Friede herrscht, wird der »Weg der Schönheit« in Erfüllung gehen.

Wenn ihr die Riten vernachlässigt, wird die von den verzweifelten Seelen verursachte Unruhe die Welt in einen dritten Krieg hineinziehen. Männer und Frauen werden sterben, bevor ihre Zeit gekommen ist. Und die in die Welt des Dunkels hinabgedrängten Seelen werden ihrerseits die Welt der Lebenden verdüstern.«

Um diese große Neuigkeit zu feiern, quartierten wir uns am Abend in einem Luxushotel ein, wo uns Krabben und Muscheln vom Miho-Kap im Überfluß serviert wurden. Als wir wieder in Tōkyō waren, ließen wir unsere Gemeinde als juristische Körperschaft eintragen.

Wie der Gott uns geheißen hatte, nahm im darauffolgenden Frühjahr eine Gruppe frommer Gemeindemitglieder ein Flugzeug nach Saipan. Dort waren während des Zweiten Weltkrieges viele Unschuldige ums Leben gekommen. Oben auf der Felsklippe sprachen wir im Namen der ganzen Gemeinde achtmal das Gebet der Großen Reinigung und über den Wellen, die früher die Leichen überflutet hatten, streuten wir unsere Opfergaben aus: quadratische Kartonstücke, auf die wir unsere Gebete kalligraphiert hatten. Diese schwammen in einer langen Reihe entgegen der Strömung in die offene See hinaus. An diesem seltsamen Zeichen erkannten wir, daß die Toten unsere Riten guthießen.

Dann sprach der Große Herr des Landes noch einmal zu uns:

»Ein dritter Weltkrieg bedroht die Erde. Japan muß stark genug bleiben, um als Vermittler zwischen den östlichen und den westlichen Ländern dienen zu können. Wenn Japan ein starkes Land bleibt, muß die Tugend des Kaisers stark sein. Geht nach Ise und ehrt die Ahnen der kaiserlichen Familie.«

Am Anfang des Sommers besuchten wir die Götter in Ise. Wir reinigten die Erde, das Meer und den Himmel, damit die Götter über die Fortdauer des Herrschergeschlechts wachten.[15]

Religion und Politik

Bis dahin hatte ich mir wenig Gedanken über Politik gemacht. Ich gehöre ja zu der Generation, die vor dem Zweiten Weltkrieg erzogen wurde, in jener Epoche, in der das *dansonjohi* gerühmt wurde, die »Hochachtung der Männer und die Geringschätzung der Frauen«. Ich war in eine Welt hineingeboren, in der es als anstößig galt, als Mädchen eine politische Meinung zu äußern.

Als die Amerikaner nach dem Krieg die Gleichheit von Mann und Frau verkündeten, sagte ich mir zum ersten Mal, daß die Politik vielleicht doch eine Existenzberechtigung habe. Aber durch die Niederlage Japans war ich gleichzeitig davon überzeugt, daß die Politiker nur arrogante und dumme Lügner seien. Sie hatten uns in einen schwachsinnigen Krieg geführt und uns betrogen. Sie hatten monate- und jahrelang behauptet, wir würden die Sieger sein.

Was unsere heutigen politischen Führer angeht, die Minister, Sekretäre und Abgeordneten, so sind sie alle korrupt. Sie hüpfen von Skandal zu Skandal wie die Vögel von Ast zu Ast. Sie kaufen Wählerstimmen, indem sie Geschenke verteilen, um die armen Leute zu verpflichten, in ihrem Sinne zu wählen, oder indem sie ihnen das Blaue vom Himmel herunter versprechen! Unsere Parteien taugen nichts. Die Rechten interessieren sich nur fürs Geld und die Linken fragen sich, wozu es überhaupt gut ist, Japaner zu sein. Ganz abgesehen von denen, die als Mitglieder der Kōmeitō oder einer militaristischen Partei, nur religiöse »Geschäfte« machen. Sie benutzen den Namen des Kaisers, um sich ein achtbares Ansehen zu verschaffen und die Massen anzulocken. Aber in Wirklichkeit sind sie unfähig zu leben und wollen die ganze Welt in Krieg, Chaos und Tod stürzen. Sie sind Fliegen ... dreckige Sommerfliegen, die man von der Erde oder auf jeden Fall aus seinem Geist verscheuchen muß.

Einige schreiben ihr Verhalten dem System zu. Aber es sind doch nicht die Götter, die die Politik erfunden haben, sondern die Menschen.

Was ich von unseren Politikern erwarte? Sie sollten ganz einfach zeigen, daß sie stolz darauf sind, in Japan geboren zu sein. Heutzutage genügt es, daß wir unsere Flagge hissen, unsere Nationalhymne singen oder zum Yasukuni-Schrein, wo die Seelen unserer toten Soldaten ruhen, pilgern, und schon schreit jemand: Militarismus! Krieg! Die armen Soldaten sind gestorben für ihr Land, und wir schämen uns, ihnen zu danken!

Die Dinge liefen sicher besser, wenn die Frauen die Macht hätten ... Obwohl das alles nicht so wichtig ist, da der Kaiser das Fortbestehen unseres Landes garantiert. Die Götter haben mir gesagt, er wird den Frieden in der Welt verwirklichen.

Unser Kaiser hat nichts mit den unredlichen Politikern zu tun. Ich habe Aoki gefragt, den Protokollchef des kaiserlichen Hofs, und er hat gesagt: »Der Kaiser ist kein Politiker. Er ist ein Gott. Die Worte, die man wählt, um sich an ihn zu wenden, und die Riten, die man seinetwegen ausführt, beweisen es. Kein menschliches Wesen würde man so behandeln.«

Also hat es wenig zu bedeuten, wenn Politiker lügen, das Geld der Menschen an sich raffen und vergeuden. Das ändert nichts am vorbestimmten Lauf der Welt, der nicht von ihren schäbigen Machenschaften abhängt, sondern von der Weisheit in den Herzen der Lebenden und der Besänftigung in den Herzen der Toten.

Die Weisheit der Lebenden könnte zum Beispiel darin bestehen, auf den Inseln im Norden, auf die wir seit langem Anspruch erheben, einen internationalen Flughafen zu bauen. Sie gehören niemandem, weder uns noch der Sowjetunion. Wir könnten dort einen großen Flughafen bauen, von dem alle Nationen profitieren, denn wir sind reich. Wir würden keine Gegenleistung verlangen ... oder höchstens das Fischereirecht. Und die Menschen auf der ganzen Welt würden es uns danken!

Weisheit läge darin, zu begreifen, daß sich die Völker ergänzen. So haben die Götter Japan die Intelligenz und die Geschicklichkeit geschenkt. Die Rohstoffe haben sie den anderen asiatischen Ländern gegeben. Wir würden sie ausbilden, und sie würden uns gestatten, die Produkte, die uns fehlen, zu einem guten Preis zu kaufen.

Die größte Weisheit schließlich wäre es, wenn der Haß verschwände. Aber dieses Ende der bösen Leidenschaften ist keine Angelegenheit der Politik, sondern eine der Religion.

Damit die Welt in Frieden leben kann, müssen zuerst die Seelen der Verstorbenen, die seit Anbeginn der Zeiten einen ungerechten Tod erlitten haben, von ihren Leiden befreit werden. Und dafür muß man beten und nochmals beten, damit ihre erbitterten Geister zur Ruhe kommen. Dann kann das Licht der Götter endlich wieder auf der Erde erstrahlen.

Eines Abends, als ich mich in einem Hotel auf der Halbinsel Izu befand und am Fenster gerade einige weiße Reiskörner für die *muen*, die »Geister ohne Verbindung« opferte, hatte ich eine wunderbare Vision: Die Sonne ging über dem Meer unter und färbte dabei die Wellen mit achthundert Farben. Plötzlich schien es mir, als würden sich ihre Strahlen sanft bewegen, als würden Millionen kleiner Wesen das Licht entlangschleichen und sich mir nähern. Ich hätte am liebsten aufgeschrien, so schön war dieses Schauspiel. Ich blickte genauer hin und sah winzige Lichtwesen vom Himmel zur Erde heruntersteigen. Ich weiß nicht, warum, aber als sie mit der Sonne verschwanden, hatte ich das Gefühl, der Wanderung der Götter zur Erde beigewohnt zu haben.

Als ich wieder in Tōkyō war und diese Szene der *miko* Takeko beschrieb, sagte sie, die Götter seien mir erschienen, um sich bei mir für all die Aufmerksamkeiten, die ich ihnen erwies, zu bedanken und um mir zu verkünden, daß meine Träume bald Wirklichkeit werden würden.

Und tatsächlich, während wir unsere Riten in den großen Schreinen und an den Orten, wo der Krieg den ungerechten Tod der Unschuldigen verursacht hatte, ausführten, begannen Ost und West einander allmählich näher zu rücken. Eines Tages las ich in der Zeitung, daß sie beschlossen hatten, ihre Waffen zu zerstören.

Iro to yoku, Sinnlichkeit und Habgier

Ich wollte auf der Stelle in Tsurugashima anrufen, um der *miko* diese wunderbare Nachricht mitzuteilen. Aber da die Leitung besetzt war, ließ ich einen früheren Kameraden von Mitsunobu kommen, der bei mir manchmal Chauffeurdienste leistete, und bat ihn, mich zu begleiten. Wir fuhren gegen fünf Uhr los und kamen nach dem Abendessen in Saitama an. Die Türen des Hauses standen sperrangelweit offen. Ich trat ein und rief:

»Ich bin es, Yamazaki! Entschuldigen Sie die Störung!«

Da mir niemand antwortete, durchquerte ich ein Zimmer nach dem anderen und gelangte in die Küche, wo eine helle Lampe brannte. Ich entschuldigte mich, öffnete die Tür und entdeckte, hingesunken über den Tisch, die *miko*! Ein halbbetrunkener Mann, der nicht ihr Ehemann war, saß neben ihr. Er schüttelte die Zwergin. Sie zuckte zusammen, als sie mich erkannte. Auf dem Tisch sah ich ein Durcheinander von umgefallenen Sakekrügen und Resten von Geflügelspießen.

Ich entschuldigte mich mit einem einzigen Wort und ging wieder, ohne weiteren Kommentar. Mein Chauffeur war glücklicherweise so gesprächig, daß er gar nicht bemerkte, daß ich ungewöhnlich schweigsam war. Ich dachte: »Ich habe mich schon wieder geirrt. Ausschweifung und Gewinnsucht haben sie gepackt. Sie hat mich verraten.«

Inzwischen habe ich begriffen, daß es für jede Frau schwer ist, lange eine gute *miko* zu bleiben. Für die Ausübung dieses Amtes wählen die Götter Frauen, die mit einem so schweren Schicksal, *innengoto,* behaftet sind, daß sie nichts nur halb tun können. Sie können nur sehr gut oder sehr schlecht sein. Die Strapazen der Riten, das Geld, die Komplimente der Männer, die durch das Geheimnis, das sie umgibt, betört sind, steigen ihnen zu Kopf ...

Aber an diesem Tag dachte ich nicht so weit. Ich sagte mir einfach, daß meine bösen Vorahnungen begründet gewesen waren. Sie wollte mich aus dem Weg räumen, mich, die ich ihr soviel geholfen hatte,und mich durch einen Mann ersetzen, der die Stelle des neuen *maeza* einnehmen würde, des Vermittlers zu den Gläubigen. Darüber war ich verzweifelt.

Ich ging früh schlafen. Damit am nächsten Tag niemand meine Verwirrung bemerkte, widmete ich meinem Make-up eine ungewöhnlich lange Zeit. Ich trug eine blaßgrüne Creme auf, die meinen Teint nicht mehr so gelb aussehen ließ, dann legte ich rosa Puder auf. Ich schwärzte meine Augenbrauen kräftig und betonte meine Augen mit einem Tuschestrich. Rasch bürstete ich meine Haare, die ich ziemlich kurz trug. Dann betrachtete ich mich im Spiegel: »Ich sehe aus wie immer«, sagte ich mir. »Man merkt nichts.« Was merkte man nicht? Ich wußte es nicht genau. Mein Alter, meine Traurigkeit oder meine Erschöpfung. Ich kam zu dem Schluß, daß mein Schicksal, die Götter oder die Dämonen mich erneut verhöhnten. Und wenn alle *miko* schon immer gelogen hätten? Und wenn es unmöglich wäre, daß die Toten oder gar die Götter sprächen? Wenn alle diese Religionen nur Täuschungen wären? Endō hatte mir einmal gesagt, daß es in Japan so viele legal registrierte Sekten gäbe wie Friseure ... Erschreckt über meine Gedanken, wandte ich meinen Blick vom Spiegel ab. Ich zog ein rotes Kleid an, das mich jünger wirken ließ und trat hinaus auf den Treppenabsatz. Ein Wadenkrampf schmerzte mich. Ich biß die Zähne zusammen und stieg zum Salon im Erdgeschoß hinunter.

Als ich die Tür des Geschäftes öffnete, empfing mich ein Schwall heiterer Begrüßungen:

»*Ohayō gozaimasu!* Guten Morgen!«

Die parfümierten rosa Gestalten verbeugten sich in einer aufmunternden Symphonie. Ich erwiderte ihre Begrüßung und gab dann die Anweisung:

»Annullieren Sie alle Treffen mit Takabayashi Takeko.«

Dann ließ ich mich frisieren.

Ich hüllte mich in einen schwarzen Plastikumhang und setzte mich. Unzusammenhängende Gedanken, zerbrochene Träume. Als ich die flinken Finger einer jungen Friseuse auf meinem Kopf spürte, erfüllte eine vage Hoffnung meine Brust. Ich hatte das Bedürfnis zu weinen. Da wiederholte ich mir selbst: »Ich bin glücklich. Ich werde niemals Hunger leiden. Ich bin erfolgreich.«

Und als diese Worte mich allmählich wieder ruhiger machten, dachte ich: »Und dann, wer weiß, ob ich nicht tatsächlich die Welt gerettet habe?«

Niemand, wirklich niemand, könnte jemals das Gegenteil beweisen. Ein Lächeln spielte um meine Lippen. Danach nickte ich unter der warmen Luft der Trockenhaube ein.

Anhang

Ursprung und Entstehung des Buches über das Leben der Frau Yamazaki

Die Begegnung mit Yamazaki Ikue

Es war am 15. Januar 1970. Ich hatte die transsibirische Eisenbahn genommen, war unendlich viele Kilometer durch schneebedeckte Wälder gefahren und hatte mich dann nach Nachodka eingeschifft. Ich war noch Studentin, als ich zum ersten Mal nach Japan kam, in Begleitung meines ersten Ehemanns, François Berthier, eines Spezialisten für japanische Kunst. Da standen sie und warteten auf dem Kai von Yokohama auf uns: Yamazaki Tatsuo, Yamazaki Ikue und Ryōko. François Berthier hatte sie benachrichtigt, und nun waren sie gekommen, um uns willkommen zu heißen und mir zu versichern, daß auch wir bald Freunde sein würden.

Ich hatte ein wenig Medizin, Arabisch und Ethnologie studiert, aber ich sprach nur wenige Worte Japanisch. Unsere ersten Unterhaltungen waren schwierig. Doch die Yamazaki verblüfften mich durch ihre Nachsicht und Geduld, die sie meiner Unwissenheit und der Unbeholfenheit einer Ausländerin gegenüber an den Tag legten. Ebenso erstaunt war ich über die Liebe, die sie für die Kultur ihres Landes zeigten. Yamazaki Tatsuo machte mich bald mit der japanischen Küche und dem Sake vertraut, während mir Ikue von der Schönheit Japans und seiner alten Geschichte erzählte. Sie packte für mich die Schätze aus, die sie in ihren Schränken aufbewahrte: Haarschmuck, alte Holzschnitte oder Gemälde. Ihre Kinder – zu jener Zeit war nur Motoko, die Älteste, verheiratet – halfen mir, mich einzurichten, und brachten mir die japanische Sprache bei. Von soviel Herzlichkeit und Schlichtheit fasziniert, sagte ich ihnen, welch großen Zauber Japan auf mich ausübe. Da schauten sie mich mit leicht verdutzter Miene an und fragten: »Aber wie kannst du Japan lieben? Hier gibt es fast keinen Platz, und die Unordnung ist schrecklich!« Und dann nahmen sie mich mit, um mir die Orte zu zeigen, die sie liebten.

Während der drei Jahre, die ich in Tōkyō lebte, verging kaum eine Woche, in der wir uns nicht trafen. Bald hatte ich das Gefühl, in ihnen eine Art Familie gefunden zu haben. Als ich in die Nähe von Kyōto zog, kamen sie mich dort zwar nur einmal besuchen, aber wir sahen uns jedesmal, wenn ich nach Tōkyō fuhr. Als ich Japan 1975 verließ, schenkte mir Yamazaki Ikue eine Perlenkette. Sie steckte in einem Umschlag, auf den sie: »Für Roransu (so spricht sie meinen Namen aus), meine Tochter aus Frankreich«, geschrieben hatte.

Im Frühjahr 1976, bei meinem nächsten Aufenthalt in Japan, äußerte Yamazaki Ikue indirekt den Wunsch, ich solle ihr Leben erzählen.

Eines Abends nach einem Essen im Familienkreis in der *dainingu kichin* in Bunkyō, beschrieb sie mir die merkwürdige Krankheit, die sie nach dem Tod ihrer Schwiegermutter befallen hatte. Ich sagte ihr, wie erstaunlich ich ihre Geschichte fände. Sie schaute mich einen Augenblick fest an und sagte dann:

»Es ist wahr, ich hatte ein sonderbares Leben. Ich kenne sogar einen Schriftsteller, der daraus einen Roman machen will. Aber sicher wäre die reine Wahrheit interessanter ...«

Und von diesem Tag an schien es mir, als würde sie mir noch mehr anvertrauen als zuvor.

Da ich damals mit dem Schreiben meiner Dissertation beschäftigt war, konnte ich ihre Erwartung nicht erfüllen. Aber 1981 bot sich eine Möglichkeit, mit dieser Arbeit zu beginnen.

Der Anfang eines Buches

Ich hatte mich bei der Fondation pour l'Étude de la langue et de la civilisation japonaise de la Fondation de France um Forschungsgelder beworben, damit ich meine Studien fortsetzen konnte. Bald erhielt ich eine merkwürdige, halboffizielle Antwort. Da ich bisher hauptsächlich über die ländliche japanische Gesellschaft gearbeitet hätte, würde man mir mit Sicherheit einen Zuschuß gewähren, wenn ich eine Forschungsarbeit zum städtischen Bereich Japans vorlegen könnte. Hierzu muß man sagen, daß zum damaligen Zeitpunkt ein Streit zwischen den traditionellen und den modernen Japanologen herrschte, der inzwischen glücklicherweise beendet ist. Da ich entschlossen war, ein Thema zu finden, das die Strukturen der Tradition in der modernen Gesellschaft offenlegen und damit die Unsinnigkeit dieser Auseinandersetzung aufzeigen würde, willigte ich ein. Dann schrieb ich den Yamazaki, um sie zu fragen, ob sie etwas dagegen hätten, wenn ich ihre Geschichte und die ihres Unternehmens erforschte.

Die Antwort kam postwendend: Yamazaki Ikue fühlte sich durch meinen Vorschlag geschmeichelt.

Also verbrachte ich erneut einen Sommer in Japan, um sie zu befragen. Jeden oder beinahe jeden Morgen dieses sehr heißen Sommers saßen wir

Auf die Bitte Yamazaki Ikues trägt ein Angestellter für Laurence Caillet die feierliche Morgenbegrüßung vor

zusammen in der *dainingu kichin*. Wir tranken Kaffee, den Yamazaki Tatsuo zubereitet hatte. Wir plauderten über dies und jenes und besprachen dabei in etwa die Themen, die ich angehen wollte. Dann zogen wir uns in die oberste Etage, in das Vorzimmer des den Göttern reservierten Raumes zurück. Wir redeten stundenlang und wurden nur von Zeit zu Zeit von einer Hausangestellten unterbrochen, die uns heißen Tee oder Erdbeeren brachte. Ein kleines Tonbandgerät stand zwischen uns. Am Anfang war Yamazaki Ikue reserviert und unruhig, doch dann schien sie ein wachsendes Interesse an diesen Stunden fraulichen Beisammenseins zu bekommen. Nach und nach vergaß sie, daß sie für die anderen, für die Nachwelt sprach und schien Vergnügen an diesen Vertraulichkeiten zu finden. Sie ging so weit, daß sie Versammlungen absagte, um weiter mit mir sprechen zu können. Sie schimpfte auf das störende Telefon und weigerte sich manchmal, ein Gespräch entgegenzunehmen. Sie meinte, es sei sicher nicht so wichtig. Zum Abschluß unseres ersten Gespräches schaute sie mich mit einem mißtrauischen Blick an und sagte: »Du verstehst es gut, die Leute zum Sprechen zu bringen!« Dann versicherte sie, eine leise Sehnsucht zu verspüren, wenn sie an die Vergangenheit zurückdenke.

Der Rest der Familie jedoch zeigte sich angesichts unserer wachsenden Komplizenschaft ein wenig verärgert. Die Männer beschuldigten Yamazaki Ikue, sie vernachlässige ihre Geschäfte, die Frauen fragten sich, was wohl der Inhalt ihres Berichts sein mochte. In der Hoffnung, diese Kluft, die sich zwischen der Familie und uns aufgetan hatte, zu verringern, bat ich jeden, sich ein paar Stunden mit mir zu unterhalten, um meine Informationen zu vervollständigen. Man machte mir sofort einen dichten Zeitplan mit einer Reihe von Terminen, bei denen ich beinahe immer unter vier Augen mit dem Sohn, den Töchtern, den Neffen und den altgedienten Angestellten sprechen konnte. Ich erhielt auch die Erlaubnis, an einigen Lehrgängen des Unternehmens teilzunehmen.

Da alle so bereitwillig an meiner Befragung teilnahmen, wurde nun Yamazaki Ikue ihrerseits unruhig. Sie wollte mich erneut in Beschlag nehmen. Sie steigerte die Zahl unserer Zusammenkünfte, so daß ihre Arbeit wirklich darunter zu leiden begann. Zu guter Letzt fragte mich Tatsuo eines Morgens, als wir wie gewöhnlich in Bunkyō unseren Kaffee tranken, ein wenig besorgt:

»Wann reist du wieder ab?«

»Nächste Woche«, antwortete ich.

»Schon ...«, sagte Ikue.

Und dann seufzte sie lange und murmelte:

»Nun, vielleicht ist es besser so ...«

Von diesem Tag an wurde unser Dialog schwierig. Doch dann fand sie plötzlich, wir müßten nach Asaka reisen. Das taten wir auch. An diesem Tag gab es einen Taifun. Bei unserer Ankunft im Dorf erfuhren wir sogleich, daß die Traubenernte vollständig zerstört war. Ikue tröstete ihren Bruder und ihren Neffen: »Glücklicherweise hattet ihr die Säcke noch nicht angebracht! (Um die Trauben zu schützen, werden sie zwei bis drei Wochen vor der Ernte einzeln in Vinylsäcke gehüllt). Das wäre vergebliche Mühe gewesen!«

In der darauffolgenden Nacht, wir schliefen beide im selben Zimmer, weckte sie mich gegen ein Uhr und sagte mir, daß sie jetzt gerne reden würde. Im Dunkeln suchte ich tastend nach meinem Tonbandgerät. Zwei bis drei Stunden lang erzählte sie mir von ihrem Glauben an die guten Götter, die sie beschützten, weil sie gerecht sei und niemanden täusche.

Als wir wieder in Tōkyō waren, sagte sie mir, daß sie gerne plaudere, wenn sie Zeit dazu hätte und daß wir noch einmal aufs Land fahren sollten. Wir verbrachten eine Nacht in einem prachtvollen Hotel in Hakone, einem großen traditionellen Bauwerk aus Holz, das an jenem Tag kaum aus dem Nebel auftauchte.

Bei meiner Abreise nach Paris befanden sich in meiner Tasche beinahe zweihundert Stunden Aufnahmen und etwa fünfzig Blätter, die sie während des Erzählens vollgekritzelt hatte: erläuternde Darstellungen, einige Worte, die sie aufs Papier geworfen hatte, um das Gesagte zu unterstreichen. Wir hatten anfangs vereinbart, unsere Unterhaltungen in einer chronologischen Reihenfolge zu führen. Doch sie hatten schnell einen anarchischen Weg genommen, da Yamazaki Ikue mehr von ihren aktuellen Sorgen als von ihren Erinnerungen gelenkt wurde. Eines Tages versuchte ich, sie auf den ursprünglichen Plan zurückzubringen, aber als ich merkte, daß meine Fragen, selbst wenn sie sich nur auf unwesentliche Punkte bezogen, den Inhalt ihrer Worte zu sehr beeinflußten, gab ich es bald auf. Insbesondere veranlaßte ich sie, Dinge und Begriffe zu benennen, für die sie offenbar bis zu diesem Tage keinen Namen gebraucht hatte. So fragte ich sie eines Tages, wie die religiöse Gemeinde heiße, die sie um das Medium Takeko gebildet hatte. Sie antwortete mir, daß es keinen gäbe, aber daß ihr schon viele Leute diese Frage gestellt hätten und man ihr gewiß einen geben müsse. Am nächsten Tag offenbarten die Orakel den künftigen Namen der Gemeinde. Beunruhigt über diese offensichtlich kaum zufällige Fügung, hörte ich auf, Fragen zu stellen. Ich tat es nur noch, um ihren ein wenig stockenden Monolog in Schwung zu bringen. Ich verschob mein Verlangen nach den unerläßlichen Einzelheiten auf später, da ich der Meinung war, daß es in dieser ersten Phase unbedingt notwendig war, die Spontaneität ihres Redens, soweit ich irgend konnte, zu bewahren.

Am Tag vor meiner Abreise verkündeten die Orakel noch, daß es bald möglich sein werde, in Paris einen Salon Yamazaki zu eröffnen.

Als ich wieder in Frankreich war, transskribierte ich sämtliche Bänder. Außerdem erstellte ich eine Art Themenkatalog, damit ich einerseits einen chronologischen Ablauf und andererseits thematische Untergruppen bilden konnte.

Dann schrieb ich schnell einen etwa hundertseitigen Bericht für die Frankreichstiftung. Darin faßte ich den Aufstieg Yamazaki Ikues zusammen, beschrieb die Organisation ihres Unternehmens und versuchte zu erklären, wie weit diese auf traditionellen Arbeitsverhältnissen beruhte. Der Bericht zirkulierte eine Zeitlang.

Die Idee, mit Jean Malaurie Kontakt aufzunehmen, kam von Augustin Berque, dem Studienleiter an der École des Hautes Études en Sciences Sociales (EHESS). Die Lektüre meines Berichtes erinnerte ihn an die ersten Monate seines Japanaufenthaltes. Damals hatte er in einer Friseurfamilie Unterkunft gefunden. Die in meiner Arbeit beschriebene Atmosphäre glich der, die er selbst kennengelernt hatte. Zudem wußte er, daß sein Kollege auf der EHESS, Jean Malaurie, in seiner Sammlung Terre Humaine ein Buch über Japan veröffentlichen wollte. Er riet mir, Malaurie zu schreiben, falls ich genügend Material hätte, um die Geschichte auszubauen. So begann ein zweites Abenteuer.

Der Inhalt des Berichts weckte sofort Jean Malauries Interesse. Man mußte die Arbeit nur noch fertig machen, sie in den Zusammenhang eines Buches bringen und lesbar machen. Zunächst mußte eine Form gefunden werden. Drei gänzlich verschiedene Möglichkeiten, zwischen denen ich lange geschwankt habe, boten sich an: einmal die Wiedergabe meiner persönlichen Vorstellung von Yamazaki Ikues Geschichte; zum zweiten eine Erzählung ihrer Geschichte in der »objektiven« Form der dritten Person; oder ein Bericht in der ersten Person, so wie sie selbst ihre Geschichte erzählt hatte. Es war ein schwieriges Problem, denn da ich die Heldin der Geschichte seit Anfang der siebziger Jahre kannte, war ich persönlich Zeugin mehrerer Ereignisse in ihrem Leben gewesen, bei denen ich geneigt war, meine eigene Sichtweise wiederzugeben. Was dagegen ihre Kindheit anbelangte, wußte ich alles, oder beinahe alles über sie aus ihren eigenen Erzählungen. Für die Zeit ihrer Ankunft in Tōkyō bis zum Ende des Krieges verfügte ich außer über ihre Aussagen auch über die ihrer Verwandten. Hinzu kam, daß das Buch möglichst viele Informationen über Japan vermitteln sollte, und ich meine Kenntnisse über dieses Land natürlich nur zu einem Teil durch die Familie Yamazaki hatte.

Ich probierte all diese Möglichkeiten einer Niederschrift nacheinander aus. Einen Augenblick lang dachte ich sogar daran, für jeden Teil des Buches eine andere Form zu nehmen. Ich unterbreitete Jean Malaurie einen Entwurf nach dem anderen. Er bewog mich schließlich dazu, die Ichform von Yamazaki Ikue zu übernehmen. Diese Form hätte den Vorteil, sie dem Leser als »Mensch« und nicht als »künstliche Figur« nahezubringen.

Diese Wahl indessen stellte mich vor neue Schwierigkeiten. Zunächst einmal gab es bei dem sehr freien Charakter unserer Gespräche unzählige Stellen, die ungenau waren oder bestimmte Kenntnisse voraussetzten. Im Hinblick auf eine Niederschrift, bei der jede Information über Yamazaki Ikue aus ihrem eigenen Mund kommen sollte, mußte ich mein Material also vervollständigen. Während des Sommers 1983 fuhr ich erneut nach Japan.

Yamazaki Ikue erklärte sich gerne bereit, mir meine Fragen zu beantworten. Außerdem zeigte sich die ganze Familie diesem Unternehmen gegenüber sehr aufgeschlossen und war bestrebt, daran mitzuwirken. Denn inzwischen hatten sich alle über den Inhalt unserer Gespräche informiert, und das kam so:

Yamazaki Ikues Unternehmen nahm seinen Aufschwung in einer Zeit, als im Ausland das Gerede über den Egoismus der Japaner begann. Da wollte sie für die Flüchtlinge aus Südostasien »etwas Gutes tun«. Ihre Kinder schlugen ihr vor, eine reich bebilderte Broschüre als Werbung zu veröffentlichen, die man zugunsten der Flüchtlinge an die Angestellten und Kunden verkaufen könnte. Es solle ein luxuriös ausgestattetes Buch sein, in dem die Biographie der Gründerin geschildert würde. Außerdem könnte man darin die besten Familienfotos abdrucken. Ich wurde auf der Stelle angerufen: ob ich eine Kopie der bespielten Bänder schicken könne, als Grundlage für die Herstellung der Werbebroschüre? Da eine Kopie der Bänder zu zeitaufwendig war, schickte ich den Yamazakis die Originale und bat sie, darauf achtzugeben und sie mir bei Gelegenheit wieder zurückzuschicken. Das taten sie dann auch. In der Zwischenzeit aber hatten Yamazaki Ikues Kinder die ganzen Bänder oder einen Teil davon angehört.

Dieses Anhören hatte eine doppelte Wirkung: Es war der Anlaß dafür, daß Konflikte, die bisher in der Familie geschwelt hatten, auf den Tisch kamen. Man erzählte mir hinterher, daß sich insbesondere die Beziehung zwischen Kyōko und ihrer Schwiegermutter dadurch gebessert habe. Die junge Frau verstand nun Yamazaki Ikues Wunsch nach Harmonie, und die Sinnlosigkeit dieses Streites, unter dem sie im übrigen sehr litt, wurde ihr klar. Sie nahm ihrer Schwiegermutter das autoritäre Wesen nun nicht mehr übel und willigte ein, für das Unternehmen zu arbeiten, sobald das Alter ihrer Kinder ihr dies erlauben würde. Schließlich nahm die »Veröffentlichung« unserer Gespräche diesen den Charakter eines Geheimnisses und beruhigte die ganze Familie hinsichtlich des Inhalts meiner Untersuchung.

Doch andere Schwierigkeiten kamen auf mich zu.

Drei Jahre waren seit unserer ersten Unterhaltung vergangen, und es waren einige Widersprüche zwischen den neuen und früheren Erzählungen aufgetaucht. Widersprüche, die mir alle in die gleiche Richtung zu gehen schienen: Sie bezeugten, daß der wachsende berufliche Erfolg Yamazaki Ikue inzwischen genug Selbstvertrauen gegeben hatte, daß sie Schwierigkeiten und Irrtümer zugeben konnte und ihre Vergangenheit im allgemeinen weniger ausschmückte. So wurde aus einer Rippenfellentzündung eine Tuberkulose, und der Grund für die Aufgabe des Friseursalons in der Ginza, die sie zunächst mit der Angst vor einer Gaunerbande erklärt hatte, die ihr von der Konkurrenz auf den Hals gehetzt worden sei, wurde zu einem simplen Angestelltenproblem, denn jetzt behauptete sie: »Ich habe niemals vor etwas Angst.« Im allgemeinen entschied ich mich für die zweite Version.

Eine andere Schwierigkeit betraf die Ursprünge der Familie Endō. Meine Neugier weckte Yamazaki Ikues Interesse. Als nüchtern denkende

Frau, mehr der Zukunft als der Vergangenheit zugewandt, war sie vom Alter ihres Geburtshauses überzeugt und hatte sich vor allem mit der Stellung ihrer Schwiegerfamilie beschäftigt. Doch plötzlich fing sie an, ihre Schwestern in Kōriyama zu befragen, und ich bekam eine Version der Familiengeschichte nach der anderen zu hören. Auch diesmal wählte ich die letzte, die mir vorgelegt wurde. Die Erzählerin hielt sie für »wahrer« als die anderen. Die Angelegenheit wurde noch komplizierter, als eine ihrer Töchter, Ryōko, sich daran machte, Nachforschungen anzustellen. Sie entdeckte ein Dokument, das der ältere Bruder Yamazaki Ikues von der Mutter erhalten hatte, und die Arbeiten eines Gelehrten aus der Region, der noch weitere Fakten lieferte. Es erschien mir lohnend, die wesentlichsten Punkte aus diesen Blättern in die Anmerkungen, die ich der Erzählung Yamazaki Ikues hinzufügte, aufzunehmen.

Bei dem Thema »Geschäftsführung des Unternehmens« bemerkte ich, besonders was die wachsende Zahl der Angestellten betraf, Unterschiede zwischen ihrer Erzählung und den Daten, die ich von Endō Muneo bekam. Außer wenn es sich offensichtlich um unbeabsichtigte Irrtümer oder Nachlässigkeit handelte, die nach einer Nachfrage verbessert wurden, behielt ich die Version Yamazaki Ikues bei. Denn ich hielt die Vorstellung, die sie sich von der Wirklichkeit machte, für wichtig, wenn nicht gar für noch wichtiger als die Wirklichkeit selbst.

Während dieser ganzen Zeit hat Jean Malaurie meine diversen Fassungen regelmäßig gelesen und mich auf neue Spuren und Fragen hingewiesen, mit denen man das Porträt von Yamazaki Ikue vervollständigen konnte. Ich hatte zu dieser Frau inzwischen ein solches Vertrauensverhältnis, daß meine Untersuchung für sie kein Anlaß mehr war, mir etwas vorzuspielen, sondern vielmehr eine Gelegenheit, sich über sich selbst klarzuwerden. Von Paris aus schickte ich ihr lange Briefe, in denen ich sie um ihre Meinung zu diesem und jenem Thema befragte: zum Beispiel über den Aufstieg der Frauen in der japanischen Politik. Oder ich bat sie, mir noch einmal einen Grundriß ihres Geburtshauses zu zeichnen, da sie mir davon drei leicht unterschiedliche Pläne entworfen hatte. Sie gewöhnte sich an, mir in langen Monologen zu antworten, denen sie schematische Darstellungen beifügte.

Mit den Jahren schien es mir, als würde sie sich manchmal fragen, ob dieses Werk, das ich über sie schrieb, jemals erscheinen würde. Sie wiederholte oft, daß dieses Buch dann beendet werden würde, wenn die Götter es für günstig hielten, daß es ihr dann bei ihren Geschäften helfen und zum Frieden in der Welt beitragen würde. Obwohl sie ungeduldig auf die Veröffentlichung wartete, schien sie, so groß ihr Vergnügen am Reden auch war, zu befürchten, daß diese Arbeit nie wirklich zu einem Ende käme.

Es gab übrigens eine Zeit, da auch ich an der Fertigstellung des Buches zweifelte. Jeder Aufenthalt in Japan, jeder Besuch Yamazaki Ikues in Frankreich, jeder Brief oder Telefonanruf brachte mir neue Informationen über die Vergangenheit oder über die neuesten Entwicklungen der Geschichte des Hauses Yamazaki. Das Buch lief Gefahr, ein riesiges Patchwork zu werden.

Das Manuskript war schließlich beinahe fertig, als der Zufall es wollte, daß Jean Malaurie nach Japan reiste und sich dort zu wissenschaftlichen Zwecken im Winter 1990 zwei Monate lang aufhielt. Auch ich mußte den Yamazakis wieder einen Besuch abstatten, um ihnen für ihre langjährige Mitarbeit zu danken, ihnen das baldige Erscheinen des Buches anzukündigen und noch einige Details zu überprüfen. Jean Malaurie lernte also die Yamazakis kennen. Bei einem Abendessen in einem alten Restaurant in Tōkyō erklärte er ihnen den gedanklichen Hintergrund der Sammlung Terre Humaine. Auch bat er sie, bis zum Schluß mit mir zusammenzuarbeiten. Er selbst stellte Yamazaki Ikue einige Fragen, von denen er wünschte, daß sie sie hinterher mit mir vertiefen möge. Es waren vor allem Fragen aus dem Bereich der Politik, einem Bereich, den wir nicht direkt angesprochen hatten. Wie viele ihrer Mitbürger äußerte Yamazaki Ikue kaum mehr als Geringschätzung für die Politik und die Politiker. Außerdem blätterten wir gemeinsam im Familienalbum der Yamazaki, um eine erste Auswahl der Fotos vorzunehmen. Von den Fotos, die wir im Buch abbilden wollten, ließen die Yamazakis sogleich Abzüge machen.

Von einer persönlichen Angelegenheit zwischen Yamazaki Ikue und mir ist dieses Buch also zu einer Familienangelegenheit geworden und inzwischen zu einer Sache internationaler Beziehungen.

An dieser Stelle möchte ich all jenen danken, die mir geholfen haben. Zuerst natürlich der Familie Yamazaki, aber auch ihren Angestellten, die mich immer mit viel Herzlichkeit empfingen. Jean Malaurie, ohne den diese Arbeit nicht erschienen wäre und der mich all die Jahre unterstützt hat, Hartmut O. Rotermund, der die große Freundlichkeit besaß, das gesamte Manuskript zu lesen, Bernard Franke, der mir äußerst hilfreiche Hinweise gab. Ebenso Simone Mauclaire und zu guter Letzt Miho Moto und Patrick Beillevaire, die dem endgültigen Text den letzten Schliff gegeben haben.

Anmerkungen

Erster Teil
Asaka

Einleitung

1 *Belamcanda chinensis* D.C. Ausdauernde Pflanze, die man wildwachsend antrifft und wegen ihrer dekorativen orangegelben Blüten kultiviert. Familie der *Iridaea*. Die Samen sind von einem intensiven, glänzenden Schwarz.

2 Verschiebbare Wand, bestehend aus einem Holzgitter, das mit durchscheinendem weißem Papier bespannt ist.

I
Ursprünge

1 Das Wort *kami* bezeichnet alle überweltlichen Wesen der einheimischen Religion, genannt *shintō* (»Weg der Götter«): Geister, Götter und vor langer Zeit verstorbene Ahnen.

2 Kōriyama ist eine Stadt mit ungefähr 300 000 Einwohnern und liegt in der Präfektur Fukushima, deren Eisenbahnknotenpunkt sie heute darstellt.

3 Emishi oder Ezo ist der alte Name eines »barbarischen« Volkes von Fischern und Sammlern, die in den nördlichen Gebieten Japans lebten, ein Volk, von dem man nicht sicher sagen kann, ob es Ainus oder Japaner waren.

4 *bakufu* (wörtlich: »die Regierung unter dem Zelt«), Militärregierung von Kamakura (1185-1333).

5 Das Gedicht über die Grenze von Nakoso assoziiert den flüchtigen Charakter der Blüten mit dem Schicksal der jungen Krieger, die in der Schlacht gefallen sind.

6 Nōin-hōshi (988-?), Mönchsdichter, der nach Ōshū, in die »Provinz am Ende«, das heißt in den Norden, pilgerte.

7 Titel einer berühmten Haiku-Sammlung des Dichters Matsuo Bashō (1644-1694), die er während einer Reise in den Norden verfaßte.

8 Der berühmte Krieger Sakanoue no Tamuramaro (758-811) zeichnete sich in der Befriedung der nördlichen Regionen aus und erhielt den

Titel *seii taishōgun* (Großer General, beauftragt mit der Befriedung der Barbaren).

9 Den Zeichen nach bedeutet *homachi* wörtlich »auswärtiger Besitz« oder auch »auf die Ähren warten«. Es weist auf die Vorstellung einer persönlichen und unerwarteten Kapitalanhäufung hin.

10 Dem Aberglauben, der mit der Heirat in eine entfernter liegende Gegend in Zusammenhang steht, liegen alte Regeln zugrunde, die die dörfliche Endogamie betreffen (siehe II-17).

11 Am Ende jeden Sommers (Mitte August nach dem japanischen Kalender) kehren die Seelen der Verstorbenen in die Häuser ihrer Nachkommen zurück. Diese bieten ihnen Tänze und Speisen an, um ihnen ihr Schicksal im Jenseits zu erleichtern und um ihres Beistands teilhaftig zu werden. Um bis ins Dorf zu gelangen, verfügen die Ahnen über vielerlei Beförderungsmittel: Wildblumen, die man in den Bergen pflückt, Pferde und Ochsen, die die Kinder aus Gurken und Auberginen schnitzen, oder Libellen, die auf ihrem Rücken einen roten Fleck tragen, der die Form eines Sattels besitzen soll. Außerdem werden die schönsten Insekten, besonders Libellen und Schmetterlinge, genauso wie seltene Blumen als Lieblingsinkarnationen der Toten angesehen.

12 Dieser von Zulfikar Ali Bhutto kritisch verwendete Ausdruck erfreute sich im Japan der 70er Jahre großer Beliebtheit. Damals führten die ökologischen Folgen einer zu schnellen ökonomischen Entwicklung zu beträchtlichen Störungen im täglichen Leben und zogen Anklagen gegen den industriellen Fortschritt nach sich. Heute wird dieser Ausdruck in der Geschäftswelt mit einer Konnotation der Genugtuung verwendet, um den Instinkt zu bezeichnen, der die Führungskräfte auszeichnet.

13 Die »Aufzeichnungen alter Begebenheiten«, deren Kompilation auf Anordnung des Kaisers durchgeführt wurde und die im Jahre 712 fertiggestellt waren, erzählen auf etwa einhundertfünfzig Seiten von der Entstehung des Archipels, von der mythischen Gründung des Staates und von den Regierungszeiten der ersten Herrscher.

14 Wenn das Wort *mi* »Körper« bedeutet, wird es mit Hilfe des Zeichens 身 geschrieben, das eine schwangere Frau darstellt. Handelt es sich dagegen um die Bedeutung »Frucht«, schreibt man es mit dem Zeichen 実, das die Güter unter dem Schutz des Daches abbildet. Wie dem auch sei, die gemeinsame Wurzel der beiden Worte scheint unzweifelhaft.

15 Obwohl die Geburten heute in Krankenhäusern stattfinden, ist es immer noch üblich, daß der Mutter die Nabelschnur in einem Kästchen mitgegeben wird, das sie sorgfältig aufbewahrt.

16 Die wichtigsten buddhistischen Wesenheiten und gewisse shintōistische Götter, die besonders beliebt sind, haben ihren »Verbindungstag«, an dem die Bitten, die man an sie richtet, sehr leicht erfüllt werden. Diese *ennichi*, eine Ableitung von *enichi* oder »Tag der Vereinigung (im Namen der buddhistischen Lehre)«, geben heute die Veranlassung zu kleinen Volksfesten, die in der Nähe der Heiligtümer stattfinden und deren Atmosphäre an die unserer alten Jahrmarktsfeste erinnert.

17 Jizō ist der Bodhisattva, der über die sechs Wege der Wiedergeburt wacht und die toten Kinder beschützt. Er wird im allgemeinen als Mönch dargestellt, der in einer Hand das Juwel, das alle Bitten erfüllt, und in der anderen einen Pilgerstab, den *shakujō*, hält.

18 Zwar dient dieser Gürtel der Bequemlickeit, aber gleichzeitig hat er die symbolische Eigenschaft, das Kind zu schützen.

19 Siehe VI-14.

20 Das Fest des Schwangerschaftsgürtels, das meistens im fünften Monat gefeiert wird, in manchen Gegenden aber auch im dritten oder siebten Monat, bietet die Möglichkeit, die künftige Geburt öffentlich bekannt zu machen. In der Edo-Zeit (1603-1867), als die Kindstötung verbreitet war, war es verboten, nach dieser Zeremonie eine Abtreibung zu machen.

21 Die Wöchnerinnen wohnten abgegrenzt während eines Zeitraums von einundzwanzig bis fünfundsiebzig Tagen in den bisweilen sehr engen Entbindungshütten. Noch bis 1945 gab es in den Dörfern Entbindungshütten. Inzwischen haben manche dörflichen Gemeinschaften moderne *ubuya* eingerichtet. Man betrachtet sie als eine Art Ruhehaus, in dem sich die Wöchnerinnen aufhalten müssen.

22 *Tatami* sind der traditionelle Bodenbelag eines Hauses. Diese ungefähr sechs Zentimeter dicken Matten, deren Gesamtfläche etwa dem Raum entspricht, den ein langausgestreckter Mann einnimmt (ein Meter achtzig auf neunzig Zentimeter), sind mit einem Binsengeflecht bedeckt.

23 Der Lunisolar-Kalender chinesischen Ursprungs stützt sich auf Berechnungen der Neumonde, der Sonnenwenden und der Tagundnachtgleichen. Ein Monat, der aus neunundzwanzig oder dreißig Tagen besteht, hat eine Mondumlaufzeit von Neumond zu Neumond. Um den Mondkalender mit dem Sonnenkalender in Einklang zu bringen, muß man innerhalb von neunzehn Jahren sieben zusätzliche Monate einschieben. Diese dreizehnten Monate werden »Schaltmonate« genannt.

24 Noch heute kehren die meisten Frauen bei ihrer ersten Entbindung in ihr Elternhaus zurück. Obgleich dieser Brauch im allgemeinen mit der

natürlichen Furcht gerechtfertigt wird, kann man darin das Überleben der alten Eheregeln sehen, nach welchen in der Anfangsphase der Ehe der uxorilokale Wohnsitz häufig war und das Zusammenleben der Ehegatten manchmal erst nach der Geburt des ersten Kindes stattfand.

25 Der Ausdruck »Wind, der die Ärmel ausreißt« erinnert an einen Opferritus für die Gottheit der Pässe: der beraubte Pilger hat nur noch seine Ärmel, die er ihm darbringen kann.

26 Unter der Einwirkung physischer oder seelischer Leiden, der Eifersucht oder vor allem der Angst, oder auch beim Wechsel der Jahreszeiten, neigt die Seele, *tama*, dazu, den Körper zu verlassen. Unter diesen Umständen muß man Riten ausführen, die sie von neuem im Körper befestigen. Dabei können verschiedene Techniken angewendet werden: Schütteln der Kleider oder eines Stellvertreters der bedrohten Person, lautes Stampfen mit den Füßen auf den Boden oder Verknoten eines Fadens, des »Seelenfadens«, *tama no o,* der den Geist an den Körper bindet.
Wenn *tama* den Körper preisgibt, folgt der Tod. Bei einer Beerdigung ist deshalb einer der ersten Riten die »Anrufung der Seele«, *tama-yobai,* der Versuch, die Seele des Verstorbenen zurückzurufen (siehe XI-3).

27 Man erzählt sich, daß die Verstorbenen zwei Tage vor dem Totenfest, das Mitte August stattfindet, das Jenseits verlassen. Diejenigen, die schlechten Lohn für ihre Taten geerntet haben, brechen gewaltsam aus der Hölle auf: sie heulen, wenn sie den Deckel ihrer siedenden Kessel heben, sie zertrümmern das höllische Tor, usw. Diese Gewalttätigkeit ist ein Zeichen ihrer Unzufriedenheit und der Grund für die Riten der Beruhigung, die ihnen dann angeboten werden.

28 Die Riten, die die schwangeren Frauen zu Ehren des Gottes des Abortes abhalten, beruhen auf einer bildlichen Angleichung des Fortpflanzungszyklus an den Nahrungsmittelkreislauf.
Die nachgeburtlichen Feiern erfordern manchmal, daß das Neugeborene dem Gott des Abortes vorgestellt wird: die Mutter nimmt ihr Kind mit auf die Toilette, wo sie so tut, als ob sie dem Kind Exkremente zu essen gäbe.

29 Das Wort *otomi* kommt von dem Ausdruck *otōto wo miru,* »den kleinen Bruder sehen«.

30 Die japanischen Volkskundler legen diese Übung der schwarzen Magie folgendermaßen aus: das Dach der Wohnung soll beschmutzt werden, damit es dem göttlichen Überbringer der Seele widerstrebt, das Haus zu besuchen.

31 *Izumi* ist ein großer Korb, der als Wiege dient. Mit einem Henkel aus

Schnur versehen, kann man ihn aufhängen, was ein leichtes Schaukeln ermöglicht.
Ursprünglich bezeichnete *izumi* einen Behälter, worin »Reis aufgehäuft« wurde. Kleine *izumi* wurden dazu benutzt, Samen den Winter über trocken zu halten. Der Gebrauch des Wortes im Sinne von Wiege legt also einen Analogieschluß von der menschlichen Fruchtbarkeit auf die des Erdbodens nahe.

32 In den Jahren 1915-1920 betrug der jährliche Bevölkerungszuwachs 10,1 Prozent (gegenüber 5 Prozent in der Zeit der Meiji-Restauration). Trotz des Wachstums in der landwirtschaftlichen Produktion erschien den Japanern ihr Land schlagartig überbevölkert, weswegen jüngere Söhne und Töchter, die auf die eine oder andere Weise von der Erbschaft ausgeschlossen waren, aufbrachen, um sich in der Stadt niederzulassen. So bildete sich rasch ein notleidendes städtisches Proletariat. Die Promiskuität im Leben dieser Arbeiter erklärt teilweise das Wiederaufleben der im achtzehnten Jahrhundert entstandenen agrarischen Überzeugungen. Deren Verfechter sahen im landwirtschaftlichen Familienbetrieb die Grundlage eines Staates, den man als »große Familie« begriff. Er würde eine Nahrungsmittelautarkie erlauben, die wiederum die unerläßliche Bedingung für das Fortbestehen Großjapans darstellte. Obwohl die Immigration in die Mandschurei in Wirklichkeit nicht sehr erfolgreich war, spielten diese Ideen eine nicht unwesentliche Rolle in der militaristischen Politik der 30er Jahre.

33 Die chinesischen Schriftzeichen, die wahrscheinlich im fünften Jahrhundert in Japan eingeführt wurden, waren der Ursprung der japanischen Schrift, die außer diesen Schriftzeichen noch zwei daraus abgeleitete Silbenschriften gebraucht.

34 An den ersten drei Tagen im Jahr wird nicht gearbeitet, man widmet sich dem Austausch von Besuchen und kleinen Geschenken. Ein städtischer Beamter, der seine Beziehungen pflegen muß, hat in diesem Zeitraum des Jahres viele Verpflichtungen zu erfüllen.
Danach werden die einzelnen Beschäftigungen, die von den Festen unterbrochen wurden, eine nach der anderen feierlich wieder aufgenommen: das erste Schneidern des Jahres, erste Feldarbeiten, erste Geschäftsabschlüsse, erste große Wäsche, erste Linie eines Schriftzeichens, etc. Diese Riten bieten jedem die Möglichkeit, andere zu beglückwünschen.

35 Das Geburtsmahl, *ubumeshi,* wird als eine Substanz betrachtet, in der die lebendige Energie, *tama,* vorübergehend Gestalt annimmt. Vermöge dieses Glaubens, der die Ahnengottheiten mit der Gottheit der Reisfelder gleichstellt, erlaubt seine Einverleibung, mehr als die ir-

gendwelcher anderen Speisen, die Wiederherstellung der Kräfte der Mutter und die Kräftigung des Kindes. Die doppelte Herkunft des Reises, der dem Kind und der Mutter angeboten wird, ist für das Kind Zeichen der Zugehörigkeit zum Haus seines Vaters und für die Ehefrau das Zeichen der Bindung an ihr Elternhaus.

36 Die Milchmutter wird meistens gewählt, ohne dabei das Geschlecht des Kindes in Betracht zu ziehen. Ihre Funktion ist rein ritueller Natur: sie bietet nur ein bißchen Milch an, die man, um die Quellen der Lebenskraft des Neugeborenen zu vermehren, mit der Milch der biologischen Mutter für ein einmaliges Saugen mischt.

37 Ruß ist ein übliches Mittel bei Exorzismusriten. Er gilt als Zeichen des Schutzes durch den Feuerstellengott.

38 Das Überschreiten der Brücke wiederholt die Ankunft des Kindes in dieser Welt, während die rituelle Austreibung der vom Wasser drohenden Gefahren die Risiken einer Rückkehr in die andere Welt verringern soll.

39 Die erste Pilgerfahrt zum Schutzgott des Dorfes bezeichnet den Beginn der Integration des Kindes in die dörfliche Gemeinschaft.

40 Sie wurde sehr frühzeitig entwöhnt, weil die Muttermilch versiegt war. Normalerweise wurden die Säuglinge erst kurz vor der Geburt des nächsten Kindes entwöhnt, das Kind ging direkt von der Brust zur normalen Kost über. Wenn es entwöhnt werden mußte, und zu jung dafür war, wurde das Baby mit Reisschleim ernährt.

II
Das Haus Endō

1 Das Wort *ie*, »Haus« (etymologisch die »Feuerstelle«), weist auf die traditionelle häusliche Struktur hin. Es wird gewöhnlich dem Wort *kazoku* (wörtlich »Leute des Hauses«) gegenübergestellt, das auf die moderne kleinere Familie verweist, insbesondere aber auf *kakukazoku*, die »Kernfamilie«, deren Aufschwung sich bis in die Mitte der 50er Jahre zurückverfolgen läßt. Diese Gegenüberstellung wird als beispielhafter Ausdruck des Gegensatzes zwischen einer Vergangenheit, die man für spezifisch japanisch hält, und einer Moderne, die mit westlichen Einflüssen befleckt ist, aufgefaßt.

Ie wird als ewig dauerndes Gebilde begriffen, das alle lebenden Mitglieder der patrilinearen Familiengemeinschaft (im allgemeinen unter Ausschuß der Seitenlinien), ihre Ahnen und ihre Nachkommen in sich vereint. Außerdem gehören noch die Personen dazu, die an der

Bewirtschaftung des Erbes mitwirken, das heißt die Diener und die Landarbeiter des Haushalts.

2 Der kontinentale Buddhismus wurde im sechsten Jahrhundert unserer Zeitrechnung in Japan eingeführt. Aber dieses hochentwickelte Gedankengut war weit davon entfernt, die einheimische Religion oder *shintō* (Weg der Götter) zu verdrängen. Sie trug im Gegenteil zu einer theoretischen Fundierung des autochthonen Animismus bei. Dies führte zur Entstehung des Synkretismus. Heutzutage stehen in den Wohnungen buddhistische Altäre und Shintō-Schreine. Jeder Japaner gehört gleichzeitig beiden Religionen an.

3 Bei ihren Versuchen, die Macht an sich zu reißen, stießen die Minamoto auf die Taira. Diese wurden, nachdem sie eine große Rolle im politischen Leben des 11. und 12. Jahrhunderts gespielt hatten, von Minamoto no Yoritomo (1147-1199) und Minamoto no Yoshitsune (1159–1189) besiegt.

4 Daß der Mord an Yoshitsune von einem Mitglied der Familie Kudō begangen worden sein soll, scheint eine rein familiäre oder lokale Überlieferung zu sein. Als Yoshitsune in Bedrängnis geraten war, tötete er zuerst seine Frau und seine Kinder, bevor er sich selbst den Tod gab.

5 Die Bezeichnung »Zeitalter der kämpfenden Länder« wurde von modernen Geschichtsschreibern erfunden. Die ununterbrochenen Schlachten zwischen den Lehnsherren dauerten etwa ein Jahrhundert (1467-1568) und dienten der Befestigung ihrer regionalen Oberherrschaft und der Aneignung neuer Güter. Paradoxerweise war es im kulturellen wie im handwerklichen Bereich eine blühende Epoche, und zwar sowohl am Hof der Ashikagashōgune als auch in den Provinzen. Man erlebte, wie das Nō-Theater seine endgültige Form annahm und sich die Zenästhetik entwickelte. Gleichzeitig erfuhren die Handelsbeziehungen zum Kontinent eine bemerkenswerte Erneuerung.

6 Date Masamune (1567-1636) war ein berühmter Krieger, der eine Zeitlang dem Christentum wohlgesinnt war. Er ist auch bekannt als Förderer der Künste und der Wissenschaften.

7 *Nezeri* ist eine Spielart der *œnanthe stolonifera* D.C. mit eßbaren Wurzeln. Sie gehört zu den sieben Pflanzen, die man »Frühlingskräuter« nennt. Nach einem ursprünglich vom Kontinent stammenden Brauch verzehrt man sie rituell am siebten Tag des ersten Monats, um sich für das Jahr eine gute Gesundheit zu sichern. Im Herbst vollzieht man eine entsprechende Kulthandlung, indem man die sieben Herbstpflanzen verzehrt.

8 Die drei Berge von Kumano, die südlich der Präfektur Wakayama auf

der Halbinsel Kii liegen, sind eine der bedeutenden Stätten des shintōistisch-buddhistischen Synkretismus.
Auf derselben Halbinsel beherbergt Ise seit der Antike den Schrein von Amaterasu, der Sonnengöttin und Ahnin des kaiserlichen Geschlechts, die dem nationalen Glauben zufolge bis zur Gründung des Staates im Jahre 660 vor Christus über die Insel herrschte.

9 Im Kriegerzeitalter wurden die Frauen zweifellos stärker und höher geachtet als man im allgemeinen annimmt. Die von den Kriegern am meisten gepriesene Eigenschaft einer Frau war Tapferkeit, wohingegen Schönheit eine gewisse Affektiertheit befürchten ließ. Viele Ehefrauen der Minamoto gingen in die Geschichte ein wegen ihres unerschrockenen Charakters oder wegen ihrer Fähigkeiten in der Schlacht. Während des feudalen Zeitalters zwischen dem 17. und 18. Jahrhundert verschlechterte sich der Status der Frau unter dem Einfluß des aus China stammenden neokonfuzianischen Gedankenguts.

10 Im sogenannten feudalen Zeitalter wurden die Steuern üblicherweise mit Reis bezahlt. Sie wurden aufgrund von Katastererhebungen festgelegt, die theoretisch alle zehn Jahre wiederholt werden sollten (in der Praxis geschah dies weniger oft) und es ermöglichten, den Reichtum der einer kollektiven Besteuerung unterworfenen Dörfer einzuschätzen. Die Erhebungen legten den Gesamtbetrag (aus Grundsteuer, Steuer für die »kleinen Produkte«, Zusatzsteuern, die je nach dem Gesamteinkommen des Dorfes festgelegt wurden) auf etwa 50 Prozent der dörflichen Produktion fest.

11 Hoshina Masayuki (1609-1672) wurde sowohl durch seine umfassende Bildung als auch durch sein Verwaltungstalent berühmt.

12 *Koku* ist eine Rauminhaltseinheit für ungeschälten Reis (1 *koku* = ungefähr 180 Liter) und dient als Maß für die Einschätzung der Bodenerträge.

13 Yamazaki Ansai (1618-1682) ist ein in Kyōto geborener neokonfuzianischer Denker. Er ist außerdem als Grüder einer Shintō-Schule, des Suika-Shintō, bekannt. Die Lehre dieser Sekte ist stark nationalistisch gefärbt und stellt die uneingeschränkte Bewunderung, die die meisten Zeitgenossen von Yamazaki Ansai für China hegten, in Frage.

14 Die Meiji-Restauration von 1868 markiert Japans Eintritt in die moderne Welt. Die Umwälzungen wurden zum einen von den Lehnsherren ausgelöst, die der shōgunalen Regierung vorwarfen, sie sei unfähig, Japan gegen die Öffnungsforderungen der Westmächte zu verteidigen, und zum anderen von den Leuten, die die Rückkehr des Kaisers in den Vordergrund der politischen Szene wünschten. Diese Umtriebe, die ursprünglich aus einem konservativen Lager kamen, mündeten schließlich in der Abschaffung der feudalen Administra-

tion und in der Schaffung eines modernen Industriestaates. Dieser hatte eine Konstitution, die vom europäischen, besonders aber vom französischen und vom deutschen Legislativsystem beeinflußt war.

15 Die Organisation der landwirtschaftlichen Arbeit im Edo-Zeitalter (1603-1867) ist durch ihre Katastererhebungen, die als Steuergrundlage dienten, bekannt. Es gab zwei Arten von Bauern. Zum einen die *honbyakushō* oder »Hauptbauern«, die, obwohl das Land theoretisch den Lehnsherren und der Regierung gehörte, in Wirklichkeit das Eigentumsrecht am Boden besaßen und die Dörfer relativ autonom verwalteten. Zum anderen die kleinen Pächter, die nur über den Mittelsmann »Hauptbauer«, von dem sie abhängig waren, Zugang zu den dörflichen Gütern und den Kulthandlungen hatten. In den reichen Provinzen hatten diese Kleinpächter einen unseren Halbpächtern und Bauern analogen Status. In den armen Regionen hingegen, wo der normalerweise nicht sehr große Besitz eine unteilbare Einheit bildete, wohnten die landwirtschaftlichen Arbeiter wie Hausangestellte beim Grundbesitzer. Sie waren entweder auf Lebenszeit oder zeitlich begrenzt angestellt, wenn ihr Amt nicht erblich war. Jede dieser sozialen Kategorien: Grundeigentümer, Kleinpächter oder im Haus wohnende Arbeiter, bildete im Grunde eine endogame Gruppe. Gleichwohl konnte man in der Realität die Kleinpächter nicht vom Hausgesinde unterscheiden. Denn häufig waren die Parzellen, die ihnen gewährt wurden, nicht groß genug, um den Unterhalt für ihre Familien zu sichern, und so brachten sie eines oder mehrere ihrer Kinder beim Grundbesitzer als Dienstboten unter. Andererseits konnten auch die im Haus wohnenden Arbeiter bebaubares Land als Anerkennung für ihre Dienste erhalten.

16 Um der im Jahr 1867 aufgestellten kaiserlichen Armee Widerstand leisten zu können, stellten die Matsudaira in ihrem Lehen Aizu eine Armee aus jungen Leuten auf die Beine. Diese wurden je nach Alter in vier Brigaden eingeteilt, die mit den Namen mythischer Tiere bezeichnet wurden. Diese Tiere versinnbildlichten sowohl auf dem Kontinent wie auch in Japan die vier Himmelsrichtungen: Byakkotai oder »Brigade des Weißen Tigers« bestand aus jungen Männern im Alter von sechzehn und siebzehn Jahren. Die drei anderen, Suzaku oder »Roter Vogel«, Seiryū oder »Blauer Drache« und Genpu oder »Schwarzes Ungeheuer«, mit einem Schildkrötenpanzer und einem Schlangenschwanz, wurden von ihren älteren Brüdern aufgestellt. Nach ihrer Niederlage töteten sich die zwanzig Überlebenden der siebenunddreißig Samuraisöhne der Brigade Nummer zwei des Byakkotai. Einer überlebte. Im Norden war der Bürgerkrieg gegen Ende des Frühjahrs 1869 zu Ende.

17 Da die Hinterlassenschaft im allgemeinen nur auf einen Mann vererbbar ist, will auch ein heute noch gültiger Brauch, daß, falls der einzige Erbe eine Tochter ist, ihr Ehemann als Erbsohn adoptiert wird.
Obwohl die ehelichen Verbindungen traditionellerweise ziemlich freizügig gehandhabt wurden, sind sie doch von einer lokalen Endogamie und einer Klassenendogamie bestimmt. Besonders bei den Ärmsten und den Reichsten sind diese offensichtlich um so strenger, je stärker die hierarchischen Unterschiede im Dorf sind.

18 Die *tagaku nōzeisha giin* hatten ihre Sitze im Oberhaus, das unter anderem aus Mitgliedern der kaiserlichen Familie, aus Adligen und aus bedeutenden Persönlichkeiten zusammengesetzt war.

19 Übersetzung von Horst Hammitzsch, in »Lyrik der Welt«, Band »Lyrik des Ostens«, hrsg. von W. Gundert, A. Schimmel, W. Schubring, München, Wien, 1982.

20 Außer wenn sich ein Unfall ereignete, fand die Übergabe des Erbes an den ältesten Sohn zu Lebzeiten des Vaters statt. Die Übertragung der Vollmachten erfolgte entweder, wenn der älteste Sohn selbst Kinder hatte, oder wenn alle Geschwister des Erben verheiratet waren, oder wenn das Familienoberhaupt das Alter von sechzig Jahren erreicht hatte, welches traditionellerweise den Beginn des Alters bezeichnete, oder aus rein persönlichen oder gesundheitlichen Gründen. Das Familienoberhaupt zog sich dann meistens auf ein Zimmer zurück, das man für ihn reserviert hatte. Es kam aber auch vor, daß er mit seinen noch nicht verheirateten Kindern in ein separates Häuschen zog und, wenn es die Größe des Besitzes erlaubte, ein kleines Stück Land erhielt, das er für sich selbst bebaute.

21 *Mochi* sind Kuchen aus Klebreis. Dieser wird gedämpft, dann zerstampft und meistens zu flachen Kugeln geformt. Manchmal werden sie mit roten Bohnen, Kastanien oder Maronen etc. gewürzt. Durch ihren Verzehr bemächtigt man sich der Lebensenergie, die im Reis enthalten ist.

22 Der buddhistische Titel *hōin* oder Siegel des Gesetzes wurde, besonders im Nordosten, kultisch verehrten Personen zugeschrieben, die über schamanistische Kräfte verfügten und die man zur Lösung der täglichen Probleme aufsuchte (siehe VI-8).

23 *Tabi* sind die traditionellen weißen Söckchen mit abgesondertem großem Zeh.

24 Der Daikokubashira ist technisch und symbolisch der Hauptpfeiler des Hauses. Vermutlich ist er seit der zweiten Hälfte des 16. Jahrhunderts dem Gott Daikoku gewidmet, als sich der Kult dieser Glücksgottheit im Volk verbreitete.
Er wird entweder durch Papieramulette dargestellt, die man an dem

ihm geweihten Pfeiler aufhängt, oder durch eine kleine Figur, die ihn als wohlbeleibte, ein Reisbündel tragende Gestalt zeigt und die man in einen extra dafür angebrachten Hohlraum stellt. Der Herr des Hauses bietet ihm regelmäßig Opfergaben dar.

25 Das Fehlen von gemeinschaftlichen oder Einzelschlafräumen wird bis in die jüngste Zeit allgemein mit der Enge der Wohnverhältnisse erklärt. Wenn dieses Argument auch zweifellos für die großen Städte wie z. B. Tōkyō gilt, so scheint es doch, was das Wohnen auf dem Land betrifft, wenig überzeugend. Tatsächlich gibt es auf den manchmal sehr geräumigen Bauernhöfen kaum einen Unterschied zwischen Schlafzimmern und Aufenthaltsräumen; und das Schlafen selbst wird nur als ein vorübergehender Zustand mit Ausnahmecharakter angesehen. Wenn auch der Besitz eines Schlafzimmers zu den Vorrechten der Hausherrschaft zählt, so teilt das Ehepaar diesen Raum doch für gewöhnlich mit dem jüngsten seiner Kinder. Wenn mehrere kleine Kinder vorhanden sind, hat das manchmal die Trennung von Vater und Mutter zur Folge: die Mutter schläft mit dem Benjamin und der Vater mit ein oder zwei älteren Kindern. Außerdem schlafen häufig Verwandte oder nicht am Wohnsitz ansässige Personen mit einem oder mehreren Kindern der Hausherrschaft zusammen. Darüberhinaus werden Mädchen und Jungen, falls dies möglich ist, noch vor der Pubertät getrennt.

26 Diese chinesische Redensart drückt einfach die Hingabe an die Lektüre aus.

27 *Mushiro* ist die allgemeine Bezeichnung für alle aus Bambus, Binsen oder Schilf geflochtenen Matten.

28 Der Gebrauch von *katakana*- und *hiragana*-Silben oder chinesischer Schriftzeichen, um Formen, Grundrisse und Haltungen darzustellen, ist sehr geläufig. So spricht man von einem Grundriß als *ta* 田, dem Ideogramm für Reisfeld, um ein Haus mit quadratischem Grundriß zu beschreiben. Ein Grundriß in Form des *katakana* サ *(sa)* läßt an eine rechteckige Fläche denken, und für die Körperhaltung, die der eines Embryos gleicht, benutzt man das *hiragana* さ *sa*.

29 In den Augen der Amerikaner, die Japan nach dem Zweiten Weltkrieg besetzten, bildete die Agrarreform ein wesentliches Element der Demokratisierung. Agrarreform bedeutete die Abschaffung des Lehnswesens, das nur der Bereicherung der »parasitären Grundbesitzer«, *kisei jinushi,* diente, die entweder gar nicht auf ihren Ländereien wohnten oder sie nicht direkt bewirtschafteten. Damit kam sie auch den Wünschen einiger japanischer Politiker, insbesondere der kommunistischen und sozialistischen, entgegen, die in der Reform ein Mittel zur Steigerung der Agrarproduktion sahen.

30 Obwohl der Einfluß der buddhistischen Kunst zum Aufkommen anthropomorpher Shintō-Darstellungen geführt hat, blieb diese Religion im Grunde ohne Ikonen. Die Götter werden durch natürliche Objekte von außergewöhnlicher Form verkörpert, wie z. B. gabelförmige Bäume, gewundene Steine und Felsen, oder auch durch mehr oder weniger handbearbeitete Objekte, wie abgeschnittene grüne Zweige, zurechtgeschnittene und im Zickzack gefaltete Papierbänder, Spiegel etc.

31 Inari, die Gottheit des Reises, deren Persönlichkeit deutlich individualisiert ist, ist zweifellos die populärste Gestalt im japanischen Pantheon. Es gibt zehntausende Schreine, die Inari und seinem Boten, dem Fuchs, geweiht sind, der manchmal auch mit ihm verschmilzt. Die Opfergaben an diesen mehr oder weniger den Ahnen gleichgesetzten Beschützer des Reisanbaus werden auf dem häuslichen Shintōaltar und in dem Bethaus, das dem Gott des bebauten Grundstücks geweiht ist, dargebracht.
Der Gott des bebauten Grundstücks wird häufig durch einen Baum oder einen ganz natürlich im Freien aufgestellten Stein symbolisch dargestellt, aber man errichtet ihm auch, besonders wenn er mit Inari gleichgesetzt wird, ein kleines Bethaus, das seine Symbole und die Fuchsboten beherbergt.

III
Kindliches Wissen

1 Meistens waren es die älteren Geschwister, die auf die Kleinen achtgaben, aber es kam auch vor, daß man gegen Lohn die Kinder verschuldeter Familien als »Betreuer«, *omori*, anstellte (vergleiche Kap. IV).

2 In den armen Dörfern priesen schamlose Werbeplakate die Vorteile eines Arbeitsplatzes in den Spinnereien. Sie betonten, die Maschinen würden die ganze Arbeit erledigen. In Wirklichkeit bedeutete ein solcher Arbeitsplatz im Durchschnitt zwölf Stunden körperliche Arbeit, die sich manchmal bis in die Nacht hinein ausdehnen konnte. Da immer häufiger Arbeiterinnen flohen, umgab man die Fabriken mit hohen Mauern, Stacheldraht oder sogar Gräben.

3 Dieses Ereignis war wohl etwas später. Der Verkauf von Kindern hat sich Anfang der dreißiger Jahre im Anschluß an die Krise von 1929 und die überreichlichen Reisernten zwischen 1927 und 1930 entwikkelt.

4 Diese Bemerkung über die rote Farbe ist verwunderlich. Im allgemeinen sind lebhafte Farben und besonders Rot bei der Kleidung von Frauen, die den Status einer Mutter erreicht haben, aus ästhetischen Gründen verpönt. Auch das Tragen roter Unterwäsche ist den Mädchen in der Pubertät vorbehalten. Dagegen werden Rot, Orange und Rosa für die Kleidung kleiner Mädchen sehr geschätzt. Es handelte sich also entweder um einen lokalen Brauch oder um einen Irrtum des Mädchens oder um eine Bemerkung, die der Eifersucht entsprang.

5 Ninomiya Sontoku (1787-1856) ist zum einen als vorbildlicher Landwirt bekannt, und zum andern als Gründer der Sekte Hōtokukyō, »Lehre von der Bildung der Tugend«, die zugleich shintōistisch, buddhistisch und konfuzianistisch war. In der Meiji-Zeit wurde Ninomiya Sontoku als Wegbereiter und Urheber einer positivistischen, modernen, bäuerlichen Moral idealisiert.

6 Seit den achtziger Jahren des 19. Jahrhunderts zählte die Moralkunde zusammen mit Lesen, Schreiben, Rechnen, Singen und Leibeserziehung zu den Hauptunterrichtsfächern. Die Schulreform von 1919 legte besonderes Gewicht auf die Moralkunde und erhöhte den wöchentlichen Unterricht dieses Faches auf vier Stunden. Außerdem wurden die nationalistischsten Offiziere der Landstreitkräfte in die Schulen geschickt, um – in den höheren Schulen – mit den Kindern militärische Übungen durchzuführen (1925).
Ganz generell hatten in den 30er Jahren 20 Prozent des Unterrichtsmaterials einen nationalistischen Inhalt. Zu Beginn der 40er Jahre stieg dieser Prozentsatz auf 38 Prozent an. Der Unterricht in Moralkunde wurde nach dem Zweiten Weltkrieg abgeschafft.

7 Motoori Norinaga (1730-1801) ist einer der vier wichtigsten Vertreter der »Nationale Studien«, *Kokugaku*, einer Strömung prämodernen nationalistischen Denkens, die sich Ende des 17. und im 18. Jahrhundert entwickelte. Diese Schule der Philologie und Geschichte entstand als Reaktion auf den chinesischen Einfluß und war bemüht, das rein Japanische in der Vergangenheit herauszuarbeiten. Motoori Norinaga ist vor allem bekannt für seinen monumentalen »Kommentar zu den Aufzeichnungen alter Begebenheiten«, *Kojiki-den*. Dieser Denker war für die Entwicklung des Nationalismus in der ersten Hälfte des 20. Jahrhunderts von maßgeblichem Einfluß.

8 In den Bergen darf man nicht von Mäusen sprechen, weil diese kleinen Tiere, die vor Bränden und Überschwemmungen ein warnendes Verhalten an den Tag legen, die nur nachts auftauchen und unter der Erde leben, aus einer anderen Welt zu kommen scheinen. Man nennt sie *yomesama*, »Bräute«, weil sie wie die Ehefrauen von außerhalb in die Wohnungen ziehen, um sich darin häuslich niederzulassen.

9 1 *shō* entspricht 1,8 Litern.

10 *Nenbutsu* bedeutet »den Namen eines Buddhas oder eines Bodhisattvas aussprechen« oder »denken«. Es war ursprünglich eine einfache Konzentrationstechnik, doch mit der Entwicklung der Schulen des »amidistischen« Denkens wurde aus der Anrufung Amidas ein Mittel, durch das man ohne weiteres Zutun im Paradies des Reinen Landes wiedergeboren wird.

11 Die Zahl 108 stellt die Summe der unterschiedlichen zeitlichen Einteilungen des chinesischen Jahres dar: 12 Monate + 24 Jahresabschnitte + 72 Klimazonen.

12 Der Scheiterhaufen *dondo yaki* markiert das Ende der großen Neujahrs-Feierlichkeiten. Er wird von den jungen Männern für die Kinder an der Grenze des Dorfes errichtet und hat oft das Aussehen einer zwei oder drei Meter hohen Hütte. Früher haben in der Nacht, bevor er angezündet wurde, die Kinder als Stellvertreter der Götter darin übernachtet.

13 Die Rückkehr der Verstorbenen in die diesseitige Welt feiert man viermal in jedem Jahr: an Neujahr, an den Sonnenwendtagen und vor allem am *Obon*-Fest am Ende des Sommers. Die Riten sollen die kürzlich Verstorbenen beruhigen und das Wohlwollen der schon lange verstorbenen Ahnen auf ihre Nachkommen lenken. Die Toten kehren in jenem Augenblick in ihre Welt zurück, da die Sonne am westlichsten Punkt untergeht, denn das beliebteste buddhistische Paradies, das Paradies Amidas, liegt nach der buddhistischen Kosmologie im Westen der Welt.

14 Eines der berühmtesten japanischen Feste ist das Fest der kleinen Mädchen oder das »Puppenfest«, *hinamatsuri,* das gemäß einem chinesischen Brauch am dritten Tag im dritten Monat gefeiert wird. Der alte chinesische Brauch wollte, daß man sich an den Strand begab, um sich dort zu reinigen und um zu feiern. Regionale Bräuche bestätigen, daß die alte Reinigungsfunktion des Puppenfestes nach wie vor besteht: Im Süden des Landes sind Pilgerfahrten von Frauen an das Ufer des Meeres üblich, und entlang der japanischen Meeresküste und vor allem im Nordosten des Landes werden kleine anthropomorphe Figuren aus Papier oder Ton zu Wasser gelassen.
Hier sei noch angemerkt, daß am 5. Tag des fünften Monats ein entsprechendes Fest für die Knaben gefeiert wird. Heute heißt es »Kinderfest« und ist ein nationaler Feiertag, an dem nicht gearbeitet wird.

15 Das Wort *kannushi,* wörtlich »Meister der Götter«, wird als Oberbegriff für die professionellen oder nicht professionellen Shintōpriester gebraucht. Vermutlich haben im Altertum nur die großen Schreine

professionelle Priester berufen. In den dörflichen Heiligtümern dagegen haben die Oberhäupter der wichtigsten Häuser abwechselnd die Organisation und Ausübung der Kulthandlungen übernommen. Obwohl in der Meiji-Zeit die Umwandlung des Shintō in eine Staatsreligion die Bildung eines Klerus nach sich gezogen hat, wird in manchen Gemeinden für die Jahresfeste des Dorfschreins immer noch ein »*kannushi* für das Jahr« bestimmt, der gemeinsam mit dem professionellen Priester die Feiern abhält. Die Ernennung des *kannushi* erfolgt entweder aufgrund einer Auslosung oder durch eine vorher festgelegte Reihenfolge.

16 Der Gott der Reisfelder wechselt seinen Standort mit den Jahreszeiten: Zu Beginn des Frühlings steigt er ins Dorf hinunter und kehrt beim ersten Rauhreif in die Berge zurück; in der Sauregurkenzeit wird er von *yama no kami,* dem Berggott, vertreten. Dieser wird bisweilen als die winterliche Erscheinung des landwirtschaftlichen Gottes betrachtet.

Gleichwohl scheint es unterschiedliche Anwesenheitsgrade der Götter zu geben. In jeder Jahreszeit beginnen die rituellen Feiern mit einem Empfang der Gottheit, und am Ende des Festes werden sie wieder in die andere Welt zurückgeschickt. Außerhalb der Kultzeiten ist die Anwesenheit der Götter nicht real, sondern virtuell.

17 Diese Spiele haben ihren Ursprung im religiösen Ritual: Die Drachen, die meistens mit kriegerischen Gestalten dekoriert sind, wurden ursprünglich in Wettkämpfen zwischen den Dörfern benutzt. Das Spiel bestand darin, den Drachen des Gegners mit der Schnur des eigenen Drachen zu behindern, so daß der des Gegners abstürzte. Früher ließen die Jungen ihre Drachen meistens zu Anfang des Jahres und im fünften Monat, zum Knabenfest steigen. Dieser Scheinkrieg hatte die Funktion eines Orakels.

Die Bewegungen von Kreiseln und Jo-Jos, beides sind Spiele, die man an Neujahr spielt, symbolisieren die ständige Wiederkehr der Zeiten. Am siebten Tag des siebten Monats findet das Tanabatafest, ein Fest chinesischen Ursprungs, statt. Gefeiert wird das jährliche Wiedersehen zweier Sterne, Altair und Vega, des Hirten und der Weberin. Nach der populärsten japanischen Version dieses Märchens haben die beiden Sterne, weil sie ganz von ihrer Liebe in Anspruch genommen waren, ihre Aufgaben nicht mehr erfüllt: Die Weberin webte keine Wolken mehr, und der Hirte ließ seine Tiere einfach irgendwo weiden. Um sie zu trennen, ließ der Herrscher des Himmels einen Fluß durch die Mitte des Himmels strömen, die Milchstraße. Aber er gestattete dem Liebespaar, sich einmal im Jahr zu treffen, am siebten Tag des siebten Monats. In dieser Nacht bilden alle Elstern Japans mit ihren Flügeln eine Brücke, damit die Weberin den Himmelsfluß überqueren kann. Die Kinder wünschen sich, daß es nicht regnet und die beiden Liebenden sich treffen können. Um den Elstern ihre Aufgabe zu erleichtern, werfen sie mit bunten Papierstreifen verzierte Bambuszweige in den Fluß. Auf die Papierstreifen haben sie Gedichte geschrieben, in welchen sie die Sterne als Gegenleistung bitten, ihnen dabei zu helfen, geschickte Kalligraphen zu werden.

Das Feuerwerk ist vielleicht eine verfeinerte Version der Feuer am Sommerende, mit denen man die Geister der Verstorbenen zuerst empfängt und dann wieder fortschickt. Es gilt in Japan, wie auch in China, als erquickende Unterhaltung. Außerdem hält der Lärm die Dämonen fern, die in dieser Jahreszeit überhand nehmen.

Das Ende des Totenfestes ist oft der Anlaß für besondere Gaben an den Bodhisattva Jizō, der über die sechs Wege der Wiedergeburt wacht und die kleinen toten Kinder beschützt. Fromme Leute bekleiden die Stelen und Statuen von Jizō mit Kinderkleidung, sie schminken und kämmen sie, während die Kinder das Bild des Bodhisattva auf flache Steine malen.

18 Die Japaner haben zwar den Gregorianischen Kalender übernommen, aber ohne die abendländischen Monatsnamen. Sie haben nur die Zählung beibehalten, die aus Januar den »ersten Monat«, *shōgatsu,* macht, aus Februar den »zweiten Monat«, etc.

19 Vgl. I-23.

20 Die Kamelie, die im zeitigen Frühjahr blüht und sich durch einfache Stecklinge vermehrt, ist ein Symbol der Wiederkehr.

21 Der Name *hagi*, der etymologisch »Sprießender Baum« bedeutet, weist auf den üppig wachsenden Charakter dieses etwa zwei Meter hohen Strauches hin, dessen alte Stümpfe regelmäßig neue Zweige hervorbringen. Der *hagi* ist im Herbst voll mit violetten Blüten, weshalb er zu den »sieben Herbstpflanzen«, *aki no nanakusa,* zählt.

22 Schon die Literatur des 8. Jahrhunderts bezeugt die Existenz eines Glaubens an die vitale Macht des Windes: eine Frau kann schwanger werden, weil sie sich dem Wind ausgesetzt hat; ein jäher Windstoß kündigt das Kommen des Geliebten an.

Mit den Schriftzeichen »Wind« und »schlecht« geschrieben, weist das Wort *kaze* auf alle Krankheiten hin, die durch Kälte hervorgerufen werden, von der einfachen Erkältung bis zur Lungenentzündung. In einem ganz frühen Zeitalter wurden damit auch chronische Nervenleiden und Bauchschmerzen bezeichnet.

23 Die Verknüpfung der Schlangenhäutung mit der kalendarischen Erneuerung macht aus der Jahresmitte die zweite bedeutende Zeit der jährlichen Reinigungen nach dem Neujahrsfest. Ein heute nicht mehr

üblicher Brauch wollte, daß die Menschen – die Häutung der Schlange imitierend – dieses Datum wählten, um ihre Winterkleidung gegen die leichteren Gewänder des Sommers einzutauschen.

24 Vgl. XI-3.

IV
Persönliche Erinnerungen

1 Die Mutter übernimmt traditionellerweise die gesamte Verantwortung für die Kindererziehung. Weniger autoritär als die westlichen Frauen, strebt sie danach, die Symbiose, die sie während der Schwangerschaft mit dem Fötus verband, zu verlängern: Sie schläft häufig bei ihrem Säugling, läßt ihn nach seinem Belieben saugen und tröstet ihn beim geringsten Weinen. Sie trägt ihn auf ihrem Rücken (oder seit rund zehn Jahren an der Brust). All dies tut sie, während sie ihren alltäglichen Aufgaben nachgeht. Im allgemeinen läßt sie ihm seine, im übrigen selten vorkommenden Launen durchgehen. Die Sauberkeitserziehung erfolgt allmählich, und körperliche Strafen sind selten. Vielmehr setzt die Mutter die Zuneigung ein, die sie und das Kind verbindet, um das zu erhalten, was sie von ihm erwartet. Ein Akt der Ungehorsamkeit hat einen Liebesentzug zur Folge, ja sogar die Erklärung, sie habe ein anderes Kind oder den selten anwesenden Vater lieber. Der Vater wird zugleich als Verhaltensvorbild und als Autorität bezeichnet, die sowohl von der Mutter als auch vom Kind gefürchtet ist. Obwohl er gerne mit dem Kind spielt und von Zeit zu Zeit seine Autorität zeigt, tritt er nach außen hin vor allem als Repräsentant des Hauses auf.

Aus dieser Familienkonstellation heraus entsteht eine lebenslängliche starke Bindung vom Kind zur Mutter und eine Angst, von der sozialen Gruppe abgelehnt zu werden. Die Abwesenheit des Vaters hingegen führt zu einer großen Sublimationsfähigkeit.

Das Mutter-Kind-Verhältnis bleibt der Kern der japanischen Familie und bildet einen Gegensatz zur zeitgenössischen westlichen Familie, die sich mehr um die Beziehung der Ehegatten dreht.

2 Im Falle einer Trennung von ihrem Ehegatten mußten die Mütter im allgemeinen ihre Kinder, und ganz besonders ihren ältesten Sohn, der Pflege ihrer Schwiegermutter überlassen. Der Sinn dieser Vorgehensweise war offensichtlich, eine Unterbrechung der Stammlinie väterlicherseits zu verhindern. Obwohl dieser Brauch nicht vollkommen verschwunden ist, wird heutzutage das Sorgerecht beinahe immer der Mutter übertragen.

3 Murasaki Shikibu lebte im 11. Jahrhundert und ist die Autorin der berühmten »Geschichte des Prinzen Genji«, *Genji monogatari,* in welcher sie das höfische Leben um das Jahr Tausend beschreibt. Sie wurde vermutlich 978 in einer untergeordneten Zweigfamilie der mächtigen Fujiwara geboren.
Die literarische Frauenzeitschrift »Blaustrumpf«, *Seitō*, deren Name direkt von den Londoner *Blue Stockings* inspiriert war, erschien zwischen 1911 und 1916. Wenn diese sich auch ursprünglich das Ziel gesetzt hatte, die Frauenliteratur zu fördern, um »Genies« hervorzubringen, widmete sie sich in Wirklichkeit der Untersuchung der Schwierigkeiten, die die Frauen im sozialen Leben hatten.

4 Die Kenntnis fremder Kultur ist in Japan immer als höchste Form von Bildung angesehen worden: Chinesische Schrift und chinesische Klassiker in den alten Zeiten, westliche Sprachen und Wissenschaften in der Moderne. In diesem Zusammenhang ist leicht zu verstehen, wieso sich die Zahl der Übersetzungen seit der Öffnung des Landes in den 70ern des 19. Jahrhunderts vervielfacht hat. Man übersetzte vor allem aus dem Englischen oder manchmal aus chinesischen Übersetzungen englischer Texte. Unter anderem wurden übersetzt: Das Neue Testament, Robinson Crusoe und Jules Verne, aber auch Stuart Mill, Spencer, Smith, Montesquieu, Rousseau, Guizot, dann Shakespeare, Walter Scott, Disraeli, Tolstoi, Gorki, Flaubert, Maupassant etc.

5 Die Kalligraphie umfaßt zwei Hauptstile. Zum einen *kaisho,* die Musterschrift, bei der die getrennt voneinander geschriebenen Schriftzeichen jeweils in ein Quadrat geschrieben werden müssen; und zum anderen *sōsho,* die »Grasschrift« (wörtlich übersetzt) oder Kursivschrift. Außerdem gibt es noch einen dazwischenliegenden, halbkursiven Stil, den *gyōsho*-Stil. Die im allgemeinen als maskulin angesehene *kaisho*-Schrift wird als Zeichen einer umfassenden Bildung angesehen, weil sie große Kenntnisse der chinesischen Schriftzeichen voraussetzt.

6 Sugawara no Michizane (845-903) war ein berühmter Dichter, Gelehrter und Politiker. Nachdem er eine Zeitlang Staatsminister gewesen war, wurde er ins Exil geschickt, wo er starb. Als sich kurz nach seinem Verschwinden mehrere Todesfälle unter seinen Feinden und verschiedene Katastrophen ereigneten, wurde Michizane als unglückbringender Geist angesehen. Um ihn zu beruhigen, verlieh ihm der Hof den Namen des Sturmgottes und den Titel *tenjin,* »Himmelsgott«.

7 Im japanischen religiösen Kontext ist die Opferhandlung ein Vorgang, der in erster Linie dazu dient, Gegenständen, die zum gemeinsa-

men Gebrauch von Menschen und Göttern bestimmt sind, einen sakralen Charakter zu verleihen.

8 Noch in der ersten Hälfte dieses Jahrhunderts war die Frisur wenigstens auf dem Land häufig altersabhängig. Die kleinen Mädchen hatten im allgemeinen die *kappa*-Frisur, einen Pony und im Nacken gerade abgeschnittenes Haar. Etwa im Alter von neun oder zehn Jahren ließen sie ihre Haare wachsen, um sie zu Rattenschwänzen, zu einem Schwanz im Nacken oder auch zu einem Pferdeschwanz, der als Tuff nach vorne geklappt wurde, zu binden. Ungefähr mit sechzehn oder siebzehn Jahren frisierten sich die jungen Mädchen einen »Gespaltenen Pfirsich«. Am Tag ihrer Hochzeit türmten sie ihre Haare zu einem *Shimada*-Knoten auf. Am Tag nach ihrer Hochzeit banden die jungen Frauen ihre Haare zu einem »Runden Knoten«, *marumage,* ein großer, flacher Knoten, die Frisur der verheirateten Frau.

9 Die *susuki* oder *Miscanthus sinensis Anderss* ist eine Grasart aus der Familie der Schilfe. Sie wird einen bis einen Meter fünfzig hoch, und ihre Ähren blühen im Herbst. Sie gehört zu den sieben Symbolpflanzen der Erntezeit und taucht häufig in landwirtschaftlichen Riten auf. Dort wird sie als Omen des kommenden Überflusses betrachtet und gilt vor den Göttern als Abbild der Reisähren.

10 Vgl. I-16.

11 Die Kinder, die mit weniger als sieben Jahren gestorben waren, das heißt, bevor sie vollwertige Menschen geworden waren, konnten nicht in den üblichen Zyklus der Reinkarnation oder der Divinisation gelangen. Sie wurden oftmals in einem speziellen Bereich des Friedhofs beerdigt.

12 Der gewöhnlich mit einem Drittel Hirse vermischte Reis wurde, wenn er als Hauptgericht serviert wurde, mit dem Riesenrettich, *daikon,* mit Bohnen, Kartoffeln, Tarokartoffeln, Kürbis, Süßkartoffeln etc. geschmacklich variiert. Die Buchweizennudeln waren grundsätzlich für die buddhistischen Festtage reserviert. Zwischenmahlzeiten bestanden meistens aus Reisklößen oder Kartoffeln. Frischer Fisch war selten und Fleisch, mit Ausnahme von Hühnerfleisch, noch seltener.
Miso ist eine Paste aus fermentiertem Soja, die als Grundsubstanz der täglichen Suppe dient.
Das Wort *konbu* bezeichnet eine Algenfamilie, zu welcher *makonbu* oder *Laminaria japonica Areschoug* gehört, die sozusagen täglich auf dem japanischen Speiseplan steht.

13 Die japanischen Tischsitten verbieten keineswegs, Geräusche zu machen, wenn man eine heiße Flüssigkeit zu sich nimmt. Es gehört sich sogar zu schlürfen, vor allem beim Verzehr von Suppen.

V
Der Ausschluß

1 Die kleinen Kinder in Japan lernen im allgemeinen nicht durch Demonstration und noch weniger durch wohlüberlegte Erklärungen, sondern durch die direkte Manipulation am Körper des Kindes. Der physische Kontakt zwischen Kindern und Erwachsenen ist sehr wichtig. Ab dem zweiten oder dritten Monat werden die Kinder beinahe ständig auf dem Rücken getragen. Dort werden sie mittels eines Gürtels festgehalten.

2 Das Tagebuch ist in Japan zwar ein altes literarisches Genre, aber darüber hinaus etwas ganz Alltägliches. Meistens werden die Kinder schon in ganz jungen Jahren von ihren Lehrern dazu ermuntert. Diese Tagebücher, die selten ein Ort tiefschürfender Introspektion sind, tragen zur Bewußtwerdung der Pflichten bei, die der einzelne gegenüber der Gesellschaft hat.

3 Die Geishas, auf die hier angespielt wird, haben wenig mit den hochkultivierten Kurtisanen zu tun, die in speziellen Schulen in Kyōto ausgebildet werden. Selbst wenn sie ein wenig künstlerisches Talent besitzen, sind sie einfache Prostituierte.

Der Verzehr ungewohnter Lebensmittel, die als männlich angesehen werden und im allgemeinen fettreich oder scharf sind, und der Besuch bei den Prostituierten scheinen ein Überbleibsel alter Initiationsriten zu sein, die man früher in der Familie oder in der Altersgruppe feierte.

4 Es ist üblich, die Ahnen über die wichtigsten Ereignisse zu informieren. Der tägliche Kult wird hierbei häufig dazu genutzt, ausführlich über das Tun und Treiben eines jeden zu berichten, besonders im Falle häuslicher Schwierigkeiten. Die Ahnen, von denen man glaubt, sie nähmen am alltäglichen Leben ihrer Nachkommen teil, haben in gewisser Weise die Stellung eines Obersten Familienrichters inne.

5 Die Lage des jüngeren Sohnes ist traditionell schwierig, weil der älteste Sohn den größten Teil des Grundbesitzes erbt. In den ärmsten Regionen erhielten die jüngeren Söhne erst spät ein Stück Land. Das zwang sie, im vorgerückten Alter zu heiraten oder gar, in manchen Fällen, ihr Leben lang im Haus ihres älteren Bruders zu bleiben. Dort hatten sie den Titel »Onkel«. Der Ausdruck »ein Onkelleben« hatte in etwa die Bedeutung von »ein Hundeleben«. Als sich die Fabrikarbeit entwickelte, waren es die jüngeren Söhne, die nach den Töchtern das Haus verließen und das städtische Proletariat bildeten.

6 In der Tat scheint die Erziehung der Mädchen geprägt von verschiedenen Brüchen: Trennung von den Männern der Familie, dann, durch die Heirat, von der ganzen Familie; und sie scheint durchdrungen von

Widersprüchen. Erzogen im Stolz auf den durch die Geburt erworbenen Stand, lernen sie vor der Pubertät, daß sie dazu bestimmt sind, durch die Heirat auf ihn zu verzichten. Und selbst wenn sie nach dieser Heirat viel engere Beziehungen zu ihrer Mutter und ihren Schwestern aufrechterhalten, als man sich das gemeinhin vorstellt, sind sie offiziell tot für diese. Außerdem werden ihnen widersprüchliche Lebensideale beigebracht: während in der traditionellen ländlichen Gemeinschaft die Frau, nachdem die Schwiegermutter in den Ruhestand getreten ist, die Führung des häuslichen Lebens übernimmt und als Hausherrin im vollsten Sinn des Wortes auftritt, macht die neokonfuzianische Ideologie – die sich zunächst in den Kriegerfamilien entwickelte, sich dann in der gesamten städtischen Gesellschaft und schließlich in allen wohlhabenden Klassen ausbreitete – aus der Frau ein untergeordnetes Wesen; der bürgerliche Snobismus will überdies, daß sie nicht arbeitet.

7 Die Moxibustion wird im Kreise der Familie oder von Spezialisten, manchmal eher von Ordensgeistlichen als von wirklichen Medizinern, durchgeführt. Sie wird gegen harmlose Erkrankungen und die verschiedensten nervösen Störungen angewandt.
Die Made, paradigmatischer Vertreter der unheilvollen Gruppe der kleinen Tiere, gilt oft als Ursache kindlicher Krankheiten (Nervosität, Meningitis etc.).

8 Die Friedhöfe sind im allgemeinen rund um die Klöster angesiedelt. In weit abgelegenen Regionen jedoch grenzen die Familienfriedhöfe an die Wohnhäuser. Die Gemeinschaftsfriedhöfe dagegen liegen außerhalb der Dörfer.

9 Für das Knabenfest, das am fünften Tag des fünften Monats gefeiert wird, stellt man die Kriegerpuppen zu Ehren der nicht verheirateten männlichen Familienmitglieder häufig in der Schmucknische *tokonoma* im Innern des Hauses auf. Zur gleichen Zeit errichtet man im Hof einen Mast, an dessen Spitze man eine Art Windsäcke in Karpfenform aufhängt: Sie weisen auf die Widerstandskraft dieser Fische hin, die in genau dieser Zeit die Flußläufe hinaufschwimmen; die gleiche Entschlossenheit und die gleiche Unerschrockenheit wünscht man den Knaben.

VI
Die Weisen

1 Das Wort *yo* verweist etymologisch auf das Teilstück eines Bambusrohres, das zwischen zwei Knoten liegt. Es symbolisiert die Dauer eines Jahres zwischen zwei Ernten, eine Zeitspanne im Leben, eine Existenz vom Leben bis zum Tod oder eine Generation. Unter vielen weiteren Bedeutungen wird *yo* auch im Sinne von Welt (der Welt der Vergangenheit, der Gegenwart und der Zukunft) gebraucht und schließlich auch mit der ehelichen Verbindung gleichgesetzt, von der man annimmt, daß sie die Folge eines vergangenen Lebens und dazu bestimmt ist, in den zukünftigen Leben fortzudauern.

2 Der buddhistische Ausdruck »ursprüngliche Saat« bezeichnet die Keime, die reinen oder unreinen Willenskräfte, die die Früchte hervorbringen, die *dharma.* Obwohl diese von vorübergehender Dauer sind, bilden sie eine Kette, die nur durch die Offenbarung des buddhistischen Weges, die Erleuchtung, durchbrochen wird.

3 Die Sitte, das Sterbekissen nach Norden auszurichten, wird meistens mit der Stellung in Verbindung gebracht, in der Buddha selbst verschieden sein soll: das Gesicht nach Westen gewandt, in Richtung auf das Paradies des Reinen Landes, das Kopfkissen nach Norden gerichtet.

4 Das Alter von sieben Jahren wird tatsächlich für dasjenige gehalten, in dem ein Kind sich in ein vollständiges menschliches Wesen umwandelt. Die Gedenkfeiern für die Toten dagegen erstreckten sich früher oft über viel längere Zeiträume: dreiunddreißig, fünfzig oder gar hundert Jahre. Die gegenwärtige Tendenz, den Zeitraum für das rituelle Gedenken an die Verstorbenen auf sieben oder gar drei Jahre zu verkürzen, wird zuweilen mit dem Wunsch erklärt, den Verstorbenen zu gestatten, schneller ein Buddha, *hotoke,* zu werden.

Das Wort *hotoke,* das mit Hilfe des Schriftzeichens »Buddha« geschrieben wird, hat im Volksmund tatsächlich die Bedeutung »Verstorbener«. Der Ausdruck soll sich von dem Verb *hodokeru,* »sich lösen«, herleiten und also etymologisch diejenigen bezeichnen, die sich von den Leidenschaften, die mit dem Leben verbunden sind, gelöst und die Erleuchtung erlangt haben. Unter dem Einfluß des einheimischen eschatologischen Denkens jedoch, demzufolge alle Verstorbenen normalerweise dazu bestimmt sind, Ahnen oder Götter zu werden, hat sich die Idee herausgebildet, daß alle Toten dazu berufen sind, das buddhistische Heil zu erlangen und also würdig sind, »Buddha« genannt zu werden.

5 Die Worte »Tag«, »Sonne« und »Feuer«, die sicher einen gemeinsa-

men Ursprung haben, werden alle *hi* ausgesprochen. Deshalb sind einige Autoren der Ansicht, daß das Wort *hijiri* nicht die Sterndeuter bezeichnet, sondern diejenigen, die »das Feuer kennen«.

6 Kaiser Temmu (Regierungszeit: 673-686) stärkte in beträchtlicher Weise die staatliche Zentralisierung. Er stellte die ersten Regeln für die Rituale bei Hofe auf, schrieb den Stil der Kleider vor, versuchte das Dotationssystem zu ändern und verlieh Titel und Familiennamen an den Adel.

7 Der gelehrte buddhistische Ausdruck *zengon* bezeichnet die Handlungen, für die man belohnt wird (siehe XVI-6).

8 Der Ausdruck *miko*, wörtlich »Gotteskind« oder »kaiserliches Kind«, ist die geläufige Bezeichnung der regulären Schreindienerinnen der Shintō-Heiligtümer und auch die Bezeichnung für die Medien. Er wird selten auf Männer angewandt.

Noriwara ist ein Dialektausdruck, der in dem südlichen Teil von Tōhoku verwendet wird, in dem man den Kult des Hayama-Gottes feiert. Er entstand aus der Zusammensetzung von *noru*, »übergeben«, und *warawa,* einem onomatopoetischen Wort, das auf das wirre Durcheinander des Kinderhaars, das nicht zusammengebunden ist, hinweist.

Wenn die Medien als Kinder bezeichnet werden, so deshalb, weil man annimmt, daß sie als Mittler zwischen Götter- und Menschenwelt wie die kleinen Kinder eher dem Geschlecht der Götter als dem der Menschen angehören.

Hōin verweist auf die Siegel, deren man sich bei esoterischen buddhistischen Ritualen bedient, und daraus abgeleitet auf einen hohen Mönchsrang, der früher vom japanischen Hof verliehen wurde. Später wurden damit die meisten Exorzismusmeister bezeichnet, die sich mehr oder weniger deutlich auf die asketische Tradition des *Shugendō* berufen. *Shugendō* ist aus einer Fusion der Lehre esoterischer Sekten mit dem Shintō hervorgegangen.

9 Die Militärregierung und der Kriegerstand, die die Macht in der Edoperiode innehatten, hatten eine Einschreibung der Zivilbevölkerung bei den buddhistischen Klöstern zur Pflicht gemacht. Die kaiserliche Regierung der Meiji-Zeit dagegen fußte auf dem Shintōismus. Nachdem sie den historischen Charakter der alten einheimischen Mythologie bekräftigt hatte, die den Kaiser zum Nachkommen der großen kosmogonischen Gottheiten macht, erklärte sie auf diesem Umweg den Shintōglauben zur nationalen Bürger- und Laienpflicht. Die kaiserliche Regierung ordnete einerseits die politische und religiöse Einheit (*saisei-itchi*) an und beschloß andererseits die Trennung von Buddhismus und Shintōismus. Diesem Bruch folgte der Versuch, den

shintōistisch-buddhistischen Synkretismus auszutrocknen, der in den vergangenen Jahrhunderten die Oberhand gewonnen hatte.

10 Als Bindeglied zwischen Himmel und Erde, Aufenthaltsort der Verstorbenen und irdischer Wohnort der Götter, ist der Berg eng verknüpft mit den Tätigkeiten der Medien und Seher: neben ihrer Ausbildung, die manchmal eine Zeit der Abgeschiedenheit in den Bergen erforderlich macht, üben sie ihre Tätigkeit auch regelmäßig in Gebirgsgegenden aus. Die Bedeutung der Berge für die magischen Praktiken ist so groß, daß die Adepten des *Shugendō*, des Wegs zur Erlangung wunderbarer Kräfte, durch die Askese gewöhnlich *yamabushi* genannt werden, »die, die in den Bergen schlafen«.

11 Da es keinen Bruch zwischen der Götter- und der Menschenwelt gibt, ist es relativ leicht, die irdischen Landschaften in Beziehung zu den verschiedenen, von der buddhistischen oder shintōistischen Kosmologie festgelegten Regionen zu setzen. Deshalb können alle Landschaften zum einen als Repräsentationen gewisser Stätten der anderen Welt begriffen werden, wenn zum Beispiel ihre Topographie ähnlich ist, zum anderen auch als lokale Repräsentationen anderer, berühmter Repräsentationen solcher mythischen Stätten auf nationaler oder regionaler Ebene.

12 In der Präfektur Yamagata, im Norden von Fukushima, liegen die drei Berge von Dewa, die ohne Zweifel seit dem Mittelalter zu den wichtigsten Stätten des synkretistischen Kultes der *yamabushi* zählen. Als Exorzisten und Heiler suchten die Einsiedler durch Askese in den Bergen magische Kräfte zu erlangen, die es ihnen erlaubten, Naturphänomene und böse Geister zu beherrschen.
Diese drei Berge gelten als Inkarnationen des Bodhisattva Kannon und der Buddhas Amida und Dainichi.

13 Gewöhnlich ist es den Frauen, während sie ihre Menstruation haben, verboten, sich den Shintōgöttern zu nähern, da man von diesen glaubt, sie haßten die Unreinheit des Blutes. Früher führte die Angst vor der Menstruation manchmal dazu, daß man die Frauen während dieser Zeit in Hütten am Rande des Dorfes einsperrte.
Der Tod einer Schlange innerhalb des Garten- oder Hausbereichs gilt als Folge mangelhafter Verehrung und als Quelle des Bösen.

14 Der *nakōdo,* wörtlich »der Mann (der) dazwischen (ist)«, ist der offizielle Heiratsvermittler, an den man sich wendet, um einer anderen Familie eine Ehe vorzuschlagen, wenn es nicht schon vorher eine Übereinkunft der Ehegatten gibt; häufiger handelt es sich um einen *tanomi-nakōdo*, einen von den interessierten Häusern, die ohne seine Vermittlung bereits eine Verbindung beschlossen haben, ausgewählten Bürgen; oder auch um einen Zeugen der Ehegatten gegenüber der

Gemeinde, wenn sie selbst die Eheschließung beschlossen haben. Generell muß der *nakōdo* bei einer exogamen Heirat einen höheren Status besitzen als die Familien, zu deren Verbindung er beiträgt.

15 Der Ausdruck *otafuku* bezeichnet wie das Wort *okame* die Maske der pausbäckigen Frau, das Symbol des Überflusses.

16 *Ochanomizu* heißt wörtlich »Teewasser« und wurde so genannt nach einer bekannten Quelle, die dort entspringt. Dieser Stadtteil befindet sich im Zentrum eines großen Studentenviertels, in dem sich die Tōkyō- und die Meiji-Universität befinden.

VII
Warten

1 Siehe unter II-21.

2 *Yamabuki* oder *Kerria japonica* D.C.

3 Hier spielt Yamazaki Ikue auf die Ereignisse von 1853 an: Japan war seit Anfang des 17. Jhs. für Fremde geschlossen, als Kommodore Perry mit seinen »schwarzen Schiffen« in den Hafen von Yokohama eindrang. Er wollte der japanischen Obrigkeit einen Brief übergeben, in welchem die Regierung der Vereinigten Staaten die Japaner bat, mit ihnen Freundschaft zu schließen, ihre Schiffe in Japan mit Kohlenachschub zu versorgen und zu garantieren, daß amerikanische Schiffbrüchige fortan gut behandelt würden. Gleichzeitig kündigte Perry an, daß er im nächsten Frühjahr mit einem mächtigeren Geschwader wiederkommen würde, um eine Antwort zu erhalten (in Wirklichkeit kam er bereits im Februar wieder, um den Briten zuvorzukommen).

4 Während der Meiji-Restauration verließ der Kaiser die »Hauptstadt« Kyōto, wo er seit Ende des 8. Jahrhunderts residierte, um nach Edo zu ziehen, wo die Shōgune des *bakufu* ihre Regierung eingerichtet hatten. Edo bekam daraufhin den Namen Tōkyō, »Hauptstadt des Ostens«.

5 Das *Hannya shingyō* oder »Sūtra der Weisheit« ist eines der populärsten Sūtren. Der kurze Text mit 262 Schriftzeichen, den die Mönche als übliche Segnung der Gläubigen rezitieren, erklärt, wie die Weisheit und die Einsicht in den Weg der geraden Mitte es gestatten, die buddhistische Erleuchtung zu erlangen.

6 Das *hichiriki* oder östliche Flageolett ist eine Bambusflöte, die aus China stammt, von wo sie in der Antike nach Japan eingeführt wurde. Früher gab es sie in zwei Größen, aber heute ist nur noch die kleine, achtzehn Zentimeter lange Flöte in Gebrauch.

7 Okonko ist die lokale Bezeichnung der Seidenraupengottheit und zweifellos von *kaikogami* oder *okaikogami*, ihrer üblichen Bezeichnung, abgeleitet.

8 Siehe unter II-26.

9 Wenn die Themen Liebe und Heirat vor allem in Liedern anzutreffen sind, die die Seidenraupenkultur rhythmisch begleiten, dann deshalb, weil eine gute Ehefrau nicht nur Mutter und Köchin sein sollte, sondern auch in der Lage, ihre Familie zu kleiden. Schon die chinesische Legende machte aus der Gattin des Kaisers Jaune (ca. 2550 v. Chr.) eine Weberin und schrieb den ersten Seidenexport einer jungen Ehefrau zu, die bestrebt war, ihren Ehemann zufriedenzustellen. Diese idealisierte Vorstellung der Weberin findet sich in Japan wieder, und zwar nicht nur in Märchen und Legenden, sondern auch im Volksglauben, wo eine Weberin die ideale Schreindienerin für eine männliche Gottheit ist.

10 Diese Geschichte vom wahren Ursprung der Seidenraupen verbindet die vier Häutungen der Raupen mit den vier Prüfungen, die die Prinzessin erleidet: bevor sie der Seidenraupe das Leben schenkt, überquert sie symbolisch die vier jenseitigen Welten der japanischen Kosmologie, den Berg, den Himmel, die Unterwelt und das Meer. Diese Geschichte wird nicht nur von den Medien immer weitererzählt, sondern sie erscheint auch im *Kaiko no sōshi,* dem »Seidenraupenbuch«, von dem es eine Abschrift aus der Eiroku-Ära (1558 bis 1570) gibt. Sie wird auch im *Teikin ōrai,* einem Werksunterrichtsbuch, erwähnt, das in den Schulen der Edo-Zeit viel benutzt wurde und wahrscheinlich im 14. Jh. verfaßt worden ist. Unter der Herrschaft von Kimmei, dem neunundzwanzigsten Herrscher Japans, der von 539 bis 571 regierte, wurden sowohl der Buddhismus als auch viele Techniken vom Kontinent offiziell nach Japan eingeführt. Sicher wurde dieser Herrscher wegen seiner Beziehungen zur kontinentalen Kultur als Vater der Göttin der Seidenraupenzucht auserwählt, da auch diese von China auf dem Wege über Korea eingeführt worden war.

Kaguyahime ist als Heldin des »Märchens vom Bambussammler« bekannt. Das ist eine wunderschöne Geschichte, die Ende des 9. Jhs. oder Anfang des 10. Jhs. verfaßt wurde und von einem alten Mann erzählt, der in einem Bambusrohr ein kleines Mädchen fand und großzog.

11 Wenn voreheliche sexuelle Beziehungen auch oft toleriert wurden, so waren sie doch in sehr stark hierarchisch gegliederten Gemeinden verpönt, da man fürchtete, sie könnten zu einer Mesalliance führen. Auch die Schlafsäle für junge Mädchen (wohin die jungen Burschen

zu Besuch kamen) gab es nur in relativ egalitären Dörfern. Die Jungfräulichkeit wurde jedoch im allgemeinen nicht als etwas Entscheidendes betrachtet.

12 Siehe unter II-18.

13 Die Art und Weise der Rückerstattung der Geschenke in Naturalien oder in Geld variiert von Gegend zu Gegend und von Anlaß zu Anlaß. In der Regel wird ein Geschenk zur Hochzeit vollständig zurückerstattet, wohingegen ein Reisegeschenk mindestens zur Hälfte und ein Geschenk zur Beerdigung nur halb zurückerstattet wird. Während eine Beerdigung beinahe nichts kostet, werden Reisen, bei denen die Schenkenden normalerweise zahlreicher sind, als teuer und Hochzeiten als sehr kostspielig angesehen.

Zweiter Teil
Tōkyō

Erstes Buch
Biyō no michi:
Der Weg der Schönheit

VIII
Anfänge

1 *Ennichi* sind religiöse Festtage, anläßlich derer kleine Volksfeste veranstaltet werden (siehe unter I-16).

2 Der Brauch will, daß bei der Anrede dem Familiennamen des Angesprochenen ein Ausdruck hinzugefügt wird, den man Honorativ nennt und der nur unbeholfen mit »Herr«, »Frau« oder »Fräulein« übersetzt werden kann. Er wird aber sorgfältig gewählt, je nach der hierarchischen Beziehung, die auf dem Bekanntheitsgrad, der sozialen Stellung, dem Alter etc. beruht. Das Weglassen jeglichen Honorativs drückt fehlendes Interesse am Status des Gesprächspartners aus, der dann gewissermaßen als unbedeutende Größe angesehen wird.

3 Siehe unter II-31.

4 Siehe unter IV-13.

5 Die *shamisen* ist eine Art Gitarre mit drei Saiten. Sie besteht aus Katzen- oder Hundehaut, die auf ein Holzgestell gespannt ist.

6 Die Tradition wollte früher, daß sich die Damen der Aristokratie die Zähne mit einem schwärzlichen Absud bestrichen, der auf der Basis von Eisenoxyd mit Tee oder Essig hergestellt war. Dieser Brauch wurde eine Zeitlang auch von Männern befolgt, bevor er sich etwa im 15. Jahrhundert im Volk ausbreitete. In den unteren Volksschichten war das Zähneschwärzen zunächst den Mädchen, die älter als neun Jahre alt waren und als Erwachsene angesehen wurden, vorbehalten. Doch von der Edo-Zeit an schwärzten sich nur noch die verheirateten Frauen die Zähne. Diese Gepflogenheit bestand vereinzelt bis zum Anfang dieses Jahrhunderts fort. Das Schwärzen der Zähne hatte zugleich eine ästhetische und eine prophylaktische Aufgabe.

7 Nach dem Volksglauben kann sich, wenn sich die gehörnten Dämonen als Frauen verkleiden, um die Männer zu täuschen, auch eine wirkliche Frau durch eine Leidenschaft wie die Eifersucht in einen Dämon verwandeln. Das *tsunokakushi* wurde als erstes von den

Gläubigen der buddhistisch-amidistischen Schule Ikkōshū eingeführt: Um in den Klosterbezirk zu kommen, mußten die Frauen sich ein Stoffband, das außen weiß und innen rot war, ins Haar binden. Später wurde es zum Schmuck der Brautfrisur.

8 Yamazaki Ikue benutzt mit offensichtlichem Vergnügen häufig diesen Ausdruck des Schriftstellers Tanizaki Junichirō. Sie hatte ihn einige Jahre zuvor entdeckt.

IX
Die Heirat

1 Das Wort *giri* bedeutet den Wörterbüchern zufolge den richtigen Weg, den der Mensch gehen muß; den Weg, den er unter Berücksichtigung der Beziehungen, die ihn mit anderen verbinden, einschlagen muß, das heißt, den Weg der Ehre; es bedeutet auch die Bande, die er analog den Verwandtschaftsbanden mit nicht verwandten Personen eingeht; und schließlich heißt *giri* auch Vernunft, Bedeutung. Der Gebrauch des Wortes zeigt, daß es zwei Arten von *giri* gibt, zum einen die gesellschaftliche Verpflichtung gegenüber dem eigenen Namen; und zum anderen die Verpflichtung einem Wohltäter gegenüber. Theoretisch ist die zweite Art von *giri* tilgbar. Je größer jedoch die erhaltenen Wohltaten und je deutlicher die hierarchischen Unterschiede zwischen Geber und Nehmer sind, desto schwieriger wird es, *giri* zu tilgen.

2 Siehe unter VI-14.

3 Die offene Kosmologie des Buddhismus und die beharrliche Einhaltung der bestehenden Bräuche begünstigen die gleichzeitige Ausübung mehrerer Religionen. Die Mehrzahl der Männer und Frauen, die in einer christlichen Institution erzogen wurden, nennen sich Christen, selbst wenn sie nicht getauft sind. Und eine große Anzahl derer, die getauft sind, vollziehen dennoch die Riten des Ahnenkultes.

4 Chinesen und Japaner sehen auf dem Mond das Bild eines Hasen, der gerade Heilkräuter oder Reiskuchen zerstößt.

5 Für jedes chinesische Schriftzeichen gibt es zwei Lesarten: Die eine geht auf die chinesische Aussprache zurück, die andere auf die Übersetzung in die Landessprache.

6 Diese Sekte, »Haus des Wachstums«, die 1930 offiziell anerkannt wurde, gehört zur Kategorie der »Neuen Religionen«, *shin-shūkyō*, oder zu den »Neu aufgekommenen Religionen«, *shinkō shūkyō*, die am Rande der großen etablierten Religionen, Buddhismus, Shintō

und Christentum, entstanden sind. Das Aufkommen der Mehrzahl dieser Sekten wurde durch soziale und politische Unruhen begünstigt. Historisch sind sie aus Opposition zu den offiziellen Religionen entstanden. Trotzdem haben sie aus diesen in synkretistischer Manier die meisten Elemente ihrer Lehren geschöpft.
Ihre charismatischen Führer versprechen die Beherrschung der Mittel, mit denen man Leiden vermeiden, Gesundheit und Reichtum erlangen kann etc., doch sie bieten ihren Anhängern auch einfache Lehren an: das Herz ändern, um die Welt zu verändern; durch Entsagung das Heil erlangen; durch Beherrschung der geeigneten Mittel oder durch die Neuordnung dieser Welt ohne das Böse zum Heil gelangen.

7 Das Ritual des Opferns der ersten Feldfrüchte bildet eine der wichtigsten Zeremonien des japanischen Kalenders. Es wird auf dem Land genauso gefeiert wie am Hof, wo der Kaiser das Ritual zelebriert, um den Lauf der Zeit zu erneuern und das Gleichgewicht der Welt wiederherzustellen, das von der Wintersonnenwende bedroht ist.

8 Diese seltsame Aufteilung in göttliche und kosmische Verantwortlichkeiten zeigt eine der fundamentalen Ambiguitäten des religiösen Denkens des Fernen Ostens. Dieses Denken begreift den Lauf der Welt als Ergebnis quasiphysikalischer Prinzipien, ohne deswegen die Existenz von Gottheiten, die mit übernatürlichen Kräften ausgestattet sind, in Frage zu stellen. So könnte man, obwohl jede Beschreibung der Glaubenslehre oder der religiösen Zeremonien des Fernen Ostens die Existenz einer Unzahl von Gottheiten belegt, behaupten, dem Buddhismus liege eine Art atheistisches Denken zugrunde. Die wissenschaftliche Lehrmeinung löst diesen Widerspruch im allgemeinen, indem sie den Göttern einen Status verleiht, der kaum höher ist als der menschliche. Doch wie man quer durch die Gedankenwelt eines Taniguchi feststellen kann, ist das auch ein Problem für die meisten Gläubigen.

9 Die Bezeichnung *Sumiyoshi* umfaßt drei Gottheiten, die von Susanoo, dem Bruder der Göttin Amaterasu abstammen. Diese Gottheiten des Azumi-Clans, der im Altertum an der mehr oder weniger legendären Eroberung Koreas beteiligt gewesen war, haben vor allem die Aufgabe, das Staatsgebiet zu schützen.

10 Die Vorstellung, daß eine Religion diejenigen miteinbeziehen könne, die ihr vorausgegangen sind, hat ihre Wurzeln wohl in der offenen Kosmologie, die für das Denken des Fernen Ostens charakteristisch ist. Dieses Denken begünstigt die Fähigkeit zum Synkretismus, die wir allzuleicht Toleranz nennen. Auch ihr liegt die Lehre des esoterischen Buddhismus zugrunde, die alle gegenwärtigen Buddhas, die

vergangenen und die, welche noch kommen werden, als Reinkarnationen eines einzigen Buddhas betrachtet.

11 Die Vorstellung, daß Japan an der »Wurzel der Sonne« liegt, kommt ganz einfach vom Namen des Landes, Nihon oder Nippon, den die Chinesen dem Archipel gegeben hatten und welcher »Ursprung der Sonne« bedeutet, anders gesagt, Osten. Daher kommt auch der Ausdruck »Land der aufgehenden Sonne«.

12 Am Ende der Sommerfeiern werden die oft von Booten oder Laternen symbolisierten Ahnen wieder in die andere Welt zurückgeschickt: Wenn sie ihre Schiffchen zu Wasser lassen, bitten die Nachkommen sie manchmal, nicht vor dem Fest im kommenden Jahr wiederzukehren, damit die Welt der Lebenden und die der Toten nicht durcheinandergeraten.

X
Krieg

1 Da sie auf einen schnellen Krieg gesetzt hatte, hatte sich die japanische Regierung überhaupt nicht mit der Sicherung der Lebensmittelversorgung beschäftigt. Aufgrund der Einführung einer »Quasi- Kriegswirtschaft« begann sich der Schwarzmarkt ab 1939 zu entwickeln. Mangels Arbeitskräften und Düngemitteln sanken die landwirtschaftlichen Erträge ständig, und die Hochseefischerei wurde ganz aufgegeben. Man schätzt, daß gegen Ende des Krieges etwa eine Millionen Menschen jeden Sonntag Tōkyō verließen, um auf dem Land Lebensmittel zu hamstern. Gleichzeitig verursachte die schwierige Lebensmittelversorgung einen beträchtlichen Anstieg der Fehlzeiten in den Fabriken, so daß die Produkte des täglichen Bedarfs, wie Kleidung, Glühbirnen, Streichhölzer, Kerzen, Holzkohle, Medikamente etc. nach und nach verschwanden. Die Regierung erstickte die Proteste, indem sie das Durchhaltevermögen als höchste Tugend der Kämpfer an der »hinteren Front« rühmte.

2 Die Nachbarschaftsvereinigungen, die die Häuser eines Viertels umfassen, sind offizielle Organisationen, die in die lokalen Verwaltungsstrukturen integriert sind. Sie waren eigentlich für die Sicherheit, die Brandbekämpfung und die Organisation der religiösen Veranstaltungen gedacht, wurden aber häufig von der politischen Macht benutzt, z. B. im feudalen Zeitalter, um die Steuereintreibungen zu sichern, und von den dreißiger Jahren bis zum Ende des Zweiten Weltkriegs, um die Kriegsanstrengung zu unterstützen. Obwohl die Vereinigten

Staaten sie als antidemokratische Einrichtungen gleich nach dem Krieg verboten hatten, bestanden sie weiter und wurden in den fünfziger Jahren schließlich als Zwischenstation zwischen dem Gemeindevorstand und den Einwohnern offiziell wieder eingerichtet.

3 Seit dem Luftangriff 1942 bestand die obligatorische Kleidung der Frauen, die zu Flugabwehrübungen herangezogen wurden (Ausbildung im Löschen von Bränden, Graben der ersten Luftschutzunterstände, etc.), aus einer Pumphose, *monpe*, und einer kurzen Jacke in traditionellem Schnitt. Man ermutigte sie außerdem, auf der Brust ein Schild zu tragen, auf dem ihr Name und ihre Blutgruppe standen.

4 Im städtischen Milieu wurden die modernen privaten Badezimmer erst gegen Mitte der sechziger Jahre allgemein üblich. Vorher begaben sich Männer und Frauen in das bis zur Meiji-Zeit gemischte öffentliche Bad, wo ein mit unseren Dorfplätzen vergleichbares lebhaftes Miteinander herrschte.

5 Die Ginza, die berühmteste Avenue in Tōkyō, wird traditionellerweise mit den Champs-Élysées verglichen.

6 Die Gespenstergeschichten zählen traditionellerweise zu den sommerlichen Vergnügungen. So sehr, daß die *Nō*- und *Kabuki*theater während der heißen Jahreszeit bevorzugt Gespensterstücke spielen.

XI
Nakas Tod

1 *Tsubo* ist eine Grundflächeneinheit. Sie entspricht 3,30 m^2.

2 Vermutlich wurde die Geomantie mit dem Kalender Anfang des 7. Jhs. aus China nach Japan eingeführt. Sie gründet sich auf ein astronomisches System, das China, Indien und den Arabern gemeinsam ist und der gängigsten Hypothese zufolge babylonischen Ursprungs ist.

3 Das Flüstern des Namens des Toten erscheint wie ein unauffälliges Überbleibsel des alten Ritus des »Zurückrufens der Seele« des Toten, *tamayobai*. Dieser Ritus wurde früher von einem nahen Verwandten durchgeführt, der, je nach Region, den Namen des Verstorbenen entweder an seinem Kopfende aussprach oder sich zu diesem Zweck an einen Platz begab, der als ein Ort der Durchreise angesehen wurde – das Dach des Hauses, ein hoher Baum, die Spitze eines Hügels, der Strand oder der Brunnenrand. Er versuchte, sich mit seinen Schreien bei der Totenseele Gehör zu verschaffen, von der man annimmt, daß sie noch in nächster Nähe dieser Welt herumstreicht. Man will sie dazu bewegen, wieder in ihren Körper zurückzukehren.

Im allgemeinen wird der Tod als ein Prozeß betrachtet, der in mehreren Stufen der Trennung von der Welt der Lebenden abläuft. Es ist deshalb notwendig, sich zunächst der Abreise der Totenseele zu vergewissern und dann diese Abreise endgültig zu machen. Deshalb läßt man einen Zeitraum zwischen Tod und Verbrennung.
In diesem Kontext haben auch die Wasseropfer für den kürzlich Verstorbenen einen ambivalenten Charakter: sie dienen zugleich der Wiedererweckung und als Getränk in der anderen Welt, in der das glühendheiße Höllenfeuer brennt.

4 Der den Göttern geweihte Hausaltar muß verhüllt werden, weil diese die Befleckung durch den Tod hassen.
Angefangen bei den Spiegeln, die als Symbole für die Seele gelten, besitzen glänzende Gegenstände eine zwielichtige Macht, die man besser fernhält, weil die Seele der Verstorbenen noch zwischen der Welt der Lebenden und der der Toten umherirrt. Das Verschleiern der Spiegel scheint außerdem eine der charakteristischen Umkehrungen bei Bestattungsritualen zu sein: Wie die Kleider eines Toten verkehrt herum geknotet werden müssen, so müssen zum Beispiel auch die Wandschirme im Zimmer des Toten auf den Kopf gestellt werden.

5 Der Glaube an die »Schwarze Befleckung«, die diejenigen trifft, die mit dem Verstorbenen unter einem Dach leben, und der Wunsch, die trauernden Verwandten zu entlasten, sind wichtige Gründe für die Bildung der Gruppen zur gegenseitigen Hilfeleistung bei Sterbefällen. In der Vergangenheit war die Familie manchmal gezwungen, während der Trauerzeit in Hütten zu wohnen, die man außerhalb des Dorfes errichtet hatte. Heute begnügt man sich damit, auf der Schwelle des Wohnhauses eine blumengeschmückte Tafel aufzustellen, auf der *imiya*, »Tabuhaus«, steht.
Früher war es den Trauernden verboten, sich zu rasieren, die Haare zu flechten und sich zu waschen; sie konnten weder an Feldarbeiten noch beim Fischen teilnehmen, durften weder nähen noch weben.

6 Das Aufstellen von gekochtem Reis neben dem Toten ist ein im ganzen Land verbreiteter Brauch. In manchen Regionen ersetzt oder ergänzt man ihn durch Reismehlklößchen. Auf jeden Fall aber muß sich die Zubereitungsart von der des alltäglichen Reises unterscheiden: Der Reis wird außerhalb des Hauses in einem Topf gekocht; wenn die Schale des Toten einmal gefüllt ist, darf kein einziges Korn im Topf bleiben; wie der Geburtsreis oder der Hochzeitsreis werden die Körner zu einem spitzen Haufen geformt, aber im Unterschied zu den geltenden Sitten für die Glückszeremonien steckt man ein Eßstäbchen senkrecht hinein.

7 Da der Buddhismus in Japan das Monopol über die Beerdigungsriten hat, erhalten die Verstorbenen den Namen eines Mönches oder einer Nonne, der ihren Eintritt *in extremis* in die Religion bedeutet und von dem man glaubt, er fördere ihr Seelenheil.

8 Das Verbot, durch die normale Eingangstür hinauszugehen, ist ebenfalls auf den Toten gemünzt. Traditionellerweise tragen die Leichenträger den Sarg nicht durch den Haupteingang, sondern benutzen eine zweite Tür, die Veranda oder ein Fenster. In manchen Dörfern riß man sogar eine Mauer ein, die man sofort wieder aufbaute, um den Toten an der Rückkehr zu hindern. Darüber hinaus gibt es viele magische Praktiken, die dem Verstorbenen die Rückkehr erschweren sollen: Man kehrt den Fußboden hinter den Sargträgern, um alle Spuren zu verwischen; im Garten errichtet man eine Art Portal aus Zweigen, das sofort, nachdem der Sarg es passiert hat, wieder zerstört wird; unterwegs oder sogar auf dem Friedhof dreht man den Sarg dreimal linksherum, um den Toten zu verwirren.

9 Einem chinesischen Glauben zufolge, der im 16. Jh. auch in Japan eingeführt wurde, folgen das ganze Jahr hindurch je ein Zyklus von sechs günstigen und von sechs ungünstigen Tagen aufeinander. Dieser Glaube, der sich in seiner heutigen Form in der Edo-Zeit ausgebildet hatte, breitete sich gegen Mitte des 19. Jhs. in allen Gesellschaftsschichten aus.

Tomobiki ist der zweite Tag des Jahres und ursprünglich ein Tag, an dem alle Dinge »stillstehen und ziehen«. Das ist eine Zeit, in der alles stagniert und alle Unternehmungen nur die halbe Chance haben zu gelingen. Aufgrund eines homophonischen Spieles, das dazu geführt hat, dieses Wort mit den Schriftzeichen für »Gefährte« und »ziehen« zu schreiben, sind Beerdigungen an einem solchen Tag, an dem der Verstorbene »seinen Gefährten« mit sich zu ziehen droht, untersagt.

10 Die Totenwache hatte ursprünglich eine größere Bedeutung als die Bestattungszeremonie. Aber diese zweite Zeremonie, *sōgi* oder *sōshiki*, spielt in letzter Zeit eine derartige Rolle, daß inzwischen beiden Zeremonien der gleiche Wert beigemessen wird. Einige Gäste verzichten daher auf die Totenwache und bringen ihre »Weihrauchopfer« erst zur Bestattungsfeier mit. Wenn es sich nicht um den Tod eines nahen Verwandten handelt, nimmt man im allgemeinen nur an einer dieser Zeremonien teil.

11 Das Verbot, sich eines Hammers zu bedienen, um den Nagel in den Sarg zu schlagen, kann in Beziehung gesetzt werden zu dem Verbot, einen metallenen Gegenstand zur Durchtrennung der Nabelschnur zu benutzen. Bei der Geburt wie beim Tod, wenn die Seelen zwischen der Welt der Götter und der der Menschen hin- und herpendeln,

scheint es klug zu sein, sich nur wenig bearbeiteter Werkzeuge zu bedienen, die man als mögliche Verbindung zwischen der Welt der Natur und der der Menschen ansieht. Während der Beisetzung bestehen einige Schulen des buddhistischen Denkens, besonders die Zen-Sekte, darauf, nur »natürliche« Gegenstände zu verwenden, um die Rückkehr des Körpers zur Natur zu erleichtern.

12 Die Regel, nach welcher jedes Teil der Gebeine zur gleichen Zeit von zwei Personen ergriffen werden muß, hat im täglichen Leben das Verbot zur Folge, ein Nahrungsmittel zu zweit zu halten; jedes Nahrungsmittel, das mit Stäbchen ergriffen wird, muß zuerst auf einen Teller gelegt werden, bevor ein anderer Gast es nimmt.

13 Der Adamsapfel wurde im allgemeinen bei der Holzfeuerverbrennung nicht völlig zerstört. Sein Name *nodobotoke*, »Halsbuddha«, wird mit seiner Form in Verbindung gebracht, die an die Silhouette eines sitzenden Buddhas erinnert. Aber er wird auch mit dem Hals als Durchgangsort des Lebensatems assoziiert.

14 Die erste Woche nach der Bestattung ist im Prinzip eine Woche strenger Trauer, während der die Verwandten dem Verstorbenen täglich Opfergaben darbieten müssen. Außerdem müssen sie seine Kleider ausschütteln, um die Wünsche davon zu lösen, die er noch zu Lebzeiten hatte, aber nicht verwirklichen konnte. Diese erste Woche wird mit einer weiteren Zeremonie beendet, zu der auch der Mönch geladen ist, um die Sūtren zu lesen. Die gegenwärtige Tendenz, die Riten zu verkürzen, rückt die Ausführungen des »ersten siebten Tages« gleich hinter die Verbrennung. Die anderen Feiern der »siebten Tage« sind zumeist verschwunden, mit Ausnahme der letzten, der des neunundvierzigsten Tages. Dieser Tag wird häufig für die Beisetzung der Gebeine gewählt. Dieser Abschluß der Bestattungszeit kann auch auf den fünfunddreißigsten oder zweiundvierzigsten Tag vorverlegt werden, aber auf keinen Fall später. Gewöhnlich nehmen nur die nahen Verwandten an diesen Riten teil.

15 Siehe Kapitel XVII.

16 Die kindliche Liebe verlangt, daß die Nachkommen sich nach dem 49. Tag nach dem Schicksal erkundigen, das dem Verstorbenen im Jenseits widerfährt: Die jahreszeitlich bedingten Totenfeste an den Tagundnachtgleichen oder das *Obon*-Fest gegen Ende des Sommers bieten auch Gelegenheit ein Medium aufzusuchen, das mit den Toten kommunizieren kann. Ebenso werden die jeweiligen Todestage für günstig gehalten, sich mit den kürzlich Verstorbenen zu unterhalten.

17 Die Schuldgefühle, die Yamazaki Ikue verspürt, resultieren aus dem in ihrer Heimat weitverbreiteten Medienbrauchtum, aber natürlich auch aus dem Streß, der durch den besonders schmerzlichen Trauer-

fall ausgelöst wurde. Die Verknüpfung von Krankheiten und Schwierigkeiten der Lebenden mit einer eventuellen Vernachlässigung der Bestattungsriten ist überdies sehr gebräuchlich: Aus der Komplexität dieser Praktiken scheint sich eine regelrechte Ätiologie von Krankheiten zu ergeben.

Zweites Buch
Kami no mizu:
Das Götterwasser

XII
Forschungen

1 Erst ab 1955 wurde die Ernährungssituation für die gesamte japanische Bevölkerung wieder normal. Zum erstenmal überstieg die Reisernte die höchsten Erträge der Vorkriegszeit, und der Reispreis auf dem Schwarzmarkt fiel unter den offiziellen Kurs.

2 Der Ausdruck *shinki* oder *jingi* bezeichnet ursprünglich die Schätze, die den Menschen von den Göttern gewährt wurden, vor allem die Regalia der kaiserlichen Macht: Spiegel, Schwert und Krummjuwel.

3 Die Betonung des einzigartigen und natürlichen Charakters der Schönheit Japans geht über den berechtigten Stolz hinaus und ist eines der naiven Argumente nationalistischen Denkens. Japan, heißt es, sei von seinen Göttern mit den vier Jahreszeiten und einer besonders schönen Natur ausgestattet worden, und es wird für ein auserwähltes Land gehalten, in dem Menschen leben, die man für Naturliebhaber hält. Einige moderne Interpretationen der Mythologie gehen so weit zu behaupten, die japanischen Inseln seien als erste geschaffen worden und der Ausgangspunkt zur Schöpfung der übrigen Welt.

4 Die *hechima* oder *Luffa cylindrica* (Roem) ist eine einjährige Rankenpflanze, deren Früchte an Kürbisse erinnern. In getrocknetem Zustand verwendet man sie als Badeschwamm. Der Saft aus den Stengeln diente früher als Eau de Toilette.

5 Dieser Seidengürtel muß nicht zur gewöhnlichen Kleidung eines Kindes gehören. Man könnte vermuten, er gehöre zu einer zeremoniellen Kleidung, wie sie die drei-, fünf- und siebenjährigen Kinder zu ihrer winterlichen Pilgerfahrt zum Shintōheiligtum tragen (vgl. XIII-4). Da das Kind vermutlich jünger als drei Jahre war, scheint es sich aber eher um eine unbewußte Bezugnahme auf den Selbstmord der

chinesischen Kaiserin Yang Guifei, die sich mit ihrem Seidenschal erhängte, zu handeln.

6 Hierzu muß man wissen, daß medizinische Behandlung und schamanistische Heilverfahren von japanischen Kranken und ihren Familien häufig in konkurrierender oder alternativer Weise in Anspruch genommen werden. Nicht selten entschließt sich eine Frau, die sich erfolglos einem schamanistischen Heilverfahren unterzogen hat, einen Arzt aufzusuchen; umgekehrt arbeiten einige Medien Hand in Hand mit den Krankenhäusern. Im vorliegenden Fall scheint es die autoritäre Entscheidung von Yamazaki Ikues Ehemann gewesen zu sein, die sie zu einem Arzt gehen ließ.

7 Das Produkt namens Belle Jouvence, das auf Thioglykolsäurebasis hergestellt ist, erscheint wie ein Prototyp der »sanften Dauerwelle«, deren Herstellung zehn Jahre später durch die sogenannte »ökologische« Welle ausgelöst wurde. Die schwache Dosierung machte die Anwendung dieser Dauerwelle schwieriger. Sie erforderte besondere Sorgfalt, vor allem eine ausgedehnte Massage der Kopfhaut, die den Kundinnen den Eindruck eines tiefen Wohlbefindens verschafft.

8 Die Erneuerung der Zeit bei Anbruch des Neuen Jahres oder an *risshun*, dem »Zeitpunkt des Vorfrühlingsbeginns«, ist der Anlaß für den häuslichen Ritus des Schöpfens des neuen Wassers, *wakamizu*, wörtlich »junges Wasser«. Das Oberhaupt der Familie, der älteste Sohn oder ein Hausangestellter begibt sich schweigend mit einer neuen Kelle und einem neuen Eimer zu der Wasserstelle, die üblicherweise benutzt wird. Er bringt *suijin*, der Wassergottheit, einige Nahrungsmittelopfer dar. Dann füllt er seinen Eimer, während er eine Opferformel spricht, mit der er für die Seinen und sich selbst ein langes Leben und Wohlstand wünscht. Dieses Wasser, das zunächst auf dem Altar des Gottes des neuen Jahres geopfert wird, wird danach zur Zubereitung des ersten Tees des neuen Jahres oder zu ersten Kalligraphieübungen verwendet.

XIII
Die Geschäftswelt

1 Siehe unter VII-13.

2 In den Urteilen der Japaner über fremde Länder wird das Alter, hier das der Kultur, ganz besonders hoch geschätzt.

3 *Yamato nadeshiko* bezeichnet in Wirklichkeit die chinesische Nelke (*Dianthus superbus* L.). Das Wort *Yamato* ruft die Erinnerung an die

japanische Antike und die Anmut in der klassischen Hofkultur wach. Es ist eine geläufige Metapher für eine typisch japanische Schönheit.

4 Das Fest der Kinder im Alter von sieben, fünf und drei Jahren, *shichigosan*, wird heute am 15. November gefeiert. Von ihren Eltern begleitet, pilgern die Kinder in traditioneller Kleidung zum Heiligtum ihres Schutzgottes.

5 Die Mehrzahl der gesellschaftlichen Gruppen, wie z. B. politische Parteien, Gewerkschaften und Berufsverbände, Schulen, Universitäten, Verbrecherbanden etc., haben eine streng hierarchische Organisationsform, bei der sich wie in den traditionellen dörflichen Gemeinschaften die Bande der Autorität in verwandtschaftlichen Begriffen ausdrücken. Keiner kann in eine dieser Gruppen eindringen ohne die Fürsprache eines *oyakata*, wörtlich, einer »Vaterperson«, oder eines *oyabun*, »desjenigen, der die Aufgabe eines Vaters hat«. Das »Kind«, *kokata* oder *kobun*, ist dieser Person als Gegenleistung zeitlebens zu Ergebenheit verpflichtet.

XIV
Dōzokugaisha, ein Familienunternehmen

1 Die japanischen Vorstellungen von Zeit und Kalender stammen ursprünglich aus China. Danach ist die Zeit in Zyklen von sechzig Jahren aufgeteilt.

2 Siehe unter XVI-2.

3 Mitsukoshi, eines der bekanntesten Kaufhäuser in Tōkyō, ist berühmt für seinen Luxus und die hohen Preise seiner Waren. Seine Einkäufe bei Mitsukoshi zu tätigen, ist der Wunsch der Neureichen.

4 Das ist ein berühmtes nationalistisches Lied.

5 Diese Darstellung Buddhas in Gestalt eines Säuglings lieben die Japaner besonders. Für sie wird ihm dadurch ein familiärer Charakter verliehen, der im Gegensatz zur Feierlichkeit der hieratischen Skulpturen steht, die man in großer Zahl in den Klöstern findet.

6 Die Notwendigkeit, Götter und Buddhas zu trennen, gründet sich nicht auf ein religiöses Dogma, sondern geht zurück auf die nationalistischen Strömungen der Meiji-Zeit.

7 Die erste Puppe im sogenannten Hakata-Stil soll im Jahre 6 der Ära Keichō (1601) von einem Ziegelbrennmeister verfertigt worden sein. Für diese Puppen, die »Schönheiten«, Säuglinge oder Persönlichkeiten des Nō- oder Kabukitheaters darstellen, ist die feine Farbgebung

charakteristisch. Die Technik der Wajima-Lackarbeiten soll aus dem 8. Jahrhundert stammen, doch scheint sie etwa seit dem 15. Jahrhundert unter dem Einfluß einer anderen Technik zu stehen. Die Lackarbeiten von Wajima sind nicht nur für ihr feines Dekor, sondern auch für ihre Strapazierfähigkeit berühmt. Sie unterliegen bei der Herstellung etwa siebzig bis einhundertzwanzig aufeinanderfolgenden Arbeitsgängen: Lackieren, Schleifen, Bürsten etc.

8 Siehe unter II-31.

9 Die Internationalisierung ist heute ein ständig wiederkehrendes Thema in den japanischen Medien. Über die tatsächliche Internationalisierung der Wirtschaft hinaus verweist sie auf eine oberflächliche Verwestlichung der Lebensweise, die angeblich eine Wandlung der moralisch-geistigen Einstellungen bewirken und unter anderem den Individualismus fördern soll. Sie steht in offensichtlichem Widerspruch zur traditionellen Ideologie, der zufolge die Gruppe Vorrang gegenüber dem Individuum hat, dessen spontane Äußerungen als Egoismus verdächtigt werden. Die traditionellen Werte werden nicht nur um des Allgemeinwohls willen verteidigt, sondern auch aus Furcht vor der Einsamkeit. Sie sind noch immer in einem solchen Maße vorhanden, daß einige Soziologen die Hypothese aufgestellt haben, unter allen hochentwickelten Nationen sei es allein Japan gelungen, die Phase des Individualismus zu überspringen, um die noch fortgeschrittenere Phase des »Gruppismus« zu erreichen.

10 Die *burakumin*, die »Leute aus den (speziellen) Dörfern«, sind die Nachfahren all jener, die früher die unreinen und unproduktiven Berufe ausgeübt haben, zum Beispiel Gaukler, Kriminelle, Henker und Sargträger (die *hinin* = die »Nichtmenschen«), und jener, die einen produktiven Beruf ausgeübt haben, der mit dem Tod in Verbindung stand, wie Schlachter und Gerber (die *eta* = die »voller Schmutz« sind). Sie bilden heute eine Minderheit, deren Größe, je nach Schätzung, zwischen zwei und drei Millionen schwankt. Obwohl ihr Ausschluß inzwischen illegal ist, wohnen sie in Gettos und üben weiterhin »unreine« Berufe aus, Gerber, Metzger, Straßenkehrer, Arbeiter bei der Müllabfuhr etc., oder sie sind in harten Berufen, vor allem als Bauarbeiter, tätig.

Das Problem der Diskriminierung der *burakumin*, das von Shimazaki Tōson in seinem Roman *Hakai, Die Zerstörung*, (1906) zur Sprache gebracht wurde, bleibt weiterhin aktuell.

(Eine deutsche Übersetzung ist erschienen unter dem Titel *Ausgestoßen*, Frankfurt am Main, 1989.)

11 Siehe unter XI-1.

12 Der Kamm erschien im alten Volksglauben als ein zweideutiger

magischer Gegenstand. Er war zugleich mit schützenden und zerstörerischen Fähigkeiten ausgestattet und wurde nicht nur mit Tod und Schmerz, sondern auch mit dem Begriff des Wunderbaren assoziiert, ein Wort, das man ebenfalls *kushi* spricht.

XV
Die Geschäftsführung

1 Die ständige Betonung der Chancengleichheit der Arbeiter eines Unternehmens durch die Direktion zielt darauf ab, die durch die extreme Hierarchisierung der Beziehungen am Arbeitsplatz hervorgerufenen Frustrationen zu mildern.

2 Hierzu muß man bemerken, daß das Unternehmen Yamazaki besonders konservativ geführt wird. Gegenwärtig nimmt in vielen anderen Unternehmen die selbstbestimmte Freizeitgestaltung der Angestellten auf bemerkenswerte Weise zu.

3 Eheschließungen innerhalb einer Arbeits-, Schul- oder Unternehmensinstitution sind sehr häufig. Lehrer und Vorgesetzte nehmen es gerne in die Hand, zwischen jungen Unverheirateten Verbindungen herzustellen.

4 Die Wohnheime und Angestelltenheime, deren Tradition auf die Anfänge der Industrialisierung zurückgeht, als die Arbeiterinnen der Spinnereien in Schlafsaal-Gefängnissen untergebracht waren, sind sehr verbreitet. Da familiäre Hilfe verpflichtet, bemühen sich zahlreiche große Unternehmen, nicht nur ihren unverheirateten Angestellten, sondern auch den Verheirateten billige Wohnungen zu verschaffen. Für Familien lassen sie kleine, unternehmenseigene Schlafstädte errichten.
Im Unternehmen Yamazaki jedoch muß die Verpflichtung der jungen Angestellten, in einem dieser Wohnheime zu wohnen, im Zusammenhang mit der extrem patriarchalischen Geschäftsführung gesehen werden. Diese tendiert dahin, die Angestellten im wörtlichen Sinne zu infantilisieren.

5 Die funktionelle Notwendigkeit und die besondere soziokulturelle Ausgangssituation, nämlich die des traditionellen Hauses, bildeten den Ausgangspunkt für die Anstellung auf Lebenszeit. Sie ist das Fundament schlechthin der »familialistischen Geschäftsführung«, *kazoku keieishugi*, die als charakteristisch für das japanische Management gilt. Als japanische Spielart des Paternalismus, der die industrielle Entwicklung in den westlichen Gesellschaften bestimmte,

wurde die Definition des Unternehmens als Familie nach dem Ersten Weltkrieg institutionalisiert. Man wollte auf diese Weise den Mangel an qualifizierten und zuverlässigen Arbeitskräften beheben. Dieses System entstand im Eisenbahn- und Textilsektor und breitete sich nach und nach aus. Nach dem Zweiten Weltkrieg wurde es bei den großen Unternehmen allgemein üblich. Die Frauen jedoch, die nach der Heirat oder der Geburt des ersten Kindes ihre berufliche Tätigkeit oft unterbrechen, sowie die Arbeiter der kleinen Zulieferfirmen oder anderer kleiner Unternehmen, sind generell davon ausgeschlossen. Obwohl heutzutage die auf der Familie gründende soziale Organisation in Auflösung begriffen ist, berufen sich die Unternehmen weiterhin auf ihre Struktur und bedienen sich – wenn auch in einem geringeren Grade als vorher – eines Vokabulars der Verwandtschaftsbeziehungen, um hierarchische Organisationen zu beschreiben. Auf diese Weise hoffen sie, die alten Gemeinschaftswerte zu bewahren, die für den Erhalt des sozialen Konsens geeigneter sind als der westliche Individualismus. Dieser Versuch der Unternehmen, die familiäre Einheit zu ersetzen, führt zur Einbeziehung eines großen Teils der Aktivitäten, die im Westen als privat angesehen werden, ins berufliche Leben.

6 Die Auszahlung der Gehälter in bar kommt zwar in den großen Unternehmen nie vor, ist aber in den kleinen ziemlich verbreitet. Diese Art der Bezahlung soll zum Ausdruck bringen, daß die Arbeit wie das Gehalt eine vom Arbeitnehmer gewährte Gabe ist.

7 Das Wort *manzai*, wörtlich »zehntausend Jahre«, geht auf die Glückwünsche zurück, die früher zu Beginn des neuen Jahres von Wanderschauspielern vorgetragen wurden. Die Hauptdarsteller dieser prächtigen Vorstellungen, Manzō und Saizō, begründeten eine Tradition komischer Dialoge, deren Form sich in der Edo-Zeit herausgebildet hat: der eine tadelt den anderen für seine schlechten Witze.

8 Die sprachlichen Ebenen sind im Japanischen so klar differenziert, daß ein besonderer Ausdruck, *keigo*, als »Sprache der Ehrerbietung« die Gesamtheit aller Höflichkeitsformeln bezeichnet. Sie weisen ein eigenes Vokabular oder eine eigene Grammatik auf, und bezeigen Bescheidenheit und Respekt gegenüber einem Gesprächspartner, den man für höherstehend hält oder den man einfach wenig kennt.

9 Das Wort *wa* bedeutet Harmonie, Einverständnis, Übereinstimmung, Eintracht. Die Idee der Harmonie, gestützt auf eine idealisierte Sicht der ländlichen Gemeinschaft, aus der die Organisation der japanischen Gesellschaft zu großen Teilen herrührt, wird von der Direktion der Unternehmen immer wieder betont. Sie dient der Aufwertung der Arbeit in der Firma und der Rolle dieser Firma

innerhalb der Gesellschaft und besagt durchaus nicht, daß in der japanischen Arbeitswelt tatsächlich Harmonie herrscht, im Gegenteil, man kann damit die Konflikte und Rivalitäten des täglichen Lebens kaschieren.

Drittes Buch
Die Götter der Yamazaki

XVI
Das Schicksal

1 *Sakaki* oder *Cleyera ochnacea* D.C., dessen Name »Baum der Begrenzung« bedeutet, schreibt sich mit Hilfe eines Schriftzeichens, das aus den graphischen Bestandteilen »Baum« und »Gott« zusammengesetzt ist; der *sakaki*-Baum ist eine Pflanze mit immergrünen Blättern, dessen Wildform man in den Bergen findet. Es wird häufig in die Umfriedung der shintōistischen Heiligtümer gepflanzt.

2 Die Bedeutung, die man der Wissenschaft der Namen oder *seimeigaku* beimißt, rührt von dem Einfluß auf das individuelle Schicksal her, den man dem persönlichen Namen zuschreibt. Das Studium der Namen verbindet sich oft mit weiteren Techniken, um das Schicksal zu erkennen, wie die Berechnung des Geburtsdatums, die Untersuchung der Fingerabdrücke etc.
Im allgemeinen eröffnet die Kombination mehrerer divinatorischer Verfahren eine solche Anzahl von Möglichkeiten, daß es schwierig wird, ohne die Hilfe eines Spezialisten, meistens eines Geistlichen, einen passenden Namen zu wählen. Doch kommen diese vor dem Krieg üblichen Bräuche allmählich aus der Mode.

3 Auch wenn die Medien meistens Frauen sind, so hat doch eine neuere ethnographische Untersuchung gezeigt, daß auch eine große Anzahl Männer dieses Amt ausübt.

4 Diese Fakten sind historisch belegt. Dazai Osamu (1909-1948) ist ein berühmter Romanschriftsteller, der als einer der wichtigsten Vertreter der japanischen Romantik gilt. Die ihn umgebende Gesellschaft, die er für dekadent hielt, verstörte ihn, und er verfiel nach dem Krieg in einen verzweifelten Nihilismus.

5 *Shinjū* oder Doppelselbstmord von Liebenden ist relativ häufig in Japan und bildet eines der wichtigen Themen im Theaterrepertoire.

Dort erscheint er im allgemeinen als tragischer Ausweg einer verhinderten Liebe.

6 Der Buddhismus hat die einheimischen Beerdigungsriten übernommen. Die den Verstorbenen geweihten Zeremonien gehören zur Kategorie der *kuyō*, das heißt »Nahrungsmittelopfer«, und heißen *hōji*, »Riten nach buddhistischem Gesetz«; Gebete für die Verstorbenen, Opfergaben für die Buddhas und kleine Geldgeschenke für die Mönche bilden die Handlungen, deren Ansammlung eine gute Entlohnung für die Verstorbenen nach sich zieht. Sie bilden wörtlich: die »Wurzeln des Guten«, *zengon*.

7 *Amacha* ist eine Hortensie. Wörtlich übersetzt bedeutet ihr Name »süßer Tee«.

8 »Naohi« oder »Naobi« kommt von den Namen zweier Gottheiten aus der antiken Mythologie, Ōnaobi no kami und Kannaobi no kami, Kinder des Izanagi, des Schöpfers der japanischen Inseln. Nachdem er und seine Gattin Izanami die ersten Inseln geschaffen hatten, starb Izanami bei der Geburt des Feuergottes und mußte ins Totenreich. Ihr Gemahl versuchte, sie von dort zurückzuholen, scheiterte aber. Bei seiner Rückkehr aus der Unterwelt reinigte er sich in einem Fluß. Während dieses reinigenden Bades gebar er zunächst unheilbringende und dann glückbringende Gottheiten. Letztere wurden damit beauftragt, den Bosheiten der unheilbringenden Gottheiten entgegenzuwirken. Zu den glückbringenden gehören die beiden Naobi no kami. Naohikyō, wörtlich die »Naohi-Lehre«, gehört zur Kategorie der »Neuen Religionen« (siehe IX-6). Gegen Mitte der achtziger Jahre hatte die Naohi-Sekte nur 340 Anhänger.

9 Zu den Geistern zählen zunächst diejenigen, die gestorben sind, bevor sie ihren Lebenszyklus beendet haben (junge Frauen, die bei der Geburt eines Kindes sterben, junge Männer, die im Krieg getötet werden, etc.), aber auch diejenigen, die diese Welt in einem Zustand der Leidenschaft verlassen haben (Verrückte und Liebende, die sich umgebracht haben), und die, deren Körper nie aufgefunden wurden und deshalb nicht Gegenstand der üblichen Beruhigungsriten werden können (besonders Ertrunkene). Yamazaki Tomie ist jung, durch Ertrinken und aus leidenschaftlicher Liebe gestorben und wird deshalb natürlich als besonders furchterregender Geist angesehen.

10 Obwohl es in der Zeit der Bürgerkriege im 16. Jh. jede Art von Verrat gab (was gewiß die Wahl des Mediums erklärt), beweist nichts die durch das Orakel berichtete Episode. Außerdem ist hier anzumerken, daß diese Erklärung des Unglücks, das die Familie von Yamazaki Ikue verfolgt, im krassen Widerspruch zu einer anderen Begründung steht, die ihr ein wenig später von einem anderen Medium gegeben wird:

dieses führt den Ursprung des Schicksals auf die Person des Yamazaki Ansai zurück, der im 17. Jh. gelebt hat (siehe Kapitel XVII).

11 Die Daiwa- oder Taiwa-Sekte gehört wie die Naohi-Sekte zu den »Neuen Religionen«.
1984 betrug die Zahl der Anhänger 55 639.

12 Die Stadt Sendai befindet sich in der Präfektur Miyagi, nördlich von Fukushima.

13 Siehe III-13.

14 Siehe VII-5.

15 *Shingon,* die Übersetzung des Sanskritwortes *mantra*, bedeutet »Wahres Wort« oder »Magisches Wort« und bezeichnet eine der zwei großen Schulen des chinesischen und japanischen esoterischen Buddhismus. Sie wurde von dem berühmten Mönch Kūkai (postum Kōbō Daishi 774-835) von China nach Japan gebracht. Die *shingon*-Schule unterscheidet zehn Grade der Erkenntnis, durch welche sich der Mensch in einen mystischen Zustand der völligen Abstraktion erhebt und auf diese Weise zur Tugend und zum Glück der Erleuchtung gelangt. Zusammen mit der Tendai-Schule, die ein wenig früher nach Japan gekommen war, spielte die Shingon-Lehre eine nicht unbedeutende Rolle bei der Entwicklung des shintōistisch-buddhistischen Synkretismus. Da in dieser Schule die Rituale sehr wichtig sind, wurde sie manchmal für eine Sekte mit magischen und gefährlichen Praktiken gehalten. Darüber hinaus hatten diese Shingon-Rituale einen beträchtlichen Einfluß auf zahlreiche volkstümliche magische Praktiken, mit denen Yamazaki Ikue sie hier in einen Topf wirft.

16 Die *komusō* sind die Mönche der Zen-Schule, die von einem chinesischen Geistlichen namens Fuke (chinesisch Puhua, ?-860) gegründet wurde. Den Kopf unter einem korbförmigen Strohhut verborgen, das Schwert an der Seite, zogen diese Wandermönche bettelnd und Flöte spielend durch das Land.

17 Heute sind sowohl Weiß, wie in China, als auch Schwarz Farben der Trauer.

XVII
Die Götter Ansais

1 Yamazaki Ansai (1618-1682) zählt zu den Hauptvertretern des Neokonfuzianismus in der Edo-Zeit (1603-1867). Sein Interesse an dieser philosophischen Strömung traf sich mit einer Wiederbelebung konfuzianischer Studien in Japan. Lange Zeit war der Konfuzianismus als Spiel der Gebildeten betrachtet worden, die sich der Auslegung

chinesischer Texte widmeten. Sein Studium blieb weitgehend auf die Klöster beschränkt, was dazu geführt hatte, daß die konfuzianischen Vorstellungen in buddhistischer Terminologie interpretiert wurden. Mit der Errichtung der Feudalherrschaft der Tokugawa jedoch wurde der Konfuzianismus mit einer praktischen Aufgabe bedacht: Das zentrale Thema der Loyalität gegenüber dem Herrscher wurde von da an zur Grundlage der starren und streng hierarchisierten sozialen Ordnung. Außerdem führte die Geburt eines prämodernen Nationalismus, der den kontinentalen Buddhismus verwarf, zu Annäherungsversuchen zwischen der konfuzianischen und der shintōistischen Kosmologie. Der Shintō galt als echte nationale Religion.
Aus dieser Situation entsprang der Neokonfuzianismus von Yamazaki Ansai, der seinerseits eine Shintō-Schule begründete: den Suika-Shintō.
Neben den konfuzianischen Tugenden, dem tiefen Mitgefühl und der Loyalität, legt der Suika-Shintō Nachdruck auf einen bedingungslosen Glauben an die japanischen Götter und an die Reinheit. Nur die Ausübung dieser Tugenden, die die Beziehungen unter den Menschen bestimmen sollen, das heißt zwischen Vasall und Lehnsherr, zwischen Sohn und Vater, zwischen Ehefrau und Ehemann, zwischen dem Volk und den göttlichen Ahnen der kaiserlichen Familie, kann zum Glück aller führen.

2 Die antike Mythologie begründet die Legitimität des kaiserlichen Geschlechts und der führenden Familien. Sie beschreibt Abstammung der Adligen von den Göttern, indem sie gewissermaßen diejenigen zu Göttern macht, die durch ihr ständiges Wohnen auf der Erde die Merkmale göttlicher Wesen verloren haben.

3 Schockiert über seine Brutalität, soll die Sonnengöttin Amaterasu sich geweigert haben, ihren Bruder Tsukiyomi, den Mondgott, der die Göttin des Getreides ermordet hatte, jemals wiederzusehen. Aus diesem Streit soll die Trennung von Tag und Nacht hervorgegangen sein.

4 Inao-daimyōjin ist ein Aspekt von Inari (siehe II-31).

5 In der antiken Mythologie gehört Sarutahiko zu den »Landesgöttern«, den ersten Friedensbringern des Archipels, die dazu berufen waren, die von ihnen eroberten Gebiete an die Gottheiten »des Himmels«, die legitimen Herrscher über Japan, zurückzugeben. Als die loyale Gottheit schlechthin ging er dem ersten göttlichen Kaiser, der auf die Erde herabgestiegen war, entgegen, um ihm als Führer zu dienen. Nachdem die himmlischen Götter vom Lande Besitz ergriffen hatten, ging Sarutahiko ins Meer, das heißt, er brach auf ins Jenseits. Damit teilte er das Schicksal der anderen großen Gottheiten des

Landes, deren berühmtester Ōkuninushi no kami, »der Große Herr des Landes«, ist.
Yamazaki Ansai wertet seinerseits die Loyalität dieses Gottes gegenüber dem Kaiser noch auf, macht ihn zu seinem Führer im Glauben und ehrt ihn wie eine Art Gründervater der Shintō-Religion.

6 Mit Ausnahme der abwegigen Episode des Verrates, den das Orakel als Grund für das Schicksal, das auf der Familie lastet, genannt hatte, werden die wichtigsten Ereignisse in Ansais Leben, so wie sie hier berichtet werden, von seinen Biographen bestätigt.

7 Shushi ist die japanische Aussprache von Zhu Xi (1130-1200), einem chinesischen Neokonfuzianisten.

8 Siehe II-11.

9 Die zwölf übereinander getragenen Kimonos des *jūnihitoe* stellen seit der Heian-Epoche (784-1185) das Zeremoniengewand der Hofdamen dar. Der *suberakashi* dagegen, ein Knoten, der in einen Pferdeschwanz mündet, stammt erst aus der Edo-Zeit (1603-1867).

10 *Kami no michi* ist die japanische Lesart des sino-japanischen Wortes *shintō*.

11 In Japan bezeichnet das Wort Buddha, *hotoke*, nicht nur die höchsten Wesen des buddhistischen Pantheons, die Weisen, die die Erleuchtung erlangt haben, sondern auch alle Verstorbenen, wie ihr mutmaßlicher Weg der Wiedergeburt auch immer aussehen mag (siehe VI-4). Diese Ausweitung der ursprünglichen Bedeutung des Ausdrucks *hotoke* resultiert zum einen aus der Vereinnahmung der Beerdigungsriten durch den Buddhismus im 8. Jh. und zum anderen aus der Vermischung des buddhistischen Dogmas der Erleuchtung mit dem einheimischen eschatologischen Denken, das allen Toten eine mehr oder weniger göttliche Zukunft verspricht.

12 In Wirklichkeit spricht das *Kojiki* nicht davon, daß Japan vor den anderen Ländern geschaffen wurde, es handelt ausschließlich von der Schöpfung Japans.

13 Die Kosmologie der meisten neuen Shintō-Religionen ist mehr oder weniger deutlich von dem prämodernen Nationalismus beeinflußt, wie er in den Werken eines Ansai oder mehr noch in denen der Exegeten der Nationalen Schule zum Ausdruck kommt. In der Nachfolge von Motoori Norinaga (1730-1801), der bemüht gewesen war, das rein shintōistische, von buddhistischen und konfuzianistischen Einflüssen unberührte Denken wiederzuentdecken, versuchte Hirata Atsutane (1776-1843) hartnäckig zu beweisen, daß nur der Shintō eine Wahrheit besitze, die der Buddhismus verdorben habe. Die Arbeiten dieser Männer begründeten nicht nur die Entstehung eines Staats-Shintō in der Meiji-Epoche, sondern auch den Nationalismus der

neuen religiösen Strömungen: alle sind sich darin einig, Japan als das »Land der Götter« zu betrachten, das heißt, je nach Interpretation, als Matrix oder als Modell der Welt.

14 Das Heiligtum von Ise, das im Laufe des 8. Jhs. den Ahnen des kaiserlichen Geschlechts geweiht wurde, besteht tatsächlich aus zwei Umfriedungen: dem *naikū*, wo die Ahnengöttin des kaiserlichen Geschlechts verehrt wird, und dem *gekū*, dem Wohnsitz von Toyouke, der Göttin der reichlichen Nahrung.
Der Gedanke, daß das innere Heiligtum den Göttern Japans geweiht sein soll und das äußere den Göttern der fremden Länder, ist wohl eine Erfindung von Yamazaki Ikue.

15 Die Schulen Rinzai und Sōtō oder Sōdō, beide chinesischen Ursprungs, bilden die Hauptströmungen der Zen-Philosophie in Japan. Die erste Schule wurde im 12. Jh. von dem Mönch Eisai in Japan eingeführt, die zweite im 13. Jh. von Dōgen gegründet. Die Rinzai-Schule blieb stark unter chinesischem Einfluß und rückte das Nachdenken über die *kōan*, scheinbar absurde Fragen ohne Antwort, in den Vordergrund. Die stark japanisierte Sōtō-Schule dagegen legt den Akzent auf die Sitzmeditation. Diese Techniken sollen den Geist von dem, was ihn normalerweise füllt (Raum, Zeit, Bejahung und Verneinung, Gutes und Böses), »entleeren«, das heißt, ihm dazu verhelfen, zur Klarheit, zur »Erleuchtung« oder *satori* zu gelangen.
Die Zugehörigkeit einer Familie zu einem Zen-Kloster setzt keinerlei besondere Praxis voraus.

16 Es sei noch einmal daran erinnert, daß *tsubo*, die Maßeinheit für eine Grundfläche von 3,3 m^2 ist, wohingegen eine *tatami*-Matte zwei Meter im Quadrat mißt.

17 Die *muen*, wörtlich »ohne Verbindung«, sind die Verstorbenen, die keine Verbindung zu den Lebenden haben und deshalb der Riten, die man allen Toten schuldig ist, beraubt sind.

XVIII
Die Religionsgemeinde Sangū

1 Das *Taketori monogatari*, die »Geschichte vom Bambussammler«, deren schriftliche Abfassung bis zum Ende des 9. oder zum Anfang des 10. Jhs. zurückreicht, ist ein berühmtes Beispiel für den Aufenthalt eines ursprünglich übernatürlichen Wesens auf der Erde: Ein Greis entdeckt in einem Bambus ein winziges Mädchen, das sich, als es erwachsen ist, als Tochter der göttlichen Mondbewohner zu erkennen gibt.

2 Das *toko shizume no matsuri* feiert man normalerweise vor dem Beginn der Bauarbeiten. Man bittet die Götter des Bodens, über einen guten Verlauf der Arbeiten zu wachen. Zu diesem Ritual gehören eigentlich keine Orakel.

3 Ōuchiyama ist der Name eines Hügels bei Sendai. Dort befindet sich ein Schrein, der dem Großen Herrn des Landes, Ōkuninushi, geweiht ist, der aufgrund eines phonetischen Spieles auch Daikoku genannt wird.

4 Hier handelt es sich um eine der seltenen Andeutungen Yamazaki Ikues auf das buddhistische Dogma der Reinkarnation. Dieses Dogma war in Japan nicht sehr erfolgreich, wenigstens nicht beim Volk. Es wurde stark vom Glauben an eine Fortdauer der Familie – und beinahe in gleicher Weise des Familienbesitzes, überdeckt.

5 Die Blüten von Pfirsich, Iris und Chrysantheme sind jeweils Symbole des dritten, fünften und neunten Monats, genauer des Mädchenfestes am dritten Tag des dritten Monats (siehe III-14), des Knabenfestes am fünften Tag des fünften Monats (siehe V-9) und des Erntefestes am neunten Tag des neunten Monats.

6 Siehe unter VI-8.

7 Die stark individualisierten und deutlich anthropomorphen Götter, die wichtigsten Gestalten der Mythologie, sind wie die Menschen sterblich. Der Große Herr des Landes ist einer von ihnen: Die Mythen erzählen, wie er von seinen eifersüchtigen Brüdern in den Bergen getötet und von seiner Mutter wieder zum Leben erweckt wurde.

8 Der den *mizuko*, wörtlich »Wasserkinder«, gewidmete Kult hat sich seit Anfang der siebziger Jahre ausgebreitet. Die Entstehung eines Schuldgefühls gegenüber den gängigen Abtreibungspraktiken scheint nicht nur dem westlichen Einfluß zu verdanken zu sein, sondern auch der Entwicklung zur Kleinfamilie, was zu einer Abnahme des Ahnenkultes zugunsten eines Kultes für die Nachkommenschaft führte.

9 Die Japaner haben die chinesische Vorstellung übernommen, der zufolge der »Herbstvollmond«, der Mond des achten Monats, der schönste im Jahr sein soll. Zur Feier des Festes, das man mit der Betrachtung der Nacht verbringen kann, werden auf einem Tablett, einem Tisch oder einem Karren, der den Überfluß symbolisiert, die Produkte der Jahreszeit dargeboten: Yamswurzeln, Reis oder wilde Gräser, die den jungen Reis darstellen sollen. Die Verknüpfung dieses Rituals mit der Welt der Verstorbenen, die hier durch die Vermittlung von Tsukiyomi, dem Mondgott, erfolgt, ist meines Wissens neu.

10 Siehe unter XVI-1.

11 Siehe unter IV-12.

12 Hier handelt es sich vermutlich um eine falsche Anspielung: Die Nachfolgerin der Königin Himiko hieß Iyo.

13 Diese Äußerung zielt darauf ab, die Zusammenarbeit zweier Frauen zu rechtfertigen, da sehr viel häufiger ein Mann die Rolle des *maeza* innehat.

14 Ein sehr weitverbreiteter Brauch sieht vor, daß sich in der Neujahrsnacht jeder auf Pilgerschaft zu einem Schrein oder einem Kloster begibt, um die übernatürlichen Wesenheiten zu grüßen und ihr Wohlwollen für das kommende Jahr zu gewinnen. Nach dieser ersten Pilgerfahrt, die man normalerweise an einen möglichst berühmten Ort in der Nähe der eigenen Wohnung macht, kann man in den ersten Tagen des neuen Jahres auch noch entferntere Heiligtümer besuchen. Besonders gerne pilgert man zu den Heiligtümern mit nationaler Bedeutung, wie zum Beispiel Ise oder Izumo.

15 Die von der religiösen Gemeinde Sangū genannten Absichten ähneln in allen Stücken den von den meisten neuen Religionen geäußerten Zielen: Verwirklichung des Paradieses auf Erden und ein in den Dienst der Utopie gestellter Nationalismus. Die großen Linien ihres Dogmas sind ebenfalls nicht neu: Die Vorrangstellung des Großen Herrn des Landes kommt von der Ontake- und der Daiwa-Gemeinde, die von Kuni no tokotachi (Kunidokotachi) oder Ame no Minakanushi findet sich in vielen neuen Shintō-Schulen; die parallele Vermehrung der Gottheiten in den verschiedenen Welten ist von der Daiwa-Sekte inspiriert, die sich für das notwendige Gleichgewicht zwischen den Welten einsetzt; die Zuweisung der Totenwelt an Tsukiyomi geht aus einer Theorie hervor, die von Hirata Atsutane abgefaßt wurde, dem großen Anreger der modernen Shintō-Sekten. Und schließlich sind die moralischen Werte, die von der Sangū-Gemeinde vertreten werden, die des klassischen Konfuzianismus.
Die einzige Originalität dieser Gemeinde besteht in ihrer beinahe ausschließlichen Rekrutierung aus dem Friseurmillieu und in ihrer berufsbedingten Auffassung von der Utopie: Die Beförderung des Friedens ermöglicht die Beförderung des »Weges der Schönheit«, anders gesagt, des Friseurhandwerks. Man geht natürlich davon aus, daß diese im übertragenen Sinne die Schönheit in der Welt zur Erscheinung bringt.

Inhalt

Zweites Buch
Kami no mizu: Das Götterwasser

Drittes Buch
Die Götter der Yamazaki

Anhang